中华传世藏书

【图文珍藏版】

中华名人百传

王书利⊙主编

线装书局

目　录

先贤圣哲

中华传世藏书

中华名人百传

目 录

三

中华名人百传

科技名家

王书利⊙主编

导　读

　　在科学技术发展的长河中,科学家无疑是这条长河中最美丽的浪花,科学家的智慧和对科学技术的贡献,是推动科学技术进步的重要力量,从某种意义上说,科学技术史也是科学家史。科学家对社会的贡献不仅在于他们对科学技术本身的创造性工作,而且他们的科学道路、科学思想、科学方法、科学态度、科学道德和科学精神更是留给我们的一笔宝贵财富,他们是中华民族的骄傲。

　　本卷《科技名家》从科技这一独特视角,勾勒出了中华民族五千年来历史文化发展的轨迹,反映了中国科技历史文化的基本面貌和中华民族精神。它将带您走近我国古代著名的科学家,讲述一个个真实的故事,内容或可歌可泣,或发人深省,或使人振奋,或饶有趣味,让您了解科学家成功背后的奥秘,学习他们勤勉刻苦的求学精神、严谨求实的科学态度、百折不挠的坚强意志和不畏权势的优秀品质。

通晓天地

——张衡

名人档案

张衡:字平子,南阳西鄂(今河南南阳市石桥镇)人,汉族。他是我国东汉时期伟大的天文学家、数学家、发明家、地理学家、制图学家、诗人、汉朝官员。

生卒时间:78~139 年。

安葬之地:河南南阳市北 25 公里石桥镇南小石桥村西 20 米处。

性格特点:才高于世,无骄尚之情,从容淡静,不好交接俗人。

历史功过:张衡观测记录了两千五百颗恒星,创制了世界上第一架能比较准确地表演天象的漏水转浑天仪,第一架测试地震的仪器——候风地动仪,还制造出了指南车、自动记里鼓车、飞行数里的木鸟等等。张衡共著有科学、哲学和文学著作三十二篇,其中天文著作有《灵宪》和《灵宪图》等。为我国天文学、机械技术、地震学的发展做出了不可磨灭的贡献。

名家评点:《后汉书·张衡传》称:

衡少善属文,游于三辅,因入京师,观太学,遂通五经,贯六艺,虽才高于世,而无骄尚之情,常从容淡静,不好交接俗人。

由于他的贡献突出,联合国天文组织曾将太阳系中的 1802 号小行星命名为"张衡星"。20 世纪中国著名文学家、历史学家郭沫若对张衡的评价是:"如此全面发展之人物,在世界史中亦所罕见,万祀千龄,令人景仰。"

道德漫流

张衡,字平子,南阳郡西鄂县(今河南南阳)人。东汉建初三年(公元 78 年)生,永和

四年(公元 139 年)卒,终年 62 岁。

据史书记载,张衡出身于名门望族。其祖父张堪做过蜀郡和渔阳的太守,而父亲名不见经传。祖父为官清廉,有民谣歌颂他说:"张君为政,乐不可支。"他任蜀郡太守,"去职之日,乘折辕车,布被囊而已"。由于不积家私,死后家道中衰,甚至荒年衣食不保。

南阳一带,山明水秀,风景优美,自古以来就是我国经济和文化很发达的地区,有"南都"之称。张衡生长在这样的环境中,加上贫苦的生活激发他刻苦学习的决心,青少年时代就为后来从事文学和科学事业打下了良好的基础。

张衡在少年时天资聪明,青年时有朝气,有抱负,好学深思,不满足于接受经史书本上的知识,走出书斋,远游三辅(今陕西西安一带),主要是游览西汉故都长安。然后东出潼关,游学洛阳,观太学,访名师,结益友。长安、洛阳之行,他登山临水,考察物产民俗、世态人情,尤其是对长安城郊的宫阙规模、市井制度、远近商贾货财的聚散、豪富游侠王侯的故事,都有较深切的认识。壮丽的山河和宏伟的秦汉古都遗址,给他提供了丰富的文学创作素材,为他文学上的成名奠定了生活基础。

和帝永元十二年(公元 100 年),23 岁的张衡为了谋生,接受南阳郡太守鲍德的邀请,任郡主簿,掌管文书工作。张衡自幼就对文学有特殊的爱好和研究,因此他在办理政务之余,潜心于文学创作。他以游学长安和洛阳的见闻作为素材,"精思博会,十年乃成",于安帝永初元年(公元 107 年)写成著名的文学著作《东京赋》和《西京赋》,总称为《二京赋》。8 年后鲍德调任京师,张衡即辞官居家。掌握朝政的皇亲邓骘为了笼络士人,增强自己这一派的势力,屡次派人邀请张衡做他的幕僚。张衡一方面厌恶外戚专权,一方面想专心钻研学问,拒绝了他们的邀请。在家期间,张衡专心进修学业,他的研究兴趣逐渐转向哲学和自然科学方面。他很喜爱西汉大学者扬雄(公元前 53～公元 18 年)的哲学著作《太玄经》。这是一部深奥难懂的哲学著作,问世以后没人去认真研究,一般趋利禄的学者更不去读它。张衡对《太玄经》潜心钻研后,曾特别写信对他的好友崔瑗说:"披读《太玄经》,知子云(扬雄)特极阴阳之数也,……非特传记之属,乃实与五经拟。……竭己精思,以揆其义,更使人难论阴阳之事。"由于钻研《太玄经》,张衡在思想上受了扬雄很深的影响。《太玄经》涉及不少天文、历法、数学一类的知识,如"日月往来,一寒一暑""日动而东,天动而西,天日错行,阴阳更巡"等等,这些都引起了张衡的兴趣,并对天象进行实际观察和测量,写出了《太玄经注》,绘制了《太玄图》。张衡壮年书斋的学习,为他尔后成为天文学家打下了知识基础。

汉安帝(刘祜,公元 107～125 年在位)"雅闻衡善数学",便于 111 年召张衡至京都洛阳,拜为"郎中"。在京城,张衡继续进修学业,博访多问,充实知识。元初元年(公元 114 年),张衡迁尚书郎。次年,迁太史令。担任了太史令,张衡对天文、历算的研究更加方便。其后,他对于天文学的理论,尤其在天文学的实践(观测)上,都达到了当时最高的成就。

汉安帝建光元年(公元 121 年),张衡被调任公车司马令。汉顺帝永建元年(公元 126 年),复为太史令,总计前后任此职达 14 年之久,张衡许多重大的科学研究工作都是在这

一阶段里完成的。

汉顺帝阳嘉二年（公元133年），张衡升任侍中，皇帝把他留在身边，"赞导众事"。但不久受到宦官排挤中伤，于永和元年（公元136年）调到京外，任河间王刘政的相。刘政是个骄横奢侈、不守中央法典的人，地方许多豪强与他共为不法。张衡在到任以前就详细地调查了河间豪强奸党的姓名，到任后立即擒拿惩办了一批横行不法的恶霸土豪，清理了许多冤狱。他严整法纪，使得上下肃然，河间地方"诸豪侠游客，悉惶懼逃出境"。三年后，他向顺帝上表请求退休，但朝廷却征拜他为尚书，任职不到一年（永和四年，即公元139年），他即告生病逝世。

张衡一生，多才多艺，所写著作甚多。根据《后汉书·张衡传》载："所著《诗赋铭七言》《灵宪》《应闲》《七辩》《巡诰》《悬图》凡三十二篇。"《隋书·经籍志》著录《灵宪》一卷，又"后汉河间相张衡集十一卷"。张衡原有诗文集十四卷，现已佚。张溥《汉魏六朝百三名家集》中有辑本。严可均《全后汉文》辑录了张衡的一些著作。

制侔造化

张衡是一位具有多方面才能的科学家。他的科学成就涉及天文学、地震学、机械技术、数学乃至文学艺术等许多领域。

1.在天文学上的贡献

我国是世界上天文学发展最早的国家之一。在汉代，天文学特别发达，这是与农业生产的发达相适应的。因为只有更精确的天文学，才能正确地推算出与农业有关的季节来。我们的祖先经过对天象的长期观测和研究，到汉朝，已经先后出现了三种关于天体运动和宇宙结构的学说，这就是"宣夜说""盖天说"和"浑天说"。"宣夜说"渊源于战国时期，是一种朴素的无限宇宙学说，它认为天无形质，离远无极，日月星辰皆飘浮其中。但"宣夜说"后来并未得到发展。"盖天说"约产生于1世纪，主要是哲学家提出的，最初认为"天圆如张盖，地方如棋局"，后又发展为"天象盖笠，地法覆槃"（即天像斗笠，地像倒扣的盘子），向球形大地的概念前进了一步。这是一种对宇宙的简单直观的认识。"浑天说"约产生于2世纪，是天文学家提出的，它以实际观测为基础，认为众天体附着在绕极轴旋转的天球上，大地居于中心。这是中国古代的"地心说"。张衡根据自己对天体运行规律的认识和实际观察，认真研究了这三种学说，认为"浑天说"比较符合观测的实际。他继承和发展了前人的浑天理论，创制了一个能够精确地表演浑天思想的"浑天仪"，并且写出了《灵宪》《灵宪图》《浑天仪图注》等天文学著作，成为东汉中期浑天学说的代表人物之一。

张衡在天文学方面的贡献，主要表现在以下几个方面。

第一，张衡在《灵宪》中，系统地阐述了他的宇宙论。

关于世界的起源，他说：

太素之前，幽清玄静，寂寞冥默，不可为象，厥中惟虚，厥外惟无。如是者永久焉，斯谓溟涬，盖乃道之根也。道根既建，自无生有，太素始萌；萌而未兆，并气同色，浑沌不分。故《道志》之言云："有物浑成，先天地生。"其气体固未可得而形，其迟速固未可得而纪也。如是者又永久焉，斯谓庞鸿，盖乃道之干也。道干既育，万物成体，于是元气剖判，刚柔始分，清浊异位，天成于外，地定于内。天体于阳，故圆以动；地体于阴，故平以静。动以行施，静以合化，堙郁构精，时育庶类。斯谓太元，盖乃道之实也。

这里，张衡把天地的起源分为三个阶段：最初阶段叫"溟涬"，指"不可为象"的未分化的元气；"溟涬"亦即"虚无"，它是"道之根"。第二阶段叫"庞鸿"，指广大统一的元气或"浑沌不分"的"有"，也叫"太素"，它是"道之干"。第三阶段叫"太元"，指元气剖分为天地，天地合气，阴阳构精，便生育出万物。所以，"太元"是自然界的原始，它是"道之实"。《灵宪》把宇宙演化三阶段，称之为道根、道干、道实。在解释有浑沌不分的太素气时引用了老子《道德经》里的话："有物混成，先天地生。"这些都说明了《灵宪》的宇宙起源思想，其渊源是老子的道家哲学。《灵宪》的宇宙起源学说和《淮南子·天文训》的思想十分相像，不过《淮南子》认为在气分清浊之后，"清阳者薄靡而为天，重浊者凝滞而为地"。天上地下，这是"盖天说"。而《灵宪》主张清气所成的天在外，浊气所成的地在内，这是"浑天说"。此外，张衡不像《淮南子》那样讲"天人感应"，他受扬雄影响，称世界第一原理为"玄"，著有《玄图》。

张衡在宇宙结构学说上主张"浑天说"。他说：

浑天如鸡子，天体圆如弹丸，地如鸡中黄，孤居于内，天大而地小。天表里有水，天之包地。犹壳之裹黄。天地各乘气而立，载水而浮。

张衡以为这一"浑天如鸡子，地如鸡中黄"的天体结构，"有象可效，有形可度"，是人们可以用象与数来把握的领域。他在《灵宪》和《浑天仪》中所说的种种天象和数据，反映了汉代天文学的水平。浑天说是中国以地球为中心的宇宙理论，它与几乎同时的古希腊学者托勒密（Ptolemg，Claudius，90～168）的"地球中心学说"遥相辉映，在当时的条件下，不愧为东西方的两颗明珠。

张衡还认识到了宇宙的无限性。战国时代的《尸子》定义说，"上下四方曰宇，往古来今曰宙"。宇就是空间，宙就是时间。《庄子》一书中就有宇宙在空间和时间上都是无限的说法。而西汉末年的扬雄却认为"阖天为宇，辟宇为宙"，在空间上是有限的，在时间上是有起点的。张衡虽然长期研究扬雄的《太玄经》，并受到扬雄较深的影响，但在宇宙的无限性上却不愿遵循扬雄。张衡的"浑天说"认为，天地是有限的。天球、黄道、天地之间的距离等都是可以度量的。既然天地的形成分阶段，那么世界在时间上就必然有个开始。这个有开始、可度量的世界也就是科学家所知的世界。但张衡认为，在这个有限的天地之外还有一个无限的宇宙。张衡不同意《淮南子》"虚廓生宇宙"的说法，指出：

过此（指天地——引者注）而往者，未之或知也。未之或知者，宇宙之谓也。宇之表无极，宙之端无穷。

就是说，物质世界在时间、空间上是无限的，而人们所观测到的天地是有限的。这个

见解是十分可贵的。

　　第二，张衡在《灵宪》中认识到月亮本身并不会发光，月光是反射的太阳光。他指出：

　　夫月端其形而洁其质，向日禀光。月光生于日之所照，魄生于日之所蔽；当日则光盈，就日则光尽也。

这就是说：月光的产生是由于太阳照射的结果；月魄（月亮亏缺的阴影部分）的产生是由于太阳光被遮住了的缘故；月亮转到太阳和地球中间，月亮被照射的一面地球上看不见，所以"光尽"；地球转到太阳与月亮中间，月亮被照射的一面，正好对着地球，所以"光盈"。张衡还进一步解释了月食的原因。他说：

　　当日之冲，光常不合者，蔽于地也，是谓暗虚。在星则星微，遇月则食。

这就是说："望月"的时候，应该能看到满月，但是有时看不到，这是因为日光被地球遮住的缘故，这就是所谓"暗虚"，月亮转到"暗虚"里就发生月食。

　　从天文学史来看，张衡提出的这样一种月相理论，在《周髀算经》中已有大概："日兆月，月光乃生，故成明月。"西汉京房说得更为明确："先师以为日似弹丸，月似镜体；或以为月亦似弹丸，日照处则明，不照处则暗。"张衡的月相理论和他们没有本质的差别，突出的是张衡强调了月相与日、月相对位置的关系。由此可见，张衡继承和发展了我国古代的天文学传统，他为中国古典的天文学奠定了宇宙论的基础。

　　第三，张衡在天文学上的另一个贡献，就是记述了恒星的数字。张衡时代，流传于世的星官体系有以《史记·天官书》为代表的体系，有石氏、甘氏、黄帝以及"海人之占"等等的体系。对这些各有特色的体系，张衡做了一番比较、整理和汇总的工作，发展出一整套收罗恒星最多的新体系。据《灵宪》记载：

　　中外之官常明者百有二十四，可名者三百二十，为星二千五百，而海人之占未存焉。

这就是说：在中原地方所能看见的星共有 2500 个，在海外所看见的没有计算在内，这和近代天文学家观察的结果是相近的。

　　张衡的这一星官体系整理工作比（三国吴）天文学家陈卓总结甘、石、巫咸三家星官的时代要早 100 多年，而且所包括的星官、星数比陈卓要多得多（陈卓所总结的有 283 官 1464 星），成就当然要比陈卓大。可惜张衡星官体系已经失传，这是我国恒星观测史上的重大损失。

　　第四，张衡在天文学上另一个重要贡献就是：他不仅是"浑天说"的完成者，而且还根据此种理论创制了新型的浑天仪。这是因为，汉代的天文学家，不但敢于提出科学的假说，而且不断地用简单的仪器进行天文的测量，企图证验他们的假说。据《汉书》所载，武帝太初元年，曾立晷仪下漏刻，以追求二十八宿的地位。武帝时，落下闳又创制一种天文仪器，名曰浑天。宣帝时，耿寿星更铸铜为象，以测天文。和帝永元十四年，霍融改进漏刻。十五年，贾逵创制太史黄道铜仪，定黄道宿度。张衡继承了汉代天文学家的优良传统，他经过了无数次的研究、观察、测验，于公元 117 年制成了世界上最早利用水力转动的"浑天仪"，曾使朝野轰动。

　　所谓"浑天仪"，就是一种演示天球星象运动用的表演仪器。据研究，这架浑天仪在

《晋书·天文志》中有三处记载。

一处是在"天体"节中,其中引用晋代科学家葛洪的话说:

张平子既作铜浑天仪,于密室中以漏水转之,令伺之者闭户而唱之。其伺之者以告灵台之观天者曰:璇玑所加,某星始见,某星已中,某星今没,皆如合符也。

在"仪象"一节中又有一段更具体的细节描写:

张衡又制浑象。具内外规,南北极,黄赤道。列二十四气,二十八宿,中外星官及日、月、五纬。以漏水转之于殿上室内。星中、出、没与天相应。因其关戾,又转瑞轮蓂荚于阶下,随月盈虚,依历开落。

第三处则在"仪象"体之末,说到张衡浑天仪的大小:

古旧浑象以二分为一度,凡周七尺三寸半分也。张衡更制,以四分为一度,凡周一丈四尺六寸一分。

从这三段记载可知,张衡的浑天仪,其主体与现今的天球仪相仿。这台观察天象的天文仪器是用青铜铸成的,主体是一个球体模型,代表天球。球体可以绕天轴转动。天轴和球面有两个交点即南极和北极。在球的表面上遍列有二十八宿和其他恒星。球面上有赤道圈和黄道圈,二者成24°夹角,分列有二十四节气。从冬至点起(古代以冬至作为一年的开始),把圆周分做 $365\frac{1}{4}$°,每度又细分成四个小格。为了使浑天仪能够自行运动,张衡又设计了一组漏壶,并采用齿轮系把浑天仪和计时用的漏壶联系起来;利用漏壶流水的力量发动齿轮,带动浑天仪运转。通过恰当地选择齿轮的个数和齿数,巧妙地使浑天仪一昼夜转动一周,把天象变化形象地演示了出来。可惜,这一套复杂的转动系统的具体情况没有流传下来。此外,张衡还创制一种机械日历,叫作"瑞轮蓂荚"。所谓蓂荚是一种神话中的植物。据传长在尧帝的居室阶下。随着新月的出现,一天长1个荚,到满月时长到15个荚。过了月圆之后,就一天掉1个荚。这样,数一数蓂荚的荚数就可以知道今天是在一个朔望月中的哪一天和这天的月相了。这个神话曲折地反映了尧帝时天文历法的进步。张衡的机械装置就是在这个神话的启发下发明的。"瑞轮蓂荚"也是用漏水转动的,和浑天仪联动,就可以表示出月亮圆缺的增减情况,也就是按照阴历上的朔日、上弦、望日、下弦、晦日等顺序,一次又一次地循环旋转开合着。所谓"随月盈虚,依历开落",其作用就相当于现今钟表中的日期显示。关于"瑞轮蓂荚"的详细构造,可惜史书上没有记载,我们也无法知道了。

2.在地震学上的贡献

我国是一个多地震的国家。早在3800多年前,我国就已经有了关于地震的记载。对于地震的原因也进行了探讨。东汉时期,地震比较频繁。据《后汉书·五行志》记载,自和帝永元四年(公元92年)到安帝延光四年(公元125年)的三十多年间,共发生了26次比较大的地震。地震区有时大到几十郡,引起地裂山崩、江河泛滥、房倒屋塌,给人民生命财产造成很大损失。张衡对于地震有不少亲自体验,因为太史令职务的职责之一就是掌管地震记录。为了掌握全国各地的地震动态,张衡经过长年研究,终于在阳嘉元年

（公元132年）发明了震烁古今的候风地动仪。

据《后汉书·张衡传》记载，地动仪"以精铜铸成，圆径八尺"，"形似酒樽"，顶部有突起的圆盖，表面饰有篆文以及山、龟、鸟、兽等图案。樽的周围镶着8条龙，按照东、西、南、北、东北、东南、西北、西南8个方向排列着。龙嘴衔一铜球，地面上有8只昂首张口的蟾蜍，准备承接龙口中落下来的铜球。樽中有一根高而细的铜柱，称之为"都柱"，柱旁有8条通道。道中安有"牙机"（发动机关）。一旦发生地震，地动仪内部的"都柱"就发生倾斜，触动"牙机"，使发生地震方向的龙头张开嘴，吐出铜球，跌入蟾蜍口中，哐的一声，人们闻声捡球，就可知道该方向发生了地震。

张衡发明的地动仪的性能很好，据当时记载："验之以事，合契若神。"138年，陇西（今甘肃省东南部）发生地震，陇西离洛阳1000多里，但张衡安置在洛阳的地动仪龙嘴吐球，测出西方发生过地震。当时在京城的人们却丝毫没有感觉到地震的现象，于是一些人议论纷纷，责怪地动仪不灵验。过了几天，陇西有人飞马来报，证实了张衡的观测，于是，"皆服其妙"。

张衡地动仪的内部结构，史书记载简略，不能详知。后来，南北朝科学家信都芳曾在所著《器准》一书中绘图描述过地动仪的原理和制作方法，隋初临孝恭也写过一部《地动铜仪经》，对这个仪器的机械原理，做了一些说明，但是都失传了。近代中外科学家做了不少研究工作，提出了一些复原方案。1936年，王天木曾发表过《汉张衡候风地动仪造法之推测》的一篇论文；1959年，中国历史博物馆展出了王振铎复原的张衡地动仪模型，终于科学地解决了候风地动仪从外形到结构的全部复原问题。

3.在其他领域的贡献

除天文学、地震学上的成就之外，张衡的科学才能还表现在很多方面。

张衡精通木制机械，曾制造过指南车、记里鼓车（记录行程）、飞行木雕，但都已失传。

在数学上，张衡写过《算罔论》。到唐代此书已经失传。张衡还研究过球的外切立方体积和内接立方体积，研究过球的体积，他对圆周率的研究打破了《周髀算经》关于"径一周三"的说法，定圆周率 π 值为 $\sqrt{10}$，虽不很精确，但却是我国第一个从理论上求得 π 值的人。

张衡还研究过地理学，曾绘制了一幅地形图，流传了几百年。

张衡对史学也有许多研究。他曾对《史记》《汉书》提出过批评，并上书朝廷，请求修订。他还对东汉皇朝的历史档案做过研究，曾上表请求专门从事档案整理工作，补缀汉皇朝的史书。但这些上书均无下文。

他还研究文字训诂的学问，著有《周官训诂》一书，本打算继续完成孔子《易》、说《彖》《象》的残缺部分，但未竟。

在哲学方面，"虽才高于世而无骄尚之情"的张衡，特上疏明义，坚决反对当时流行的"图谶之学"。图谶原是牵强附会、非常荒唐的东西，但由于东汉光武帝自己为了把皇权神秘化而竭力提倡，竟成为当时社会政治思想的重要内容。"图谶之学"的兴起是在西汉时期。许多学者为迎合统治者的需要都违心地争说图谶，以"博贯五经，兼明图谶"为时髦。当时不准反对"图谶之学"，否则以"诽谤圣人，目无王法"论处，大学者桓谭就因此送了命。张衡坚持真理，冒险写了《请禁绝图谶疏》，主张把图谶收藏起来。"一律绝之"。他指出图谶并非"圣人之言"，而是"虚伪之徒"欺世罔俗的产物。他说学者们不去研究有实际用处的学问而去争说图谶，这就好比画家不画犬马而喜画鬼怪，因为犬马有形难以画得相像，鬼怪无形可以胡乱涂抹。这是至为深刻的揭露，同时也表现了张衡同唯心主义做斗争的勇敢精神和坚持实事求是的原则。

作为科学家的张衡同时又是东汉的一位重要作家，长于诗赋，有独创性。汉代文学主要是赋，它兼有散文和韵文的性质，其主要特点是铺陈写物，不歌而诵。赋的形成和发展经历了很长的时间，它产生于战国后期，接受了纵横家游说之辞及楚辞的巨大影响，到汉代达到鼎盛阶段。赋至东汉戏为末流，形式主义倾向严重，一味模拟，少有新意。张衡则不同，他的《二京赋》曾花了 10 年的创作功夫。他虽然也模拟班固的《两都赋》，但有新鲜内容，特别是对统治者的穷奢极欲进行了讽刺，他警告统治者不要结怨于民，以免乐极生悲，记住"水所以载舟，水所以覆舟"的危险性。他在河间相任期内创作的《四愁诗》，寄托了他高远的志向和略带忧郁的遐思，热情而又委婉，富有感人的力量。诗分四章，写他的"所思"在"泰山""桂林""汉阳""雁门"等远道，但都有所障碍，而不能致。请看：

一思曰：我所思兮在泰山，欲往从之梁父艰，侧身东望涕沾翰。美人赠我金错刀，何以报之英琼瑶。路远莫致倚逍遥，何为怀忧心烦劳？

二思曰：我所思兮在桂林，欲往从之湘水深……

三思曰：我所思兮在汉阳，欲往从之陇阪长……

四思曰：我所思兮在雁门，欲往从之雪纷纷，侧身北望涕沾巾。美人赠我锦绣段，何以报之青玉案。路远莫致倚增叹，何为怀忧心烦惋。

张衡的《四愁诗》吸收了古典文学和民歌的优美技巧，在思想上追随伟大诗人屈原《楚辞》的传统，在内容上含有爱国主义成分。另外，他的《思玄赋》中有大段文字描述自己升上了天空，遨游于众星之间，可说是一篇优美的科学幻想诗。除了上述诸文外，遗留至今的还有《温泉赋》《归田赋》等 20 多篇，都是辞义俱佳的力作。

万祀千龄

张衡之所以能够在科学上做出杰出成就，成为伟大的科学家，既有其外在条件，又有其内在的因素。

一方面，张衡的科学成就与汉代科学的发展尤其与当时数学的发展密切相关。东汉初年问世的《九章算术》，反映了那时数学的成就。这是继公元前 1 世纪的《周髀算经》之后，又一部重要的数学著作，它标志着中国古代实用数学体系的形成，在后来 1000 多年中一直被用作教材。在医学方面，东汉时期出现了一些药物学、内科学的重要著作，总结了当时的医学成就。如《神农本草经》，记述 365 种药物的性能和疗效，是我国本草学的

重要文献。张机所著《伤寒杂病论》，是内科学的重要著作。华佗是东汉末年的名医，他在外科、内科、针灸方面，都有精湛的医术。他使用"麻沸散"对人体进行麻醉，开创了世界医学史上全麻手术成功的先例。他又创造了以健身为目的的"五禽戏"，也为后人称道。东汉前期科学技术的成就，都对张衡从事科学事业有着重要的影响。

另一方面，张衡好学不倦，"如川之逝，不舍昼夜"，他虚怀若谷，抱定"约己博艺，无坚不钻"的决心，脚踏实地地进行工作，不为外界的冷嘲热讽所动摇。他曾在《应问》一文中表明了自己的志向。文中说到，有的人劝他不要去钻研那些难而无用的技术，应该"卑体屈己，美言"以求多福。他回答说："君子不患位之不尊，而患德之不崇；不耻禄之不伙，而耻知之不博。"他讲，有些人认为技术无用，我却唯恐高明的人不教我。这里充分表达出张衡作为一个科学家渴求知识、敢于和鄙弃知识的社会愚昧思想做斗争的崇高精神。他非常谦虚谨慎，勤学不倦，表现了强烈的事业心和勇敢进取的研究风格。他曾说过："捷径邪至，我不忍以投步"，表明了他实事求是的科学态度。所有这些，都是张衡在学术上取得辉煌成就的重要原因。

张衡一生为我国科学文化做出了卓越贡献，是我国古代一位伟大的科学家。他曾两度担任管理国家典籍、天文历法的太史令，精通天文历算，对中国天文学的发展，有过巨大的影响。张衡是古代"浑天说"的集大成者，他的《灵宪》和浑天仪都是我国古代天文学方面极其重要的科学成就。它一方面总结了古代天文学的珍贵成果和丰富经验，另一方面展示了运用科学仪器的卓越典范。尤其是浑天仪，这种精密的科学仪器提供了极其优秀的观测天象的方法，对以后天文学的研究发生了很大的启发作用。如南朝宋文帝元嘉十三年（公元436年），太史令钱乐之曾铸造浑仪和小浑天，大体和张衡的浑天仪相同。唐朝初年，李淳风、梁令瓒等更重新改制浑天仪，基本上和张衡的方法相同。北宋苏颂、元代郭守敬，对浑天仪的制法也都有更多的改进。总之，浑天仪在世界天文仪器发展史上堪称一绝。张衡还创制了世界上第一架测定地震方向的地动仪。1000多年以后，古波斯马哈拉天文台才出现类似的地震仪，欧洲则是在1700多年以后才有水银流溢地震仪。这些表明，张衡在科学研究上能结合实际，善于综合学习前人的科学经验，更能创新改进，有所发明。他的朋友崔瑗在为他写的墓碑中赞道："数术穷天地，制作侔造化。"前一句是称道他数学、天文学知识之渊博，后一句则赞颂他制造的各种器物之神奇。张衡在机械制造方面是非常高明的。《太平御览·五艺部九》引晋代葛洪《抱朴子》曰："木圣：张衡、马钧是也。"现在的中国科技史家都公认马钧是我国三国时代的一位杰出的机械发明家，而在葛洪看来，张衡、马钧都是一代木圣。

张衡一生多才多艺。他擅长绘画，唐朝张彦远在《历代名画记》中称张衡是东汉的四大名画家之一。在文学上，他的《二京赋》是汉代大赋的代表作，其特点是在描写时注意实际的地理形势及物产民俗等内容，有较强的思想性。他的《四愁诗》寄意深刻、情韵缠绵、格调新颖，不仅表现得生动真切，清新自然，而且艺术性很高。这种抒情诗在两汉作品中并不多见，对后世的影响甚大，鲁迅还模拟过它。我国文学史家郑振铎先生曾给予高度评价，他说："张衡《四愁诗》之不朽，在于它的格调是独创的，音节是新鲜的，情感是真挚的,杂于冗长浮夸的无情感的诸赋中,自然是不易得见的杰作。"

张衡不仅在自然科学、文学艺术上获得了卓越的成就,而且在学术思想和政治理论上也同样保持清醒的头脑。在学术上,他跳出了经学上古文学派或今文学派的圈子,不肯做个学究式的"传经博士",突破了学术上迷信欺罔的气氛,公开冒犯当时的朝章国典,明确地提出反对图谶的主张;在政治上,他虽然淡泊名利,却不是一味清高,不问政治,不讲原则的人。他的政治抱负就是八个字:"佐国理民,立德立功。"他曾向顺帝上书,讽示近世宦官为祸,要皇帝"惟所以稽古率旧,勿令刑德八柄不由天子",要求皇帝"恩从上下,事依礼制"。这表明张衡在政治实践上也曾参加积极而进步的活动。

医家方祖

——张仲景

名人档案

张仲景：姓张名机，仲景是他的字，东汉末年著名医学家，被称为医圣。相传曾举孝廉，做过长沙太守，所以有张长沙之称。

生卒时间：出生日期：约公元150~154年。逝世日期：约公元215~219年。

安葬之地：南阳东关温凉河畔。

性格特点：笃实好学，博览群书，并且酷爱医学。谦虚谨慎，提倡终身坚持学习。具有朴素唯物主义思想和无神论思想。

历史功过：张仲景广泛收集医方，写出了传世巨著《伤寒杂病论》。它确立的辨证论治原则，是中医临床的基本原则，是中医的灵魂所在。在方剂学方面，《伤寒杂病论》也做出了巨大贡献，创造了很多剂型，记载了大量有效的方剂。其所确立的六经辨证的治疗原则，受到历代医学家的推崇。这是中国第一部从理论到实践、确立辨证论治法则的医学专著，是中国医学史上影响最大的著作之一，是后学者研习中医必备的经典著作，广泛受到医学生和临床大夫的重视。

名家评点：喻嘉言高度赞扬张仲景的《伤寒论》，说："为众方之宗、群方之祖"。"如日月之光华，旦而复旦，万古常明"（《中国医籍考》）。

生逢乱世

张仲景生活在东汉末年，尽管他在医学上取得了辉煌的成就，但是范晔的《后汉书》、陈寿的《三国志》等史书均未为张仲景立传，成为史学界及医学界的一大憾事。而张仲景的籍贯与生平也就成为一宗迷案，引起后人的多种猜测。有人甚至怀疑张仲景在历史上的存在，认为他只是一个神话般的传说人物。

张仲景的生平事迹，除了他自己的著作《伤寒杂病论》原序中题有"长沙太守南阳张机仲景"之外，在当时的文献中可以说再也没有了，但是这以后不少医书中如晋朝太医令王叔和写的《脉经·序例》、晋代皇甫谧写的《针灸甲乙经·自序》、晋代葛洪写的《抱朴子·内篇》等，以及南北朝梁武帝敕令殷芸编写的《小说》、唐朝甘伯宗写的《名医录》等都提到张仲景的事迹和著作。虽都只是一鳞半爪，但却是我们了解张仲景生平的宝贵资料。

关于张仲景的郡县籍贯，有多种说法。有的说是南阳郡涅阳人，有的说是南阳郡蔡阳人，还有人说是南阳郡棘阳人，也有人说是南阳郡镇平县人，总之公认张仲景是东汉南阳郡人。现在经过考证，我们可以肯定张仲景的故乡是南阳郡涅阳人，即今河南省南阳地区邓县的穰东镇一带。在清朝末年，邓县穰东镇附近的张寨村，还留有"古涅阳县"的铭文碑额。

这是多么悲惨的景象。疫疠横行，户户遭殃，而且首当其冲的又都是那些住草蓬、穿布衣草鞋、生活在水深火热之中的底层百姓，并且得不到及时医治，造成"阖门而殪，或覆族而丧"。张仲景的家族也未幸免，他在《伤寒杂病论·自序》中说：过去自己家族有二百多人，从建安纪年开始，不到十年的时间，死了近三分之二的亲人，而因疾病死亡的占了十分之七。正是由动荡的社会条件，肆虐的疫病，缺医少药的现状，才锻铸了张仲景炉火纯青的医术，也造就了这位名垂千古的英杰。

仲景父母一直希望自己的儿子能求取功名，获得一官半职来光宗耀祖，而很不希望他当一个医生，因为医生这一职业在当时统治阶级的眼里很是低微，象名医华佗就不愿以行医作为谋生的职业，这在《后汉书·华佗传》有记载。所以张仲景的父母便促成他去拜访同乡何颙这一看，倒看出了一个名垂千古的"医圣"来。这就是张仲景"总角造颙"的由来。

虽然这件事在《后汉书·何颙传》中没有记载，但却清楚地记载在南北朝殷芸的《小说》里面。该书虽名小说，实是野史，多是采集有史料价值但不合通史体例的材料编成的。书中是这样写的：

何颙妙有知人之鉴。初，同郡张仲景总角造颙，颙谓之曰："君用思精密，而韵不能高，将为良医点。"后仲景果有奇术。何颙说的韵即风韵、气派，也就是温文尔雅的意思。何颙明确告诉张仲景，你思考分析问题的能力很强，很细致精密，但却没有那种附庸风雅的气质，所以不适于去做官，却很适合做一个医生，将来一定会大有作为，成为一个名医的。这既坚定了张仲景做一个中医拯救百姓的决心，也打消了仲景父母望了当官的希望，转而大力支持张仲景学医救国救民的主张。

张仲景立下从事医学的心志很早就有了，因此当何颙肯定他将来会成为名医时，很受鼓舞，开始从医的生涯。为此，紧迫的任务是跨进医学之门，由门外汉成为内行，于是仲景便跨上了拜师学艺的征途。

在南阳的少室山上,隐藏着一位医学高人,叫张伯祖,也是南阳郡的人。他爱好方术,精通脉理,善于诊脉,医术高超,治病常获很高的疗效。他本来在京都洛阳行医,为当时名流上层所看重,号称"上手"。据说元嘉年间(151~152年),汉桓帝有一次触冒寒邪,恶寒发热、头痛体困。虽经太医调治,十七天还没有好,只好请张伯祖来治疗。伯祖经过诊脉望色,认为是正宗的伤寒病,无须害怕,随后开了一帖发散风寒的药方,让桓帝服汤后躺在床上,用厚棉被盖严。不久桓帝只觉身上发热,汗出如雨,渐渐睡着了。第二天天一亮,桓帝只觉浑身轻松,不再发热恶寒了。汉桓帝很高兴,任命伯祖做侍中的官职。不过张伯祖明察国家朝政日非,外戚与宦官殊死争斗,忠正的人却很难有出头的日子,就大为感叹地说:"皇帝得了疾病可以很快治好,但国家腐败的政治却难以挽救了。"不久就高挂官帽,逃之夭夭。后来隐居在南阳的少室山上,热心为当地的老百姓医治疾病,名声又四散传播开来。仲景十分钦佩张伯祖的为人与医术,于是拜张伯祖为师,请他做自己医学入门的引路人。仲景上山后,十分吃苦耐劳,又虚心好学,深受张伯祖的喜欢。老师对仲景一点也不保守,悉心教导,耐心传授,有问必答。因此张仲景的医学技术日见长进,很快把老师的本领全部学了过来,在南阳一带崭露头角,小有名气。

但是张仲景并没有骄傲自大,自我满足,依然谦虚谨慎,勤勤恳恳,兢兢业业地跟随张伯祖外出行医,治病救人。随着治疗病例的增加,张仲景的临床经验日积月累,变得相当丰富起来。但他在把老师传授给他的知识运用到临床的实践过程中,开始体会到当时的临床医学有许多不完善的地方,必须及时革新。因此张仲景暗暗下定决心,通过自己不懈的努力,改造当时故步自封的医学现状,吸收新的理论,使医学迅速发展。为此他认为除了积累更多的临床经验之外,还必须加强医学理论和其他知识的修养。

于是,张仲景拜别了恩师,开始四出闯荡,结交当时的文人名士,采集其他名医治病的有效药方,从而使他大开眼界,获益匪浅。值得一提的是他第二次拜访何颙这件事,是他一生中又一段难以忘怀的经历。《襄阳府志》等不少资料中提到的张仲景同何颙客游洛阳的记载说的就是张仲景第二次拜访何颙这件事。何颙为避"党祸",一直隐姓埋名,不敢在京都公开现身。但自公元184年黄巾起义爆发之后,朝廷大赦天下党人,何颙才敢在京都公开出现,先在司空府中任职,后来一直做到北军中侯。就在这个时候,张仲景来到洛阳再次拜见了何颙。仲景很感激何颙对他的鼓励与支持,一直心存谢意,同时更希望何颙能帮助他接触更多的书籍,学习更多的知识。

何颙很热情地接待了这位同乡,两人交谈十分投机。当何颙得知张仲景是拜名医张伯祖为师,并圆满完成学业开始独自行医时,心中大为惊讶。张伯祖在京都洛阳的名声还余波未尽,他那高明的医术在何颙的脑海中还记忆犹新,因此他通过不同的侧面,包括请张仲景给人治病,来考察仲景的医术,证明名不虚传,出自张伯祖的真传,内心很是欢喜,庆幸自己的家乡又出了个名医,也对自己早年预言准确而暗暗高兴。于是留张仲景在自己的身边住了下来,并且把他介绍给京城的名流上层,逢人便夸:"张仲景的医术已经远远超过他的老师张伯祖,看病治疗几乎没有不灵验的,就连魔鬼神仙恐怕也比不上他,的确是一代神医。"于是张仲景的名声就在京城里传播开来。这对张仲景来说是十分有利的,他同社会上层文人名士的交往,使他接触到不少医学之外的知识,眼界大开,思维开始活跃。

特别是他有机会接触师门之外的医学理论和有关哲学思想。像老子、庄子、荀子、韩非子、王充等哲学家的著作深深吸引了他,使他爱不释手。尤其是这些哲学家的辩证法思想强烈震撼着他的心灵,使他开始以全新的角度来认识自己所喜爱的医学,从此开始了将辩证法思想运用于医学临床的尝试。另外张仲景在这一段时间所接触到的其他医学书籍,对他也很有帮助,为他将来从事《伤寒杂病论》的写作,奠定了良好的基础。

张仲景与何颙的这段交往,大约是从公元184年到公元190年。公元190年,董卓废少带立献帝,强行把国都迁往长安,并威逼何颙出任长史之职。而何颙十分讨厌董卓的独断专横,托病坚决推辞不从,因此不幸被捕入狱,不久悲愤成疾而死在牢中。这样一来,仲景失去了靠山,就离开了洛阳这块是非之地,不久就去刘表管辖的荆州一带行医。

刘表,字景升(142~208年),山阳高平人,出身于豪族。喜欢读书,爱好交游,年纪很轻时就成为京都的名士,深受太学生的敬仰。他于初平元年(190年)出任荆州刺史,为官清廉,深受荆州百姓的拥护。不久在当地豪族蒯良、蒯越等人的支持下,他当上了荆州牧,总揽了荆州的军政大权。刘表上任后对国家动乱的局势深表痛心,十分同情受战火之难的老百姓,因此他推广文治,礼贤下士,爱护百姓;加强军备只求自保,不介入中原的战乱。对那些从中原战区逃难出来的人民,大都做了妥善安排。来荆州避难的人,有不少是京城中的文人名士,像后来成为“建安七子”的王仲宣,张仲景也在其中。

这个时候的张仲景已四十多岁。进入中年的他医术日臻精妙,医学理论水平也大大进步。摆在他面前的主要任务是救死扶伤,积累更多的临床经验,同时广泛搜集医学古籍和治病验方。在他的心中对当官一事是十分淡漠的,但是,命运却偏偏把他推上了仕途,这就是不少古籍中记载“举孝廉,官至长沙太守”一段经历。

对张仲景是否做过长沙太守,由于当时的史志没有记载,最早提到的也只是唐朝甘伯宗的《名医录》。所以历代有不少人特别是现在有更多的人提出怀疑,认为张仲景没有做过太守这一职务。但认为张仲景做过长沙太守的意见还是占主流的,涉及张仲景的一些地方志中都有他做长沙太守的记载,在清朝的长沙府,还建有张公祠纪念张仲景做长沙太守。

张仲景一向心志很高,胸怀抱负,忧国忧民,而且他的忠君思想也是很浓厚的。正如他在《伤寒杂病论·自序》中所说:当今世上的许多文人名士,都不愿意学习医药学,而只是贪图名利,追随豪门贵族。却没有人知道,医学可以大有作为,“上可以疗君亲之疾,下以救贫贱之厄,中以保身长全,以养其生”。由此可见他不愿随波逐流,具有自己鲜明的个性,而且能体恤百姓的疾苦。因此,像他这样的人来到荆州之后,受到刘表的重视也就不足为奇了。而且张仲景在京都第二次拜访何颙以后,一直同文人名士有密切的交往。极有可能是,对表于初平元年(190年)赴荆州刺史任之前,在京都洛阳已经认识了张仲景,并且有过密切的交往,相互有一定的了解。因此张仲景来荆州投奔刘表时,深受刘表的欢迎和器重,进入他的幕僚集团。不久又被刘表察举为孝廉。

什么叫"举孝廉"呢？孝廉近似于秀才，同现代准备提任某一官职的候选人差不多。汉代当权者为了巩固与扩大封建统治基础，设立了"察举孝廉"和"贤良方正"等选拔官吏的制度，成为汉代地主阶级重要的做官仕途之一，这一制度始于汉文帝，至武帝成为定制。每年由丞相、列侯、刺史、守相等在自己管辖的吏民中选荐，再送到京都进行考核，通过的就任命官职。进入东汉以后，由于被举孝廉者往往被任命为郎的官职，更成为求仕进者必由之路。因此世家大族互相吹捧，弄虚作假，被推荐的大都是大地主、大官僚和富商大贾的子弟，以致"孝廉不廉"，"富贵者贤"的民谣广为流传。封建统治阶级的上层对此也深有体察，于是汉顺帝在公元133年限定孝廉的年龄必须满四十岁以上，不到四十岁的不准察举。执行这一规定很严格，如《后汉书·左雄传》记载：济阴太守胡广等十多人因违反这一规定获罪，被推举的新孝廉徐淑因不到四十岁，而被取消。纵然是这样，普通百姓根本无法得到荐举。

最早记载张仲景举孝廉的是唐朝甘伯宗的《名医传》，并认为是在灵帝年间被荐举的。当张仲景投靠京都的何颙后，何颙曾担任北军中侯，可能有资格推举孝廉，或者拜托他人推举张仲景，但张仲景年龄不及四十，是不可能被荐举孝廉的。而当张仲景离开洛阳，投奔刘表时，已经四十多岁了，刘表担任荆州的州牧职务，完全有资格推举孝廉。如果张仲景举孝廉是真的，那么在荆州被刘表推举的可能性最大。这以后公元198年，长沙太守张羡率零陵、桂阳三郡背叛刘表。刘表十分气愤，派兵围攻张羡，收复三郡。经过两年的战争，长沙等地一片荒凉，刘表委派张仲景出任长沙太守，希望他用仁慈之心来抚慰被战火围困多年的长沙人民，早日恢复生产。于是五十岁左右的张仲景当上了长沙太守，所以后人又有称他为"张长沙"的。他上任看，积极推行仁政，安慰民众，鼓励耕种，不到二年的时间，便把长沙治理得井井有条，百姓安居乐业。仲景深受刘表的赞赏，也为长沙人民所拥戴。

张仲景身居长沙太守官位，却时刻没有忘记自己的临床实践，时刻不忘救治百姓的疾苦。但在封建时代，做官的不能入民宅，也不能随便接近普通的老百姓，为了给老百姓治病，他煞费苦心，终于想出了一个办法，这就是千古美谈的"坐堂门诊"。

传说，张仲景选择每月的初一和十五两天，大开衙门，不问政事，让有病的老百姓进来，他堂堂正正地坐在大堂之上，挨个地仔细替群众诊脉治病。时间久了，形成惯例，以后每逢初一、十五的日子，他的衙门前就会聚集许多来自各方的病人等候看病。足见张仲景对百姓富有深切的同情心。为了纪念张仲景，后来人们就把医生坐在药铺里给人看病通称"坐堂"，医生就叫"坐堂医生"。再后来人们给药铺取名时，往往在名字后面附上一个"堂"字，象现在北京的"同仁堂"、天津的"济生堂"等，就是很生动的证明。

志趣所定，张仲景没有热衷于仕途。当时东汉政权已经名存实亡，曹操"挟天子以令诸侯"，封建割据势力不断争斗，硝烟弥漫了中原大地，官僚豪强穷奢极欲，残酷剥削劳动人民，使百姓民不聊生，极端困苦。目睹这一切，张仲景对以官救民彻底失去信心。更为严重的是，从曹操军营中发生的疾疫，开始四散传播，严重威胁着千万百姓的生命。于是仲景毅然挂官而去，深入民间，四处奔波，不辞辛苦，用他高超的医术挽救了众多濒临死

亡的病人。而且他积极钻研，认真从事攻克"伤寒"流行病的研究，在临床实践中积累了丰富的经验。经过不断归纳总结，他终于在公元210年左右完成了不朽的医著《伤寒杂病论》。这部著作的问世，使他对医学的新见解得以流传，并成为祖国医学的宝贵遗产。

大约也是在这一时期，张仲景收了两个徒弟。一个叫杜度，一个叫卫泛（又作卫汛）。这两徒弟深得张仲景医学真传。有关杜度的事迹，宋代张杲的《医说》引《仲景方序略》有记载，大意说：杜度是张仲景的弟子，"识见宏敏，器宇冲深"，淡泊名利，而十分崇尚救助贫穷弱小、乐善好施、心地善良，跟随张仲景学医，深受张仲景的喜欢，所以掌握了不少张仲景秘方验方，从而成为名医。卫泛事迹《太平御览》有记载。卫泛从小爱好医学，喜欢方术，颇有文采，少年时就拜张仲景为师。他写的《四逆三部厥经》《妇人胎藏经》《小儿颅囟经》三部医学著作，均发扬光大了张仲景的医学思想，在当时广为流传。杜度与卫泛两人刻苦用功，协助老师，为张仲景完成《伤寒杂病论》做出了贡献。

张仲景完成《伤寒杂病论》以后，继续在疾病灾区四处奔波，终因劳累过度，病逝于去给百姓治病的路上，享年约六十九岁。

精钻医术

汤液是医生用水煎煮药物为人治病的一种剂型，相传是由"伊尹创制汤液"的。伊尹是商汤的大丞相，有很高的治绩。他更善于烹调，又懂医学，摸索用调和汤味的调味品如桂、姜、甘草、大枣、芍药等制成了汤液，开创了多味药配方的汤液治病的先河。伊尹发明汤液只是传说，实际上它的出现是有其必然性的，随着药物品种的增加，用药经验的积累，人们有可能根据病情，选用多种药物，同时，食物烹调技术也不断发展，使人们开始将多味药配方加水煎煮的尝试，这样汤液便应运而生。汤液的发明，促进了医学进步，它在临床治疗疾病的实践中，越来越发挥巨大的作用。张仲景在运用汤液治疗疾病方面深有造诣，并相继发明了不少新的配方，所以后代又有人称他为"众方之祖"。

在了解医学的发展史时，必须对医与巫的关系也有所了解。巫产生于原始社会末期，盛行于奴隶社会的殷商时代。由于人类的宗教迷信和鬼神观念，出现了一种沟通人和鬼神关系的人，这就是巫，据文献记载，巫师的主要职司是掌管占卜，从事奉祀鬼神，为人祈福禳灾等，同时又分管天象和医疗活动。由于奴隶主统治阶级的需要，巫师的地位越来越高，如商代的巫，不仅掌管祭祀、祈祷、占卜吉凶等迷信活动，而且以神的代言人身份参与国事，在国家政权机构中占据了重要地位。因此当时的科学文化知识，都成为宗教职能的附庸，医学也是如此。于是产生了专门从事医疗活动的巫，又称巫医。《山海经》里列举了十大巫医，其中的巫彭、巫咸是殷王朝的著名大臣。

巫医治病都离不开宗教迷信活动，在诊断疾病时，采用占卜来探明病因；而在治疗时，一般采用祭祀、祈祷和巫祝等方法，其中的巫祝一直流传于后世，有"祝由科"之称，也有人认为巫祝是现代心理疗法的鼻祖。巫医认为疾病是由某种超自然力量引起的，所以

治疗也必须借助于超自然力量，这在现在是很可笑的，但在古代这种观念却深深扎根在我们先人的心中，一直束缚着古人的思想，阻碍了他们去客观认识世界，发现真理。随着生产力的发展，科学技术的进步，人们对鬼神观念逐渐开始动摇。于是各种先进的思想纷纷从巫的鬼神观念束缚中解放出来，开创了春秋战国时期"诸子蜂起，百家争鸣"的活跃局面。医学也在这时开始从巫医手中逐渐挣脱出来，尤其是职业医师的出现，加速了医与巫医的分离，极大地推动了医学的进步。由此可见，医与巫在历史上的确有过一段难于分割的关系，古体的医又写作"毉"，从巫，正是巫医时代的最好佐证。但那种认为"医源于巫"的观点却肯定是片面的。

　　早期的祖国医学有三个方面的主要内容，即《礼记·曲礼》所载"医不三世，不服其药"的"三世医学"。具体包括：第一，从伏羲制九针到著成《黄帝针经》；第二，由黄帝岐伯论经脉到著成《素女脉诀》；第三，由神农尝百草到著成《神农本草经》。前两个方面逐步发展成秦汉时的"医经"学派，后者则发展成"经方"学派。关于"三世"，近代有人解释作"三代"，认为是经父子相传的三代医家，这是错误的理解。"医不三世，不服其药"告诉我们，要想做一个高明的医生，必须尽可能全面地掌握医学知识，不能满足于一知半解；以偏概全往往会阻碍医学的发展。这句话在祖国医学史上具有重要意义，历代不少医家满足于师传，因循守旧，更有不少庸医剽窃名医的经验，抱残守缺，不仅严重阻碍了医学的进步，而且还害人匪浅，在医学史上有过惨重的教训。

　　战国时期，出现了不少具有全新医学思想的职业医师，象民间医生扁鹊就是一个代表。那时的医学教育是通过师承接受进行的，如扁鹊学医于长桑君，而授弟子有子阳、子豹等人。太仓公淳于意学医于公乘阳庆和公孙光，其弟子有宋邑、高期、王禹、冯信、杜信、唐安等。这种不同的师承关系，促成了不同医学流派的产生，引起学术思想的争鸣，在很大程度上对医学的发展起推动作用。

　　据《汉书·艺文志》记载，秦汉时期有"医经七家"和"经方十一家"两大医学流派。"医经"即"原人血脉、经络、骨髓、阴阳、表里，以起百病之本，死生之分，而用度箴石汤火所施，调百药齐和之所宜"。"经方"即"本草石之寒温，量疾病之浅深，假药味之滋，因气感之宜，辨五苦六辛，致水火之剂，以通闭解结，反之于平"。前者相当于现代的"基础医学"，源于古代针灸与诊脉学派，扁鹊、华佗是这派的优秀代表。后者相当于现代的"临床医学"，源于神农本草、伊尹的汤液，太仓公、张仲景是这派的杰出人物。《汉书》的七家医经，流传至今的只有《黄帝内经》一家，而十一家经方却没有一部保留下来。《黄帝内经》是我国现存最早、比较系统全面阐述医学理论体系的古典医学巨著，全书包括《素问》《灵枢》两部分，计十八卷，一百六十二篇。它是医经学派研究医学所取得的辉煌成就，也是中医学基本理论初步确立的标志。

　　但是在张仲景以前，限于当时历史条件，先进的医学知识传播缓慢，而且师承授受关系十分严格，使医经、经方两大学派自成体系，各自发展，像医经派巨著《黄帝内经》及稍后的《难经》绝大部分篇幅是讨论针灸相关内容。因此两大流派互不交流，难以沟通，致使医经学派的先进理论不能及时被借用来指导经方学派的临床实践，经方派的临床医学因而进步缓慢。因此,促成两大医派学术思想的沟通交流是祖国医学发展的必然趋势,而真正能够融会贯通两派的学术思想,用医经派先进理论指导经方派临床实践的第一人,就是张仲景。由于他的积极倡导,祖国医学理论与临床实践开始走向水乳交融,从而推动临床医学发生质的飞跃。

现在让我们去追寻医圣平凡而伟大的轨迹。

张仲景对祖国医学具有深厚的感情,不以医生的地位低下为耻,发奋学医,矢志不渝。他之所以能在医学领域取得辉煌成就,同他严谨认真的治学态度分不开,他在《伤寒论·序》中提倡的"勤求古训、博采众方",成为他求学行医的座右铭。

张仲景师承经方学派的张伯祖,最先接触到的是经方家关于药物、方剂及其临床治疗的基本知识。在当时,经方又称"禁方",表示极为珍贵,不轻易传人之意,这与后代所谓"真方""要方""良方""秘方""验方"相似。许多临床医生,得到经方后据为己有,十分保密,就连自己的徒弟也不肯大方传授。如扁鹊的老师长桑君,"出入十余年,乃呼扁鹊私坐",方才毫无保留把禁方授给扁鹊。长桑君尚且如此,其他医生也可想而知。所幸张伯祖是一位明师,他十分赞赏张仲景诚实勤快、虚心好学、酷爱医学的态度,故倾其所私,悉心传授,毫无保留,很快,张仲景"尽得其传",小有名气。但是张仲景没有沾沾自喜,自我陶醉,他不满足于只精通经方家学,而是以此为起点,开始向更高目标的追求。

张仲景善于思考,详于分析,"用思精"、爱刨根问底更是他的特长。他深刻体会到经方派临床医学没有先进医学理论指导的缺陷,要想在经方一派内有大的作为是十分艰难的,而且一般的临床医生"不念思求经旨,以演其所知",只满足于师傅的口传面授;凡是老师说过的,便奉为金科玉律,一律照搬,这就是所谓"各承家技,始终顺旧"。于是,这样师徒相传,一代不如一代,医学理论极为肤浅,治疗方法少得可怜,经方家法实在难以弘扬,只留下越来越少的"经方",让这些庸医们按图索骥,依方找病。而且这些医生的医疗作风十分马虎,"省病问疾,务在口给",检查病人时"按寸不及尺,握手不及足;人迎趺阳,三部不参;明堂阙庭,尽不见察",观察粗心,诊断预后模糊不清,"相对斯须,便处汤药"。不管自己的诊断正确错误,所处的方药对不对症,一切听天由命,侥幸获中,便说自己技术高明,贪天之功,据为己劳;如果治不好,就埋怨病人疾已太重,延误了时机,从不去考虑自己技艺不精,误治害人。这种现象当时极为普遍,《汉书》就载有当时流行的一句民谚,叫"有病不治,常得中医"。中(音 zhong 种)即符合义,整句话的意思是:庸医杀人。"以热益热,以寒增寒;以愈为剧,以生为死",因此有病与其被庸医误治,不如不治,反而常能符合医理。这是对庸医害人的深刻讽刺。

张仲景对临床医学如此状况十分痛心,对庸医不认真钻研医理,因循守旧,敷衍塞责的治学态度极为愤恨。有鉴于古人"医不三世,不服其药"的遗训,他立志要创新医学,改变临床医学的落后局面。于是他冲破了经方家学的限制,断然勤求古训,广泛搜集各种医学书籍,并把视角投向其他学科,如老庄的道家思想、孔孟的儒家伦理及其他名贤的哲学著作,他都广泛涉猎,细心阅读,深刻领悟。他更仔细研读《素问》《灵枢》《八十一难》(即《难经》)、《阴阳大论》《胎胪药录》等古代医书。这其中大部分是经方学派之外的医

家著作,尤其是《素问》《灵枢》(即《黄帝内经》)中先进的医学理论,深深吸引了他,令其爱不释手。经他多年的钻研领会,分析综合,并紧密结合自己的临床医疗实践,终于总结提炼出一套新的、适合指导经方家临床治疗的医学理论,实现了医经学理论与经方家临床的有机结合,使临床医学风貌从此焕然一新。这一套崭新的医学理论,就是辨证论治体系,它成为我国临床医学迅速发展的重要标志。近一千八百年来,这一理论始终有效地指导中医临床实践,成为历代医家遵循的准则。

张仲景能创立辨证论治的理论体系,不单是他能够"勤求古训",更重要的是他能博采众长,活用而不照搬;采医经学所长,补经方家之短。正如现代伤寒学大师赵恩俭在其《伤寒论研究》一书中所说:

仲景最大的贡献是他对疾病的脉证,用辨别分析的方法去对待,去认识、去处理。《内经》《难经》诸书,虽然对于疾病亦有辨别分析的观点,但多是概念上的,到了具体论述疾病时,主要还是罗列症候。我们见到的"经方"一派的医简,亦是如此,但仲景之书就不同了,他将"医经"的某些理论与技术,主要是六经脏腑和脉法等,与"经方"的制方用药结合起来,加以发展提高,用分析的方法去论病,根据病情予以治疗,建立起一整套以凭脉辨证,制方用药为内容的辨证论治方法,建立起主客观相一致的,通过实践以体现理论的临床医学体系。仲景以他的伟大业绩,丰富提高了"经方"一派的内容,奠定了临床医学的基础。他说"撰"用《索问》《九卷》(即《灵枢》——引者注)等,唯其撰而能"用",才能使"医经"家言到了他的手中,就为他所用,而改造发展了它们的内容,使他们适于方剂治疗的需要,而与"经方"融为一体。皇甫谧说他"论广伊尹汤液经法",唯其论而能"广",才能使"经方"的内容发生变化,得到重大的发展。而这些又在他所创立的辨证论治的法则中,发挥着更大的作用。仲景不但通过著作给我们留下了珍贵文献,他善于学习、善于运用、善于取师,善于取资的在学术上做出了伟大贡献的治学方法和"极深研几""推阐入微"的临证思辨方法,亦都给我们做出了光辉榜样,永远指导着医学实践和医学研究的正确方向。

这是对张仲景"勤求古训"治学方法的最好评价。然而张仲景并不是一开始就懂得这一道理的,而是他在学医生涯中不断摸索,不断总结才悟出来的。为此,他甚至还走过某些弯路,经受过挫折。《古代名医的传说》中一则"勤学出名医"的小故事很能说明问题。大意是说:

仲景在巡回医疗途中碰上一个伤寒病人,经过两天用药治疗,病情丝毫不见好转,弄得他束手无策,碰巧,这时同乡父辈名医张伯祖外出看病回来,张仲景就去拜访请教。他向张伯祖说明病人的情况后,两人便一同前去给病人诊治,经过用药,病情很快好转。张仲景惊叹不已,就问:"伯父的医道真高,是从哪里学来的?"张伯祖听后,笑笑说:"我行医多年,也没有什么经验可说,但却悟出一个道理,那就是,要想成为一个好医生,必须勤求古训,博采众方。"张仲景恍然大悟,于是拜张伯祖为师,精心钻研医学。从此师徒两人白天一起为民众治病,夜晚张伯祖向张仲景传授医术。寒暑往来,不知不觉三年过去了,仲景在老师的指导下,读完了《内经》《难经》《胎胪药录》等书籍。平时,他还处处留心观察，搜集了许多民间治病的验方。张伯祖看仲景这样勤奋好学，心里有说不出的高兴，便倾其所有传授给仲景。

从此，张仲景的医术出了名，找他治病的人越来越多。有一年夏天，张仲景到桐柏山去采药，路过山脚下的一个村子，听到阵阵哭声。一打听，原来这个村子里正闹伤寒，并且死去不少人。有一户人家，老两口唯一一个儿子得了伤寒，生命垂危，老母亲抱着儿子，哭成了泪人儿。只听有人说："多好个后生，怕是没指望了。"又有一个人说："要是南阳那个张仲景来咱这里，孩子就有救了。"这时，张仲景便走进屋里安慰道："老妈妈，不要哭，让我来看看，也许还有救！"老两口见走进一个眉目清秀、堂堂正正的中年人，便马上起身让座，仲景给病人诊了脉，又摸摸肚子，沉思片刻对病人的母亲说："老妈妈，你儿子得的是伤寒症，因耽误了，病已入内，现在要吃点凉药通通大便，把病邪泻出去，就好了。我给你们开个方子。"老两口听了，将信将疑照着做了。经过两天的精心治疗，病人一天天好了起来，老两口连声道谢，连称仲景"救命恩人"。村里人听说来了名医，纷纷来找他给治病，仲景就在村里住下来，很快把全村的病人都治好了。当人们知道他就是张仲景时，个个赞不绝口："真是个医圣！真是个医圣！"

我们知道，张仲景是因为得到当时社会上层的文人名士的帮助，才使他有机会接触众多书籍，实现自己"勤求古训"的目标。然而要想在当时社会状况中，做到"博采众方"却是十分不易的。因为当时的临床医生十分看重自己手中的药方，轻易不肯示人，特别是对同行医生更为保密，这样就给仲景的采集工作带来很大阻力。但张仲景硬是以他那超凡的不耻下问、谦虚好学的博大胸怀，完成了"博采众方"这一历史使命，广泛搜集到不少古今治病的有效药方及奇法，甚至民间验方也尽力采集，使他在《伤寒杂病论》一书中共载不同药方二百六十九首，使用药物二百一十四味，基本概括了临床各科的常用方剂。其中的真武汤、青龙汤、白虎汤等，据说是从懂医的道士那里采集的，还有救自缢的人工呼吸法也是从乡人那里学到的。

张仲景的医术日益长进，名医的声望也四散传播，但他没有骄傲自满，从不以名医自居，而是继续虚心向其他有才能的医生学习，深入民间搜集有效的医方治法。传说仲景得知茅山清云观上有一老道，善用梨子治疗消渴重症（现在叫糖尿病），便跋山涉水，不远千里拜谒老道，虚心求教。据《南阳人物志》记载，张仲景还深得名医杨励公的真传，"精于治疗"。特别是关于年轻的张仲景"襄阳访医"的传说十分感人，一直流传至今。

这一年，张仲景的弟弟要外出做生意，临行时对仲景说："哥哥，我这次要出远门，你给我看看，日后会不会有大病。"哥哥给弟弟仔细抚脉后说："哟！明年只怕你要长个搭背疮！"弟弟惊讶地说："哎呀！常听哥说，疮怕有名，病怕无名。长个搭背疮，我眼看不见，手摸不着，这怎样治呀？"张仲景说："不要怕，我给你开个药单，到疮发时，服了这副药就可以把疮挪到后臀部软肉上。日后谁识得搭背疮，就叫谁医治。记住！谁治好了，赶快写信告诉我。"于是弟弟放心地走了。

张仲景的弟弟到湖北做了一年的生意，第二年在襄阳，有一天突然觉得脊背上疼痛，果然生一疮，忙照哥哥开的药单取药煎服，不几天，疮真的从屁股上发出来了，他求遍襄

阳的郎中，这个说是疖子，那个说是毒疮，都认不出，拿不准。后来，同济药堂有个名医，医术高超，人称"王神仙"，他看后笑着说："这原是个搭背疮嘛，是谁把它挪到屁股上的？"弟弟如实回答："是我哥哥挪的。"王神仙说："他既然能挪，一定能治啦！"弟弟说："他远在南阳，远水不解近渴，还请先生劳神给治治！"王神仙当下开了药方，弟弟吃了药，又贴过几张膏药，不多久，疮就好了。他立即给哥哥写信告知此事，张仲景看信后，十分高兴，立即备齐盘费，打点行装赶往襄阳。

这天清早，襄阳同济药堂大门前，站着一个身背行李，手拿雨伞的年轻后生，他向管事的央求说："我从河南来，生活没有着落，请贵店收留我当个伙计吧！"王神仙闻声从药店走出来，他见后生年轻利落，询问一番后说："好吧！我这里正缺人，就收你当个炮制药材的伙计吧。"这个后生，就是张仲景。

从此，张仲景就在同济药堂住下来，他聪明好学，医理精通，不但熟悉各种草药的性能，而且炮制药材也干得又快又好，没多久，就被王神仙替换到药铺里当司药。他一边管药，一边留心王神仙看病，店里的人有个头疼发热，也来找他诊治，大伙都称他是"二先生"。王神仙看这"二先生"确有两手，就更加器重，让他做了自己的帮手，王神仙抚脉再叫他摸摸，好让他明白病在哪里，怎样医治。张仲景把这些医理深深记在心里，写在本子上，并仔细思考，反复琢磨，就这样度过了一年。

一天，有个骑驴的老者急匆匆来到药店，说他儿子得急症，请上王神仙去了，约莫半个时辰，老者拿回个药方采取药。张仲景见药方内有毒药藤黄，知道病人肚内有虫。但又见藤黄只开了五钱，就迟疑了一下，随后抓了药叫带走了，不一会儿，王神仙回来了，他下了驴就要到后院去歇息。张仲景忙走上前说："先生慢走！病人很快还要来请的。"王神仙惊奇地说："病人好啦，还来做什吗？"张仲景说："恕学生直言。藤黄能毒死病人体内的虫，但要一两的量才行。先生只开五钱，只能把虫毒昏，等它返醒过来会更凶恶，再用药也不灵了，只怕病人还有性命危险哩。"王神仙听了正在半信半疑，忽然那老者心急慌忙地跑来，呼叫："王先生，不得了啦！我儿疼得死去活来，你快去救救我儿。"王神仙顿时慌了手脚，急得额上直冒冷汗，在店里左转右转不敢去，张仲景看了，上前说："先生，不管是吉是凶，学生冒昧，情愿替先生走一趟。"当下骑着毛驴去了。

这时候，病人疼得在地下直打滚。张仲景一看就知道是虫在作怪。只见他不慌不忙，掏出三寸银针，叫病人脱下衣服，看准穴位，捻动手指，照着虫的头部刺了过去，虫头被刺中，死命地挣扎。只听病人疼得哎哟一声，昏了过去。老者大惊失色，张仲景却笑呵呵地说："别害怕，虫已经被刺死了。"说完，只见病人呻吟两声醒了过来。张仲景又开了泻药，让病人吃下。不多时，一根尺把长的大虫被排泄出来，病人终于得救。

王神仙知道后，又惊又喜，问："二先生，你到底是什么人？"张仲景不能再隐瞒下去，如实回答："我姓张名机，字仲景，到这里拜师学医来啦。"王神仙说："哎呀呀，可不敢当！"立刻摆宴款待。后来张仲景回到南阳，两人还相互交往，成了好朋友。

这则故事是对张仲景虚心好学精神的深刻写照，正是这样，医圣张仲景才能实现博采众长的目标。也正因为他能做到"勤求古训，博采众方"，才使他能够放眼当时的医学

界，从医学理论到临床实践得到全面和高层次的修养，使当时乃至后代许多医生都望尘莫及。

张仲景还十分重视药物采集，做到身躬力行，积累了不少药物学知识。南阳，东有桐柏山，西有伏牛山，北有熊耳山，南有汉水，盛产药材。今日的伏牛、桐柏二山就有中草药两千多种，可谓天然药库。东汉时期，大部分药物虽未被认识，但张仲景所用的二百一十匹味药物却绝大多数产于南阳。《南阳人物志·古琴记》记载这样一则传说。

有一天，张仲景上桐柏山采集药草，深山密林，只见悬崖峭壁，不见人影。突然有个老者面带愁容，要求张仲景给诊治疾病。张仲景坐下来一摸脉，心中大为惊讶，他说："奇怪，你手的脉根本就不是人的脉，到底什么原因呢？"那人只好如实回答："请先生莫怪，我不是人，而是峄山（在今山东省邹县）上一只生病的老猿。听说先生医术高明，特到此山等候。请求先生救我一命。"于是张仲景从随身带的药囊中取出一粒药丸给老猿，老猿一吃病就痊愈，心中敬佩不已，感激之至，第二天便从峄山扛来一根巨木，对张仲景说："先生请莫见笑，献上一根'万年桐'报答救命之恩，恳请先生笑纳。"张仲景只得收下，并把巨木削断，做成二把精美的琴，一把叫"古猿"，一把叫"万年"，用来纪念这次奇遇。

这虽是一则神话式传说，却反映了医圣张仲景高超的医术，同时也描绘了他不畏艰险、攀山采药的情景。

张仲景之所以能铸炼出高超医术，还在于他有严谨的科学态度，不信鬼不信神，大胆倡导新医学，旗帜鲜明地反对神权迷信，始终同巫医神婆进行着不屈不挠的斗争。

进入春秋战国的封建社会，医同巫进行了殊死的斗争。虽然从绝对的医学理论来说，这一阶段的医学已从巫术宗教医学中解放出来，取得独立地位，但从整个社会来说，巫医的势力还十分强大。巫医十分仇视宣传科学医学的医生，甚至不择手段加以谋害，像战国时的名医扁鹊，毕生以自己精湛的医技与巫医做斗争，明确提出"信巫不信医者不治"，因此深受巫医们的憎恨，以李醯为首的巫医们终将扁鹊谋害致死。由此可见，巫医的社会地位还很高，他们对人民群众的毒害影响还很深。即使在科学发达的今天，还时有巫婆"跳大神"坑害民众的报道，在古代更可想而知了。另外，巫医也窃取当时的医学成果，掺杂在巫术中骗取病家的信任，如东汉时有一个很有名的巫医，叫费长房，他就能"医疗众病，鞭笞百鬼"。之所以治病有效，是因为他们手中掌握了秘方，却假鬼神以神其技。在仲景时代，更有一班自命有才华的人信奉鬼神，从不留意医药、精研医术，"但竞逐荣势，企踵权豪，孜孜汲汲，唯名利是务；崇饰其末，忽弃其本，华其外而悴其内。皮之不存，毛将安附焉"？当突然重病缠身，"患及祸至，而方震栗"，或"降志屈节，钦望巫祝，告穷归天，束手受败"或"赍百年之寿命，持至贵之重器，委付凡医，恣其所措"。从《伤寒论·序》中我们可以看出，张仲景对当时社会风气颓败，一般士大夫轻视医学而一味追逐名利权势与荣华富贵的嘲讽抨击，也能看出张仲景对巫祝庸医害人杀人的痛恨。因此，仲景一有机会总是要揭露巫医骗人的伎俩。

有一次，仲景巡诊遇见一个妇女，一会儿哭一会儿笑，老是见神见鬼的，显然受过某种刺激，精神不正常。家人听信巫婆的欺骗，以为"天神降怒，鬼怪缠身"，请来巫婆为病

人"请神驱鬼"。但却怎么也除不了"病邪"。仲景仔细观察了病人的气色,详细询问了发病原因与经过,就对病人家属说:"这妇女根本不是什么鬼怪缠身,而是得了'热入血室'的病,完全可以治好。真正的鬼怪倒是那可恶的巫婆,千万不能让她缠住病人。"在征得病人家属同意后,他为病人扎了一针,病人便恢复了健康,也不再见神见鬼了。还有一个孩子,一到晚上就说胡话,父母很恐慌,巫医趁机胡诌说是鬼缠身,用咒语符水折腾一通,结果病情反而加重,父母更焦急,便请来张仲景。仲景仔细抚脉验舌,摸过孩子的胸口与头颈,之后郑重地说:"这不是鬼缠身,而是热病,一到晚上就发高烧,就会说胡话,你们今后千万别再去相信巫医那一套骗人的把戏。"说完配好药给病孩服用,不久小孩的病就痊愈了。(见《中国古代著名医学家》和《名医治学录》)

张仲景就是这样用他那超人的胆识和精湛的医术,在临床实践中不断向巫医提出挑战,并用铁的事实来后发被鬼神迷信毒害至深的百姓。不仅如此,他在《伤寒论·序》中,明确提出无神论观点,他说:"厥身已蔽,神明消灭,变为异物,幽潜重泉。"意思是:人死了就停止了一切神志活动,不是变为"鬼魂",而是变成另一种形态的物质,被深深地埋在地底下。这即是他勤求古训,吸收古代朴素唯物主义哲学家的思想,也是他积数十年临床经验的深刻体会。正是由于他有先进的哲学思想做指导,吸取了当时医经学派先进理论的精华,同时广泛采集经方学派的临床经验和各种有效的治法,以及他自己在数十年临床中积累了丰富经验,终于使他对祖国医学做出了不朽贡献,写下了光辉的临床巨著《伤寒杂病论》(又称《伤寒论》)。该书成为中医学经典著作,他也被后人称为"医宗之圣"。

辨证论治

张仲景对祖国医学究竟做出了什么贡献呢?据《简明中医辞典》释"张机"条:"东汉杰出的医学家,被尊为'医圣'。字仲景,南阳郡人,生活于公元二世纪中叶至三世纪。广泛地研究了《内经》等古典医籍,博采劳动人民治疗疾病的经验,结合自己的临床实践,写成《伤寒杂病论》。首倡对伤寒六经辨证和杂病八纲辨证原则,奠定了中医辨证论治基础,对中医学发展有很大影响,其诊治原则和具体方法,至今多数仍然行之有效。他的著作后人整理成《伤寒论》和《金匮要略》两书。"

可见,张仲景对祖国医学最大贡献,是他所著的医学巨著《伤寒论》。该书奠定了辨证论治的基础,从而后代医生有了可以遵循的准则,《伤寒论》《金匮要略》两书,同《黄帝内经》《难经》一起,被后人奉为祖国医学四大经典巨著。

什么叫"辨证论治"?即首先运用各种诊断方法,辨别各种不同的症候,对病人的生理特征以及时令节气、地区环境、生活习俗等复杂因素,进行综合分析,研究其致病原因及发病学普遍性和特殊性规律,然后确定相应恰当的治疗原则和处方用药。

张仲景发明辨证论治原则是祖国医学发展到东汉时期的必然趋势,是医经学和经方学相互结合的必然结果,从医经学派这一方面来说,虽然《黄帝内经》已基本上奠定了祖

国医学理论体系,但许多地方还缺乏更充实的实践经验,特别是药物方剂的运用方面更少,因此基本理论和临床实践之间,很难紧密联系,使理论对实践的指导作用很难发挥出来。如《黄帝内经》虽然认识到各种疾病的基本病变是虚实、寒热,并提出按"补虚泻实,清热温寒"的原则来治疗,但是哪些药物、方剂能起补或泻、清或温的作用,没有长期的实践经验是很难总结出来的,而这些问题不解决,这些治疗原则就不可能充分运用,原则本身也很难更加具体和明确。因此《黄帝内经》提出的补虚泻实原则,主要讨论的是针灸手法;对于寒热病变,也只提出"阳病治阴,阴病治阳"的笼统原则,而清热温寒的具体疗法还根本未提。这样,如何将《黄帝内经》的先进理论运用到药物、方剂的临床实践,就成为经方学派面对的重大课题。

再从经方学派的临床实践来看,不少临床医生已经体会到经方家依方对病、按图索骥的缺陷,因此不自觉地遵循了"辨证论治"这一基本原则,但都是零散模糊的,还没有形成系统完整的一套临诊方法。如1973年长沙马王堆出土的帛书《五十二病方》中,于疽病(化脓性外科疾患)标题下有这样一首药方:"治白蔹、黄芪、芍药、桂、姜、椒、茱萸凡七物。"并根据疽病的不同类型,调整主药的剂量,强调"骨疽倍白蔹,肉疽倍黄芪,肾疽倍芍药",体现早期辨证论治思想。1972年甘肃武威县旱滩坡出土的汉代医简(简称武威汉简),记载了东汉初在祖国医学经方学派的成果,说明临床医家在治疗上根据辨证论治原则予以不同处方。如对外感引起的伤寒病,选用"治伤寒逐风汤",方内选用附子、蜀椒等温热散寒药,治疗七伤(阴寒、阴痿、阳衰、精自出等)所致的虚劳内伤病,选用肉苁蓉、杜仲、续断、牛膝等补肾药物。这些正是"寒者温之、虚者补之"辨证论治法则的具体运用。而"治久咳上气喉中如百虫鸣卅岁以上方"及"治久咳逆上气汤方",则为同病异治的辨证论治法则的具体运用;"五癃皆药治之"又为异病同治的辨证论治法则的具体运用。正是因为经方家在临床治病时,不自觉地实践着辨证论治方法,并积累了丰富的经验,使得仲景在充分掌握经方家丰富的临床经验后,一旦接触到《黄帝内经》的古训时,心中豁然开朗,开创了自觉运用辨证论治原则的先河,并促使辨证论治原则成为系统的理论,为后人指明了正确的方向。可以说,祖国医学现行的一套诊断和治疗疾病的方法,正是通过张仲景辛勤劳动才逐步完善起来的。

辨证论治原则具有理、法、方、药一整套严密的理论思维,即依理立法,据法处方用药的思维过程,构成中医学基础理论的核心内容。辨证论治要求医生应具备全面的医学理论知识和丰富的临床经验及敏捷的应变能力,才能够不被疾病错综复杂的表面现象所迷惑,透过现象看本质,抓住疾病的原因和机理,据此理制订出正确的治疗方案。医生运用所掌握的知识,把在诊察病人所获得的初步印象,经过综合分析,加工整理,获得病人得病缘由,这个过程就是"辨证"的过程。辨证的正确与否,直接决定着治疗效果的好坏。

现代中医学具有经络辨证、六经辨证、脏腑辨证、卫气营血辨证、三焦辨证和八纲辨证等模式。经络辨证包括手足太阳经、手足阳明经、手足少阳经、手足太阴经、手足厥阴经十二经;六经辨证包括太阳、阳明、少阳、太阴、少阴、厥阴六经;脏腑辨证包括肝与胆、心与小肠、脾与胃、肺与大肠、肾与膀胱五个脏腑局部(子系统)所组成;卫气营血辨证是

把人体自外向内分成卫分、气分、营分、血分四个不同层次；三焦辨证把人体目上而下横断为上焦、中焦、下焦三部分；八纲辨证是以上述各种辨证为基础，从中提炼出表、里、寒、热、虚、实，然后把表、热、实高度概括为阳，里、寒、虚高度概括为阴，从而成为高于各种辨证模式的最高级控制，适用于各种病症，具有广泛的指导意义。虽然经络起源最早，但正式形成辨证模式适用到临床，还是以张仲景《伤寒论》六经辨证开始的。八纲虽然后来作为辨证模式最高一级的概括，使用最广，但它的来源和基本内容与方法等，还是出自六经辨证，主要是从六经辨证中孕育出来的。

祖国医学之所以特别强调辨证，这是千百年来广大医务人员的经验积累和智慧结晶。就拿医圣张仲景来说，在他的临床实践中也是有过深刻教训的。

据说有一次，两个病人前来找仲景治病，都说头痛、发烧、咳嗽、鼻塞。询问下来，原来两人都曾淋过一场大雨。切脉时，第一个病人马上切到了搏跳，手腕上微微有些汗出；而第二个病人的脉搏跳得较快，但手腕上却没有汗水。青年仲景虽然发现了一个有汗一个无汗，却没有重视这个微小的差别，诊断两人都患上相同的感冒病，给他们各开了剂量相同的"麻黄汤"（麻黄、杏仁、桂枝、甘草），来发汗解热，祛散风寒。第二天，张仲景到第二个病人家里去探望，病人说，服药后出一身大汗，只觉全身松快，病好了一大半，张仲景嘱咐病人再服一剂麻黄汤，等汗热发尽即可痊愈。接着张仲景又来到第一个病人家里，出乎意料之外的是，这个病人虽然也出了一身大汗，但头痛反比昨天更厉害了。张仲景吃了一惊，这才想起，昨天检查病人时，一个手腕上有汗，一个却无汗，自己只考虑到两人发病原因和所受邪气相同，表面的症候一样，脉搏的差别也不大，却忽略了有汗无汗的差别。没有汗的感冒病人，服了发汗解热的麻黄汤，邪随汗出，病情当然立竿见影好转。而本来就有汗的那个感冒病人，他的体质不如第一个病人强壮，正气已有虚弱，当再服发汗的麻黄汤时，则是汗上加汗，反而更虚了。于是仲景立即采取补救措施，改变方法，用桂枝汤（桂枝、芍药、甘草、生姜、大枣）给已发汗的病人服，这样病情才逐渐好转起来。原来麻黄汤适合于无汗表实证感冒病人服用，而有汗的感冒病人属表虚证，只能服用桂枝汤。

这一教训，引起了仲景的深思，为什么同是感冒一病，就因为有汗无汗，却产生天壤之别？感冒一病相对来说比较简单，如疫疠等急性传染病以及脏腑内伤岂不更为复杂吗？在这错综复杂的疾病变化中，有没有某些共同的规律，只要抓住了这些规律，就能提纲挈领，认清疾病内在的矛盾变化，从而化复杂为简单，掌握诊治疾病的主动权呢？于是仲景将自己的精力投入到这项研究中，广泛吸取前人的临床经验，借鉴《黄帝内经》的基本理论，结合自己的临床实践，终于发现了"证"这个具有特殊内涵意义的概念。

任何一种疾病都可根据病因的不同、病邪的多寡、患者体质的强弱、居住地区的差别、四季气候的冷暖等因素，划分为不同的"证"，从而根据疾病证的不同，采取不同的治疗措施。因此，即使是相同的疾病，由于具有不同的"证"，也须要采取不同的治疗手段，选用不同的方药，这就是"同病异治"。如麻黄汤治无汗感冒、桂枝汤治有汗感冒就是一例。而有些不同的疾病，却因为具有某一相同的"证"，则可采用相同的治疗手段、选用相同的方药，这就是辨证施治的"异病同治"。如麻黄汤，既可用来治疗风寒感冒的表实证，

又可用来治疗肺气不宣的咳喘。这是因为两者都属感受风寒邪气，只不过部位不同而已。

采用"辨证"来"论治"，正是张仲景革新祖国医学取得的突破性成就，辨证论治理论体系的建立是祖国医学尤其是临床医学光辉的里程碑。在张仲景之前广泛采用的是"辨病施治"，这一方法也是我们祖先在广泛临床经验积累中产生的，对早期祖国医学曾做出过巨大贡献。但随着医学的不断发展，辨病施治方法跟不上临床医学的发展，尤其象仲景尖锐批评的那些庸医"不念思求经旨，以演其知""各承家技，始终顺旧"的辨病施治方法，完全是生搬硬套，极大地阻碍了临床医学的发展。张仲景顺应历史潮流，在前人辨病论治的基础上，创造性地发明了辨证论治。

病和证是一个整体，但两者之间又有一定的界限。对病的认识是在证以前，更在辨证以前，但早期的病往往就是一个证候。随着经验丰富，认识提高以后，病与证就产生了分化。病不再是简单的一个证候，而是多种情形表现的症状群。质言之，病是根据证，由证所确定的症状群，反过来说，证就是病的基础，抓住了证，就抓住了疾病的主要矛盾，这就是张仲景强调辨证的根据。一般说来，病更趋向确定和稳定，而证更趋向机动灵活，但确定稳定不等于固定死板，机动灵活不等于没有原则。由于客观条件不同，临床证候表现"万变"，但在这"万变"中始终有一定的道理（规律性）；只要抓住了这个"理"，就抓住了本，就能应付临床无穷之变。张仲景在行医和撰著《伤寒杂病论》过程中，从一开始就没有用"病"这个具有稳定性的范畴束缚自己，而是采用相对活动的"证"，来解放自己的思路，因而在古代自然科学条件下，张仲景使祖国医学尤其临床医学发生了飞跃。

总之，病需要用证来加以修饰，证要由病来加以控制，病是相对静的，证是相对动的，两者的统一正是体现了朴素的辩证法思想。古代自然哲学乃至于医学，在理论上一贯认为事物是以运动为主的，即变化是绝对的，稳定是相对的。具体体现在祖国医学临床上，必然十分重视辨证。我们纵观张仲景《伤寒杂病论》全书，其中处处闪耀着辨证论治的光辉，尤其体现在对"伤寒"的六经辨证和对"杂病"的脏腑辨证。而六经辨证和脏腑辨证则是八纲辨证的雏形。

"伤寒"一词，最早见于《黄帝内经》《难经》等书，有广义狭义之分。广义通称外感热病，狭义专指单纯触冒寒邪致病。如《素问·热论》言："今夫热病者，皆伤寒之类也。"《难经·五十八难》："伤寒有五，有中风、有伤寒、有湿温、有热病、有温病。"张仲景《伤寒杂病论》论述"伤寒"内容，主要讨论广义伤寒中伤寒与中风即触冒风之邪的外感热病，这一部分被后人整理成《伤寒论》，流传至今。宋人林亿说："《伤寒论》总二十二篇，证外合三百九十七法，除复重，定有一百一十二方。"其中最主要的内容是六经辨证部分，这是张仲景在《素向·热论》等篇基础上，概括脏腑、经络、气血的生理功能和病理变化，根据人体抗病能力的强弱、病因的属性、病势的进退等因素，将外感疾病演变过程中所出现的错综复杂的证候进行分析、综合、归纳，以讨论病变部位、证候特点、寒热趋向、邪正消长，以及立法处方，从而提出的较完整的体系。

六经辨证代表外感热病的六个发展阶段。太阳病是早期阶段，以"脉浮，头项强痛而

恶毒"为提纲。阳明病出现在阳热元盛的初期阶段，属里实证，以"胃家实"为提纲，身热、汗自出、不恶寒反恶热、脉大为主症。少阳病在半表半里，以"口苦咽于目眩"为提纲，主要症状有寒热往来、胸胁苦满、心烦喜呕、不欲饮食。太阴病进入里虚寒证，以"腹满而吐、食不下、自利益甚、时腹痛"为提纲。少阴病是伤寒六经病变的危重阶段，以"脉微细，但欲寐"为提纲。厥阴病则出现在伤寒的末期，病情复杂而危重，以"消渴、气上冲心、心中疼热、饥而不欲食、食则吐蛔、下之利不止"为提纲。从病的属性来讲，三阳病多属于热证、实证，三阴病多属于寒证、虚证。从邪正消长来说，三阳病表示病人正气盛，邪气盛，病情呈现亢奋状态；三阴病表示病人正气虚，抗病力弱，病邪未除，病情呈现虚衰状态。就病变部位而言，太阳在表，少阳半表半里，其余在里。但表里概念也是相对的，如三阳病属表，三阴病属里，阳明属表，太阴属里等，足见《伤寒论》辨证的精细。通过六经证候的归纳，可以分清诸证主次，识别证候的属性及其变化，从而"观其脉证，知犯何逆，随证治之"，灵活掌握治疗的主动权。

"杂病"是指除外感热病外的多种疾病，包括内科、外科、妇产科等的疾病。后人把这一部分整理成《金匮要略》而流传。该书以整体观念为指导思想，以脏腑经络学说为基础，认为疾病的产生都是整体功能失调、脏腑经络病理变化的反应。从这一基点出发，它提出根据脏腑经络、病机和四诊八纲进行病与证相结合的辨证方法。如《中风历节病》篇指出内因是中风病的主要致病因素，根据脏腑经络所产生的病理变化，以在络、在经、入腑、入脏来进行辨证，极大地启发了后人。《金匮要略》以病分篇的方法，对祖国医学的发展贡献颇大，该书将临床疾病分为内、外、妇、产等科的方法，一直被后世所沿用，并得到丰富与发展，成为后世临床分科的基础。为了将一些相关病的异同进行鉴别，张仲景将一些病机相同，证候相近，尤其是病位相同或相近的病集中一起讨论，如将呕吐、哕、下利等胃肠系病变合于一处，将肺痈、肺痿、咳逆上气等肺系病变归于一篇等。这种分类方法对后世中医影响颇大，而且与现代医学各科疾病按人体解剖、生理、病理进行系统归类的办法也极为相近。

在临床实践中，要做到辨证明确，就必须掌握各种诊断疾病的有效方法，这就是中医的"望、闻、问、切"四诊。望诊是观察病人的气色和全身状况；闻诊是听察病人的声音；问诊则询问病人的主诉症状及病史；切诊就是对患者进行体格检查和切脉。张仲景"辨证"即把四诊所获大量与疾病有关资料，进行综合分析和归纳，以六经辨证归纳各种外感热病，以脏腑八纲归纳各种杂病，得到对疾病的正确诊断。仲景刻苦钻研过《黄帝内经》书中解剖及生理学知识，十分重视四诊技法。他曾感叹说过："古代上医只需望诊就能发现病兆和预后；中医闻诊听音即可察知疾病过程与转归；而下医诊脉也能明察病由，审知脏腑微妙变化，邪正消长盛衰。"为此，他积极把四诊推广到临床实践，并且取得可喜成就。如他给青年文学家王仲宣诊病的故事，即是明证。

大约是在汉献帝建安二年（197年），仲景与二十岁的王仲宣在荆州相遇，并有了密切交往。仲景用他那超人的眼睛，一眼望出王仲宣体内潜伏一种病毒，就是现在的麻风病毒。这种病毒经过一段潜伏期，发作时全身溃烂，鼻唇败坏，毛发脱落，在当时还没有

很好的治法,而得了这种病也是一件十分不光彩的事。张仲景对王仲宣说:"您身体有病,虽然现在没有发作,但四十岁时发作会眉毛脱落,拖延半年无药救治而死。我现在开给你一帖五石汤,按方服用,便可预防此病发作。"王仲宣不以为然,尽管他听懂了张仲景的话,却以为二十年后的事怎么能预知?张仲景一定是吓唬他,所以受汤不服。过了三天,张仲景看见王仲宣便问:"服药没有?"王仲宣骗说:"已服。"张仲景仔细望过王仲宣的气色,诚恳地说:"看你的气色不像服过药。我绝对没有骗你,而你为什么这样轻看自己的生命呢?"王仲宣心虽吃惊,但终未相信。二十年后果然眉落,一百八十七日而死。

张仲景候色验眉有这样的绝技,难怪晋代名医皇甫谧大为赞叹"虽扁鹊仓公无以复加"。人们不仅佩服张仲景望诊水平高超,而对他的脉法也大为惊服。

《金匮要略》全部三百九十八条原文中,有一百四十五条论及脉,涉及脉型十八种,相兼脉五十一种。其中大多数借脉象来喻明病因、病机,还有用脉象来指导治疗和判断疾病的转归与预后,又有用来作为对疾病鉴别诊断的依据。清代医家徐大椿曾称赞说:"其脉法,亦皆《内经》及历代相传之真诀。"由此可见,张仲景对中医四诊做出了不可磨灭的贡献,尤其他特别强调"腹诊"(切诊内容),可补历来中医传统诊断上的缺陷。

张仲景对导致疾病的原因所做的辩证分析,对中医病因学同样做出贡献,他说:"客气邪风,中人多死。千般灾难,不越三条。"第一条:经络受邪,入脏腑,为内所因;第二条:四肢九窍受邪,血脉相传,壅塞不通,为外皮肤所中;第三条,房室、金刃、虫兽所伤。"以此详之,病由都尽"。这的确是一个伟大的总结,虽还不全面,但对后人启发甚大。宋代名医陈无择使发展了张仲景的病因学而撰成著名《三因方》,把复杂的病因分为三类:内因、外因、不内外因。明确指出内因是喜怒忧思悲恐惊七情;外因是寒暑燥湿风热六淫和瘟疫之气;不内外因包括饮食饥饱、虎狼毒虫、金疮踒折等致病因素。并认为七情"先自脏腑郁发,外形于肢体",故为内因;六淫等"先自经络流入,内合于脏腑",故为外因;而饮食饥饱等乃"有背常理",故为不内外因。由此可见陈无择的三因说与张仲景三因说的渊源关系。

张仲景极力主张疾病发源于"邪"。古人无法也无可能用显微镜看到细菌,只能推测天地之间有一种会使人感染疾病的物质,到处流行,无以名之,姑名之曰"邪"。仲景把邪分成五种,它们是:"清邪居上,浊邪居中,大邪中表,小邪中里,槃饪之邪从口入者,宿食也。"既然能够认识病邪,所以张仲景强调,可以通过预防来阻止疾病的发生。他说:"人能养慎,不令邪风干忤经络,适中经络,未流传脏腑,即医治之。四肢才觉重滞,即导引、吐纳、针灸、膏摩,勿令九窍闭塞……病则无由入其腠里。"又说:"见肝之病,知肝传脾,当先实脾。"明确告诫医生要熟悉疾病传变规律,积极防微杜渐,牢牢掌握治病主动权。这充分体现出张仲景未病先防、已病防变、早诊断、早治疗的整体预防思想,对后人影响颇大。

辨证既已明确,随之要进行的就是"论治"。辨证是治疗的准备,治疗是辨证的目的,也是验证辨证正确与否的唯一方法;无论何病,有是证即有是理,有是理必用是法,据其法选其方药这就是论治的过程。张仲景发展了《黄帝内经》治病求本、扶正祛邪和因势利

导等治疗原则,在临床实践中极大丰富了"实则泻之,虚则补之;热者寒之,寒者热之"治疗方针,使《黄帝内经》基本理论终于得到临床方药的验证,而不再是空洞泛论,促成医经与经方二派的有机结合。他根据对疾病"阴阳表里寒论虚实"的辨证,提出了"汗吐下和,温清消补"的治疗方法,每一法选用数个基本方剂,每一方剂都针对某一病证,并随时根据病证变化,进行药物加减,始终体现出他的匠心独运和活法圆机。

这体现在张仲景抓住"阴阳",视其为纲领,并将它们贯穿辨证论治全过程。阴阳代表事物两种属性,既非常抽象,又相当具体;既对立制约、互根互用,又消长平衡、互相转化。阴阳的矛盾运动正是事物千变万化的内在规律,故《黄帝内经》特别强调"察色按脉,先别阴阳""治病必求其本"(本即阴阳)使错综复杂的疾病变化,变得十分简单,清楚明白,这是辨证论治原则的强大生命力。

张仲景不只是辨证论治的创造者及临床医学的奠基人,而且还是方剂学之鼻祖,对汉代经方学的发展做出了重大贡献。《汉书》载经方,内容包括"汤液"和"火剂"两部分。汤液源自伊尹,古人用桂、姜、甘草、枣、芍药等调和五味品配制而成,桂枝汤是标准的汤液。火剂又叫"毒药",是用辛苦味厚的药物配伍而成的煎剂,如攻下通腑泄热的小承气汤,用大黄、芒硝、厚朴三味峻猛药配伍而成,可见汤液与火剂是两种性质不同的药物剂型。在张仲景之前,这两种剂型几乎互不相通,各自在临床上运用,而且那时使用经方,很少加减,一般都是罗列病症,然后写出方药,多属方药临床经验的累积。等到张仲景《伤寒杂病论》问世,经方学发生了质的飞跃,尽管全书实际收方二百六十九首,却已基本概括了临床各科的常用方剂。书中立方严谨,用药精当,化裁灵活。如麻黄汤是治疗伤寒表实证的代表方剂,药仅四味,却充分体现出"君臣佐使"的组方原则,根据病情和兼证的不同,处方可以加减化裁。如麻黄加术汤、麻杏苡仁汤、大青龙汤等,都源于麻黄汤,克服了古经方家一病只守一方,一方只治一病的缺陷。张仲景师古不泥,勇于探索,敢于实践,大大丰富了经方的王治病证,他提倡病与证相结合,脉证并重,为临床经方运用大开法门。如他撰用古佚经方"建中补脾汤"为小健中汤,既治"伤寒二三日,心中悸而烦",又治杂病,如"虚劳里急,悸,衄,腹中疼,梦失精,四肢酸痛,手足烦热,咽干口燥"等证。

仲景不仅强调不同药物的组方配伍,而且十分重视药物剂量的变化,对组方协同作用的影响。有些方剂尽管药味相同,但由于主药剂量的变化,治疗作用便各不相同,如桂枝汤和桂枝加桂汤。而有些方剂尽管药味也相同,但因药物剂量不同,以致引起"君臣佐使"的结构发生变化,出现不同的治疗效果,如小承气汤、厚朴大黄汤、厚朴三物汤三方的组成便是实例,故后人赞叹"药味增减,分两轻重,差之毫厘,失之千里"。仲景组方独居匠心,法度严谨,板具特色。如麻黄汤、桂枝汤均为发汗方,而在此两方外,治太阳病日久,表郁不解,不得小汗出而身痒者,取麻桂各半汤小发其汗;发汗后又形似疟,一日再发者,又设微发汗之桂二麻一汤等。正是因为张仲景能根据临床辨证的需要,灵活运用经方,打破汤液与火剂的界限,扩大了经方治疗范围,也创制不少高效新方,所以《伤寒杂病论》被誉为"众方之祖"。

由于张仲景继承发展、光大创新了古经方学,给经方学派临床带来一片生机,于是

《汉书》所载十一家经方,便相继亡佚,而张仲景撰用经方《汤液经法》倒值得一提。《汤液经法》世传为伊尹所作,在秦汉经方家中十分盛行。《汤液经法》本质上讲的是食疗,最基本的是桂枝、生姜、甘草、大枣、芍药五种调味品的灵活运用,配合其他食物或调味品,构成汤液经方之法,张仲景的师承源自《汤液经法》,故他对汤液经法发挥得淋漓尽致,张仲景以"桂枝汤"(即《汤液经法》之小阳旦汤)作为"母方",加减化裁出一系列方剂,《伤寒论》中以桂枝名方的有十九万,方中有桂枝的有四十三方,可谓把桂枝运用得尽善尽美,桂枝汤也因此被喻为"群方之冠"。仲景不单重视汤液,还能将汤液与毒药火剂灵活结合。如桂枝汤可以去芍药,也可以加芍药,在加芍药、生姜、人参时还特别提出新加汤方名,这些加减不出汤液的范围。而加附子、加大黄、加厚朴杏子等方,就是综合汤液、火剂的做法。

他还说:"病情不宜发汗而强行发汗,导致津液枯竭而死;必须发汗却不发汗,使人毛孔闭塞,闷绝而死;不能用下法强下之,令人开肠洞泄不禁而死;应该通下反不用下,使人心内懊,胀满烦乱浮肿而死;不须灸而强灸,使火邪入腹,扰乱五脏,重加其烦而死;须灸却不灸,使冷结重凝,久而深固,气上冲心,无处消散,病重而死。"告诫医生要善于抓住时机,当机立断,同时要练好扎实的基本功,诊断要明,辨证要准,治法要精。

据说有一次,有个病人大便干结不下近十天,身体又很虚弱。仲景详细检查后,确诊为阳明病。这是由高热原因引起的便秘症,照当时常规治疗,必须服用大、小承气汤之类的泻火通便药。面对这个十分虚弱的病人,仲景知道,如果强用下法,肯定会使病人虚脱,承受不住;但如果不用泻药,大便不下,邪热聚积,难以清除,病难痊愈。这是一种上虚下实的病,当下不下延误战机,欲攻不堪攻,的确难治。他经过郑重考虑,决定不用泻药,而采用一种新方法。他取来一些蜂蜜,将它煎干,捏成细细长条,制成"药锭",然后慢慢塞进病人的肛门。由于肠道得到润滑,干结的大便很快溶开,一会儿就排泄出来。大便畅通,邪热也随之排了出来,病情立即好转。这就是张仲景的"蜜煎导",也是我国医学史上最早使用的肛门栓剂,其原理和方法至今还被临床广泛使用。类似这样有效而特殊的疗法,《伤寒杂病论》中共有八种。依次是"蜜煎导法、灌肠法、阴道检塞药法(又名坐药法)、吹鼻取嚏法、舌下给药法、人工呼吸法、坐浴与烟熏法、渍脚外洗法"。这许多方法虽不少采自民间,但却融入张仲景的心血。

如"舌下给药法",张仲景用来抢救昏迷不知人和脉跳正常的"尸厥"病人。他认为,上述两种病人是"气闭不通",故用"菖蒲屑内鼻孔中吹之,令人以桂屑著舌下","菖蒲吹入鼻中以通肺气,桂纳舌下以开心窍,心肺开则上焦阳气自然开发,昏厥即可救醒。鼻子吹药与舌下给药都是一种很好的急救措施,现代西医用于抗心绞痛的药物"亚硝酸异戊脂"采用鼻子吸入法,而治冠心病药"硝酸甘油片"却用舌下含服,这充分体现出这两种给药法吸收快,见效速的特点。

又如"人工呼吸法"。据说张仲景在一次出诊的路上,看见许多人围着一个躺在地上的人叹息,几个妇女则悲惨啼哭。他近前打探,才知道那躺在地上的男人因为穷得活不下去而上吊自尽。虽被家人发现并从绳上解下来,但已不能动弹,鼻无气息。当得知上

吊时间还不太长时，仲景赶紧吩咐把人放在床板上，拉过棉被盖在那人身上为其保暖。接着，叫两个身强力壮的年轻人，蹲在那人头的两旁，一个按摩那人的胸脯，一个拿住那人的双臂，一起一落地活动。张仲景自己则又开双腿，蹲在床板上，用手掌托往那人的腰部和腹部，随着上面手臂一起一落的动作，一松一压。不到半个时辰，那人竟然有了微弱的呼吸。仲景关照不要停止动作，继续做下去，又过了一些时辰，那人终于清醒过来而得救。这是世界上最早记载的"人工呼吸法"，以后此法广泛运用于临床溺水、缢死，及心肺复苏的抢救。

医圣仲景把毕生精力奉献给祖国医学事业，在求知路上孜孜不倦，不辞辛苦；在临床生涯细心观察，勇于探索，任劳任怨。当时瘟疫横行乡里，不知夺去多少生命。仲景凭借多年临床实践发现这些急性传染病大多数是从消化道传播的，因此告诫人们不要吃腐败变质的饮食物，对预防瘟疫流行、减少死亡起了重大作用。我们今天都知道病从口入的卫生常识，然而这是人们付出惨痛代价以后才悟出的道理。

总之，张仲景以自己的医疗实践极大地丰富了《黄帝内经》的热病学说，为中医外感传染病学奠定了基础；创立"辨证论治"原则，确立中医诊断脉证并重、病证结合的原则，奠定临床医学基础；保存并创新大量有效方剂，发明多种特殊疗法，奠定中医治疗学基础，为祖国医学的发展，起了承先启后、继往开来的作用。《伤寒杂病论》的诞生，正是祖国医学走向成熟的里程碑。

巨著传世

张仲景对祖国医学的伟大贡献，荫泽千秋，历代医家无不顶礼膜拜。晋代皇甫谧说："伊尹以元圣之才，撰用《神农发草》以为汤液。汉张仲景论广《汤液》为数十卷，用之多验。近世太医令王叔和撰次仲景遗论甚精，皆可施用。"唐朝孙思邈说："伤寒热病自古有之，名贤睿哲多所防御。至于仲景特有神功，寻思旨趣莫测其致，所以医人未能赞仰。"宋人严器之说："伊尹以元圣之才，撰成《汤液》……后汉张仲景又广《汤液》为《伤寒杂病论》十数卷，然后医方大备。兹先圣后圣，若合符节。"金人成无己说："自古诸方历岁浸远，难可考评。惟仲景之方最为众方之祖。是以仲景本伊尹之法，伊尹本神农之经，医帙之中特为枢要。参今法古，不越毫末，乃大圣之所作也。"明朝吕元膺说："张长沙方，如汤武之师，无非王道。其攻守奇正，不以敌之大小，皆可制胜。"精朝徐灵胎："仲景之治病，其论脏腑经络，病情转变，悉本《内经》。其药悉本《神农本草》，无一味游移假借之处。非此方不能治此病，非此药不能成此方，精微深妙，不可思议。药味不过五六品，而功用无不周。此乃天地之化机，圣人之妙用，与天地同不朽者也。"陈修园说："仲景书本于《内经》法于伊尹，《汉书·艺文志》及皇甫谧之言可据。盖《内经》详于针灸，而汤液治病始于伊尹。扁鹊、仓公因之，至仲景专以方药为治，而集群圣之大成。医门之仲景，即儒门之孔子也。"费伯雄说："仲景立方之祖，医中之圣。所著《伤寒》《金匮》诸书，开启沌蒙，

学者当奉为金科玉律。"从历代名医对张仲景评价来看,张仲景在中医学史上的重要地位,随着后人对《伤寒杂病论》的深入研究,越来越显著。也就是说,张仲景对祖国医学的巨大影响,是通过《伤寒杂病论》一书实现的。

张仲景写成《伤寒杂病论》巨著时,大约是在东汉灵市建安晚年,不久进入三国战乱,在仲景殁后原书即告散失。幸赖西晋太医令王叔和搜集编次《仲景方论》三十六卷行世,王叔和不仅整理编辑保留了张仲景的著作,而且为推广张仲景的学术主张,做出重大贡献。所以宋代林亿等校正《伤寒论》序说:"自仲景于今八百年,惟叔和能学之。"又说王叔和"虽博好经方,其学专于仲景,是以独出诸家之右"。关于王叔和与张仲景的关系,晚近颇为许多学者瞩目。不少意见认为王叔和是建安七子之王仲宣族属,曾随王仲宣同入荆州依刘表,遂受学于张仲景,为仲景嫡传弟子,故能编定仲景遗著,后以医名世,官魏太守医令。现存通行本《伤寒论》和《金匮要略》,都因王叔和编辑而成书。可惜,晋怀帝永嘉之乱,使中原文物板荡,王氏书亦复亡失。至初唐,仲景的著作时隐时现,只在少数人手中流传。

所以唐代名医孙思邈不胜感叹"江南诸师秘仲景要方不传",一直到晚年才得披见《伤寒论》别本,并按"方证同条,比类相附"形式,详载于《千金翼方》九、十两卷,广泛公布于天下,打破了张仲景《伤寒论》在江南诸师间秘传时隐时现的局面。

关于张仲景的书目,梁《七录》有"张仲景辨伤寒十卷";《隋书·经籍志》有"张仲景方十五卷"和"张仲景疗妇人方二卷";《唐书·艺文志》有"王叔和张仲景药方十五卷"和"伤寒杂病论十卷"。这些书籍均已不存,但这至少说明一个问题,张仲景《伤寒杂病论》被分散成几个部分,由不同的人得到并流传下来。到公元1064年,宋英宗命林亿等人将彭城节度使高继冲所献《伤寒论》十卷校正刊印,从此张仲景《伤寒论》才得以流传至今。现在通行的《伤寒论》有两种版本,即宋版本和成注本。宋版本国内已无原刻本,只有明代万历二十七年(1599年)赵开美的复刻本,也称赵刻本。成注本是金人成无己注解《伤寒论》著作,对后代影响很大。《伤寒论》有一别本为《金匮玉函经》八卷,也经宋代校正医书局校订刊刻,流传后世。这是《伤寒杂病论》中伤寒内容形成《伤寒论》的经过,而杂病部分一度失传。北宋仁宗(1023~1063年)时,翰林学士王洙在翰林院所存的残旧书籍中,得到一部《金匮玉函要略方》,这实际是《伤寒杂病论》的节略本。共有三卷,上论伤寒,中论杂病,下载方剂及有关妇科理论,后来林亿等校订此书时,鉴于《伤寒论》已有传本,就把上卷删去,只保留中、下二卷。为便于临床应用,又把下卷的方剂分别列在各种病证之下,重新编为上、中、下三卷。此外,还采集各家方书转载仲景治疗的医方及后世一些医家的良方,分类附在每篇之末,命名为《金匮要略方论》,简称《金匮要略》,流传后世。该书又以明朝万历间徐熔按宋刻本校刊的为正脉本,受后人青睐。所以目前流行的《伤寒论》和《金匮要略》是从《伤寒杂病论》中分割而成的。

自民国以来,张仲景的《伤寒杂病论》曾经有四个新版本出现。一是湖南创阳刘昆湘于民国初年,遇张老者传授古本《伤寒杂病论》十六卷,于1933年石印。二是四川刘熔经得于涪陵张齐五,后者说得自从垫江来涪陵医士袁某,而袁某得之明代垫邑某洞石匮所

藏,由王叔和所述,孙思邈所校,亦名《伤寒杂病论》十六卷,于1934年刘熔经石印。三是西安黄竹斋得自桂林罗哲初,罗得自桂林左盛德,左于清道光时,随父宦游岭南,其父有一挚友叫张绍祖,自称为张仲景四十六世孙,并说张仲景著作当日稿本有十三稿,王叔和撰集的是第七稿。而张绍祖家有第十二稿,历代珍藏,从未轻易显露。左父急忙叫盛德拜绍祖为师,并手抄十二稿《伤寒杂病论》十六卷。从此刻苦钻研,才精通医学,后回桂林。罗哲初从左盛德学医,也抄得一本《伤寒杂病论》,四十年从未出以示人。后被黄竹斋致学之诚所感动,才肯公之于世,黄于1939年付印。四是苏州叶橘泉于1946年印行的日本康平三年(1060年)名医丹波雅忠手抄本《伤寒论》,据说1937年日本名医大冢敬节所发现。以上四版本,虽真伪问题很有疑义,但还是可作为研究张仲景学术思想的重要参考文献,至于后人对仲景书的重视乃至崇拜,由此也可略见一斑。

《伤寒杂病论》自问世以来,历代有成就的医家,无一不重视对该书的研究,并把它作为习医者必读之书。尤自宋代开始,官办医学校还把它作为教材,于是对《伤寒杂病论》的研究也更为盛行,出现了不少注解、阐发张仲景著作的名专家,如晋代的王叔和,唐代的孙思邈,宋代的韩祗和、庞安时、朱肱、许叔微,金代的成无己,以及明清时代的许多医家。据最近统计,历代医家整理、注释、研究、发挥《伤寒论》的约有八百家之多,注释研究《金匮要略》者也有二百余家。而且国外研究张仲景学说的医家和学术团体也越来越多,可见仲景学说影响深远广大。

由于历代众多医家都自觉学习和研究张仲景著作,于是形成了热衷于继承和发扬张仲景学术思想的强大阵营,并在祖国医学史上占据重要地位。尤其是治学《伤寒论》流派对阐发仲景学说起了巨大作用。最明显的是,通过他们整理编次揭示出辨证论治基本规律。

尽管张仲景原著闪耀着辨证论治光辉,但他本人并未明确提出这一概念。而且《伤寒杂病论》一书早佚,使后人难窥原貌。幸赖西晋王叔和广泛采集,甚至"有闻必录"。但叔和搜集到的张仲景条文方论,零散且杂乱无章。因此他倾注全身心血进行整理,编次成《伤寒论》。这是一个研究过程,也是一种研究方法,不仅保存下张仲景著作,而且他按三阴三阳顺序编次条文,已揭示出六经证候在一定条件下传变、转归的内在联系。这种研究方法对后人影响很大。唐代名医孙思邈继之倡言"方证同条,比类相附",将《伤寒论》杂文方论重新归类,实开创后世学习《伤寒论》编次研究方法之先河。如清代柯韵伯《伤寒来苏集》为代表的"按方类证"法,用六经分篇,以方名证,按方类证,把每个方证视为单独存在的证候,如桂枝汤证、麻黄汤证、白虎汤证等,将有关条文汇列集出加以分析。能够完整地体现各方证的脉证,明确分辨出主证与次证,及其与类证的鉴别,充分认识各方证的病机。而清代尤在泾《伤寒贯珠集》代表"按法类证"法,将《伤寒论》治法分为正治、权变、斡旋、救逆、类病、明辨、杂治等法,以法类证,以证论治,将有关条文方证汇列于大法之下加以阐述,并在此基础上,采取三阳病分经、腑证,三阴病分经、脏证的归类方法,在一定程度上体现出方证的传变与转归。又有清朝陈修园《伤寒论浅注》的"按经类证"法、沈金鳌《伤寒论纲目》的"按症类证"法、钱潢《伤寒溯源集》的"按因类证"法,以及当代中医学院伤寒教材《伤寒论选读》之"按理类证"法,近代还有"按脉归类"法、"按病案归类"法等等。总之,对伤寒条文方证来说,一切可以进行归类、比较的方式方法几乎都有了,而且都以各自的优特点较深刻地揭示出伤寒六经辨证论治的内在规律,对临床实践应用,充分发挥出指导作用。

现代医学之伤寒,指感染伤寒杆菌所致消化系统的急性传染病。中医伤寒有广义、狭义之分,广义指外感病的总称,狭义是寒邪外袭之病。中医伤寒学是指专门研究一切外感病之病因病机、证候传变及治疗手段、预后转归的学问。数千年来,积累了丰富的经验和成果。早在张仲景之前,尤其是《黄帝内经》已经总结出若干有关伤寒的理论和治疗经验,为中医伤寒学的发展奠定了基础。张仲景学习并吸取了《黄帝内经》医学理论,特别是《素问·热论》的伤寒理论,撰成祖国医学第一部伤寒专著,成为后世伤寒学的内核。据唐代王焘《外台秘要》记载,从东汉至隋唐研究伤寒的医家有华佗、张仲景、王叔和、葛洪、巢元方、崔知悌、张文仲、陈廪丘、范东阳、陈延之、宋侠、孙思邈、姚僧垣、初虞世等,他们都以医经与经方结合的角度研究伤寒。虽然这些医家多有名气,但却只有张仲景《伤寒论》流传至今,而仲景以后的医家多从整理、补亡两方面研究伤寒。但张仲景《伤寒论》还没有在伤寒学领域占主导地位。巢源方《诸病源候论》、孙思邈《千金要方》、王焘《外台秘要》等方书,都只是将《伤寒论》诸方与世传治伤寒方杂揉在一起,后人如未见《伤寒论》原书,就分不出何者是仲景方,何者不是。这一阶段,伤寒学学者强调临床的实用,对理论方面研究不多。

入宋金元三朝,《伤寒论》经校正医书局校订刊行,大白天下,从此伤寒学者展开对理论尤其是《伤寒论》的研究工作,取得可喜成就,出现一批伤寒专著,如庞安时《伤寒总病论》、朱肱《伤寒活人书》、许叔微《伤寒发微论》《伤寒九十论》、《伤寒百症歌》、郭雍》《刘完素《伤寒直格》、王好古《伤寒辨惑论》、李东垣《伤寒会要》、朱丹溪《伤寒发挥》等。这一时期伤寒学研究以《伤寒论》为主,不同程度用《素问·热论》学说解释伤寒论,继承隋唐医家重视临床的观点,不以《伤寒论》为完美。在理论上补充"伏气"说,广论温暑,在临床运用时,加减仲景方,博采《千金》《外台》诸方及时方,有的还勇于自制新方,学术气氛十分活跃,推动了伤寒学研究迅速发展。宋金元时期始创七种研究伤寒方法,开启后学,影响很大。朱肱守经脉以辨证,阐发伤寒理论,创有太阳三纲、六经自感、伤寒伏气之说;许叔微以八纲析六经,注重病案研究,用医疗实例验证伤寒理论、方药,来证实《伤寒论》的临床价值;刘完素创火热学说以释伤寒,元代杜清碧《敖氏伤寒金镜录》是专题研究代表,记载三十六种伤寒舌苔,裨补伤寒诊断之捷法;吴蒙斋《类编伤寒活人书括指掌图论》为图表研究先驱,该书以图表研究,辨其异同,析其精华,清晰明了,方便后人。其中刘完素以火热释伤寒值得一提。

刘完素,字守真,后人又称刘河间,为著名金元四大家魁首,医术高超,尤擅长治疗热病。他精心研究《黄帝内经》,把《内经》理论同当时盛行的五运六气学说相结合,对火热病证详加阐述,提出"火热论"的学术主张,自成一家之说,从而开创金元时期不同学术主张的争鸣,并促进了祖国医学理论和实践的发展。根据火热致病的特点,刘完素突破了

《伤寒论》温药解表，先表后里，下不厌迟的成规，在治疗上善用寒凉之剂，并提出辛凉解表、表里双解、清热养阴等法，创制不少如双解散、三一承气汤等新方、补前人所未见，开创明清温病论治的先河。故有人评价刘完素"大变仲景之法"，十分中的。

刘完素能独树一帜，是中医伤寒学发展的必然趋势。这是因为张仲景论述的伤寒，同《黄帝内经》所论伤寒有着本质区别。尽管两者所论伤寒都取外感病之广义（《难经》说伤寒包括中风、伤寒、湿温、热病、温病五种），但张仲景只论中风、伤寒两种，而《内经》偏重于温热。因此宋代伤寒学家用《内经》来解释《伤寒论》即以经释论，既有其进步一面，又有其不利一面。混淆《伤寒论》与《内经》的区别，甚至用《伤寒论》方治疗《素问·热论》的证候，留下笑谈。同时宋人不断提示《素问·热论》前三日发汗、后三日泄下的治疗原则，故启庸医只知"前三日用桂枝，三日后用硝黄"的苟简谬识治疗伎俩，在一定程度上阻碍伤寒学的发展。古代医经学派将各种急性外感发热性疾病统称伤寒，是限于社会历史条件，而后人不能分辨伤寒、温病，只据传统旧说，不从诊断和辨证上加以认真对待，使伤寒、温病千百年来纠缠不清。这种情况引起众多伤寒学者的困惑，激发他们去思索。于是中医伤寒学进入明清以后，形成三大流派，这就是注疏派、通俗派和温热派。

注疏派由金代成无己开创，明代方有执紧迫其后，又有清代喻嘉言《尚论篇》、柯韵伯《伤寒来苏集》、张志聪《伤寒论集注》、闵芝庆《伤寒阐要编》、尤在泾《伤寒贯珠集》、陈修园《伤寒论浅注》等续其绪可谓伤寒学正宗流派。通俗派是以《伤寒论》为主，补充历代论治及医方的流派。它具有不重视研究《伤寒论》原文而强调临床实践，各时期各家各派及民间治验兼收并蓄，文字通俗而理论方药易于掌握等特点。隋唐至宋许多方书如《诸病源候候论》《外台秘要》《太平圣惠方》《圣济总录》等有关伤寒内容多属此种性质，到明代陶节庵著成《伤寒六书》可谓气候已成。温热派是远绍《内经》、近宗刘完素，用仲景法与方参考历代治疗温热之方论药物，而自有发明创新的学派。其代表有明代吴又可、清代叶天士、吴鞠通、王士雄等。温热派曾提出"跳出伤寒圈子"的口号，于是创温病学说，建立了新的卫气营血和三焦辨证论治体系，极大推动中医外感病学的发展，丰富了祖国医学理论宝库。但是温热派并非完全抛弃《伤寒论》，而是摆脱历代庸医如"前三日麻桂、三日后硝黄""风伤卫寒防营，风寒两伤营卫""桂枝汤有汗能止、无汗能止"等束缚思路的圈套，因而继承了《伤寒论》辨证论治真传。

《伤寒杂病论》方剂生法严谨、组方周密、用药精审。只要辨证正确，临床运用无不取效，故后人称仲景方为经方，奉作经典。历代医家就如何灵活掌握及运用仲景心法，继承和发展仲景方剂做过大量工作。有的使用仲景原方并扩大其治疗范围，有的进行原方加减、合方或合方后加减，也有的自拟新方或吸收后世方。如清代柯韵伯《伤寒附翼》认为桂枝汤是仲景群方之魁，凡头痛发热、恶风恶寒、自汗出、脉浮弱，不拘何经，不论中风、伤寒、杂病都可使用。又如外感病温热派不仅用张仲景承气汤治疗中焦腑实证，并结合临床兼证予以加减，产生出养营承气汤、白虎承气汤、增液承气气汤、三仁承气汤、陷胸承气汤等一系列方剂，推动临床承气汤系统方剂的发展。又如宋代钱乙根据张仲景金匮肾气丸化裁出六味地黄丸，成为中医滋阴补肾著名代表方，而其后朱丹溪的滋阴大补丸、李东

垣的益阴肾气丸、王好古的都气丸等名方又是在六味地黄丸基础上发展起来的。这就使张仲景方剂在后代医家不断运用中，充满生命力。然而在历史上，也有不少庸医不去深入领会仲景辨证心法，贪图方便法门，抱残守缺，按方对病，常以一方通治伤寒、中风、瘟疫时行。如治伤寒只知一二日麻桂，三四日小柴胡、五六日用承气，甚至一律用小柴胡汤通治。他们只图方便省事，却践踏良方及无辜生命。这也提醒人们，《伤寒杂病论》方剂并不是包治百病的，且仲景书中不可避免存有少数不切实际的观点，因此学习古人心法不能拘泥不变，尊奉仲景更不可抱残守缺。清注疏派不少正统医家，高唱"儒者不能舍至圣书而求道，医者岂能外仲师之书以治疗"，并诅咒明清时温病学家是"创异说以欺人"。这些医家或许是在捍卫仲景医圣的地位与尊严，但实际上却阻碍了中医学术的健康发展。

张仲景及《伤寒论》还远播日本、朝鲜及东南亚等国，对这些国家的医学发展产生重要影响。尤其是日本医学界对张仲景甚为推崇，对《伤寒论》的研究历史悠久，产生不少研究流派，出版不少研究专著。据日人竜野一雄统计，自江户时期(1603~1867年)古方派兴起以来近二百五十年，日本研究《伤寒论》的专著多达五百三十种。

在日本明治以前，医学的主流是中国医学，故称汉方医学。现在日本从事汉方医药工作为主的人员约有一万五千八，在全日本四万家药店里，几乎都经营中药。汉方医用药的特点是以方剂为单位，《伤寒论》等古籍处方被广泛运用于临床，据厚生省(相当中国卫计委)承认公布的约二百一十个处方中，有八十六个出于张仲景原著。

由此可见，张仲景《伤寒杂病论》为中外医家所珍重，在过去、现在及将来，对中国医学及至世界医学都能做出巨大贡献。

圣功至德

张仲景被尊为医圣的历史很久。从宋代祖国医学确立辨证论治法则为发展主流，开始奉《内经》《伤寒杂病论》等古籍为经典，于是张仲景的医圣地位逐渐在医界树立起来。进入明清，医圣的地位更加巩固，仲景著作被视为金科玉律。医界、民间的崇圣感情集中体现在"医圣祠"。

医圣祠是张仲景的故乡南阳人民，为纪念他的伟大功绩，在仲景墓地修建的，现坐落在河南省南阳市繁华的仲景大道上。据清代《南阳县志》记载："宛郡(南阳)东高阜处，为张家巷，相传有仲景故宅。延曦门东迤北二里，仁济桥面有仲景墓。"医圣祠坐北向南，背枕高岭豫山，独峰挺秀；前有白河水流，蜿蜒如带，远与紫山相望，峰峦叠嶂，山峰隐隐；右邻市区，楼树葱茏；左畔温凉河，流水幽幽，东序绣壤，平畴万顷。温凉河上卧仁济桥，又称七孔桥，是早期交通要道。这里有山、有水、有平原，果然"中州名胜不同凡响，医圣故里山川生辉，"天造地设，美不胜收，是赡圣祭祀的好去处。

医圣祠始建何时，无可确考。有资料可查的是明朝嘉靖二十五年(1546年)，由唐潘

王首倡，儒医越夔、沈津等修建，于明万历三十五年（1607年）众医士建卷棚，重修大殿。修医圣祠选地根据仲景墓，据南阳张仲景研究会对医圣祠内碑记的考证，有块刻着"汉长沙太守张仲景墓"碑，字体系真书，仍存隶意，碑座上则有晋成帝年号"咸和五年"四字，经过专家鉴定，肯定石碑和碑座同出晋代，但也有专家认为碑较碑座稍晚，但不会晚于北朝。这一发现对肯定张仲景出任长沙太守有重要意义。可惜，张仲景墓在明朝洪武初年（1368年）被毁。据《南阳县志》载，镇守南阳的指挥官郭云，奉明太祖朱元璋命修建南阳城。为了修建城墙，郭云将南阳城里城外各祠墓庙宇中的墓碑石刻全部征用，张仲景墓碑亦未幸免，以此仲景墓湮没，墓地成为耕牧场所。

医圣祠内有块明代碑刻记载，明崇祯五年（1632年），当地百姓在菜园里挖土掏井，发现了张仲景墓及碑石，随后重建医圣祠。又据《南阳县志》载，是明末姓祝的百姓在仲景墓侧挖井，而得一碑石，上题"汉太守医圣张仲景墓"，一直到清朝顺治乙未（1648年）年，南阳知府张三异仰慕张仲景圣名和仁慈医德，又感叹张仲景是自己同族，于是捐献出薪水俸银，并邀请志同道合的人一起，将仲景墓地整修一新，并在墓后建起祠堂三楹，外围院墙，前饰门面，院内有走廊，门前有阶梯，使医圣祠初具规模。祠中有藏书阁，收存医圣张仲景原著及其他医书，让前来祭祀吊唁者参观阅读，光大医圣心传医术，荫庇万世众人。张三异还委派僧人住持看管祠院，并负责接待各方百姓前来瞻仰。于是医圣祠香火逐渐兴隆，前来祭祀者络绎不绝，与南阳城西诸葛武侯祠遥遥相望，交相争辉。这是有文献可查关于医圣祠的最早记载。

张三异重建医圣祠还留下一段传说，被当时人视为千古奇事而津津乐道，不胫而走。这就是关于医圣显灵的传说，这个传说在《南阳县志·桑芸记》和徐忠可《金匮要略·张仲景灵应记》中均有记载。

南阳有个叫冯应鳌（名广文）的诸生，于明崇祯戊辰（1628年）年初夏感染伤寒，病情危重。有一夜，冯应鳌正在恍恍惚惚、迷迷糊糊，朦胧中有一位神仙来到他身旁。身穿黄衫，头戴金冠，慈眉善目，和蔼可亲。只见神人用手在自己身上轻轻一摸，顿时一股暖流贯入体内，只觉四肢轻松，百节畅通，寒热消失，重病告愈。应鳌心中大惊，忙问："您是何方神仙，为什么救我？"神人面有忧色，良久回答"我是东汉太守南阳张仲景，有一件千古遗憾的事情，特来拜托你，希望你能替我妥善安排。在南阳城东郊约四里许有一座'三皇庙'，庙后约七十七步是我的墓地，因岁久湮没，无人知晓。不久有人将在我墓上挖井，只有你能禁封制止"。说完神人转瞬不见，应鳌受惊而醒。仔细体察，原来的重病确已痊愈，不禁越想越奇。于是，在这年秋天，冯应鳌奔波千里，来到南阳。在城东四处寻找，也没发现仲景祠墓。于是拜谒仁济桥西侧的三皇庙，猛然发现殿旁排列的古代名医中，有一尊塑像穿着批扮，面貌神采同自己梦里所见一模一样，心中无比欢喜。赶紧清扫壁间灰尘，果然露出张仲景字样。于是冯应鳌更加相信张仲景显灵拖梦的事，便到庙后寻找张仲景墓。他依言步量七十七步，所到处却是一片菜地，菜园的主人叫祝县丞，冯应鳌向祝县丞解释梦中经过，并菜地下有医圣张仲景之墓，希望妥善保存。祝县丞内心诧异，却根本不信，并责怪应鳌故弄玄虚，不再理睬。冯应鳌不过一介书生，家境不富，虽有志修葺仲景墓,也只能远望菜圃,不胜兴叹。然而应鳌向附近父老百姓多方打听,有年长的说,三皇庙后确有玄墓,墓碑被南阳指挥郭云所征用,古墓遂湮没。应鳌就把这件事刻古记载放置三皇庙内,发誓将来定要重修医圣墓,以释心怀。

应鳌回乡后,因为发生战乱,兵寇混战,交通受阻,所以多年不能重游南阳,了此心愿。四年后,有园丁在菜地挖井。掘至丈余深,发现一石碣,上题"汉太守医圣张仲景墓"字样,同冯应鳌记载不差尺寸。在石碣下有石洞,幽深黑暗,似有风雷震撼声发出,众园丁十分惧怕,就赶紧把井口封闭起来,这件事不胫而走,南阳几乎家喻户晓。有一年河南省试会考,冯应鳌也来应考,南阳的诸生就把园丁掘井的奇遇,告诉冯应鳌。应鳌内心也不胜惊叹,只恨自己还不能前往南阳,拜谒仲景墓。又过十余年,冯应鳌被派往叶县任司训官。叶县隶属南阳郡,应鳌终于再次回到南阳,得以拜谒仲景墓。墓虽已封闭,但四周沟畦菜垅,耕牧依旧,应鳌痛在心上。询问菜园主人,多次易手,祝姓后属包姓,又曾属杨姓,现在又复归包家。应鳌拜访包家,倾诉心愿。包孝廉深受感动,无偿捐出菜地,以慰医圣英魂。这件事惊动了郡丞知府张三异,大力支持修建医圣祠,"请之监司僚属,输金助工,立专祠,重门殿庑,冠以高亭"。从此冯应鳌遂了心愿,仲景墓公之于世,医家病人终有可以拜谒千古医圣的场所。这个传说虽然真实难信,但却反映出百姓对医圣张仲景崇拜之情。

医圣祠自建成后,数百年来伴随着中华民族的盛衰,饱经战乱,几经沧桑。建成被毁,毁后重建,医圣张仲景在人民心中的地位更加坚固,群众对医圣祭祀纪念活动亦愈加隆重。据近人王昆山、毛光骅对医圣祠的考证,正因为有不少仁士名医,无私捐献和自觉保护,才使医圣祠劫后余生,一直留存至今。据载,清康熙十六年(1677年)和雍正十三年(1735年)曾由赵君太、刘惠先两次重修医圣祠。以后又有江大成、吴国士施银五十两购置柴庄地五十亩,作为修葺祠宇及祭典费用。然而祠中住持匪僧,胡作非为不举祀事,挥霍无度,典出祠地四百八十余亩。一直到乾隆三十五年(1770年),由首事官医生曹祯祥、医生方道鳌、医士张国贤等三十七人,捐银二百四十一两三钱,才把祠地赎回。但是,历经咸丰、同治十余年间,屡遭兵乱战火,医士不可稽查,祠地再度被住持私典一空,寸土不留,香火断绝,庙宇荒凉,所有建筑破烂不堪,无人管理。光绪九年(1883年),又由医林会馆首事曹鸿恩、文童贾橘泉、监生陆逢春及杨春诵、李鸿钧、水应龙等二十一家共议,再次捐款赎地重修医圣祠,并增筑亭台楼阁,使祠貌焕然一新。朝圣者络绎不绝,盛况空前。同南阳城北关"元妙观"、城西"卧龙岗武侯祠"鼎足而立,互相辉映,成为南阳胜地。祠内中院还植有一棵"古龙柏",碧绿长青,巍峨挺拔,有"灵霄花"缠绕柏树,蜿蜒攀附。相传古柏和灵霄花是医圣祠一宝,附有医圣灵气,用灵霄花作药引治疾有奇效,于是远近百姓前来觅花合药都源源不绝。此外医圣祠还建有"仁术斋""广济斋""智圆斋""行方斋""春台亭""待月轩"等名胜,建筑皆极精雅,尤如洞府,颇为美观。这个阶段可谓医圣祠鼎盛时期,每年上巳(三月初三)和重九(九月初九)则是医圣祠香火大会。当此之时,少男蜂涌,仕女云集,踏青修禊,畅叙情怀,瞻仰圣迹,祈求庇佑。更有甚者,河南、河北、湖南、湖北、山东、山西、陕西、安徽、四川等省百姓,不远万里,趋赴盛会,"极谓一时之

盛"。而中医界的知名人士，经常相聚在"医林会馆"，探讨学术与交流经验，为推动中医学术发展不懈努力。

但是，医圣祠盛况好景未长。清末官僚腐朽统治，残酷剥削，横征暴敛。医圣祠所有田产被没收，祠院被侵占，亭台拆毁，花木砍伐，名胜古迹，荡然无存。到了二十世纪四十年代，曾是庄严肃穆的医圣祠仅残存荒冢一坏，破殿一座，凄凉景象不忍目睹。1956 年，卫生部拨专款，由河南省卫生厅修复医圣祠。除对原存房舍、仲景墓及像装饰一新外，并在殿外筑起围墙，开设大门，门前还增修茅亭，立"医圣张仲景故里"碑。随后在医圣祠建立仲景纪念馆，当时的卫生部李德全部长为此亲笔撰文，称张仲景为"东方医哲"，并勒碑石立于仲景纪念馆前。1963 年河南省公布医圣祠墓为全省文物保护单位。"文化革命"十年浩劫，医圣祠虽又遭破坏，但在广大人民群众竭力保护下，仲景陵墓及正院殿堂劫后余生。1981 年南阳地区和南阳市着手修复医圣祠，并成立"张仲景医史文献馆"，重新塑起张仲景雕像，内部陈列仲景生平组画和他的巨著《伤寒论》《金匮要略》各种版本，还有历代伤寒学家画像和他们对仲景的评价以及各种医史文献资料。1982 年重新落成医圣大门，门外一对高达十三点六米子母汉阙拔地而起，屋顶金黄琉璃瓦光彩夺目；雕刻精致的汉白玉栏杆，护卫着九级十文宽的青石台阶；门内过厅中竖立着高、宽各三点五米的大石屏风上，刻着《伤寒论》原序和医圣张仲景生平传略，整个建筑为汉代风格，布局严谨，古朴凝重，巍峨壮观，端庄雅净。

医圣祠终于获得新生，"张仲景医史文物馆"也以新姿迎接来自中外的无数赡圣者。如今医圣祠内还保存不少匾额对联、题词碑刻。如"医国医民勋泽千秋溯东汉；圣功圣德馨香万世重南阳""辨六经辨八纲心小胆大；反权豪反名利智圆行方""感往昔沦丧，勤求博采，著伤寒功贯古今垂千世；伤横夭莫救，辨证论治，分六经泽被中外惠万民""福庇沉疴""功在生民""万代医宗"等，无一不是对医圣张仲景无比崇拜的真情流露。

除南阳医圣祠外，在湖南省长沙市内则有"张公祠"建筑，以纪念张仲景官长沙太守及撰《伤寒杂病论》光辉医著。相传建于明代，但无史证。据《长沙县志》载，"乾隆八年（1743 年）、在湘城（长沙）中贤良祠之西，祀汉太守张机，字仲景。汉时长沙大疫流行，治法杂出，公为《伤寒论》与《金匮方》，全活无数"。这是有关张公祠最早文献记载。又据《湖南全省掌故备考》说张公祠在北门内，即现今长沙市内营盘街、湖南中医学院附属二院所在地。嘉庆二年（1797 年），因祠宇倾倒，知县蒋绍宗与医生周胜烈等集资捐物，重修祠宇一新。祠内有张仲景身着太守官服塑像等，香火极盛，前来赡拜的人络绎不绝。抗日战争时期，祠院被日本飞机炸毁。后经长沙中医药界及广大群众捐款，又重建祠院，并改名"仲景堂"。湖南著名老中医李聪甫当年就曾与中医药界人士多次聚会"仲景堂"，商讨祖国医学前途，反对国民党取缔中医政策，为中医药伸张正义。每年三月十七日，广大中医药人士汇集仲景堂以庆祝"中医节"。后因建马路祠宇遂废，但牌匾碑记等一直由中医师公会保存。

在湖南长沙、湘潭一带，百姓对张仲景的崇拜活动不亚于南阳仲景故乡。据孙鼎宜《仲景传略》："今长沙城北有张公祠，民岁以祀焉。湘潭俗以正月十八日为仲景生日，群

众然举酒作乐乐神。"以正月十八日为医圣张仲景诞辰纪念日，明清时代湘潭一带十分盛行。那一天，群众上街集会，或举酒相庆，或挥药而舞，或赋诗而歌，以表达对医圣张仲景崇拜和怀念之情。关于张仲景在任职长沙太守时公堂诊病的传说，也以长沙、南阳流传最广。

张仲景医德十分高尚，南阳流传一则"冬至吃饺子"的传说。故事说的是东汉末年，疫病肆虐，许多百姓丧失生命。张仲景痛在心上，为解除百姓疾苦，毅然辞去太守职务，将全部心血投入医学研究。这年冬天，他动身回乡，正逢腊月，寒风刺骨，雪花飘飘，连白河水也已冰冻。一路上他看到那些为生计奔忙的穷人，面黄肌瘦，衣不遮体，许多穷人耳朵都已冻烂，心中非常难受。到家后，登门求医的人络绎不绝，骡马来，高轿请，那些官宦乡绅、奸商巨富，围得张仲景密不透风。但是张仲景内心一直惦记那些耳朵冻烂的穷乡亲。他叫弟子们替他行医。自己在冬至那天来到南阳东关一块空地上，搭起医棚，盘上交锅，专门舍药给穷人治冻伤，所舍药叫"祛寒娇耳汤"。用羊肉、辣椒和其他祛寒温热药一起在锅里熬煮，然后捞出羊肉和药物切碎，用面皮包成耳朵样的"娇耳"下锅。张仲景把煮熟的娇耳分给来吃药的穷人，每人一大碗汤，两只娇耳。当人们吃完，只觉浑身发暖，两耳发热，非常舒服。张仲景热心为穷人治病，从冬至一直舍药到大年三十，而乡亲们的冻耳也都让他医治好了。后来，每到冬至这一天，人们怀念张仲景热心舍药治病的情景，就学着娇耳的样子做食物。为了区别"祛寒娇耳汤"中的娇耳，便有人称"饺耳"，有人称"饺子"，也有人称"扁食"和"烫面饺"。天长日久，形成习惯，人们传说冬至吃饺子不冻耳朵。所以，到冬至这一天，许多地方人们都忙着包饺子吃。这则故事十分动人，人们对医圣高贵品德更加钦佩。

张仲景著作自宋代公开刊行后，对其研究蔚然成风，《伤寒论》《金匮要略》被奉为经典，民间医家也都以收藏仲景书和历代研究心得著作为荣。宋代校正医书局孙奇等校成《金匮要略方论》作序认为：《魏志·华佗传》载华佗临终前拿出一卷书，说可以活人。而考华佗治疗疾病多崇尚奇论怪术，同《内经》经旨不符。因此华佗所出可以活人之书，一定是仲景著作。这个说法得到宋金元时期许多医家学者的赞同。宋名医朱肱就说"华佗指张长沙《伤寒论》为活人书"，于是编著《南阳活人书》，又名《伤寒类证活人书》。从此研究伤寒学说以活人来命书名的著作近二十余编，在伤寒学发展史上堪称一大奇事。但在明清以后，注疏考订学兴起，许多资料证明华佗与张仲景虽为同时代人，但两人根本未曾谋面，而且华佗先仲景而卒，亡时张仲景书未曾完成。因此华佗所谓活人书，当为自己著作，于是伤寒学家不再以活人命书名。又自宋代开始，官办的医学学校把《伤寒论》和《金匮要略》作为教材，世代相习。如清代官方设立教习所培养医生，教习所分内外二种，内教习专门教授"内监之习医学者"。而外教习学生是医官保送的子弟及普通平民，学习课程有《内经》《伤寒论》《金匮要略》《本草纲目》等。而后期出现的民间中医院校以及中华人民共和国成立后各中医院校，也无不以仲景著作为必读教材。为了鼓励中医学生刻苦研究中医理论，树立良好医德，河南、北京、江西等多所中医学院在院内竖立张仲景塑像。

当前，随着世界范围内中医热的兴起，仲景学术思想作为中医学正统备受重视。1981年4月，一个日本汉方医代表团来华访问，在北京历史博物馆见到张仲景画像后，大家肃然行九十度鞠躬礼，其中有人十分虔诚地说："这才是汉医的老祖宗，我们一定要到南阳去朝圣。"同年10月，日本东洋医学会又专派代表团到中国，参加在北京举行的"中日伤寒学术讨论会"，交流经验，互相切磋，促进两国伤寒学理论与实践的发展。而作为医圣张仲景故乡的河南省特别是南阳市，为继承先辈遗产，弘扬仲景学说，采取一系列措施，做了大量工作。《河南中医》杂志专辟"张仲景学术思想探讨"专栏，广泛研讨张仲景学说。1981年12月，"张仲景研究会"在南阳成立，并召开首次学术交流大会。中医名宿耆老如任应秋、米伯让、殷品之等汇聚一堂，交流经验，并创设《张仲景研究》会刊。

为使南阳成为全国研究张仲景学说的中心和基地，南阳地区政府和人民继续不懈努力，于1982年3月在圣祠内新建张仲景医史文献馆，并广泛搜集有关文献，收藏展品达五千余件。文献馆除在南阳热情接待国内外蜂拥而至的参观者，还积极走出去举行展览活动，于1989年同河南省博物馆联合在河南郑州市举世闻名办"医圣张仲景与医圣祠"展览，展出有关张仲景文物资料如照片、拓片、实物和名人书画一千余件。又于1985年2月同中华全国中医学会、北京历史博物馆携手在北京历史博物馆举办"医圣张仲景与医圣祠"展览，展出实物一百零六件、文献资料四百三十六份、拓片一百零四件、照片一百一十五张。这些展览活动，弘扬了仲景学说及医圣品德，扩大了影响并造成良好声势。

1985年2月6日，由河南中医学院主任医师、副教授赵清理积极倡导，广泛向社会集资兴办的"张仲景国医大学"在南阳宣告成立。该校坐落在南阳市卧龙岗，占地六百亩，全国一百三十八位中医教授、专家轮流执教，日本知名中药学教授长浑厚夫也应邀任教。张仲景国医大学的创建，对弘扬仲景学说，培养后备中坚力量，促进祖国医学的发展均起到推动作用。该校成立同时创办《国医论坛》中医季刊。

总之，经过多方努力，医圣故里南阳确已成为全国研究仲景学说的活动中心，为发展现代中医不断贡献出光和热。

最后，让我们引用已故全国人民代表大会副委员长谭震林同志1982年为医圣祠修葺一新的题辞来结束本篇：

医家圣祖集众方，历代贤哲宗法广；

亿万患者登寿域，古训今得举世扬。

数学泰斗

——祖冲之

名人档案

祖冲之：杰出的数学家,科学家。南北朝时期人,汉族,字文远。生于宋文帝元嘉六年,卒于齐昏侯永元二年。祖籍范阳郡道县(今河北涞水县)。为避战乱,祖冲之的祖父祖昌由河北迁至江南。祖昌曾任刘宋的"大匠卿",掌管土木工程;祖冲之的父亲也在朝中做官。祖冲之从小接受家传的科学知识。青年时进入华林学省,从事学术活动。一生先后任过南徐州(今镇江市)从事史、公府参军、娄县(今昆山市东北)令、谒者仆射、长水校尉等官职。其主要贡献在数学、天文历法和机械三方面。

生卒时间:429~500年。

历史功过：祖冲之通过艰苦的努力,他在世界数学史上第一次将圆周率(π)值计算到小数点后七位,即3.1415926到3.1415927之间。他提出约率22/7和密率355/113,这一密率值是世界上最早提出的,比欧洲早一千多年,所以有人主张叫它"祖率",也就是圆周率的祖先。

名家评点：为纪念这位伟大的古代科学家,人们将月球背面的一座环形山命名为"祖冲之环形山",把小行星1888命名为"祖冲之小行星"。

博访前故

在古代,我国的科学技术成就在当时的世界上一直是遥遥领先的,并且涌现出大量优秀的科学家、发明家,祖冲之就是他们中间的一位杰出代表。他在我国乃至世界科技

史上都有着重要的地位。

祖冲之，字文远，祖籍范阳蓟县（今河北省涞水县北），公元 429 年（刘宋元嘉六年）生。五世纪初，在我国历史上形成了南北朝对峙的政治局面。祖冲之生活在南朝的宋（公元 420~479 年）、齐（公元 479~502 年）两个朝代。宋、齐地处长江中下游，都城建康（今江苏省南京市）。西汉以前，这片地区经济比较落后。东汉、三国以来，由于北方战乱不断，大量人口南迁，带来了较为先进的农业和手工业技术，使得南方经济不断发展。到了西晋末年，北方连年战乱，黄河流域人民大量南迁。祖冲之的先辈就是在这个时期迁居南方的。据史书记载，他的曾祖父曾经在东晋为官，其祖父和父亲都在刘宋时候做过官。

刘宋是宋武帝刘裕建立的（为了区别于后来赵匡胤所创宋朝，故将刘裕所创宋朝称为刘宋）。祖冲之虽然生长在官宦人家，但并无纨绔子弟习气，自幼发愤学习，孜孜不倦，注意探索真理，善于思考问题、研究问题，因而他在青少年时代就以学问广博、知古通今、勤思善考著称于当时。由于有了博学多才的名声，二十五岁时，他就被朝廷召进了华林学省。华林学省是专为有才能的人设立的研究学习机构，进这个机构的人被称为华林学士。祖冲之在这里读了许多书，积累了更多、更丰富的知识。几年后，他又先后到南徐州（今江苏镇江）、娄县（今江苏昆山）等地担任官职。直到刘宋末年他快五十岁时，才回到京都建康任职。在这期间，他深入研究了天文历法和数学，并且取得了开创性的科学成就。回到建康之后，他在机械制造方面又做出了杰出的贡献。宋亡后，祖冲之又出仕南齐。在六十多岁的时候，他被提升为守卫京都的禁卫军首领——长水校尉。公元 500 年，这位杰出的大科学家与世长辞，享年七十二岁。

祖冲之一生虽然在宋、齐两个朝代为官，但他不同于一般的封建文人，没有因为做官而放弃学问，把自己的学问当成求官的手段；也不同于一般的封建官吏，做官之后只知吃喝享乐、作威作福，只想到自己的功名利禄。他在为官期间，除了处理繁杂的政事，仍然坚持钻研学问；同时对国计民生也十分关心，希望能兴利除弊、造福百姓，但是由于各种原因，他的政治抱负没有能够实现。但是祖冲之在学术上的光辉成就却是光照千古，不仅成为中华民族的骄傲，也为全人类做出了巨大的贡献。他的学识广博精深，其学术上的成就是多方面的；他是一位伟大的科学家，对于天文历法、数学、机械制造等各门科学无不精通，留下了许多不朽的科学著作和创造发明；他擅长哲理、文学、经学和音乐理论；他对我国古代思想家的思想有过深刻的研究，写了一些研究《周易》《老子》《庄子》《孝经》《论语》等古代思想哲学著作的文章；并著有小说《述异记》十卷，可惜均已失传。历史上象他这样精力充沛、学识广博而精深的学者，是非常罕见的。

为什么祖冲之会在科学上取得如此非凡的成就呢？这里当然有他自身的天赋条件和努力研究的原因；同时与他所处时代的封建经济文化的发展也有着相当密切的关系。可以说是时代造就英才。

祖冲之生活在南朝的宋、齐时代。而南朝时代是我国南方封建社会经济文化迅速发展的历史时期。自从西晋末年，我国出现了长期的南北分裂局面，先后形成东晋与十六

国、南朝和北朝的长期对峙的局势。自古以来北方地区就是我国经济文化中心,但战乱也是以北方为中心的,经过西晋末年和十六国时期的长期动荡不安,社会生产遭到极为严重的破坏。与此同时,原来比较落后的南方经济文化由于北方居民的南迁带来了大量先进技术及政局的相对稳定而有了很大的发展。据史书记载,北方南迁有户籍的人口,占到了刘宋时期南方全部人口的六分之一以上。他们的到来,增加了大量的劳动力,带来了北方地区的先进的生产工具和生产技术,使南方广大地区的垦田面积有了大幅度增加,生产技术有了显著的进步。祖冲之生活的南朝前期,南方地区的农业生产较之过去有了明显的发展。这时,南方各地已经普遍使用牛来耕田;北方的辕犁、蔚犁等先进生产工具也都先后传入南方;粪肥的使用逐渐推广;水利灌溉工程在原有的基础上又有了进一步的发展。以上诸方面因素使得南方广大地区由过去的粗放耕作方法逐渐为精耕细作所代替,粮食的产量有大幅度增长,而且过去一些地广人稀的地区逐渐被开发出来。

在农业发展的过程中,手工业也有很大的发展。例如丝织业:三国时代,丝织业以益州(今四川成都地区)为中心,江南的丝织业虽有所发展,但无论从技术上或数量上都无法同益州的"蜀锦"相比。到了东晋南朝时期,南方各地的丝织业有了很大发展,养蚕技术提高很快,永嘉郡(今浙江温州一带)有了"八辈蚕",一年能够收茧八次。因此,江南地区的织丝制帛工业发展迅猛。到了刘宋时代,江南地区的丝绢布帛等产品闻名全国,在各地都很受欢迎。此时,还有不少的江南织工、缝工随来访的日本使者东渡传授技术,这对日本丝织技术与缝纫技术的提高,起到了很大的促进作用。在此时,江南地区的其他各项手工业,如金属冶炼业、造纸业、陶瓷制造业、造船业等各行业,都较前代有了长足的发展。

科学技术是随着社会经济发展的需要而向前发展并为之服务的。东晋南朝时期,社会经济的不断发展推动了科学技术的蓬勃发展,因此这段历史时期科技以及其他方面人才辈出,并且造就了象祖冲之这样一位闻名世界的杰出科学家。

祖冲之是一位富于开拓精神的伟大科学家。他在继承前辈科学家优秀成果的基础上深入研究、推陈出新,创造出令人注目的成就。他是一位全才的科学家,无论在数学、天文历法、机械制造等各门学科上,他都取得了非凡的成果。

专攻数术

祖冲之是世界上第一位将圆周率准确地推算到小数点后七位数值的科学家,并将这一纪录在世界上保持了一千年之久。

在祖冲之以前,我国在数学方面已经达到世界先进水平,涌现出许多杰出的数学家和优秀的数学著作。早在原始社会末期,"龙山文化"的陶器上已经出现了各种几何图案。商朝时期,已经开始在数学运算中采用十进位制,这是世界上最早的进位制,它的采用大大方便了数学计算。春秋时代成书的《周易》,是世界上第一本研究排列组合的书。

到了战国时代,百家争鸣,数学有了进一步的发展,出现了运用至今的"九九"乘法口诀;在几何学方面,已普遍地运用尺规作图,从而促进了几何学的发展。同时,在诸子百家的著作中,也提出了许多有价值的数学理论。例如:墨家学派的经典《墨子》中,有不少地方涉及几何学上的一些基本问题,对此它都准确地定义,其准确程度与古代西方流行的欧几里德的《几何原本》不相上下。道家学派所著的《庄子》中,提出了极限理论,其中的著名例证,"有一根一尺长的棍子,每天截其一半,那永远也截不完",至今仍被讲解数列极限所经常引用。

到了秦汉魏晋之际,随着封建经济的巨大发展,与之密切相关的数学也有了长足的进步,涌现了一大批的数学著作和知名的数学家。其中最主要的著作有《周髀算经》《九章算术》和《海岛算经》。《周髀算经》成书的年代不晚于公元前一世纪,作者已经不知道了,东汉著名数学家赵君卿为之做过注,其主要成就在于提出了著名的"勾股定理"及采取了较为复杂的分数运算等方面。《九章算术》的成书年代同《周髀算经》大约同时,最初的作者是谁也已不知道了,许多数学家都对此书进行过增订删补,如西汉数学家张苍、耿寿昌、许商、杜忠等,三国时期著名数学家刘徽为之作了注。这部著作集先秦、秦汉时期数学优秀成果之大成,对以后中国古代数学产生了非常深刻的影响。全书分为方田(主要是计算田亩的方法)、少广(主要是开平方和开立方的方法)、商功(主要是计算各种体积,解决筑城、兴修水利等建筑工程中的实际问题)、粟米(主要是计算各种粮食间的换算方法)、差分(主要是等级式的计算方法)、均输(主要是计算征收和运输粮食的方法)、盈虚(主要是统计有关生产收入的问题)、勾股(主要是勾股定理的实际运用方法)等九章,共二百四十六个问题及每个问题的解法。这部书从数学成就上看,首先应该提到的是:其中记载了当时世界上最先进的分数四则运算和比例算法。另外,书中记载的开平方和开立方的方法,实际上就是求解一元二次方程;而为解方程而联立方程组的解法,比欧洲同类算法早出一千五百多年。书中还在世界数学史上第一次提出了负数概念和正负数的加减法运算法则。《九章算术》不仅在中国数学史上占有重要地位,它的影响还远及国外,朝鲜、日本都曾把《九章算术》作为教科书,其中的某些计算方法,还传到了印度、阿拉伯和欧洲。

《海岛算经》的作者是三国时期的刘徽。在这部书中,他主要讲述了利用标杆进行两次、三次及至四次测量来解决各种测量数学的问题,其在此方面的造诣之深,远远超越了当时的西方数学家。而这种测量数学,正是地图学的数学基础。

除了以上三部著作外,较为重要的数学著作还有《孙子算经》《五曹算经》《夏侯阳算经》等。

祖冲之经过刻苦钻研,继承和发展了前辈科学家的优秀成果。他对于圆周率的研究,就是他对于我国乃至世界的一个突出贡献。祖冲之对圆周率数值的精确推算值,用他的名字被命名为"祖冲之圆周率",简称"祖率"。

什么是圆周率呢?圆有它的圆周和圆心,从圆周任意一点到圆心的距离称为半径,半径加倍就是直径。直径是一条经过圆心的线段,圆周是一条弧线,弧线是直线的多少倍,在数学上叫作圆周率。简单说,圆周率就是圆的周长与它直径之间的比,它是一个常数,用希腊字母"π"来表示。在天文历法方面和生产实践当中,凡是牵涉到圆的一切问题,都要使用圆周率来推算。

如何正确地推求圆周率的数值,是世界数学史上的一个重要课题。我国古代数学家们对这个问题十分重视,研究也很早。在《周髀算经》和《九章算术》中就提出径一周三的古率,定圆周率为三,即圆周长是直径长的三倍。此后,经过历代数学家的相继探索,推算出的圆周率数值日益精确。西汉末年刘歆在为王莽设计制作圆形铜斛(一种量器)的过程中,发现直径为一、圆周为三的古率过于粗略,经过进一步的推算,求得圆周率的数值为 3.1547。东汉著名科学家张衡推算出的圆周率值为 3.162。三国时,数学家王蕃推算出的圆周率数值为 3.155。魏晋之际的著名数学家刘徽在为《九章算术》作注时创立了新的推算圆周率的方法——割圆术。他设圆的半径为 1,把圆周六等分,作圆的内接正六边形,用勾股定理求出这个内接正六边形的周长;然后依次作内接十二边形,二十四边形……,至圆内接一百九十二边形时,得出它的边长和为 6.282048,而圆内接正多边形的边数越多,它的边长就越接近圆的实际周长,所以此时圆周率的值为边长除以 2,其近似值为 3.14;并且说明这个数值比圆周率实际数值要小一些。在割圆术中,刘徽已经认识到了现代数学中的极限概念。他所创立的割圆术,是探求圆周率数值的过程中的重大突破。后人为纪念刘徽的这一功绩,把他求得的圆周率数值称为"徽率"或称"徽术"。

刘徽以后,探求圆周率有成就的学者,先后有南朝时代的何承天、皮延宗等人。何承天求得的圆周率数值为 3.1428;皮延宗求出的圆周率值为 $\frac{22}{7} \approx 3.14$。以上的科学家都为圆周率的研究推算做出了很大贡献,可是和祖冲之的圆周率比较起来,就逊色多了。

祖冲之认为自秦汉以至魏晋的数百年中研究圆周率成绩最大的学者是刘徽,但并未达到精确的程度,于是他进一步精益钻研,去探求更精确的数值。它研究和计算的结果,证明圆周率应该在 3.1415926 和 3.1415927 之间;为了社会上的使用便利起见,他又用 $\frac{22}{7}$ (约等于 3.14)作为"约率"(比较简单的数)和 $\frac{355}{133}$ (约等于 3.1415927)称为"密率"(比较精密的数)来表示。他成为世界上第一个把圆周率的准确数值计算到小数点以后七位数字的人。直到一千年后,这个记录才被阿拉伯数学家阿尔·卡西和法国数学家维叶特所打破。祖冲之提出的"密率",也是直到一千年以后,才由德国的奥托和荷兰的安托尼兹所重新得到。但是在西方数学史上,却把 $\pi \approx \frac{355}{113}$ 称之为"安托尼兹率",还有别有用心的人说祖冲之圆周率是在明朝末年西方数学传入中国后伪造的。这是有意的捏造。记载祖冲之对圆周率研究情况的古籍是成书于唐代的史书《隋书》,而现传的《隋书》有元朝大德丙午年(公元 1306 年)的刊本,其中就有和其他现传版本一样的关于祖冲之圆周率的记载,事在明朝末年前三百余年。而且还有不少明朝之前的数学家在自己的著作中引用过祖冲之的圆周率,这些事实都证明了祖冲之在圆周率研究方面卓越的成就。

那么，祖冲之是如何取得这样重大的科学成就呢？可以肯定，他的成就是建立在前人研究的基础之上的。从当时的数学水平来看，祖冲之很可能是继承了刘徽所创立和首先使用的割圆术，并且加以发展，因此获得了超越前人的巨大成就。在前面，我们提到割圆术时已经知道了这样的结论：圆内接正 n 边形的边数越多，各边长的总和就越接近圆周的实际长度。但因为它是内接的，又不可能把边数增加到无限多，所以边长总和永远小于圆周。

祖冲之按照刘徽的割圆术之法，设了一个直径为一丈的圆，在圆内切割计算。当他切割到圆的内接一百九十二边形时，得到了"徽率"的数值。但他没有满足，继续切割，作了三百八十四边形、七百六十八边形……一直切割到二万四千五百七十六边形，依次求出每个内接正多边形的边长。最后求得直径为一丈的圆，它的圆周长度在三丈一尺四寸一分五厘九毫二秒七忽到三丈一尺四寸一分五厘九毫二秒六忽之间，上面的那些长度单位我们现在已不再通用，但换句话说：如果圆的直径为 1，那么圆周小于 3.1415927、大于 3.1415926，圆周率的实际数值就在其中。祖冲之提出的"约率" $\frac{22}{7}$ 和"密率" $\frac{355}{133}$ 虽然均比圆周率的实际数值为大，但前者约大千分之四，后者大不到千万分之一，它们的提出，大大方便了计算和实际应用。

要做出这样精密的计算，是一项极为细致而艰巨的脑力劳动。我们知道，在祖冲之那个时代，算盘还未出现，人们普遍使用的计算工具叫算筹，它是一根根几寸长的方形或扁形的小棍子，有竹、木、铁、玉等各种材料制成。通过对算筹的不同摆法，来表示各种数目，叫作筹算法。如果计算数字的位数越多，所需要摆放的面积就越大。用算筹来计算不象用笔，笔算可以留在纸上，而筹算每计算完一次就得重新摆动以进行新的计算；只能用笔记下计算结果，而无法得到较为直观的图形与算式。因此只要一有差错，比如算筹被碰偏了或者计算中出现了错误，就只能从头开始。要求得祖冲之圆周率的数值，就需要对九位有效数字的小数进行加、减、乘、除和开方运算等十多个步骤的计算，而每个步骤都要反复进行十几次，开方运算有 50 次，最后计算出的数字达到小数点后十六、七位。今天，即使用算盘和纸笔来完成这些计算，也不是一件轻而易举的事。让我们想一想，在一千五百多年前的南朝时代，一位中年人在昏暗的油灯下，手中不停地算呀、记呀，还要经常地重新摆放数以万计的算筹，这是一件多么艰辛的事情，而且还需要日复一日地重复这种状态，一个人要是没有极大的毅力，是绝对完不成这项工作的。

"祖率"——$\pi = \frac{355}{113}$，让我们记住这个数字，它是祖冲之在数学方面的杰出贡献。这一光辉成就，也充分反映了我国古代数学高度发展的水平。祖冲之，不仅受到中国人民的敬仰，同时也受到世界各国科学界人士的推崇。1960 年，苏联科学家们在研究了月球背面的照片以后，用世界上一些最有贡献的科学家的名字，来命名那上面的山谷，其中有一座环形山被命名为"祖冲之环形山"。

祖冲之在圆周率方面的研究，有着积极的现实意义，适应了当时生产实践的需要。

他亲自研究过度量衡,并用最新的圆周率成果修正古代的量器容积的计算。

古代有一种量器叫作"釜",一般的是一尺深,外形呈圆柱状,那这种量器的容积有多大呢?要想求出这个数值,就要用到圆周率。祖冲之利用他的研究,求出了精确的数值。他还重新计算了汉朝刘歆所造的"律嘉量"(另一种量器,与上面提到的釜都是类似于现在我们所用的"升"等量器,但它们都是圆柱体。),由于刘歆所用的计算方法和圆周率数值都不够准确,所以他所得到的容积值与实际数值有出入。祖冲之找到他的错误所在,利用"祖率"校正了数值。

以后,人们制造量器时就采用了祖冲之的"祖率"数值。

祖冲之在数学研究方面,除了圆周率外,还有其他成就,并著有《缀术》一书。《隋书》评论认为《缀术》理论十分深奥,计算相当精密,学问很高的学者也不易理解它的内容,在当时是数学理论书籍中最难的一本。

在《缀术》中,祖冲之提出了"开差幂"和"开差立"的问题。"差幂"一词在刘徽为《九章算术》所做的注中就有了,指的是面积之差。"开差幂"即是已知长方形的面积和长宽的差,用开平方的方法求它的长和宽,它的具体解法已经是用二次代数方程求解正根的问题。而"开差立"就是已知长方体的体积和长、宽、高的差,用开立方的办法来求它的边长;同时也包括已知圆柱体、球体的体积来求它们的直径的问题。所用到的计算方法已是用三次方程求解正根的问题了,三次方程的解法以前没有过,祖冲之的解法是一项创举,这是他在数学上的又一重要成就。

《缀术》六卷,是我国历史上非常有价值的科学著作之一。隋唐时期对《缀术》相当重视,都把这本书列为官家学校数学科的主要教科书。在唐代,专学数学的人分成两组:第一组所用的教科书是历代相传的《周髀算经》《九章算术》及《海岛算经》第八部数学专著,学习六年毕业;第二组所使用的教科书则是更深奥的《缉古算经》和《缀术》,共学习七年后毕业。其中《九章算术》与《海岛算经》两部书规定共学习三年;《缉古算经》是很深奥难懂的专著,规定学习三年;可是《缀术》规定要学习四年,学时最长。考试时也按这样分成两组,每组各考十道试题,而第二组中,《缀术》题要占六道。从以上的学制和考试制度来看,《缀术》所占的地位要超过其他的各种算书,因此《缀术》的科学价值和程度的玄奥高深也是可想而知的。

随着隋唐时期中国文化的四处传播,我国的数学也随之传到了东方的日本。当时的日本在各方面都尽量仿效我国,多次派"遣隋使""遣唐使"来我国学习先进的科学文化与各项礼仪制度。在数学学科方面,也建立了同唐朝一样的学制和考试制度,《缀术》同时受到了高度的重视。但是,到了唐朝末年,各地藩镇割据、战乱纷纷,国家办的数学教育无法维持下去,数学书籍多有散失。到了赵匡胤统一全国建立起来朝时,就仅有少数传本留传下来。《缀术》一书,不久也就在北宋天圣、元丰年间(公元1023~1078年)失传了。流传到日本以及朝鲜的《缀术》一书也都先后散佚,没有保留下来。这是我国古代科学文化上的巨大损失,是非常可惜的。今天,我们所能了解到《缀术》中的部分内容,是其他史书及数学类书所转记的。如唐代史学家在修《隋书》时,在这部史书的《律历志》里保

存了关于祖冲之推算圆周率的记载并转引了几句应该是《缀术》内容中的话，文字虽少，价值却十分巨大。

日本有一本记载数学史的书，叫作《见在书目》，书中记载了有个叫祖仲的人注解过《九章算术》《海岛算经》等书，我们知道祖冲之曾为《九章算术》做过注，祖仲应是祖冲之的笔误，并且从这里也可以知道他可能还注解过《海岛算经》。由此可见，祖冲之的著作和理论，不仅在隋唐的数学教育中占有相当的地位，而且对日本也有过很大的影响。这足以说明祖冲之在数学上的造诣之深和贡献之大，不愧是我国古代科技界的杰出代表。祖冲之的数学成果，正如同我国许多的优秀文化、科技成果一样，远在一千多年前，就已经在同其他国家、民族的文化交流中，做出了它的贡献。

天文历法在我国历来是受到非常重视的一门科学。在祖冲之以前，这门科学在我国已经有了长期发展的悠久历史，取得了许多项在当时世界上遥遥领先的研究成果。

早在公元前二十一世纪到公元八世纪的夏、商、西周时代，随着农业生产的不断发展，人们越来越注意天象气候的变化，从长期的观察中，总结出不少的天文知识，制定出历法。相传在远古时代已经制定出我国历史上最早的一部历法，即《黄帝历》。到了夏代，又制定出以阴历正月为岁首的《夏历》，这是现代阴历的起源。到了商、周时代，为适应农业生产发展的需要，开始使用阴阳合历，分别以阴历十二月与阳历十一月为岁首。由于一个阴历年只有 354 天，与一个阳历年差 11 天多，为了调整阴阳历参差，开始设置了闰月。同时商、周时代对天象的观测也有了不少的成果。如商代已经发现了日月食现象，甲骨文中已有关于日月食的记录。西周时，人们已经注意到天体运行和星座位置的变化，对一些星座开始命名，并发明了岁星（即木星）纪年法、二十八宿观测法、土圭测目法等改进历法的依据。进入春秋战国时代，随着生产的迅速发展，天文历法也有不少的进步。春秋时期，在观测恒星、彗星和日月食方面出现了不少的新成就，例如记载下了世界上最早的有关哈雷彗星的记录，当时对夏至和冬至时间的观测也较为准确了，而且基本上区分了二十四节气。到了战国时代，开始出现一些专门研究星象运行的学者，其中最著名的是齐人甘德和魏人石申，他们各写了一部天文学著作，被后人合称为《甘石星经》，在这本书中记录了金、木、水、火、土五大行星出没的规律；还详细地记录了黄道附近恒星的位置及其距离北极点的度数，这是世界上最早的恒星表。

到了秦汉时代，随着封建经济的进一步发展，科学文化事业更加繁荣昌盛，其中与农业生产有着密切联系的天文历法更为突出。西汉司马迁著的《史记》和东汉班固的《汉书》两部著名史书中，就有专门记录星象和历法的《天官书》与《天文志》《律历志》。杰出的天文学家张衡发明了浑天仪和地动仪，并著有天文学专著《灵宪》一书。至于历法，秦始皇统一六国后，发现春秋战国时期历法混乱，各诸侯国采用的历法不一，为统一历法，他令人另造新历，以阴历十月为岁首，称为《颛顼》。汉初延续了秦制，也是使用《颛顼历》。到了汉武帝元封年间（公元前 110~前 105 年），大夫公孙卿、壶遂、太史令司马迁等上书汉武帝，认为秦历不够精确，与实际天象不一致，在历法上不应出现月亮的时候，月亮却高挂在天空，而应当看见月亮的时候却反而瞧不见。武帝就令他们几人及其他一些人另造新历。新历以正月为岁首,于武帝太初元年(公元前 104 年)宣布实行,在全国范围内使用,这就是《太初历》。《太初历》沿用了 188 年,到东汉章帝元和二年(公元 85 年)时,由于《太初历》与天象相差越来越明显,章帝下诏令李梵等人加以修改,修改后的新历称为《四分历》。到了三国时期,魏文帝黄初年间(公元 220~226 年),魏文帝采纳太史令韩翊的建议,改《四分历》为《黄初历》。魏明帝景初元年(公元 237 年),采纳尚书郎杨伟的建议,再次修改历法,定为认农历正月为岁首,此历即为《景初历》。晋武帝时,改《景初历》之名为《泰始历》。所以实际上从曹魏中期到南朝刘宋初年的二百年间,历法皆用《景初历》。

到了宋文帝元嘉年间(公元 424~453 年),著名天文学家何承天通过多年的天象观测与实际研究,发现《泰始历》不够精确,已经不符合当时天象了,比如:当时冬至的实际日期已经和历法所载日期差了三天。于是他上报朝廷,受命制造新历。元嘉二十二年(公元 445 年),新历经政府下令颁行,命名为《元嘉历》。

以上就是祖冲之以前我国古代天文历法的发展概况,这体现了我国广大劳动人民和科学家对于天文历法的观测研究不断深入、精确。正是他们持之以恒的研究,为祖冲之及后人再对天文历法进行深入研究奠定了坚实的基础。

通过对前人的优秀成果的研究,开拓了祖冲之的眼界,提高了他的认识。但是,祖冲之明白,只是依靠前人留下的东西进行研究是远远不够的,于是他非常重视科研实践,走到大自然中,在实践中获取经验,从实践中检验所学的天文历法理论的正确与否。

古代天文观测,特别是为了制订历法所进行的天文观测的中心课题是测量日影的长度。测量日影所用的仪器叫作表,是用铜制的标杆,垂直立于地面上,记录铜表在正午时的日影。这是一项细致而繁琐的工作,需要很大的耐心。祖冲之的观测记录持续十年,从而对铜表这种仪器有了深刻的认识,他说:"我测量日影长度经历十年多了,亲自辨别日影长短,铜表很坚硬,日晒雨淋从不变形,而且表影分明,在进行观测时,它的影子长度能够辨别得很清楚。"

祖冲之用这种方法成年累月地测量日影,例如刘宋大明五年(公元 461 年)冬,为确定冬至时间,他一连四十多天,不畏寒冷的天气连续观测,用八尺高的铜表测量,再经过计算,确定该年的冬至在阴历十一月三日。就用这种连续测量的办法,祖冲之顶酷暑、冒严寒,最终测定了一年中二十四节气的正午日影长度。

祖冲之为了准确地认识天体运动规律和测定时间,需要测得准确方位,方位不准就会影响到其他测量的准确性。他采用的方法是用五个铜表立于地面,先立南表,在正午太阳照射的表影末端立中表;第三立北表于中表之北,令中表、北表末端都与天空北极星的方向对直。在春分或秋分时候立第四表与第五表。第四表在春秋二分太阳刚露出地平线一半时,立在中表的东边,叫作东表,并使中表、东表和太阳的位置处在一条直线上。第五表在春秋二分日太阳隐入地平线时立在中表的西边,称之为西表,并使中表、西表与此时的太阳位置处于一条直线上。五表全部立完之后,还要进行校正。最后,连接南、中、北三表的直线就是指向南北方向;连接东、中、西三表的直线指向的就是东西方向。

这时把中表所在的位置称为"地中"。祖冲之就这样长期进行天文观测,积累了丰富的第一手资料,为他以后的历法研究打下了坚实的基础。

经过长期反复的研究和实际观测,祖冲之发现古代十一家历法(《黄帝历》《夏历》《商历》《周历》《鲁历》《颛顼历》《太初历》《三统历》《四分历》《乾象历》《景初历》)都有不少的错误,推算不够精密。而当时,刘宋政府采用的历法是何承天所制的《元嘉历》。祖冲之认为此历比以前的历法有了相当的改进和提高,可以说是一部较好的历法,同时他也发现《元嘉历》存在不少的缺点和错误。他指出由于《元嘉历》在推算日月等五个天体所在的位置上有差错,因而由此推算出来的节气和所设的闰月也都不够精确。于是,祖冲之下决心改革以往的历法,制定一部更好的、更符合自然实际的新的历法。他根据自己多年的天文观测实践,参考了历代的历法,于宋孝武帝大明六年(公元462年)编成一部新的历书,命名为《大明历》。这时祖冲之才三十四岁。

《大明历》是一部阴阳历合璧的新历法。包括推朔术、推二十四节气术、推日所在度数、推月所在度数、推入阴阳历数、推五星(金、木、水、火、土)位置术等几个部分。它的内容收录在梁朝的一位学者沈约所著的一部历史著作——《宋书》当中,流传至今。

《大明历》中有不少重大改革和天文历法上的先进成果。下面所要介绍的是其中最重要的几项。

什么是岁差呢? 岁差是指春分点在黄道上的西移。由于日、月、行星的吸引,地球自转轴的方向会发生缓慢而微小的变化,因此从这一年的春分到下一年的春分,从地球上看,太阳并没有回到原来的位置,而是逐渐向西移,因此春分点也在移动,随着春分点的移动,全部二十四个节气的位置也在动。但是,在公元四世纪以前,我国还没有发现岁差现象,天文观测者和历法制定者都认为太阳(实际是地球)从头一年的冬至日到下一年冬至运行一周天,正好是一周年。也就是说,那时人们认为每年的冬至,太阳又回到原来出发的位置上了。直到东晋的时候,有一位天文学家虞喜,一生不愿做官求禄,献身天文学,长期坚持天文观测。当他把自己的观测记录和古代记录下来的日月星辰的位置,尤其是冬至日的位置进行了仔细的比较,结果发现了古今的不同。太阳从前一年的冬至到下一年的冬至,并没有回到原来的位置上。岁差被发现了,这是我国天文学史上的一项重要发现。虞喜通过观测和详细计算,求出岁差的值每五十年向西移动一度,这个结果虽然比实际大了一些(现代计算出来的岁差值为每年50.3秒,近72年移动一度),但这是我国天文学史上的第一个岁差值。

岁差的发现对于历法的改革有巨大意义,可是在发现后的一百多年里研究历法的人都没有注意和重视,何承天制定《元嘉历》时也未引入这项成果,因而在改革历法上未能取得大的成效。祖冲之是把岁差引入历法的第一人。他根据自己的实际测验和计算的结果,证实了岁差现象的存在。在编制《大明历》时,他把岁差引进到历法中去。这是我国历法最早对岁差的应用,在我国历法史上有划时代的意义。

由于历法中考虑了岁差,回归年和恒星年才有了区别。回归年是太阳连续两次经过春分点所需要的时间,又叫太阳年,也就是我们在日常生活中所说的"年"。恒星年是太

阳连续两次经过某一恒星位置时所需要的时间,也就是地球绕太阳公转的一个真正周期。现代计算表明,回归年要比恒星年短二十分二十三秒,祖冲之也注意到了回归年和恒星年的区别,经过实测和计算,他求出了这两种"年"的日数,并且非常精确地测出一回归年的日数是 365.24281481 日。现代天文学所测一回归年为 365.24219879 日,祖冲之的计算结果和这个数字只差 50 秒,一年之中仅有六十万分之一的误差。这个结果是多么的精确啊!

另外,由于引入了岁差,《大明历》在推算闰年率等方面要比古代历法和《元嘉历》精确。下面,我们就来看看祖冲之在《大明历》中是如何修改闰法的。

远古时代的人们,由于畜牧业和农业生产的需要,经过长期观察,总结经验,发现了日月运行的某些基本规律。我国人民早在四千年前就根据这种规律和月相的变化而制定了阴历和阳历两种历法。阴历是观察月的盈亏变化规律得到的,古人把由上一次月圆(或月缺)到下一次月圆(或月缺)的一段时间规定为一个月,每个月二十九天或三十天,十二个月为一年,共计有 354 天。阳历是把地球绕太阳运行一周所需要的时间算作一年,阳历一年也是十二个月,日数为 365°当时人们还不知道地球绕太阳运行这一事实,而从现象上误以为是太阳绕地球运行,但根据实际观测和计算所得结果和地球绕日运行情况相符合。阴历年和阳历年的日数不同,前者比后者每年要少大约十一天,阳历年符合季节的变化,每年情况都差不多;阴历和节气之间却没什么规律可言,变化很大。因此就有必要调整阴历年的日数,使之和阳历年的日数一致。

我国古代劳动人民在长期实践中找到了解决这个问题的办法,发现了闰法,隔两三个阴历年,多加一个阴历月,叫作"闰月"。加了闰月的阴历就可以补上和阳历的差距,这种历法是阴阳全历,一般称之为"阴阳历"。现在我们所说的农历,实际上就是阴阳历。当时所使用的闰法是十九年七闰,即十九个阴历年中加七个闰月,并把这十九个阴历年叫作一"章岁"。这种闰法在当时是一种创造。

但十九年七闰法并不够精确和完善,经过二百年就会多出一天,将会影响到历法中的其他数据。于是有人提出了改革,破除章岁。东晋义熙八年(公元 412 年),北朝北凉的赵䂮作《元始历》,第一次改革了旧闰法,在六百年中加入二百二十一个闰月,但是没能被人们接受。二十一年后,何承天编制的《元嘉历》仍然用的是十九年七闰的旧闰法。

过了整整半个世纪,祖冲之不畏旧章法的束缚,彻底打破了十九年七闰的沿用了近千年的旧闰法。他根据自己的长期实际观测,再加上赵䂮改革闰法的启发,在《大明历》中将闰法改为三百九十一年中设一百四十四个闰月,以解决旧章法闰数过多的问题。祖冲之改革闰法、破除章岁的行动,在科学界产生了很大的影响。后来研究历法的人总要讨论闰法问题,改革闰法也就成为以后改革历法的主要内容之一。祖冲之以后,十九年七闰的旧闰法被彻底废弃。这是祖冲之在历法改革中的一项重要的贡献。

祖冲之在制定《大明历》时,不仅做了上述两项重大改革,在其他方面也取得了出色的成就。比如在历法计算中第一次引入了交点月的概念。所谓交点月,是月亮沿白道(月亮在天球上运行的路线)运行的时候,过一个黄白交点(黄道是太阳在天球上运行的

路线，黄白交点就是黄道和白道的交点）环行一周的时间。他推算出一交点月是 27.21223 日，和现代数据相差不到一秒钟。由于日食和月食部发生在黄白交点附近，所以准确求得交点月，就能精确的预测日月食。例如用《大明历》推算从元嘉十三年到大明三年（公元 436~459 年）这二十三年中所发生的四次月食和月亮在天空的位置与时间，都和实际情况完全符合。

祖冲之是我国天文学史上第一个提出交点月的天文学家，并且也是求出交点月数值的第一人。这是祖冲之在天文学上的另一项重大贡献。由于发现了交点月，使我国历法上关于月的概念才算完备了，"月"一共有五种概念，即祖冲之的交点月概念和"近点月""经天月""恒星月""朔望月"等四种概念。"近点月"即月球在自己轨道上由上一次近地点到下一次近地点的运行周期；"经天月"就是在一章岁中月长的平均值；"朔望月"是月相由朔（月亮开始看不见之时）到朔或由望（月亮满月之时）到望的周期；"恒星月"是月亮在天空运行一周的时间。

在现代，我们知道太阳系有九大行星：水星、金星、火星、木星、土星、天王星、海王星、冥王星以及我们人类生存的地球。按照距太阳远近的次序，地球在第三位，处于金星和火星之间。而在古代，由于观测水平的限制，只发现了距地球最近的五颗行星，即水星、金星、火星、木星、土星。又因古代天文观测是以地球为宇宙中心的错误宇宙观，所以认为这五颗行星都是围绕地球转的。在古代所说的"五星""五律""五珠"等等就是指的水、金、火、木、土这五颗肉眼能看到的行星。

我国古代人民很早就对五大行星进行了观测研究，并给它们起了专门的名称，比如把金星叫"太白"（这样我们也就知道了神话传说中为什么管那个天上的白胡子老神仙叫作"太白金星"了吧），土星叫作"镇星"，木星叫"岁星"等等，此外还发现了它的出没规律。我国古代从西周开始使用岁星纪年法。由于当时发现木星运行一周天所需时间为十二年，于是把它的轨道分为相等的十二段，每一段称为一"辰"，也就是一年。由于重要星座大都位于黄道附近，所以将黄道也分为十二段，与木星运行的轨道相对应，这样就便于天文观测和记年（岁），故木星又名"岁星"。

但实际上木星的公转周期并非恰好是十二年。西汉时期，汉武帝从民间调了一批天文学家到朝廷研究历法，在公元前 104 年编出著名的《太初历》，其中对木星运行周期为十二年的古法进行了更正。《太初历》认为每一百四十四年木星就要超辰一次，即木星实际上多走了一辰。辰的时间比年短一些。这个结果虽不精确，但却是重要发现，被称为"超辰法"。祖冲之在制定《大明历》时，发现《太初历》"超辰法"的计算结果不够精密，因此他又重新进行了测定和研究。他计算的结果是只要八十四年，木星就超辰一次，即八十四年间应有八十五辰。按照这个数值推算，木星公转时间应该是 11.859 年，这同现在测定的数值相比较已经是很接近了。祖冲之同时也对另外四颗行星的公转周期进行了研究。他所测得的水星公转周期是 115.83 日，这与现代所测的结果完全一样。金星的公转周期为 583.93 日，较现代所测仅差 0.01 日。以上的计算结果的精确度较前人都有了很大提高。

总之，祖冲之在天文历法方面做出了很大贡献，《大明历》是他长期从事科学实践和辛勤劳动的研究成果。但我们也应该看到他的《大明历》也存在着缺点，例如火星、土星的公转周期就不够精密；历法计算中，繁琐的上元积年计算也没有废除。虽然这样，《大明历》是一部好历法是毋庸置疑的。

《大明历》编成以后，祖冲之上表给刘宋孝武帝，请求准予颁行。祖冲之在天文历法方面所取得的成就之大，在古代天文学史上是少有的，说明他的改革历法是卓有成效的，本来应该受到朝廷的支持，新历法也应得到采用。然而事与愿违，新历法上奏朝廷后却遭到以戴法兴为首的顽固守旧派的竭力反对。戴法兴原是孝武帝当藩王时的宠臣，孝武帝继位后，对戴法兴言听计从，戴法兴也是独断专权，权势显赫。他阅读过一些天文历法著作，但研究不深，而且思想守旧，一味地推崇古历，反对关于历法的任何改革。

当祖冲之以所制《大明历》上奏朝廷，请求施行时，孝武帝令群臣展开讨论，大部分官吏无异议，唯有戴法兴坚决反对。他攻击祖冲之才疏学浅，没有能力改革历法；并认为古历、特别是三代历法和《鲁历》是先圣先贤制定的，所以永远不应更改，因而戴法兴主张恢复以往的古历，反对任何改革，这是十分保守、消极的主张。他还给祖冲之扣上"背离经典、有辱上天"的罪名，就连在历法方面颇有创举的何承天及《元嘉历》也受到了攻击。戴法兴是朝中权势显赫的权臣，朝中文武百官惧怕他的权势，大多附和他。而祖冲之当时只是一个地方官员，支持他的只有一个名叫巢尚之的人。但祖冲之根据他渊博的学识和丰富的实践经验、对手戴法兴的攻击论点逐一加以驳斥，写出了一篇非常有名的驳议《辨戴法兴难新历》。在这篇驳议中，祖冲之引用前人的经验与自己的观测结果，证明《大明历》对以往的历法进行改革是有科学根据的，戴法兴的非难是毫无道理的。这样就展开了我国历法史上一场著名的大辩论，这场辩论的实质是革新和守旧、科学与迷信的尖锐斗争。

戴法兴攻击的矛头主要指向祖冲之对历法的两项重大改革——引进岁差和改革闰法。戴法兴坚持"太阳有自己固定的变化规律，星座的相对位置也不会有什么变化，自古以来的冬至日每次都发生在同一天，绝不会有变化"的陈旧观点，认为古代圣贤制定的历法决不会错，应该流传万古，是不能更改的。祖冲之则针锋相对地回答说："人不应该迷信古人而对今人的成就妄自菲薄。"他以有力的论据表明了过去的历法因测量不准确或推算不精而存在这样或那样的错误，而他用《大明历》推算从元嘉十三年到大明三年（公元436~159）这二十三年间发生的四次月食的时间以及月亮在天空中的位置，结果完全符合实际。而把古代历法捧得高高的戴法兴，他的推算结果时间不符，位置比实际相差了十度。在辩论中，祖冲之指出：历法的准确与否，关系到国计民生，是一件非常重要的事，决不能掉以轻心。而古历错误颇多，沿用时间越久，偏差就越大。以闰月为例，如用旧历法每三百年就与实际相差一天，所以历法需要经常改进，不应抱着古人的观点不放。

在事实面前，戴法兴理屈词穷，但是仍然蛮横地宣称：古历就是有错误，也决不能有什么改革。对此，祖冲之予以有力的驳斥并且指出：日月五星的运行有其一定的规律，与什么神仙鬼怪无关，通过观测与研究，是可以推算出来的，而且推算结果会越来越精确。要是明知古代历法有误差，还要永远使用下去，真就没什么道理可言了。祖冲之还要求

戴法兴拿出事实来证明自己的论点,但戴法兴拿不出任何事实来,只好罗列出许多儒家经典上的名词,根本抓不住问题的本题。祖冲之指出戴法兴的话中有许多自相矛盾的东西,没什么可取的地方。如果只是强词夺理、仗势压人,那他是绝不会屈服的。就这样,祖冲之以大无畏的斗争精神,驳倒了戴法兴。宋孝武帝听了双方的辩论,也知道了《大明历》的诸多优点,准备加以采用。到了大明八年(公元464年),他决定在第二年换年号的时候采用新历。然而就在这一年,孝武帝死去,刘宋统治集团内部忙于争夺权位的斗争,根本无暇过问历法的改革问题。

过了不久,刘宋也就灭亡了,代之而起的是齐。齐武帝之子文惠太子萧长懋看到了祖冲之的《大明历》的底稿,认为是一部好历法,建议武帝在齐施行。未及施行,文惠太子逝世,改历之事又被束之高阁。直至梁武帝天监年间(公元502~519年),祖冲之之子祖暅继承父业,重修《大明历》,使其进一步完善,随后积极向梁武帝推荐,建议施行。梁武帝令人进行天文实测检验,确认《大明历》优于古历及《元嘉历》,然后批准予以采用,在梁施行《大明历》,废除《元嘉历》。这时距祖冲之去世已经十多年了。《大明历》一直沿用了八十年。

除了上述在数学和天文学方面的巨大成就外,祖冲之还可以称得上是一位天才的机械发明家。他在机械制造与发明方面的成就是很多的,以下分成四个方面加以介绍。

公元464年,刘宋孝武帝去世,前废帝即位,统治集团内部斗争十分激烈,和祖冲之有关系的皇族刘子鸾被杀,祖冲之也被调到娄县担任县令。到刘宋末年,他才被召回到都城建康,任谒者仆射这一职务,这是掌管朝廷宴会、皇帝接见大臣的朝见以及办理重大受封典礼的礼节官员。在此期间,他的研究方向,几乎完全转到机械制造方面。此时他在机械方面最早的一项工作是他重造了指南车。

指南车是一种双轮独辕车,它的作用类似于指南针,是用来指示方向的。车上立一个木人伸臂南指,只要一开始行车的时候,使木人的手臂指向南,那么此后不管车子向何处拐弯,木人的手臂就始终指向南方。

指南车是何人在何时发明的,现在已无法探究了。传说在上古黄帝时期,黄帝部落和南方的蚩尤部落作战,遇上大雾,无法辨清方向,于是黄帝就制造了指南车,认明了方向,打败了蚩尤部落。当然这已经无法证实了。根据史书记载,东汉杰出的科学家张衡总结了以前的机械制造经验,制造过指南车,并且获得了人们的好评。三国时卓越的机械巨匠马钧也制造过指南车。但是他们关于指南车的制造方法很快失传了,制造原理也没有留下什么记载。

到东晋时,北方的后赵、后秦统治者都令人给他们制造过指南车,这当然不是为了指引方向,而是在出巡时讲排场罢了。东晋义熙十三年(公元417年),大将刘裕率晋军北上攻占后秦首都长安(今陕西西安市),灭掉后秦。刘裕在长安获得了指南车,将它运回江南。可是这时,这辆指南车只剩下一个空架子,内部机械已经完全散失。因此每当行走的时候,只好让人藏在车内来转动木人,使它指向南方。后来刘裕和他的子孙做了皇帝,都是用这部旧指南车做做样子而已。

刘宋末年,萧道成当了禁军首领,他打算有一辆真正的指南车。这时祖冲之正任谒者仆射，平时又有博学之名，于是萧道成找到祖冲之，希望他能够重造指南车，祖冲之答应了。以前所造几辆指南车，其内部机械可能是木制的。祖冲之经过详细研究，把内部机械部件改用铜制，灵敏度自然比木制的要高，这是一项成功的改进。指南车造成后，萧道成让两个手下大臣去试验车的性能。试验的结果证明，这辆车构造精巧，运转灵活，不论朝什么方向转变，木头人的手始终指向南方。在场的人纷纷称赞祖冲之的才能。

就在这时，北朝有个叫索驭驎的人来到了建康，声称也能制造指南车。萧道成便让他再制造一辆。制成后，萧道成下令让这一辆和祖冲之的那辆在乐游苑（皇家花园）里进行比赛。结果，索驭驎的那辆指南车比不上祖冲之的灵活，运行中时常指不准方向，索驭驎非常羞愧，只好把自己的车给毁掉了。而祖冲之制造的指南车不久也毁于战火，指南车的制造方法再次失传。

到北宋时代，有两位能工巧匠燕肃和吴德仁分别于公元 1027 年和公元 1107 年各自造出了指南车。这两辆指南车虽然也早已失传，但制造原理却得益于《宋史》的记载而保存下来了。指南车的主要部分是一组五个齿轮所组成的差动齿轮机；在车厢中间安装一个大平轮，上面竖一长轴，轴上有一木人；左右各装一小平轮；外侧各装一立齿轮，起转动作用，能够跟随左右的行走轮转动。车行之前先将木人之手指向正南。当指南车一直向前行驶的时候，左右水平轮和中心大平轮是分离的，不相接触，因此两边行走轮的转动不影响中心大平轮。如果车向左转弯，右边的行走轮就会带动立齿轮、牵动小平轮，小平轮又使大平轮向相反方向转动。因此中心大平轮受右边行车轮的影响而向右转动，恰好能抵消车辆向左转变的影响，使木人手臂仍旧指向南方。车子向右转变也是同样的道理。

祖冲之重造的指南车，其具体结构不一定是和燕肃、吴德仁的一样。但无疑也是用差动齿轮原理制造的。因为在祖冲之以前很久我国劳动人民就发明了齿轮，而且指南车只有通过齿轮的作用，才能很好地解决传动、变速、变向等问题。所以祖冲之采用这种原理是必然的。

刘宋的统治由于不断的内争而日益削弱，朝中大权就落到了禁军首领萧道成手中。他趁刘宋衰落之机，于公元 479 年夺取了政权，在建康做了皇帝，改国号为齐（历史上称南齐）。随后的十几年中，南齐境内没有大的战乱以及内争，国家出现了暂时的稳定局面，农业生产有所发展。

由于祖冲之曾经长期做过地方官，比较了解劳动人民的生活疾苦和生产实际状况。所以在这段时期他关心生产，用很大精力研究农具的提高与改进的问题。他把前人的发明创造加以改进，取得了新的成就。水碓磨的创造就是其中最重要的一项。他在做地方官时，就注意到农民舂米、磨粉很费力，就想利用机械来代替人力，提高工作效率以便减轻农民的劳动强度。现在，他利用在朝做官比较清闲的机会研究出了粮食加工机械，称为水碓磨。水碓磨造成后，进行了公开试验，运行效果很好，齐武帝也亲往观看。

水碓磨是利用水流冲击的力量进行工作的水利机械。碓和磨是我国过去粮食加工的主要工具，为了把谷物的皮壳去掉，人们在很早以前就知道用杵舂米的方法，不过效率很低。到了汉代，人们就开始利用水力舂米的水碓。在战国时期，南方已经采用水力代

替畜力进行磨粉,发明了水磨。水碓和水磨的发明,提高了一定的劳动效率。西晋的杜预发明了连机碓,利用水力同时驱动几个石杵舂米;同时他还创造了水转连磨,在水力充足的地方,能带动八个磨同时进行磨粉。连机碓和水转连磨的发明,无疑提高了粮食加工的效率。但是它们是分开的,碓和磨不能同时使用,仍有不方便之处。祖冲之的水碓磨就是根据连机碓和水转连磨的结构而改进的,他把水碓和水磨结合起来,能同时舂米和磨粉。由于这种机械直接服务于农业劳动,因此得以推广,流传至今,虽然有所改进,但仍是在祖冲之的基础上进行的。

水碓磨的创制是祖冲之在机械制造方面的重要贡献。

作为天文历法科学家的祖冲之,由于研究的范围很广,所以也对计时器进行了研究改革。他制造过计时器——漏壶。

祖冲之从青年时代开始就用大量时间从事天文观测。他观测所使用的仪器,除前面提到的铜表之外,还有计时器——漏壶。只有时间比较准确,观测所得到的结果才更可靠。因此,祖冲之对传统的计时器漏壶进行了研究,并有所改革。

漏壶计时是这样的:上面有一个底部有小孔的斗,里面盛水;下面有一个桶,其中立一个很轻的浮标,上面有刻度。古时把一昼夜分为一百刻,故浮标上的刻度也就有一百个。用一根很细的管将斗底部的小孔与桶连接,使斗里的水一滴一滴地流到桶中。由于桶中的水不断增加,水面增高、浮标随之上升,根据浮标上的刻度就能知道时间。

浮标上的一百刻又按十二个时辰划分成几段,用段的分界点代表一些特殊时间。对于特殊时间的安排,历代漏刻有所不同。祖冲之对此做了重新安排,使之更符合人们的作息规律,便于对时间的安排。

祖冲之还制作过欹器。"欹",是倾斜的意思,"欹器",是指自由状态下放置时呈倾斜状态的器皿。早在五千年以前,陶器已普遍使用,在出土文物中有一种尖底陶罐。它底尖、口小、中间大肚,腹部有两耳。不盛水时成倾斜状;水不太满时就直立;水满了就自动倾斜,将水倒出一些,继续保持直立状态。这是根据重心原理制造的。用它去提水,当水快满的时候,水罐就自动直立,便于人们提水。到了春秋时期,根据尖底陶罐的原理,有人制造了欹器。孔子用它来教育自己的学生要谦逊,把"谦受益、满招损"的寓意赋予给了欹器。然而欹器的制造方法到东汉却失传了。

祖冲之时,齐武帝的儿子竟陵王萧子良十分喜好古玩,但找不到欹器的实物。祖冲之就造了一件欹器送给他,并希望他能记住欹器所具有的特殊含意。而在祖冲之前二百多年间,从没有人制出过成功的欹器。

交通和运输工具随着社会的不断发展,逐渐地提高自身的速度及运载量。内外贸易、人员的流动、战争等方面的因素,都需要更方便迅速地交通工具。南朝大部分地处水乡,长江、珠江等水系有很大面积都在南朝境内,此外还有很多的湖泊水泽以及漫长的海岸线。因此水上交通对于南朝非常重要。当时南朝的海外贸易也有所发展,造船技术不断地改进和提高。

在这种客观条件下,为了适应经济发展的实际需要,发展航运事业,祖冲之注意研究水上交通工具。经过反复调查、设计和试验，他制造了一种千里船。这种船不用帆和桨，靠转轮激水前进。千里船制成后在建康南面的新亭江中试航，一天能航行一百多里，速度高于一般的船只，有些类似于近代的轮船，只是它的动力依然要靠人力来提供。后来在唐、宋时代，也出现过这类船只。

对于陆上交通工具，祖冲之也有研究和发明。为了改进陆上运输交通工具，他从各方面搜集资料，进行试制。他从《三国志》上看到诸葛亮发明"木牛流马"来运输粮草的记载，受到启发，经过长期研究，创制了一种陆上运输工具。这种工具的构造很巧妙。据古书记载，这种运输工具不用借助风力和水力，不用人来操作，发动一个机关就能自己运行。可惜这种运输工具没能流传下来。

至死不渝

祖冲之的晚年，正值南齐后期，统治阶级内部矛盾尖锐，政治黑暗，社会动荡不安。

在这种情况下，祖冲之的研究方向有了很大的变化。他着重研究文学和社会科学，同时也比较关心政治。

祖冲之曾为《易经》《老子》《庄子》《论语》《孝经》等古代哲学、文学书籍做过注。此外还著有小说《述异记》十卷。但这些著作都象《缀术》一样失传了。

此外，祖冲之对于音乐理论也很有研究，达到当时的最高水平。我国古代音乐音阶的各个音称为"律"，最初只有五个，叫"五音"或"五律"，以后发展为七律、十二律。每个律有专门称呼，如"五律"的名称分别是：宫、商、角、徵、羽。音律是指选择构成音阶的各个音间的规律。如何来辨别这些音律呢？这里有一定的标准。古时有一种叫作"黄钟律管"的专门工具，可以按照它的长短对音律进行校正。另外，黄钟律管还具有校正度量衡的作用。祖冲之研究过晋初的铜尺和黄钟律管。

在我国古代，数学理论和音乐理论有许多相通之处，有着密切的联系，精通数学的祖冲之，精通音乐理论是很自然的事。

公元 493 年，齐武帝萧赜刚去世，继承皇位的齐明帝为了稳固皇位大杀皇族，又引起统治集团内乱。随后，北朝的北魏趁机出兵进攻南齐，战争从 494 年持续到了 500 年，齐的军事重镇寿阳（今安徽寿县）也被北魏占领。南齐很快地衰亡了。

在齐明帝时，祖冲之除了继续担任原有的职务外，又被任命兼任军职——长水校尉。长水校尉的具体职务是管理国内的少数民族部队，其中大部分是南齐和北魏作战时招降和俘虏的北朝士兵。南齐把年近七十的祖冲之从文职调任军职，说明南朝统治者已经无力维持局面，同时也说明了祖冲之本人有一定的军事才能，并且也愿意在军事方面为国家贡献自己的力量。

祖冲之在其晚年，不仅担任军职，而且还提出了"富国强兵"的政治主张。他作了《安边论》这一政治军事论文上报朝廷，希望政府在北部边防线附近进行屯田和移民，以增加

国家的经济实力和军事实力。可惜这篇文章也没能流传下来，我们只能从其他书上的一些零星记载中猜想《安边论》的内容了。祖冲之不仅提出了《安边论》，而且还积极创造各方面的条件，准备实施他的设想。所以他到各地进行视察，并兴办了一些建设事业。可是，当时南齐的统治已经无法再维持下去。国家政权摇摇欲坠，再加上南北朝之间的连年战争，祖冲之良好的政治主张无法在国家内部施行，更无法实现了。

祖冲之一生从事科学研究和政治活动，在做出了杰出的贡献之后，于公元500年（齐永元二年）与世长辞，终年七十二岁。但他开创的科学事业并未因他的去世而停步不前，他的儿子祖暅、孙子祖皓都精通科学，在祖冲之的身后做出了自己的贡献。

我国历史上出现过不少父子相继的世家。象文学世家（如曹操、曹丕、曹植；苏洵、苏轼、苏辙）、史学世家（如班彪、班固、班昭）、书法世家（王羲之、王献之）；同时也出现过一些科学世家，祖冲之与其子祖暅、其孙祖皓就是三世相传的科学世家。

祖暅，字景烁，主要生活在南齐和以后的梁朝。他自幼继承父业，在父亲的精心教育下，认真钻研科学，他思维敏捷又学习刻苦，所以进步迅速。在很年轻的时候，就对天文历法和数学有了深入的研究，为他后来的科学工作打下了良好的基础。当他钻研学术入神的时候，连雷震的霹雳声也听不见。据说有一次，他走在路上，边走边思考问题，不知不觉地撞到迎面而来之人的身上还没什么感觉，直到那人叫他，他才明白过来。由此可见祖暅的勤学与刻苦钻研的精神，别人都认为他的治学态度不亚于其父。因此，祖暅在学术上取得了不少的成就。尤其是天文历法和数学。

祖暅从小就研究家学，所以对其父的《大明历》更是了如指掌。祖冲之终其一生，没能看到自己的《大明历》被采纳使用。在他去世后，祖暅为了完成父亲的未竟之业，继续研究《大明历》，进行天文实测，并且先后三次向梁政府进行推荐，终被采纳。

天文学研究在重实地测量，这是我国古代优良天文工作优良传统，是一种正确的研究方法。在梁朝初年，为了更清楚地观测天体及其运动情况，祖暅不畏困难与危险，选择了天文观测条件良好的嵩山作为临时观测站。当时南朝和北朝大体上以黄河为界，黄河以南地区属梁，以北为北魏。嵩山也就是五岳之一的"中岳"，位于今河南登封县北，向北不远处就是黄河，离两朝统治区分界线不远，所以常有战乱冲突。在这里进行古文观测，存在一定的危险性。

祖暅在嵩山建立了临时观测站后，不分昼夜地进行观测。他在观测站直立了一根八尺高的铜表，下面与一个石圭垂直。在石圭面上开出一个小沟，沟内注入清水，用以定平，起水准器的作用。这个设备虽然很简单却对后世的天文测量有很大影响。

祖暅用这种仪器来继承他父亲的天文观测工作，一个是日影长度观测，他的做法就象其父所做的那样。而"测地中"，祖暅的方法也是先立一表叫"南表"，等到正午时刻在表影之末再立一表称为"中表"。如果时间准确无误，那么南表与中表连线所指示的方向就是南北方向，为了核对南北方向。他在夜间登上嵩山去观测历来用于定位的北极星。嵩山在中原地区拔地而起，附近又少烟尘，在天晴的夜晚，北极星看得很清楚，所以他希望通过北极星来校正南北方向。夜间，他通过中表来望北极星，并于中表之北立一"北表"，使中表、北表的连线与北极星的位置处于同一直线上。到第二天正午再根据三表的日影是否在同一直线上来判断南表和中表连线的方向是否正好指向南北，结果是否定的。经过多次的反复观测和研究，所得结果都是否定的。所以祖暅得出了北极星与北天极并不相同而是有所偏离的结论。

这是一个很重要的天文发现，从此它打破了北极星就是天球北极这个相传已久的错误看法。是祖暅的一项重要成就。

为了研究天文的需要，祖暅也研究过漏壶计时器。在天监六年（公元 507 年），由于梁政府所用的漏壶不准确，所以梁武帝曾令他重新制造一个。同时他著有关于计时器的专著——《漏刻经》，但早已失传。

祖冲之对于圆周率的精确推算使他留芳青史，祖暅对于球体积计算公式的求得，亦使他被后人所纪念。

祖暅和他父亲一样，年青时代就成为当时的著名数学家。北齐学者颜之推曾对祖暅的数学才能给予了高度评价。而祖暅在数学方面所取得的最大成就是最终求得了球体积的计算公式。

在《九章算术》中，就有已知球的体积反求其直径的问题。由此，可推出当时的球体积公式为：

$$V = \frac{3}{2}\pi r^3 \ (V \text{ 代表球积，} r \text{ 为半径})$$

这个公式与我们现在使用的正确公式 $V = \frac{3}{2}\pi r^3$ 相比较，大了 1/6。这个不够准确的公式首先被东汉张衡发现它与实际不符，张衡进行了研究，但没能解决问题。三国时的刘徽也发现的这个问题，经过反复实验研究，他由正方形与其内切圆的面积之比为 4：π，推得正方体与其内切球体体积之比也是 4：π。由此，他先做了一个球的外切正方体，再用两个直径等于球径的圆柱体从立方体内互相垂直贯穿，这时球就被包在两相交圆柱的公共部分，而且和圆柱相切。刘徽只保留两圆柱的公共部分，因为它的外表象两把上下对称的正方形伞，于是把它取名叫"牟合方盖"。古时称伞为"盖"；"牟"是相等的意思。这时当球与"牟合方盖"同时被水平截面所截，两截面积之比就是 π：4；它们的体积之比也应是 π：4，即

$$V_{球}：V_{牟台方盖} = \pi：4,$$
由此得

$$V_{球} = \frac{\pi}{4} V_{牟合方盖}。$$

如果牟合方盖的体积能够求得，那么球的体积也就得到了解决。但刘徽最终没能求出牟合方盖的体积，只好留下了的遗愿，希望后人能解决这个问题。

刘徽的遗愿，在他逝世二百年后终于得到实现，祖冲之父子完成了这项事业。祖氏父子也是依据刘徽的思路，把牟合方盖作为解决问题的钥匙，经过反复研究，他们发现了

著名的原理:"缘幂势既同,则积不容异。"这句话中"势"指高,"幂"指面积,意思也就是:介于两个平行平面之间的两个立体,如果它们的高相等,当两者被任意一平行面所截,而截面相等时,则两立体的体积也必相等。根据这个原理,考虑到球的外切立方体去掉牟合方盖的剩余部分与牟合方盖体积对比关系,最终求得了牟合方盖的体积公式为

$$V_{牟合方盖} = \frac{2}{3}(2r)^3。$$

代入刘徽的结果 $V_球 = \frac{\pi}{4}V_{牟合方盖}$,经整理得到

$$V_球 = \frac{4}{3}\pi r^3。$$

这就是球体积的正确公式。当时祖氏父子以 $\pi = \frac{22}{7}$ 代入,公式就变形为

$$V_球 = \frac{11}{21}(2r)^3。$$

就这样,球体体积计算得到了最后解决,这是我国数学史以及世界数学史上一件重要事情。而前面所提到祖氏父子发现的原理在祖暅时被最终确定,所以也被称为"祖暅定理"。"祖暅定理"与球体积公式的提出,是可以与圆周率的精确推算相媲美的伟大贡献。在国外,直到十七世纪才由意大利数学家卡瓦雷利重新提出,晚于祖氏父子一千一百多年。

根据唐朝王孝通的记载,知道祖暅也作有《缀术》一书,是对祖冲之《缀术》的补充,并且记载了祖暅与其父推求球体积公式的过程,以及棱台、楔形体等几何方面的内容。这本书在当时得到人们的一致好评,被赞为"精妙之作"。可惜也早已失传。

此外,祖暅对于建筑和土木工程设计也有研究,担任过梁朝掌管官府中的工匠和建筑工程的材官将军。天监十三年(公元514年),梁武帝下令征发军民共二十万人,修筑浮山堰(今安徽凤阳东北),企图阻塞淮河,水灌被北魏占领的寿阳城(今安徽寿阳县)。祖暅等有关人员奉命勘测地质情况,他们发现堰址松软,不宜筑堰,上报梁武帝。梁武帝不听,坚持在原址筑堰。一年半以后,在付出了无数人的生命和大量物资的情况下,浮山堰筑成了。寿阳城虽然被冲毁了,但附近百姓也流离失所,只好住在山岗和高地上。接着,在天监十五年(公元516年)秋,此地连降大雨,引起洪水泛滥,浮山堰被冲溃,大水瞬时汹涌而出,吞没了淮河沿岸的村镇,十多万人被夺去了生命,还有更多的人无家可归,到处是一片凄凉的景象。这个悲惨事件的祸首应该是刚愎自用的梁武帝,但他却迁罪于浮山堰的施工负责人员,祖暅因此被判刑入狱。

刑满出狱后,祖暅失去了科研的信心,很少从事科学活动了。后来他把更多的时间转向了研究术数(占卜问卦),著有《天文录》和《天文录经要诀》等有关术数方面的书;此外,他还著有《权衡记》一书,是讲度量衡制度的。但这些书也都早已失传。

读到这里,我们会发现:为什么祖氏父子的著作都失传了呢?究其原因,既有天灾,又有人祸。我国是一个有着五千年文明历史的国家。随着社会的进步,文化的发展,书籍的品

种与数量也在不断增长;但在增长的同时,图书散失,消亡的现象也十分严重。对于这一现象,隋朝的牛弘做出了历史总结,首先提出了"五厄"之说,把图书在较短时间内遭到大规模毁坏称为一厄。按照这一思路,中国古代和近代我国的图书典籍大致遭受了十二厄。

1.周室衰微

春秋初年,周王室衰微,诸侯势力膨胀。他们认为周王朝的典章制度严重妨碍了自己的政治野心,于是便从记载着这些典章制度的周王室藏书入手,进行大肆破坏。使得图书损失严重,如《仪礼》最初有三千篇,至二百多年后的孔子时,经搜集整理仅存十七篇。

2.始皇焚书

秦始皇统一中国后,为了控制人民思想,下令焚烧除秦史、医药、卜筮、种树以外的一切书籍。这次焚书给我国古代文化典籍带来了无法估量的损失,先秦的典籍,在系统上被无可挽回地破坏了。

3.项羽入关

秦朝灭亡后,公元前207年,项羽率军进入秦都咸阳,大肆烧杀掠夺。秦始皇焚书时,曾允许自己的博士官收藏部分诸子百家书籍。但至此,博士官收藏的这些书也被付之一炬。先秦的许多书籍也就因而失传。

4.更始战乱

公元二十五年,农民起义军"赤眉军"在樊崇带领下攻入国都长安。杀死更始帝刘玄,并将长安的宫殿、街市、民房全部烧毁。西汉二百年间所搜集、整理的三万多卷皇家藏书也随之被焚。

5.元帝焚书

南朝梁元帝萧绎酷爱藏书、读书。公元554年,北朝西魏至攻破梁都江陵。梁元帝认为自己读了那么多书,还落得个国破家亡的下场,因此将亡国之恨全发泄到图书之上,将十四余万卷图书全部焚毁,南朝二百余年间收藏的图书至此消亡殆尽。

6.炀帝焚纬

隋炀帝杨广即位后,派使者搜求天下书籍。但同时又将搜集到的与占卜谶纬有关的图书全部焚毁。占卜谶纬类图书虽然宣扬迷信,但其中也有不少有用的资料,特别是一些早期的科技知识也因此失传。焚纬后剩下的隋政府藏书中的三十七万卷被炀帝带到江都,这部分图书在隋末战乱中,全部散佚。

7.安史之乱

公元755年,唐将安禄山、史思明发动叛乱,不久即攻陷了洛阳、长安,唐王朝在这两处收藏的八万余卷图书被焚毁殆尽。

8.广明之乱

唐僖宗广明元年(公元880年),黄巢率农民起义军攻入国都长安,把长安的宫殿、官署等政府机构全部焚毁。唐政府在安史之乱后所搜集的十二大库五万多卷图书也随之荡然无存。

9.绍定之灾

南宋理宗绍定四年(公元1231年),都城临安发生火灾。大火将收藏图书的秘书省、玉牒所等处全部烧毁。南宋历朝搜集的图书六万余卷在这次火灾中损失大半。

10.绛云楼灾

绛云楼是明末清初著名学者钱谦益的藏书楼。钱氏藏书名满天下,收藏之书有七十多大柜,藏书的数量、质量都与当时皇朝内府的藏书所差无几,更有大量的孤本。1670年,绛云楼不幸遭到火灾,藏书大部分被焚毁。

11.乾隆禁书

1772年,清乾隆帝下诏征求天下书籍,为编修《四库全书》做准备。在征书的同时,又把不利于清朝统治的书籍、书版全部禁毁,十年间就销毁了十余万卷图书,给文出典籍带来了一场巨大浩劫。

12.八国联军劫难

1900年,八国联军攻入北京,劫掠财物、屠杀人民,大量的文物典籍或遭焚毁,或被抢劫。历经磨难的我国最大的类书《永乐大典》,经八国联军焚毁、抢掠,散亡殆尽。

在这十二次书厄之外,还有着无数次规模较小的图书被焚毁及散失现象,它们加起来的总量也是相当惊人的,这都给我国的文化事业造成了无法弥补的巨大损失。

可以看出,图书这十二厄大多是由朝代变更、战争频繁或自然灾害引起的,它们给图书造成的损失是有形的,可以被人们看到。

图书在有形消亡的同时,还存在着无形的消亡,它是由人的主观因素所造成的,有以下两个原因:

一是因人们的好恶而造成的。比如人们都喜欢的文辞优美的图书流传就广,保存下来的可能性也大。

二是古今价值取舍观的差异造成的。古人重经史、轻科技,把科技称为旁支末道,因而古代科技书散失的现象就比较严重。

由此可以发现,祖氏父子的著作除了在天灾人祸方面难逃厄运外,受轻视也是一个重要原因。所以很可惜,我们无法,从两人的著作中进一步去研究,认识他们了。

祖暅之子祖皓受到家传,也精通数学和天文,继承了父祖的科学事业。梁武帝末年,他任广陵郡(今江苏扬州)太守。不久,发生了北朝降将侯景的叛乱,忧国爱民的祖皓起义声讨侯景,结果兵败被害。三世相继的科学世家到此也就绝后了。

祖冲之是我国南北朝时期的一位胸怀大志、有理想、有抱负的伟大科学家。他以自己卓越的科学成就,为我国优秀的历史遗产和浩瀚的文化典籍,增添了夺目的光彩。他是一位杰出的天文学家。是他,打破了近千年的已不符实的旧闰法;是他,第一次把"岁差"引入了历法,使得天文观测更加准确;是他,提出了交点月的概念,使天文学有关月的概念更加完善。他是一位卓越的数学家,早在一千五百年前,当时大部分欧洲人还没有摆脱原始愚昧的状态,祖冲之就已经把圆周率值推算到小数点以后七位,比欧洲早了一千年;他又与其子祖暅共同发现了"幂势既同,则积不容异"的原理,比欧洲要早一千一百年。他是一位优秀的机械工程师,创制了水碓磨、制成了千里船、重造了指南车。他还是一位思想家,为诸子百家

之书和其他经书做过注,进行过深入研究。这些成就,有许多在世界科学史上占有重要的地位,从一个侧面证明了我国是世界文明发达最早的国家之一。

祖冲之在科学上之所以能够取得辉煌的成就并非偶然,既不是仅凭自己的天赋,更不是依靠运气。而在于他一生中孜孜不倦地刻苦钻研,不怕烦琐,勇于实践,不畏权贵而锐意进取。

在科学研究中,祖冲之能够虚心学习前代科学家,深入钻研他们的优秀成果。他并不墨守成规,受前人研究思想的束缚,而是在汲取前辈科学家们的优秀成果的过程当中,积极通过亲身的科学实验与观测去验证前人的成果,以达到去伪存真,发扬其精华、剔除其糟粕的目的,以便推陈出新,创造出新的成就。而当某种新的成果出来之后,往往会遇到守旧势力的攻击。为了捍卫新的科学成果,坚持真理,祖冲之敢于和阻挠科学进步的旧势力作坚决的斗争。正是这种勇于创新、锐意进取的精神,使祖冲之创造了科学上一个又一个的奇迹,把那些阻挠他前进的人扫到了历史的角落里。

祖冲之具有广博精深的学识和解决实际问题的能力。这种能力的获得,固然在一定程度上依靠天赋,但更多的是以刻苦的钻研与亲身投入科学实践中才能得到的。祖冲之为了掌握前代科学家们的优秀成果,不辞辛苦,广泛地攻读古代文献典籍,深入钻研前代科学家的研究成果。以研究古代历法为例,据史书记载,他纵览了从远古到魏晋南北朝的一切所能找到的天文历法书籍,这些书籍的浩繁与深奥,自是不言而喻。为此,他耗费了大量的精力,付出了辛勤的劳动。《大明历》在他的身后能得以推广就是明证。

在古代,一个好的天文学家同时也是一位好的数学家。因为要推算天文历法所需数值,就要有相当的数学计算能力。祖冲之就是一位代表。为了检验古代天文历算理论的正确与否以及他的计算成果是否准确无误,他都要亲自使用天文仪器观测天象,运用数学进行反复推算。如前所述,在青年时代祖冲之就曾经十年如一日地进行日影长度的测量。而圆周率值从"周三径一"的古率到精确到小数点后七位的"祖率",又是祖冲之在度过了无数日日夜夜呕心沥血的劳动后对于科学的巨大贡献。没有非常大的毅力与耐心,是无法取得这样的成就的。

祖冲之的学风,不仅造就了他自己,同时在潜移默化中影响了他的后代。祖氏父子共同研究,求得球体的体积公式,更是科学史上的一段佳话。

祖冲之的科学活动与当时社会生产力的发展是有密切关系的。他的不少科学成果,如水碓磨等在当时和以后的工农业生产方面起到了良好的作用。从他所著的《安边论》中可见他十分关心国计民生,想多做一些对百姓有利的事情。作为一个封建官吏来说,他也是一个为官一时就造福一方的好官。

祖冲之是我国历史上的一位伟大人物。在科学方面,他取得了卓越的成就,赢得了无数人的敬仰和怀念。在月球上有"祖冲之环形山";小行星中有"祖冲之星";我国于1955年发行的"纪念中国古代科学家"邮票当中,有一枚就是祖冲之的肖像。祖冲之具有一位科学家所应具备的一切优秀素质,他勤于里考、深入钻研、勇于进取;他重视实践、毅力过人。他的优秀品质和严谨的治学态度,永远受到后人的仰慕和学习。

笔注华夏

——郦道元

名人档案

郦道元：字善长，北魏范阳郡涿县（今河北省涿州市）人，北魏平东将军、青州刺史、永宁侯郦范之子，我国著名地理学家、文学家。

生卒时间：约 470～527 年。

历史功过：他一生对我国的自然、地理做了大量的调查、考证和研究工作，并且撰写了地理巨著——《水经注》，为我国古代的地理科学做出了重大的贡献。

名家评点：由于《水经注》在中国科学文化发展史上的巨大价值，历代许多学者专门对它进行研究，形成一门"郦学"。

乱世奇人

众所周知，秦朝是我国历史上第一个统一的多民族国家。它结束了战国时期的割据局面，建立了空前规模的封建国家。由于秦统治者滥用民力，国内阶级矛盾尖锐，在秦末农民起义的浪潮冲击下，秦朝的残暴统治只维持了 15 年。公元前 202 年刘邦统一了中国，开始了汉朝的长期统治。汉代是我国封建社会的第一个高峰，在政治、经济、文化等各方面都达到了一个新的水平。两汉的版图总体上都超过了秦朝。长期的和平发展，统治阶级逐渐腐朽。农民起义的烽火遍及全国。尤其是东汉末年的黄巾起义更加速了东汉王朝的灭亡。经过几十年的封建军阀混战，中国出现了三国鼎立的格局。中国历史进入了魏晋南北朝时期。西晋的统一为时很短，中国再一次陷入分裂。部分王室和南北门阀地主集团相结合在南方延续着统治,这就是东晋。在我国北方则出现了所谓"五胡十六国"的混乱局面。北方的混战直到北魏统一黄河流域才基本结束。在南方,东晋之后又存在宋、齐、梁、陈等四个王朝,被称为南朝。与之相对,北魏和由它分出的东魏北齐、西魏北周被称为北朝。南北朝的历史持续达 150~160 年,公元 589 年,隋文帝杨坚灭陈,最终结束了魏晋南北朝时期 400 年国家分裂的局面。可见,魏晋南北朝是政局动荡的历史时期,同时我们也应看到,这也是一个民族融合,思想解放,文化交流的时代。

秦汉时期,在我国北方的匈奴族就建立了自己的政权,与中原王朝的关系日益密切。匈奴族为其他各少数民族做出了榜样,他们也积极地与中原王朝进行交往。从东汉末年起,由于双方政治、经济交流的不断深入,许多少数民族内迁到中原王朝的统治区,其中最著名的就是"五胡":匈奴、羯、氐、羌、鲜卑。西晋末年各种社会矛盾严重激化,王朝统治瓦解,这些少数民族的统治者在北方先后建立了若干割据政权,古代的史学家称为"十六国",实际并不止"十六国",建立政权的也不只是"五胡"。这些少数民族在中原地区与汉族人民长期共同生活,共同劳作,最后都逐渐与汉族相融合了。汉族也不再是原来意义上的汉族了:南方的汉族与南方少数民族相融合,开发了我国的南方,北方汉族则吸收接纳了游牧民族的许多优秀文化内涵,显得更加勇于开拓进取。所以说,魏晋南北朝是我国统一多民族国家发展壮大的重要历史时期,我国的主体民族——汉族由于融合了南北许多民族的成分,显得朝气蓬勃,奋发向上,有了脱胎换骨的变化,人们的民族意识不再是过去的狭窄的观念,而是更加注意兼容并包,取彼之长,补己之短。这种进步观念在隋唐时期对社会发展起了很大作用,这也是民族融合的重要进步意义之一。隋唐时期的许多将相大臣都有少数民族的血统,连皇族也有少数民族出身的嫌疑,但他们讲汉语,着汉服,能做诗做画,与汉人已经融为一体了。从某种意义上讲,隋唐以后已经不存在所谓的纯粹的汉族人了,说不定,我们的先世就是当初挥鞭牧马人中的一员呢?

游牧民族虽落后于汉族的经济发展,但是相比之下思路开阔,敢于接纳新鲜事物,富于创新意识,隋唐盛世的出现与这种思想的广泛存在是有紧密关系的,许多汉人也从中受到启发,胸襟开阔,吸收了少数民族的优秀品质。

以上我们回顾了一下魏晋南北朝时期的概况。在一些封建史家笔下,这是个刀光剑影的黑暗时代,这当然是不对的,而在某些当代人的文章中,对这段历史的认识仍有待于提高。如果我们从社会的各个方面去看待这段历史,我们就会发现这一时期有着不同于秦汉、隋唐的特殊历史魄力,它的内容是相当丰富多彩的,在我国源远流长的历史长河中占有重要的位置。

只有真正了解魏晋南北朝的历史背景,才有可能进一步深入考察这一时期的政治、经济、文化、艺术等各个社会层面,考察这一时期某个人物的思想、功绩就更应充分了解这一时代的背景。

郦道元生活在北魏王朝统治时期,我们有必要对这个少数民族建立的国家有较深刻的认识。

北魏是鲜卑人建立的政权。上文已经说过,鲜卑是"五胡"之一。有的学者认为鲜卑

就是西伯利亚的古译,也有学者认为鲜卑源于兴安岭南部山区,我们认为,实际上鲜卑族是多源的。这从它众多支派分布之广可以得到证实。在魏晋南北朝时期,鲜卑族中的慕容、乞伏、秃发、拓跋、宇文等组成部分,先后在我国华北、西北地区建立多个割据政权,如慕容氏建立前燕、后燕、南燕等,乞伏氏的西秦,秃发氏的南凉,宇文氏的北周等等,其中以拓跋氏建立的北魏,版图最大,历时最久。北魏王朝是我国历史上第一个统一北方的少数民族政权。

早期的拓跋部长期在兴安岭、蒙古草原东部游牧。当时以拓跋氏族为核心,建立了部落联盟。史书上说:"统国三十六,大姓九十九。"大约是在东汉末年。后来拓跋部在部落酋长的率领下,和其他游牧部落一样,逐渐南下进入中原王朝的边疆地区。三国时期拓跋部开始在今河套平原东部"逐水草而居",由于这一地区自然条件比较优越,尤其适合畜牧业发展,拓跋部慢慢强大起来。16 国时期,以拓跋部为首出现了一个被称为"代国"的地方政权,这是拓跋部向阶级社会迈进的重要一步。4 世纪后期,拓跋部出现了一位有远见的首领拓跋珪。他对原来的社会组织进行了大刀阔斧的改革,拓跋部开始进行农业生产了。他建立起模仿汉族政权的政治制度,把首都从河套地区进一步南迁到平城(今山西省大同市附近),更加密切了与汉族的联系。平城是一座古老的城邑,汉高祖在这里曾被匈奴军队围困达 7 天之久。拓跋珪迁都后,随即进行了大规模的地市建设,建起许多宫殿、庙宇和其他建筑物。拓跋珪还率领军队东征西讨,北魏的领土急剧扩张,到他死的时候已经控制了黄河北岸到燕山山脉的大部分地区,后代尊称拓跋珪为道武帝。

在拓跋珪的儿子明元帝在位时,南方的东晋已为刘宋取代,南朝的历史开始了。明元帝的儿子拓跋焘也就是太武帝,是一位雄才大略的皇帝,在他统治的 20 多年中,北魏进一步走向繁荣昌盛。他指挥拓跋部士兵连年对外作战,消灭了夏国、北燕、北凉等割据政权,占据了关中,河西走廊和黄河以南的大片土地,与南方的刘宋形成了南北对峙的局面。在北疆北魏象汉族政权一样,在今内蒙古、山西、河北等地修筑长城,阻止了草原游牧部落柔然的侵扰,基本上统一了黄河流域,这是第一个统一北方的少数民族政权,在中国历史上产生了深远的影响。从此持续了 130 多年的 16 国时期也就到此结束了,我国北方的社会秩序逐渐安定下来,人民生活有了最基本的保障,社会经济逐渐恢复发展。

拓跋焘还曾率兵进攻刘宗,公元 450 年北魏骑兵曾一直打到长江北岸,给南朝刘宗政权以极大震动。北魏的声势至此已压倒南朝,当时的西域诸国如龟兹、疏勒、乌孙、鄯善、车师等却遣使进贡,高句丽、波斯也派使修好。武功之盛、声威之远,于此可见一斑。

在大举征伐的同时,拓跋焘也重文治,注意整顿吏治,任用了许多贤能廉洁的官员,其中许多是汉族知识分子,如崔浩、高允等。在他统治时期鲜卑族的各部与汉族的密切联系更加深入,他们的生产方式也在向农耕转化,这种少数民族汉化的过程,也是民族融合的过程。可以说太武帝的统治为北魏走向全盛奠定了坚实的基础。在拓跋焘以后,北魏历史上又出现了一位雄才大略、精明强干的君主——孝文帝拓跋宏。

孝文帝于公元 491 年正式亲政时,年仅 25 岁,可谓风华正盛,意气风发之时。他励精图治,大胆革新,进行了一系列政治、经济、文化方面的改革,史学家统称为孝文帝改革。

他的改革目的在于提高鲜卑民族素质，努力改革作为一个游牧民族的长期游牧习气，在社会生活各方面向汉族学习，最终推动汉化进程。他改变了拓跋部长期的辫发制，改用汉族的束发发式。着汉服，用汉族礼仪，大力宣传儒家思想观念，恢复孔子在人们心目中的地位，重修了孔庙。着手封建学术文化的恢复开展，如设立官学，搜求古书等等。他的这次举措，无疑极大地推动了北方内迁民族的汉化过程，同时也得到了汉族士大夫知识分子的支持，郦道元就是其中之一。他们已经把北魏王朝着成为一个继承了汉族文化的封建正统王朝了。从拓跋焘任用汉族知识分子以来，日见成效的北魏汉化，到孝文帝统治末期已经基本完成了。

孝文帝改革的重大举措是迁都洛阳。在拓跋焘时北魏已统一了北方，而且北魏的疆土不断向西、向南扩张，平城却偏在一隅，与这种形势显然已不相适应，孝文帝还曾表示要统一全国的决心，迁都问题就日益突出表现出来了。拓跋宏知道要"经营天下"，平城是难以满足作为一个大帝国首都的各项条件的，首先难以解决的就是交通问题，平城的道路虽经多年修建，但因处于山区，与广大平原地区的联系仍很困难，另外还有日益严重的粮食问题和其他社会问题。而洛阳是中原名城，做过几个王朝的都城。迁都洛阳无疑会产生重大的政治影响，这是孝文帝最为看中的。况且洛阳居天下之中，可谓四方辐辏之地，与各地区交往都很便捷，对于一个正在发展的帝国来讲，选它为都，真是再合适不过了。自然，任何改革的实行中都会有反对派，孝文帝改革也不例外，他们大多为鲜卑贵族，长期以来在平城地区发展势力，作威作福，形成了一个守旧的利益集团。为了保持特权，他们极力反对迁都。孝文帝并没有因为这些人的阻挠而停步，他多次与守旧派进行论战，最后冲破阻力，于公元949年正式迁都洛阳。同年还正式下诏禁止穿胡服。两年以后，孝文帝又宣布改变鲜卑族的姓名，把拓跋氏改为汉姓元氏，拓跋宏就改称元宏。孝文帝认为，拓跋代表着土地，与古代的黄帝有血缘关系，黄土地是"万物之元"，所以应改姓元氏。从他的话语中我们看到的是汉族儒家思想观念，可见北魏时鲜卑族的汉化已经达到了很高的程度。不只是自己改，王族的姓氏拓跋均改为元。其他的少数民族姓氏也都改变为汉姓或逐渐向汉姓转化，如达奚氏改奚氏，拔拔氏改长孙氏，丘穆陵氏改穆氏，步六孤氏改陆氏，贺赖氏改贺氏，独孤氏改刘氏，尉迟氏改尉氏等等，不胜枚举。这样一来，单从姓氏上，汉人与非汉人已经难于区分了。此举也是汉化过程的最后一步。

在大力推进改革的同时，元宏还大举南征，着手进行统一大业。他曾几次亲自率军与南朝齐政权作战，在战场上取得多次胜利，北魏疆土再次向南扩展。在孝文帝时期北魏的国势达到了全盛。

正当孝文帝的事业处于顶峰之时，保守势力在后方多次叛乱反对改革，元宏不得不派大军平叛，宫中又出现宫闱丑闻，再加上连年忙于国事，元宏没有经得住这么多打击，他的心情开始变糟，身体状况日见下降，但他仍坚持率军南征，在他33岁之年，不幸病逝于行军途中。

孝文帝的突然去世成为北魏王朝由盛转衰的转折点。广大的帝国由于失去了杰出的领袖，而开始走下坡路。孝文帝死后8年，公元507年，北魏在与南朝梁政权的淮水之

战中大败,北魏在军事上还不曾有这样的惨败。后来北方又有6镇起义,在洛阳统治者更不思进取,日益腐化,政权威信急剧下降。到公元534年北魏最终分裂为东西魏两个政权,这两个政权都是傀偏政权,没过多久,他们的统治就先后被北齐、北周所取代了。

在魏晋南北朝这个动荡的年代里,为了躲避战乱,出现了中国历史上的第一个流民高潮,居住在中原地区的人民(以汉族为主)大量向周围地区迁移。大部分流民是向南方移动,当时的长江以南地区经济发展水平远远不能与北方相比,大量北方农民的迁移必然使南方经济有了长足进步。特别是长江中下游地区到南朝时已相当富庶。也有一些农民迁到河西走廊、辽东等与那里的少数民族一起开发边疆,而内迁的各少数民族人民在迁到中原以后,在与当地汉族人民的长期生活中逐渐地适应了农耕生活,自觉放弃了原来落后的游牧生产方式。如此规模的民族大迁徙,加速了民族融合,也极大地开阔了各族人民的眼界,改变了原来国内人口分布的不合理状态。各族人民对地理知识的渴望,也在这一时期突出表现出来。大量的地理著作问世了,其中不乏名作,而且内容丰富,全国许多地区都有了自己的地理介绍专著。有的学者把这个时期称为"地理大交流"的时代。

规模巨大的地理大交流,为许多地理学家提供了直接或间接的地理实践机会。(资料和实践是地理研究的两大要素)。这时的地理学家和地理著作,不仅在地理资料上左右逢源,其中多数都直接或间接地参加地理大交流,反映了大量的实践结果,这是前代的地理学者和地理著作无法比拟的。

当时人们地理学思想在其他非地理作品中也有体现。如著名的《敕勒歌》,"敕勒川,阴山下,天似穹庐,笼盖四野。天苍苍,野茫茫,风吹草低见牛羊"。用真切生动的笔触描述了北方草原的自然风光,不是身临其境是写不出这样的文字的。

在这个地理大交流的时代,在所有的地理学家中,最杰出的代表就是郦道元,他的著作《水经注》则是这个时代中一切地理著作中的上乘之作。地理大交流的时代使郦道元能有这样的造诣。《水经注》一书中记载了他在野外考察中取得的大量成果,这就表明郦道元同其他地理学者一样,有大量的实践经验。由于当时南北分裂,郦道元不能亲到南方,于是他就广泛搜求南方的地理著作,进行对比研究,做出自己的结论。他在《水经注》中注明引用他人的著述,据统计已超过430种,实际上当然要远远超过这个数字。这些著作大部分都是同时期人们的作品。可见地理大交流的伟大历史时代,对于郦道元地学思想和《水经注》的写作都具有非常重要的意义。

魏晋南北朝时期是我国历史上的大变革时期,有许多独特的时代特征。尤其重要的是这是一个民族交流,民族融合的时代,郦道元就是生活在这个大的时代背景下。

郦道元所在的郦氏家族,据说是汉大将军郦商的后代,世居华北。在北方游牧民族大量内迁的时候,郦氏家族没有迁往他乡,继续留居华北,并且参与了少数民族政权机构。郦道元的曾祖父郦绍在鲜卑幕容氏的后燕政权中任郡太守。拓跋珪南征时,他便举郡迎降了,北魏继续给予任用,这与北魏政权重视汉族知识分子,官僚士大夫的政策是相一致的。郦道元的祖父郦嵩也官至天水太守。

从郦道元的父亲郦范起,郦家进入了发展的高峰期。郦范在明元帝时被任命为给事东宫。东宫是太子所居之处。这是一个侍候和教育太子的重要职位。这位太子就是拓跋焘。把这个官职交给一个汉族知识分子来担任,表明了北魏统治者"变夷为夏"的既定政策,也说明郦氏家族受到北魏王室的高度信任。拓跋焘即位后立刻晋封郦范为男爵。拓跋焘死后,又被晋封为子爵。在平定山东地区的战事中,郦范立有战功,又封侯爵。到了孝文帝在位期间,郦范已经获得了外姓功臣的最高爵位——公。他在北魏政权中为官达50年,经历了5位君主,从一个没有爵位的给事东宫,成为北魏王朝的宠臣之一。他平步青云的历官道路反映了汉族知识分子在北魏朝廷中的重要地位。实际上这也是民族融合的真实体现。

在郦范一生中曾两次出任青州刺史。在第二次出任青州刺史时,他已有了北魏王朝的最高封爵,有重要政治意义。孝文帝志在统一天下,而青州是进兵江南的重要后方基地,具有战略意义。

郦道元在这时已经步入仕途。他在《水经注》上讲自己在太和十八年时(公元494时)曾随孝文帝巡视北方,当时他任尚书郎。当时正当孝文帝迁都之际,这个英明的决策得到了汉族知识分子的普遍欢迎,郦道元自然也是其中之一。尚书郎虽然职位不高,但能随皇帝北巡却可见对他的重视。这给郦道元的仕途开了一个好头。

郦道元,字善长,是范阳涿州人(今河北省涿县)。他家乡称为郦亭,在《水经注》的《巨马水注》中,他较详细地介绍了家乡的情况,郦亭旁边的郦沟水是巨马水(今拒马河)的一条支流,郦道元的祖上就生活在这里。

关于郦道元出生的具体年代,史书中没有明确的说明,许多学者根据《水经注》的一句话做出多种推测,尚无一致结论,大约郦道元出生于孝文帝即位初年。太和十八年时他曾随拓跋宏出巡,当时还是个小官。由于父亲是朝廷重臣,他的升迁还是较顺利的。郦范死后,继续了父亲的爵位,被封为永宁伯。

道元的仕途虽不如其父那样坦荡,但凭着自己的能力也有多次升迁。从太尉掾开始,他历任治书侍御史、冀州镇东府长史、颍川、鲁阳等都太守,东荆州刺史,河南尹、黄门侍郎、侍中兼摄行台尚书、御史中尉等职。后几项官职如河南尹(相当于首都市长、卫戍司令)、御史中尉(管监察)等都是三品官,已经属于高级官吏了,在孝昌三年(公元527年)任关右大使时遇害,朝廷追赠他吏部尚书、冀州刺史。

郦道元为政,史书上称为"威猛为治","威猛为政",有的史书还把他的传记列入"酷吏传",这就有失公允了。郦道元所生活的时期正当北魏王朝由盛转衰的时期。道元可能认为这时应当"乱世用重典"。在任地方官时他一方面威猛为政,同时还在地方上兴办学校,恢复发展文化事业。完全不是人们意象中的"酷吏"。道元还是一个刚正不阿的好官,尤其表现在他同皇宫中恶势力的斗争上。王室中的败类元微曾诬陷自己的叔父元渊,由于官员宋游道能站出来说明事实真相,元渊才得以昭雪,而郦道元是支持宋游道的做法的,并且认为是气节可嘉,委以官职。道元的行为触动了元微的利益,于是元微迁怒于他,史书称为"素忌道元"。另一个王室纨绔子弟元悦则有心理变态的症状,他纵容小

人丘念无恶不作。干扰正常的行政官员的选用制度。当时郦道元正任御史中尉,他果断地将丘念逮捕。元悦又请太后为丘念说情,郦道元坚决依法办事处死了丘念,并以此弹劾元悦。以上这两件事都表明道元为官刚正,疾恶如仇,而且不惧权贵,甚至皇亲,敢于与恶势力进行斗争。元悦从此怀恨在心。当时雍州刺史萧宝寅正准备叛乱,元悦就怂恿太后任道元为关右大使去监视萧宝寅,结果道元被叛军在驿站截杀。这种行为是多么可耻啊!可见,所谓"酷吏"的恶名是不能强加在道元名下的,至于有的史书将道元列入"酷吏传",不少学者的研究表明这是受到了权贵们的排挤,于是24史之——《魏书》的作者就依附了恶势力的权势,故意把道元列入"酷吏传"。24史中的另一部——《把史》的作者在给道元作传时,已经有了改变,经过近年来学者们的研究,我们越来越清楚地看到郦道元不仅不是所谓"酷吏",而且称得上是位可与包公、海瑞相比的"好官",值得我们后人敬仰。从中我们也可以看到,权贵和恶势力可以用阴谋手段在当时打倒一个人,确是易如反掌。但是最公正的还是历史。人们常说"历史是无情的",即一切是非功过,后世自有公论,谁也不能一手遮天,欺骗历史,否则他将永远被钉在历史的耻辱柱上,为正义的人民所唾弃。

在当时的朝廷中,道元还是较受重用的,因为他的勇敢和果断,还曾多次临危受命。见于正史的就有三次。第一次安抚北疆,第二次镇压与南梁接壤地区的叛乱,第三次就是到关中监视有叛乱嫌疑的萧宝寅。最终道元在最后一次出行中蒙难,这就可以说明他具有赴汤蹈火的果断和勇敢的品质。

郦道元的清正虽已为我们了解,但是他不仅是一位"好官",更重要的是他是一位出色的古代地理学家。当然,他的地理学识主要是通过《水经注》为人所知的,他在为《水经》作注时明确指名引用的文献达480种,其中属于地理类的有109种。这109种中,属于魏晋南北朝这个"地理大交流"时代的就有89种。一方面反映了郦道元学识渊博、治学严谨,也可看出这一"地理大交流"时期地理著作对他的深刻影响。

作为一位杰出的地理学家,道元在《水经注》的序言中对前代的著名地理著作进行了批评点评。秦朝以前我国已经有了许多地理类书籍,但当时由于国家不统一,生产力水平尚不够发达,人们对地理的概念还比较模糊,这些作品中普遍存在的问题就是虚构,如《山海经》《穆天子传》《禹贡》等。我们认为这种虚构是受当时社会条件限制的,不必过分苛求。在这种虚构中我们仍能发现有价值的东西。这种情况直到秦汉时期仍有一定市场,与人们相求真正了解地理知识的需要发生矛盾。郦道元是坚决反对这种"虚构地理学"的。他提倡严谨的学风,改变这种不再适应社会发展的情况,他在《水经注》序中提出了自己的研究和工作方法。其主要原则就是重视野外考察的重要性。前代地理学者中已有人开始考察研究工作,但还没有意识到它的重要性。我们常说科学的基础的真实,地理学当然更需要真实,郦道元可以说开创了我国古代"写实地理学"的历史。

在郦道元生活的时代,当时的欧洲历史正是所谓"黑暗时代",全欧洲在地理学界都找不出一个杰出的学者。郦道元在世界地理学发展史上也占有重要的地位。

妙绝古今

前面我们已经介绍了魏晋南北朝时期的历史概况,在这个国家分裂的年代,社会生产、人民生活都受到很大破坏。到了南北朝时期,人们普遍要求结束无止境的战争,开始和平安定的生活。许多知识分子在他们的作品里也反映了这种呼声。《水经注》就是其中之一,从中我们看到郦道元的爱国主义思想几乎是无处不在。

对于一个生在乱世的人来说,他的爱国主义思想就明显表现为希望国家早日统一这一目标和愿望。

郦道元出身于世代官宦家族,这种家庭环境使他从小就开始接受儒家的正统教育。《水经注》中经常引用四书五经等儒家经典,注文中也表现了他对尧舜等古代圣王和孔孟等儒家大师的崇拜。儒家思想是希望国家统一长治久安的,所以郦道元的思想也是以此为基准。长期的国家分裂,使他希望国家重新统一的愿望更加强烈。他的青年时代正是北魏政权励精图治,国势蒸蒸日上之时,而南朝则显得朝政腐败,毫无生气。他的家族又受到重用,拓跋氏的"取夏变夷"的改革,都促使他产生了由北魏统一中国的思想。道元入仕不久就成为元宏北巡的随员之一,这说明他的才干已得到朝廷的赏识。元宏的改革,使他坚信长期分裂局面将会在元宏的统治下结束,秦汉的大一统国家又将出现。孝文帝的英年早逝对道元的打击很大。北魏国势从此江河日下。他看到统一无望,于是开始潜心于《水经注》的撰写,通过写作以寄托对祖国山河的热爱和对统一祖国的渴望。

《水经》是三国时魏国人的作品,对道元来说,它算不得什么稀见的古籍。道元选择为它作注,主要是考虑到《水经》的涉及范围很广(当然还有地理学原因),正可以借为它作注的机会歌颂祖国的大好河山,可以更好地表达自己的爱国主义思想。许多学者的研究证明,《水经注》的撰写在郦道元生活的后期,这时的北魏政权已处于风雨飘摇之中,道元看到已不可挽回,于是把全部爱国主义情感都倾注在《水经注》这部巨著之中。

《水经注》虽以为《水经》作注为形式,但并不受《水经》原有体系的限制。《水经注》的著述范围是以西汉王朝的版图为基础的。这是他祖国统一思想的反映。而且有时《水经》范围并不包罗西汉版图。如现今海南岛,西汉曾一度设了两个郡,但不久就废弃了,但郦道元并未放过,把它们附在《温水注》之后,进行了详细的描写。

由于北魏后期的衰败,道元已对北魏统一没有希望了,在《水经注》中,就没有这样的政治倾向。尽管他终生服官于北魏,但在《水经注》中却看不到对南朝政权的敌视,不以南北为鸿沟,甚至多次出现南朝政权的年号。全书在卷五注中第一次出现了南朝年号,"宋元嘉二十七年,以王玄漠为宁朔将军,前锋入河,平碻磝(地名)守之"。元嘉是南朝中宋政权第三个皇帝宋文帝的年号,元嘉二十七年(公元 450 年)与北魏太平真君十一年是同一年。也就是这一年,拓跋焘曾大举南下,而郦道元意在这一年中另一场南北战争中使用南朝"敌国"的年号,如果我们联系到道元一家在北魏政权中所受的重用,就会为道

元的这一笔法所折服。由于长期分裂南北朝互为"敌国",互相诬蔑的例子举不胜举,前面提到的魏收的《魏书》就是其中之一,而早于《魏书》的《水经注》能用平和的笔调来叙述南北战争就更显得难能可贵了。

在《水经注》40 卷的篇幅中,卷五的例子并非少见,卷 28 以后更是多次使用南朝年号。有学者认为一句是道元在完成全稿后加上的,正表明了道元后期对南北朝观点的变化。如前所述,道元晚年对北魏已不抱希望,南朝同样不能成大器。故道元承认了南北对立的客观现实,而回避南朝不仅没有必要,而且与他向往祖国统一的愿望不相符。为此,他更应南北兼顾,不忘南方的半壁河山,于是他采取了这种方法。道元在晚年已经改变了原来尊北卑南的写作基础,这也是他政治思想转变的一个标志。

人生活在大自然之中,无时无刻不再受到大自然的恩惠。热爱祖国、热爱生活的郦道元也是一个热爱自然的学者。明代的旅行家、地理学家徐霞客的事迹不少人都有所了解,其实他在许多方面是继承了郦道元,对于祖国山河的热爱是郦道元爱国主义思想的另一个组成部分。

凡郦道元足迹所到之处,无不细心考察,对古代名胜古迹,自然风景大多收入注文之中。对家乡郦亭的描写,抒发了他对故土的热爱。对青州的描写,也是对各地风光赞颂的成功一例。如果是那些他不能亲自到远的山水胜地,他必搜集大量材料,细心选取,然后进行加工整理。由于他有实践基础和严谨的态度,再加上高超的写作手法,《水经注》中描写山川的锦绣文章可以说是俯首皆是,其中有两篇历来为人们传诵,成为千古杰作。近代以来还常常被选为中学甚至大学的课文。

一篇是记述黄河孟门(即现在的壶口)瀑布,一篇是描写三峡的。孟门离北魏的首都平城、洛阳都不很远,道元很可能去过多次,注文虽只有一百多字,却把那里壮观的景色形象生动地摆在读者眼前。道元写道:"(孟门)其中水流交冲,素气云浮,往来遥观者,常若雾露沾人,窥深悸魄。其水尚崩浪万寻,悬流千丈,浑洪赑怒,鼓若山腾,浚波颓迭,迄于下口。"读到这,仿佛黄河水的飞沫已经溅到我们的身上,虽未到其地,孟门瀑布的宏伟气势却给读者留下了深刻的印象。瀑布两侧山势紧逼使黄河河道在这里紧缩到 30~50 米,好象壶口倒悬,如壶水外倒,所以现在称为壶口。水流从约 30 米的高处泻下,形成了注文中描述的奇景。

《水经注》中描写长江三峡的篇幅有很多,其中最著名的一段在卷 34 的注文中:"自三峡七百里中,两岸连天,略无阙处,重岩迭峰,隐天蔽日,自非停午夜分不见曦月,至于夏水襄陵,沿溯阻绝,或王命急宣,有时朝发白帝,暮到江陵,其间千二百里,虽乘奔御风,不以疾也。春冬之时,则素湍绿潭,回清倒影,绝巘(山峰)多生怪柏,悬泉瀑布,飞漱其间,清荣峻茂,良多趣味。每至晴初霜旦,林寒涧肃,常有高猿长啸,属引凄异,空谷传响,哀转久绝。故渔者歌曰:巴东三峡巫峡长,猿鸣三声泪沾裳。"

读了这 150 多字,大家一定会不由想起李白的那首七绝《早发白帝城》:"朝辞白帝彩云间,千里江陵一日还,两岸猿声啼不住,轻舟已过万重山。"实际上李白这首诗的内容是从这段注文中引来的。到过三峡的人反过来再读这段文字一定会觉得毫厘不差,当然现在的三峡已经没有猿了。

别看郦道元把三峡描写得这么出神入化，实际上郦元道是从来却没有到过三峡的。当时北魏的疆界南到秦岭、淮河一线，而三峡地区是南朝控制的地盘。道元对不能亲临的地方，总是全力搜集那里的文献。象三峡这样的名胜当然不会例外。在描述三峡的众多著作文章中，他利用最多的是东晋时曾任宜都（今湖北省宜昌一带）太守的袁山松所撰的《宜都山川记》（又作《宜都记》）一书。由于袁山松曾任宜都太守，所以他所写的这本书的真实可靠性是非常高的。道元正是看重这一点，对《宜都记》非常重视。上边这段文字就是在袁文的基础上加工而成的。而且凭着深厚的文学、语言文字底蕴，道元的注文更加强细腻形象，已超过了袁文的水平。对于山峡，《水经注》立下了不朽的功勋。相比之下，这段描写比上边对孟门瀑布的描述更为成功和著名。

郦道元对祖国河山描写的巨大成功，一方面是因为他的高超的文字技巧和扎实的儒家学术功底，虽一方面应归功于他对祖国河山的真挚感情。在这种情感的驱动下，他才能写出众多的不朽篇章，为后世留下可观的文学财富。象三峡、孟门的描写正是突出表现了他对祖国大好河山的真情实感。

爱国主义思想是郦道元写作《水经注》的主导思想，从某种角度讲，《水经注》就是他本人的自传。从中我们可以研究了解郦道元的思想。所以我们在分析他的思想时都是结合《水经注》的内容来研究的。

《水经注》是一部以水道为纲的区域地理著作。以河流的流域作为区域划分的标准。这样在注文中的自然地理要素中首先涉及的就是河流，在人与自然界的关系中，《水经注》更注意人和水的关系。郦道元在《水经注》中把水提到极高的地位，这可能是他选择为《水经》作注的另一个原因。在古代农业社会中，水是农业的命脉，他十分注意水利工程。表现在《水经注》中，记载了大量的农田水利工程。

陂湖即小型人工湖，是古代农田水利工程的主要内容，《水经注》记载的各类陂湖达560个左右。面积大，位置清楚的有几十处。如卷32《肥水注》说芍陂"周百二十里"卷四十《浙江水注》讲长湖"广五里，东西百三十里"。芍陂是我国淮河流域最高的大型水利工程。长湖现称鉴湖，是我国东南地区最早的大型水利工程之一，这些记载如汉从水利史角度讲也是非常珍贵的。

《水经注》还非常重视河渠水利工程，如堤、塘、堰等。如卷14《鲍丘水注》记载了三国时魏刘靖在北京修建车箱渠的情况："长岸峻固，直载中流，积石笼以为主遏……依北岸立水门……山水暴发，则乘遏东下，平流如常，则自门北入，灌田岁二千顷。"在把河水束缚在人工渠道内以后，左河北岸再开水门。在山洪来临时，关闭水门，洪水流走。平时则可随时开关水门，把水引入田间灌溉。道元的记述简单明了，给后代了解三国时北京的水利工程留下了极有价值的史料。后来东箱渠又经扩建，所灌溉的农田达到万顷，对北京地区农业发展起了重大推动作用。卷16《沮水注》、卷33《江水注》还分别记载了郑渠和都安堰这两处工程。其他各卷中提到的人工河渠还有很多，它们对当地农业的稳定发展无疑都起了重大作用。道元这样大量记述水利工程，表现了他对农业的重视和对人

水关系的注目。因此他对兴建和毁坏水利工程的事是褒贬分明的。对于兴修水利的人他一直是称赞的，如在卷10《浊漳水注》中他着重写了西门豹、史起的治水功绩。

水一方面为人类造福，同时也在给人类制造麻烦。有时人们还会面临灭顶之灾，这就是水害。《水经注》中就记载了历代大量水灾资料。水对人的重要性是不言而喻的，人在从事各种社会活动中不可能离开水。在战争中，水还往往起到重要作用。出于对水的重视，在《水经注》中多次描述了战争中以水制敌的情形。如卷5《河水注》记载了北魏攻宋虎牢城的故事。魏军攻城200天不下。城中只有一口40丈深的水井，于是魏兵挖地道把井水引走，城内守军因为无水只好投降。道元曾亲自查看了当年魏军掘的地道，"穴处犹存"，井水在战争中具有生死攸关的意义，道元是很清楚的。可悲的是，道元在被叛军围于驿站时，由于驿在岗上，而井在岗下，所以不能久持，道元因此遇害。这是道元没有料到的。

郦道元是一位充分理解人与水关系的学者，他认为"水德含和，变通在我"。这是他对人水关系的总结，这是一种人定胜天的思想，是他对人与自然界关系的正确认识。

郦道元虽曾代表北魏政权外出平叛作战，但他是一个坚决反对战争的人。魏晋南北朝时期南北分裂，战争频繁，大量人民成为战争的牺牲品。但是战争频仍的事实却是道元不能回避的，实际上道元正是通过对战争残酷性的描述，表达了他对战争的态度。如卷9《沁水注》记载白起抗杀赵卒40万，卷9《淇水注》记公孙瓒打败黄巾军，"斩首3万，血流丹水"。卷22《渠水注》记晋军10余万被石勒消灭，"尸积如山"。对这些血腥的战争场面，道元多不发表自己主张，其实在字里行间已经看出对这种战争的厌恶。有时他也用极简单的语言对暴行进行抨击。在卷5、25、34对袁绍、曹操、杜预等人对无辜百姓的屠杀，道元表明了自己的立场。郦道元生长在战争不断的年代，而且直接参与过战争，但实际上他是反对战争的，尤其是滥杀无辜，毫无意义的内战。他所希望的战争是一场能统一全国的正义战争。

《水经注》在描述人水关系时，很多时候是要述及对人的看法的。郦道元有的是借用古人古书发挥，有时也表达自己的意见，都有一个明显的疾恶扬善的立场。

在郦道元分辨善恶的标准中，儒家教育有着深刻影响。《水经注》卷6《汾水注》有一个故事。讲的是东汉时政府准备在汾水和呼沱河之间开挖一条运河，如果成功，象今太原等地都可以解决粮食运输问题了。但是由于地形不便，工程相当浩大，开工几年，工程没成功，还死了好多人。主持工程的官员邓州在考察了工程难度后，果断地请求朝廷下令停工。他的请求得到批准，虽说运河没有修成，可是却使剩下的几千名河工都保住了性命，对此，道元并没有谴责，并借古人之口认为这是"积善"之举。

前面我们已经介绍了道元的为人，他可以说是一个"好官"，敢于反抗权贵，这在《水经注》中也有反映。在卷2《河水注》、卷22《渠经注》两处通过小孩之口表达了对郭伋、鲁恭这两位古代良吏（也就是好官）的赞扬。在卷40《浙江水注》中又写了老年人赞扬好官刘宠的事。刘宠在做郡太守时废除苛捐杂税，整顿社会秩序，使地方面貌为之一新。隐居山中的几个老人也知道了刘宠的政绩。不久刘宠被调入京城为官，老人们知道消息都赶来送行,而且每个人都要把一百个大钱送给刘宠。刘宠谦让多次,实在推辞不过,最后只好从每一百大钱中接受一个大钱,这件事被后世传为佳话,在刘宠接受父老一文大钱的地方,后来被命名为"钱清",这个地名到现在还保留着。其实像郦道元所称道的这些良吏的事迹对今天不是也有实际意义吗?郦道元在称赞这样的好官的同时,也是表明了自己为官为人的基本立场,通过道元的一生可见,他确实是以做一名良吏来要求自己的,而且比刘宠等人做得还好。

在《水经注》中,郦道元除了扬善以外,同样议论了一些坏人坏事。想到道元对权贵的仇视,可以想象他对坏人坏事的谴责也是很严厉的。卷九《淇水注》记述了一般关于商纣王的故事:一位老人在清晨时分准备过河,但由于身体不适渡河很困难。商纣王问身边的人"是什么原因使老人不能过河而在河边痛苦呻吟呢?"侍从说:"大概是天冷,使老人原来的骨疼的毛病又发作了。"纣王竟然命人砍断老人的腿,查看老人的腿骨。纣王的残暴之举仅仅数语,已经很清楚了,这完全是一个视百姓如草芥的暴君。郦道元在此对纣王并没有表示明确的厌恶。但他疾恶扬善的本意已经表达得十分鲜明。

以上我们联系《水经注》分析了郦道元的思想,首先他是爱国主义者,同时还具有优秀的品质如疾恶如仇,反对屠杀,反对无义的战争,坚信人定胜天等等,此外,郦道元还不信鬼神,遇到必须澄清的事实时,他一般总要经过分析和研究,打破原来的神怪故事,进而揭示出事情的本来面目。卷4《河水注》中记述了一个关于铜翁仲的故事。秦始皇曾收全国民间的武器铸成十二个大金人(就是铜人,当时称铜为金),铜翁仲就是这些铜人。后代流传着许多关于这些铜人的传说。这一卷(古代书籍分卷而不分册)中就收录了一个传说,这个传说把黄河水道中的大漩涡说成是因为铜人沉在河底造成的。道元虽把这个故事讲得很细,其实,他并不太相信。大漩涡的位置在今河南三门峡附近,春秋时是虢国领地,当地的一座山就称为虢山。道元在另一历史名籍《史记》发现在战国时,这座山曾经发生山崩,使黄河水道为之阻塞。而传说铜翁仲每个都重达几十万斤,秦朝灭亡后有九人都化成铜钱,另三个则下落不明传说纷纭。有的说是有人把铜人推到黄河里了。在没有大型运输工具的古代,搬运这个庞然大物不知要耗费多少人力物力,何况把它推入黄河又有什么意义呢?相比之下,尽管传说有声有色,却经不住推敲,郦道元的细致考察分析一下就使它不攻自破了。

古代入门不仅迷信而且还崇尚厚葬,希望在"阴间"也能过上好日子,那些腐朽的统治者更是为修坟造墓而大兴土木。秦始皇就是最有代表性的一个。《水经注》卷19《渭水注》中详细描述了秦始皇地陵的陈设布置。道元并未直接说秦始皇不对,他只写了两个字做引子:"大兴厚葬。"巧妙的是,在备述秦陵情况以后紧接着写了项羽率军入咸阳(秦的首都)后对它的破坏"以30万人,30日运物不能灭……火延30日不能来"。三个"三十"两个"不能",已经表达了道元对厚葬的嘲弄,特别是对那些穷奢极欲的统治者们的蔑视之情。

泽被后人

郦道元的思想境界是高尚的,由此,在特定的封建时代他能成为一个"好官",同时他还是一名学者,在治学上,他同样有一套严谨成熟的方法。

史书称道元"好学,历览奇书",还记载了他曾撰有《水经注》40卷,《本志》13篇,《七聘》和其他文章。但现在我们只能看到《水经注》,其他著作都散失了,我们还只能从《水经注》中来分析了解郦道元的治学方法。

《水经》原来并不长,但道元所作注文却达30多万字。同时《水经注》还是一部牵涉面极广的巨著。地理范围涉及当时不少境外地区,包括今朝鲜半岛、中南半岛和印度的部分地区。时间范围从先秦到魏晋南北朝,达2千多年。时空差距如此之大,内容也非常丰富多彩。全书包括自然地理、人文地理、山川名胜、历史沿革、风土民情、人物掌故等许多方面。为了写好这部书,郦道元的首要工作,也是基础工作就是最广泛地搜集资料、占有资料。

说来容易,在现代化的今天,我们查某种资料可以去图书馆,还可利用许多现代化手段。而在郦道元的时代,只有著作者一人之力去努力完成这一艰巨的工作。封建国家的图书馆只对高官和史官开放,而且管理很严。道元到皇家图书馆查书也不可能很方便。那么他只有依靠原来家藏的图书,另外就是利用到各地任官时机,搜集地方的图书。为了撰写《水经注》,道元到底搜集了多少种资料现在已难以查清。各代学者经过统计,大约《水经注》列名引用的文献就有480种之多(当然没有列出书名或音搜集到而没有用上的文献就更多了)。此外,《水经注》所引用的碑铭也有三百五六十种。在《水经注》所引文献所占比例最大的首推地理类文献,道元对这方面文献的搜集是付出了极大的心血的。从根本上说,《水经注》是一部地理书,那么它的资料来源就要求科学性和真实性,要严谨可靠,这种要求在那个时代是不容易达到的,一方面文字书籍的传播很困难。我们知道,唐代才出现雕版印刷,在这以前一切文献资料的取得只有通过抄书这一个途径。在今人看来,这是不可想象的,而在科学技术不发达的古代这是唯一可行的办法。没有坚定的信念去搜求文献进行抄写保存,《水经注》是不可能写出来的。由于受到印刷技术尚未发明的限制,从一个地区看到另一个地区的书籍就很困难,对于搜集地理书籍更是如此。地理类书籍大致可为两类,一类是象《禹贡》《山海经》等全国地理总论性质的文献,这种书名气大,流传时间久,人间比较重视,获得还比较容易。而另一类是区域地理分论性质的文献。这类文献多由本地区的知识分子或任职于当地的文人撰写,且多为魏晋南北朝这个"地理大交流"时期的作品这些新著分散各地,抄本十分有限,获得更为困难。但是这些书的内容大多比较真实可信,而且是当时人所写,郦道元是很重视对这种书的搜集的。在《水经注》中关于关中(今陕西省中部)的地理书有5种,中原地区的有8种,山西、河北的有4种,西北地区的有7种,山东江苏北部的有3种,东南地区的有13

种,湖南、湖北的有 9 种,四川地区的有 5 种,岭南地区的有 5 种,以上九个区域的地理书达 59 种,在《水经注》所引地理类 109 种文献中占一半以上,这些区域地理著作绝大多数都是魏晋以后成书的,代表了当时地理学的新成果,道元能及时利用这些文献无疑为《水经注》的写作提供了极大的便利。除了这些文献,道元还十分注意对地图的搜集,在写作《水经注》时他常常与地图进行核对。此外,道元还收集了一些难得的书信资料。书信资料大多均为真人真事,对地方景物的描写的可信程度是极高的。至于他所引用的碑铭其价值自不待言,碑铭文字的本身能保存下来就是一种功德无量的事。总之,道元尽其所能,在有限的时间内广泛收集资料,为这部巨著的成功奠定了坚实的基础。我们知道,道元一生中大部分时间都在官场之中,决定了他不能有大块时间来专门从事资料收集整理工作,这就更需要有坚韧不拔的精神和严谨踏实的态度。

进行学术研究时认真收集占有大量材料,是任何一位学者在从事研究前所要从事的一项重要工作。道元的资料占有可以使我们再次体会到这一点。不仅学者如此,其他人在做一件事之前不是也要经过一番掂量吗?从郦道元的资料搜集工作中我们可以看到他对学术事业是一丝不苟的,他的成功,也就不是偶然了。

经过广泛搜求,道元占有了大量资料,这是做学问的第一步。仅有这一步是不行的,接下来就是对数量庞大的各种材料进行分析、鉴别、去伪存真。上文也说过,道元所引的文献只是占有材料中很少的一部分,有数量更多的材料在经过他的审查后都没有写到注文中去。

《水经注》是以《水经》这部书为基本内容,在此基础上广征博引,详加注释。但由于《水经》内容十分简略,在字义理解上很容易出错误,于是道元首先就对《水经》原文下了一番考证功夫。结果,他在《水经注》中明确指出了《水经》原文中的 30 多处错误,从中亦可见道元治学之严谨。有时他并不直接指出《水经》的错误,而是在注中进行改正。比如说,《水经》原文讲一条叫原公水的河流注入汾河(在今山西省),道元则在注文中说,原公水注入文湖,不流入汾河,这样的注文实际上改正了《水经》原文的错误。

《水经》说浿水东流入海,浿水是在今朝鲜半岛上的河流。道元没有轻信原文,为了取得实际证据,他访问高句丽(当时朝鲜半岛上的一个国家)到北魏来的使者,纠正了原文中的错误。关于这条河的流向,许多古书都说成是东流。其实在朝鲜半岛由于地势的关系,许多河流都是西流入海的,一些学者不了解实情,生套我国河流多东流的定式,所以出了这个错误,《水经注》纠正了《水经》原文的错误,也是对其他古书中这个错误的纠正。以上是他纠正《水经》的失误,在分析资料时,道元对不少地理书中的错误也进行了纠正。

在《水经注》中可以看到道元分析古资料的细节,他常用第一人称来表达他分析资料的过程,常用的话如,"余考诸地说","余按群书"等等。"余"就指道元自己。

由于《水经注》所涉范围太广,材料又多,对有的问题虽给分析但一时仍得不出肯定的结论,这时道元就把各种材料都摆出来,写清原因,不做结论,也不轻易否定他人的说法。这种谦逊的治学态度也是值得我们学习的。

现代地理学家把研究工作分为两大部分:室内、野外两部分。以上讲郦道元的资料收集,资料分析实际上都是室内作。作为地理学家必须要进行野外考察,这也是道元在《水经注》序中提到的。野外考察是郦道元治学方法的重要组成部分,也是《水经注》能获得巨大成功的重要原因。"地理大交流"以前的地理著作多缺少野外考察的基础,以至书中虚构成分较多。"地理大交流"时代的许多地理学者已经注意到这些问题,但是象《水经注》这样能大量运用野外工作成果,取得重大成功的著作还很少见。道元从事野外工作的方法和成果,标志着我国古代地理学进入了一个新阶段,也受到后代地理学者的推崇。

郦道元从少年时就随父在外,对周围野外景物养成了悉心观察的习惯。在随父住青州时,他对那里的情况可以说了如指掌,《水经注》中这一地区也是写得很扎实的部分。他对营丘的考察可以看成他从事野外考察成果的一个典型。营丘是先秦时就很知名的一个地方,但古书中却连它的位置都没有交代清楚。道元利用在青州的地利之便,对营丘进行了详细的考察。结果表明,所谓营丘只是一小土岗,"周围三百步,高九丈,北降丈五(即北侧七丈五)",与古书记载相符,就在当时临淄城中。这样把营丘的位置、长度、高度等都做了明确的记录,营丘只是一个小土岗,道元也下了很大功夫去进行考察,可见他在野外考察中是非常细致踏实的。他的这种精神,也使《水经注》的质量和水平保持了相当高的水平。

道元在入仕前几年曾随孝文帝到北方巡视,使他获得了大量野外考察成果。特别值得注意的是,他记载了旅途中发现的古代北方游牧民族的岩画。这些岩画在近年已被我国的文物考古工作者再次发现。在今内蒙古阴山地区的泽山幽谷和山崖上已经找到了一千多幅各种内容的岩画,这些岩画表现了原始社会时期我国北方游牧生活的各种场面,为我国民族历史的丰富做出了重要贡献。而这次考察,正是根据《水经注》中提供的线索进行的,从而获得了重大成果。郦道元在1400多年前的辛勤劳动给今天带来了丰硕的研究成果,让我们再次看到了《水经注》的学术价值和现实意义。

道元的野外考察工作并不是随便浏览,一般总是与地图、文献对照,有时还与当地人民交谈,形成一套完整的科学的野外考察方法。道元通过亲身考察,纠正了许多古地理书的错误。比如对于泗水的源头,各种文献记载都不同,道元就亲自去考察,于是发现各种文献的说法都是错误的。道元有完整周密的方法和敬业精神,因此他的成果大多确实可靠,具有很高的科学价值。在考察濡水沿岸的古墓时他就采用访问和文献索引相结合的方法,在任鲁阳太守时,他结合地图、地方文献进行野外考察,查勘了汝水的源头情况。这些都是道元从事野外考察的实例,可见他是非常认真细致的。由于时代所限,道元不可能亲临南方考察,在记载南方的水道情况时难免有些错误,与这部巨著相比,实属瑕不掩瑜。道元在写作《水经注》时所采用的治学方法才是我们在学习工作中应该学习的。我们不一定都是地理学家,也不必考察水道变迁,但郦道元踏踏实实做基础工作,坚持追求真理(无论是在科学上,还是在做人上)对科学一丝不苟的精神是干哪一行都不能缺少的。

以上我们介绍了郦道元的思想和治学方法，都是围绕着《水经注》来讲的。《水经注》这部巨著本身就是郦道元留给后世的一份宝贵财富。

前面谈到郦道元长期在北魏政权中任职，孝文帝时期的昌盛景象，或许对道元产生了很强的写作欲望，他要写出一部与这个王朝的气势相匹配的地理著作来。但是他并没有大段时间来写作。可以说这时还处于资料整理阶段。在道元任东荆州刺史时曾受到免官处理，这一免就是好几年，这时道元的心情比较低沉。孝文帝突然去世后，北魏国势急转直下，道元看到这种情形又无用武之地，在朝中又遭权贵排挤，他已认识到北魏的兴盛时期已过，朝廷腐败不可挽回。面对此情此景，道元决定利用赋闲在家的时间把希望寄托在写作上，《水经注》大概就在这一时期写成的。当然可能现在看到的《水经注》并不是一个完成稿，因为道元被叛兵杀害实出意外，有些内容的删改补正尚来不及完成。尽管如此，《水经注》对我们的贡献仍是巨大的。它的价值正被越来越多的人所重视。不同学科，不同社会层次的人都可以从中汲取营养有所收益，相比现代的一些著作其内容可谓丰富，涉及自然、社会科学的诸多学科。郦道元在无意中收录的许多内容对学术研究起了重大作用，这或许是他写作《水经注》时所没有想到的。

从总体上讲，《水经注》对我们后世的贡献功绩可分为四个方面。

第一、《水经注》是特定历史时代的地理学著作。魏晋南北朝时期是"地理大交流"的时代，也是我国历史进程中的一个重要时期，当时可谓人才辈出，地理学界也是如此，涌现出众多的地理学家和地理学著作。郦道元和《水经注》无疑是其中最优秀的时代代表。

第二、《水经注》是一部思想性很强的地理学著作，在这个意义上，它已经突破了地理著作的框框，表现出了作者强烈的爱国主义情感。是一部感情丰富，有极强感染力的巨著。郦道元对祖国早日统一的渴望和对祖国大好河山的热爱浸透在全书的字里行间。

第三、《水经注》对地理学的发展成熟具有重大意义，对许多学科的深入研究有重要参考作用。说《水经注》是一部巨著，不是单从字数上说，当代许多著作的部头都要超过它，但书中内容的覆盖面之广是不能与之相匹敌的。所谓"巨著"必在本专业基础上能给人以启示，且在其他领域同样给人以帮助，使读者有所思有所想。以此标准衡量《水经注》，确是当之无愧。

第四、正是在以上几方面的成就，由《水经注》一书逐渐形成了一门专门之学——"郦学"，这在地理学或科学史其他门类中都是少见的。由于《水经注》内容宏大，涉及面广，经过历代学者的研究，自明朝以来有了极大发展，特别是近代以来，郦学研究正被越来越多的有识之士所重视。各学科的学者对它的热情也与日俱增，一个研究郦学，发扬郦道元思想，学习其治学方法的学术高潮正在酝酿之中。

这一部分我们就分学科地谈谈《水经注》的价值和贡献。

《水经注》归根到底是一部地理学著作，因此它的主要贡献还是在地理学方面。

地理学是综合学科，分支很多。《水经注》是专门研究水文变化的专书，属于河流水文地理范围的著作。我国悠久的历史上有大量的地理著作问世，但在这一领域内，《水经注》的地位是无人能比的。其他的一些此类著作不是内容呆板，就是内容简略，象郦著这

样大部头全方位介绍全国水的专书可以说只此一本，在本专业内，郦著《水经注》有举足轻重的地位。

《水经注》也是一部以河流为纲介绍全国的地理著作。它以西汉版图为基础，对如此广大的地区的主要河流及其流域地区进行包括自然地理和人文地理在内的综合性描述。这种类型的著作在历史上也是不多见的。《禹贡》是较早的一部，但其中虚构成分使它的价值大打折扣，是不能与《水经注》相比的。

在地理学发展史上，《水经注》以前的著作大多没有野外实地考察的基础，这样，地理著作的可靠程度仅凭文献资料是难以保证的。地理大交流时代的地理学家开始重视实地考察，代表就是郦道元。道元身体力行，广泛利用实地考察的成果，超过了同时代的其他地理学著作，从此，实地考察真正成为地理研究和著作中不可缺少的重要环节。从郦道元开始，野外考察与地理文献研究相结合。《水经注》对地理学理论和研究方法的成熟与完善有重大推动作用。

许多地理著作由于受体例、内容、制板的限制。《水经注》同样是学术著作，而在文字上十分生动，内容丰富多变，具有相当高的文学水平。《水经注》的成功是区域地理著作在地理学史上一个突出的例子。

《水经注》研究的主要对象是河流，它在自然地理学上的贡献，首先在河流水文方面。从河流数量上讲，《水经》原文中只列了137条，而注文中记载的达1252条，多出11倍。对这些河流，《水经注》大多记载了它们的发源、流程和流向，叙述紧扣河流的自然地理特点，对于发源地相近的，注文一般将它们归在一起记述，如卷九把发源于太行山东、南山麓的清水（今卫河）、沁水（今沁河）、淇水（今淇河）放在一处。对这三条小型河流，道元也很认真，分别叙述了各河源头的情况。虽然发源地相近，但源头情况并不相同，清水源头处于一个地下水丰富的小盆地，沁水上源则有许多支流汇成，而淇水源地由于地形复杂，水源是由山间的一瀑布急流形成的。这些小河并不很有名，道元仔细进行研究，给今天研究自然地理和对河流水文的考察都有重要意义。

在河流源地开始的整个流程中，《水经注》对河床宽度、瀑布、急流、峡谷等情况都有详细的叙述。对岷江上流的记载就很典型："两山对开，其形如阙，谓之天彭门，亦曰天彭阙，江水自此以上微弱，所谓发源滥觞者也。"这是岷江最上游的情况。接着注文分段叙述了流程情况："江水自天彭阙东迳汶关而历氐道县北……自白马岭回行二十余里至龙涸，又八十里至蚕陵县，又南下六十里至石镜，又六十余里而至北部，始百余步（指河流宽度）。又四百二十余里至汶山故郡，乃广二百余步。又西南百八十里到湿坂，江稍大矣。"这样注文把各个河段的长度和宽度交代得很明白，如用这段珍贵的古代自然地理资料与现代的情况做比较，那么这一河段在历史上的变化就可以了如指掌了。

峡谷险滩是河流流程中常见的，也是河川研究的对象，《水经注》对这方面的叙述也很丰富。如上文中我们介绍的孟门、三峡，还有黄河上的龙门、三门、洛水上的伊阙、湘江上的空冷峡等，全书中记载的峡谷近三百，许多都叙述得绘声绘色，成为著名的散文名篇，象三峡那段就是其中之一。

瀑布对河流水文研究也有重要价值。《水经注》中共记有 60 余处,地理位置准确,还记载了不少瀑布的高度。关于瀑布的名称,《水经注》中有很多别称,如飞波、飞清等,这是《水经注》在语言文学方面的贡献,后文还要述及。

对河流水文的其他要素如含沙量、水位、流速、冰期等,《水经注》也有详细记载。黄河的含沙量世界上罕见,《水经注》上说:"河水浊,清澄一石水,六斗泥。"就是说,从河水中提一石水,其中有六斗都是泥沙,可见含沙量是相当大的。我国北方河流冬季都有冰期,《水经注》记载黄河"寒则冰厚数丈",这就是冰层的厚度,还记载了黄河上几个可以采冰的河段。

河流以外《水经注》记载了许多湖泊,据统计超过了 500 处。大量的是淡水湖,如洞庭湖、彭蠡(今鄱阳湖)、太湖,现在已经消失的,如巨野泽(在今山东省境)、圃田泽(在今河南省境)。还有一些咸水湖,如蒲昌海(今罗布泊,在新疆)、居延海(在今内蒙古西部)。《水经注》对这些湖泊的记载,在湖泊地貌、水文方面都提供了许多资料。湖泊形成后,在地质循环和生物循环的过程中,总是在不断淤浅,甚至最后变成洼地,这种过程,地理上称为湖泊的沼泽化现象,许多大湖都是这样逐渐消失了。《水经注》就记载了圃田泽消失过程中的情况。"(圃田)泽在中牟县西……东西四十许里,南北二十许里,中有沙冈,上下二十四浦,津流径通,渊潭相接,各有名焉……浦水盛则北注……"圃田泽是古代有名的大湖,在先秦的《诗经》中已有记载。但由于湖泊的沼泽化过程,到了郦道元著《水经注》的时候已经分化成了二十四个小湖,文中所谓"沙冈",即湖底泥沙增多,湖水变浅的现象,是沼泽化的现象,唐宋以后圃田泽就完全消失了。湖泊这种由大到小,由整体到分散的过程,具体说明了圃田泽的湮废过程,《水经注》的翔实记述为我们了解研究湖泊沼泽化过程提供了很有价值的数据。

《水经注》中对地下水的记载也很丰富,共记述了泉水 200 多处,温泉 38 处。还记载了分布在各地的水井,对了解古代地下水位很有参考价值。

《水经注》对动植物地理也有许多记载。全书记载的植物达 140 余种,包括在我国常见的温带亚热带的森林,也有西北干旱地区的草原,荒漠植被,还记载了我国南方和今中南半岛的热带森林自然景观。《水经注》记载的动物有许多已在我国绝迹或在分布上有很大变化,使我们更便于研究古今动物地理分布的变迁。如《水经注》中记载了一种称为"水虎"的动物,就是今天的扬子鳄,当时还可在今汉水中看到,可现在的扬子鳄只有在长江下游的少数地方还有少量分布。扬子鳄分布地区呈现出逐渐退缩的状况,数量也大减,因此我们就更要保护它了。

以上讲的是《水经注》在自然地理学上的贡献。在人文地理学方面也是如此。

郦道元很重视农业生产,而农业生产与水的关系极其紧密。《水经注》中处处体现着郦道元对农田水利的重视。对许多大型设施的记载都很详细,如我们上文中说过的芍陂,车籍渠等。在重视农业的同时,《水经注》也留下了对手工业介绍的珍贵资料。书中记载手工业的门类比较齐备:采矿、冶金、纺织、造纸、食品等等,还记载了能源矿物如石油、天然气、煤,金属矿物如金、银、铜、铁、锡等,非金属矿物如硫黄、盐、云母、石英等,对

它们的分布和用途都有介绍。在所有手工业中记载最多的是制盐业。古代盐是关系民生的大事,所以郦道元很重视,《水经注》中记有海盐、池盐、井盐、岩盐等多种。卷33记载了四川井盐的位置、数量,并说"粒大者方寸,中央隆起………有不成者,形亦必方,异于常盐矣"。可见四川井盐的质量是较高的。卷六《涑水注》记载了当地的池盐。池盐在今山西西南的安邑一带。从先秦时代开始,这种池盐就行销中原广大地区,有的商人就靠贩运池盐发家致富。郦道元是这样描述的:"今池水东西七十里,南北十七里,紫色澄渟,潭而不流。水出石盐,自然印成,朝取夕复,终无减损。"这里的产量相当稳定。而且提取方便(所谓"水出石盐,自然印成")所以长盛不衰。《水经注》的记载与其他史书的记载互相映照,不难看出,安邑池盐在中原地区占有重要的地位,《水经注》把汉代与北魏盐池做了比较,这种资料是很珍贵的,对我们今天如何更好地利用盐池也有现实意义。

此外对沿海盐场的分析和采制,《水经注》也记述得很普遍,卷九记载了今渤海沿岸的盐场,全书共记盐矿、盐场二十多处,包括了当时国内的著名盐产地,有的地方还带述了境外的岩盐(见于第一卷注)。

在陆路交通并不很发达的古代,水运是很便捷的交通方式。全书所记河道,大多都涉及航运,而峡谷、险滩就成为航道中的险段。如卷四记黄河在砥柱山以下,"合有十九滩,水流迅急,势同三峡,破害舟船,自古所患"。卷四十记浙江在寿昌,建德八十里中有十二濑,"皆峻险,行旅所难"。

当然,道元对陆路交通也同样重视。书中记载了当时许多国际陆路通路:卷一的葱岭、天竺(今印度)道通向北印度,中亚地区;卷一还有林杨,金陈道通今柬埔寨一带;卷三的鸡鹿塞道通向漠北草原。国内要道记载的就更多了,卷四的函谷关道,"号曰天险"。卷二十七的通关势为沟道关中和汉中(今陕西省秦岭以南地区)的要道。卷三十六记述了庲降(今云南省曲靖县境内)一段道路:"庲降贾子,左担七里。"那里的商贩为走山路、要用在肩担走七里不能换肩。只四个字就把山路的险窄勾勒出来。

大量水陆交通道路必然形成许多道路交叉点,注文中相应出现了大量的桥梁和津渡,共达二百多处。《水经注》中出现的桥等形式很多,有石拱桥、木桥、索桥、浮桥等等,卷19《渭水注》记载了宏大的秦渭桥:"秦始皇作离宫于渭水南北……南有长乐,北有咸阳宫,欲递二宫之间,故造此桥,广六丈,南水三百八十步,六十八间,七百五十柱,百二十二梁。"即使在今天看来,这也是一座大桥。卷16的旅人桥下圆以通水,可受大船过也。这是一座石拱桥,赵州桥是为大家熟悉的,而旅人桥更比赵州桥要早。

城市是人口集中居住区,道元自不会放过。全书中共记县以上城市尽3000座,古都达180座,其中大部分与今天已经成为遗址,有的连废墟都找不到了。如果能按照《水经注》的记载进行考察,很可能会有很大收获。道元对古都的记载最为详尽。卷16注文中竟用7000字的篇幅来详细描述当时北魏的都城洛阳。在全部《水经》每一句经文之后的注文中,这是最长的一篇。对古都长安,邺都也有详尽描述,其他的古都还有平城、成都等等。对这些历史名城的介绍,都结合历史的事迹,宫殿、园苑、池台、巷市的遗址调查,详尽周到,读者从中不仅能增长地理知识,同时也提高了历史和考古知识,增长了见识。

《水经注》还记载了国外的城市。卷一记载了现今在印度、巴基斯坦等国境内的一些古都，如波罗奈城、王舍新城等。卷36记载了古代林邑国的区粟城和典冲城，位于今越南中部。对其位置、形势、建筑规模等都描绘无遗。郦道元没有到过那里，这些记载都是从《林邑记》中抄录的。现在《林邑记》早已在历代战火散失了，这段文字就成为孤本，是记载这两个城市的唯一古代材料，对研究越南古代历史有重要参考价值。可见，《水经注》的价值已远远超过了地理学的范围。对于较小的城镇被称为聚落，别称有很多，对这种小地方郦道元也没有轻易放过，全书中约记载了一千处左右。

生活在战争频仍的时代，郦道元虽反对不义之争，但他并不是消极地反对。《水经注》中也保留了大量军事地理的资料。道元常把在战争中发生重大作用的自然地理、人文地理要素如河流、桥梁、道路、津渡等进行军事上的评价，这种做法在以前还不多见，对后代的军事地理学者有很大影响。卷三对高阙（在今内蒙古）的评价就是一例："山下（指阴山）有长城，连山刺天，其山中断，两岸双阙……自阙北入荒中，阙口有城，跨山结局，谓之高阙戍。自古迄今，常置重杆，以防塞道。"后一句就是道元的评价。对有些战役的描写也很详尽，与战场的山川形势相系，有重要的军事地理价值。卷十六记载了三国时诸葛亮进攻陈仓城的过程："魏明帝遣将军太原郝昭筑陈仓城，成。诸葛亮围之。……亮以数万攻昭千余，以云梯、冲车、地道逼射昭，昭以火射连石拒之。亮不利而还。"这次战役诸葛亮几万人攻不下陈仓城，一方面是郝昭有力，同时也由于陈仓城的地形险要，注文中引用诸葛亮自己的话：陈仓城"山崖绝险，溪水纵横，难用行军"。古代四大名著之一的《三国演义》中也有这段叙述，罗贯中一定看过《水经注》的这部分内容然后再加以润色。诸葛亮在失败后能自己分析原因，抓住了问题要害，诸葛亮仍不失为一位杰出的军事家，他看到了军事地理在战争中的作用。《水经注》的记载也使我们丰富了对诸葛亮的认识。

卷34记载了三国时期刘备与陆逊在长江三峡地区的战役，同样有声有色："江水又东迳石门滩，滩北岸有山，山上合下开，洞达东西，缘江（即沿江）步路所由。刘备为陆逊所破，走径此门。追者甚急，备及烧铠断道。孙恒为逊前驱，奋不顾命，斩上夔道，截其要径。备逾山越险，仅乃得免。"江边的陆路要通过山洞，刘备就烧掉铠甲拓断道路，而追兵却奋不顾身，刘备只好逾山越险，十分狼狈。这场追击战紧紧围绕江边山川险地展开，《水经注》描述把二者相结合，才能写得很成功。

《水经注》对地名学的贡献也很大。地名学是一门研究地名的学科，它研究地名的形成、发展变迁，以及地方命名的原则和得名的渊源。在《水经注》以前的古地理书中已经出现了许多地名，但与《水经注》相比都不能望其项背。《水经注》中记载的地名据统计达二万左右，这是前所未有的。

河流地名是各类地名中最多的，占全书地名的20%。江在古代指长江，河专指黄河，这是专称，后来都成为通称。北方河流后来多称"河"，而南方河流多称"江"，其他河流称"水"，人工开凿的河流又多称为"渠"。《水经注》在记述名河名称，还记了许多河流的旁名别称。黄河的名称就不少，如河水、河、大河、黄河、浊河等等。

《水经注》还担负着解释地名的工作，它解释的地名共达2400处。其内容非常丰富

多彩,把它们按地质分类,有的学者分为24类。可谓洋洋大观,自《水经注》以后,地名渊源的研究分析,逐渐成为我国一切地理书中的必备内容,《水经注》的贡献尤为卓著,丰富了地名学的研究内容。

《水经注》是学术著作,而不是文学专著,但郦道元有深厚的文学修养,重视语言文字运用,把这本学术名作写得生动活泼,趣味盎然,在语言学和文学上也有很高价值。

郦道元运用语言能力很强。他描写风景语言新颖,绝少用前人的套话和陈词滥调。《水经注》涉及许多河流的源头,一般的作者的论述往往大致相同,没有新意。道元却很能抓着景物特点加以描写,如"俯视游鱼,类若空悬矣","水色清澈,漏石分秒"就是两个出色的比喻。柳宗元《永州八记》中《小石潭记》也是一名篇,写到潭水的清澈:"潭中鱼可百许头,皆若空游无所依。"后半句实际上是从郦道元"鱼若容悬"一语中借鉴而来。

许多地理景物多次出现,容易使读者厌烦。道元就力图多变,给人新鲜之感。例如瀑布在全书中出现多次,道元就使用了许多同义词来表示瀑布:如"洪""悬水""悬流""悬涛""悬波""悬涧""悬泉""飞清""飞渡"等,给人以联想的余地,我们怎能不认为道元也是一位语言大师呢?

《水经注》还注意吸收人民的语言。在卷三引了一段民歌:"生男慎勿举,生女哺用铺,不见长城下,尸骸相支柱。"这是用来反对和谴责秦始皇的暴政的,道元的评论是:"其冤痛如此矣。"这种民歌道出了人民的疾苦,代表了人民的呼声,因此也感动了郦道元。道元联系到当时国家的危剧,才发出了这样的感慨。

描写河流的河道,《水经注》还利用当地的渔歌和船谣,卷34为描写三峡黄牛滩的曲折引用了这样的歌谣:"朝发黄牛,暮宿黄牛,三朝三幕,黄牛如故。"又卷38写湘江的弯曲:"自长沙至北,江湘七百里中,有九向九背。故渔者歌曰:帆随湘转,望衡(指衡山)九面。"这些歌谣中多少有些夸张成分,但确能说明问题,也提高了读者的阅读兴趣。又如写秦岭之高,卷18引俗谚:"武功太白,去六三百。"这些歌谣谚语的运用,增强了注文的语言感染力,使全书光彩倍增。

魏晋南北朝时代,我国北方出现民族大迁徙,北魏时期更有大融合的趋势。与此同时,各民族的语言互相接触,在《水经注》中也留下了一批少数民族语言的译音文字。如卷三中一段注文:"河水又东,薄骨律镇城在河渚上,赫连果城也,桑果余林,仍列洲上,但语出戎方,不究城名。"这座薄骨律城位于黄河中的一个岛上,原来是夏国所建(夏国是十六国时期以匈奴人为主建立的政权,国王姓赫连),还有原来的桑果林。到了道元所处的北魏时代,已经搞不清楚薄骨律的确切含义了,于是道元说"语出戎(借指匈奴)方,不究城名。"大概薄骨律是匈奴语的地名。由于民族融合的加快,大量以少数民族语言命名的地名慢慢消失了。《水经注》所记下的无疑对研究少数民族的历史文化有重大参考价值。

《水经注》在文学上也占有一席之地。前面引过孟门和三峡的描写,就是道元描写实景的著名篇章。在写作方法上,该书有独特的艺术特色。在全书结构上,采用了网络状结构。叙述河流都从源头开始,沿主干展开,有支流注入的,再分述支流,也是从源头开始,如支流仍有小的支流仍然依次类推,最后再回到主干上来。本书以空间变换为经,以

河流附近地方历史变革为纬进行结构,但往往又沿着河水流向变换着所描述的地方的历史,又由此形成了时间、空间相结合的结构。这种方法打破了地理专著的范围,为更多的读者所喜爱。地理学家从中研究山川河道变迁,而历史学家可发现历史事件、历史人物在当时所生活的环境,文学家从中品味到作者艺术手法的高超,一般的读者从中吸取到各种知识,如果出门旅游之前,阅读本书的有关内容,相信会加深对游览地区的印象。

本书注文之丰富,已远远超出地理范围。特别注重景物的描写和历史人物、事件及风土人情的记录,使本书的文学性极强,许多文学家把它当成一部游记散文书。当然《水经注》根本上仍是一部地理学著作,但这并不妨碍它在文学上的成就,对于广大读者来说,能有这样一本包罗万象的游记散文来读,真是一件幸事。一般意义上的游记散文又怎能与它相比呢?

为了增加读者时兴趣,道元搜集了不少故事、传说,极具吸引力。为了解释"戏水"这个河流名称,道元就引用了周幽王"烽火戏诸侯"的故事,周朝的国主幽王为了博得美人褒姒一笑,竟燃起只在外敌入侵时才能发出的烽火,使得许多诸侯上当,看到诸侯们慌慌张张赶到后的狼狈,褒姒笑了,幽王大喜,还赐给出这个主意的小人千金(即铜),这个故事又被称为"千金一笑"。等到敌人真的打来了,幽王再燃烽火,诸侯们以为又象上回一样,都没有来。结果幽王被杀,附近的河被称为"戏水"。插入这样的小故事具有劝诫的意义,同时增添了趣味性,大大提高了《水经注》的文学价值。这种故事书中还有很多。有人曾对郦道元引用过多的传说故事,乃至神话志怪故事提出异议,其实我们没有必要去苛求郦道元。如果从文学角度出发,这些内容本身就给了后代的文学家和读者以巨大的精神上的满足,这也正是郦道元著《水经注》的过人之处。

《水经注》一书中拥有大量的历史资料,因此它对历史学也有重要的价值。造纸技术在汉代就已发明了,但直到唐代才出现雕版印刷,因此关于魏晋南北朝历史的书籍只有其当时人手抄才能流传下来,再加上国家政局动荡,战争频繁,当时的许多著作都失传了,而《水经注》能在北魏到隋之间半个多世纪的动荡中保存下来,本身就是一个奇迹。许多当时人的行动,当时的事件在《水经注》中都有记载,因此,《水经注》也可以看成是一部历史书。在卷四,《水经注》记载了当时的一种名酒——桑落酒,经过与其他文献的核对可知这种酒在当时的首都洛阳也是十分有名,《水经注》还记载了桑落酒的具体制作过程,对于研究我国古代酿酒技术及其发展有着重要参考价值,而这些记载在正史(所谓"正史"是历代统治者认可的官方史书)中是找不到的。

《水经注》对于研究秦汉史和历史沿革地理也有很大帮助。秦汉时期离开郦道元生活的时代为时尚不是太远,秦汉时期的书籍在当时还比较丰富,道元书中多有采用,特别是关于地方区划的沿革情况,在所谓"正史"中多有疏漏,《水经注》可以用来纠正和补充"正史"的错误和不足。

与历史学联系的水利史,建筑史资料在书中也有许多。前面提到不少古代水利工程均是水利方面的材料,对今天水利史研究多有启发。《水经注》对历代的建筑也多有描述。在简介各个城市时,一般对该城的重要建筑也加以叙述。对那些有名的宫殿记载得

就更多了。卷 19 中阿房宫、未央宫等都是闻名的宏伟建筑。卷 13 记载了原来北魏首都平城的档案馆——白台，想必道元曾亲自到过。卷 28 记载郢城有大暑台，这是南北朝初期的建筑。此外《水经注》中还有不少对古代园林建筑、寺院建筑的记载，这些都是弥足珍贵的。

对考古学的研究，《水经注》也有帮助。比如前面我们所讲的阴山岩画的再次发现，在很大程度上得益于《水经注》的记载，达到"按图索骥"的效果。在古代曾有大量佛塔建筑，后代多有毁坏。《水经注》这方面的记载在考古发掘工作中帮了大忙。如《水经注》卷 16 曾详细记载了洛阳永宁寺的九层浮屠塔，70 年代的发掘中就利用了《水经注》的资料取得了重大考古成果，考古结果的数据与《水经注》的数字材料基本吻合，再次说明了《水经注》内容的翔实可靠，对考古工作有很大帮助。

《水经注》引书达 480 种之多，其中大部分都在流传中散失了。有的古书只有在《水经注》中我们才能看到它的一鳞半爪，有的古籍在流传中大部分散失，相当一部分在《水经注》中可以找到，这些都是价值连城的历史资料。长期以来《水经注》在古文献学研究方面做出了很大奉献。

以上我们只是介绍了《水经注》对地理、历史、地名、语言文学、考古、古文献等学科的价值和贡献，对我们研究或了解我国古代民族、宗教、金石、艺术也有它特殊的贡献，我们介绍的只是它的主要价值所在。《水经注》内容丰富，包罗万象，是郦道元留给后世的宝贵财富。"郦学"是研究《水经注》的一门学问，从自然科学到人文科学无所不包，为各学科的学者所倾目。

郦著《水经注》自成书后，经过了北魏末到隋朝统一这一段战火年代得以保存下来，隋唐时期一直作为官书藏书，唐朝中期以后逐渐流入民间，以后历代研究者层出不穷，到了明末清初形成了"郦学"研究的一个高潮，出现了一批研究成果。《水经注》是在经文后面加上注文，在长期流传中经文、注文已经难以分清，这是研究的主要任务之一，而且有几卷在流传中有散失情况，为《水经注》补足也是一个研究课题。经过长期的努力，到清代以上两个问题基本上都得到了解决。研究《水经注》的学者逐渐增多，出现了不同的流派，有清代全祖望、赵一清、戴震等人的研究被称为考据学派。后来地理学派逐渐为人重视。考据学派的贡献主要是完成了对《水经注》本身的修补整理工作，上面两个问题就是他们解决的。地理学派的任务是如何发挥《水经注》的实际功效，为更多的人服务，以便更好地发挥它的价值。近代以来地理学派的代表杨守敬、熊会贞所作《水经注疏》是《水经注》研究的重大成果，使《水经注》的地理学价值得到更好的发扬，推动了"郦学"的发展。

解放以来，特别是 70 年代以来，国内（港台地区）的学者在研究的深度和广度上都取得了不少的成绩，有几种新的版本的《水经注》问世。《水经注疏》的两个版本先后于 50、70 年代在我国大陆和台湾地区出版，到了 80 年代末国内学者又集这两个版本优点，将《水经注疏》点校出版。我们知道古人写书不用标点符号，这就给我们利用《水经注》带来了很大不便，这个点校本的出版使更多的人能较方便地阅读《水经注》这部巨著了。但是大部头的《水经注疏》对于一般读者的阅读仍然不很方便，近年又有点校本《水经注》出

版,这次点校是以清代《四库全书》的版本为基础点校的,给一般熟悉古文的读者的阅读带来了方便。现在白话全译本的《水经注》也已经出版发行了,采取古文、白话文对照的形式,这样我们许多不熟悉古文的朋友们也可以很方便地阅读这部名著了。以上这三种不同版本的《水经注》基本上满足了各个层次读者的需要,相信会有更多的人对这本书产生兴趣。

　　"郦学"在国外特别是日本也有很大发展,在某些方面还要超过我国,这就促使我们的青年一代能再接再厉,把"郦学"研究进一步深化,为我们祖国的建设发展服务。

长寿药王

——孙思邈

名人档案

孙思邈:汉族,唐朝京兆华原(现陕西耀县)人,是著名的医师与道士。他是中国乃至世界史上著名的医学家和药物学家,被誉为药王,许多华人奉之为医神。

生卒时间:约生于 541 年卒于 682 年。

性格特点:聪颖好学,医德高尚。自谓"幼遭风冷,屡造医门,汤药之资,罄尽家产"。及长,通老、庄及百家之说,兼好佛典。

历史功过:他搜集了东汉至唐以前许多医论、医方以及用药、针灸等经验,兼及服饵、食疗、导引、按摩等养生方法,著《千金要方》三十卷,分二百三十二门,已接近现代临床医学的分类方法。全书合方、论五千三百首,集方广泛,内容丰富,是我国唐代医学发展中具有代表性的巨著,对后世医学特别是方剂学的发展,有着明显的影响和贡献;并对日本、朝鲜医学之发展也有积极的作用。

名家评点:孙思邈是古今医德医术堪称一流的名家,尤其对医德的强调,为后世的习医、业医者传为佳话。他的名著《千金方》中,也把"大医精诚"的医德规范放在了极其重要的位置上来专门立题,重点讨论。而他本人,也是以德养性、以德养身、德艺双馨的代表人物之一,成为历代医家和百姓尊崇备至的伟大人物。

毕生献药学

孙思邈,唐朝京兆华原人,唐时的华原即今天的陕西省耀县,该县那时属于京兆长安管辖。他的故居在耀县东十五里孙家塬村。这里是黄土高原地带,村子周围沟渠纵横,重峦叠嶂。农民吃的水是雨水积存的窖水,遇有天旱,窖水用完,就得到很远的地方去运水,因此,人们又叫它"旱塬"。村子里农民很勤劳,他们种小麦、谷子、棉花等作物,妇女们纺线织布,过着俭朴的生活。

隋文帝开皇元年(581年),孙思邈就出生在孙家塬村一户普通农民的家里。他自幼身体瘦弱,饱尝了疾病的折磨。为了支付儿子求医费用与购买汤药,父母几乎花尽了全部家产。这是他在所著《千金要方》序中提到的。孙思邈自幼好学,读书很用功,七岁上学,由于他聪明好学,七岁时就能"日诵千余言"。十二岁时,长安一带传染病流行,他的家乡也有许多人患了传染病不治而亡,这一切都给幼年的孙思邈的心灵以深刻的印象。由于孙思邈发奋学习,二十岁时,便精通老子、庄子及诸子百家学说,又兼好佛家经典,学问渊博。当时洛州(即今洛阳)总管独孤信曾见过孙思邈,见他年轻有为、博学多才、赞他为"圣童",十分器重他。

隋代是中国医学发展史上的一个重要的历史时期,此时由于南北统一,生产获得恢复和发展,经济文化呈现出前所未有的繁荣景象。在医学方面,也呈现一派蓬勃的气象,国家还设有太医署和尚药局这样的医疗机构,并设有医博士、助教来教授学生。除了有名医许智藏、许澄外,还有著名太医博士巢元方等人编写的《诸病源候论》五十卷,对各种疾病的病因都进行了分析,这是我国中医病因病理学的首创之作。另外还有医方书籍大量出现,据史书统计约有四千五百多卷。隋朝医学的发展,为孙思邈的学习提供了条件,他就是在这个重要历史时期出生、读书、习医并着手行医,为群众解除疾苦的。

孙思邈为了学好医学,孜孜不倦地学习前代名医的著作,悉心研习前人的经验,钻研扁鹊、仓公、华佗、张仲景、王叔和、葛洪等人的医学典籍,直到"白首之年,未尝释卷"。因此,他对一些医学名著,都能"博极医源",学得透彻。此外,他还虚心向当时一些有经验的医生请教,并非常重视搜集民间医疗经验,凡是"有一事长于己者",即使远隔千山万水他也亲自登门拜访。有时为了得到一个秘方,不惜花费精力、财力。他就这样搜集了许多民间的单方、验方,为以后著书积累了大量的材料。他曾说过:"读书三年,便谓天下无病可治,及治病三年,便谓天下无方可用。"在实践中才深切感觉到知识重要,不敷实用,也说明了临床经验比书本知识更丰富更重要。在隋炀帝大业年间,思邈曾创制了"太乙神精丹",治好了许多难治的疾病,受到了百姓的信任与欢迎。"太乙神精丹"乃由丹砂、曾青、雄黄等中药制成,可治诸种恶毒,如霍乱、腹痛胀满、恶风温虐等,在《千金要方》卷十二中他详细记录了配方及制作过程。

这样,孙思邈便名声大震,远近知名。隋开皇二十年(600年)的一天,在宁静的五台山下的小路上行进着一支有气派、带着仪仗的人马。领头的使官高冠华服,骑着骏马,手里高捧着"御诏"(圣旨),随从们吆喝着鸣锣开道,附近的山庄都被这难见的景象惊动了,孩子大人跟来一大帮。

那队人马来到山脚下一座茅屋跟前,停下来了,从屋里走出一位大约二十岁清瘦书生模样的青年人,出来迎接,使官面对青年宣读御诏,大意是:"久闻孙思邈怀济世之才,隐居山林之下,如此天下太平,江山一统,朝廷思贤若渴,故此特请出山,任'国子博士'一

职,辅佐国家。"

读罢御诏后,孙思邈请使官进屋叙谈,吩咐家人奉上清茶山果,寒暄过后,使官说道:"孙处士,皇上圣意你已知晓,古语说:'良臣择主而事。'当今皇帝乃明圣之主,海内归心,正是有才之士大显身手的时机。请你就此随我出山吧!"

孙思邈回答道:"小人无德无能,受到皇上如此恩宠,又屈大人远道而来,真是不胜感愧! 不过,我自幼多病,体质甚弱,至今尚未恢复。我寄住山林之下,并非效法姜子牙,在渭滨以待文王之求。而是便于在耕读之余,上山采药自医罢了。因此,去朝廷做官,非我所愿,也不能胜任。烦大人回京时代我善言回奏。"

使官继续劝道:"孙处士不必过谦,你学识超群,医术高明,已名扬天下,况正当少壮之年,应该出山有所作为,何必潜居林下,埋没自己呢?"

孙思邈坚辞道:"大人所说的外界传言,都是溢美之词,朝廷不必轻信。我确实困于疾病,一天也难离五台山的药物。望大人能体谅我的困难,成全我躬耕守学的志向。"

使官见他固执不肯,便起身告辞了。孙思邈送罢使官回家,附近的乡亲闻讯已把茅屋挤满了,大家焦急不安地问:"孙大夫,你真的要到长安去做官吗?"

孙思邈笑着摇摇头说:"五台山的景色比长安好多了。山上到处是奇花异草,既能怡心养性,又能入药治病,还有你们这些相处多年的父老乡亲,我哪里也不想去。"

乡亲们听了都松了口气,焦虑的心才放下来。他们多么不愿意这位平易可亲、济困扶危的好医生离开这里啊!

正在大家热闹谈论的时候,忽然一个妇女气喘吁吁地挤了进来,大叫:"孙大夫,不好了! 隔壁大嫂生了个断气的孩子,快去救救吧!"

孙思邈马上拿起药囊就跟妇女往外走,有几个人也跟在后头,到了挂着红布的产妇房门口,其他人在外面站住,孙思邈撩开门帘跨步进去。新生婴儿由于肺气阻塞,已憋死过去,全身发紫。他俯听一下,果然已经停止呼吸,便对在旁帮忙的妇女说:"快把孩子身上的活血擦掉,准备温水!"

他从药囊中掏出一根大葱,扯下千叶,用葱白抽打婴儿身上,"哇!"一声,婴儿突然哭出来了,这新生命的呼喊,使得门外边的人都高兴得大笑起来。孙思邈马上把孩子放在温水盆里轻轻揉搓。他加快血液循环,恢复呼吸功能。不一会,婴儿就安然贴在母亲怀里,吮吸起乳汁来。

孙思邈走出产房,外面的人纷纷打听孩子是怎样救活的。孙思邈告诉大家,他先把新生儿嘴巴里的活血擦掉,不然吸到脾胃里会生病的。他用葱白抽打孩子,是为了让他哭喊,一哭肺也就活动了。有人问:"为什么要用葱白打呢?"他回答道:"小孩的肌肤很嫩,别的东西会打伤的。用手打又不知道轻重是否合适,所以我才想起这种办法来。"

后来他就把这办法记入他所写的《千金要方》卷五中,公元 618 年,孙思邈著成《明堂经图》,这是一部针灸经络图。在深入讨研祖国医学过程中,孙思邈感到前代针灸混乱,因此他不得不重新整理,重做《明堂针灸图》,他是采用当时甄权新定的经图来补充前人经图的缺漏的,有关内容在《千金要方》中也有反映。

公元 636 年,孙思邈 57 岁了,他的学问和医术更加成熟,名震四方。此时,兴盛的唐朝已代替了隋朝,皇帝唐太宗很敬慕孙思邈。特派使者到耀县,请他到京城长安一会。

皇帝的盛情难却,孙思邈到了长安。在宫中会面时,唐太宗见他布衣素巾,神采奕奕,看上去只象三十岁左右。长期的山林生活使他面现红褐色,五绺长须飘洒胸前,健康而有风度。唐太宗见后很高兴,对左右的人说:"有道德的人真是与众不同啊!"他赐孙思邈就坐,两人说古论今,谈得很投机。孙思邈还讲了许多治国安邦的道理,使一贯爱惜人才的唐太宗对他更为敬佩,要授以官职,将他留在身边。孙思邈婉言谢道:"圣上雄才大略,朝廷良臣猛将云集,我久居山林,与鸟兽为伍,只好心领圣恩了。"唐太宗也不强求,他请思邈在长安住一段时间,为史官提供些有关史料再回去。

因为孙思邈学识渊博,医术高明,当时很多名声很大的学者,如宋令文(书法家)、孟诜(医药学家)、卢照邻(唐初四大诗人之一),都来拜他为师。此外擅长针灸的太医令谢季卿,以医方、针灸著名的甄氏兄弟甄权与甄立言,专长药性的韦慈藏等也与他经常往来,相互研讨学问,这也丰富了孙思邈的见闻,对他提高学术水平大有帮助。

当时大唐名相魏徵等奉皇帝诏令修撰齐、梁、周、隋等五家史,屡屡向他咨询一些当时史实,他都能一一道出,给他们以很大帮助。

这里还有个唐太宗封孙思邈为药王和尉迟敬德为他站班听用的传说。

当孙思邈在京城时,正值皇后难产,生命有危险,皇家太医院的医官们已束手无策了,忙请孙思邈前去医治。因为他精通妇科,手到病除,皇后顺利生产,母子皆保平安。

唐太宗闻讯高兴得半晌合不上嘴巴,他准备把孙思邈长留身边,专给皇家看病。心想,这该是对他的重用了吧!于是召见孙思邈,说:"你救了皇后的命,功劳不小。朕想赐你长安城里一所房产和万两黄金,你看如何?"孙思邈说:"陛下的深恩,我十分感激,但我是乡下郎中,用不着这些东西。"唐太宗很奇怪,对这些人人都需要的东西,他竟回绝,问他想要什么,并答应"不管要什么只管提,朕都会给你"。他回答道:"我要的只是,请陛下放我回乡。"

唐太宗没想到孙思邈会提出这种要求,又不好失信。继而一想,他救了皇后的命,我要是连一件象样的赏赐也不给,天下人会怎样说我呢?想了一想说:"你既然不慕荣华富贵,朕只好放你回乡。朕还要封你为药王,赐你王冠王袍,你不得推辞。"

孙思邈看到回乡的目的达到,也就接受下来。于是他戴上冲天冠(王冠),帽翅是向上翘的并绣有金线;穿上大黄袍(王服),领着徒弟,骑马离开京城。

这件事马上传遍了长安城。大将尉迟敬德是个火暴脾气,之后,气得七窍冒烟,拍着桌子大叫:"我为大唐江山,南征北战臂受伤,至今不能抬起,可是我才封了个鄂国公。他孙思邈不就是个乡下草医,竟封了王,位在我等之上,真是岂有此理!我定要夺下他的冲天冠,扒下大黄袍,出出这口怨气!"

敬德右手提鞭,跨上战马,与随从们飞一般出了城。几天后,在今天的陕西富平县追上了孙思邈师徒俩。敬德看见的孙思邈戴的是帽翅向下的顺天冠,穿的是普通官员的大红袍。和听说的是完全两样,搞得他不知所措。

尉迟敬德愣住了。孙思邈和颜悦色地问他何事追赶。敬德支吾了一阵，忽然捋起左臂袖子说："孙先生，如今长安内外，人人都说你医术天下第一，我这左臂举不起来，特请你来治治。"

孙思邈下马仔细查看了他的左臂说道："我一针就能扎好。"敬德哈哈大笑说："为治好左臂，我前后请了不下百名郎中，少说了千把针，都没有用，你却说一针就能治好。好大的海口！要是治不好如何？"孙思邈指着脑袋说："老汉把它送给你，如果治好呢？"敬德说："我给你站班听用。"于是孙思邈不慌不忙，掏出银针在敬德左臂的一个穴位扎了下去，过一会，拔出针。敬德将左臂举起，果然自如了。他满脸通红，说不出话来。

孙思邈拱拱手，上马就走了。敬德连追了三次要实行诺言，给他站班听用，还要送他黄金一千两、良田八百亩，都被孙思邈拒绝了。并对他说："我是个医生，治病是本分，我从来不要求病人报答。"敬德听了既敬佩又惭愧，心悦诚服地说："我还是为您站班吧，您的医术这样高明，医德又如此高尚，给您老人家站班，值得！"孙思邈笑着对他说："如今战乱未息，国家正需用人之时，等天下太平之后，将军再来跟我不迟。"敬德无奈，行过大礼之后，只得带着兵马从原路回去了。徒弟接着对孙思邈说："师傅，你真是料事如神！咱们一出城你就想到朝廷会有人不服，要追赶刁难，您连将王袍反穿，黄袍变了红袍！将帽翅扳低，拆掉金线，把冲天冠改成了顺天冠。现在，您将袍正穿，帽子也改回原状吧？"

孙思邈摘下王冠、脱下王袍，扔在地上，说："我是个自由自在的民间医生，何必穿戴这种衣帽！"

据说老百姓十分崇敬孙思邈，将王冠、王袍拾起来，挖了个穴埋在地上。不久，原地就长出了菊花，花瓣的颜色就象孙思邈反穿的王袍（外红里黄）名种菊花"药王袍"由此而得名。后来尉迟敬德果然到五台山上为孙思邈站班。这便是药王庙中孙思邈塑像旁还有敬德立像的原因。当年敬德拜别孙思邈的地方，今天还叫回马庄呢。

孙思邈回到耀县五台山下，远近的村民都来看望他，虽然他在长安没住几天，可大家却象阔别了多年一样思念他。

孙思邈兴致勃勃地向大家谈起长安的见闻，讲唐太宗的礼贤下士、有钱人的脚气病，谈他怎样用蚂蟥为病人消除瘀血。

原来在长安时，有一天，有个病人右眼肿得象个熟透的桃子，由别人搀来找孙思邈，病人是因为和别人打架，右眼被拳头击伤的。孙思邈看他患处已经发青，充满瘀血，必须先把瘀血排除，才好用药。怎么着手呢？用针挑吧，碰着眼球，那太危险。他想了想，跑到后院去，不一会带了两条小虫放到病人瘀血的部位。原来是两条蚂蟥！孙思邈静静在一旁守望。只见蚂蟥叮着的身子越来越粗，病人眼内的瘀血却越来越少了。后来他把蚂蟥拿掉，洗净患处，给病人上了消瘀的药。病人感激地说："疼痛好得多了。"大家都啧啧称赞他的医法神妙。思邈只淡淡一笑说："这是从乡亲们那里学来的蛭吸法，其实并不新鲜。"他不要病人的钱财，只劝他以后不要随便动武，那个病人是个烈性汉子，定要报答他，他便让他回去想办法找些能治病的土方来就行了，并说："救人一命，胜似千金。有用的土方比什么都贵重呢！"

他还讲到长安人常有的脚气病，病人多是生活优越的有钱有势之人，他们常年腿脚浮肿，浑身无力。吃药治过消肿后，不久又会再发，真奇怪。交谈的乡亲们都说，这里附近极少有这样的病人，真是个"富贵病"。

正在交谈中，一个青年带了一大筐中草药，挤了进来。原来他就是几十年前被孙思邈救活的那个婴儿，在母亲的教导下，他常常上山为孙思邈采药。

孙思邈高兴地接过筐来，拣起每种药草看看、闻闻，又向大家介绍：这是蒲公英，可以消肿解毒；这种野菊花，可治伤风感冒；这是土茯苓，应该秋后采，现在采来早了些，药劲就差……

这时候突然叫嚷着进来一个满头大汗、满面愁苦的病人，难过得腰也直不起，他十多天没小便，快要胀死了。孙思邈立即检查病人，看到他的小腹部胀得象一面鼓，肚皮涨得现出筋络，病况十分严重。服利尿药已来不及，《伤寒论》中，张仲景说对便秘病人可用竹筒从肛门倒灌猪胆汁医治。但尿道堵塞，尿道口这样小，哪里找合适的工具呢。他急得在屋里转来转去，无意中，他看到屋沿上挂着一把葱，连忙扯下一根细的葱叶，去掉尖头，非常细心地试探着从尿道口插进去，第一次葱叶折了，一连好多次，终于成功了！他顺着葱管，往里吹口气，充气的葱管把尿道撑开，呼啦一声，尿立即流了出来，这是我国医学史上第一次人工导尿法的成功纪录。

回家乡后，孙思邈一边为大众治病，一边走家串户，医疾治病，摸索病因药理。他发现，穷苦人家虽然极少得脚气病，却常常患夜盲症。而长安的富贵人家却没有得此症的。这是否为关中一带特有的情况呢？为了摸索脚气的发病规律，他从陕西旅行到四川的内江，发现四川地区也流行这种"富人病"。

孙思邈想，是否因为富人常吃的食物中缺少什么东西才引起脚气病呢？因为所到之处，都是穷人糠菜半年粮，而富人却是精米白面、大鱼大肉天天食用。他想如果让富人也吃点穷人的粗食，也许能治好脚气病，他于是用谷皮煮汤给他们喝，果然疗效很好。同样医理，可能夜盲症发生与穷人长年吃不到肉食有关，便用羊肝给夜盲症人吃，也成功了。

脚气病之谜终于揭开了，他立即把这一创造性的发现记入他的《千金要方》中，欧洲人到公元十九世纪，在孙思邈死后1300年才探索到脚气病的原因，是因为饮食中缺少维生素 B_1；而米谷的麸皮中 B_1 成分最多。孙思邈的发现确实意义重大。

孙思邈在长期的行医实践中，深感古代医家医方的散乱浩博，求检困难。待得医方，治病已来不及，很是痛心，为此，他便博采群书，勤求古今，删裁繁复，以求简易，决心为民众编一本实用的救急药方。从公元618年开始至唐高宗永徽二年（651年）编成，题名为《备急千金要方》，他以人命重于千金的比喻，说明医生救护人命的可贵，所以他用"千金"作为自己所写医方书的名称。他又说：此书"未可传于士族，庶以贻厥私门。"（《千金要方·序》）表明他不愿将书传于士族名门，藏于私家，作为谋取名利的资本，而是为平民大众备急之用。

他在《千金要方·序》中，引用汉代名医张仲景的话，说明留神医药、讲究方术，目的在于"上以疗君亲之疾，下以救贫贱之危，中以保身长全以养其生"，以治病救人发扬人道

主义精神为本。他反对那种巴结权贵，汲汲名利的学医者，说他们只知"饰其末"而"弃其本"，只知追求外在的华美而不顾内心本质的健康，一旦病来祸至，赔上性命，悔之晚矣！

《千金要方》计三十卷，232 个门类，载有医方及论说 5300 首，有论有方，收有医方 4500 多个。内容包括序例、妇人、少小、婴孺、七窍、诸风、伤寒、脏腑、杂病、疮肿、痈疽、痔漏、解毒、备急、食治、养性、平脉、针灸等方面，内容极为丰富，是继张仲景《伤寒论》之后，对我国传统医药学的一次重大总结，是唐以前医方学的大成可谓当时医学百科全书式的重要作品。《伤寒论》的体例是一病一方，而孙思邈在《千金要方》中发展为一病多方。这样，医生在选择药物时，有了更大的回旋余地，便于根据病人不同情况，实施辨证医治。同时，他将张仲景的"经方"灵活变通，有时两三个经方合成一个"复方"，以增强治疗效果。有时一个经方分成几个单方，以分别治疗某种疾病。他还将自己长期搜集到的单方、秘方，及自己在临床治疗上的创造、心得，统统写进此书。

孙思邈到百岁高龄之时又完成了他的第二部医学巨著《千金翼方》。他取此书名是含有与《千金要方》相辅相济、比翼双飞的意思，《千金翼方》也是三十卷，是集他晚年近三十年的经验编成，以补要方的不足，自成一家之学。它收有医方两千多个，并对《本草》的药物按功效进行了分类。这部书和《要方》一样，也是祖国医药学的重要宝贵遗产。孙思邈的这两部巨著不仅记录了前人著作中所不载的极为宝贵的创造性医药成就，而且保存了我国唐代以前劳动人民及医学家在与疾病抗争中积累的许多宝贵经验。此书还收录了现已失传的唐代以前的文献多种，如郭玉、范汪、阮柄等医学家的著作的部分内容，全赖此书才得以保存与流传。直至如今，此书仍然是中西医学习和研究祖国医学的重要参考书。当然，由于唐代儒、道与佛教盛行，并在不同程度上混入了医学领域，因此在二书中也混杂了一些迷信荒诞的东西，如鬼神报应、五行禁咒等。

除此二书外，孙思邈的著作还有《枕中素书》一卷，《摄生真录》一卷，《福禄论》三卷，《会三教论》一卷，《庄子注》《老子注》《龟经》《孙真人丹经》《明堂经图》等，这些见于新旧《唐书·艺文志》。另外一些著作是上述著作的部分章节的选本，如《千金食治》《玄女房中经》《千金方食治篇》《千金方养性篇》等。还有一些完以孙思邈之名的书，如《神枕方》（一卷）、《医家要妙》（五卷）、《孙氏千金月令》（三卷）、《千金养生论》（一卷）、《孙真人延生长寿经》（一卷）、《奇效海上仙方秘本》（四卷）、《孙真人九转灵丹》等。真伪难辨，有一些可能是后人依托之作，需待一步考订。总之，孙思邈在漫长的一生中，硕果累累，为祖国医学宝库增添了大量宝贵的遗产。

孙思邈光辉的医药学成就及他的高尚医德，赢得广大人民的崇敬爱戴，千百年来有关传说一直绵绵不绝。关于《千金要方》的传说即是其一。

在陕西耀县药王山上，有一套重要的文物——《千金宝要碑》，共有四块，刻有孙思邈的近一千首药方。它的来历有这样一个故事：

孙思邈一百零一岁时，发须全白，满脸皱纹，耳朵也不大好使了。他想，看样子我活不多长了，我死固然是小事，但死后谁为求医的病人治病呢？左思右想，终于想出一个好主意。

孙思邈从南山里请来全县最巧的石匠，从北山里采来了象玉一样的大石头，然后借用西方的明月，东方的泉水，雕成了一座柱子形的巨碑。碑头上，雕有采药老人的像，碑座上刻着黄芪、杜仲、当归等药材的图案。他把自己在医疗实践中总结出来的最有效的一千首药方，亲笔写在石碑上，石匠仔细地刻下每一个字。

碑雕成后，孙思邈让人们把这座精美的石碑竖在五台山西麓、漆水河东岸。不久，他就去世了。

此后，人们有了病，就从这块碑上查找药方。碑上的药方都很有效，救治了无数病人。石碑于是起到了医生的作用，人们就叫他"石太医"。那时人们把专为皇帝与宫廷官员看病的医生叫"太医"。"石太医"是对此碑的尊称。

一天早晨，那个石匠路过这儿，不禁大吃一惊，只见石碑倒在地上，上面的字全凿掉了！过了一会来了许多想查药方的病人，大家见此情况，不禁大骂毁碑的坏蛋，女病人都气哭了。

中午，在蓝莹莹的南方天上忽然乌云翻滚，雷电大作，过后从山顶上下来一位老人，眼睛又大又圆。满脸红光，身穿金色长袍。他对大家说："我是三十年前孙先生医过的那条老龙，我已经把毁碑的太医——穿绿袍的医生败类用雷打死了，他正带着几个人拿着夜里拓好的碑文，得意扬扬地朝长安走呢！拓本我拿来了。你们要永远记住孙先生！"说完，留下拓本，驾云飞走了。

石匠在大家支持帮助下，重新采来石头，雕了四块碑，又将药方一一刻上。字刻好了，最后只有碑额没刻，有的老人说，应该刻上"石太医"三个大字，有的人说；"旧碑就是被太医毁的，新碑怎么还叫石太医！"另一老人说："太医中也有好人，不能说都是坏蛋。我赞成取个新名字，这些碑上的药方都十分宝贵，每一首都能值千两黄金。依我看应把碑叫'千金宝要碑'。"

大家都说好，于是碑额就刻上了"千金宝要"四个大字。石匠担心新碑立在山下还会出事，就把它们竖在山上的孙思邈故居里，故居被改建为药王庙后，《千金宝要碑》就被移在碑亭里了。

《千金要方》著成后，孙思邈的名气更大了，公元658年（显庆三年）唐高宗李治又下诏征取孙思邈到京城。这时他已经七十多岁了，虽然须发皆白，但是精神矍铄，身体硬朗，步伐稳健而不用别人搀扶。唐高宗见了很觉奇怪，向他请教有什么长寿的秘诀，孙思邈回答道："养生之道，常欲小劳。只是不要太疲劳及勉强从事不堪负担的工作。为什么'流水不腐、户枢不蠹'？就是因为常运动的缘故。我经常不管刮风下雨上山采药，听说哪里有人生病，哪怕跑几十里路，也要去治。磨炼多了，也就百病不生了。"

他们交谈了一阵后，唐高宗觉得老人不但深通医理，而且学识渊博，品德高尚，是个不可多得的人才。便说："孤想留卿在身边，做个谏议大夫，以佐朝政，你看如何？"

唐朝的谏议大夫，可以在皇帝面前对朝政的各种问题指点、批评，是个很高的职位，可是这在不谋名利的孙思邈看来如同过眼浮云一样，他以年迈为由，再次辞掉送来的高官厚禄。

唐高宗见他再三推辞，就赠他一匹良马，并将已过世的鄱阳公主的住宅赐给他居住，让他审订即将成书的《新修本草》。这是唐高宗根据苏敬等人意见，命令全国各地选送地道药材标本并绘制药草图样，集中了有名的科学家、艺术家、医药家24人，参考古今本草而编成的。这是一部世界上最早的由国家制成的药典。在孙思邈等全国名医的共同努力下，该书于659年编成。

孙思邈考虑到京城长安有许多名医与医学典籍，便于互相切磋医术，交流心得，整理遗产，从事著述。他终于接受了"承务郎"这一职务。并在朝廷"尚药局"供职一个时期。

孙思邈在居留长安时，仍不断给人治病，收集药方。鄱阳公主住宅宽敞舒适，乃皇族之家，但他不是一人享用，而是把许多路远或行动不便的病人收留下来住在里面。最多的时候住过20多人，甚至还住过一个印度人。当时国际文化、经济交流较为频繁，京城里住了不少外国人，也经常找他看病。所以皇帝赐给他的住所实际上成了一所"医院"。孙思邈不但为病人诊治，还和弟子一起为病人煎汤送药，问寒问暖。

一天，与孙思邈以师徒相称的文学家卢照邻（约635~689年）来见，他告诉孙思邈，近来浑身发痒，有得病感觉。孙思邈为他切脉，看肤色，又检查了痛痒部位，最后，孙思邈脸色沉重起来。说道："贤弟，你记得张仲景和王仲宣（王粲）的故事吗？"卢照邻答道"记得的"。孙思邈告诉他："你得的正是王仲宣得的那种'疠病'。"这里原有一段故事，王粲（177~217年）是建安七子之一，汉末著名的文学家、诗人，他得了疠病（即麻风病），起初并不觉得，名医张仲景看了他的病，认为是疠病，开了"五石散"给他。王粲认为自己不会得可怕的疠病，不吃他的药，终于眉发脱落而死。

卢照邻听了孙思邈的话，吓得呆若木鸡。半晌，才醒过来，说："老师，那你快给我喝'五石汤'吧！"孙思邈说："张仲景的'五石汤'，究竟是哪几种药做成的？能不能治好'疠病'？现在都不得而知。不过，我可以用别的药方让你试试或许能治好，你就住在这里吧，我可以随时照看你。"

卢照邻留在孙思邈住宅里养病，他富有文才，素负盛名，孙思邈也学识渊博、医术高明，两人经常交谈。当孙思邈随从皇帝到九成宫去时，卢照邻因病留宅内，写《梨树赋》，在赋的序言中。就记下了他对孙思邈的印象与赞扬，记录了他同孙思邈的谈话，为后世留下了生动而宝贵的论医论道资料。

卢照邻首先赞颂了孙思邈的道贯今古，学有数术，博学多能高谈大道，他是古代的庄子；精研哲理，又是现代的维摩居士；推断甲子、炼丹洗胃，又可比之仙人甘公、神医扁鹊。乡里人说他有几百岁，和他谈起前代周、齐间事物，"历历如目见"。但他"视听不衰，神采甚茂，可谓古之聪明博达不死者也"。特别是卢照邻自己染有恶疾，十年病魔缠身，更是由衷钦佩孙思邈了。

卢照邻向他请教各医愈疾之道。孙思邈回答道："我听前人说善言天道者必参考人事；善言人事者，必本于天道。"天道、人事都有常数，必然的规则；一旦失常，必生祸病。如人"蒸则发热，否则生寒，结而为疣赘，陷而为痈疽，奔而为喘乏，竭而为焦枯"。天地也是如此，如山崩地陷，即是天之痈疽。"良医导之以药石，救之以针剂"，圣人提倡道德仁

中华名人百传

科技名家

九九

义,辅以政治清明,则能治国平天下。所以身体有可愈之疾,天地有可消之灾。人定胜天,重病亦不必悲观。

卢照邻又问:"人生处世应当如何!"孙思邈答道:"胆欲大而心欲小,智欲圆而行欲方。"卢照邻有点不解。说:"请老师阐说一下。"孙思邈道:"心为五脏之君主,君主大多是恭顺的、无为的,所以欲望要小。胆为五脏之将士,将士应当勇敢果决,心有所决定,胆必尽力成功它,所以胆须大。'经传'上说:'不为利回,不为义疾。'就是说不为利所改变,不在义方面有欠缺,这是行为的准则。'经'又说:'又机而作,不俟终日。'是说能随机应变,不拖延时日,这是智力上的圆通之处。"

卢照邻再问:"养性之道主要是什么呢?"孙思邈道:"养性之士首先当知自慎。因为天道有盈缺,人事有屯厄,人若是不自慎而能摆脱厄运未曾有过,所以先要知道自慎。自慎的内容常以忧畏为本,忧畏是死生之门,存亡之由,祸福之本,凶吉之源。失去忧畏的人则心乱而不理,形躁而不宁,神散而气越,志荡而意昏。这样应当有生路的即走上死路。而能忧于身者就不受人事拘束,畏于己者就不会被己所制,慎于小者不惧于大,戒于近者不惧于远。如此人事就能处理得很圆满了。"

孙思邈这里讲的几点都是很重要的:在对待疾病、医药上,应有积极进取、人定胜天的思想;天灾是可以消除的,体疾是可以治愈的,不应悲观消极,坐以待毙。在处理人事上应做到"胆欲大而心欲小,智欲圆而行欲方",也是一个很好的告诫、指导。他在行医上也是胆大心细、智圆行方,在医德医术上都是医生的楷模,后世医生亦多所遵从。他对卢照邻所说的养性之道也是很有意义的,既针对卢照邻得了疠疾很为忧畏,又从忧畏引发开去,联系到养性的一般规律:自慎、忧畏。一般人认为忧畏不好,忧能伤人,但适当的忧畏却正是养性避难之道。这里的辩证道理,至今仍可资鉴。

卢照邻的记录,是孙思邈生平与思想的重要文献,使他的某些事迹与重要观点得以永传后世,官书《旧唐书》并把它们载入孙思邈的传记中。

孙思邈在长安住了大约十六年,唐上元元年(674年),他借口身患重病辞职还乡了。他在京城阅读了许多医学参考书,并搜集到自己所需的大量资料。但官职在身,并且还要经常侍奉皇帝、宫廷,对他深入民间治病,至名山大川采药都有所不便,所以他才坚决辞掉官职,回乡行医。

孙思邈对做官不感兴趣,但对研究药物、认识药性兴趣很大。为了研究药物,他除了认真研读前代医家医药学著作《神农本草经》《本草经集注》等外,还经常深入到太白山、终南山、峨眉山、五台山等名山大川,亲自采集药材,亲手加工炮制。越是年迈,他干得越欢,他已经把自己的生命融入了中草药之中。

在陕西省西部,长安西边,有一座巍峨的高山太白山,它是千里秦岭的最高峰,山巅终年积雪,有"太白积雪六月天"的奇景。太白山不仅突兀险峻,而且森林植物资源丰富,种类达千种以上。为了实地观察,采集药物,孙思邈在山中隐居了相当长的时期。至今太白山上还修建有精美别致的药王庙,当地还流传着关于药王的许多传说,"药王爷借来上天梯""药王爷捉拿人参"就是其中两个有趣的故事。

孙思邈在太白山采药期间历尽艰辛,经常风里来,雨里去,起早贪黑,不辞辛苦。有一天晚上,孙思邈梦见太白山的太白金星对他说,太白山上有棵神仙草,能够起死回生,是治病的灵丹妙药。于是他爬悬崖,穿峡谷,踏遍青山,决心找到神仙草。一天,他来到一个悬崖陡壁之下,无法攀登。他于是去向太白金星求援,太白金星给他借来了上天梯。这样孙思邈才顺利地爬上悬崖绝壁之上,一看,上面确有闪闪的发光的神仙草,他高高兴兴地采回了起死回生的神仙草。这里的两面崖壁双双对峙,活象一架撑开的石梯,从此人们也就叫它"梯子崖"了。

"药王爷捉拿人参"的故事是这样的:人参原来生长在太白山上。一天药王出山外去采药,人参就偷偷溜出去了。不巧,它碰到了当班值勤的黄芩,人参就对黄芩说:"别对药王说我到哪儿去了。"黄芩跟人本是好朋友,就点了点头。等药王回来一看,人参不见了,就四处查找,但谁也不知道。后来药王搬开记事本一查,知道这天是黄芩值班。药王找到黄芩,再三追问,黄芩才说:"人参叫我不要对你说它到哪里去,说了心肝就会变黑的。"最后,黄芩才说它朝着东北方向逃跑了。

药王听了之后,立即朝东北方向追去,一直追到长白山,果然见到了人参。人参一见到药王,就慌了手脚,哭丧着脸诉苦道:"你一出门,那些昆虫野兽,就来挖我的根吃,无奈何我才逃出太白山的。"药王劝他还是回去,好说歹说,人参怎么也不愿回太白山。药王一气之下,取出一根红绳子,将人参双手紧紧反绑起来。人参不走,他就拼命往回拉。一直拉到太白山,回头一看,不见人参,只留下人参的双手。从此手掌参就生长在太白山,人参则生长在长白山,黄芩的心也就空而发黑了。

这两个故事,反映了孙思邈对药物的重视与采集药物的艰难。孙思邈一面去各地采集药物,一面进行临床实践,为广大民众解除疾病痛苦。据记载,在他行医的几十年中,治疗过六百多个麻风病人,临床治愈的有六十多人,救治的癫痫病人有上千个。当然限于当时的医疗水平也有没治好的,卢照邻即是一个。

在孙思邈离开长安回到家乡以后,卢照邻的病越来越重了。开始是一只手麻木,后来是一只脚难以行走,如此重病,拖了十年,他对孙思邈的话也失去信心。在极度悲观的情况下,他写了长篇《释疾文》。在序文中,他详叙了自己的苦楚:他卧床不起,已经十年,只能宛转匡床,在小室中移动,他的一臂卷曲,不能伸直。两只肿胀的橡皮腿,行走不便,真是寸步难行,他形容是"寸步千里,咫尺山河"。他知道麻风病最后将眉发脱落,溃烂而亡,更感可畏,他归之于命运:"性命如此,几何可凭!"便决定告别人世。他在释疾文末,唱出了他最后的挽歌:"岁去东来兮东流水,地久天长兮人人共死。明镜差窥兮向十年,骏马停驱兮几千里,麟兮凤兮自古吞恨无已!"大意是说忧愁的岁月如东去流水源源无绝,地久天长,而人总是要死的,我羞看明镜已近十年,如同骏马停止奔驰几千里,如同孔子逝世前叹麟凤一样,自古以来就不断有饮恨而亡的人。最后投颖水自尽。

孙思邈听到卢照邻投颖水自尽的消息,不禁老泪纵横。他为自己未能治好卢照邻的病而愧叹。但他并不悲观失望,人世间还有很多仍在病床上挣扎的人,他深深感到医生的重大责任,决心继续钻研医学,进一步采集民间药方。为挽救更多的病人,他永不停息,在百岁之年还完成了《千金翼方》的编写。

孙思邈自己虽然年纪老大,但对病人却是照顾入微。对于病重不能前来的人,他往往赶着驮有药囊的毛驴,冒着寒暑,跋山涉水亲自出诊。被他治好的病人,无不感动得热泪盈眶。孙思邈就是这样生活在病人之中,数十年如一日,从不懈怠。不少贫苦病人,被他治好病,为了报答孙思邈的不收诊费,在他住房周围广种杏树,天长日久,形成了茂密的杏树林。

孙思邈死于唐高宗永淳元年(682 年),他的遗嘱是丧葬方式要尽量简单,用薄薄棺木葬于风光明媚的五台山上,不要陪葬品,不要宰杀牛、羊、猪等牲畜祭祀。人们为了纪念他,按照古代的习惯,集资为他修建了一座庙宇,从此朝拜人流络绎不绝,香火不断表达了百姓对这位药圣的敬仰之情。

气功奠基人

孙思邈将他漫长的一生都献给了祖国的医学事业,在八十多年的临床实践中,他对祖国医学的发展,做出了卓越的贡献,他的突出成就,可以从下列几个方面看出:

医方的征集和药物学、方剂学方面的成就。

自汉至隋数百年间,历经战乱,书籍多所散失、毁弃,医书也遭厄运。到了唐代,医方书所存无几。孙思邈长期搜集了唐以前的医方、民间医方,还有西域、印度等处输入的,在他的巨著《千金要方》《千金翼方》二书中就有包括了当时古今中外的医方六千多首。所搜取药方中有复方、单方,也有民间草药。如张仲景的麻黄汤、桂枝汤,华佗的云母圆方,王乔的健身方,齐州荣佬方,常山太守马灌酒,苍梧道士陈元膏,蛮夷酒,匈奴露宿丸等,足见他治学之博大,见闻之广深。

孙思邈对药物的采集、鉴定及产地、功效等都深有研究,他的故乡耀县以盛产药材而著名,为采药他的足迹遍及各大名山,积累了丰富的采药制药经验。他特别强调采药的季节和处理方法,指出如果不按时节采药,处理上如果不分阴干、晒干,结果就会"虽有药名,终无药实""与朽木不殊,虚费人功,卒无裨益"。他对《千金翼方》中列出的二百三十三种药品的采集时节,都有简要的说明,有的药名还注明了采花、茎、叶、根、果的不同时间,他列举了常用、常见的药材六百八十种,让人们随时采集,以备急用。他很注意地道药材,认为:"本草所出郡县,皆是故名,今之学者,卒寻而难晓。"他列举了五百一十九种药材,以说明地道药材的价值。

孙思邈在采药和临床实践中,还摸索总结出一些特效药的用途,如治疗营养缺乏病(脚气病、瘿病)的米糠、海带、海藻等,治疗痢疾的白头翁、苦参、黄连,治疗疟疾的常山、蜀漆,治疗绦虫的槟榔等;可以用来消毒的朱砂、雄黄。在对药物的炮制加工应用上,他也有研究,例如,雄黄可以治鼻中息肉,但生用毒大。他在为人治该病时,亲自将雄黄炼制,消除毒性后,再给病人服用。这样病人不但很快治愈了鼻息肉,而且哮喘病也治好

了，并且再未复发。这是他在《千金翼方》卷十一中记载的。

孙思邈对于药物的分类是根据它的自然形态并结合药物的功效进行的。《千金翼方》《本草》部分有三卷，计有玉石部、草部、人兽部、虫鱼部、果部、菜部、米谷部等九类。每部中数量多的又分为上、中、下三品，这是符合科学的分类法，又比较简要概括，便于学医者诵习。

中草药治病，须按照一定的原则，把药物配合成一定的方剂，才能更好地发挥它的效能。孙思邈在《千金要方》中强调了方剂学的重要性，提出药有君、臣、佐、使（即有主、从、辅佐、引药之别），宜用"一君、二臣、三佐、五使"或"一君三臣九佐使"的配方法。还须注意药物之间"有相顺者、有相使者、有相畏者、有相恶者、有相反者、有相杀者"的关系不同，必须对症仔细下药，否则不仅不能治病，反而会造成严重后果。从以前的单方治病，到多方治病，这是孙氏一大发明，也是临床医学上的一大转变。

关于孙思邈搜集药方，还有一个有趣的传说，说他得到"龙宫仙方"的由来。唐开元中，孙思邈隐居于终南山中，并与山中寺院道宣律师（主管戒律的禅师）经常来往论道交谈。当时正值大旱，有一西域胡僧受皇帝诏令在昆明他筑坛祈雨。他点起香灯作法，七天后，昆明湖水缩去数尺。这时忽有一位老人见宣公求救，说道："弟子是昆明池中的龙神，大旱无雨非是弟子之过。胡僧做法将取弟子脑为药，口头上还欺骗天子说是祈雨，万乞和尚法力相救。"宣公对他说："贫道仅能持律，你可去求孙先生。"老人于是找到孙思邈，并诉说缘由。孙思邈说："我知道龙宫有仙方30首，若能给我看，我就救你一命。"老人初有为难之色，后决然道："此方上帝有令不许妄传，现在事情紧急，我不再保留它了。"一刹那后，老人捧来"龙宫仙方"献与孙思邈，孙让老人回去，说："你别怕胡僧，我自有计。"即日昆明池水忽然猛涨，数日后还溢出岸边。胡僧见斗法不过，羞愧而亡。孙思邈巨著《千金翼方》三十卷，每卷后有龙宫仙方一首，共三十首，传说仙方就是这样得来的。

这个故事唐末即已流传，宋朝人编的类书《太平广记》卷二十一中也有记载，至今仍在流传，耀县药王庙中的孙真人《海上方碑》，也传说是得自海上龙宫。

因为孙思邈在《千金要方》中以动物为药，传说仙人对他说："虽然你广有济人之功，但以物命为药，害物亦多，只能死后升天，不能白日飞升了。"看来上帝仍不能原谅他，给了他一定的制裁。但他的济人之志，虽死不辞。

重视预防疾病及对诊断、治疗学的创见。

孙思邈非常重视防病工作，提出平安无事的人并非本来就平安，而是因为经常思考着怎样预防死亡的发生；能快乐无灾的人并非本来就很快乐，而是因为他经常思考着怎样预防灾祸的出现，防患于未然，才能保平安（《千金翼方》卷十二）。他把自己的巨著称为《备急千金要方》，就是以备急需，防病救人。他强调："上医治未病之病，中医医欲病之病，下医医已病之病。"（《千金要方》卷一）这里的"治未病之病"，即是指预防疾病的发生，并在已病之时防止疾病的扩散并转成重病，包含了早期治疗的意思。

孙思邈还提出一些防病的措施，如在旅行外出时带哪些备急药，家居常备药，到南方瘴疠多处去时应灸之穴位，对猝死、缢死、冻死及虫兽、金属、火烧等创伤的备急之药方，以及贮存药物防止疫病等。他的这种重视预防、强调早期治疗的思想,对后代医家,启示很大。

对诊断、治疗学的创见。孙思邈强调医生看病必须有人道精神,济世救人思想,对病人一视同仁,全力以赴。他说:

凡大医治病,必当安神定志,无欲无求,先发大慈恻隐之心,誓愿普救生灵之苦。若有疾危来求救者,不得问其贵贱贫富,长幼妍蚩,怨亲善友、华夷愚智,普同一等,皆如至亲之想。亦不得瞻前顾后,自虑吉凶,护惜生命。见彼苦恼,若己有之,深心凄怆,勿避险巇,昼夜寒暑,饥渴疲劳,一心赴救,无做功形迹之心,如此可为苍生大医。(《千金要方》卷一)否则便是人类巨贼。一千多年前的孙思邈即有如此高尚的医德与认真负责、"一心赴救"的工作态度,令人钦佩!

在具体诊断上,他认为:"夫欲理病,先察其源,候其病机。"诊察病人的时间,应选择早晨。他认为光靠诊脉断病的医生功夫是较差的,"上医听声,中医察色,下医诊脉"。《千金要方》卷二十八、《千金翼方》卷二十八对诊脉、察声色、辨阴阳表里虚实,都有论述,均可参考。

在治疗上他强调综合治疗。孙思邈既善于用药,又长于用针同时精于灸法。他认为许多疾病的治疗必须同时应用多种疗法才能见效。他说:"食疗而不愈,然后命药;药食两攻,则病无所逃矣;汤药攻其内,针灸攻其外,则病无所逃矣,方知针灸之功,过于药矣。"他以华佗为曹操治头疾病为例做说明。当曹操痛风发时华佗一针就好;但华佗死后数年,曹操的头痛又复发了。如果华佗当年除扎针外,同时还结合用灸,曹操的病就不会复发了。可惜由当时没有灸法,所以病根就没除掉。(见《千金翼方》卷十七)在孙思邈之前或以后,不少中医只知汤药,不知针灸,甚至有的以一方剂之长,治疗一切疾病,这是极不可取的。

孙思邈在临床治疗上有许多突出的独创,如他认为"霍乱病因饮食,非关鬼神"。他描述霍乱的主要症状为吐利、头痛、转筋冷等,并忌与米饮。痢疾分为热痢(急性)、冷痢(慢性)及疳湿种类型,并举出典型症状及治疗护理方法。水肿病属难治之症。认为盐和此病有关。消渴病(糖尿病)人要考虑大骨节间发生痛当预备痈药防治等。

孙思邈在治疗麻风病方面,有丰富的经验。他治疗的麻风病者有六百余例,在《千金要方》卷二十三、《千金翼方》卷二十一有专门篇幅论述麻风病及二十首处方。方药亦很详备,初期、中期、后期都有不同的处理对策和药方。

麻风病在古代是一种很难治好的慢性传染病,称为"疠病",解除病人痛苦并通过实践得出治疗此病方法,孙思邈不怕传染。不顾高龄,亲自看护病人,把各个病人的症状和医疗过程中的情况详细记录下来。《千金要方》卷二十三中就记录了在他"莫不自抚养"下治愈六十多人。"故余所睹病者,其中颇有士大夫,乃有异种名人,及遇斯患,皆爱恋妻孥,系着心髓,不能割舍,直望力,未肯近求诸身"。他还记载唐贞观年间,他为了让一个麻风病人摆脱家务和房事的影响,专门将他带入山中,让病人连服松脂一百天。结果患者因害麻风病而脱落的胡须、眉毛又生长出来了。他因此认为,麻风病人要戒绝房事,不

能仅仅依靠医药来治。由此可见,孙思邈是我国最早的麻风病专家。

他对风眩之病(癫痫)治疗也很有成就。《千金要方》卷十四记载,他行医 30 多年,治好的此类病人就有上千人。他先给病人服自配的小续命汤,再视病情以紫石英汤治之,"此方为治,方无不愈"。

他对痢病治疗的成功,这里有着他亲身的三次犯痢的深切体会,他在《千金要方》卷十五中说:"余三十岁以来,二遭热痢,一经冷痢,皆日夜百余行,乃移床就圊(厕所),其因笃如此。但率意自治,惟力意克苦忌食,以病差为限,则无不愈也。"这是隋唐以前我国医学史上关于痢病最为精确详细的治疗记载。

唐贞观年间,孙思邈用草药青蒿治疗外科疮疖病人三十多个,全部治愈。贞观四年,他自己口角上长疖子,贴膏药,十日后仍不愈。他以苍耳根茎苗,贴上后就治愈了。以后他常用此药治同类病人,没有一个不治好的。以上草药详细制法,他都记于《千金要方》卷二十二中。贞观五年七月十五日夜,他的左手中指背发炎,第二天早上疼痛难忍,十天后痛得更厉害,疖子肿得又高又大,如熟小豆色,他听老人们说过一个偏方:用蒲公英草摘取根茎白汁涂上,能治此病。于是亲自试用,贴上以后,疖子就显著消肿,疼痛也渐消失,不到十天,手指完全恢复正常。(见《千金要方》卷二十五)

又有一次,孙思邈旅行到内江(今四川境内),因饮酒过多,晚上睡觉时四肢酸痛,天明时,头痛头晕,头左上方长了弹丸大的一个疖子。疼得手不敢去摸,中午时头右上方也开始肿痛,到晚上整个头都痛得厉害,肿得不能睁眼。内江县令请人用各种办法医治,都不见效,后来孙思邈自己用油菜捣烂外贴,疖子就逐渐消了。(《千金要方》卷十六)这都可以看出他在用中草药治疖外科痈疽方面,有丰富的治疗经验。

孙思邈还能巧妙地用内服药代替外科手术,在《千金要》卷三十中他记载了这样一件事。贞观年间,有一个人打仗时脊背上中了一箭,箭矢入肉四寸,请了许多名医治疗,都取不出箭头,虽然不妨碍行坐,但伤口经常流脓。最后他请孙思邈治疗。思邈开了瞿青丸的处方。病人吃后,人越来越瘦,箭簇则逐渐露出。将药吃到冬天,箭簇不拔自出,量了量,竟有三寸半长。这是古代用内服药代替外科手术的一个绝妙病例。

重视妇幼保健,为妇人、小儿独立设科而刻苦钻研,贡献终身精力。

孙思邈一反封建社会重男轻女陋习,认为婚姻养育,是人伦的根本,人类为繁衍昌盛,必须重视妇、幼保健。在他的巨著中,有关妇科病的特殊性、小儿护理的重要性,都有详细论述,并提出了一系列简便易行、切实有效的方法,《千金要方》中有三卷(二至五)为"妇人方",一卷是"小儿方"(第五卷)。紧接在卷一序例(总论医治)之后,就专论妇科、儿科,可见重视程度。

孙思邈对于妇科给予极大的重视,在处理难产方法上有一定贡献,对胎前产后的合并症的检查与处理也是比较正确的,对许多妇科疾病的临床症状有着极为细致地记载。

孙思邈的妇科医疗技术也十分高明,民间广泛流传着一个他起死回生的故事。有一次他在路上遇见一队送葬的人群,一位老婆婆跟在后面哭得很伤心。他在人群走过的路上,忽然发现几点鲜血。他注意观察,证明这几滴鲜血确是从棺材缝里流出的,便急忙上去问明缘由。原来棺材里装着的是这位老婆婆的独生女儿，因为难产，刚刚死去。孙思邈问明情况之后，立即做出判断，既然还在流血，这一产妇并未真正死去，忙叫开棺进行抢救。棺材打开后，只见该妇女脸色蜡黄，无一丝血色，乍看似乎死了，但脉搏尚在微弱跳动，孙思邈立即选定穴位扎了一针。隔了一会儿，产妇苏醒过来，在孙氏帮助下，还顺利地产下婴儿，母子都得救了。

在《千金要方》卷二十一中，记载了一位妇女患半身不遂，卧床三年不起，孙思邈用了一种药酒给她治疗，她吃后就恢复了健康。唐武德年间还有一个有名的尼姑叫净明的，患了霍乱（古代把上吐下泻的病都包括在霍乱范围内，此指夏秋常见的急性胃肠炎）多日，一日犯一、二次，发作时痛苦欲死。当时朝内名医世治不好这种病，孙思邈用"治霍乱使百年不发丸方"就治愈了。

他对儿科也有很大贡献，他总结了公元七世纪以前的儿科知识，在他的《千金要方》中载儿科用方三百二十二首，把儿科分为九门，为小儿科的独立发展创造了必要的条件，有着突出的成就。如他对新生儿的护理知识，对婴儿的观察、疾病的医治，不少主张至今仍有现实意义。他认为小儿不可过娇，时常藏在帏帐中、重衣太暖的小儿，犹如阴地的草木不见风日，就会软脆而不耐风寒，这意见至今仍是正确的。

孙思邈对狂犬病的成功治疗更是令人瞩目。春末夏初，狂犬咬人。"此病至重，世皆轻之，不以为意，坐之死者，每年常有"。他自述初学医时，遇此病患，不知如何治，"以是经吾手而死者不一，自此锐意学之。一解已来，治者皆愈"。经他医治的狂犬病人都被治好，他因之慨叹："方知'世无良医，枉死者半'，此言非虚。"（见《千金要方》卷二十五）他还细致记录了治疗过程，禁忌灸法以及处方几十种，他对狂犬病的治疗及预防皆处于当时世界医学先进之列。

提倡养生长寿。孙思邈著作中对气功、食疗，有专章论述，他精于导引之术，注意养生之道，这对于人民健康、长寿大有益处。孙思邈活到一百零一岁才逝世，这在医疗技术不够发达的古代是很不容易的。他在百岁之年，还能编成《千金翼方》巨著三十卷，可见其精力过人，为长寿的样板。所以后人十分钦佩他，尊之为神仙，道家称他为"孙真人"。

药王山的石刻中有《孙真人海上方》，其中的《孙真人养生铭》这样写道：

怒甚偏伤气，思多太损神。

神疲心易役，气弱病相侵。

勿被悲欢极，当令饭食均。

再三防夜醉，第一戒晨嗔。

亥寝鸣云鼓，寅兴漱玉津。

妖邪难犯已，精气自全身。

若要无诸病，常当节五辛。

安神宜悦乐，惜气保和纯。

寿夭休论命，修行本在人。

若能遵此理，平地可朝真。

铭中的"亥"时指晚上 9~11 时,"鸣云鼓"指练气功。"寅"时指早晨 3~5 时,"漱玉津"指吞漱唾液。末句指若按所述修行,在地上即可朝见仙人。这是用通俗语句概括孙思邈的养生要旨,是否为孙氏自写,难以确定。

更为完整而全面的叙述,可以在他的主要著作中找到。《千金要方》卷二十六即专论食疗,在"序论"中,他首先阐明了饮食疗法的重要意义,认为它是长寿的重要手段。他从食与药的本质、功能讲起:

安身之本,必资于食,救疾之速,必凭于药。不知食宜者,不足以存生也;不明药忌者,不能以除病也。斯之二事,百灵之所要也。若忽而不学,诚可悲夫。是故食能排邪而安脏,悦神爽志以资血气。若能用食平疴释情遣疾者,可谓良工,长年铒老之奇法,极养生之术也。

"百灵"指凡百生灵。"要"指要务。"忽"指忽略。"疴"为沉疾。"铒老"为养老。"极"为极致,意指善用食疗,能去疾、愈病、悦情,使身心同致健康,以达长寿养生目的。

孙思邈认为,某些疾病可先用食疗,无效后再用药医治。他说:"夫为医者,当须先洞晓病源,知其所犯,以食治之。食疗不愈,然后命药。"这是因为食物性平和,无副作用,而"药性刚烈,犹若御兵,兵之猛暴,岂容妄发"。用药如用兵打仗,"兵者天下之凶器",事关人命,所以必须谨慎。

接着孙思邈指出了食疗的一般原则:"食不欲杂,杂则或有所犯;有所犯者,或有所伤,或当时虽无灾苦,积久为人作患。"这是说饮食杂乱,终久于人为患。总的原则是节饮食:"食噉鲑肴,务令简少,鱼肉果实,取益人者而食之。凡常饮食,每令节俭,若贪味多餐,临盘大饱,食讫,觉腹中彭亨短气,或致暴疾,仍为霍乱。"饮食要注意节气时令:"夏至以后迄至秋分,必须慎肥腻饼臛,酥油之属,此物与酒浆瓜果理极相妨,夫在身所以多疾病者,皆由春夏取冷太过,饮食不节故也。"此外他还认为鱼鲙等物最好断掉不吃,乳酪等物亦不应多食:"鱼鲙诸腥冷之物,多损于人,断之益善。乳酪酥等常食之,令人有筋力胆干,肌体润泽;卒多食之,亦令胪胀泄利,渐渐自己"。"胪"为腹部,意谓腹部胀满泻肚,为害渐进。

孙思邈还对与人类生活关系密切的果实、菜蔬、谷米、鸟兽等约 150 余种食物的食疗作用,进行了详细的研究、阐述,其中很多已为现代药物实验或临床实践所证实。如他在《千金要方》卷二十六《食治·鸟兽第五》中讲到:"人乳汁,味甘平,无毒,补五脏,令人肥白悦泽。"现代科学已证实母乳对婴儿成长的重要作用,人乳的营养价值亦为人们普遍重视。"牛乳汁,味甘微寒,无毒,补虚羸,止渴;入生姜葱白,止小儿吐乳,补劳"。牛奶的健身作用现在已家喻户晓,在 1400 年前,他已明确指出,令人钦佩。同时孙思邈还谈到马奶、羊奶、驴奶、母猪乳汁的营养及医药价值,值得重视。

"食治"是孙思邈养生学说的一个方面,他的养生学说的特点是把养生长寿与防治老年病患的具体措施结合起来,总的指导思想是"抑情养性"。他在《千金要方》卷二十七养性中指出:"人之寿夭在于搏节,若消息得所,则长生不死;恣其情欲则命同朝露也。"即指节制情欲,不使放纵。《千金翼方》卷十二《养性禁忌第一》又指出:"神仙之道难致,养性之术易崇。故善摄生者，常须慎于忌讳，勤于服食，则百年之内不惧于夭伤也。"这就是说，长生成仙，渺茫难致，但只要善于养生，节制情欲，仍可以延年益寿，免于夭亡。

他把养性作为延年益寿的重要手段，所以反复强调养性的重要性；不能养性，纵情恣欲，这是百病之源。他指出：

若夫人之所以多病，当由不能养性。平康之日，谓言常然，纵情恣欲，心所欲得，则便为之，不拘禁忌，欺罔幽明，无所不作，自言适性，不知过后一一皆为病本。

这即现在所说的私心膨胀，为所欲为，轻则致病伤身，重则触犯刑法，受到制裁。所以他指出，善于养性，注意精神道德修养，比吃药更重要："百行周备，虽绝药饵，足以遐年；德行不克，纵服玉液金丹，不能延寿。"讲得十分明确。按现代心理学讲来，就是强调心理健康的重要性，两者有相通之处。

他指出在日常生活中养性之法，说：

养性之道，莫久行、久立、久坐、久卧、久视、久听。盖以久视伤血，久卧伤气，久立伤骨，久坐伤肉，久行伤筋也。仍莫强食，莫强酒，莫强举重，莫忧思，莫大笑，勿汲汲于所欲，勿悢悢怀愤恨，皆损寿命。莫能不犯者，则得长生也。

他在《摄养枕中方》中总结道，为什么田夫农民长寿，膏粱纨绔夭亡？这是嗜欲多少的结果。他还指出，养生之道，应以自慎为首，他说："夫天道盈缺，人事多屯。居处屯危，不能自慎而能克济者，天下无之。"而自慎，就是要"安不忘危，恒以忧畏为本"。这也是他和卢照邻所谈的养生要点。

孙思邈的养生之道，在他的著作中除了着重讲"抑情养性"之外，还对人的居处、按摩、调气、服食、杂忌、房中等许多方面作了极其细致的论述。他说：只有"衣、食、寝、处皆适，能顺时气者，始尽养生之道。"（《千金要方》卷二十七《养性·道林养性第二》）在这几个方面之中，他很强调饮食适当的重要，他指出："夫万病横生，年命横夭，多由饮食之患。饮食之患，过于声色。声色可绝之逾年，饮食不可废于一日，为益既广，为患益深。"（《云笈七签》卷三十三《摄养枕中方》）他说人的万病丛生，中道夭亡，多是因为饮食为患，所以饮食之患，过于美色音声。还因为饭是人们一天不可缺的，饮食适当就广为得益，否则就为患极深。

孙思邈在《道林养性第二》中谈到"节饮食"。首先指出应食不过饱，保持饱中有饥，他说：

是以养性者，先饥而食，先渴而饮，食欲数而少，不欲顿而多，则难消也。常欲令如饱中饥，饥中饱耳。

他说这是因为"饱则伤肺，饥则伤气"。"肺"指中医脏腑学说的肺脏，肺脏与大肠合为腑，包括胃。其经络为手太阴经与阳明经，二者互为表里。吃得过饱，加重肠胃负担，以致成疾，所以说伤肺脏。饥伤气中的"气"，中医讲气与肺合，肺应气。肺有病则先发气。入饥时肠胃痉挛，影响整个经脉流通，形成肺腑有病。所以饱与饥从根本上说都与身体有害，都应避免。

他还提出要淡食、细嚼。这是因为"咸则伤筋，酢则伤骨，故每学淡食"。中医认为五

味各有走向,各有所病,孙思邈在《千金要方》卷二十六《食治序论》中论述了五味与疾病的关系,指出"多食酸则皮槁而毛夭;多食苦则筋急而爪枯;多食甘则骨痛而发落;多食辛则肉胝而唇褰;多食咸则脉凝泣而色变。"这里只举"咸""酢"(即醋),只是概略而言,总之五味过重是伤人的筋骨血脉的。所以孙思邈提倡淡食:"食当细嚼,使米脂入腹,勿使酒脂入肠。"意思是嚼出米脂香味,利于肠胃吸收。下句指勿饮酒。这也是合于现代卫生要求的。

他又指出饮食时须去烦恼,"如食五味必不得暴嗔。多令人神惊,夜梦飞扬"。饮食时生气发火,必然影响食欲,不利消化,多了还会使人神经紧张,噩梦增多,影响睡眠。

孙思邈提出"少食肉、多食饭"。他说:"每食不用重肉,喜生百病,常须少食肉,多食饭,及少菹菜,并勿食生菜、生米、小豆、陈臭物。"现代医学已证明肉食多了,血脂、胆固醇增多,易生心血管疾病。不吃生的、腐败食物也是合乎卫生要求的。他所提的多食饭、少吃菜大体上也是合乎中国传统的良好饮食习惯的。值得注意的是他当时已指出"食面使塞气孔"。不主张多吃面,现代科学已分析出面粉营养比大米差,孙思邈的说法是有道理的。

对于饮酒,孙思邈说:"饮酒不欲使多,多则速吐之为佳,勿令至醉。即终身百病不除。久饮酒者,腐烂肠胃,渍髓蒸筋,伤神损寿。"这里讲了饮酒的害处。古代社会盛行饮酒,他指出久饮酒之害。酒精中毒,使肠胃筋骨精神肉体都受到损害,不利养生长寿。

孙思邈的养生之道,除上述的修身心、节饮食外,他还讲了慎言语、慎脱着、调寝处、调气息等方面,讲明了在言语、着衣、睡眠、气息与节令关系等方面应注意的问题。现就寝处一节,着重谈一下。他说:"凡人卧,春夏向东,秋冬向西,头勿北卧,及墙北亦勿安床。"这是说睡卧及安床的方向,现代科学认为顺地球磁场方向(南北)睡较好。"凡欲眠勿歌咏,不详起",这是因为歌咏引起神经兴奋。不易入睡,妨碍睡眠。"卧讫勿留灯烛,令魂魄及六神不安,多愁怨",这是讲不要开灯睡觉。"人头边勿安火炉,日久引火气,头重目赤睛及鼻干",指出在寒冷时不要将火炉放在头边入睡。"夜卧当耳勿有孔,吹人即耳聋",睡眠时当耳处墙勿有孔,免遭风吹。"冬夜勿覆其头,得长寿",是说天冷时也不用蒙头大睡,蒙头会使呼吸不畅。"凡人眠勿以脚悬踏高处,久成肾水及损房足冷",是指眠时脚勿抬高。"每见十步直墙勿顺墙卧,风利吹人发癫及体重",是说不要顺直墙睡,因顺墙边风大易使人生病。"人汗勿跂床悬脚,久成血痹,两足重腰疼",是说天热时,不要为了凉快,睡时脚悬床边。

关于睡眠,他还说:"不得昼眠,令人失气。卧勿大语,损人气力。"是说白天不要睡,睡时不要大声说话。"暮卧常习闭口,口开即失气,且邪恶从口入,久而成消渴及失血色",是指睡时要闭口,开口睡时细菌、邪气易直入体内,易生病,当然不一定是生"消渴"(糖尿病)。关于睡姿,他主张"屈膝侧卧,益人气力,胜正偃卧"。是说屈膝侧卧比正睡仰卧好,并引"孔子不尸卧"为证。他不主张"舒睡"(舒展仰卧),认为:"凡人舒睡则有鬼痛魔邪。"及说做噩梦时以咒语解之等,是迷信说法。

在《孙思邈保健著作五种》(三)中,有篇《保生铭》,《唐书·经籍志》列为孙氏之作,

也可能是后人根据他的养生要点简化编写的,兹录于下:

> 人若劳于形,百病不能成。
> 饮酒忌大醉,诸疾自不生。
> 食了行百步,数将手摩肚。
> 睡不苦高枕,唾涕不远顾。
> 寅五日剪甲,理发须二度。
> 饱则立小便,饥乃坐旋溺。
> 行坐莫当风,居处无小隙。
> 向北大小便,一生昏冥冥。
> 日月固然忌,水火仍畏避。
> 忍辱为上乘,谗言断亲戚。
> 思虑最伤神,喜怒伤和息。
> 每去鼻中毛,常习不唾地。
> 每夜洗脚卧,饱食终无益。
> 平明欲起时,下床先左脚。
> 一日免灾咎,去邪兼辟恶。
> 但能七星步,令人长寿乐。
> 酸味伤于筋,辛味损正气。
> 苦则损于心,甘则伤其志。
> 咸多促人寿,不得偏耽嗜。
> 春夏任室通,秋冬固阳事。
> 独卧足守真,慎静最为贵。
> 财帛生有分,知足将为利。
> 强知足大患,少欲终无累。
> 神气自然存,学道须终始。
> 书于壁户间,将用传君子。

此诗作为养生的座右铭,简明易懂,已流传了一千多年,它概括了孙思邈养生之道的修身心、节嗜欲、慎言语、节饮食、慎脱着、调寝处、调气息等要点,易记易行,有益保健。铭中所的"寅丑日"指十天剪一次指甲。"不唾地"指不随地吐痰。"七星步"是道家的一种练功法。"室通"指室内空气流通。"阳事"指房事(性交),说秋冬季节要节制房事。"分"指本份。"真"指道家所说的自然之气、神。

生命在于运动,经常活动身体,这是重要的养生之道。孙思邈对此十分重视,他在《千金翼方》卷十二《养性》中指出:"非但老人须知服食,将息节度,极须洞身按摩,摇动肢节,导引行气。"("洞身"指全身)又指出运动量之大小,应当根据各人的生理状况,区别年龄差异。《千金要方》卷二十七《养性》中说:"养性之道,常欲小劳,但莫大疲及强所不能堪耳。且流水不腐,户枢不蠹,以其运动故也。"运动的方法很多,按摩与调气是孙思

邈介绍的主要方式。这也是气功医学的主要内容。

气功医学的泰斗与奠基人。

孙思邈以丰富的气功实践和卓越的理论成就，在中国气功史上写下了光辉的一页。

中国气功专科萌芽于战国时期，汉时道术方士的气功已普遍在民间流行，孙思邈在《千金要方》卷二十七中记载了曹操问方士养生之法的故事。魏武帝曹操写信给皇甫隆说："闻卿年已百多岁，但体力不衰，耳目聪明，颜色调和悦目，真是大好事。你所服食之物、所行导引之法，可以说说吗？若是可传，能否密封信内给我看看？"皇甫隆上疏曹操：

臣闻天地之性，惟人为员。人之所景，莫贵于生。……生不再来，逝不可追，何不抑情养性以自保？……道甚易知，但莫能行。臣常闻道人蒯京，已年一百七十八，而甚丁壮。言人当朝朝服食玉泉、琢齿，使人丁壮，有颜色，去三史而坚齿。玉泉者，口中唾也。朝旦未起，早嗽津令满口乃吞之，琢齿二七遍。如此看乃名曰练精。

这里所说的练精法即咽津法与叩齿法，属于气功中的供健功。

《千金要方》卷二十七中即以专章讲述"按摩法"与"调气法"。在"按摩法"中，他记述了两种导引法："天竺国按摩法""老子按摩法"。天竺国按摩法，即印度法、婆罗门法，共十八势，以坐式为主，兼以站式，运动量中等，也适于老年人施行。具体方法是：

手相捉纽捩，如洗手法。

两手浅相叉，翻覆向胸。

两手相捉共按胫，左右同。

两手相重按胜（大腿），徐徐捩身，左右同。

以手如挽五石力弓，左右同。

作拳向前筑，左右同。

如拓石法，左右同。

作拳却顿，此是开胸，左右同。

大坐斜身偏欹如排山，左右同。

两手抱头宛转陛上，此是抽胁。

两手拒地，缩身曲脊，向上三拳。

以手反捶背上，左右同。

大坐伸两脚，即以一脚向前虚掣，左右同。

两手拒地回顾，此是虎视法，左右同。

立地反拗身三拳。

两手急相叉，以脚踏手中，左右同。

起立以脚前后虚踏，左右同。

大坐伸两脚，用当相手勾所，申脚著膝中，以手按之，左右同。

这其实就是1400年前古人的体操运动，确能起却病延年效果。孙思邈介绍说："老人日别能依次三遍者，一月后百病除，行及奔马，补益延年，能食、眼明、轻健，不复疲乏。"

"老子按摩法"，共49势，其特点是配合了拍打的内容。此法经孙思邈的整理，更加完善。这套功法注意到上下、前后、左右、整体与局部的关系,为后世合理的导引程序形成创立了良好的开端。这两套导引法在后世气功中影响较大。

孙思邈在"调气法"中记述胎息、闭息、内视、六字气诀等功法及其运用。他继承唐以前气功的精粹部分,并有所发明与创新。他指出,欲作调气静功应先作导引、吐纳:

每旦夕,面向南,展两手于脚膝上,徐徐按捺肢节,口吐浊气,鼻引清气。良久,徐徐乃以手左托右托,上托下先,前托后托,瞑目张口,叩齿摩眼,押头拔耳,挽发放腰,咳嗽发阳振动也。双(手)作只(手)作,然后掣足仰振,数八十、九十而止。这里把导引与吐纳结合起来。然后仰下,徐徐定心,作禅观之法:闭目存思,想见空中太和元气,如紫云盛盖,五色分明;下入毛际,渐渐入项,如雨初晴云入山,透皮入肉,至骨至脑,渐渐下至腹中,四肢五脏皆受其润,如水渗入地苦彻,则觉腹中有声汩汩然;意专思存,不得外缘,斯须即觉元气达于气海,须臾则自达于涌泉。则觉身体振动,两脚踡曲,亦令床坐有声拉拉然,则名一通。

"作禅观"即运气之法,这里详细记述了运气发功的过程、感觉。"气海"为经穴名,位在小腹,"涌泉"亦是穴名,在足前心中。气一通之后可至三通五通,效果很好,"则身体悦泽,面色光辉,鬓毛润泽,耳目精明,令人食美,气力强健,百病皆去"。孙思邈这儿的记载,是自发功较早的描述。

孙思邈对传统六字(呼、吹、嘘、呵、唏、呬)气诀法(利用不同读字口形呼气产生的不同力量影响经络来治病),在继承中有所发挥。他提出了练功的时间与次数,扩大了六字气诀的适应病患范围,并把六字气诀发展为 12 种调气法,还与导引结合起来(在左右导引 360 遍后再做)。

孙思邈在气功应用上也积累了许多宝贵经验。他认为"吐纳之术"可以祛疾避邪,特别强调气功在老年保健中的重要意义,说:

非但老人须知服食将真节度,极须知调身按摩,摇动肢节,导引行气。行气之道,礼拜一日勿住。不得安于其处以致靴滞。故流水不腐,户枢不蠹,义在斯矣。能知此者,可得一二百岁。(《千金翼方》卷十二第四)

他还把气功与灸法等配合起来,积极进行疾病预防。"凡人自觉十日以上康健,即须灸三数穴,以泄风气。每日必须调气补泻,按摩导引为佳。勿以康健便为常然,常须安不忘危,预防诸病也"。(《千金要方》卷二十七)同时他还推荐了一套简单易行的保健功法:"凡人无间有事无事,常领日别蹋脊背四肢一度,头顶若令熟蹋。即风气时行不能著人。此大要妙,不可具论。"按"别蹋""熟蹋"皆拍打之义。每日拍打一遍,风病即不能侵入。

孙思邈特别擅长应用六字诀和调气方为人治病,他指出,"凡百病不离五脏",运用六字气诀以调五脏,治疗百病。应用时应"识其相类,善以知之",进行辨证论治,依脏施功。他还指出了具体的调气之法、练功时间(夜半后、日中前)。

孙思邈在气功理论方面,也取得了卓越的成就。他指出人身元气与四时气候变化间的关系,及其时间上的相应关系,在《摄养枕中方》中,他在"太清存神炼气五时七候"总题

下，全面论述了练功过程的若干层次和境界，为后世气功家所推崇。

孙思邈的气功理论与丰富实践，为气功医学奠定基础，并把气功积极引导到强身治病方面，打破了方士术人神秘玄虚之说，创造了独具特色的孙氏气功学，无论对当时还是后世的气功学，都产生了巨大的影响，是中国气功史上的一个里程碑。

在针灸学上的成就。

孙思邈对统一孔穴与积累针灸治疗经验上有不少贡献。在深入钻研祖国医学中，孙思邈感到前代针灸混乱不一，他不得不重新整理，重作《明堂针灸图》。他采用了当时针灸学家甄权的新定图来著针灸经。《千金要方》中的孔穴与晋代皇甫谧的《针灸甲乙经》大致相同，不过增添了一些奇穴。《千金要方》中本来还附有他在考证后新绘制的彩色人体经络穴位图，有正面图、背面图和侧面图三种。他说，该图"十二经脉以五色作之，奇经八脉以绿色为之，三人孔穴共六百五十穴，图之于后，亦睹之便令了耳！"（《千金要方》卷三十）

孙思邈为了便利取穴，在《千金要方》中还介绍了同身寸的测穴法。这是根据各人右手中指第一节为一寸的方法，解决了不同高低、肥瘦、老少人的取穴问题。

孙思邈还发现了"阿是穴"，即是在经穴以外病人痛处的穴位，即近代医学所称的"痛点"。据说，他是在为病人针刺治病时发现阿是穴的。一天，一个腿痛的病人找他求医，孙思邈给病人服药扎针后，仍未能止痛，为了解除病人痛苦，他想除了原有的365穴位外，是否还有新穴位能治此病呢？他仔细地寻找，一边用拇指轻轻按捏，一边问是否这儿痛，他耐心地掐了病人身上的许多部位。突然病人发出"啊，是"的呼声。孙思邈就在那儿进针，终于治愈了患者的腿痛。后来他就把这些随痛点所在而定的穴位，都叫"阿是穴"。这是孙思邈的一大贡献，而且至今沿用。

在临床治病时，孙思邈强调针灸处方时的辨证施治原则。他说："或一病用数十穴，或数病共一穴，皆临时斟酌作法用之。"（《千金要方》卷三十）在《千金翼方》卷十七中，他曾记载一个病例，当时三品大官大理寺卿赵某患风湿病，腰腿疼痛不能起、跪，后经孙思邈针刺上窌、环跳、阳泉等穴位后，疼痛很快减轻，迅速治愈了。

孙思邈非常重视针灸并用、针药并用，他指出："若针而不灸，灸而不针，皆非良医也。针灸而药，药不灸，尤非良医也。"（《千金要方》卷三十）当然这需根据病情："须针者针之"，"不宜针者直尔灸之"。

孙思邈针灸医术之高明，可从民间一直广为流传的"针龙砭虎"的故事中看出。孙思邈50岁那年，一个秋夜之时，他正读医书，三更之时，远处传来轰隆雷声，还下起暴雨。忽然，听见敲门声，他放下书去开门，见门口站着一位穿黄袍、高高的瘦老头，眼睛又大又圆，闪着红光，活象一对灯笼。老头满脸堆笑走进屋里，奇怪的是，外面大雨倾盆，他身上却无一丝水星，而且随着他进屋，雷也停了，雨也止了。老人有气无力地说，他是来求医的，孙思邈连忙给他切脉。

孙思邈一面切脉，一面观察老人，过了一阵后，眉头一皱，摇头说："人的脉分浮、沉、迟、数、虚、实等多种。你的脉既不浮，也不沉……你大概不是人吧？"老人听了并不生气，只是神秘的凑近问:"你说我是什么呢?"孙思邈又仔细地切脉,一会儿后说:"你的脉起如腾云驾雾,落如倒海翻江,你是龙吧?"老头跷起拇指,连连点头说:"不瞒你说,我是一条老龙。你的脉切得真好,怪不得名闻天上。我在半年前生了一种怪病;饿得发慌,但又象被什么东西塞住了,不能吃硬的,只能喝稀汤。身体一天不如一天,如今瘦成一把骨头了。"孙思邈想了想说:"你的病我知道了。但是你今天是变了模样来的,我无法给你治。再说,我手头也没有治你病的药。后天上午,你现了真身,再到我这儿来,我一定把你的病连根除掉!"

第二天孙思邈配制了一大桶漆黑的汤药,里面还夹有一种白色粉末,又特制了两根一尺五寸长的金针。

第二天,孙思邈刚吃过早饭,听见东方隐约响起雷声。出门一看,有朵乌云飞来。他知道是龙来了。突然他想起了什么,连忙奔上山顶,裤子刮破了,脚也划出血来。乌云挨近山顶,龙头从云缝里钻出来,疑问地瞧着他。孙思邈喘口气,对龙说:"这一带的人都没见过龙,瞧见你会把人们吓坏的!"龙问怎么办,他说:"这样吧,你快回到家里去,等着我。"

孙思邈刚进自己院子,突然嗵的一声,院中石壁上出现个大洞,龙头伸了出来,笑着说:"我从没有人烟的后山山脚穿到这里,身子都藏在山里,不会吓到人了吧?"孙思邈夸它想得周到,接着提起药桶,叫它喝,龙呷了一口,皱眉说:"又酸又辣,真难吃!"孙思邈说:"这叫白瓣曲子汤。良药苦口利于病,快喝!"龙摇着头:"我不喝啦"。"你这么大年纪,还不如村上小娃娃!作为龙还怕药苦,岂不成了长鳞的蚯蚓、带角的泥鳅!"龙听了不高兴,轻吹一下,就起了一股风,差点吹翻药桶。

孙思邈想:"它的野性不小,不降住它,不要说病没法治,说了定会闯出祸来。他悄悄藏好金针,猛然跳到龙头上,对准龙角旁的一个穴位快扎下去,龙疼得大叫,想甩尾巴甩不起来;想吹风,一点力气都没有了。孙思邈松了手,龙不疼了,仍没有力气,垂下头说:"我虽有病,毕竟是龙,仍有翻江倒海的本领;谁知你一针就把我扎成这样!"

孙思邈又取出针,晃了晃说:"快把药喝完!要是剩一点儿,我还要扎!"说着,骑在龙脖子上,抓住龙角,把龙头按在桶里。龙只得喝下去。喝完后,恶心难忍,吐了一地酸、辣的水和一条大蛇,顿时舒畅了许多。

孙思邈跳下来,指着蛇说:"它堵住了你的食道,你怎么吃得下硬东西呢?""那是我半年前吞下去的。你刚才给了我的是什么仙丹妙药呀?"孙思邈大笑道:"它是常见的陈醋和蒜泥。这酸的辣的进了食道,蛇就呆不住了,就往外游。"

孙思邈又给龙吃了一些补药。龙在洞里养了几天,痊愈了才飞走。后来大家就叫这山洞为"穿龙洞",有40多里长。

炼丹术方面的实践。

孙思邈是主张"服石"的,他也相信道教。服食"仙药"是道家养生的内容之一,他认为"人不服石庶事不佳",恶疮疥癣、瘟疫疟疾常患,以至"生子难育"。特别是"人年五十已上,精华消歇,服石犹得其力"。他自述年三十八九尝服五六两乳,可以"令人手足温

暖。骨髓充实"等(《千金要方》卷二十四)。是否真有其效,可以研究。不过晋代以来迄于唐代,金石类成了道士们的主要服食对象,不少上层人士也争相模仿,风气极盛,一些僧道以"秘方""神丹"骗取钱财,不少人因服丹药而丧命,唐代大文学家韩愈就是因服硫黄而送命的。以至朝廷在永徽四年(658年)四月下令全国,禁道士、女冠、僧民为人疗疾,违者重治其罪。

孙思邈在他的书中明确提出反对服食五石散(由硫黄、白石英、紫石英、石钟乳、赤石脂经炼丹家炼制成的粉末状药),指出,自汉末何晏服散以来,"有进饵者,无不发青解体而取颠覆"。并以亲身经验证明:

余自有识性以来,亲见朝野人士遭者不一,所以宁食野葛,不服五石,明其大大猛毒不可不慎也。有识者遇此方即须焚之,勿久留也。

然而,孙思邈并未一概否定矿物质药石的治病作用,他记录了硫黄、白石英、钟乳等主治病症并解其毒的甘草汤、杜仲汤、麦冬汤等处方。

孙思邈还将炼丹术应用于炼制药剂,他在炼丹方面的突出贡献,主要在"伏火"(除去矿物质毒性)这一环节上。他提出雄黄要用油煎九日九夜方可入丹,"不尔有毒,慎勿生用"(《千金要方》卷十二)。他书中的"太乙神精丹"即是用具有升华作用的化学方法所炼成。此篇详细记载了炼丹的药物及炼丹方法。药物包括丹砂、曾青、雌黄、雄黄、硝石等。除了具体炼丹法外,他还记述了"作土釜法","作六一泥"法,升华后的制成品,以颜色区分质量法等,这些方法与规定为历代医家、炼丹家沿用。

在《千金翼方》卷十八他还记述了一种结晶体药物的炼制法并列举了四个方剂:金石凌、七水凌、紫雪、玄霜,统称"诸霜雪方",有清热、镇惊、开窍作用。直至清代还被医家引用。

孙思邈在《丹经内伏硫黄法》中,详细记述硫黄的伏火法。就是把硫黄、硝石与皂角放一起烧。"伏火"会使药物着火。硫黄、硝石和木炭的混合物,便是初期的火药。孙思邈所记方子能起火药的作用,这被认为是我国最早的配制火药的方法。从而他所写的《丹经》就成了记载火药文字最早的书籍。火药是我国古代四大发明之一,大约在九十世纪初用于战争,后来才传到欧洲,十四世纪中期,英法等国才有应用火药火器的记载,比我国要晚五六百年。火药的发明是炼丹家的功绩,孙思邈为此做出了重大的贡献。

孙思邈为了"救疾济危",还按当时习惯练习星相之术。他在《千金要方》卷一《大医习业第一》中,即提出医生"又须妙解阴阳禄命,诸家相法,及灼龟五兆,周易六壬,并须精熟。如此乃得为大医"。星相当然是迷信,根据星宿运行符合人事,根据人的外貌预言人的命运,有主观臆想作用,但根据客观规律,做出某些预见,却是观察力独到的表现。相传,孙思邈为人看相,多有"异迹"。如唐贞观年间,门下省侍郎孙处约领五个儿子见孙氏求仕程吉凶,孙思邈一一推算,后皆如其言。卢齐卿年幼时,请孙氏看相,孙思邈说:"你五十年后当位至地方长官,我的孙儿要成为你的下属,请多关照。"后来卢齐卿果然任徐州刺史,孙氏之孙儿孙薄为徐州萧县丞(见《旧唐书·孙思邈传》)。这里预言的官位升迁当然带有偶然性,但他根据丰富的医疗经验所做的预言就相当准确了。例如在贞观初年，一位七十多岁的农村老人对孙氏说，他近日阳气（性欲）益盛，总想与老伴同房，而且也成功了。不知是好事还是坏事。孙思邈回答道："这是一种不祥之兆。你难道没听人说过：油灯之火将灭之时，必先暗而后明，明止则灭。你已七十多岁高龄，早应闭精息欲了，突然春情猛发，难道不是反常吗？我很为你担忧，望你千万戒之。"果然，四十天后，老人就病死了（《千金要方》卷二十七）。

关于孙思邈利用火药（炼出的黑丹药）为民除害，陕西户县有一个草堂寺的传说：

草堂寺在长安西南，是很古老的佛寺，早在后秦时（401年），龟兹名僧鸠摩罗什来到长安，就被安置在草堂寺内，和三千多中国和尚一起译过印度佛经九十七部并给全国五千多和尚讲过经，死后就葬在大殿旁的鸠摩罗什舍利塔内。唐玄宗曾亲游草堂寺并题诗，所以后来草堂寺的和尚就自封为"天下第一寺之僧"。他们豪夺乡里，欺压百姓，周围远近敢怒不敢言。他们把寺南尖山命名为圭峰，说它是天子踢与草堂寺的玉圭，表明草堂寺有至高无上的权利，附近农民上圭峰砍柴割草、放牧牛羊，被寺僧捉住打后还得赔礼。然而一次孙思邈却向草堂寺僧的淫威提出挑战。

这是唐太宗年间的事。一天寺主持听了小沙弥的报告，说一个云游道士肆无忌惮地在圭峰神山采药、炼丹，还给周围百姓赠药看病，于是带了八名护寺武僧"八大金刚"，怒气冲冲去兴师问罪。

在圭峰脚下的一个村庄里，他们找到了鹤发童颜、正在给百姓扎针治病的孙思邈。寺主持上前斥问道："呔！何方妖道。敢来宝寺门前撒野！"老道全不理会他，主持一挥手，八大金刚便打了上去，十几个农家青年也没挡住。孙思邈大叫一声"斑儿何在！"突然一条斑斓猛虎从天而降扑向"八大金刚"，吓得他们抱头鼠窜。

乡亲们围住孙思邈夸耀药王的"虎跟斑"，赞颂药王的神通广大。他摇摇头说："思邈何德何术？只不过好学而已。"他又问起村民们为何个个忧心忡忡。一位老汉指着圭峰说："药王爷你看，那圭峰的一角正好挡住了日头，使村里的娃娃成年晒不到太阳，身子骨不结实，成了病秧子；使方圆十里内的庄稼长不大、晒不黄！请药王爷设法劈掉圭峰遮日的那一角，为民造福。"众人也都求他劈山救民。

孙思邈向众人说："思邈也是个凡人，哪有劈山神力？不过我正在试炼一种丹药，能否劈山，还得靠大伙同心协力地干啊！"他说眼下缺硫黄和硝石，小伙子们立即从终南山里搞了来，他又要了许多皂角夹，用这些原料在圭峰脚下架炉，练起一种从没有过的丹药来。

他要炼一种能开山劈石的丹药的决心，早已立下。原来他在云游全国为民治病时，遇到过不知多少山石阻塞河道和山泉挖不开的事，百姓们也都向他求过办法，他铭记心中，处处留心如何能造出一种能为民造福丹药来。向铁匠、窑工、炼丹家的请教，无数次烧炼失败，终于摸索出用硫黄、硝石和烧焦的皂角籽等炼制的方法。他决定在这里炼成它。

到了炼丹的关键时刻，他抽出松泉宝剑，呼来斑儿赶走围观人们，把等量的硫黄、硝石用石臼研成粉末，放在砂罐里。再掘个地坑埋下它，使罐口与地面同平，周围填实泥

土。再用一些虫发蛀过的皂角籽，逐个用火烧焦，在火焰刚熄时加在砂罐里，然后取来木炭架在罐口，最后引火来烧。火光一闪，发出雷鸣般的一声巨响，砂罐炸散了，平地炸出一个又深又大的洞！孙思邈也被气浪推出三丈远去。

孙思邈正在和乡亲们筹划炸掉圭峰遮日角时，寺主持派人送来的"斗法战表"，要和他一决雌雄，于是他心中形成了一个一举两得的计划。

头一个回合，主持指着南圭峰说："我宝刹有玉圭神峰为凭，威震天下！"孙思邈取出细细银针说："这小小银针能普救天下人之命驱疫除邪！"众人一起叫喊："药王爷胜了！药王爷胜了！"

第二个回合孙思邈以装满草药的药囊和一本民间单方、验方，战胜了主持搬出祖师校译的九十七部天竺经典。

第三个回合，孙思邈指着舍利塔后的一块数丈高的大顽石说："谁能在今日内除此大石就算谁胜，如何？"主持率"八大金刚"，上百僧众大搞一阵，只动了大石的一点皮毛，而他们已累倒在地，喘息不止。

孙思邈只带七个石匠，按计算的部位，凿了七个大洞眼，填上他发明的炸石黑丹药，插上药稔，长长扯出来，再用黄泥封住洞口。这时他招呼人们退到寺外，随后只听几声巨响过后，大顽石已经不见，地上炸成一眼深井，不断有烟雾冒出，向着长安方向飘去。主持以为这是孙真人招来了雷神，吓得匍匐在地，叩头求饶。

孙思邈此举既降伏了横行霸道的草堂寺恶僧，又验证了"金丹"的威力，测出了炸劈圭峰遮日角的填药用量。不久，又是几声惊天动地的巨响，圭峰遮日角被劈掉了！那大爆炸的团团烟雾便永远留在峰顶，与草堂寺内烟雾井里冒出的烟雾一起形成了"草堂烟雾"这一绮丽壮观的奇境，它也是给发明火药立了奇功的孙思邈立的一座纪功碑。

还有一个故事，说的是孙思邈向唐玄宗求雄黄以炼丹，这故事在唐末已流传，载于《太平广记》中。说是唐玄宗避安禄山之乱入川，曾梦一老者胡须尽白，着黄衣，拜于前，称："臣孙思邈也，隐居在峨眉山已多年，今闻皇上驾临成都，臣故候见。"玄宗道："我熟识先生之名久矣，今先生不远而至，将有何求？"孙思邈道："臣隐居云泉，好服金石药，需用雄黄，闻此地出产，愿请赐臣八十两。若准所请，望降使者带至峨眉山。"玄宗应诺了。醒后，诏宦官陈忠盛带雄黄八十两入峨眉山赐思邈。陈忠盛奉诏进山至屏风岭，见一老人古貌黄衣，立于岭下，对陈忠盛道："君天子使者吧？我即孙世。"忠盛道："皇上踢先生雄黄。"老人弯腰受下，说："吾蒙天子赐雄黄，今有谢表，因山居无笔墨，天使可命笔扎传写以进上。"忠盛召随吏执纸笔来，老者指一石曰："表在石上，君可录下。"忠盛见石上果有朱砂字百多个。录毕，老人与石头俱不见了。忠臣回报玄宗，所见老人面貌竟与梦中所见相同，更加奇怪了。

《太平广记》中同时还记唐咸通末年，孙思邈给山下民家小儿汤药吃了飞升成仙事，煎汤锅子也变为金子。这些传说都夸张了孙思邈的法术能力。说明在唐时早就把他"神化"了。

历史评价高

　　虽然生前被神化而尊为"药王""真人"，立庙供奉，享受人间烟火，但孙思邈本人头脑还是清醒的，他立足于现实，虽然向往成仙，但他明白"神仙之道难致，养性之术易崇"（《千金翼方》卷十二）这一较切实际的道理。他在《千金要方·卷一序例》中，引用《史记》所载扁鹊所说的"六不治"，其中包括"信巫不信医"的人，"骄恣不论于理"的人，"轻身重财"的人。这不仅表明他对达官贵人的轻视，而且反映他与巫祝迷信的水火不容。

　　孙思邈认为疾病并不是由鬼神决定的，如"霍乱之为病也，皆因饮食，非关鬼神"（《千金要方》卷二十）。他从朴素的观点出发，认为人是由地、水、风、火等物质组成，"人者五行之秀气，气化则人育"（《千金翼方》序）。他从大自然的四时（春、夏、秋、冬）及五行（金、木、水、火、土）变化与人的对应关系上解释病因。他指责当时佛教宣传的灵魂不灭、人死可以复生的说教，指出：人死不可复生，"虽圣智神人，不能活死人存亡国也"（《千金要方》卷二十九）。他认为："医方卜筮，艺能之难精者也。既非神授，何以得其幽微？"反对那种认为天才生下来就全知全能的观点，指出："学者必须博极医源，精勤不倦，不得道听途说，而言医道已了，深自误哉！"（《千金要方》卷一）这些都表现了他有实事求是的科学态度，不为当时迷信盛行所左右。

　　孙思邈还有高尚的医德和为病人极端负责的精神，对病人"普同一等""一心赴救"，无私无欲，不做表面功夫。他认为医学是一门"至精至微"的学问，必须下毕生精力钻研，他精心学习前人经验，中载其"白首之年，仍未尝释卷"。他有广博的知识，除医典经方谙熟之外，还熟读诸子百家之书，同时对卜命、算卦、星相也精熟，他曾在《千金要方》卷一即指出医家涉猎群书的必要：

　　若不读五经，不知有仁义之道；不读三史，不知有古今之事；不读诸子，睹事则不能默而识之；不读内经，则不知有慈悲喜舍之德；不读庄老，不能任真体运，则吉凶拘忌，触涂而生。

　　正是在这样坚实的基础上，在中华民族优秀传统文化培育下，在盛唐明世、国力雄厚，经济、文化、科学、医学等全面繁荣的有利条件下，孙思邈才能在医方的征集整理、药物学与方剂学的独到研究、诊断治疗学的创见，重视妇幼保健，养生长寿、强调食治、气功医学、针灸治病、炼丹术等众多方面做出重大贡献。他的这些光辉成就，在当时就得到了上自帝王达官、下至于民百姓一致认可、推崇，并且对后世影响很大。

　　孙思邈的《千金要方》与《千金翼方》丰富了祖国医学宝库，对后世医学影响很大，唐代蔺道人关于骨折外伤的专著《仙授理伤续断秘方》、宋代陈言《三因报一病症方论》、陈自明《妇人大全良方》《外科精要》等，学术源流都是《千金要方》。

　　宋人林亿奉朝廷敕令组织校正医书局对《千金要方》进行修订，于1066年印行，后来历代均有刻印，流行甚广。他在《新校备急千金要方序》中给孙思邈及其著作以极高评

价,指出《千金要方》"集诸家之所秘要,去众说之所未至"。增加了许多新的内容,其方剂莫不"十全可验",并且"厚德过于千金,遗法传于百代,使二圣二贤之美,不坠于地,而世之人得以阶近而至远",为医学的重大发展奠下良好基础。"二圣"指神农(尝百草百药)、黄帝(创九针法),二贤指伊尹(备汤剂)、岐伯(砭艾法)。林亿等人对《千金要方》根据多种版本进行了认真的修订,正其讹谬,补其遗佚,成了此书善本,久传不朽。此书即后来日本影印的称为既精且善的"北宋刊本",得到国内外的珍视。

《千金要方》与《千金翼方》篇幅浩繁,普及困难,于是有了不同选本出现,如《千金食治》《玄女房中经》《千金方平脉篇》《千金方养性篇》等,还有一大批以孙思邈名义著录的书,比如:《神枕方》(一卷)、《医家要妙》(五卷)、《龙虎通元诀》《孙氏千金月令》(三卷)、《养生延命集》(二卷)、《养生要录》《孙真人九转灵丹》《孙真人总理眼科七十二症》(四卷)、《奇效海上仙方秘本》(四卷)、《华佗神医秘传》(二十二卷)等,是否孙氏原作,还是后人假托,尚需进一步研究。然而这里也可以间接看出孙思邈在医药、宗教、养生等方面的广泛影响。

孙思邈的《千金要方》以元代刻印本到1955年人民卫生出版社刊印本止,六百多年间共刊刻二十九次。如将《千金翼方》《千金要方》《海上方》等都算上,六百多年印近百次,不到六年即印十次。象《千金要方》如此大书刊印之频繁,历史上是罕见的,可甚为社会重视与欢迎的程度。

后世医学家研究医学问题,引用孙思邈的著作。如宋代朱肱研究《伤寒论》,认为张仲景药方缺者甚多,从《千金要方》等书中选录有关方剂一百余首,以推广伤寒的治法。

明代医学家马理指出:我看过不少古今医方,都比不上《千金要方》。书中每卷有救急单方,在穷乡僻壤药物缺乏之处,临时救助是很便利的。孙思邈以"千金"名书,说明一个药方的价值确能当千金(《千金要方·马理序》)。他还举例说,他的妻子张氏得了肠胃病,多次求医治疗无效,在《千金要方》中查到治此病的药方,用过四分之一病就好了。

清代名医家张路玉深入研究孙思邈著作,出书《千金方衍义》。他认为千金方"法良意美,圣谟洋洋",其辨证施治之条理清晰,所制方剂之有机完整,如果不是特别精明细心的人,无法与之相比。他指出,自古以来,唯有《千金方》可与张仲景的书相比拟(《千金方衍义序》)。

清代汪昂所著《汤头歌诀》,是学习中医时的一本重要必读参考书,其中的盐汤探吐方、温脾方、温胆汤、黄连解毒汤等十二个方剂,全采自《千金要方》,驻车丸、百劳丸、千金鲤鱼汤、枕中丹等,直到今天仍被广泛应用,且有着良好的效果。

唐以后直至今日,应用孙思邈著作中的方剂治愈病人的记载不可胜记,这在《名医类案》《续名医类案》等书和现今的医学杂志中,记载很多。耀县药王庙《灵祐记》碑石记载,明万历年间(1573~1620年)李蔚的儿子惟心左肘偶患异疮,如同碗口大小,形状类似剥皮石榴,鲜红高起。经十多位医生诊治半年多,皆无效。李蔚十分忧虑,后听人说此病是"反花疮",《千金宝要》碑上有治此病之方。他从碑石上寻得此方内容,即把牛蒡根捣烂如泥,用腊月猪脂和贴。用此方调治一昼夜后,疮口就收敛了一大半,不几天就痊愈了。此方即《千金要方》卷五、卷二十二所载的"漏芦汤"。此方今日中医用于治疗急慢性骨髓炎、血栓闭塞性脉管炎、肾盂肾炎、败血症等，均有显著疗效。清代名医张路玉曾用耆婆万病丸治十年二十年之痼疾，"如伏痰悬饮，当背恶寒，无不神应"（指其效如神），肢体沉重，腰腿酸痛，"服之即捷"。

后代大量应用孙思邈著录的方剂治病的事实，充分证明了孙思邈影响的深远，经历千余年而不衰。近代医学家黄竹斋指出，《千金要方》里医经、验方、采药、针灸、养生等方面内容无不详备，除伤寒、杂病以外，还开始为妇、婴、疮、疡立了专科，真是十全十美，孙思邈实为成为一代宗师（《孙思邈传·医学源流歌》）。

孙思邈的巨著，在外国医学界亦有相当影响，特别是在日本，对日本医学发展，起了很大的推动作用。在《千金要方》编成后 20 年，日本留学生便将此书带回本国。982 年，日本医学家丹波康赖氏的《医心方》（三十卷）就是以孙思邈的著作为重要参考对象撰成的。宋人林亿领导的校正医书局第一次刻印的《千金要方》北宋本，至今仍保存在日本米泽上杉文库，向被日本政府视为"国宝"。丹波康赖氏后裔，著名的日本学者多纪元坚在江户时代，曾重印此书。他在序言中认为晋唐以来，医籍浩繁，"求其可以扶翼长沙、绳尺百世者，盖莫若孙思邈千金方者焉"。十分推崇孙思邈的书，认为可以为百世之法。

1974 年日本重印了北宋本《千金要方》，由中国在日本的学者景嘉照相印刷重新编辑，《每日新闻》社印行 535 套，很快销售一空。日本医学评论家水野启说："这本书可称得上是'中医的家庭医学全书'。在脚气问题上，提供了用粗米和麦治疗这一记载，是令人感到惊异的。无论是对专家还是一般人，同样都有很大的价值。"北里研究所附属东方医学综合研究所所长大家敬芦说："每日新闻社与《千金要方》发行会联合呼吁对这一古典进行再认识。……我认为不外是挖掘探求人类文化的起源。"每日新闻社关于北宋本《千金要方》刊印发布的消息中说："《千金要方》能解救一般群众之所急，是很实用的。在本书中所说的草根树皮，不用加工，原封不动便可应用于治疗。书中对有关草根、树皮的制法也进行了详细的说明，而且关于医学理论、针灸的穴位、男女性生活的和谐，也都做了详尽的说明。确实，在古代中国，它就象一部家庭医学全集，人间一切疾病的治疗，可以说都被网罗于此了。后世的《济验良方》和《验方新编》都是以它作为祖本的，只是古代的使用量与现代不同罢了。"他们赞《千金要方》为"东方医学圣典""人类的至宝""珍贵的医学文化之光"等。从这些赞誉中，可见该书在日本所受到的重视、欢迎。

此外，十五世纪朝鲜金礼蒙等编纂的大型医学丛书《医方类聚》，也从《千金要方》中吸取了不少内容。东南亚各国受《千金要方》的影响也很明显。

在西方世界，孙思邈的伟大著作越来越受到重视，以英国著名科学史家李约瑟为首的一批学者对中国古代科学遗产的再认识，在全世界产生了重大影响，推动了全球性的"中国热"的兴盛。

李约瑟在他的名著《中国科学技术史》中多次谈到了孙思邈的贡献，该书第二卷《科学思想史》第十章《道家与道家思想》中，高度评价了中国道家与道家思想对科学发展所起的重大作用，在讲到道家的炼丹术、炼气术、房中术时均提到了孙思邈。

李约瑟在他的论文《世界科学的演进》（见《李约瑟文集》）中批评了许多西方人士认为中国医学荒诞、陈腐、莫名其妙，类似"江湖医术"的东西的观点指出：

实际上，这样看待中医真是大错而特错。必须指出，这是一种非常伟大的文化的产物，中国文明的复杂与深邃丝毫不逊于欧洲文明。中医理论保留着中古形式，但具有极其丰富的内容，决不可等闲视之。正如在其他科学领域中一样，我们在这里也发现中国人在许多方面领先。他认为，隋代巢元方的《诸病源候论》是一部伟大的著作。指出："中世纪时代，中国在几乎所有的科学技术领域，从制图学到化学炸药都遥遥领先于西方。"从严格的临床观点来判断，直到十九世纪末，"欧洲病人的境遇并不比中国病人更好些"。西方医学超过中医标志应在 1900 年以后。

李约瑟还在《火药和火器的史诗》一文（见《李约瑟文集》）中，明确指出："大约公元600 年时在世的大炼丹家兼医学家孙思邈（518~682 年），给出许多方子。"他全文引出了《丹经》中关于硫黄的伏火法，接着指出："因之在 600 年，当孙思邈要制硫酸钾时，他却在世界上首先错制成一种先是起火，而后是爆炸的混合物。"这里明确指出是孙思邈首先制成类似火药的东西。但这里的叙述并不准确，孙思邈并非偶然搞错而制成火药的，他所述的伏火法，明显地采取了停止爆炸的措施：将坩埚埋入地上坑中，投皂角籽，封上口并放活炭。在找到此伏火法之前，肯定有过爆炸，如李约瑟在该论文中亦引到的《真无妙道要略》的记载，某些丹家将硫与雄黄、硝石与蜜共热，结果当混合物爆炸时烧了手和面部，甚至将房屋烧掉。因之孙思邈所述的乃是一种能够控制爆炸的火药，在火药发明史上起了重大的贡献。

以上，我们说明了孙思邈在医药学等方面的重大贡献及其在国内外广泛而深远的影响。但我们也要清醒地认识到他的不足与局限。孙思邈生活的隋唐时期，儒、道、佛相当盛行，影响极大，后来又出现了"三教合一"的趋势。作为集大成的医学家孙思邈，其学术思想不可避免地受到了儒、道、佛思想的影响，这从《千金要方》卷一"大医习业第一"和"大医精诚第二"即可明显看出。

孙思邈是相信鬼神与因果报应的，到了晚年，迷信思想更重，在《千金翼方》的"禁经"中，他就把鬼神列为"十善"之一，还引了老子的话："人行阳德，人自报之；人行阴德，鬼神报之；人行阳恶，人自报之；人行阴恶，鬼神害之。"他也相信宿命论，在《千金要方》卷二"妇人方"上"求子第一"中明确指出求子须知命里有子无子："若其本命，五行相克，及与形杀冲破，…则求子了不可得。"

孙思邈也相信神仙之说，他在《千金要方》卷二十三"恶疾大风第五"中说："神仙传，有数十人皆因恶疾而致仙道何者？皆由割弃尘累，怀颍阳之风，所以非止差病，乃因祸而取福也。"他认为若能"绝其嗜欲，断其所好"，即"可自致神仙"。

孙思邈本人即是著名道家，所以被道家尊为"妙应真人"，著作收入《道藏》《云笈七签》等。他晚年隐居五台山，修身养性，服食炼丹，埋头著作，并不准子女打扰他，需要什么物品，就让他们集中一次送来，以免分散精力。在《千金翼方》中，他引用道教始祖老子学说之处颇多。《千金要方》卷二十七"养性篇"就是道家本门重要经典。

　　唐时与西域交通频繁，佛教兴盛，印度医学也影响孙思邈的医学思想，如孙思邈就受印度"四大（地、水、风、火）不调"学说的影响。他在《千金要方》卷一论诊候第四中即说：

　　凡四气合德，四神安和；一气不调，百一病生；四神动作，四百四病，同时俱发。

　　魏晋以来，胡僧到中国日益增多，其中善医术者，多用咒法。孙思邈也采用禁咒法治病，《千金翼方》中即有"却鬼咒法，咒曰：然摩，然摩，波悉谛苏，若摩羯状暗提，若梦、若想、若聪明易解，常用此咒法去之"（卷十三《服水第六》）。此咒语即为胡语的音译与翻译。在《千金要方》卷二十七"养性、黄帝杂忌法第七"中也介绍了一则咒语："忽见龙蛇，勿兴心惊怪。咒曰：'见怪不怪，其怪自坏。'"同时他还介绍了一种见到狐狸精时躲避之法：

　　又路行及众中见殊妙美女，慎勿熟视而爱之，此当魑魅之物，使人深爱。无问空山旷野，稠人广众之中皆亦如之。这真是白日见鬼了！但他是严肃正经写在他的医学大著中的。在《千金翼方》卷末《禁经篇》中更大量介绍了用禁咒法治病的内容。

　　孙思邈的巨著中，有时也偶尔遇到一些很奇怪的可笑的药方。如男女因交接而得病，思改易丈夫、妇人时，可"取女人中裈（衬裤）近隐处烧。服方寸匕。日三即愈"。治男子阴卵肿缩入腹内，"取女人月经赤帛烧。服方寸匕"（《千金要方》卷十《伤寒》下）。这种药只能是迷信思想所致，根本谈不上有什么科学根据。

　　孙思邈在《千金要方》卷五上"少小婴孺方上"中，对小儿客忤病（惊风）、下痢等，收有二种可笑的咒法：

　　一种是念咒语加唾法，咒语是："摩家公，摩家母，摩家子儿苦客忤。从我始，扁鹊虽良不如善唾。"

　　另一法是：拿一把刀横放灶头之上，将小儿衣腹解开，露出胸腹，再将刀向小儿心腹作砍杀状，并咒而唾之，发"唪唪"声，咒语是："煌煌日，出东方，背阴向阳。葛公葛公，不知何公。子来不视，去不顾。过于生人忤。梁上尘，天之神。户下土，鬼所经。大刀镮犀对灶君，二七唾客愈，儿惊唾唪唪如此。"这样做过三遍，再用豉丸咒之，词如上，五六遍后，取丸破之，见其中有毛，弃丸道路上，"客忤即愈矣"。

　　这根本不是在治病，而是肯定鬼神存在。当然这在孙思邈的巨著中，只是偶有所见，不是他学术思想、哲学思想的主导方面。但我们应清醒地看到它，不应一味颂扬而看不到孙思邈的时代局限，特别是在后世人们极为推崇、日益崇拜他之时。

　　古人对孙思邈的书也有比较中肯的看法，清代名医徐大椿就认为"其所论病，未尝不依《内经》，而不无杂以后世臆度之说，其所用方，亦采择古方，不无兼取后世偏杂之法"，用药"其中对症者固多，不对症者亦不少，故治病亦有效有不效"，这是比较实事求是的看法。孙思邈书中药方用之是否有效，当然受多种条件制约，但某些药方本身不够精确、科学也是原因之一。

　　徐大椿还是肯定孙思邈的，说："其用意之奇，用药之功，亦自成一家，有不可磨灭之处。"

千秋永纪念

历代关于孙思邈的传说与神话很多，它们甚至比孙思邈的著作、史实传播得更多、更广。很多不识字的劳动人民也能讲几个药王爷的故事，它们从各个侧面反映了人们对孙思邈的崇敬、热爱与怀念，表现了人民丰富的想象，是民俗学的重要文献，有关孙思邈的传说故事，除了上面我们说过的几个以外，下面再介绍一些。

传说唐太宗的皇后身得重病，卧床不起，虽然经不少宫廷太医诊治，一直不见好转。有人推荐请孙思邈医治，唐太宗便请他进宫为娘娘治病。然而，皇后的"凤体"是不许外人接近与观看的。孙思邈要给她看病，宫廷总管、太医都要他按惯例白纱罩面、悬丝诊脉，不能直接接触病体。

孙思邈见此情景，郑重向他们提出："我是一个民间医生，怎比得众位太医有如此高妙医术？悬丝诊脉怎能济事？看病非同儿戏，怎能故弄玄虚？看病就看病，要这些白纱丝条何用？"便将它们推向一边。太宗无奈，只得破例依从了他。

孙思邈走向龙床前，与皇后诊了脉。从病人的脉理观察，孙思邈知道了皇后以前所服之药是不对症的。他问过了病人服药情况后，又要观看病人的神色。这时站在旁边的总管、太医又极力反对，有的说："正宫娘娘，非同嫔妃，看什么病容？真乃胆大包天！"有的说："与娘娘看病，哪有观瞻凤体病容之理？"

孙思邈道："刚才给娘娘看病诊脉，病已能断定八成，但还必须观其表、医其里，才能窥尽病势。望、闻、问、切，缺一不可，此谓四诊之理。药力微，恐不济事；药性稍猛，性命则必难保。所以不观气色，我是不敢贸然处方的。"

唐太宗为难多时，然而治病要紧，无奈依了孙思邈，宫女将纱帐掀起，他观罢皇后脸上气色，就开了一副小柴胡汤药（用药为柴胡、半夏、人参、黄芩、甘草、生姜、大枣），用以疏肝解郁。太医验过药方，议论纷纷，有的说："柴胡是提升之药，娘娘病重，此药用不得！"有的说："此方端的荒谬之极，药性过猛，万万用不得！"孙思邈耐心解释道："此病乃从忧郁而起，肝气郁结，热邪内陷，而成干血痨症。柴胡能提邪外出，自可医愈娘娘之病，所以非用它不可，一定要用！"这时还有个太医强辩道："医书中决无此断！"孙思邈道："书中既有，娘娘的病早就该好了！"那位太医很不高兴地说："你这是何意？竟敢诽谤起圣贤的医书来了！"孙思邈仍然据理力争道："我的学识浅陋，怎敢诽谤医书？须知本草之中，奥妙莫测，处方下药，须从四诊八纲综合诊断。提邪外出，柴胡可用。"

唐太宗见孙思邈说得有理，又见皇后的病体更加沉重，便准许服用。皇后服了孙思邈的汤药后，浑身颤抖，腹内疼痛，随后出了一身冷汗，病体大有好转。又经过几天调养，就完全恢复了健康。

这个传说生动而形象地描述了孙思邈与顽固守旧、轻视实践的太医们的斗争，反映了孙思邈重视实践与调查研究的科学态度。

孙思邈给龙、虎看病的神话故事,在民间也广泛流传。针龙的故事上面已经谈过,现在再说砭虎的故事。砭即以石为针,进行针刺治疗。

据说孙思邈的医术太高明了,天上的神龙和山里的猛虎都来找他治病。

有一天,孙思邈正在路上行走,一只老虎从后面追了上来。孙思邈大吃一惊,但要跑已经来不及,他赶忙把捐草药囊的扁担拿在手中,准备与虎搏斗。可是奇怪得很,老虎追到孙思邈跟前站住了,丝毫没有伤害他的意思,虎眼中倒是流露出可怜哀求的眼光。

孙思邈一见此情,很觉古怪,就对老虎说:"你到底想干什么? 若是想吃我,就摇三下头;若是有事来找我,就点三下头。"老虎好象听懂了他的话点了三下头。

孙思邈又问道:"既然你是来找我有事的,那么,我是个医人,你如果是来找我治病的,就再点三下头。"老虎又点了三下头。

于是,孙思邈上去诊察了老虎的病,他摸到了老虎喉咙里有一根骨头卡在当中。虎身发烫,正在发烧,显然病得不轻。孙思邈严肃地对老虎说:"我是个医人,救死扶伤是我的职责。但是,我曾经发过誓,只能为穷人、为善良的人们治病,恶人的病我一个也不给看。你老虎是一贯作恶吃人的野兽,我更不能治了。我宁愿被你吃掉,也不能干这种为虎作伥、为恶棍效劳的坏事!"说完,手握扁担,转身就走。

老虎一见孙思邈要走,就紧紧跟了上去,咬住孙思邈的衣角不放。孙思邈只好又停下来,对老虎说:"如果你一定要我给你治病,你必须答应一个条件:从今以后,不准你再伤害人命!"老虎听了,连忙又点了三下头。

于是孙思邈将他行医用的摇铃,放在老虎口中撑住,把骨头从喉中取了出来。又取出了金针,扎了几下,从药囊里抓了把草药给虎吃了。果然很快老虎就痊愈了。为了验证老虎是否真正遵守不再吃人的诺言,孙思邈规定老虎的牙齿每天要让他检查一次。

老虎的病被孙思邈治好后,为了感恩,有一天,它衔来一大块黄金。孙思邈一见黄澄澄的金子,哈哈大笑地说:"老虎啊! 你到底是野兽,真不了解我。隋文帝、唐太宗、唐高宗三个皇帝都一再叫我到京城里去做官,享受荣华富贵,我都不去,难道我会要你的金子?!"

老虎无奈,最后为了报恩,就为孙思邈驮东西,不离其左右。孙思邈每天上山下乡,治病采药,有时深更半夜还在崎岖的山路上行走,老虎都寸步不离地跟在他身后。自从有了老虎当警卫,强盗、坏人、野兽都不敢来伤害孙思邈了。他采了草药,老虎就替他驮着;倦了,就骑在老虎背上,孙思邈非常高兴。

但是,这一来却给孙思邈的治病带来了麻烦。请孙思邈治病的人,一见他后面跟着一只大老虎,人人不寒而栗。虽然经他一再解释,这是他的跟班,不会伤人,可人们真的见到这条大虫还是提心吊胆;尤其是虚弱的病人,更经不起这样的惊吓。有些人就不敢找孙思邈治病了。

孙思邈感到很为难,于是想出一个办法,让病家把吃剩的药渣倒在门口的路上,并且吩咐老虎今后不要再紧跟他进病人家里去,注意哪家门口有药渣,就表明自己在哪家治病,只要远远地等着就行了。从此以后,人们就将药渣倒在门口路上,这一风俗从此流传

下来，至今已有一千多年的历史了。

另一传说说的是，有一日东海龙王的三太子变成一条白蛇，跑到水面上去玩，不幸搁浅在沙滩上，被一个牧童看见，用鞭子、棍子乱打一通。正在危急时刻，孙思邈采药至此，见此情况，劝阻了牧童，急忙将白蛇托到手中，放到海水里去。

龙子得救后，跑进龙宫，对龙王哭诉道："我出海去游玩，遭到牧童鞭棍乱打，险些丧失性命。多亏孙思邈先生路过将我救下，不然我就没命了。"龙王听后，决心要报答孙思邈救子之恩，便令夜叉出海去请孙思邈。

夜叉来到海岸，找到孙思邈后，说明来意，叫他闭上眼睛，把他带进龙宫。老龙王急忙上前迎接，并说道："孙先生救了我儿子的性命，恩情甚大。我请您进宫，是想赠您夜明珠一颗。您可进献朝廷。加封官职，就不用再去采药为生了。"孙思邈谢绝道："让朝廷封我一官半职，不再采药救人，完全违背我的誓愿，这怎么能行？"龙王道："不要夜明珠，那么金银财宝您尽量拿吧！"孙思邈道："我宝珠不要，岂要金银？"老龙王又说："您既然不要宝珠、金银，就留在龙宫享受天福吧！"孙思邈回答道："我有老母在堂，又立誓要为广大百姓治病采药，哪能长期居住于此？"

老龙王道："您什么都不愿要，那么让我怎样报答您的救子之恩呢？"三太子在旁听到孙思邈说要立誓以治病采药为生，便向龙王道："我们宫中珍藏有一套《海上仙方》，孙先生既然立誓为民治病采药，把它送给先生普救黎民，岂不大好？"老龙王道："此方天帝不准妄传，为了报答您救子之恩，今冒禁送您，拿到人间去解救百姓疾苦吧！"孙思邈拿到老龙王赠送的《海上仙方》，喜出望外，遂拜谢龙王父子，高兴出海而去。今日耀县药王山庙里的《海上方》碑石，相传就是根据龙王赠送的《海上仙方》刻成的。

还有一则关于"海味葫芦头"的传说。海味葫芦头是西安小吃，经营这种生意最早的一家饭店名叫"春发生"，乃取自杜甫诗"好雨知时节，当春乃发生"的诗意。传说"药王"孙思邈一天走在长安街头，见一个卖猪杂碎的小摊前围了一群人，生意很好，孙思邈也想尝尝这一秦川风味小吃，就走近些，听到一片赞扬声不绝于耳，有的说："花钱不多，吃得煎火。"也有摇头的，说："好吃是好吃，只是肥了点，腻了点。"

孙思邈吃时，猪杂碎汤已剩了个底。一看是药圣来了，店主连忙把他请到家中，恳求他指点改进。孙思邈看了他的制作过程后，说道："我有个方法，你不妨一试。"他就从所带的药葫芦中，取出些花椒、大小茴香、桂枝等香辛料，让主人煮汤时放进去，并说："此汤可滋阴补阳，最宜于患消渴病之人"。"消渴病"即现在人们所称的糖尿病。

这样，味美可口兼有疗效的杂碎汤更赢得人们的叫好，因为它的配料是由孙思邈的药材葫芦而来，故改名"葫芦头"。后来，又加进了海、鱿鱼、鸡肉等在汤内，就称为"海味葫芦头"了。

"九·一八"事变后，张学良将军率领东北军退至西安，士兵们因不服当地水土，闹病的极多。有的士兵到"春发生"饭店吃了葫芦头后，病情居然好转了。

这一消息传开后，"春发生"饭店门口挤满了东北军的士兵，大家都想来尝尝这又好吃又能治病的名点。为此，张学良将军特下令，每天发二十个病号牌子，请"春发生"饭店

优先照顾,让这些士兵吃。这样一来,"海味葫芦头"的美名就誉满长安,名扬关外了。这是后话。

孙思邈逝世之后,千百年来,广大人民一直怀念他,用各种方式纪念他,在国内许多地方都有药王庙,把他作为神仙来祭祀,祈求他福祐众生。特别是在孙思邈的故里,对他的纪念更为重视。

西安城外七十公里,耀县城东的漆河之滨,有座五台山,由五座小山峰组成,此山因为孙思邈曾在那里隐居过,后来便改名为"药王山"。约从唐代后期起,广大民众便在这里为孙思邈立祠纪念。此后,宋、金、元各代,为了纪念孙思邈,人们在南山上修建庙宇。到了明代,又在北山上建立了药王庙,每年农历二月初举行庙会,进行隆重纪念,直到今天,明代建筑的药王庙尚保存完整。

药王庙大殿建筑在半山腰中,里面有一尊一丈高的孙思邈明代塑像,圆圆脸盘含着笑,两尺长的黑胡子胸前垂,穿着鲜艳的大红袍。大殿背后的石壁上有一孔六尺高的圆形山洞,这就是孙思邈居住过的太玄洞,又叫穿龙洞,有好几里深。洞前有个亭子,里面有著名的明刻《千金宝要》和《海上方》碑石。《千金宝要》碑共四块,两面刻,摘录了孙思邈的大作《千金方》中的部分药方,《海上方》也是两面刻,记载了孙思邈所搜集整理的治病单方、验方,是以诗歌形式写下来的。

药王庙里保存了宋、元、明、清各代碑石一百余通,其中最早的是宋元丰四年(1081年)刻的"耀州华原县五台山孙真人祠记碑"。当时正值孙思邈诞生五百周年,该碑详细记载了孙思邈的生平事迹,并刻有画像,极为珍贵。此外还有明嘉靖二十一年刻制的"孙真人进上唐太宗风药论""历代名医题名碑",以及清代"重修十大名医神殿记"等。

药王山上还有孙思邈当年洗药用的"洗药池",晒药用的"晒药场",药王山中有中草药170多种,自古以来就是中草药的著名产地。药王山的南山上,还有相传为孙思邈亲手种植的柏树(唐柏)。有的传说是唐太宗手植的,说唐太宗曾亲至五台山,专访孙思邈,行拜真礼、赐真人碑。关于这唐柏还有一个故事,说它原来笔直高大,三个人合围才能抱得住,有一年,一帮土匪要砍去为土匪做棺木,头天量过后,第二天再去看,唐柏一夜之间已经扭弯,无法砍制了。

由于孙思邈在我国医学史上有很大成就,历代王朝都很重视他。宋代曾专门成立官医局来出版他的著作,并建祠立碑,明嘉靖年间(1522~1566年)建三皇庙于太医院,祀先医十四人,其中就有孙思邈。清顺治元年(1644年)定祭先医之神之礼,孙思邈也是其中之一。道家方士们也把孙思邈尊为本门先师,列入神仙传,封为真人,顶礼膜拜,借以扩大道教影响。

全国各地方,也建立了不少药王庙,以纪念孙思邈。如宋代著名文学家苏东坡就曾在四川峨眉山的庙中,见到孙思邈画像,题诗道:

先生一去五百载,犹在峨眉西崦中。

自为天仙足官府,不应尸解生虫。

此诗见《苏轼诗集》卷二十四《题孙思邈真》。诗的大意是说,孙先生逝去已有五百年

了，今天我看到先生画像，就好象先生仍在峨眉西山中修炼一样。按孙先生的医德、道行，自然应当白日飞升入往天府，不应象普通人一样待尸体腐化生虫后再成仙。这是因为传说神仙曾指责孙思邈所著的《千金方》中，曾以动物为药，有害生灵，"必为尸解之仙，不得白日轻举"。但孙思邈并未因神仙的指责而不用动物类药，并未更改处方，因为有些动物药料治病有特效，他并未为了自身好处而修改《千金方》。

再有一例。在江西临江府清江县有二座药王庙，据同治九年（1870年）修的《清江县志》卷三载，药王庙一座在县治南杨家山，此庙于清咸丰七年（1857年）焚毁。另一座在清江镇。清江县距陕西耀县孙思邈故里相距遥远，但此县就有两座药王庙，可见孙思邈影响之广。

中华人民共和国成立以后，孙思邈的医学成就与药王山的历史文物受到高度重视，并且去除了蒙在孙思邈身上的不少宗教迷信与神秘色彩，廓清了僧、道俗徒给孙思邈所渲染的迷信色彩。1955年以来，人民卫生出版社曾多次影印出版孙思邈的医学名著《千金要方》和《千金翼方》。对药王山的文物古迹进行了全面修缮，药王山旧貌变新颜，成为陕西旅游热点之一。

1961年，"药王山石刻"被列为全国第一批重点文物保护单位。在药王山南庵碑林中，有三百通碑刻，除大量的有关孙思邈及医学史的重要文献外，还有早期佛、道教的文献，如北魏的碑刻就有120通，至可宝贵。另外还有不少摩崖造象、唐代石棺、元代壁画等，也是研究宗教史、美术史的重要资料。

1961年，北京医学会还召开了纪念孙思邈诞生1380周年纪念会，肯定了孙思邈在医学上的伟大成就与历史地位。1962年，我国邮电部向国内外发行了一套中国古代科学家纪念邮票，其中两枚是纪念孙思邈的。1962年，日本政府还将北宋本《千金要方》影印本作为礼物赠送给我国驻日大使符浩，作为中日两国文化交流源远流长的标志之一。同年，耀县人大委员会在药王庙设立了"孙思邈纪念馆"，并且建立了"孙思邈著作陈列馆"，修整了有关孙思邈的古迹洗药池、晒药场，郭沫若还为古迹题辞："石盆仙迹，民族伟人。"对孙思邈做了高度的评价。

建立在半山中的药王大殿，石阶就有141级，据说代表了药王的所活岁数，在"文革"浩劫期间，当地群众还巧妙地将药王的明代彩塑巨像披上了一件国际卫生组织的医生白大褂，使这一明代文物避开了当时破四旧的野蛮狂飙。

1972年，耀县成立了药王山管理委员会，将原耀县博物馆改名药王山文管所，加强了对药王山石刻和所有文物古迹的保护与管理。药王山上，孙思邈生前已有林木，并且经孙思邈治愈的病人，每人都种上一棵树以资纪念，所以林木越来越多，1972年又成立了药王山林场，加强了对原有林木的保护，并在山上种植各种树木，使药王山进一步绿化。

1992年4月5日，中央电视台向国内外观众播放了专题片《中国药王山》，以现今最强有力的大众传播媒介，形象而概括地介绍了药王山的文物古迹及孙思邈的伟大成就。目前，耀县药王山已成为陕西名胜旅游北线（药王山—黄帝陵—延安）的热点之一。成千上万的游人，史学、医务、科学工作者，从祖国各地、世界各国纷纷来到药王山，参观历史文物，瞻仰孙思邈故居，吸取丰富的医学遗产。我们历史的骄傲，必将成为走向光辉未来的新起点。

天文巨子

——郭守敬

名人档案

郭守敬：中国元朝的天文学家、数学家、水利专家和仪器制造专家。字若思，汉族，顺德邢台（今河北邢台）人。生于元太宗三年，卒于元仁宗延祐二年。

生卒时间：1231~1316 年。

历史功过：他毕生从事科学技术事业 60 余年，具有多种才能，不仅在天文学和水利工程方面成绩卓著，而且在地形测量、机械构造、仪器制作和数学等方面也做出了重要贡献。在我国科学技术史上，郭守敬的贡献是巨大的，在世界天文学史上也占有一定的地位。

名家评点：1981 年，为纪念郭守敬诞辰 750 周年，国际天文学会以他的名字为月球上的一座环形山命名。

初露头角

河北邢台，历史悠久。相传殷王祖乙曾迁都于此。周代的邢侯，在这里建立了邢国。经汉、唐的发展，到宋代设邢台县，属顺德府。邢台依山傍水，有开矿铸铁、灌溉农田之利，而且位居南北交通要道，社会经济比较富裕，文化也比较发达。

邢台又有鸳水之称，以该县有达活、野狐二泉并流成一条鸳水而得名。12 世纪金朝统治下的邢台,鸳水边住着一户郭姓人家,自号"鸳水翁"的郭荣,是一位通晓五经、对数学和水利都很有研究的知识分子。1231年,郭荣的孙儿郭守敬出生了。当时邢台已被蒙古汗国占领,南宋政权在临安(今杭州)维持小朝廷偏安的局面。郭守敬自幼在祖父郭荣的教养下长大,从小就不爱和别的孩童一道玩耍嬉戏,而是每天用心念书,常常热衷于观察周围自然界发生的各种现象,喜欢学习天文学、数学和其他自然科学知识。

七百多年前的一个夜晚,晴朗的夜空中闪烁着点点的繁星,一个十五六岁的少年正在土台上摆弄着一个用层叠交叉的竹圈扎成的球形架子。他一会儿仰头凝视星空,一会儿转动竹球中的一根小竹筒对准天上的北斗七星和其他星座,猫着身子眯着一只眼睛观测着,一会儿又俯身土台借着星光在纸上写着、画着什么……。只见他挂满汗珠的脸上,一副专注的神情。这个少年,就是日后成长为大科学家的郭守敬。

原来郭守敬读到一部解释《尚书》的古书,他在书中曾经见过一张"璇玑图"。璇玑是中国古代的一种天文观测仪器,又叫浑仪,历代都用青铜铸造。他看着这张图,心想一定要把它做成实物,看看怎样用它来观测星象。于是他找来一些竹片,用小刀把它们剖成竹丝,按照图样扎制了起来。手指划破了,他咬咬牙,用布包上。竹片折断了,他动脑筋、想办法,把竹片在火上烤一烤,便容易弯曲、不易折断了。扎呀扎,总算扎好了一个竹球,他看看有些地方不圆滑,心里觉得不满意,又拆开来重新扎。一次又一次,最后总算扎成了一个圆滑精致的竹浑仪,对照璇玑图一看,倒真有几分像哩!再仔细瞧瞧,不对!书上的璇玑图中还有一根细直的铜管,叫作窥管,是观测星空的关键部件。他想,这么一根中空的直管,用什么东西可以替代呢?想呵想,……对了!爷爷不是常教导说要学习竹子的品格"虚心而有节"吗?"虚心"的竹子是中空的!他赶紧跑到竹林里,选呵选,选了一根又细又直的小竹枝,把两头的竹节削去,便成了一根竹窥管,拿来照图安装在竹圈内,一个漂亮的竹浑仪就做成功了!小小年纪的郭守敬高兴得不禁手舞足蹈起来。

古代的浑仪按照传统都是置放在一个土台上,于是郭守敬也从地里挖来了一些黄土,把它们劳积成一个土台,用鹅卵石把台面磨得光滑平亮,极为慎重地把他的竹浑仪放在上面,那股高兴劲就甭提有多美了。郭守敬恐怕不会知道,这大概是世界上第一个也是唯一的一个竹制浑仪!更为重要的是,这具竹浑仪的制作开了他日后发明大量天文仪器的先河。

还是在十五六岁的时候,郭守敬得到了一幅拓印的"莲花漏图"。莲花漏是北宋科学家燕肃在古代漏壶的基础上加以改进而创制的一种计时仪器,它由一套水箱(上下匮)、水壶、吸水管(渴乌)、带刻度的箭牌等一系列部件组成。由于水壶的若干部分以及刻箭都仿照了莲花、莲蓬和莲叶的形状,因此叫作莲花漏。

莲花漏的关键在于分水壶的发明。渴乌把下匮的水吸往箭壶里,使下端有浮子的刻箭逐渐上升,箭上的刻度就可以显示出时间的流逝。要使刻箭均匀上升,必须使经过渴乌流入箭壶的水流是均匀的;要使水流量均匀,必须使下匮的水面高度保持不变。为此就须设置上匮,以便向下匮供水,补充下匮因流向箭壶而失去的水。但随着上匮水量的减少,将会影响下匮的水面高度,从而影响报时的准确性。针对这个问题,燕肃发明了平

水壶的结构。在下匣的侧面开有一小孔,接有一根水管,把超过小孔口水面的水输出匣外,使匣内水面始终不超过小孔高度。只要使由上匣来的水略大于下匣输出的水量,就可以使下匣水面保持在小孔高度上,从而使下匣的出水流量保持稳定。

我们已经知道,四季水温不同,水的粘滞性有所变化,这会影响到水的流速和流量。另外,地球绕太阳公转时,地轴是倾斜的,地球在轨道上的运行一年中有快慢,因此每天日子的长度不一样。(最多可以差到 50 秒钟。现在每天用 24 小时来计时,是取个平均数,叫作平太阳日。)为了调整这些差异,莲花漏壶中使用上漆的桐木箭,全套共有 48 支,白天和黑夜分别依其时间长度各用一支,并随 24 个节气变化而更换使用。古代的计时,把一天分成 100 刻,一刻又分成 60 分,每分合现代约 14.4 秒,所以具有较高的准确性。

这样一种构造并不简单的计时仪器,郭守敬单凭一张纸面的示意图,认真琢磨,仔细研究,很快就弄懂了它的原理和制造方法,并且能够对别人讲得头头是道,解释得一清二楚。郭守敬就是这样,从小专心致志于学习,肯动脑筋钻研事物的道理和内在规律,并亲自动手从事科学实验和实践。

郭荣为了让孙儿郭守敬开阔眼界,得到深造,把他送到邢州西南百余里的磁州(今河北省磁县)紫金山自己的同乡好友刘秉忠门下去学习。

刘秉忠博学多能,精通天文、数学、地理、音律,乃至三式(术数)、相术。青年时代由于不得志,出家当了和尚。后因当时一位高僧海云禅师的引荐,认识了蒙古汗国王子忽必烈,受到器重,成为忽必烈的谋士。在忽必烈争夺帝位、统一中国的征战中,刘秉忠出谋划策,推行文治,荐举人才,功勋卓著。大约在 1250 年前后,刘秉忠因丧父回故乡守孝三年。金末元初,北方民间讲学之风盛行。虽然处于战乱年代,各地却常有一些志同道合之士,聚在一起探讨学问。守孝期间的刘秉忠,也不甘寂寞,他同老朋友张文谦、张易等人,聚会在紫金山一起读书,还带了一个名叫王恂(1235~1281)的少年跟着他研习学问。王恂自幼天资聪颖,三岁即能识字,六岁就读私塾,十三岁学习算学,也是一个从小就习尚志于学而笃于行的好少年。

郭守敬和王恂年龄相差不大,又志趣相投,遂结为好友。他们一面师从刘秉忠,一面相互切磋学问,在天文学和数学方面的造诣与日俱增,奠定了他们日后合作编制《授时历》的基础。

金、元之际,由于长期的战乱,元朝统治的北方地区,大片农田废弃,生产急剧下降。邢州在金代本来人口繁盛,经济殷实,有 8 万多户人家;但到 1236 年时,已剧减至 14000户;再过 10 年之后,竟剩下不到 1000 户了。

忽必烈为了巩固元朝贵族对生产力先进的汉族地区的缔治,特别重视对地居南北交通要冲的邢州的治理。他设立邢州安抚司,采取一些安抚措施,招集流散的百姓,进行恢复生产的工作。

当时邢州城北的三条河流上,原有三座石桥。经过 30 年的战乱,河渠水道无人管理,河水破堤而出,漫溢遍地;泥沙淤积,阻塞了河道,淹没了石桥;大片低洼地成了沼泽,连冬天也不见干涸,人们行经那里时,不得不涉水而过,给农业生产和交通运输带来了很大的不便。州官张耕和刘肃决定要进行水道的整治工作。

那时郭守敬才20岁出头,刚刚从紫金山学习回来,他决心以自己学到的知识,为家乡的水利建设出一把力。他在州官的派遣下,亲临城北现场,相度地形地貌,考察水流的来踪去迹,请教当地的乡亲父老。经过实地查勘,按照水位、流量和灌溉需要等条件,进行了治理设计的工作。他划定了河道的位置,确定了堤岸的尺寸,核算了需耗的工时。规划就绪,工程开始,对堤堰上的决口进行填补,对淤塞的河道进行疏通,把三条河水导向下游。

在施工的过程中,郭守敬总是和民工们在一起,同甘共苦。遇到技术上的问题,大家商量着解决。人们都很喜欢郭守敬这个既有本事又不摆架子的好青年。

疏通了河道,还得要架桥。达活泉上那座古石桥早已被泥沙淤没,找不到踪影了。看来,恐怕需要重建新桥。

为此,郭守敬仔细测量了达活泉河道及其周围的地势地形,因地制宜地确定了建桥的位置。

建桥工程开始了。民工们按照郭守敬划定的地点开始打桥基,先是深挖淤泥和沙土。挖着挖着,挖到了硬梆梆的东西,竟然挖出了淤没多年的那座古石桥,桥的基础石还很完整哩。人们都不禁欢呼了起来,齐声夸奖郭守敬真有眼力,所选建桥地点正是最佳位置。那古石桥的基石还能利用,这样修桥的工程既省力又省料,很快就完成了。从此,邢州北上去燕京,又有了一条与往昔一样的通衢大道,过往行人再也不用艰难地跋涉于泥淖之中了。

郭守敬在家乡规划的这一项河道工程,只征调了四百多人干了四十天,就顺利地完工了。从此以后,河水畅流,交通便利,农田得到灌溉,生产得到恢复,解决了多年来的老难题,给人民生活带来许多好处。事迹很快在邢州周围传播开去,人们借用唐代李商隐的诗句,夸奖郭守敬是"雏凤清于老凤声"。

当时有一位著名的文学家元好问,原是金朝的进士,到元朝时隐居不仕。他写过一篇文章,叫作《邢州新石桥记》,生动地记述了达活泉上新石桥建造的经过。其中特别提到"里人郭生立准计工"的功绩,加以表彰。"郭生"就是指的后生郭守敬。

黄河探源

郭守敬在家乡邢州修桥治水,初露头角之后,并不满足已取得的成绩,他知道自己还年轻,而学问无止境,所以潜心读书,勤学好问,积累知识,为今后的科研工作打好扎实的基础。

这时,当年同郭守敬在紫金山相为师友的一班人,如刘秉忠、张文谦、王恂等,都相继追随忽必烈进入仕途。1260年,忽必烈称汗,任命张文谦为"左丞"(中央政府机关的最高负责官员),后又兼任大名路与彰德路(今河北大名地区西部至河南安阳地区东部)宣

抚司的宣抚使（地方政府机构负责人），从京都转到地方。古时外放的京官，总要带上几个自己信得过的随从，以便行事得心应手，他立即想到了家乡的王恂、郭守敬。于是，郭守敬打点起行装，辞别了家人，应邀随张文谦上任去了。

郭守敬到了大名、彰德地区，认真察看那儿的地势地形，了解当地河流水渠的分布情况。经过实地考察，增加了感性认识，同时在他的头脑中酝酿了一整套治理水利的地区规划设想。

公务之余，郭守敬还不忘他所擅长的天文仪器方面的研制工作。他小时候对莲花漏很感兴趣，本已弄懂了这种计时器的原理，只是苦于没有力量正式仿制。现在，他有张文谦的支持，得到了人力物力的保证，于是带领匠人，开炉熔铜，按照他自己的设计图样，浇铸了一套正规的铜漏壶，取名"宝山漏"，构造精巧，计时准确，他把它们留在地方上使用。

"三十而立"的郭守敬，此时踌躇满志，跃跃欲试，等待着大展宏图的机会。

1262 年春，张文谦向忽必烈推荐郭守敬，说他"习知水利，巧思绝人"。那时，忽必烈为了巩固北方的统治，安定人民的生活，以便增加军队的给养，保证向南方进军的胜利，完成统一中国的大业，正在采取一些鼓励农桑、发展经济的政策和挖渠修河、整治水利的措施，亟须广为网罗各种专门的技术人才，于是很快便把郭守敬召到上都开平府（今内蒙古多伦附近），要亲自面试。

郭守敬感到实现抱负的机会来到了，心里非常激动。他作了充分的准备。在开平府便殿被召见的那天，他从容不迫，娓娓而谈，向忽必烈面呈了六项治理华北水利工程的建议：

一、中都（今北京，金代和元初称中都，后改称大都）东面原有一条运送粮米的漕运河直通通州（今北京通县），但因水浅淤塞已不能行船；若引玉泉山（今北京西北部）下的泉水入旧漕河，使之通航，一年可省车运费用 6 万缗（一缗为一千文钱）；如果再从通州南面拉直开凿一条运河到杨村（今天津西北武清），可以避免浅滩、风浪和行舟远绕的困难。

二、将邢州城北的达活泉水引入城中，分为三渠，流出城东，可以灌溉邢州东部一带的农田。

三、邢州的澧河（今沙河）原东流至任城（今河北任县东）的一段已不走它原来的旧道，淹没了农田 1300 多顷，如果重新修复河道，这些农田可以重新耕种，而且便利水运交通。

四、在磁州（今河北磁县）东北滏水与漳水会合之处，开引一条河道经由滏阳、邯郸、洺州、永年，再过鸡泽，使其流入澧河，可以灌溉这一路的 3000 多顷田地。

五、怀孟（今河南沁阳）的沁河流量大，若开渠引水东流到武陟县北，注入御河（今卫河），可以多灌溉农田 2000 多顷。

六、在孟州（今河南孟县）西面黄河北岸，修渠引水经由新旧孟州中间，再沿黄河旧岸（左岸）东下到温县南边重新流入黄河，亦可灌溉农田 2000 多顷。

以上六项建议，都同华北平原和燕京地区的水利灌溉、运河通航有关，有利于增加农业生产和发展经济。忽必烈对郭守敬的建议称赞不已，每当郭守敬说完一项，他总是频频点头。郭守敬的建议讲完之后,他便不无感慨地对左右的官员说:"任事者如此,人不为素餐矣!"意思是说,担任职务办事的人,像郭守敬这样的,才不是白吃饭的呵!并立即任命郭守敬为提举诸路河渠,即管理地方河道水利事宜的官员,着手实施这些建议。

1262年秋,郭守敬正式提出"开玉泉以通漕运"的具体方案,得到了忽必烈的批准。于是派宁玉"充河道官,疏浚玉泉河渠"。宁玉是元初负责漕运并很有成绩的官员,在此前后也曾多次治理过漕河。这次他来到燕京,按照郭守敬的规划,开凿玉泉山水,把它引入旧漕河。但因毕竟只有一泉之水,流量有限,对于恢复大规模的航运,似乎仍然无济于事。

尽管如此,引来的玉泉水增加了当时中都城内湖池川流的水量,便利了人民的生活;其后又为大都至通州北线运河的开凿奠定了基础。因此,开玉泉水通旧漕河是郭守敬兴修北京水利所建的第一功,也是历史上大规模开发玉泉水源的最早记录。其后几百年间,直至本世纪50年代,玉泉水还一直作为北京城市最重要的水源。郭守敬这一历史功绩是不能磨灭的。

1264年初夏,郭守敬以副河渠使(掌管全国河渠事务的副高级官员)的身份,同河渠使唆脱颜一道奉命到西夏(今甘肃、宁夏一带)视察河渠水道。元朝政府规定,官员的正职都派蒙古人充任,汉人只任副职。虽然如此,唆脱颜和郭守敬来到西夏后,实际上是副职郭守敬担负了主要的考察工作。

西夏黄河两岸,早在汉唐各代就开凿了许多河渠,引黄灌溉农田。大大小小的干渠和支渠总共有80条之多。最长的唐来渠,长达400里;其次是汉延渠,也有250里;还有10条干渠,各长200里。这些渠道在河套西部,构成了一片水利网,灌溉着9万多顷良田。但由于连年战乱,渠道失修,河床淤浅,坝闸倾废,以至土地荒芜,收成日减,人民纷纷外出逃荒。

郭守敬经过实地考察,提出"因旧谋新",在古渠故道基础上疏理修整;"更立闸堰",设置和修复水坝水闸的治渠方针。他设计了河渠入口附近的滚水坝和两三个退水闸。水小时闭闸,水大时则酌量开闸,以调节水量。过了退水闸,才是渠道的正闸。这种设计具有很高的技术水平和实用价值。

经过修复,西夏的几十条古河渠都畅通无阻,不仅有利于航运,还扩大了灌溉面积。这儿又恢复成为西北的重要产粮基地,逃荒的农民也纷纷返回家乡。西夏人民感激他,为他在渠上建立了一座生祠,纪念他的功绩。33岁的郭守敬,得到老百姓如此的爱戴和敬仰,这是一种多么崇高的荣誉呵!

郭守敬在西夏修复河渠古道期间,日日面对滚滚西来的黄河洪流,不禁产生了一个疑问:黄河的源头在哪里?古人曰:"黄河出自昆仑","黄河之水天上来"。但这种未经实地勘查的传说和诗句,都不能解决郭守敬的疑问。他决心亲自探溯河源。他从孟门(今河南孟津)往西,沿黄河旧道,逆流上溯数百里,终因风涛险恶,只得中途折回。郭守敬虽然没能探到河源,但毕竟是以科学考察为目的,有意识地探寻黄河其源这一壮举的第一人。

后来到了 1280 年，又有一位后继者都实奉忽必烈之命专程前去考察黄河河源。这次探索的经过记录在一部《河源记》的专著里，虽然没有确切的结果，但也得到不少颇有价值的资料。毫无疑问，作为先驱者的郭守敬的考察，对于都实是有相当影响的。

郭守敬和都实当时未能解决的疑问，在六七百年后的新中国得到了圆满的答案。1952 年 8 月，黄河水利委员会等单位组织了黄河河源查勘队，经过 4 个多月的考察，行程万里，终于查勘出黄河发源于青海雅合拉达合泽以东的约古宗列。如果郭守敬在天之灵有知，亦当欢欣鼓舞的。

1265 年，郭守敬从西夏回中都。为了调查考察各地的航运灌溉情况，他特地率领随从人员从中兴州（即西夏都城兴庆府，在今宁夏银川东南）乘船沿着河套迂回地顺黄河而下，船行四昼夜，到了大同府所属的东胜（今内蒙古托克托），证明了这一段水路完全可以通航。这时，忽必烈派往调查黄河水程航运的官员也刚好到达东胜，听到这个消息，立即派专人飞马驰奔中都，向忽必烈报告喜讯。从此，由富饶的粮仓河套地区运送粮食到中都，不必再全靠陆上运输，有长长一大段的路程也能用船漕运了。

考察途中，郭守敬还发现东胜西边的查泊兀郎海（今内蒙古乌梁素海）附近古渠甚多，经过疏浚，亦可用于灌溉。他回到中都向忽必烈做了汇报，忽必烈非常高兴，当即表示赞同，并升任郭守敬为都水少监，也就是掌管全国河渠、堤防、水利桥梁、闸堰等事务的副长官。

郭守敬西夏之行归来，除提出关于河套北端的水利建议外，又提出了关于增辟中都水源这个老问题。

金代曾在京西的麻峪村（今北京石景山西北），开引卢沟河（今永定河，元代称浑河）水穿西山东出，称为金口。金口以东的金口河曾经灌溉了京口至中都两岸的许多良田，促进了京西郊农业生产的发展。但是，永定河是一条典型的暴涨暴落的多泥沙恶河，每到冬春少雨的时候，容易沉积泥沙，而到夏秋洪水季节，水势汹涌，常常泛滥成灾，所以自古以来，人们都称它为"无定河"。由于引水与防洪的矛盾和永定河的高含沙量带来的淤积难以解决，金代开凿金口河后只过了 15 年，就因山洪决堤，不得已又把金口填塞了。

1265 年，郭守敬本着"上可致西山之利，下可广京畿之漕"的目的，提出重开金口，实现引永定河水为漕运服务的规划。为了既能引进所需水量，又避免将洪水"引狼入室"，确保城市安全，郭守敬认真分析了前人失败的原因和应吸取的经验教训，提出在"金口以西预开减水口，西南还大河，令其深广，以防洪水突入之患"。即在通往城区的金口上游增设一条尺寸足够宽大高深的溢洪道，当自东入渠的洪水过多时，可以自然溢流回西南边的主河道，同时保证足够量的河水入渠。这一规划设计在我国古代水利建设中虽然是经常使用的方法，但能够如此大胆而稳妥地应用于永定河这样凶猛的大河上还是首次。

忽必烈采纳了这一方案，于第二年年底实现了"凿金口，导卢沟水，以漕西山木石"的计划。也就是说，这段修复了的金口河，对船只航运的益处虽然未见记载，但对西郊农田灌溉和顺流漂送从西山开采的木材至城内，起了相当的作用。郭守敬这一成就在古代永定河引水史上是空前的。

1271 年，忽必烈采纳刘秉忠的建议，仿前朝正式建立国号，取《易经》"大哉乾元"义，名曰"大元"，称元世祖，并将中都改名为大都。这年，郭守敬擢升为都水监，掌管全国的河渠水利经营治理工作。第二年，忽必烈下诏全国，指令各地都要兴办水利工程。

1274 年，忽必烈派兵大举南下伐宋。为了保证华北平原对前方的军需供应，提高通信和交通效能，元朝政府决定在原有陆路驿站之外，增设水路驿站。1275 年，郭守敬奉命考察今河北、山东、江苏等地的水道交通情况，确定水路交通的路线。他经过实测，确定了中原地区这样五条河渠干线：

一是自陵州（今山东陵县）至大名（今河北大名东南），有马颊河和卫河通运河。

二是自济州（今山东济宁）至沛县（今江苏沛县），又南至吕梁（今江苏徐州以东），有山阳湖（今昭阳湖）在运河旁并和微山湖相接。

三是自东平（今山东东平）至纲城。

四是自东平至西北面的清河，向北越过黄河故道，接到御河。

五是自卫州（今河南辉县）通御河至东平，又自东平西南面的梁山泊再回道到御河。

郭守敬把大都南方华北平原中心，济州、大名、东平一带汶水、泗水同御河及大运河相通的形势和连接的水道交通网，绘制成图，上报元朝廷。忽必烈据此决定西起卫州，中以东平为枢纽，东连鲁中、南，南迄徐州、吕梁的黄河下游，北接运河直到杨村，建立了水驿交通站，备船供官员来往和传递文书，加强了中央政府对南方攻来军队的指挥联系和军事给养的运输力量。

1276 年，元政府把都水监会并入工部，郭守敬被任命为工部郎中，仍旧负责河工水利方面的工作。

郭守敬在都水监和工部任内，上奏解决的水利事宜有 20 多件，经他勘察治理过的河渠泊堰不下数百余处。他在水利工程实践中积累了丰富的经验，同时也有不少理论上的总结和创新，标高概念就是突出的一例。

近代水平测量需以一定的海平面作为零点，用它为标准来测定各地的水平高度，称为标高，亦叫海拔。这在西方，是 19 世纪 20 年代才有的概念。郭守敬在 13 世纪中叶，就曾以大都（今北京）东边的海平面为基准，将大都的水平高度同海平面做比较；进而将大都至汴梁（今开封）一线上逐段地水平高度，分别与海平面做比较，得到了这一千多里长的路途上许多地方超出海平面的高度，即标高。于是他得出结论说：汴梁离海远，标高大，因此水流湍急；大都离海近，标高小，所以水流缓慢。郭守敬首创用标高表达地形高低的办法，在地理学与测量学上具有重要的科学意义，在世界上比西方要早五六百年。

简仪高表

中国长期处于封建社会之中，经济活动以农为本，农业生产依赖于准确的历法。而中国历代的封建帝王，自认为是"天子"，王朝的兴衰，被认为是与天地日月运转的数理有

关，这种运转之理，叫作天道，也称为历数。因此，各朝皇帝都特别重视历法的制定，改朝换代要重颁新历，把颁历视为皇权的象征，看成是受命于天的标志。

元朝统治者来自中国北方游牧部落的蒙古族，虽已逐步演变进入了封建社会，但并没有自己完整的一套历法。从13世纪初成吉思汗勃兴以来，一直袭用金朝的大明历。年长日久，斗转星移，这部历法已推算不准，经常出现差错。成吉思汗西征时，人们在初一晚上会看见本应在初三才能出现的一弯新月，日月食也不在预报的时刻发生，连农事活动所遵循的24个节气的日期也不准确，严重地影响了农业生产和人民生活。当时，耶律楚材曾拟订"西征庚午元历"，但未施行。后来，波斯人札马鲁丁用回回历法制成"万年历"，献给忽必烈，因此不精确，只用了很短的时间就被废弃了。

1276年，元军攻入江南。消灭南宋、统一中国已成定局，编制新历的工作提上了议事日程。忽必烈决定设立修历的专门机构太史局，任命张文谦、张易总管其事，而授权王恂负责具体的组织工作。

这时，郭守敬本任工部郎中，主管水利部门。由于他精通天文历算，忽必烈将他抽调出来，到太史局同王恂一起主办改历事宜。

郭守敬和王恂是早年在紫金山的同学，二三十年后，他们又一同在太史局共事，郭守敬擅长仪器制造和天文观测，王恂精于数学计算和历法编排，他们彼此配合默契，相得益彰。

为了编制出准确的历法，他们广招人才，首先推荐通晓历理的著名学者许衡到太史局工作；又从大都司天台和上都北司天台原有人员中，抽调了娴于计算、精通测验的30名；还把原在江南宋室从事天文历法工作的官员以及民间通晓天文历算的人士，集中调来太史局，一起修订新历。同时，他们还搜集了历代各种不同历法材料40余种，对它们逐一进行详细的分析，去粗取精，去伪存真，以探索编制新历的方法。

治历工作伊始，郭守敬就指出："历之本在于测验，而测验之器莫失仪表。"就是说，治历的根本在于实际的天文观测，观测要有工具，得先准备好适用的仪器仪表。

郭守敬亲自到大都南城外金朝时期的司天台，检查了过去金朝从北宋开封掳掠来的铸造于300年前的大浑仪。这台浑仪经远道转运，受了损伤；加上长期弃置，更是环圈锈蚀，转动失灵。而且，这座浑仪原是在开封使用的，大都的地理纬度比开封高，仪器上指向天球南北极方向的轴的位置需要精确地加以调整。郭守敬通过夜晚的观测来检验这座浑仪，发现其南北极轴的方向，与实际位置相差了大约4度，这样测得的天文数据自然不会准确。台上的圭表，也因年久失修，倾斜残缺，不成样子。郭守敬对这些旧的仪表，一一做了仔细的检查、校正和修复。这样，必要的天文观测工作，总算可以进行了。

浑仪是我国传统的观测天体的赤道式装置仪器，它发明于2000多年前。原始的浑仪可能由两个环圈组成，一个是固定不动的赤道环，一个是可以绕着极轴旋转的赤经环（也叫四游环），在四游环上附设有观测用的窥管（又叫望筒），窥管可以绕着四游环的中心旋转。利用浑仪可以测量天体的赤道坐标（中国古代用入宿度和去极度表示，经过某种换算即相当于现今的赤经和赤纬）。

利用赤道坐标系统量度恒星的位置十分方便，因为恒星的周日视运动平行于赤道平面。但是,由于太阳在恒星背景上的视运动轨道——黄道,同赤道有个23度多的夹角,所以用赤道坐标系统量度太阳的位置就不太方便了。东汉的贾逵,在浑仪上添加了黄道环,以便观测太阳的位置;而张衡,又在浑仪上增设了地平环和子午环,使浑仪的功能更为完备。

唐初天文学家李淳风在前人的基础上制造了一架更为完善和精密的浑仪。整个仪器分内、中、外三层。外面一层固定不动,叫六合仪,包括地平圈、子午圈和赤道圈。里面一层是可以旋转的四游环连同窥管,叫作四游仪。中间一层是李淳风新加的,由三个相交的圆环——黄道环、白道环和赤道环构成,叫三辰仪,用以观测日、月、星三辰。中层三辰仪可以绕着极轴在外层六合仪中旋转,内层四游仪又可在中层三辰仪内旋转。现存于南京紫金山天文台的明制浑仪,基本上就是这种结构,只是取消了三辰仪中的白道环,而增添了通过春分、秋分两点和冬至、夏至两点的赤经圈——二分环和二至环。白道环是宋代沈括取消的,二分环和二至环是宋代苏颂制造水运仪象台时加上的。

浑仪自发明一千余年以来,其构造逐步由简至繁,功效虽然增多,但也产生了环圈互相交错、遮掩很大天区的缺点。郭守敬在观测天体的实践中,经常发现通过窥管要想瞄准的天体往往被某道宽一两寸的铜环挡住,无法确定其准确的位置,结果坐失良机。于是,他仔细分析了浑仪上每一道环圈的作用,比较其利弊,最后决定不但取消白道环,还取消黄道环和那些不必要的及作为支架用的环圈。只保存了其中两组最基本的环圈系统,并把它们从层层套圈中分离出来,各自独立设置。

他保留下来的第一组环圈,是原浑仪中的四游、赤道、百刻三个环,组成一个赤道装置——赤道经纬仪,可以测定天体的去极度和入宿度,还可以测定地方真太阳时,这样虽然省略了黄道圈,仍可很方便地归算出黄道坐标来。

他保留下来的第二组环圈,是由一个固定的地平环(也叫阴纬环)和一个直立的可旋转的立运环所组成的立运仪,这是一个地平装置,可以测定天体的地平方位和地平高度。

郭守敬把这两组装置设计在同一座仪器的上、下两个部位,它们相互独立,可由两人同时操作,合称为简仪。简仪的创制,是我国仪器制造史上的一次大飞跃,是当时最先进的天文观测仪器。郭守敬的简仪制成于1279年,而西方最早制成和使用类似简仪的赤道装置,是1598年的丹麦天文学家第谷,比郭守敬晚了三个世纪。至于近代工程测量、地形测量以及实用天文测量用的经纬仪,航空导航用的天文罗盘,其结构与简仪中的立运仪实际上属于同一类型。因此,简仪也可算是所有这些近代仪器的鼻祖。

简仪是郭守敬为元大都太史院内司天台所设计的主要天文观测设备,它容纳了郭守敬为改历临时赶制的五种仪器(候极仪、立运仪、四游仪、星晷定时仪和正方案)于一体,可配套使用,也能各部分独立观测,表现了郭守敬在观测实践中精思巧制的精神。

简仪继承了道家术士云游各地时所携带的简便观测设备的历史传统,也受由西士(主要是阿拉伯一带)传来的各种单项观测设备或观测方法的启发,再加上郭守敬多年从事水利、天文测量实践所积累的经验、教训,终于促成前无古人的一代创制并长远影响后世。

郭守敬创制的简仪,是世界上第一台赤道仪。欧洲古代都用黄道装置。赤道装置曾

被认为是欧洲文艺复兴时期天文学方面的主要进步之一。郭守敬则是它的首创者。1940年,英国的约翰逊在国际科学史杂志《ISIS》32号上撰文说:"(中国)元代仪器所表现的简单性,并不是出于原始粗糙,而是由于他们已达到了省事省力的熟练技巧。这比希腊和伊斯兰地区的每一种坐标靠一种仪器测量的做法优越得多——无论是亚历山大城或马腊格天文台,都没有一件仪器能像郭守敬的简仪那样完善、有效而又简单。实际上我们今天的赤道装置并没有什么本质上的改进。"

中国古代用于历法计算所必需的天文观测仪器,除了测量日、月、五星和恒星位置的浑仪以外,还有一件是测量正午太阳影子长度的圭表。

所谓"表",是指一根垂直于地面竖立起的标杆,最早是石柱,后来用过木杆,再后来是铜制。所谓"圭",是从表脚向正北方向延伸的一条长石板,上面有刻度。每天正午,当太阳升到天空正南方时,表的影子刚好落在圭面上。一年中,日影最长的那天是冬至,日影最短的那天是夏至。我国历代的天文学家,每年都要仔细测量冬至和夏至前后若干天日影长度的变化,借以推算出冬至和夏至的准确时刻。而连续测量若干年的冬至时刻,就可以推算出一个回归年长度。回归年就是太阳从天上的冬至点运行到下一年冬至点所需的时间。回归年长度确定了,一年四季和用于农业生产的二十四节气的准确时刻才能够得出。

中国古代使用的圭表,一般表高为八尺,这个标准高度大概从周代开始就形成了。除了八尺高表外,历史上曾有过九尺高表,十尺高表,但这些表都为数极少。郭守敬之前的圭表,几乎都是高八尺。郭守敬为了提高观测精度,对圭表的高度大胆地作了革新。他把直立的铜制表身增高到四丈。由于表身大大增高了,太阳的影子就大大加长,影子终端的相对误差就减少,这就使观测的精度大大地提高了。

表身增高后,表端的影子容易虚淡模糊,为了使投影的边界清晰,郭守敬在表端设一横梁;又利用针孔成像的原理,创制了景符。景符是一片薄铜叶,中有小孔。在观测时,把景符在圭面上来回移动,当景符上的圆孔、横梁和太阳在一直线上时,在圭面上太阳的椭圆形象中可以看到一条很细的梁影;梁影平分日象时,量出的便是日面中心的影长。

为了使圭表能够观测亮光比较微弱的恒星和月亮,郭守敬还创制了窥几。窥几是一个长六尺、宽二尺、高四尺的长方桌,桌面上开有一条长四尺、宽二寸的南北方向的长缝。把窥几放在圭面上,人在窥几下可以直接观测星月。

郭守敬在大都创制的铜高表,元亡以后,已下落不明。但他在河南受封县告成镇设计建造的砖砌观星台,却把这高表的一座模式保存下来了。

登封观星台建于1279年,现存的建筑物是明代于1528年重修过的。其台身的建筑面积有280平方米,台高9.46米。台上附设二室,一室放置漏壶,一室放置浑仪。连同小室,通高12.62米。台底正中沿正北方向延伸一条长长的石圭,用三十六方石块拼接而成,全长31.19米,这就是量度日影长度的"量天尺"。观星台的高度用元代尺制核算,相当于四十尺高表的长度,所以观星台本身就代替了铜制高表的功用。

这座观星台在1944年曾受到过侵华日军炮轰枪击的毁损。解放后修复,列为第一批全国重点文物保护单位。这座屹立了七百多年的我国古代天文台建筑,亦是世界上最重要的古天文遗迹之一。

郭守敬从 1276 至 1279 年这短短的三年中,不仅创制了简仪和高表、景符、窥几,还制作了候极仪、浑天象、玲珑仪、仰仪、立运仪、证理仪、日月食仪、星晷、定时仪、正方案、丸表、悬正仪和座正仪等十多种大大小小的天文仪器,绘制了仰规复矩图、异方浑盖图和日出入永短图等一批天文图,辅助仪器的使用,并使操作人员得以用来与实测相印证和参考。

仰仪同简仪一样,因其构造简单实用,被认为是郭守敬的代表作。它是一座像大锅一样的铜制半球仪器,直径一丈二尺,深六尺。锅沿刻水沟,以校正仪器水平。锅内刻有赤道坐标网,同地平以上的半个天球呈球心对应。锅的南面有一个十字架。横竿架在锅沿上的东南和西南两点上。直竿从南点伸向球心,端都有块用小框架套住的小板,可以在框架内南北旋转,而框架则可带着小板东西旋转。小板中心正对球心有个小孔。转动框架和小板,可以使小板板面正对太阳,与日光垂直,这时锅内面上就形成有一小小的太阳针孔倒像,从而在坐标网上直接读出太阳的位置,其功用同观测太阳方位时刻的日晷一样,所以仰仪可以当成一具球面日晷。而当发生日食时,仰仪面上的太阳像也会发生相应的亏缺。因此,用仰仪可以直接测出日食发生(初亏)的时刻和方位,亏缺最大(食甚)的时刻和方位以及亏缺程度(食分),日食结束(复圆)的时刻和方位,使之成为一种日食观测仪器。

仰仪曾东传到朝鲜和日本。20 世纪 60 年代,北京发现一件传世古旧牙雕便携式微型仰釜日晷,经天文学史家伊世同先生考证,系国内首次发现的朝鲜制品,制作年代为 1762 年。朝鲜仰釜日晷在原理和结构上都是受到郭守敬仰仪的影响而制成的。

浑天象,又叫浑象,即现今天球仪的祖先。那是一个表面缀刻着周天星宿的铜球,能围绕着南北极的枢轴转动,象征一个包在大地外面的天球,可用以表演日月星辰的东升西落以及各种天象。郭守敬制造的浑天象,刻有赤道、黄道、南北极,以及去极度和二十八宿宿度线,好比现代地球仪上的经纬度一般。它既能表达满天星星的准确位置,又能很容易地显示出日月五星运行在天上的方位,使人们不受时间的限制,随时了解当时的天象。白天可以看到当时在天空中看不到的星星和月亮,阴天和晚上则也能看到太阳所在的位置。浑圆的天球,盛放在一个方柜内,使球露出一半在方柜的上边。方柜象征大地,露出的半球代表我们头上的天穹。转动浑天象,可以使球面上的星星与天空中呈现的星象相合,也可以预示几小时或几个月之后的星空。夏天白天长、冬天白天短的道理也可以在浑天象上得到形象生动的说明。它对观测天象和帮助人们直观地理解日月星辰的运行规律,都具有很大的实用价值。

郭守敬还有几种仪器,因资料欠缺,已难以确定它们的构造。最近,天文学史家薄树人先生等认为,丸表很可能是一具新型的天球仪式的日晷,在一个天球上刻着时角一赤纬坐标网,天球赤道上安设一条赤道环,赤道环上安一根可以沿环移动的晷针,则当晷针移动到使日影最短或和晷针所在的时角线相重时,晷针所在就是地方真太阳时。作为一种天球仪式的日晷,它的极轴的倾斜度可以按不同观测地的纬度随意调节,因此,可以携

往任何地点去观测时间。这种天球式日晷可以不必很大，以便携带。直径几寸，乃至更小都行。这个球，就是"丸"，而那根晷针，则是表。这样来解释"丸表"，看来比较确当。

至于玲珑仪，则很可能是一种特殊的天球仪——假天仪。郭守敬制作的玲珑仪，比北宋苏颂、韩公廉造的假天仪气派更大，例如，郭守敬把经纬度圈用凿孔来显示，或用半透明的材料来制作天球，以至于玲珑剔透地"镂星象于其体，就腹中以观之"。

郭守敬设计和制造的天文仪器，是为了实际观测的需要。对于观测者来说，各种仪器要到处搬动，在重新安置时都必须校正其水平位置和铅直位置是否准确。座正仪和悬正仪，顾名思义，就是一种校正仪器底座水平的仪器和一座校正仪器铅直位置的仪器。

在北宋著作《武经总要》《营造法式》等书中记有我国古代的水平仪。这是一条有一定厚度的直尺。尺的两端和中腰较粗大的三个方结中各挖了一个槽，三槽之间有沟相通。灌上水以后，三槽就连成一个水平面。在三个水槽中各放上一块质料、大小相同的木楔，其尖棱中央各开一个大小一样的口子，则成了一条水平线。用这条水平仪可以测量地面的地形起伏。郭守敬的座正仪则可能是把水平仪加以改革而成的。倘若水平仪的底面和尺面是平行的，则把水平仪放置于水平位置时，可在木楔的一边刻出和尺面齐平的线。当把水平仪贴放在待测水平的仪器部位上时，如果齐尺面正好看到木楔上的刻度，则说明该部位正好处于水平位置。否则，必有一端的木楔刻线倾入尺面以下，另一端则高出尺面以上，中央的木楔刻线则和尺面成一夹角。由此可知该部位的水平倾斜方向和大致的倾斜度。看来，座正仪应是我国古代水平仪的一种变型，原则上和近代气泡水准器的观测法相近。

至于悬正仪的结构，当然至少要有一个重锤和一条悬绳。

郭守敬在天文仪器上的众多创造，主要是在我国传统科学技术基础上的发展与提高。同时，他也善于学习、借鉴和吸收外来的先进技术。当时，阿拉伯天文学知识已传入我国。西域人札马鲁丁曾在 1267 年制造了七件阿拉伯天文仪器，在元代上都设立回回司天台。1274 年回回司天台与汉儿司天台合并。1276 年郭守敬同王恂等人受命改历后接管了司天台，对阿拉伯天文仪器做了认真的观察和研究，把一些有益的东西运用到了自己的创造发明中去。

郭守敬简仪的百刻环上，每刻分作 36 分。这样的分划法是前所未有的，我国古代从未实行过分 1 刻为 36 分的量制。这是他引进了阿拉伯仪器上的 366° 分划技术的结果。

另外，郭守敬在简仪上把窥管省减成窥衡，也是受了阿拉伯天文仪器星盘的影响。我国古代观测仪器浑仪中，都使用窥管作照准器。窥管是根正方柱形细管，窥衡则省掉了窥管的三个柱面，而只剩下贴着赤经四游环的一面。这种一条长尺、两端立窥耳的器件，在阿拉伯天文仪器星盘上可以看到它的异型。郭守敬用窥衡代替窥管，把照准器从四游双环的夹层中解脱出来，贴到了双环的外面，以和环面刻度直接联系，大大提高了观测的精度。

至于郭守敬创制的星晷定时仪，据天文学史家薄树人先生的估计，则可能就是对"定昼夜时刻之器"的阿拉伯星盘的创造性的引进，而非单纯的仿制。

郭守敬创制的天文仪器图表等物,类型众多,构思灵巧,质量精细,独具特色。当年太史局将这些仪表式样送呈忽必烈审阅时,郭守敬当面向他一件件陈述原理,说明用途,讲解十分详尽,忽必烈从清晨一直听到傍晚,一点也不觉得厌倦。明末西方传教士汤若望到中国,看到郭守敬创制的仪表,十分惊异,尊称郭守敬为"中国的第谷"。第谷是16世纪世界著名的丹麦天文学家,他曾自制过许多天文仪器,被西方视为"天文仪器之父",其成就和贡献虽可同郭守敬媲美,但却晚于郭守敬三个世纪。因此,正确的说法应该是:第谷是欧洲的郭守敬。

开浚运河

1281年,授时历颁行后第二年,太史令王恂病逝。郭守敬继续完成授时历《推步》《立成》等著作,于1286年就任太史令职,相当于现在的国家天文台台长。

元朝于1234年灭金,1279年灭宋,从而统一中国之后,北京作为封建大帝国的首都(当时称为"大都"),全国的政治和军事中心就从过去的临安(今杭州)和汴京(今开封)等地移到了这里。但南方江浙一带仍是中国经济的重心,向中央政府纳粮课税占有相当大的比重。要把大量的南方的粮食和物资运到北京,以满足大都城内的消费和促进北方地区经济的发展,交通运输则成了一个重大的问题。本来从金朝起,在华北平原上利用天然水道和隋唐以来修建的运河建立了一个水路运输系统,使元代的漕运可从杭州直达通州。但因通州、大都之间几十里并无较大的天然河道,而且大都的地势高出于通州,这一段路只好采用陆地运输。随着大都经济的繁荣,人口的增加,粮食等物资的需用量与日俱增,到了1288年,甚至分设两个漕运司机构,从河上、海上两方面运粮到通州。1290年,大都的粮食需用量已由过去每年几十万石激增到159万余石。这么多的粮食,一到通州集中后,就得起岸装车从旱路运入大都城内。这就需要配备大量的车辆、牲畜和役夫。一到雨季,道路泥泞难行,往往车陷泥中,驴马倒毙,役夫病亡,如此费时劳工,费钱费力,粮食还是难于及时送进京城。于是,解决通州到大都这几十里的运输问题成了当务之急。

此时,年届花甲并已转而从事天文历法工作十数年的郭守敬,又回到城市建设的水利工程上来,以他青壮年时期邢州治水、西夏修渠的智慧和经验,领导了通州大都间运河的开浚工作,并取得了成功。

这次开浚通州和大都之间运河工程的契机,倒是为了上都开平府(今内蒙古多伦附近)的供粮问题而引起的。上都是忽必烈的老根据地,它"北控沙漠,南屏燕蓟",既是北部政治、经济、文化的中心,又是内地通往位处大漠的岭北行省的交通枢纽。元世祖忽必烈每年都要到上都避暑,常常是"四月行幸,九月始还"。从大都转运米粮百货到上都,当时有人分别提出了两个不同的办法。一是想利用水平(今河北卢龙)至开平的滦河河段,拉纤挽舟,溯流而上。一是想利用麻峪村(今石景山西北)至荨麻林(上都附近)的卢沟河

河段，沿河道迂回曲折，辗转北上。

为此，忽必烈委派正在太史令任上的郭守敬和上都路总管姚演去实地勘探，决定可否。1291年，郭守敬等人沿两河新旧水道，乘船试行，发现河道狭窄，砂石成滩，即使投入大量人力挖深河道，也会因该地降雨量少，缺乏水源，而难以通行船只。郭守敬到上都向忽必烈报告了勘察结果，避免了一次劳民伤财的大浪费。同时，他向忽必烈陈述了水利十一事，其中第一事就是重复他在30年前（1262年）也是在上都向忽必烈陈述水利六事中的第一事——打通通州至大都的运河工程。

1262年，忽必烈曾接受郭守敬当时所提出的引玉泉山下的泉水入旧漕河开通通州至大都间运河的建议，并付诸实施。但因引来增加水源的毕竟只有一泉之水，流量有限，对于恢复航运并无多大帮助。

1276年，郭守敬关于开辟水源的另一个方案得以实施，那就是利用过去金人在京西麻峪村所开的旧运河（引浑河，即今永定河水出西山，过燕京城下向东直注入通州城东的白河，但因洪水泛滥、泥沙淤积，危及京城而被填塞），在其上段开一道分水河，引回浑河中去，当河水暴涨而危及运河时，就开放分水河的闸口，以减少进入运河下游的水量，解除对京城的威胁。但因这段运河河道陡峻，水流湍急，粮船难以逆流而上；如果在运河上建立闸坝，控制水流，又会产生泥沙淤积的问题。结果这段运河对大都运粮，仍然无济于事。

吃一堑，长一智，失败乃成功之母。郭守敬吸取了这两次失败的经验教训，反复实地勘测，再三调查研究，终于在大都西北六七十里的昌平州（今昌平区）发现其东南神山（今凤凰山）山麓有白浮泉，水流量大，可以引来作为水源。于是他在1291年向忽必烈提出具体计划：自昌平神山白浮泉修白浮堰，引白浮泉水西折南转，合双塔、榆河、一亩、马眼、玉泉等西山山麓的其他泉水，绕出瓮山后，汇为七里渠，东入西水门，贯通积水潭，东南出文明门，东到通州高丽庄，入旧漕河。忽必烈十分赞赏这个计划，兴奋地说"当速行之"，于是下令指派郭守敬主持这项工程，尽快动工。

1292年春，郭守敬被重新任命为都水监（他曾于21年前的1271年首任都水监），开始施工组织设计和准备工作。当年汛后八月丙午（十八日），忽必烈批准开始施工。十一天后的丁巳吉日（二十九日），举行了隆重的开工典礼。忽必烈命丞相以下官员都来到施工现场，"亲操畚锸"（草编的盛物工具和铁锹），参加劳动，以示重视和倡导之意。

从神山引白浮泉水等经六七十里地到大都城西瓮山泊，是这一工程的关键。因为白浮泉等水源本来都是顺着天然地势由高往低向东南方流入白河，不经过大都，无法归入运河。于是郭守敬设计筑堰，向西开凿河渠，使白浮泉水先背离东南方向的大都而往西去，直通西山山麓，然后顺着平行山麓的路线，引往南来，其间又拦截了西山东流的众多泉水，浩浩荡荡一齐汇入大都城西的瓮山泊。

从白浮泉至瓮山泊的引水渠道在当时被称为"白浮瓮山河"，明代以后常用其起点工程"白浮堰"称之。它大致可分为白浮泉至横桥村北段、横桥村至冷泉中段和冷泉至瓮山泊南段这三段，其间总长度据文献记载，推算下来大约为32公里。有些地段，偏东一点，则要穿越清河和沙河的河谷，从高程上分析，无法引水至瓮山泊；如果再向西移，则会增

加渠道长度和开挖工程量。从这取舍之间,可以看出郭守敬对地形测量和施工实践的深厚功力。

解决了通州至大都间运河的水源问题,剩下的问题便是要克服这段运河河床倾斜坡度给航运造成的困难。由于水源都是清泉,泥沙很少,不易淤积,郭守敬决定用筑坝设闸来控制水位水量,以便粮船平稳上驶。

郭守敬设计自瓮山泊以下至通州高丽庄,每十里左右设闸一处,每处置相距一里左右的上下二闸,有两处还根据地形条件和行船要求,增建了中闸,总共设闸 11 处,计闸 24 座。当提起上一段河水处的闸时,便关闭下一段河水处的闸,这样水就被储积控制起来,流不下去。在保持一定的水量后,大船也能逆水而上,通行无阻了。这是郭守敬创造性的设计。

通州原称潞县,金代取“漕运通济”之意,改称通州,是北运河的终点码头。

郭守敬在浚通大都至通州的金运河故道时,在通州西水关附近与北运河衔接处,改变了原北运河旧河道,另辟新河道,向东南方穿过通州城内,流经高丽庄以东,至李二寺入白河,这样比原河道缩短了三分之一的里程,节省了航运的时间和费用。

通州至大都的运河工程,自 1292 年 8 月底开工,历时不到一年,至 1293 年 7 月竣工,工程规模浩大,施工速度惊人。其间,郭守敬以年逾花甲之龄,负责总体规划、设计和施工,凡遇重大技术问题,均需郭守敬亲自“指授而行事”,相当于当今的工程总指挥和总工程师的职务。

据记载,参加工程施工的人员有军队 19129 人,工匠 542 人,水手 319 人,没官囚隶 172 人,总计用工 285 万个,费银 152 万锭,粮食 38700 石,石、木 163800 章,铜、铁 20 万斤,白灰、桐油、木柴不计其数。其规划和组织的严谨,令人赞叹。

1293 年秋,忽必烈从上都回到大都,看到运河工程的终点码头——大都城内的积水潭中,“舳舻(舳:船尾;舻:船头。舳舻:指首尾衔接的船只。)蔽水”,停泊着自南方海运、河运两路北上的运粮大船,盛况空前,心中有说不尽的欢喜,于是亲自给它取名叫“通惠河”,并赐郭守敬 12500 缗钱钞,任命他仍以太史令原职兼“提调通惠河漕运事”。

通惠河开成后,古代沟通中国南北的大动脉——大运河全部完成,南方运送物资的大船可以从杭州直达大都,促进了南北经济交流和社会生产的发展。通惠河从昌平神山白浮泉经大都城到通州高丽庄,全长 80 多公里。今天,北京市供水工程用的京密引水渠,自昌平经昆明湖到紫竹院西北一段,基本上还是沿着郭守敬当初的路线。通惠河的名称,也一直沿用至今。

大运河是我国历史上最伟大的水利工程之一,也是世界上开凿最早而工程规模最大的一条运河。它从公元前 485 年春秋时代吴国开凿的邗沟(淮阴至瓜洲)算起,经历代的不断增凿,到元代郭守敬 1293 年开成通惠河,迄至 1327 年通惠河上的 24 座石闸的基本改建完成,前后历时 1800 余年,全长 1700 多公里。大运河贯通海河、黄河、淮河、长江和钱塘江五大河流,穿过河北、山东、江苏和浙江四省,北起北京,流经天津、德州、济宁、淮阴、扬州、镇江、无锡、苏州等大城市而直达杭州。根据水的流向,大运河可分为五段:

1.京津段,长约 160 公里。其中从北京到通州区的一段,即郭守敬开凿的通惠河。从通州区到天津的一段,称为北运河。

2.津黄段,长约 560 公里。其中从天津到临清的一段,称为河北南运河,即隋代开凿的永济渠。从临清到黄河北岸的一段,称为山东北运河,即元代开凿的会通渠。

3.黄淮段,长约 460 公里。其中从黄河南岸到韩庄的一段,称为山东南运河。山东南运河中有一段为元代开凿的济州河。从韩庄到淮阴的一段,称为中运河。

4.淮江段,长约 180 公里。其中从淮阴到瓜州一段的邗沟,隋代又修浚成为山阳渎,现称为里运河。

5.镇杭段,长约 340 公里,即隋代开凿的从镇江至杭州的江南河,现称为江南运河。

大运河的开通是我国水利史上的伟大成就,是千百万劳动人民千百年来顽强地战胜自然的标志。虽然历代封建王朝的统治者征调劳动人民开凿大运河的目的在于沟通漕运,加紧剥削南方的财富,来维持他们的统治地位,从而使大批壮丁受苦受难、挨冻挨饿、胼手胝足、流血流汗,付出了沉痛的代价。但是,今天中国人民掌握了自己的命运,大运河的畅通运输,真正发挥了为人民谋福利的作用,历代劳动人民的辛勤努力真正收到了不可磨灭的功效。

名垂星汉

1294 年,郭守敬完成通惠河开浚工程的次年,由于他在水利工程和天文历法方面的重大贡献,升任昭文馆大学士兼知太史院事。昭文馆大学士是元代授予汉族文职官员的一个级别颇高,但无实权的荣誉性虚衔;知太史院事是太史院的最高长官,职位在太史令之上。这时,郭守敬虽然已年逾花甲,他的晚年在学术上仍然有所建树。

郭守敬同王恂等人编制的《授时历》于 1281 年颁行后,王恂不幸于次年(1282 年)病逝。这时,还有一部分有关的历书尚未最后定稿。此后几年间,郭守敬编排整理完成了授时历《推步》七卷、《立成》二卷、《历议拟稿》三卷、《转神选择》二卷、《上中下三历注式》十二卷等著作,于 1286 年他继任太史令时将这些书稿上呈元朝政府。此外还有《时候笺注》二卷、《修改源流》一卷。后来他转而从事开浚通惠河的水利工程,天文历法研究和著述工作只好暂时搁在一边。1294 年他回到太史院后,又继续整理和撰写了《仪象法式》二卷、《二至晷景考》二十卷、《五星细行考》五十卷、《古今交食考》一卷、《新测二十八宿杂座诸星入宿去极》一卷、《新测无名诸星》一卷和《月离考》一卷,都藏于太史院内。他在天文历法方面的著作,前后共计 14 种,105 卷,在我国古代天文学家中,是著述最丰的一位。这些著作,在元朝灭亡时曾被元朝统治者携往漠北,后陆续散失,其中只有一部分内容载在《元史·历志》中。

郭守敬还有一些天文历法著作,在后人的一些记载中被保存了下来。如清初梅文鼎《勿庵历算书目》载《郭太史历草补注》一卷,《堑堵测量》中最后一节"郭太史本法"则介绍了郭守敬《授时历草》的"弧矢割圆图""侧视之图"和"平视之图"。其中,后两图可作为郭守敬应用二视图的旁证,这比西方的二视图早了至少两个世纪,在世界画法几何前史中具有重大意义。

老年的郭守敬不仅勤于著书,而且仍勤于动手,亲自制作各种奇巧的仪器。

他创制过一种自动报时的七宝灯漏,采用水力推动,使之运转。灯漏里有手执报时牌的神像12个,和手执钟、鼓、钲、铙的报刻神像4个,每到正时、正刻,他们都出来敲钟打鼓,报告时辰。元朝政府在朝会时,常把七宝灯漏挂在大明殿上,故史载又称大明殿灯漏。

大明殿灯漏是一架报时器,它由上下两部分构成。上部附件是用来测量仪器水平用的,但不采用以水平槽解决水平问题的传统方法,而是采用重力下垂原理,类似西汉"被中香炉",在曲梁两端,装饰上"龙首","张吻转目,可以审平水之缓急";在中梁之上,"有戏珠龙二,随珠俯仰","可察准水之均调",以保证仪器的安装处于水平状态。郭守敬的设计是中国仪器制造史上关于水平装置的一次变革。下部主体则分为四层,第一、三层旋转,三、四层不转。"其机发隐于柜中,以水激之",即以水力为动力。

1298年,郭守敬还设计制造了一种灵台水浑象,这是一架用水力推动的天球仪,它可以表现天空中日月星辰的运动情况,也是一座天文钟。我们知道,东汉张衡创制了水运浑天仪,但制造方法失传了;唐一行和梁令瓒苦心钻研,制成了水运浑天铜仪;北宋苏颂和韩公廉又制造了水运仪象台。郭守敬的灵台水浑象,以25个木制的机轮代替金属机轮,刻度精细准确,功效一点也不比金属的机轮差。

垂暮之年的郭守敬,极感兴趣于计时漏壶的改进。他为成宗铁木真制作了一种柜香漏,为皇室祭祀天地或祖先的大典上使用而做过一种屏风香漏,为皇帝出行时携带方便而制造过一种行漏。

此时郭守敬虽然不再担任水利工程方面的职责,但元朝政府在这方面有了重大问题,仍然征询他的意见。1298年,元成宗铁木真(元世祖忽必烈的孙子)想在上都西北郊的铁幡竿岭脚下,开出一条河渠南通滦河,宣泄山洪。于是诏郭守敬到上都商议规划。

68岁的郭守敬应诏北上,他不顾年近古稀的高龄,亲自前往铁幡竿岭山区实地勘察,根据该地区多年来降雨情况和山洪暴发的历史资料,认为渠堰必须有50步至70步(约合75—105米)宽,才能承受山洪暴发时的大水。但因平时这一带水势尚平缓,主管其事的官员目光短浅,加上元朝政府吝惜工费,结果施工时的实际宽度比郭守敬设计地缩减了三分之一。没想到第二年就遇上连日暴雨,山洪直泻如注,溢出渠岸,泛滥成灾,冲没了人畜帐幕,还差点淹及了铁木真在城北较高处龙岗下的行宫,使他不得不在第二天马上向北部更高的山岗上迁移,以避大水。铁木真想起了郭守敬的预言,禁不住对周围官员们说:"郭太史神人也,惜其言不用耳!"(郭太史真是神人呵,可惜没有听他的话!)

1303年,元成宗下诏说,年龄到了70岁的内外官员,可以还禄位于君,辞官退休,即所谓"告老还乡""解甲归田"。这时郭守敬已经超龄,也提出了退休的请求。但鉴于他是天文历算和水利工程方面的专家,今后还得依靠他,所以朝廷唯独不批准他的申请,让他一直留

任。从此开了一个先例，后来规定翰林院、太史院掌管天文的官员一律不予退休。

　　耄耋之年郭守敬仍然关心着天文和水利事业。例如，通惠河初建闸坝时，务求速成，所以都用木闸。过了一些年头，有些木闸开始腐朽，郭守敬建议把已经腐烂和没有腐烂的木闸全部依次改建成石闸。为此，他要求闸户学习石工、木土、铁工和炼石灰的技术，以便不再征发民工，而把改建石闸的工程直接交付闸户主办。通惠河上 24 座闸的改建工程从 1311 年开始，到 1327 年才基本完成。其间，郭守敬已于 1316 年 85 岁时去世了。

　　综观郭守敬的一生，为中国的天文和水利事业孜孜不倦地辛勤奋斗了 60 多年，真是如春蚕吐丝，至死方尽。

　　中国古代科学技术在世界上曾经长期处于领先地位，宋元时期是中国古代科学技术发展的高峰，郭守敬是元代在科学（天文学、数学）和技术（水利工程、仪器制造）两个方面都有卓越贡献和高度成就的科学家，在世界科学史上也是一个出类拔萃的人物。如果只列举中国历史上最杰出的几个科学家的名字，其中一定会有郭守敬。1962 年，我国邮电部发行了两枚绘有郭守敬半身像和他所创制的简仪的纪念邮票。1981 年，我国科技界隆重集会，纪念郭守敬诞辰 750 周年和他所制定的授时历颁行 700 周年。不仅如此，郭守敬在国际上也享有崇高的声誉。

　　皎洁的月亮在黑暗的夜空中放射着柔和的银光，把光亮洒向人间，引起人们美好的遐想。月亮上的阴影，产生了嫦娥、吴刚、玉兔和桂花树的优美神话。现代天文学知识告诉我们，月亮是一个围绕着地球旋转的球状星体，它自转和公转的周期同步，所以月球始终以相同的一面向着地球，月球的背面对人类而言从来就是秘密。1959 年 10 月，人类第一次拍摄到了月球背面的照片，发现月球背面有很多具有辐射纹的环形山。为了纪念世界各国著名的科学家，表彰他们在探索宇宙奥秘、造福人类的创造性科学研究工作中的巨大贡献，国际天文学会决定用他们的名字来命名它们。

　　1970 年，国际天文学会将月球背面位于 134°W、8°N 的环形山定名为"郭守敬"，这是中华民族的光荣，我们每个炎黄子孙都感到无比的荣耀和自豪！

　　月球是地球的唯一天然卫星，而绕太阳公转的除已知的九大行星外，还有许多已知的和未知的小行星。从 1801 年皮亚齐发现第一颗小行星以来，到 1928 年我国现代天文学家张钰哲发现的小行星，已经编号到第 1125。小行星的命名权属于发现者，张钰哲发现的第 1125 号小行星就被命名为"中华"。

　　中国科学院紫金山天文台子，1977 年把他们多年来发现的小行星中被国际天文学会确认并已编号的四颗分别命名为张衡、祖冲之、一行和郭守敬，以纪念我国古代杰出的天文学家。其中，于 1964 年发现的国际小行星永久性编号为 2012 号的"小行星（2012）1964TE$_2$"便被正式命名为"郭守敬"，并于 1978 年公布。

　　所以，著名科学家茅以升 1984 年 10 月 14 日在河北省邢台市郭守敬纪念馆奠基仪式上讲话说："郭守敬不仅在地上闻名，而且还在天上闻名。因为月球上边有一个山就叫郭守敬，另外太空里面有一个星也叫郭守敬。"

　　郭守敬名垂宇宙，与星月同辉。

华夏神医

——李时珍

名人档案

李时珍:字东璧,晚年自号濒湖山人,湖北蕲州(今湖北省黄冈市蕲春县蕲州镇)人,汉族,生于明武宗正德十三年(公元1518年),卒于神宗万历二十二年(公元1593年)。

生卒时间:1518~1593年。

安葬之地:湖北省蕲春县蕲州镇竹林湖村。

性格特点:富有实践精神。

历史功过:李时珍曾参考历代有关医药及其学术书籍八百余种,结合自身经验和调查研究,历时二十七年编成《本草纲目》一书,是我国明朝时代药物学的总结性巨著。在国内外均有很高的评价,已有几种文字的译本或节译本,另著有《濒湖脉学》。

名家评点:被世人称为"药王神医"。

寻师求教

尽管李时珍在医药方面,具备非常有利的发展条件,但他的父亲却并不愿意他步自己的后尘。因为在那个年代里,医生的社会地位并不高,所谓"医卜星相",医生和那些占卜看相算命测字的人摆在一起,被当作"下九流"对待。

当时,蕲州有四大乡绅,都是官宦人家,他们拥有大量的土地,保持着优越的社会地位。其中的顾家,做过福建参政,住在东门外的全胜坊,与李时珍家相隔不远,有一所很大的园子。顾家在乡里标榜风雅,收容了一些贫苦的知识分子和三教九流人物作为"养

士"或"门客",点缀他的门面。李时珍的父亲李言闻与顾家常有往来,好多年以后,李时珍才知道父亲原来也是顾家的门客。

正是由于父亲常与顾家交往,深知社会上各种人的尊卑贵贱,所以他就不愿意儿子再走自己的老路。他只同意大儿子李果珍继承自己的职业,但也是出于无奈。对二儿子李时珍,就决心供他读书,让他参加科举考试,在仕途方面去发展,如果将来能攻取一官半职,也好光宗耀祖,改换李家的门庭。

李时珍小时候读书,原本很刻苦,成绩也很优异,14岁时就考中秀才。李言闻很高兴,认为儿子将来会很有出息,所以不断鼓励他,继续攻读,准备进一步去参加"乡试"。乡试是明、清科举考试中省一级的考试,由朝廷派主考官主持考试,考中了称"举人"。李时珍的父亲希望儿子能中举。可是乡试要做"八股了"。做这种八股文,是非常呆板乏味的事,不论什么题目,都必须按严格的格式去写,由破题、承题、起讲、入手、起股、中股、后股、束股八个部分组成,而后面的四个部分,又必须按严格规定,写出两股相互排比的文字……总之,形式死板,束缚人的思想。李时珍是个喜欢独立思考的人,他写文章不愿意受这些限制,总爱有一些与众不同的表现。这怎么能符合主考官的判卷标准!

李时珍一连参加三次乡试,都没有被录取。他对参加这种八股文科举考试,越来越没兴趣。于是决心放弃科举考试,一心一意去攻研他所喜爱的医药专业。

李时珍学医,除了医生世家这个好条件之外,还有他自小具有独特的天赋,特别是他内心中有一种强烈的愿望。

李时珍的同乡近邻多半过着穷苦的日子,平日就衣食艰难,如果有了疾病,就更备受缺医少药之苦。家乡人都因为有李时珍的祖父和父亲而感到庆幸。他常常听见穷乡亲们念叨他的父亲,言谈话语之间,流露出深切的感激之情和真挚的敬意。因此,他并不感到医生的社会地位低下,反而以父亲的职业为荣。从很小的时候起,他就在心里深深埋下了"从医"的愿望。后来跟随父亲在玄妙观学习诊病时,他更直接感受到了患者以及患者家属与医生之间的那种非同寻常的感情交流,这也加深了他对医生这个行业发自内心的尊重和爱戴。

在李时珍20岁那年,他得了一场重病,开始是感冒咳嗽,后来转成"蒸骨病"。这种病除发热外,还往往有肺痨病的主要症状:盗汗,烦躁,口渴,皮肤火烧火燎,多痰,不能吃饭,不能安睡,这很像现在所说的肺结核。开始,李时珍试着给自己治病,服用柴胡、麦门冬等清热化痰的药物。可是,一个月后,病不仅没好,反而重了。大家都没了办法,认为他必死无疑了。

在这关键时刻,还是父亲李言闻的高明医术救了他。李言闻不愧为一方名医,他是个知识分子,平时注意研究医理和总结经验,在相当程度上做到了博古通今。这时,他想起了金代一位医学家的经验,决定给儿子服用一味能清肺热的药"黄芩"。

李时珍按照父亲的处方服药以后,药到病除,热也退了,痰也止了。这事使李时珍联想很多,感慨极深。他想,治病用药,非要"对症"不可,而要想做到"对症",就必须学识渊博,经验丰富,深深懂得并充分掌握医药学中的无限奥妙。这次患病和治愈的切身感受,给他留下了难忘的印象。也正是从这一件事起,他更加坚定了自己终生从医的伟大志向。

在玄妙观帮助父亲行医的过程中,李时珍不仅自己细心认真,勤学苦练,还不厌其烦地悉心向父亲求教。他注意到每次父亲在给自己解释疑难的时候,总是先引用古代医书,找出理论上的依据,然后再联系给病人施诊的实际情况,进行分析、论证。李时珍在父亲的口传心授中,不仅解决了自己的种种疑难,还受到了很多启发。从此,他不光尽心尽力地为病人诊断治疗,还特别注意研读医书文献,每天都做笔记总结经验和教训。这样,一天一天,日积月累,他在人们心目当中,就逐渐成为一位名副其实的医生了。

曾经有那么一回。

父亲李言闻给一位女病人治黄恒,换用了好几个处方,病情一直没有好转。这天,他又给病人号脉问诊,一切完备,该开药方了。可是,李言闻却握着笔,凝思好久,没有落笔写一个字。很明显,老医生有些犹豫。这时,李时珍走近了父亲,他壮着胆子却放低了声音说:"试用一下'矾石方'如何?"

李言闻眉目忽然开朗,他吃惊地望着儿子,心里明白儿子已经熟读了不少医书。他非但没有责怪儿子"多嘴多舌",反而满意地点头称是:"有道理!"说着,挥笔很快开出了新的处方。

李言闻越来越理解儿子对医药之道的热爱和至诚。他不再勉强儿子去应试科举以改变门庭,决心顺应儿子的意愿和选择,尽自己所能,给他切实的帮助。在以后父子共同行医当中,李言闻精心指导李时珍去进行临床诊断和对古籍的研习。在他的帮助下,李时珍进一步钻研了《内经》《神农本草经》《伤寒论》《金匮要略》……除了医学著作,还指导他阅读《尔雅》《说文解字》《唐韵》等古代字典辞书,帮助儿子了解和使用各种工具书。在研习这些书籍时,李时珍也表现出了他对医药学的独特天赋,他对《尔雅》中的《释草》《释木》《释鸟》《释兽》等内容,具有无比浓厚的兴趣;在这些方面的探索和研究中,也表现了极强的专注和理解能力。他经常根据书中的引导,到田间、山野、大自然中去求索和识辨各种虫鱼鸟兽、花草树木。通过书本与实践相结合的学习研究方法,他获得了医药学方面的许多真知,为将来的发展和攀登,打下了坚实深厚的基础。

这一年过完春节,李时珍想到家里有哥哥李果珍帮助父亲坐堂诊病,就对父亲提出想离开家到外面见识一下,一边行医,一边寻师问道。父亲欣然同意。他还特别郑重地嘱咐李时珍,要多交些医道的朋友,虚心向人家求教,增长知识见闻,丰富自己的经验。

李时珍先沿长江西下,到了江西湖口。

由于他碰巧搭上了湖口县官的船,又为县官小儿子治好了肠道蛔虫的病,所以到湖口不久,就已传出了名声,人们纷纷来找他寻医问药。但李时珍自知医道尚浅,需要不断进修,向精深方面提高,所以他很注意寻师访友求教。

在湖口行医期间,李时珍遇上了一个熟人。这是一位商人,他不幸患了消渴病(糖尿病),曾经找李时珍看过。当时李时珍认为他病情严重,难以久活,给他开了药方,配好药,劝他带药回家调治。临行,李时珍还嘱咐他把药带在身边,不断嗅闻,不然随时会出

问题;同时还嘱咐他多买些梨煮水喝。可是,现在见到这位病人,他竟然身体健康,气色俱佳,李时珍惊奇地追问他的病是怎样治好的。

这位商人说,他当时也自认为活不长久,就把药带在身边,到处游玩,消磨时光。后来遇上了一位名气很大的王老医生。他抱着死马当活马医的态度,前去求治。王老医生的诊断与李时珍的诊断一样,所开的药方也相同,只不过他嘱咐病人,那药不必嗅闻,而要改为泡茶喝;梨子煮水,要放开肚皮吃,能吃多少就吃多少,多多益善。他按照王老医生的嘱咐去办,果然治好了病,又恢复了健康。

李时珍听了以后,认为这位老医生是一位十分高明的老前辈,就立刻恳请那位商人告诉王老医生的住址,连夜离开湖口,搭船寻访他去了。

李时珍终于找到了王老医生,他改名换姓,央告老医生准许他跟随老人家打工学医。王老医生见他很诚恳,想到自己也正需要一个帮手,就答应了。

自此以后,李时珍早起晚睡,帮助老医生扫地擦桌,烧火做饭,端茶送水,里里外外全都做得让老人舒心满意。干完活,一有空,他就来到诊室侍候老人,同时注意观看老人如何给病人问诊把脉,开方配药,并且把所看到的一切,默默记在心里,认真理解揣摩。老人上了岁数,需要早睡。李时珍就在老人就寝以后,认真研读他的医药藏书,同时做好笔记。

天长日久,老医生见李时珍既能吃苦耐劳,又勤奋好学,越来越喜欢他,越来越信任他。遇上自己忙不过来的时候,就让他来记录自己口授的处方,有时也让他试着给病人应诊。

一天,有一个患鼓胀病(血吸虫病)的病人来求医。这病人面色如土,肚子鼓胀,身上已瘦得皮包骨了。李时珍仔细注意老医生如何诊治这样严重的病人。当他为老医生记录口授的药方时,他很高兴老医生开的药方也是自己所设想的"齐大红"。但是,让他大吃一惊的是:老医生竟然把这样一种毒性十分强烈的药材,剂量开得那么大,比他所设想的要多十倍。开好药方,老医生请病人留下来,让李时珍负责照料服药。李时珍亲眼看见病人把那样大剂量的毒性很强的药服了下去,大泻一通,身体一歪,不省人事了。但当老医生给病人把过脉,用银针给病人扎了一些穴位以后,病人终于苏醒过来,转危为安。老医生又嘱咐李时珍给病人熬红枣糯米粥喝,调理脾胃。后来,这位病人竟奇迹般地康复了。

就是这样,通过一件件类似的病例,李时珍了解了老医生"对症下药,把握药量"的精湛医术。日后,他又把这一医术运用到自己的医学生涯中去。

由于李时珍虚心好学,勤恳认真,老医生允许他一起坐堂行医。他像老人那样精心地甄别病情,精确地对症下药,并精细地把握用量,竟然也和老医生一样,治一个好一个,让老医生感到十分欣慰。同时,李时珍也为自己赢得了好名声。

李时珍在外乡行医的好名声,被广为传颂,自然也传回到家乡故里蕲州。

1541年(明嘉靖二十年),父亲李言闻在玄妙观正式为儿子挂出了一个木牌,上面写着:世医李时珍应诊从此，李时珍正式挂牌行医了。

医术高明

李时珍正式挂牌行医以后，并没有放松钻研进修。他对自己要求十分严格。每治好一个病人，都要总结经验；治不好，也要找出问题和教训，然后详细记录下来。这样日复一日，年复一年，不断地积累，他终于使自己的理论和经验越来越丰富，医术也越来越精湛。

李时珍给人治病，总是根据病情，因人而异，讲究辩证施治。他从不固守一种方法，也不拘泥信守什么死的框框。不论是古人传习的"经方"，当前流行的"时方"，民间特有的"单方"或"验方"，也不论是内服、外用或内外结合……只要能把病治好，他就果断使用，毫无顾虑。

李时珍在行医施诊当中，"药到病除""妙手回春"的事例太多了。

有个年轻人患眼病，半个脸肿胀，几经治疗，都不见效。一个月后，请李时珍接诊。李时珍用"解内热，缓肝火"的办法，给他开了夏枯草、香附、甘草等药，只眼了四五剂就好了。

一位老人腹脐虚冷，大便溏泻，到处求治无效。李时珍叫他寻些熟艾（经过加工的陈艾叶）用布袋包起来，把整个腹脐部兜住。因为艾叶味辛温，能驱寒止痛，老人的病很快就治愈了。李时珍对这个简便易行的方法十分满意，说它"妙不可言"。

一位妇女流鼻血，一天一夜不止，情况非常紧急，李时珍立刻采用了他从民间收集来的"奇方"，叫病人家属把大蒜切片，贴敷患者的脚心，导热下行，立刻就止住了血。

一位50多岁的老人，长期患痢疾，腹部剧痛，生命垂危，家里已经在安排后事，连棺材也准备好了。但他仍然抱一线希望，来向李时珍求治。李时珍看了病人，想起《雷公炮炙论》书中的一句话"心痛欲死，速觅延胡"。延胡索是行气止痛、活血化瘀的良药。李时珍就让那老人用米汤调服延胡索。老人服药后，果然止住了腹痛，转危为安，调养几天以后，竟完全恢复了健康。

李时珍用简便的办法治好了被顽固便秘痛苦折磨了30多年的病人。他也用简便的办法治好了上百个长期腹痛腹泻的患者。他还治愈了不少像半身不遂之类以及许多连病名也没有的疑难病症。

李时珍逐渐成了大家崇拜的名医，人们普遍都信赖他。

但是，也有不信的。传说蕲州有个富家子弟，他就不信李时珍，还扬言一定要让李时珍当众出一次丑。有一天，他到酒馆里叫了许多饭菜水酒，独自海吃海喝，饱餐了一顿。他挺着鼓胀的肚皮，开始寻衅闹事。他打发人把李时珍找来。李时珍还以为是有人请他出诊，从容地走来。那个阔少一见李时珍来了，猛然连蹦带跳，蹿到后面的一间房子里躲了起来。人们找不到阔少，都觉得奇怪。后来好不容易发现他藏在后面的屋里。可是当

大家把他找了出来之后，他却一下子趴倒在地，不停地"哼""哟"叫痛，连站也站不起来了。众人越发莫名其妙，还以为他是装病给李时珍看，耍花招戏弄李时珍呢。李时珍对这一切并没有理会，他走近看那年轻人，只见那位少爷脸色白里泛青，呈现出一种死灰色。李时珍暗暗吃惊，又认真仔细地把脉问诊，然后把他一个家人拉到房外，悄悄地对他说："你家少爷已经无可救药了，赶快跟他准备后事吧。"那个家人说："少爷是跟您开玩笑的。"李时珍说："我可不是开玩笑。他没有多少时间了！"李时珍所说的话，那位阔少也听见了。他突然跳起来，恶狠狠地冲向李时珍，要大打出手。李时珍向一旁躲开。只见那个阔少扑了个空，突然因急剧的腹痛所制，哀号了几声，倒翻在地，口吐白沫，很快就断了气。

大家惊问李时珍："刚才还欢蹦乱跳，怎么立刻就死了，这是怎么回事？"李时珍镇静地说，他这是得了"饱食断肠"的绝症，眼下是没法治的。到这时，大家如梦方醒，惊服李时珍既能把死人医活，又能立刻断明绝症。

李时珍不仅医术高明，医德也十分高尚。这跟他的优良家风是分不开的。

祖父是走乡串村的民间草医，从来就是与贫苦人民同呼吸共命运的。父亲虽然坐堂应诊，但也是在农村乡间，病人多是穷苦的农民。不少病人穷得没钱付诊费，他常常免费施诊，有时还要白搭上药材。对这些付不起诊费的穷苦人家，李言闻是从不计较的。他很体谅他们的难处，甚至越是穷人，他越要精心治疗，千方百计尽快治好，早些解除他们的痛苦。有的农民多次看病，掏不出钱来，实在过意不去，只好拿出自家织的一点土布，或是一些自家种的瓜菜，或是到水沟里去摸上些小鱼，送给医生表达举家感激之情。每逢这时候，李言闻总是婉言谢绝，实在推托不掉，也就高高兴兴收下，免得伤害对方的感情。

由于父亲医德好，乡亲邻里们都十分敬重他。大家爱屋及乌，十分善待李家的孩子。李时珍小时候在外面玩耍，不小心踩坏了人家园子里的小苗儿。人家不仅不责怪他，还关心地问他受伤了没有。所以，李时珍从小时候起，心灵里就接受了父亲美好品德以及邻里街坊美好感情的熏陶濡染。及至后来他自己也成了医生之后，他就完全再现出优良的家风，仿效父亲，真心地善待病人。不论坐堂应诊，还是送医送药上门，只要病人有所求，就有求必应，随叫随到。白天如此，夜晚也如此。晴天如此，刮风下雨也如此。路近如此，路远也如此。他"一心赴救，托医行善"，遇到家境贫苦、付不起诊费的病人，就免收诊费，或者让病人提供一个单方代替诊费。

在李时珍挂牌行医后不久，蕲州曾发生过严重水灾。江水倒灌，蕲河溢流，农田被淹，粮食歉收。水退后，疾病流行，许多人被饥饿、疾病折磨而死，一时间到处都是悲惨的景象。这时候，李家父子就义不容辞地投入了抢救，应诊施药，分文不收。

后来，李时珍一生都坚持这种优良的家风和高尚的医德。因此，他在身后留下了难得的美名，人们称颂他"千里就药于门，立活不取值"。就是说他医德高尚，医术高明，不仅在行医施诊方面疗效好，活愈率高，而且又不辞辛苦，不避风险，不讲价钱，不计报酬。

这样好的医生自然会有口皆碑、名扬天下的。

李时珍的好名声，并不仅仅在乡村山野一般老百姓中间广为流传，很快也引起了上层社会、达官贵族们对他的关注。

当时，在湖北武昌，皇帝所封的楚王叫朱英焱。楚王有个小王子，这年才 7 岁，他得了一种怪病，专爱吃灯花，一见灯花就抢着去吃。灯花吃得多了，小王子越发面黄肌瘦，后来病征越来越多，发烧，说胡话，有时甚至昏迷不醒。

楚王府里有些府医，再加上从外面聘请的一个个"名"医，轮番给小王子看病，但这府里府外的医生，谁也没有治好小王子的病。小王子不但不见好，病情越来越重。

实在没办法了。王府又请来一批道士，到王府来打醮。打醮就是设坛祭祀鬼神。于是，一时间，王府的殿堂里扎彩搭台，设了法坛。在神案上摆满了香炉、食盒、供果；点燃起香、烛、神灯。大殿两旁列好乐队，敲鼓鸣锣，响铃击磬，丝琴笙笛一齐演奏。整个大殿灯火通明，香烟缭绕，鼓乐喧天。更有身穿道袍手执法器的道士，一面大声诵念着什么经咒，一面用柳枝条蘸着水，向四方挥洒。所有这一切做法，都是为了给小王子涤除秽气，消灾免难。

可是，经过这样几次三番的喧闹折腾，小王子的病依然不见起色。

正在这时，居住蕲州的荆穆王（地位低于楚王）向楚王推荐了李时珍。因为前不久李时珍给他的王妃治好了久治不愈的疑难病症，他对李时珍的医术高明深信不疑，相信李时珍也一定能把楚王小王子的病治好。

李时珍被召进楚王府。他在众目睽睽之下为小王子开始诊断。只见小王子面目已经枯槁，他问过病情，把过脉，确认是肚里虫子所致。他查阅了以前医生们开过的药方，发现那些医生都施用了一些补药。他明确地否定了这些药方，说小王子越吃补药，那些虫子就养得越壮，越能在肚子里兴妖作乱。他大胆地使用了一般医生不敢用的能"催吐"和"攻下"的一些药物。

小王子按李时珍的药方吃了第一副药，果然剧烈地呕吐起来。不过，他的病情并没有马上减轻，反而发高烧，说胡话，像是又加重了。于是，楚王府的人都对李时珍这位名医大加怀疑。楚王还把李时珍传唤来，严厉地进行责问。

李时珍听说小王子服药后呕吐过，心里就有了数。他走到床前，再给小王子号脉，看过舌苔，更有了信心。李时珍给楚王回话时说："恭喜王爷，小王子病快好了。"

楚王疑惑地望着他。李时珍进一步解释说："小王子肚里有虫子作怪。我用的是驱虫的药，虫子遇到这种药，必然要挣扎，这自然会使王子呕吐，发烧，说胡话。这不足为怪。相反，这恰好说明虫子快要死了，王子快要好了。不过，王子还要继续再服两副药，才能痊愈。"

楚王答应让李时珍继续给小王子诊治，但心里还在盘算，如果小王子有个三长两短，就让李时珍抵命。

小王子又按李时珍的嘱咐，在睡觉前服用了一副药。服药以后，他果然安安稳稳地睡了一夜。

第二天，小王子醒来以后，李时珍又亲自给他服用了另一个药方的药，等他再次安睡

以后，李时珍才放心地走开。

奇迹终于出现了。

等小王子再次睡醒以后，他果然就张口要吃东西了。

李时珍治好小王子的消息，使得楚王府上上下下都喜出望外，对李时珍赞叹不已。

楚王原想找一个高明的医生给自己当侍医（私人保健医生），现在看到李时珍果然与众不同，就决定把他留在王府，并且还给他一个官职，做王府里的"奉祠正"（掌管祭祀礼节的官员），后来又让他负责王府内的医疗机构"良医所"。

当时，李时珍并不愿意在王府里任什么官职。他知道，给达官贵族治病，要担很大的风险。治好了病还好说，治不好却可能招来横祸。但是，王府既然决定留下你，再要断然拒绝，日后可能会遭到算计。

这时，李时珍想到了心中酝酿已久的一个宏大的志愿，才把无可奈何地服从变成为顺水推舟，他欣然接受了王府的聘请，留在王府里任职了。

李时珍内心深处的那个宏大志愿是什么呢？就是要整理、增补和修订历史上已有的各种《本草》著作。简单地说，就是他要自己动手写一部新的大部头书——《本草纲目》。

李时珍自幼就爱读书。后来，他养成了一种习惯，不论白天多忙，到了夜晚，总要在油灯下再读一些书。自然，他所读的主要是医药书。

李时珍抓紧一切机会读书。在家里，读父亲的藏书；出门拜师，读师傅的藏书。他自己也陆续收藏了不少医药方面的著作。除了一般地读，他还与自己的实践结合起来，特别是遇到疑难病症的时候，他就更加精心地研读。其中，他最感兴趣、最用心读的，就是那些专讲医药学的各种"本草"书。

"本草"，这是古代人们对中医药物的总称。中医所采用的药物，内容十分丰富，像花草果木的根、茎、叶、花、果，鸟兽鱼虫的骨、肉、皮、毛、角、壳、鳞、甲和各种内脏器官，以及各种矿石金属……都可以选用入药。既然能入药的包括了动物、植物、矿石金属等等，为什么单单要叫"本草"呢？这是因为在能入药的各类物质当中，植物的草类居多，所以就把一切药物统称为"本草"了。

我国最早的"本草"学著作，是汉代的一部，因为这里面记载了"神农尝百草"的故事传说，所以被称为《神农本草经》。这部书总结了我国秦汉以前药物学方面的成果，记载了 365 种药物。

到南北朝齐梁时代，医药学家陶弘景又撰写了《本草经集注》，这部书除了纠正《神农本草经》的一些错误外，又增补了新药 365 种，新旧合计已有 730 种药物。

到唐代，苏敬等人奉皇帝的命令，集体编写过一部《新修本草》，这是世界上最早的国家公布的药典，其中收入药物 850 种。

北宋时代，先后有好几种《本草》出版。其中有刘翰、马志等人集体编写的《开宝本草》，新增药物 133 种，共收入药物 983 种；掌禹锡、林亿等人修成的《嘉祐本草》，共收药物 1082 种；此外，还有《本草图经》《本草衍义》许多种。而最被人看重、最具有权威性的是唐慎微著《经史证类急备本草》，简称为《证类本草》。

《证类本草》共 31 卷,60 多万字,收入药物 1588 种,比以往的任何一部本草著作的内容都丰富。这部书还附录了 3000 多个药方,大部分都是从民间搜集来的。《证类本草》一问世,就受到人们的重视,经过南宋、金、元各个朝代,一直广为流传。

李时珍也很重视《证类本草》,他特别仔细认真地研究过它。不过,李时珍认为,从《证类本草》出现,到他阅读的时候为止,已经跨越了三个朝代,经历 400 多年;而这 400 年当中,世上的医药学又有了很大的发展。他认为,在他反复研读过的各种"本草"著作当中,不论哪一部,即使是最受人推崇的《证类本草》,都已经不能满足和适应新的需要了。

以自己的切身经历为例,他患"蒸骨病"后,自己按照老的"本草"书中指引的药物,用柴胡、天门冬等给自己服用,结果不仅治不好,反而越治越重。后来请教父亲,父亲改用黄芩,才对了症,于是药到病除。像自己亲身经历的这样的病例,在过去的"本草"书中从来没有过类似的记载。至于历经宋、元、明三个朝代的 400 年间世上无数名医提出的新创见,积累的新经验、良方和绝招,他们对医药学的发展做出的贡献……凡此种种,在老的"本草"著作里,统统没有反映。

类似的例子,他随手可以拈来,比如,紫河车(人的胎盘)已经被人用作很有效的补养强壮药;曼陀罗已经被用来配制麻醉剂等等,在过去的"本草"书里,从来都没有涉及过。

除了"增补",还有"修订"。

李时珍发现,老的"本草"书里都有错,就连大家都十分看重的《证类本草》中,也有不少错误。比如,有一种叫"萎蕤"的药,可以治虚劳寒热,也可以作补药;另有一种叫"女萎"的药,具有解毒、排脓、消肿的作用,这是截然不同的两种药,可是在《证类本草》里竟把它们混成同一种药。

李时珍还眼见生活中经常不断发生一些医药事故。比如,有一段时间,蕲州接连发生了好几起因用药错乱而死人的事,一起是:把草乌头当作川乌头,吃死了人;另一起是把狼毒(毒性很强)当作防葵(补药)给病人吃,使病人送了命。特别是有一起事故,竟然把他自己也牵连进去了。原来是一家病人按照一个走方医生开的药方,到药局里抓药,结果吃下去就中了毒,差点儿被毒死。人们找到李时珍请他给判断一下。李时珍先查对药方,认为药方没有问题;再看熬过的药渣,发现是抓错了药,原来药方写的是黄精,药局却把有毒的"钩吻"当作黄精给了病人。那个走方的医生摆脱了责任,非常感谢李时珍。但药局却对李时珍大为不满,并且严厉地责难他。药局是官办的。他们认为把"钩吻"当"黄精",无可指责,因为他们有"根据"。"根据"就是老的"本草"书上就是这么说的,黄精即钩吻。

李时珍从这些事件里痛切地感到:不能再这样下去了。老的"本草"不仅要大加增补,而且要大加修订,要把其中已经发现的错误,全部改过来。

李时珍想,经过增补修订的"本草"应该比一切"本草"书(也包括唐慎微的《证类本草》)更可信,更有权威性;它应该纲目清楚,条理分明,准确可靠,让人们在行医用药时,能把它作为可靠的依据,并且查阅起来迅速方便。这部新的医药大书,叫个什么名字好

呢？他想来想去，认为还是叫《本草纲目》好。

于是，李时珍就先在自己的内心深处，一笔一画刻写下了四个大字：《本草纲目》

从此，争取完成《本草纲目》，就成了李时珍心里时刻不忘的一个宏大的志愿。

采访四方

为了逐步实现自己心中酝酿已久的宏大志愿，李时珍在楚王府安心呆了下来。

李时珍不习惯王府里养尊处优的环境氛围，但他却非常羡慕这里极好的藏书条件。说实在的，他从没有看见过这么丰富的藏书。就拿"本草"一类的书来说，除了历代官府修撰的，还有地方编的。除了"本草"，也还有许多医药书籍并没有冠上"本草"的字样，像陶弘景的《名医别录》、孙思邈的《千金要方》等等。其中还有不少是宋、元以来罕见的珍贵版本。

李时珍充分利用了这个良好条件，他把前人修撰"本草"所引证经史百家的材料，都一一找到出处，直接查阅并研读原著，以便准确地把握原意。他还注意去读那些前人没有涉及、被他们忽略了的书籍文献，从古代学术的宝藏里，进行更多的发掘。这样一来，无论经史巨著，或是诗文专集，他都有了许多新的涉猎和收获。

他从医药以外的书籍中，的确得到不少启发。他发现一些古代的诗人，对事物的描绘和形容，很形象也很准确。王维的一首诗帮助他知道了蔗浆性寒，可以用来泻除中热。苏轼的诗，帮助他知道了栗子的吃法，后来他在临床治疗中加以应用，还收到了疗效。

为了考证和辨别各种药物，李时珍读了好几百种像《泊宅编》《西山墨谈》一类的笔记，也读了《芍药谱》《海棠谱》《菊谱》《竹谱》《香谱》《纸谱》种种谱录性的作品。他还研读了《南海草木状》《桂海虞衡志》《凉州异物志》一类的书，通过这些书去掌握很难得到的边远地区药物生长的情况。

明朝永乐、宣德年间，郑和七下南洋，跟随他的人有不少回来以后都写了书，记叙沿途所见的风物、习俗等等，李时珍也不失时机地抓紧研读了他们所提供的文献资料，了解了海外异地的医药状况。

李时珍充分利用并把握了各种机会（其中也包括他后来在太医院的一段时间），尽最大努力，阅读和研究前人在纸上留下的宝贵财富。他在阅读和积累过程中所付出的大量艰辛劳动，这一切都充分反映在他死后才出版的那部恢宏巨著《本草纲目》之中了。

李时珍在家里曾向父亲提出过关于编写一部新《本草》的愿望。对这件事，父亲并不反对，甚至还称赞了他的想法不错。但是，父亲也郑重地告诉过他：编写一部新《本草》非同小可，需要充足的人力和财力才行。这种事历来都是朝廷办的，如果朝廷不过问，一般老百姓要想把它办成，谈何容易。

李时珍是因为他的名声而被推荐进了楚王府，而进楚王府，又进一步提高了他的名声。在他进楚王府以后又过了几年，嘉靖皇帝下诏，叫各地选送医术精深的名医，到朝廷

经管的"太医院"任职。楚王虽然钟爱李时珍，但对皇帝的诏示绝不敢怠慢，他赶紧遵照圣命，及时把李时珍推荐到太医院去了。

太医院是明朝皇室的中央医疗机构，有御药库、寿药房，拥有大量的药物和标本，自然也有大量极为珍贵、在外面很难看到的图书和文献资料。太医院里还有一座药王庙，在这里供养着一座能显示人身经络和腧穴位置的铜人模型。以前，李时珍曾读过《铜人腧穴针灸图经》和《铜人针灸经》，但只有此刻，进了太医院，才亲眼看到了这个和人体相仿佛的铜人模型。铜人模型帮助李时珍仔细透彻地辨认人体的经络和穴位，并且进行了深入的研究。这对他后来著述《奇经八脉考》，起了很大的作用。

在御药库的寿药房里，除了一般药材，还有四面八方进贡来的以及从外国进口的各种珍奇药材。这使李时珍大开了眼界。他结合实物，对各种药物进行了细致的辨认、鉴别和研究。比如人参，他曾经读过父亲的著作《人参传》，对它有一定的了解。但现在，他面对着不同品种的实物，对人参的认识就更加丰富和真切了。原来人参品种是很繁多的，诸如潞州的党参、朝鲜的紫参、辽东的红参以及其他品种白条参、西黄参等等；除了人参，还有不少类似人参的东西，如荠苨、桔梗等等。李时珍出入在御药库、寿药房、药王庙等处，不断地深入查考、探讨和吸取自己所需的知识。

当然，在太医院还有一个对李时珍更具有吸引力的去处，那就是书库。这里四壁书架林立，层层叠叠，藏书量极丰，各类图书，应有尽有。李时珍在这浩瀚的书山书海当中，尽情采撷其精华。他几乎每天必来。有时坐在那里静静地阅读。有时埋首疾书，赶做大量的笔记。他专心致志，旁若无人，常常忘了时辰，直到管理人员提醒，方才会上书卷，匆匆离去。管理书库的人因此感叹说："在太医院里，找不出第二个像李时珍这样认真读书的人！"

李时珍虽然被选进了太医院，但并没有被委以重任。这是因为，当时皇帝正醉心于追求长生不老之药，在太医院里，许多人正秉承圣命，为"炼丹"而忙碌。李时珍只被安排做了一名普通的医官。

不过，这对李时珍也并没有坏处。他因此有了充分的时间，可以在御药库、寿药房、药王庙以及书库里，尽情遨游，或浏览，或深钻细研，取其所需。当然，他在学习钻研之余，也不忘记寻觅和等待机会，设法让皇帝了解自己的想法，出面支持《本草纲目》的编撰工作。

他一直在寻觅和等待着这样的机会。

一个机会果然来了。但是，李时珍的希望最终又破灭了。

有一天，李时珍正伏案读书作札记，忽然被传唤进皇宫去治病。李时珍被引进宫内的诊室，但却见不到病人。原来按皇宫规定，医生不能直接面对"病人"，也不能直接把握病人的手腕。诊脉时，只能隔在高高悬挂的黄色帐幔之外，拉住一根从帐幔下面伸出来的丝线，丝线一端缚在病人的腕上，医生把自己的这一端拉直绷紧，用手指按在丝线上来号脉。这叫作"丝线诊脉"。医生全凭从丝线上传来的病人脉跳，做出诊断。

李时珍已经熟悉了这一套，过去已经这样诊断过多少次，也相当准确。所以他像往

常一样沉着地开始诊断。

可是，今天的情况却一反往常。李时珍的手指按在丝线上，足足用了一炷香的时间，却仍然弄不清是怎么一回事。他感到那脉搏与一般的脉搏很不相同。随着时间的消逝，他不免有些焦急。又过了一段时间，他对一旁侍应的太监说："这脉清幽离奇，恕我直说，不像是通常的病人，非仙即怪……"李时珍话还没说完，早把太监吓了个半死。太监知道，在帐幔后面应诊的，确实不是通常的病人，但也绝不是仙、怪，而是当今的皇帝爷朱厚熜啊！怎么可以说是"非仙即怪"呢？太监为李时珍捏了一把冷汗，如此犯上，必死无疑了！

正在这时，从帐幔后面，"蹭"的一下，蹿出一只小花猫来，在它的腿上拖着一根细细的丝线。紧接着，身穿龙袍的皇帝朱厚熜也走到了幕前。太监一见，咕咚拜倒在地，连连叩头谢罪。李时珍一见，也跪下去，不卑不亢地行过参见礼，说："小臣冒犯，请陛下恕罪！"

谁想到皇帝爷不仅没有发怒，还哈哈大笑说："你就是李时珍吧！不错！不错！你说的很对，非仙即怪。你的诊断不错！刚才那是小花猫的脉啊。"

原来，皇帝爷无聊，想用这样一个办法来测试太医的本事。他对李时珍表示满意，随即与李时珍探讨起长生不老药和炼仙丹的问题。

李时珍长时间以来，全部心思都放在了编写《本草纲目》上面，他对"术药""炼丹"的事一点也不感兴趣。他还认为，从秦皇汉武以来，不少皇帝到处求长生不老之药，聚集方家术士用硫黄、水银、砒霜、铅、锡之类的矿物，冶炼"仙丹"，是十分荒谬可笑的。而嘉靖皇帝却正好与李时珍相反，他现在整个心思都用在"求药""炼丹"上面了。因此，这两个人在一起，话不投机，越谈越拧，没有多少时间，就不欢而散了。对李时珍提出撰编《本草纲目》的事，朱厚熜一推六二五，使李时珍盼皇帝给予支持的希望全部落空了。

李时珍想让朝廷支持自己编撰《本草纲目》的希望落空了。他想，既然朝廷不支持，就只能依靠自己的力量。于是，他推托有病，辞去大医院的职务，南下回家集中精力去编《本草纲目》。

从京城返回蕲州的途中，路经河南的一个驿站附近，李时珍看见一个车队，马车上都装着一篮篮的植物。这种植物开着粉红色的喇叭花。几个车把式围着一口大锅，抽烟聊天，锅里不知煮的是什么，热气腾腾的。李时珍凑过去搭讪，问那锅里煮的是什么。车把式们热情地给李时珍让座。

一位年长的人告诉他，"锅里煮的是鼓子花，也叫旋花，"说着用手指向装在车上的那一篮篮的植物，"就是这些东西。"

李时珍好奇地问："煮这做什么用？"

老车把式告诉他："我们这些人，成天赶车走路，一天下来，腰酸背痛，筋疲力尽。用这些旋花根熬汤，喝下去可以止痛、解乏，消除疲劳，增加力气啊！"

李时珍听了车把式的介绍，不住地点头称好。他郑重地感谢老人给他的讲解。回到旅店里，他立刻用笔记录下来：鼓子花，又名旋花，根煮汤，可补劳损，益精气，续筋骨……

李时珍记下这次见闻，心里自言自语："处处留心皆学问啊！"

他顺手翻阅以前记的一些笔记。这些笔记使他回忆起在太医院期间，除了出入大医院、药房、书库……他曾多次到京城郊外访问。他向菜农请教了许多作物栽培、越冬、贮存方面的问题。菜农热情地给他一一解答。他随后都做了笔记。

关于韭菜，他写着：

"北人至冬移根于土窖中，培以马屎，暖则即长，高可尺许……其叶黄嫩，谓之韭黄。"

关于大白菜，他写着：

"燕京圃人又以马粪入窖壅培，不见风日，长出苗叶皆嫩黄色，肥美无滓，谓之黄芽菜。"

关于腌咸菜，他也有记录：

"今燕人以瓶腌藏，谓之闭瓮菜。"

……

他一页一页地翻阅自己的笔记，脑子里就一幕一幕地重现出他在京郊农民中间采访的见闻。他想，在老百姓中间蕴藏有多少有用的实际知识啊！他合上笔记，浮想联翩，想到过去一段时间在太医院，虽读了不少书，增加了不少知识，有不少收获，可是，这些毕竟只是前人的定论。世上还有多少鲜活的知识，老百姓当中还有多少被掩藏的、从未被发掘的知识和经验。绝不可忽略这些！要去"搜罗百氏，采访四方"，才能使自己要编撰的《本草纲目》真正完备起来。

李时珍闭目重温他放弃科举、一心从医以后的种种经历，他庆幸自己并没有浪费时间，一直在自觉或不自觉地按照"搜罗百氏，采访四方"的道路努力实践着。

在家乡，他经常背负药囊，手持刀剪锄镐，亲自上山采药，把家乡蕲州的山地丘陵几乎踏遍了。他也到过蕲州以外的许多地方，长途跋涉，采集药物。

最难忘的是他写《蕲蛇传》的经历。

他读过父亲在研究了蕲州特产药材"蕲艾"以后所写的专著《蕲艾传》。他想仿效父亲，专门研究一下蕲州特产药材"蕲蛇"，然后也写一本专著《蕲蛇传》。

李时珍把自己的想法告诉父亲。父亲认为这个想法不错。不过，要研究蕲蛇，先得去捕捉蕲蛇，面对真正的蕲蛇，才能实地观察研究。不然就是空谈。于是李时珍决定先去捕捉蕲蛇。

父亲告诫他：蕲蛇"其走如飞，牙利而毒"，如果没有懂行的师傅指导，是不可贸然从事的。

李时珍想起了在他治愈的病人当中，有一位家住龙峰山，既会捉龟又会捕蛇、人们称他为"乌王"的人。当时，李时珍为他治愈了腿、脚上的溃疡脓疮，乌王要付诊费，李时珍见他是贫苦的山里人，就按家传的习惯免收诊费，只要他随便提供一个治病的单方就行了。乌王感谢不尽，献出一个治蛇咬的急救单方：及时采集一把"半边莲"，捣烂，挤出鲜汁喝下去，把渣子敷在蛇咬处，很有效。

李时珍给乌王治好病，乌王给李时珍提供了一个单方，就这样，两人结下了友谊。

李时珍一想起这位教他用"半边莲"做治疗蛇咬急救单方的山里人,立刻就决定到山里去拜访他,请他帮助自己捕捉蕲蛇。

在龙峰山,李时珍果然找到了乌王。乌王与李时珍重逢十分高兴。他慨然答应说:"你找对地方了。真正的蕲蛇,就是出在我们龙峰山,不过,现在这种蛇已不多见了,要想捉到一条很不容易。"因为蕲蛇是珍稀药材,地方官要向皇帝进贡,逼山民去捉蛇,捉不到受罚。山民中还流传着一首倾诉他们苦情的民谣:

　　白花蛇,
　　谁叫尔能辟风邪!
　　上司索尔急如火,
　　州中大夫只逼我,
　　一时不得皮肉破。
　　……

李时珍不知道蕲蛇原来跟老百姓的疾苦有这样密切的关系。他越发珍视这次龙峰山捕蛇之行了。

乌王准备好铁叉等工具,领着李时珍向山里进发。龙峰山有个猰㺄洞,洞周围怪石嶙峋,灌木丛生,生长着许多药草,其中最多的是石南藤。这石南藤缠绕在灌木上,藤身紫红色,长着绿色的小圆叶。石南藤的气味又酸又臭,但蕲蛇却最爱吃它的小圆叶。所以,到了石南藤丛生的猰㺄洞,也就到了蕲蛇经常出没的地方。

他们等候了大半天,终于捉到一条蕲蛇。

乌王捉着蛇告诉李时珍,虽然有的蛇也和蕲蛇一样是黑底白花,但这蕲蛇却与一般蛇不同,它鼻子向上,龙头,虎口,有四颗毒牙。在它的肋下,有 24 个斜方格子花纹。市场上出卖的假蕲蛇,虽然也有斜方格花纹,但比较起来,假蕲蛇身体长而大,真蕲蛇短而小。蕲蛇的尾巴上生有像指甲似的硬片,它被人捕捉以后,会趁人不备进行自杀,用尾部指甲似的硬片划破自己的肚皮,盘曲而死……

乌王还给李时珍讲解怎样干制蕲蛇。他用一把利刃剖开蛇腹,取出内脏,洗涤干净,截去头尾,弯曲盘起,绑扎好,再烘干。烘干以后,乌王还说:"一般的蛇死后闭起眼睛,唯有这蕲蛇,却睁着眼,可它一离开蕲州地界,就一只眼睁着,一只眼闭起了……"乌王越说越神。"真的吗?"李时珍听得高兴,不由地放声大笑起来。

李时珍很难忘怀这次经历。他这一次专程登龙峰山拜访乌王,获得了关于蕲蛇的许多宝贵知识,这对他后来向世人系统地介绍蕲蛇,写成专门著作《蕲蛇传》,有很大帮助。

李时珍从在驿站听赶车人介绍能"补劳损,益精气,续筋骨"的旋花,引起对京师郊区所见,以及故乡山中寻找蕲蛇奇遇的回忆,真是思绪万千。他走下神来想,撰写《本草纲目》是一件旷日持久的巨大工程,有很多的事情要做,还要继续不断地去搜罗百氏,采访四方啊!

涉猎文学

李时珍匆匆地返回了故乡蕲州。可是因为他在家乡的名声太大,所以返乡以后身不由己,并不能按照自己的意愿,静悄悄地集中精力编书。回家不久,他又被楚王召唤去掌管王府里的"良医所"。

李时珍既不能违拗楚王,又不肯放弃计划。就在王府一边工作,一边继续搜集和整理资料。虽然编书进行缓慢,但还算是按部就班,从未停顿。

为了使书的内容臻于完善,他还常走出王府,争取多与人接触,继续采撷精英。武昌蛇山有个观音阁,观音阁的老和尚跟李时珍有很深的友谊。李时珍经常到观音阁去与老和尚谈心。同时,他也顺便在这里给人看病,患者都是那些难以踏进王府大门的黎民百姓。他在这里看病是免费义诊。李时珍在观音阁义诊的消息传开后,四面八方的人闻风而来,其中甚至有从太和山(即武当山)来的山民。一时间,观音阁又成为武昌的一个"热点"。

在武昌期间,李时珍有时也到处走走,游览风景,访问名胜。有时,他坐在蛇山观音阁,遥望长江对岸汉阳的一片绿洲。每逢这时,他心旷神怡,悠然自得,不由得即兴赋诗。

李时珍对文学的爱好,从小开始了。他长时间受屈原、司马迁、杜甫、白居易、王安石、苏轼等历代文学家的影响,能背诵出他们的许多名篇、名句。他写的东西,包括他后来在《本草纲目》中对医药问题的阐述,语言丰富、生动,有较浓郁的文学色彩。

不过,李时珍并没有想在文学方面有什么发展和建树。他只是借助阅读文学作品,从中拓宽自己在医药学方面的眼界;并从许多文学著作特有的细节描写当中,去检验自己在医药方面的知识和见解是否正确。

他研究一种叫"蜾蠃"的昆虫,就查阅了不少医药学以外的著作,其中包括《诗经》《尔雅》《庄子》《列子》等等。他发现一些著作对蜾蠃的说法并不一致。经过对不同说法的对比、考证和鉴别,他才得出自己的结论。

《诗经》里的《小宛》篇里说,"螟蛉有子,蜾蠃负之。教诲尔子,式谷似之。"意思为:小青虫螟蛉生了儿子,蜾蠃把螟蛉的儿子背到自己的窝里来,把它抚养大,让它成长力像蜾蠃一样的后嗣。

《列子》和《庄子》里也说蜾蠃有雄的,没雌的,不会产子,只好把小青虫背到窝里,然后振动着翅膀,唱着歌儿:"像我,像我",过几天,小青虫就变成了蜾蠃。

以后又有一些人附会这种说法,时间久了,这种说法就成了一个典故,人们把"养子"又叫作"螟蛉之子"了。

其实,这种说法并不符合实际。早在李时珍之前,梁代陶弘景就通过亲自观察,在他的著作《本草经集注》里说,蜾蠃"生子如粟米大",并且说蜾蠃把青虫背到窝里,实际上是给自己的孩子当食物。陶弘景的观察是对的。但后来又有人反对他,仍然支持《诗经》的

说法。

李时珍引述了各种意见，然后发表自己的看法。他根据自己对蜾蠃的直接观察，"视验其卵"以及"蜂之双双往来"……断定蜾蠃有雌有雄，完全能够自己产子，不必去抱人家的。这样，他就以亲身的观察结束了这场持久的争论。这结论，与现代生物学研究的科学结论是一致的。

李时珍对蜾蠃的研究，说明他对一些问题的观察与研究有多么深入；也说明他对文学以及各类图书的涉猎范围有多么广。

大约在 1561 年（明嘉靖四十年），早已过了不惑之年的李时珍，最终离开楚王府，从武昌回到家乡蕲州。

他在雨湖北岸的红花园定居。在这里，他给自己的住宅起了一个很富诗意的名字：蓻所馆。

"蓻所馆"的"蓻"字，意思是巢，来源于《诗经》的《考槃》篇。在《考槃》篇里的第二段，原诗句为：

考槃在阿，

硕人之蓻。

独寐寤歌，

永失弗过。

直译出来，大意是：在山坡架起木屋，这是贤人的住处。独自睡觉、起床、唱歌，从此再不与人应酬。

李时珍借这些诗句，反映自己向往的生活。他现在终于远离官府，完全顺遂自己的意愿，专心致志，从事《本草纲目》的编著。住在山乡自己的家里，房屋虽不豪华，却是贤达人士的福地。在这里，困了就睡，睡够就起来做自己想做的事情，兴致来了还可吟诗、唱歌；在这里，无须再跟官场世俗之人敷衍应酬；在这里，独善其身，悠然自得，岂不就是《诗经》里所歌颂的"硕人之蓻"吗？

正是这个"蓻所馆"，伴随着李时珍的后半生，使他在这里最终完成了那部传世的巨著。

在蓻所馆，他一边著述，一边更深入地研究医药。他在家里开辟了一块地作为药圃，亲手试种了许多药材，如麦冬、萱草、薄荷、益母草、金银花、旋覆花、忍冬花、薏苡仁……以及从山中采集来的石斛等等，一年四季花开不绝。因为亲自动手栽培，所以他在《本草纲目》里介绍这些药草时，非常生动详尽。

萱草。李时珍先解释萱草的一些别名，如鹿葱、宜男、忘忧等等。原来每一个名称，都有一个有趣的传说。有的地方，女人怀孕以后盼望生男，就给自己佩带上萱草花，所以就把萱草叫作"宜男"。鹿在吃食当中不小心中了毒，它会给自己寻觅解毒的草，鹿所选择的解毒草共有九种，其中之一就是萱草。又因为萱草有葱味，所以叫"鹿葱"。

不过，李时珍在书中关于萱草的叙述，更重要的是他从事栽培的经验之谈。他在这里写道："萱草宜下湿地，冬月丛生……四时青翠。五月抽茎开花，六出四垂，朝开暮蔫，至秋深乃尽,其花有红黄紫三色。结实三角,内有子大如梧子,黑而光泽。其根与天门冬相似,最易繁衍。"又说,萱草喜肥土,"肥土所生,则花厚色深,有斑文,起重台,开有数月;瘠土所生,则花薄而色淡,开亦不久"。

有趣的是,他在"集解"的最后,还"抖"开一个"包袱",说"今东人采其花跗干而货之,名为黄花菜"。原来,市上卖的"黄花菜",就是用萱草花加工成的干货,它不但可以入药,把花焙干上市出售,还是人们餐桌上的美味菜肴呢。

萝卜。萝卜就是莱菔。李时珍对萝卜,也有详实有趣的记载:

"六月下种,秋采苗,冬掘根,春末抽高苔,开小花紧碧色,夏初结角。其子大如大麻子,圆长不等,黄赤色。五月亦可再种。其叶有大者如芜菁,细者如花芥,皆有细柔毛。其根有红、白二色,其状有长、圆二类。大抵生沙壤者脆而甘,生瘠地者坚而辣。"

对萝卜,李时珍好像情有独钟,他十分热情地大加赞扬,说萝卜的根和叶都可以吃。可以生吃,也可以熟吃。可以腌咸菜,也可以酱起来。可以与豆豉一起炒,也可以用醋烹。可以糖制,也可以腊干。可以当菜,也可以当饭。实在是"蔬中之最有利益者"。他认为古人对萝卜重视不够,研究不够,没有详尽地介绍它的功用和价值。他不理解古人为什么这样忽视它:是因为萝卜平常多见、不太值钱而忽视了它;还是对它的作用与好处,根本就没有弄清楚呢?为此,他用了很多篇幅来详尽地介绍萝卜,不仅一般地介绍它的特性和主治功效,还额外记叙了一些生动的故事。

一个故事说,齐州有个人病得神情失常,说他梦见一个穿红衣裳的女子,把他引进了一所宫殿。宫中一位仙姑叫他唱歌,于是他每天都唱同一首歌。歌词一共四句,后面两句是"惆怅闷怀言不尽,一丸萝卜火吾宫"。一个道士解说他的梦:病人是犯了面毒。梦中的红衣少女是"心神",那位叫唱歌的仙姑是"脾神"。唱词中的"萝卜火吾宫"就是说,萝卜可以焚毁他梦中所见的宫殿。这就应了《医经》里所说的:萝卜能解面毒。家人听了道士的解说,连忙找来萝卜,让病人连萝卜带药一齐服下,结果就治好了他的病。

如果说这个故事有点玄妙,另外一个故事却是很生活化的。

有个人好吃豆腐,吃得太多,豆腐中的卤使他中了毒。怎么也治不好。有一天,他忽然听见卖豆腐的人说,他老婆不小心把煮萝卜的水倒进了盛豆腐的锅里,结果一锅豆腐都解了,再也凝不成块了。这个人悟性不错,他立刻联想到自己的病,心想喝些萝卜汤,也许能解了自己的毒。于是他就回去煮萝卜场。一喝,果然把病治好了。李时珍写完这个故事,对其中的化学作用不了解,于是他不由地感叹:"物理之妙如此!"接着,他又叙述了他从一本书中读到的故事,一个叫李师的人,逃难进入一个石窟,追击他的贼人用烟熏他,差点把他熏死。幸亏他随身带了一把萝卜,他把萝卜嚼碎咽下去,竟然在昏厥以后又苏醒过来。李时珍对此深信不疑,于是他写下八个字告诉读者:"此法备急,不可不知。"

李时珍还在[附方]中列了很多用萝卜作药的"绝妙"或有"神效"的单方、偏方。

绿豆。李时珍认定绿豆这种作物,既是大家喜爱的普通食物,又是清热解暑并能解毒的良好药物。他对绿豆也特别重视,不光亲自种植栽培,而且每当外出到各地去,也很注意观察对比研究。他对绿豆的品种和生长过程,讲得也十分清楚:

"绿豆处处种之,三四月下种,苗高尺许,叶小而有毛,至秋开小花,荚如赤豆荚。"绿豆的品种很多,"粒粗而鲜者为官绿;皮薄而粉多、粒小而色深者为油绿;皮厚而粉少早种者,呼为摘绿,可频摘也;迟种呼为拔绿,一拔而已。"如果他不是直接栽培并仔细观察比较,不可能区分得这样细致入微。他举北方老百姓如何食和绿豆为例,说道"用之甚广",可以做豆粥、豆饭、豆酒、炒食……磨而为面,澄粉作糕,生豆芽"又为菜中佳品"。因此,他也像夸萝卜那样,夸赞绿豆"真济世之良谷也"。至于绿豆作为药用的功效,除了清热解暑之外,他特别强调了能够"解毒","压热解毒之力"比赤豆强,而且能"益气,厚肠胃,道经脉",并"无久服枯人之忌"。

除外,他还对绿豆的豆荚、豆叶、豆皮、豆花、豆粉、豆芽等等的药用功效,一一做了介绍。

在荳所馆里,李时珍就是这样,将他亲自经营药圃所获得的成果,联系采访四方的经验,并吸取已有书本中被证明是正确的知识,款款道来,娓娓动听地写他的《本草纲目》中去。

曼陀罗花

李时珍在他的荳所馆里,还亲自进行药物的炮制。他想通过跟老药工一起制药的实践,深入地了解并验证药物的特性和作用,试验改进了一些药物的炮制制作。

巴戟天的炮制,按照古法,要先用枸杞子汤泡一宿;泡软了捞了出来,再用酒泡半天;再捞出来,加上菊花一起熬,使巴戟天成了菊黄色;去掉菊花,把巴戟天晾干,再用于临床。李时珍认为,这么繁琐的工序,不一定是必需的。经过试验,他把繁杂的过程简化为只用酒泡一液就入药,效果完全相同。后来,他来一个患者治病,手上没有经过炮炙的成药,匆急之中,他把生巴戟天用温水泡软,去掉心子,给病人服用,结果疗效也不错。通过实践他认识到,古法并不一定要固守,有些是应当改进的。

黄连的炮制,古法不分什么病,都是一种炮炙方法,先用浆水浸泡,后用柳木水焙干。李时珍经过自己反复实践,发现古法对黄连的炮制倒是有点简单化了。他认为应当针对不同的治疗需要,采用不同的炮制方法:有的病可以生用,有的病要分别用猪胆汁、醋、酒、姜汁、盐水或朴硝去浸炒。只有这样采取不同的方法,才能收到好的疗效。

除了对草药的炮制之外,李时珍对矿物的炼制,也做了不少研究。李时珍是对事物讲究科学态度的人。他认为方士们热衷于追求长生不老之药,迷于冶炼"仙丹",是没有道理的,他反对他们的异端邪说。不过,他并不一概否定"炼丹术",认为这是古人创造的一种制药方法,同时还肯定了用这种方法制成的一些药,具有消毒和防腐的作用。比如他说过:"水银但不可服食尔,而其治病之功,不可掩也。"意思就是说,水银,只不过不能内服罢了,它的治病功能是不能抹杀的。

李时珍还亲自进行了不少用矿物炼制成药的试验。他用铅炼成了一些铅化物,如:

胡粉、黄丹、密陀僧、铅白霜等。他还试用这些铅化物分别治过几种病，曾经用密陀僧治好了一个因被蛇咬伤、惊吓致病的人。

李时珍在给人治病的同时，也向人推荐一些成药。其中也包括他家配制成的"濒湖白花蛇酒"，这种药酒专治中风伤湿、半身不遂、口目㖞斜、骨节疼痛等病症。

"濒湖白花蛇酒"，以蕲州特产的白花蛇为主要原料，配上羌活、当归、天麻、秦艽、五加皮、防风等药材，把药物装入绢袋，悬挂在金华酒坛里面，加糯米酒浸泡，密封坛口以后，把酒坛放入大锅内煮一天，再取出酒坛埋在背阴地里，七日以后即可服用。这种药酒，冠上李时珍的号"濒湖"，理所当然成为既有特色又受人信赖的名药了。

李时珍在医药学的研究当中，得益最多的，一是读书，二是实地实物考察。他从年轻到老，一直不懈地在这两个方面进行努力。

喜爱实地实物考察，这可以说他的一种天性。他从小就热爱自然，喜欢在乡间原野的大自然当中活动。蕲州家乡的山谷，远的丫头山，近的缺齿山，大的紫云洞，小的朱家洞……都留下了他的许多足迹，有的地方更是无数次地踏访。他从小就对家乡山野中的甘菊、苦参、紫苏、苍耳、土蜂、蟾蜍、竹鸡、野猪……怀有浓厚的兴趣。长大成人以后，他对家乡的各种花草树木、虫鱼鸟兽有了更多的了解，同时也更激发了他向更深更广的知识领域去进行探索。

一天，他在家乡的一个山坡上，偶然遇见一只穿山甲，它正在觅食。李时珍兴致勃勃地躲到灌木丛中仔细观察。只见那穿山甲爬到一个蚂蚁窝前，张开嘴巴，伸出舌头，让舌尖贴在地上，一动不动。附近的蚂蚁很快就发现了这一块鲜美的肉，互相传告，都爬到上面来。没多久，就在穿山甲的舌面上，密密麻麻地爬满了蚂蚁。这时，穿山甲忽然收缩起舌头，把蚂蚁全部吞食下去。吃完一处，又挪到另一处去吃，吃得称心如意。李时珍捉住那只穿山甲马上进行解剖，发现穿山甲的胃真不小，里面竟然装了一升多蚂蚁。这个故事说明，李时珍多么喜欢实物考察，并且随时随地都在进行。

大约在李时珍35岁时，他曾收过一个徒弟叫庞宪。这位庞宪虽然性格怪僻，但对老师很佩服。他在医药学方面也很有钻研精神，后来也成了一位名医。庞宪在李时珍编著《本草纲目》的巨大工程中，是个很得力的助手，起了不少作用。李时珍在"莳所馆"安定下来以后，还有过几次远足旅行，一方面采集药材，一方面实地考察，每次行动，庞宪都陪伴着。他们走遍了大江南北。

李时珍每到一处，都拜访当地的名医、农民、山人、皮匠、猎户……从他们那里，知道了许多呆在家里或从书本上难以知道的东西。

"芸苔"。书上的说"乃人间所啖菜也"，有的说"芸苔不甚香，经冬根不死……"说来说去，弄不明白芸苔是什么。经老农一指点，原来芸苔就是春天遍地黄花、芳香袭人，招引来许多蜜蜂的油菜。只因它容易起苔，掐去主干，四周又生出许多菥苔来，所以叫芸苔。

"五倍子"。原来只知道它是"敛肺止咳，涩肠止泻"的一种常用药，但究竟是什么东西呢？书上都没有交代清楚过，而且以讹传讹越说越糊涂。李时珍到山里以后，请教山

民,才终于弄清楚,原来在初夏有一种像蚂蚁似的蚜虫,喜欢吸食盐肤木汁,完了就在盐肤木叶间产子,并结成小球,起初很小,渐渐聚大,还变得坚硬起来,小如菱,大如拳,形状有长有圆,颜色由青绿色变黄,就像盐肤木上生长出的东西。因此,五倍子实际就是虫子巢。山里人在霜降以前采回以后立刻蒸煮,不然虫子就把巢咬破跑掉了。

"山楂"。书上的记载比较简单。李时珍到山区向山民请教,才弄清:有一种小的叫茅楂或猴楂(现在叫南山楂,也叫野山楂),长于深山,三月开白花,果实有红、黄两色,九月成熟,"山人呼为棠杭子"。还有一种大的,"山人呼为羊杭子"(现在叫北山楂,也叫山里红),树有一丈多高,花、叶都和小山楂相同,但果实比较大。当时,只有小的才入药,大的"采药者不收"。后来,李时珍确认两种山楂都有消食导积,化瘀散结的功效,才扩大了药源。

"栎实(橡子)"。李时珍在山区考察后才知道,橡子虽然可以作药材,但山里老百姓用它当药的不多,而是"俭岁采以为饭","丰年可以肥猪",把它当作救急的粮食来用。

此外,他还从实地实物考察当中弄清了许许多多不太明了或似是而非的东西。像"蘋""莼""荇"这些水生植物的区别;"细辛"与"杜衡"有什么不同;"乌头"与"附子"的差异;"远志"和"狗脊"究竟是什么样子;"甘草""人参"等都有哪些品种,产地在哪里,哪一种最佳;还有虎、熊一类的大动物,以及小昆虫各种生动的生活习性、身体各部分的药用功能等等。

在李时珍的许多次外出考察当中,有一次比较大的行动,是太和山之行。这一次,也是由庞宪陪他一起进行的。

太和山,就是我们今天所说的武当山。

这里山高林密,当时还是一座没有经过樵采、相当原始的深山老林。这里草木葳蕤,古树参天,是一座封闭的天然大药材库。因此,尽管旅程极度艰辛,但看到那深不可测、取之不尽、庞大丰盛的药材资源,李时珍他们兴奋得难以克制自己,忍不住要放声呼喊,完全忘记了一路上的疲惫劳困。

在这里,他们见到了不少从未见过的药物,九仙子、朱砂根、防山消、榔梅……也有许多一时还呼唤不出名称的奇花异草、珍稀动物。

太和山五龙宫北的一座山头上,生长一种榔梅。它的树干看上去像榔榆木,但果实像梅子。五龙宫的道士,每年都要采摘一些榔梅,用蜜汁腌好,作为贡品,献给朝廷,孝敬皇帝。关于榔梅,道士们还有一个神话,说这是"仙果",是真武神仙在这里修炼的时候,把梅枝接在榔榆树上,生成了这种榔梅;吃了榔梅,就能"长生不老"。正因为榔梅是贡品,又有一套神话,所以当地官府就下了禁令,不许任何人去随便采摘。

李时珍不相信神话,又想弄清榔梅的真实功能和价值,他不顾道士的阻拦,不怕官府的禁令,冒着负伤甚至生命的危险,跟庞宪一起,越岭攀岩,去采集榔梅的果实。他们终于采到了榔梅。经过亲口品尝,仔细观察研究,最后终于判定,这种果子如梅似杏,果核像桃核一样的榔梅,气味平和,甜酸无毒,不过是一般能"生津止渴"的小水果而已,并没有什么神奇。

李时珍在太和山还有一个重要的收获。

他读元代危亦林著的一本书《世医得效方》，其中有关于"曼陀罗"的叙述；他还听说早在东汉时期，华佗使用的全身麻醉剂"麻沸散"中就已使用了曼陀罗，所以他想弄清楚曼陀罗究竟是怎样一种药物。

来到太和山，他很注意寻找曼陀罗。他终于采集到了。

"曼陀罗"这个名字，来源于佛教的《诘华经》。经文说，当佛讲经的时候，天上像降雨一样撒落下来曼陀罗花。不过，太和山里的人因为见它的叶子长得像茄子叶，就把它叫"风茄儿"，又叫"山茄子"。曼陀罗春生夏长，一根独茎，直直地朝上长，高四五尺，不生旁枝，茎叶碧绿，八月开花，九月结实。花是白色，六个花瓣，有点像牵牛花，早上开放，夜里闭合。李时珍听说用曼陀罗酿酒，喝了以后能使人不由自主地发笑、跳舞，就想亲自试验一下。他找来曼陀罗酒，喝到半醉的时候，叫别人逗他笑，引他跳舞。一试，果然灵验。人家一逗，他就跟着人家笑；别人跳舞，他也跟着跳了起来。通过自己亲身尝试，李时珍肯定了曼陀罗的麻醉效用。他在《本草纲目》里写下："热酒调服三钱，少顷昏昏如醉"，此时"割疮炙火"就会"不觉苦"了。现代医疗已经证明李时珍的结论是正确的。

李时珍从太和山回来以后，因为儿子李建中在河南光山县任职，所以他经湖北麻城，越过大别山脉，去光山旅行了一次。大别山横亘在湖北、河南之间，千姿百态，别有一番景致。但李时珍每次出行心思，都不专注在游山玩景上。他始终不忘记为充实《本草纲目》，广泛地进行搜罗采集的工作。

唐慎微很注重药方特别是民间单方的收集，他的著作《证类本草》在"本草"书中，是收集药方最多的。李时珍也很注重药方的收集，并把自己收集的药归拢起来，叫作《濒湖集简方》。在他的《本草纲目》中，"附方"这一栏占了很大的篇幅。

李时珍从民间收集的药方里，有许多是简便易行而疗效都奇好的方子。有一个"陈氏经验方"，名字很通俗，叫"一抹膏"，是治"烂弦风眼"的妙方。名为"一抹膏"，其实就是麻油泡蚕屎：蚕沙（就是蚕屎）用麻油泡两三宿，研细了，涂抹在患处，"隔宿即愈"。李时珍的表哥患了这种眼病，他就用这个验方，一治就好了。还有一位农村大嫂，患这种病10多年了，来到李家帮工，李时珍也用这个方子给她治疗，两三次就好了。李时珍就把这一类验方，郑重其事地记入《本草纲目》中去。

李时珍除了大量搜集民间药方外，还从历代文献中发掘整理了许多方子，一一记录下来，使许多泯灭在故纸堆里的古代医药学遗产，重现活力。

他曾从宋代张杲写的《医说》一书中读到，宋代大文学家欧阳修得了痢疾，"暴下不止"，已经极度虚弱，奄奄一息，连"国医"也"不能治"了。后来欧阳修的夫人，焦急之中跑到街上，向一个草医买了一包药，让欧阳修服下去，痢疾很快就止住了。人们感到惊奇，还以为草医用的是什么神丹妙药呢，一再求问他的方子，最后才知道，不过是用一味"车前子"研成末，米汤送服罢了。

李时珍从古代文献中摘录的，还有一个方子，说岭南有一种大蚂蚁，它们的巢就像棉絮袋子一样，当地老百姓把这种大蚂蚁整窝整窝地收藏起来，卖给种柑橘的果农，果农用

这些蚂蚁去治他们果树上的蠹虫。这是唐代刘恂所著的《岭表录异》中记载的。虽然这不是医治久病的方子,但李时珍把它记录下来,也有很重大的意义。这说明,现代人倡导用生物防治虫害的办法,中国古代早就在实际中运用,并且已经有了成功的经验。

在李时珍从古代文献中摘录收集的药方当中,还包含了一些有趣的历史故事。他读过一本《独异志》,里面记叙了唐太宗喝牛奶治病的故事。故事说,唐太宗患了"气痢"症,所有医生用尽了本事,都治不好他的病。于是就下了诏书,广泛征求医方。终于有个叫张宝藏的人,献上了一个药方。这是他自己患病(与唐太宗患同样病)经过治疗验明有效的方子。其实药方很简单,就是"牛乳半斤,荜茇三钱,同煎减半,空腹顿服"。唐太宗按照这个方子,"服之立愈"。皇帝一高兴,就叫宰相魏徵赏给献方人一个五品官。但是魏徵觉得让一个普通人一下子就升为五品官,有点不可思议,过了一个月还拖着没办。谁想到唐太宗的旧病又复发了,又按照那个"乳煎荜茇"的药方服了药,又一次痊愈了。唐太宗病一好,又想起了那个献方人。经过查问,才知道他叫给献方人授五品官的事还没有落实。皇帝追究责任,魏徵害怕了,赶紧编了一个谎话搪塞过去。唐太宗发了一顿脾气,一激动,又下了一道新的诏令,干脆给献方人再升两级,任命他当了主管祭把礼仪的三品"鸿胪寺卿"。

这说明李时珍很善于从古代文献中所包含的医药宝库中,进行发掘。其中有不少方子,用现代医药学的眼光看,也是很有价值的。

他摘录了高仲武的《痘疹管见》和另一本《谈野翁方》中,有关用牛虱防治天花(牛痘)的记载。这种记载表明我国早就注意了天花的防治,并且早就运用了牛痘免疫法。

此外,李时珍还从古代文献中发现:"大蒜"可以杀菌解毒,"青蒿"能治"疟疾寒热","慈石"(磁石)能治疗内外许多种病症,而且有神奇的功效。李时珍关于"磁石"的记录表明:中国古代的医药实践,早就开了当代医药学中"磁疗"的先声。

这一段时间,李时珍除了旅行考察,就是坐下来写书,他必须全力以赴。

他每天的工作都很繁重。长期紧张劳累,使他的身体十分清瘦。李时珍越来越感到,只靠一个人拼命不行,他需要帮助。所以,到后来他几乎动员了家里所有的力量。李时珍有四个儿子,除了李建中在外地任职以外,其余三个儿子都热情地支持和帮助他。二儿子李建元后来也成了名医,还被选为太医院的医生,他帮助父亲绘制了1000多幅插图。除了儿子,李时珍还有五个孙子,他们也都帮助祖父抄抄写写,尽了自己的力量。

李时珍的徒弟庞宪,经常跟随在李时珍身边,这时自然要继续担任他的亲密助手。有病人来向李时珍求医,他和李建元都可以代替李时珍去应诊,分担了师傅不少工作。

还有李时珍的老伴儿,她更是全心全意地帮助丈夫,成为他最强有力的后勤支援。

这样集中力量奋斗了几年,到1578年(明万历六年),也就是李时珍61岁的时候,他终于完成了这部医药学巨著。

《本草纲目》共52卷,分16个"部":水、火、土、金石、草、谷、菜、果、木、服器、虫、鳞、介、禽、兽和人体附着物。每一部又分成若干类,像草部分为山草、芳草、湿草等9类;木部分为香木、乔木、灌木等6类。16个部共分60类。每一种药,都用几个固定的栏目介绍,"释名"一栏,确定药物的名称和别名;"集解"一栏说明药物的产地、形态和采取方法;"修治"一栏讲药物的炮炙和制作方法;"气味""主治""发明"各栏分析药物的特性和功能;最后还有"附方"一栏,把他收集的一万多个方子统统附在书内。

李时珍在《本草纲目》中收集1800多种药物,比以前收入药物最多的《证类本草》还多300多种。他从年轻的时候起就立下宏大的志愿,要对各类《本草》书做一次审校总结,修正错误,弥补不足,尽自己最大努力和可能,重新编写出一部内容更加广博新颖,编排更加系统周密,解释更加清楚准确的"本草"著作,如今,他的这一愿望终于实现了。

李时珍写《本草纲目》一共用了多少时间? 如果从1552年(35岁)动笔算起,已有27年。但实际上,这部著作凝聚了李时珍的全部心血。如果把写书前的准备工作,连同他在成书后继续反复修改增删的时间都加在一起,那就远不止27年了。

为了让这部书更加完善,更加充实,李时珍曾经做过三次重大的修改,每次修改,都几乎是推翻旧稿,重新写过。他的书屋里所堆积的笔记、摘抄、随想记录等原始材料,总共有上千万字。他从这些原始材料中,经过筛选、编辑,又经过反复推敲、增删,最后整理成定稿,只留下了190万字。但即使到这时候,他的修改工作也没有完全终止。实际上,他为写作这部书稿整整花费了40年的时间。

李时珍为了这部巨著,每天早起晚睡,废寝忘食。有时半夜想起了什么,就披衣下床,掌灯书写;有时出现了疑问,又跑到药圃或山里林间,再去反复验看实物;在应接求诊的病人时,细心诊治之余,还不忘记与病人交流情况,一有新的收获,就再补充到书稿里去。

他自始至终,从没有间断过阅读图书文献,因而也不断地有新的补充记述。

他在"兽类第51卷""鼠"这一项里,介绍了各种各样的鼠之后,又从《唐书》中发现了一种"食蛇鼠"。这真奇怪! 自古以来,只听说蛇吃老鼠,从没有听说过老鼠吃蛇的。虽然觉得奇怪,又无法证明,但他认为还是把它记载下来好,让后人去查考研究吧。现在看来,这里所记的"食蛇鼠",也许就是印度等地的那种能吃眼镜王蛇的獴哥吧。

他在"草部第13卷"里记述"独活"时,非常郑重地补充了一段"近时江淮山中出一种土当归……用充独活……不可不辞"。李时珍用他新近发现的用土当归冒充独活的卖假药现象,及时告诫人们谨防上当,生动地表现了一位伟大医药学家爱护人民的美好心灵。

他还记录了不少当时流行起来的新药,比如"山漆",就是"三七",又叫"金不换"。李时珍在《本草纲目》中说"此药近时始出",因为止血特有效,很贵重,所以叫"金不换"。

当时,有不少商人出过洋,郑和下西洋也带回了不少外国花木,李时珍由此了解到许多外国药物知识,他把这些知识作为"补遗"。——补充到《本草纲目》中去。

就这样,他不断地增补修改,直到他临终,从未搁笔。他要使自己的著作尽善尽美。

在反复删改修订的同时,李时珍抓紧联系《本草纲目》的出版事宜。

大约在1579年(明万历七年),李时珍背上《本草纲目》书稿,风尘仆仆,先到黄州、武昌,后又到南京、太仓一带,做了一次艰苦的旅行。这次旅行的目的,一是征求专家、学者

的意见，一是解决《本草纲目》的出版问题。

当时的生产发展水平不高，要出版一部近200万字的学术巨著，比起编写来并不容易。那么多字，要一个字一个字刻出来，再一页一页地排版，光木板也要几千块。没有人出钱支持，没有书坊和书商合作，是很难实现出书愿望的。他这次旅行，历尽艰辛，吃了许多苦头，最终也没有解决出书的问题。

书虽没有刻成，收获还是有不少。他在南京会见了当时的著名文学家王世贞。王世贞曾经任过湖广按察史，许多年前，他们在武昌有过一面之交，后来王世贞回南京故居养老。李时珍请王世贞读了《本草纲目》书稿。王世贞读后拍案叫绝，称李时珍是"北斗以南第一人"。他很高兴地答应为书写序。

王世贞在后来（1590年，也就是明万历十八年）写成的《本草纲目序》中说，读了这部书稿，就像进入"金谷园"，"博而不繁，详而有要"；通过全书可以看出一切事物的深奥道理，反映出万物变化的规律；这不仅是一部医药学著作，而且是一部"通典"。

可惜，李时珍没有亲自见到这部巨著的出版，他在出书前三年就与世长辞了。

李时珍的这部心血结晶，不仅是中国人民的宝贵文化财富，同时也是全世界人民共同的文化珍宝。它的真正价值，在他逝世以后才逐渐被人们发现。

因为这部书直接关系着人民的生命和健康，所以书写成以后，大家就争相传颂，争相传抄。这当然会引起一些书商和重要人士的注意，于是终于能够刻印问世，并且陆续有了种种翻刻版本。最早的版本，是1556在南京刻印的，叫作"金陵版"；1603年有了"江西版"；1606年又有了"湖北版"；1640年有了"杭州版"；1684年有了"苏州版"。这些后来的版本都是依照"金陵版"刊刻的。

到了1885年（清光绪十一年），安徽合肥张绍棠重新出版，叫"味古斋本"，但他擅自对原文、图做了一些修改。

到1949年以前，《本草纲目》已经被翻印了70多版次。1949年新中国成立以后，根据不同版本，经过校勘修订，多次出版再印，空前地扩大了印刷和发行量。

随着国际间的文化交流，这部巨著也引起了外国人的注意，先后被译成日文、拉丁文、法文、俄文、德文、英文等多种文字，介绍到世界各地去。

《本草纲目》传到日本比较早，大约在1606年。当时就引起了热烈的反应。在日本，这部书也曾多次翻印，有1714年、1783年、1929年等不同的版本。

以后又传入朝鲜。

因为《本草纲目》中对植物的分类纲目，清楚合理，称得上是世界上最先进的分类法之一，对奠定生物学研究的基础做出了贡献，对各国有关的专家学者都有参考应用价值，所以引起了欧洲学术界很大关注。波兰人卜弥格在1647年就专程来中国，把《本草纲目》译成拉丁文，书名改称《中国植物志》。这本书1659年在维也纳出版，促进了欧洲植物学的发展。

1735年，法国出版了都哈尔德的法文节译本。

1928年，德国出版了达利士译的德文本。

1929 年以后，又陆续出版了 10 多种版本的英文译本。

《本草纲目》在世界各国流传开以后，许多人高度赞扬它。有的把它称为"东方医学的巨典"。倡导进化论的著名生物学家达尔文，认真研读了《本草纲目》，说它是"中国古代的百科全书"。他在自己的著作中，还引用了《本草纲目》的内容。当代的科学家李约瑟博士，称赞《本草纲目》是中国明代科学成就"登峰造极的著作"，并说"李时珍作为科学家，达到了同伽利略、维萨里的科学活动隔绝的人所能达到的最高水平"。

当然，李时珍毕竟是生活在 16 世纪的中国封建社会里，他不能不受到一些历史的局限。在他著述的 190 多万字当中，不可能没有一些不够科学、不够精确、甚至荒诞不经的记载。但这丝毫无损于这部巨著的辉煌。

如今，在蕲州不仅修建了李时珍的陵园，盖了李时珍纪念塔和纪念亭，还树立起李时珍的塑像，以及由郭沫若题词的李时珍纪念碑。全国各地很多人专程到这里来参观访问。

李时珍已被尊崇为中华民族开化史上的一位伟大的科学家。郭沫若曾称誉他为"医中之圣"。但他的声誉已超越了医药的范围，他早已被推崇为世界文化名人。而他的心血结晶《本草纲目》，也超越了医药的范围，已经被列进"影响中国的 100 本书"中的一本。他本人也被誉为"影响中国的 100 个人物"中的一个。

中西会通

——徐光启

名人档案

徐光启：中国明末科学家，农学家，政治家，中西文化交流的先驱之一。字子先，号玄扈，教名保禄。汉族。南直隶松江府上海县（今上海市）人，天主教徒，并且被称为"圣教三柱石"之首。

生卒时间：1562~1633 年。

安葬之地：上海徐家汇光启公园。

性格特点：聪敏好学，活泼矫健，善于思考，清正廉洁。

历史功过：在天文学上的成就主要是主持历法的修订和《崇祯历书》的编译。徐光启在数学方面的成就，概括地说，有三个方面，即(1)论述了中国数学在明代落后的原因；(2)论述了数学应用的广泛性；(3)与意大利传教士利玛窦一起翻译并出版了《几何原本》。徐光启一生关于农学方面的著作甚多，计有《农政全书》（大约完成于1525—1528 年间，死后经陈子龙改编出版于 1639 年）、《甘薯疏》(1608)、《农遗杂疏》(1612，现传本已残)、《农书草稿》（又名《北耕录》)、《泰西水法》（与熊三拔共译，1612）等等。徐光启对农书的著述与他对天文历法的著述相比，从卷帙来看，数量虽不那样多，但花费时间之长、用功之勤，实皆有过之而无不及。万历四十八年（1620）二月开始，徐光启受命在通州、昌平等地督练新军。在此期间他撰写了《选练百字诀》《选练条格》《练艺条格》《束伍条格》《形名条格》（列阵方法）、《火攻要略》（火炮要略）、《制火药法》等等。这些"条格"，实际上乃是徐光启撰写的各种条令和法典，也是我国近代较早的一批条令和法典。徐光启可以称得上是中国军事技术史上提出火炮在战争中应用理论的第一个人。

名家评点：徐光启，《明史》曾有"盖棺之日，囊无余赀"的记载。

科场磨难

　　430 年前,上海还是个小县城。它东临大海,位处万里长江之尾。平原万顷,江河纵横,是个富饶的鱼米之乡。自从黄道婆把先进的纺织技术带来之后,上海的纺织业高度发达,并带动了商业和其他手工业的发展。当时全县人口有十来万户,住在县城的就有三四万户。其中专门从事纺织业的有 2000 多人,大街小巷,到处都有纺织作坊,纺车的嗡嗡声,织机的咔咔声,从早到晚,不绝于耳。虽然和今日的大上海相比,它小得可怜,但在当时,已是长江三角洲上一颗璀璨的明珠了。

　　在城南太卿坊(今上海市南市区乔家路)的一条巷子里,住着一户处徐的人家,一家四口,男主人叫徐思诚,29 岁;妻子钱氏,26 岁;有个女儿十来岁;老母尹氏,58 岁。徐思诚不当家,不主事。这个人很有意思,从小上学,书没念好,却娇惯了身子。经商,他没兴趣,也没那个脑子;种地,身体弱巴,也吃不了那份苦;读四书五经,参加科举,求取功名吧,他本来就学习不好,也讨厌那些所谓"圣贤"的说道。所以,他虽然年近"而立"之年,却一事无成。有事没事,爱看闲书。算卦呀,相面呀,佛经呀,道书呀,他都喜欢。虽然没扛过枪,也从没想过将来要当将军,可他偏好兵书,不仅读兵书上瘾,还好摆领兵打仗的龙门阵。一谈起八九年前抗倭战争,他就像瘾君子吸了鸦片烟立刻来了精神,又像赵子龙大战长坂坡一样,露脸得很,也得意得很。这样一个人,名义上是一家之主,实际上是吃凉不管酸,油瓶倒了也不扶一下的。真正操心生计、操劳家务、里外应酬、顶门立户的是他的母亲尹氏。

　　这位老太太是个不寻常的妇女。她精明、坚毅、刚强,有眼光,有魄力,富有组织才能,为人又心地善良、有情有义。假如她是个男人,又有文化,出将入相不敢说,当个一府一县的地方官满有富余;如果去经商,成就个百万富翁也很有可能。正因为她太能了,独生子才被娇惯得那样。老太太常常叹息,碰上不顺心的时候,也免不了数落儿子几句:"你呀,你呀,都怪我,把你宠坏了!"也难怪,儿子 6 岁丈夫就去世了,年轻寡居,守着这根独苗苗,娇宠是很自然的。苦辣酸甜她一人品尝,千斤重担她一人肩扛,有泪往肚里流,哪忍心让儿子受一点点委屈呢。

　　自从她来到徐家,徐家的家业已经是三起三落了。徐家不是名门大户,连个家谱都没有。她的祖公据说是个秀才,从苏州迁来上海,大概是个小地主吧,生活还过得去。他的公公徐珣时,由于官府的苛捐杂税、徭役、兵役,被折腾得穷了,只好亲自耕种,务农为生。她过门以后,由于繁重的赋役和连年天灾,连剩下的几十亩地也卖光了。她的丈夫徐绪很能干,在她这个贤内助的协助下,弃农经商,家业渐渐恢复,从此富裕起来。不过好景不长,她的丈夫不到 40 岁就病故了。她当时 30 多岁,女儿十六七,儿子才 6 岁,孤儿寡母怎能支撑那个商业家庭的门户? 一个年轻的寡妇,在那个封建礼教特别森严的时代,怎好出头露面去和南来北往的客商会谈生意?徐家是外来户,本来就没有近亲,再加

上不堪忍受官府的税赋徭役，一些远亲远友也逃往他乡，又能依靠谁呢？难啊！她想念丈夫，她怜爱儿女，她哭，她愁，甚至产生过寻短见的念头。但她是个坚强的女性，终于从悲痛和愁苦中挣脱出来，面对现实。她考虑再三，终于决定，请来她娘家的侄子尹某主持商业；为长女择婿俞氏，招赘入门，管理家政。她本人总揽全局，大事上出主意想办法，家庭财产的进进出出，买卖上的来来往往，一切具体的账目，从不过问，真正做到用而不疑，疑而不用。两位依托的人，也是重情分、守信义、忠心耿耿的汉子，从不见利忘义，搞自己的私房钱。上下同心，里外配合，徐家的境况竟得继续上升。后来，尹、俞两家的孩子也长大了，她为他们请来名师教孩子读书。

有这样一位好母亲，徐思诚虽然幼年丧父，生活上还是很幸运的，不需要他管理家政，也不必操心生意上的事，可以专心读书。常言说，有一利必有一弊，生活上的优裕，反而使他从小不谙世事。大约在他十七八岁时，母亲为他操办了婚事。妻子钱氏，是个读书人家的女儿，很贤惠，通情达理。不久就生了个女儿。屋里有了小孩的哭声和逗人的呀呀学语，更增添了家庭的欢乐。老太太唯一不开心的，就是日夜盼望有个又白又胖的孙子，可是儿媳自从生了那个女孩，多年不见怀孕。

生活是平静的，家业一天比一天发达兴旺。就在这时，倭寇侵扰上海，使徐家的经济地位起了不小的变化，生活遭到很大的困难。

还在十四五世纪，日本的浪人和武士就组成海盗集团，和中国的流氓、海盗相勾结，武装寇掠中国沿海地区。这批坏蛋，被中国人民称为倭寇。到了16世纪，明朝嘉靖年间，倭寇的侵扰已成为我国东南沿海最严重的边患。1553年，倭寇又来大举侵犯，对上海地区的骚扰连续达4年之久。

当时的上海还没有修筑城墙，地方军队也很少，不能保护城里的居民。倭寇一来，居民四处逃亡，徐家老寡母也带领全家到外地避难4年。在逃难的途中，徐思诚的妻子，一手搀扶着年迈的婆婆，一手拉着女儿，草行露宿，流离他乡。累了就找个杂草丛生的地方歇歇脚，而且尽可能找个水深流急的处所，万一被倭寇发现，就投水自尽，以免受辱。

1554年，上海的地方官和乡绅们为了防备倭患，决定乘战争间隙筹建地方武装并修筑城墙。发动大户人家捐款。徐思诚也被推举为大财主，留在城里，参加了保卫家乡、抵御倭寇的斗争。那些老奸巨猾的绅士和大财主都鬼得很，他们把一个不足20岁、不谙世事而且爱国心热的徐思诚捧为大户，给他"戴高帽"，为了抗倭，他给军费、支官差，出入公府，要什么给什么，要多少给多少。战乱期间，贸易无法进行，商店关了门。四年间，有出无进。倭患渐平，徐家从乡间回到上海，房屋店铺、财货家当已被抢的抢、烧的烧，差不多净光了。徐思诚收拾余烬，仅能糊口，无法与往昔相比。战前借出的款子和别人的欠账收不回来，借钱的亲友又接踵而来。他们一家秉性慷慨，凡有告贷，人家开了口，从不驳面，所以出多入少。还是靠了老夫人的谋划，也多赖徐思诚的表兄和姐夫仗义相助，几年过后，家业又大大恢复了。这时，徐思诚已经二十五六了，尹、俞两家的孩子也都婚娶。老夫人考虑三家的孩子都已成家立业，亲兄弟还有过不到一块儿的，何况是三姓人的小辈们呢！她当机立断，把恢复后的产业分成三等份，一份给尹家，一份给俞家，一份留给自己的儿子。

也是该着，黄鼠狼专咬病鸭子，徐思诚最不懂得营生，偏偏分家以后，徐家的一份却被盗窃，以致家庭生活又陷入困境。老寡母生性耿直，不向任何亲友伸手。享得福也受得穷，精神上安然自得。将近10年，儿媳又怀了孕，这使老太太十分高兴。

1562年4月24日（农历三月二十一日）这一天，老太太又高兴又忙活，一大早，随着旭日东升，满天朝霞，一个男婴降生在徐家，这就是日后成为杰出科学家的徐光启。在重男轻女的封建时代，徐光启的诞生，给这个二世单传、家境破败的"大户"人家，带来新的喜悦和希望。徐思诚29岁得子，自然高兴，妻子钱氏给徐家生了个儿子不但高兴而且露出自豪的笑容；乐得合不上嘴的还是老祖母。自从她来到徐家，家境几起几落，眼看儿子、儿媳"中年食贫"她于心不甘。而徐思诚文不成武不就，无一技之长。这个新生儿相貌不凡，仿佛哭声都比别的孩子哭得响，哭得悦耳。俗话说："老儿子，大孙子，老太太的命根子"。年近60岁的老奶奶对孙子能不特别钟爱吗？一家子仔细研究、反复推敲，最后老祖母一锤定音，给孩子起名"光启"，期望他长大后是个人物，能为徐家光大门庭。

童年时代的徐光启，天赋聪颖，身体健壮，也很淘气，甚至尥得出圈。7岁那年，尽管家中生活艰难，还是千方百计设法送他去上学。在黄浦江西边有个龙华村，村里有个龙华寺，挨着寺院有所村学，徐光启就在这里念书。兴许他比别的孩子脑子好，或许他比别的孩子更贪玩，老师一错眼珠，他就会蹿出教室去。偶尔老师有事外出，他就会闯出大祸来，气得老师吹胡子瞪眼睛，害得班里的同学屁股上挨板子。比方说吧，龙华寺有座古塔，塔上有些鸽子窝，鸽子飞来飞去。有一次，他在学校院里玩，一滴鸽屎正落在他的脑门上。他很生气，总想抓住它，给它一个报复，正好这天老师不在，他就爬上塔去，一把抓住一只鸽子，也不管是不是拉屎的那个。正要教训教训这个不懂礼貌的小东西，鸽子一打扑楞，他一走神，一只脚踩空跌落下来。观看的同学大惊失色，有的吓得闭上了眼睛，他却若无其事，还向大家招手呢。幸亏挂在树枝上，脸上身上挂破了皮，流了血，却没有摔伤。一个屁股蹾儿坐在地上，还教训那鸽子呢："你还想飞到塔顶去吗？为捉你，我费了好几天工夫了！"还有一次，他爬到塔顶的铁盘里，坐在顶盘中，向空中飞翔的鹳雀招手，不时向塔下围观的小伙伴们做鬼脸。冬天大雪，他爬到新筑的城墙上去玩耍，在雉堞上跳跃，奔跑，像一只撒欢的雪兔，玩得开心。

徐光启降生以后，家庭的经济状况还在继续恶化。老祖母年事已高，父亲又不务生计，一家五口，再不能坐吃山空了。老祖母为穷困所迫，也为孙子的前途着想，虽然60多岁了，居然和儿媳一起一人一辆纺车，起早贪黑地纺纱、织布。无论是滴水成冰的严冬，还是挥汗如雨的酷暑，没有一天休息过。徐光启的父亲虽然娇养惯了，这时也不得不勉为其难地在田间劳作。为了糊口，为了供徐光启上学，一家人含辛茹苦，日夜操劳。当徐光启年龄渐大，有了些思想和知识以后，顽皮虽然依旧，却比富人家的孩子早懂事得多，由于受到家庭的激励和影响，学习也就更加奋发向上了。

常常在晚饭后，点上只油灯，徐光启读书，奶奶和妈妈纺纱，纺车的轮转声伴随着读书声，是那么和谐悦耳，仿佛谱写着一曲深沉的骨肉亲情，那韵调里既有艰辛、苦涩，又有

希望和慰藉。灯光下,奶奶和妈妈辛酸而甜蜜的笑影和着这亲切而优美的声音,化作一股暖流,浇灌着徐光启幼小的心田,使他天赋的智慧种子,早早发芽生根。

功课做完了,还没一点睡意,就常听奶奶和妈妈讲故事。倭寇侵掠暴行的传闻,自家和邻里逃难时的经历,常常是这些故事的中心话题。父亲有时也插进来,讲抗倭英雄的故事,不但叙述战争的经过,还评论主事官员的成败得失,谈出一些独到的见解。在战乱中,他常出入危城,时局使他能够接触和认识一些抗倭名将,学到一些战守方略的专门知识,他自己又好读兵书。劳动之余,或晚上一家人闲聊时,他每每回忆这段往事,津津乐道,慷慨陈说。小男孩大都爱听打仗的故事,徐光启对这些故事更听得入迷。他受父亲的影响,幼时也喜爱读兵书。妈妈认为"兵者不祥之物",她可不希望自己的独根苗习武,家中所有"兵刃图像"的书,她都藏起来。不过,徐光启还是偷偷地读了不少家藏的兵书,日后还和军事结了缘。若干年后,他在"言兵事"的第一次上疏中曾说:"臣生长海滨,习闻倭警,中怀愤激,时览兵传。"倭寇骚扰留下的创伤,通过这些故事深深地印在他的心坎。家庭给予他的熏陶,培养了他对军事科学的兴趣和对祖国命运的关心。

徐光启的父亲中年才开始"课农学圃",身体既不行,对种田又一窍不通,生计所迫,勉强担上粪桶、扛上锄头下地种田。劳作之余,或肩肿腰酸时,喜欢到老农家串门聊天,请教种田知识;心情好时,会带着儿子一起去。在瓜藤架下,篱笆两旁或农家小院,看鸡雏争食,鹅鸭戏水,听老农诉说水旱蝗灾,忍饥挨饿的惨状;也听老农对父亲讲解耕耘、播种、施肥等方面的经验。他年纪虽小,有时也多少参加一些辅助性的农业劳动,在不知不觉中培养了他对农业生产的兴趣。徐光启一生比较接近并同情劳动人民,具有较丰富的社会经验,无疑同童年时代的生活经历和勤劳家庭的环境有密切的关系。贫困而又多彩的童年生活,养成和锻炼了他勇敢、好奇和坚毅不拔的性格,淬励了他的求实精神;激发了他对科学研究的兴趣,为他后来一生的成就打下了良好的基础。

15 岁以前,他一直在龙华寺村学读书,16 岁他已不满足村塾先生教的课程,就去学问很好的黄体仁老师那里去学习。他"敏而好学",成绩优秀。黄老师非常钟爱他,并寄予厚望。

1581 年,他正好 20 岁,到金山卫去参加县学考试。为了这次赶考,父亲买了布,给他缝制了新长衫;母亲替他准备了干粮;临行时年迈的奶奶扶着拐杖,送出大门口,为他拽拽衣襟,摁摁纽扣,颤颤巍巍从怀里掏出一个红包,包里装着些零钱,递在他的手中,千叮咛,万嘱咐,希望他榜上有名。赶考的童生中,有的坐轿,有的骑马,还有书僮挑着行李;徐光启自己挑着行李,步行前往考场。

皇天不负苦读人,徐光启一举考中秀才,取得了最低等的功名和科举的资格。明代的秀才,就是县学的生员,有一定的社会地位,在经济上也能得到官府的一点津贴,享受部分免粮免役的待遇。就实惠而言,可以多少减轻一些家庭的负担,更重要的是给了祖母和双亲以精神上的莫大安慰。

徐光启考上秀才的同年结了婚,第二年生了儿子徐骥,可谓双喜临门,使这个勤劳而贫穷的家庭很是高兴了一阵子。

妻子吴氏是读书人家的女儿，又贤惠又能干。"操家有方，节俭自持"，麻衣布裙，生活俭朴；又是心灵手巧的纺织能手，一个人纺的纱能超过三个人。徐光启的祖母和母亲本来就善于纺织，如今又来了这么一位能干的媳妇，使徐家的经济显著改善。这三位勤劳的婆媳，夜以继日的纺织，清晨到市场去，卖掉棉纱，买回棉花，第二天一早又去卖纱买棉，日复一日，以自己辛勤的劳动换来一家人的衣食。吴氏不仅能干，而且通情理，识大体，过门第二年，小姑出嫁，公婆无钱置办嫁妆，愁眉苦脸，沉闷无语。吴氏看出公婆的心事，就主动把自己的陪嫁拿出来送给小姑。这样贤惠的媳妇，颇得公婆的欢心，更是徐光启事业上的贤内助。若干年后，徐光启以无限感激的心情说："椎髻挽鹿车，政赖鸿妻。"可以说，徐光启在事业上的成就，也熔铸着他妻子的巨大贡献和牺牲。

寒窗穷经，进士及第，这是封建时代绝大多数出身寒门的知识分子梦寐以求的理想。徐光启唯一的出路，也只有在科场上求取功名。他20岁中秀才，可谓少年得志，比起那些考白了头仍然榜上无名的老童生来，他是个幸运儿。然而，从中秀才到中举人，经历了16年，再中进士又熬了7年，前后23年。在人生的旅程上这是一段漫长的岁月，也是人生的黄金时代，他本来应该把宝贵的时间和精力主要用在读书和科学研究上。但由于家境的贫困，不得不在读书和研究的同时，用相当多的时间去教书或参加田间劳动。要战胜贫困，使自己能有更充裕的时间和条件去治学，他必须突破科举这一关。为此耗费了大好的年华，在这一条"烂路"上，艰苦跋涉，备受磨难，他的确是很不幸的。然而不幸之中又有大幸，他因此有充分的时间和条件广泛地阅历社会，博览群书，探索大自然的奥秘，在与命运奋争的拼搏中，他积累了丰富的实践经验和理性知识，锻炼了思想和品格。这一时期的生活和斗争，对于他一生的事业具有决定性的作用。

科举的第一阶段是"乡试"，每三年在省城举行一次，每逢子、卯、午、酉年举办。称为"大比"，又因乡试在秋天举行，所以又称"秋闱"。被录取的称为举人。徐光启经历了1582年（壬午）、1585年（乙酉）、1588年（戊子）、1591年（辛卯）、1594年（甲午）、1597年（丁酉）六次考试。

1584年老祖母去世，父母年过半百，渐渐不能参加很多劳动了，儿子才4岁，一家人吃饭的多，干活的少，加之繁重的徭役和苛捐杂税，几乎濒临破产的边缘。后来徐光启回忆往事谈到这一时期的家庭境况时，总用"贫甚"这两个字来形容，这是确实的。

第一次乡试落榜，对他的打击还不大，因为头一年刚中秀才，年纪尚轻，来日方长。第二次乡试失利，归来时不免懊丧，总是打不起精神来。母亲见他垂头丧气的样子，就百般安慰他，"塞翁失马，焉知非福"？这时他表兄俞显卿被罢官在家闲居，他母亲就举表兄的例子开导他。俞显卿是徐光启姑妈的儿子，比徐光启大20多岁，1582年中进士，任刑部主事。1584年劾奏礼部主事屠隆生活"淫纵"，事涉西宁侯宋世恩、礼部尚书陈经邦等显贵。检举虽为事实，证据确凿，被告被罢官；而检举者俞显卿也于这年11月13日同时罢官。得罪了权贵，就得吃苦果子，哪儿说理去！俞显卿寒窗苦读20年，只做了8个月的官。母亲常指着他表兄说："你和你表兄一个样，都是直性子，眼里容不下半点歪的邪的，你如果当了官，也会像你表兄似的去捅老虎屁股。我看不当官更好，当个老百姓平平安

安。咱家虽穷,你没考中,我不恨你,你也用不着遗憾!"这虽然是宽慰的话,却也是母亲的心里话,因为她深知自己的儿子为人正直,不会官场上阿谀逢迎那一套。

1588 年,徐光启到太平府(今当涂)去参加第三次乡试。头年 6 月至 8 月,台风席卷上海,阴雨连绵,庄稼无收,物价一下涨了三倍。这年春天,家乡大旱,瘟疫蔓延,夏天大水,秋天大风,灾情严重,颗粒无收,逃荒者接连不断,饿死的人不计其数。徐光启教的村学,学生们不能再来上学,谁还给老师工钱? 这时,徐光启"家境窘甚"。为了筹措应试的盘费,母亲东家作揖,西家磕头,到处借钱,东拼西凑,竭尽所有。徐光启走后,家里没了粮食,有一天从早到晚,母亲颗粒未进,他的妻子就更不用说了。日落黄昏,好不容易才在院子篱笆上找到一个小小的瓠瓜,煮了充饥。

这次去应乡试,结伴同行的有后来成了著名书画家的董其昌,有烧毁儒生衣冠去当隐士、书画诗文名重一时的陈继儒,还有他的好友张鼐。上海到太平府的路程约七八百里,徐光启一行雇了一条小船,沿吴淞江向西进入南运河,经苏州、无锡转入长江西上。船到句容,徐光启为节省路费,便舍舟登陆,独自一人,担上行李,沿着江边,踏着鹅卵石小道前行。秋风瑟瑟,愁雨绵绵,白天黑得如同夜晚,夜里更是漆黑一片,咫尺莫辨。右边是滚滚滔滔的大江,左边是浩渺无涯的湖荡,他深一脚浅一脚,磕磕绊绊,昼夜兼程,行走在羊肠小道上。稍有不慎,一失足跌进江中或湖里,就有生命危险。此时此刻,他油然而生"淡然功名之志",不想再去应试。转念"家贫亲老",何以养家糊口,何以温慰双亲和九泉之下的祖母对自己的期望? 横下一条心,不顾脚上磨起的血泡,不顾肩肿腰酸,顶风冒雨,挑着被雨淋湿越来越重的行李,在泥泞的小路上,滑倒爬起来,再滑倒再爬起来,终于在考前赶到考场。董其昌等几位朋友,看到他那一副狼狈不堪的样子,觉得他又可笑又可怜。

发榜时,董其昌、张鼐都中了,徐光启再次名落孙山。想想大灾之年,白发苍苍的母亲为他赶考,忍饥挨饿,他难过极了,背着同伴,暗地里痛哭了一场。1591 年乡试,再度败下阵来。母亲仍然微笑着安慰他,鼓励他。第二年 5 月 8 日母亲去世了,这位慈祥仁厚的母亲啊,数十年如一日地坐在纺车旁,摇啊,摇啊,纺车的轮子摇走了她的青春,摇走了她的健康,摇白了她的双鬓,摇皱了她的额头……老人家终年 56 岁,她去得太早了,而且终于没有看到儿子金榜题名,她的心里或者不无遗憾,但她始终微笑着安慰儿子,直到弥留之际,怕的是儿子经受不住这一而再,再而三的科场磨难。

自从母亲死后,贫困依然压得徐光启喘不过气来。他在家乡教书差不多 10 年了,屡应乡试不中,内心的苦闷可想而知。在学生和家长面前,面子上也难为情得很。然而,对于一个穷秀才,养家糊口,没有别的门路可供他选择。在文化发达的苏淞地区,像他这样的穷秀才多如牛毛,就是找一个家馆也难得很。正在他苦闷彷徨的时候,他原来曾经教过家馆的赵家,老爷赵凤宇要到广西浔州去任知府,打算把他儿子公益带到任上去读书,请徐光启同去教家馆。徐光启考虑再三,终于答应了。赵家父子先行,徐光启把家事安排妥当随后动身。

1596 年,徐光启到达浔州。两广之行,山高路远,备受艰辛。尽管路费有东家担负,在当时的历史条件下，一个穷秀才离家远行，很不容易。途中，徐光启穿的犊鼻裤（短裤）已破烂不堪。他没钱购置新衣，也舍不得花钱。晚上，在客栈昏暗的油灯下，拿着针线缝补。旅途之艰辛，可见一斑。此行虽然辛苦，却使徐光启大开眼界，从长江三角洲到林木丛生的大庾岭，再由粤入桂，各省的农业、水利和风俗民情，为他提供了学习、研究的大课堂。后来他回忆说："余生财赋之地，感慨人穷，且少小游学，经行万里，随事咨询，颇有本末"。足见此行对他的影响很大。

徐光启在浔州教书的时间不长，1597年就陪同他的学生赵公益一起北上参加顺天府的乡试去了。

自从唐宋以来，南方的经济和文化教育的发展已经超过北方，明代以来，江浙一带的文化远比华北地区发达。但是北京的乡试名额却比外省多得多，而且不论籍贯，凡是国子监（中央办的学校）的学生都可应试。因为名额多，考中的可能性大，因此，凡是大官僚的子弟，常由皇帝赐给入国子监的资格。一般的官僚地主也千方百计花钱为子弟捐个监生。赵凤宇可以为儿子捐个监生，徐光启一家连饭都吃不上，哪里还有钱捐监？但不取得监生的身份，就没资格应顺天乡试，而徐光启的确参加了顺天乡试，他儿子徐骥在给他写的传记里也说他应试之前"得入籍成均"，也就是取得了国子监的学籍。那么，这笔"捐监"的钱哪里来的呢？徐光启本人是万难筹措的，很可能是他的东家赵凤宇替他出了这笔捐资。

总之，他参加了1597年顺天府的乡试，并且一举夺魁。这已经是他第六次参加乡试了。18年来，艰苦奋斗，多次考试失败，最后终于一鸣惊人，这要感谢这次乡试的主考官焦竑先生了。

按规定，试卷先由房宫（分考场的阅卷官员）初审，房官认为优秀的，在卷子上加批加签，推荐给主考官，这叫"荐卷"；被淘汰的，就叫"落卷"。徐光启的试卷，最初也被打人"落卷"。主考官焦竑是万历十七年的状元，颇有文名，而且的确是学问渊博而又重实学的老先生。他反复审阅各房送上来的"荐卷"，直到发榜前两天，仍然挑不出一份卷子是值得取作第一名的，这使他大为失望。于是他要求各房阅卷官从"落卷"中再挑选出一些好的卷子拿给他看。徐光启那个考场的房官是张五典先生，他从落卷中物色到徐光启的试卷，送给主考官焦竑。

那时的考试科目分三场，初场考八股文，二场考应用文，三场考对时事发表意见的论说文。一般考官都以第一场的试卷作为评分的主要依据，对第二、第三场的试卷不大重视，甚至有的根本不看。焦竑一看到徐光启的第一场和第二场的考卷，就"击节叹赏"，看完第三场的时务策，忍不住拍案叫绝："此名士大儒无疑也！"焦竑慧眼识英才，把徐光启从落卷中一下子提到第一名。顺天府的所在地是北京，全国政治、文化的中心，夺得头名举人，使徐光启名噪南北。由于焦竑的推荐，徐光启的试卷被编入《读墨简练百篇》，就像现在的《高考优秀作文选》那样，一直被秀才们当作范文诵读。

徐光启有幸遇到了焦竑，得以脱颖而出，避免了再次名落孙山的命运，成为历史上的一段佳话。那时对主考官称为"座师"，对房官称为房师，徐光启对座师焦竑、房师张五典

一直抱有知遇之恩,师生之间,情深谊重,交往密切。徐光启在科举的坎坷艰险的道路上,总算成功地登上了第一个高峰,虽然距离更高的峰巅还有很大距离,可是他的恩师焦竑却因充任这次顺天乡试的主考官,不幸丢了乌纱帽。那原因,我们在下一章再说吧。

结识教士

　　1597 年顺天府乡试,对于焦竑和徐光启的命运来说,发生了戏剧性的变化。徐光启因焦竑的赏识,中了头名举人,预示着蹉跎岁月即将结束,幸运之神已经光临。可是焦竑却因主持这次乡试触了霉头。乡试后,有人上疏弹劾他录取的举人中有九人的试卷"多险诞语",要求追究这位主考官的责任。这就给那些早就想整他的权臣们以口实。焦竑,字弱侯,号澹园,南京人。他是万历十七年的状元,为人方正耿直,光明磊落,遇上看不惯的事就直言不讳,毫无顾忌,因此得罪了不少权贵。其中执政的大学士张位尤其恨他,讨厌他,早就想给他点颜色看看了,只是苦于没有机会。当他们看到给事中项应祥弹劾焦竑的奏章后,喜出望外,借此机会大做文章,把焦竑贬为福宁州同知,一年后官员考核,又遭到处分。焦竑是个性情刚烈的人,哪里受得了这种窝囊气,索性辞官不做,回南京老家隐居去了。

　　徐光启自从和恩师分别后,已将近两年没见面了,思念之情,与日俱增。1600 年(万历二十八年)春天,他专程去南京拜访日夜思念的老师焦竑。意外地见到了天主教耶稣会传教士利玛窦。

　　数年前,一个偶然的机会,徐光启见到了利玛窦绘制的世界地图。这张地图是 1584 年利玛窦在肇庆为岭西按察司副使王泮绘制的,后由王泮刊印,馈赠达官贵人。原名《山海舆地图》,后更名《舆地山海全图》。这张地图标明地球是圆的,图中刻有经纬度、赤道、五带、世界五大洲的轮廓。地名都用汉字译音标出,还附有人文、物产等方面的说明。

　　这张地图带给当时的中国人一个全新的观念。地球是球形的,悬在空中,上下四方都有人。而中国人仍然坚信"天圆地方"这个古老的传统观念,并且夜郎自大地认为,中国是"天朝大国"位于中央。徐光启还听说,利玛窦能用各种仪器,证明地球是圆的,解说得头头是道,令人信服。这张地图给求知欲极强的徐光启留下很深的印象,他多么想结识一下地图的绘制者利玛窦啊!

　　1595 年,徐光启应浔州知府赵凤宇之请前往广西浔州去当家庭教师,途经广东韶州,稍事逗留。旅舍寂寞,出城散步,不知不觉,来到城西。远远望见一座尖顶建筑物,规模不大,却很别致。问问过路行人,说那是洋人的教堂,住着两个神父,一个叫利玛窦,一个叫郭居静,两个黄头发、蓝眼珠的洋人都有一个中国名字。徐光启一愣,心想,利玛窦莫非就是绘制《山海舆地图》的那位先生吗?此前,他从未进过教堂,也没见过洋人。他犹豫了一会儿,好奇心和求知欲驱使他终于走进这座教堂。

　　他猜想得不错,这里的利玛窦正是他想结识的那个人。不凑巧得很,利玛窦已于 4

月 18 日离开韶州去江西南昌传教去了。郭居静神父接待了他。当时的韶州,虽然有少数人把灶王爷和老佛爷等偶像投进火炉,脖子上戴上了十字架,但大多数中国人都非常敌视洋教士。神父们的传教活动很不顺利,他们巴不得有人主动送上门来,因此郭居静对这位陌生的外乡人,给以非常热情、谦虚的接待,给徐光启留下很好的印象。这次他虽然没有见到利玛窦,不无遗憾地上了移馆浔州的路。四年后,意外地在南京见了面,真是喜出望外。

利玛窦原名泰奥·利奇,意大利人,出身贵族。16 岁到罗马神学院学习法律,跟从当时著名的天主教神父、学者克拉维斯学习数学、地理学和天文学,自然科学知识非常丰富。1571 年,不顾家庭的极力反对加入耶稣会,26 岁远渡重洋到印度传教,31 岁来到中国澳门。从此到死 20 余年,一直在中国传教。起初,他剃光头、穿袈裟,自称是从印度来的和尚。后来,他脱下僧袍,换上儒服,和中国的士大夫一样打扮。他不但学会中国话,还能用汉字写文章。他研究中国的传统文化,特别是儒家学说,并以儒学的某些说法附会天主教教义。比如说,天主就是儒家所说的天,天主教所奉行的神,在中国儒家经典中早已有记载。他以这种魔术师的伎俩,偷梁换柱,写下著名的《天主实义》。由于他给天主教披上了儒家的外衣,改变了为西方殖民主义者服务的形象,颇能迷惑中国的士大夫。

他的成功之处还在于,他凭借自己渊博的自然科学知识,利用近代实验科学的一些成就为传教服务。他把他从欧洲带来的钟表、三棱镜、天文仪器、西洋乐器和城市建筑的图画等等,经常在他的住处陈列展览,以此吸引好奇的来访者。他深信,求知心切的中国士大夫一旦接受了欧洲近代科学知识,也将比较容易接受西方的宗教。利玛窦的想法不错,他不愧是中国通。果然,这些科学仪器,尤其是西方近代自然科学知识,征服了一些开明的中国士大夫的好奇心和求知欲,并由此引发了对天主教的兴趣和信仰。至少徐光启就是这样一个人。

话说当徐光启来南京看望恩师焦竑时,利玛窦正在南京热火朝天地布道。明朝开国元勋徐达的后裔魏国公徐弘基,在官邸瞻园热情地款待他。南京城最高的军事长官丰城侯李环、太监总管冯保都成了他的朋友,六部尚书、公侯王爷和他常来常往,在这些权贵的大红伞庇护下,传教士的安全有了保障,传教活动得到开展。

焦竑和进步思想家李贽,也成了利玛窦的朋友。从传教的目的出发,利玛窦更重视与焦竑和李贽的交往,因为这两个人是社会名流,在士大夫中间影响很大。所以在《利玛窦中国札记》一书的《南京的领袖人物们交结利玛窦神父》一章中,特有如下记载:"当时,在南京城里住着一名显贵的公民,他原来得过学位中的最高级别(指状元)。中国人认为这本身就是很高的荣誉。后来,他被罢官免职,闲居在家,养尊处优,但人们还是非常尊敬他"。"他家里还住着一位有名的和尚,此人放弃官职,削发为僧,由一名儒生变成一名拜偶像的僧侣,这在中国有教养的人中间,是很不寻常的事情。他 70 岁了,熟悉中国的事情,并且是一位著名的学者。"这里所说的"显贵公民",指的是焦竑;和尚,就是李贽。李贽是激烈反对封建礼教的思想家,与焦竑有莫逆之交,1598 年焦竑辞官南下,李贽同船而行,一直住在焦竑家里。

徐光启得悉利玛窦正在南京，并由焦竑和李贽介绍，前去教堂拜访利玛窦。当时，南京还没有新建的教堂，而是把户部官廨加以改建，临时设堂传教。利玛窦室内琳琅满目的摆设，各种奇形怪状的科学仪器，都是徐光启闻所未闻，见所未见的，一下子就把他吸引住了。宾主从天文到地理，从数学到测绘学，谈得十分投机。两人一见如故，互相倾慕。利玛窦比徐光启大10岁，却从此成了忘年交。利玛窦三句话不离本行，自然不知不觉中就把谈话引入传教的正题。而徐光启是为了寻求科学知识去拜访利玛窦的，对宗教的话题自然没有热烈的反响。用利玛窦的话说，这次谈话，徐光启可能只是皮毛地获得"基督徒所信仰的上帝乃是万物的根本"的道理。

在人生的旅途上，风云变幻莫测。人的心境也往往随着各种境遇变换着色彩，这色彩又往往幻化成各种各样的梦境。徐光启曾做过这样一个梦：在一座庙里，他看见三间教堂。在第一间里，他看见一个人，有人称他圣父。在第二间，他看见另一个人，戴着皇冠，人称圣子，还听见有个声音叫他向这个人礼拜。在第三间，一无所见。神父是不相信梦境的，但为了迎合中国人对梦的迷信，利玛窦解释说："这是圣三位一体的神异以某种方式在梦中呈现给他。"

这次见面后的第四年，即1603年秋，徐光启专程去南京拜访利玛窦，而此时利玛窦已去北京。留在南京的神父是郭居静、罗如望两人。郭居静正在生病，罗如望接待了他，向他宣讲了天主教教义。这一天，他一直静静地沉思着天主教信仰的主要条文，很晚才离开教堂，并且带走了利玛窦撰写的《天主实义》，通宵阅读，有的段落还能背诵。第二天又去教堂，请罗如望神父尽可能详细地解释某些段落的大义，因为他在南京逗留的时间不多，想在临行前接受洗礼。神父为了考验他是否虔诚，要求他每周一天来接受教诲。他却回答说："不止一次，我要每周两天，每天两次。"他确实这样做了，而且准时到达。罗如望为他做了洗礼，还给他取了个教名，叫保禄。后来，在他的影响下，他年迈的父亲、妻子和儿子也信奉了天主教，全家都成了虔诚的基督徒，徐光启被传教士们称为教堂的"一盏明灯"。

1604年春节过后不久，徐光启便动身北上，去北京参加会试。这一年共录取311名进士，徐光启名列第88名。会试发榜在万历三十二年三月十五日。十天后，举行殿试，徐光启名列三甲第52名。按照明代科举制度的规定：二甲和三甲的进士，还要通过一次考试，优秀的授翰林院庶吉士，又称"点翰林"。其余的，或授主事、给事中，或被派到地方上去当知县。从政治角度上看，最有发展前途的还是进翰林院。因为翰林院是中央最高学术机构，也是朝廷储备人才之所。"非进士不入翰林，非翰林不入内阁。"翰林院是攀登仕途最高峰的必由之路。

其初，徐光启的任命是去都察院"观政"，类似检察院的见习生。入翰林院已无希望。说来也巧，真像俗话说的"时来运转，吉星高照"，他的授业老师黄体仁时年63岁，和他成了同科进士。当时黄体仁在礼部左侍郎李廷机家教馆，李廷机动员他参加翰林院的考试。按规定，70岁退休，称为"致仕"。黄体仁想，如果再读三年庶吉士，离退休也就不远了。更何况年过花甲的白头翁，和年轻的庶吉士们通在一起，去恭听馆师们的教诲，也不是滋味。于是,他以年老"不足以辱馆选"为由,推荐他的学生徐光启代替自己进翰林院。

这时,利玛窦已在北京站住了脚。他是1601年1月来到北京的,通过太监的门路向万历皇帝时献了很多贡品。万历皇帝见了这些稀奇古怪的玩意很高兴,尤其是那座自鸣钟被他视为天下奇物。随着滴哒滴哒有节奏的声响,表盘上的时针和分针各自按着自己的脚步移动,每到半个时辰就准时的叮当叮当地鸣报,比起宫中蠢笨的漏壶来,简直是奇妙的小精灵,令皇帝看得目瞪口呆。他下令将它安置在殿内,还派了两名太监日夜看守着。太监们不懂得按时上发条,走了几天以后,时钟停摆,以为是坏了。他们怕自鸣钟出了毛病不会修,皇帝发起怒来,招致杀身之祸,就千方百计要留住利玛窦。礼部的官员因利玛窦自称是"大西洋国人",他们查了《会典》,没有这么个国名,怀疑他来路不明,怕留在京城惹出乱子,坚决要求驱逐他。毕竟是太监们神通广大,终于使皇帝同意了他们的意见。皇帝还下令,每月供给利玛窦一定的俸钱,并批准他在京长期居住。开始,利玛窦住在四夷馆,皇帝赐宅后,移居宣武门内,不久又在他的住宅旁修建了教堂。

1604年春,徐光启一到北京,还未参加礼部的会试,就先可拜访了利玛窦,并参加了行忏悔礼以及领圣餐等宗教仪式。据说,徐光启对天主是"如此虔诚,以致在领圣餐时意忍不住流下泪来,就连站在圣坛栏杆旁的人们看了也一样流泪不止。"教徒们都仿效地,钦佩他,神父更把他看作是"一个罕有的虔诚和生活圣洁的典范"。

徐光启的时代,是我国古典科学成就的总结时期。明朝后期出现了一批卓越的科学家,如李时珍、徐霞客、宋应星、焦勖……如同灿烂的群星,彼此争辉。随着资本主义的萌芽,社会经济的发展,历史期待着更为先进的科学技术。徐光启是一个睁开眼睛看世界的科学家,他如饥似渴地学习西方先进的近代科学技术,以期改变中国发展缓慢的现状,使祖国能尽快地富强起来。那时,还不可能出国留学,为他架起通向西方先进科学技术桥梁的正是利玛窦等传教士。在以后的篇章里,我们还要比较详细地介绍徐光启向传教士们学习、研究、翻译西方科学的具体情节。徐光启自始至终看重传教士们的是,他们都"有种种有用之学"。

徐光启进了翰林院,开始了三年庶吉士的学习生活。庶吉士像现代的研究生一样,每月能领到一定的官费,供个人衣食之用满有富余,用来养家糊口就不够了。进了翰林院的第二年,他把老父亲和全家接到北京来住,只留下儿子儿媳在家照料家务。这样,他在北京的生活愈加拮据,常常不得不借米吃。尽管如此,和早年贫困的生活条件相比,还是大大改善了。从此,他可以不必再为养家糊口去教书,也不必再为应付科举而徒费时日地去学作八股文了。他可以摒弃一切没有实用价值的杂学,专心致志地去学习研究他所酷爱的自然科学了。

这时,宣武门内的天主教堂建起来了。1605年8月27日,神父们迁入新居。有皇上"赐宅"的圣旨,教士们便有恃无恐地在京城自由地传起教。

1607年1月28日,是万历三十五年的大年初一。在噼噼叭叭的爆竹声中,徐光启从梦中醒来。夫人早已在堂屋里燃起了香烛,父亲的房间里也亮起了灯,老人家正在咳喘个不停。徐光启慌忙起床,要去给父亲请安。忙乱中,有只袜带怎么也找不着,他没有唤

他的夫人，随便找了个布条就系上了。

　　大约过了一个多月，粗心的夫人才发现，她的先生一条腿上系着青色的袜带，一条腿上扎着一条蓝色布条，禁不住扑哧一笑，说："翰林官儿穷，谁都知道，难道穷得连双裤带也买不起吗？堂堂翰林，扎个布条，外人看见，该不会认为你故意装穷吧！"徐光启却严肃地对夫人说："任何事，不论大小，有缺憾的地方，才不会被造物主所忌呀！"徐光启的话很有道理，人生总有缺憾，活一辈子，不可能事事如意，对于不如意，就看你如何对待了。

　　庶常馆散馆前的最后一场考试，在正月初六日就结束了。分配方案上报后，万历皇帝迟迟没有批复。直到 4 月 10 日（农历三月十四日）徐光启才被任命为翰林院检讨。

　　一年多以前，徐光启把他年迈的父亲徐思诚接来北京，想让老人家开开眼界，享几年清福。然而，74 岁高龄的老人，体弱多病，对北方干燥而寒冷的气候很不适应，一入冬就气喘吁吁，到了三九天更是上气不接下气。况且，老人虽足不出户，但是从儿子和朋友们的交谈中，也不时听到很多官场腐败秽恶的事情，这也使他气闷。老人久欲南归，徐光启也原打算工作分配停当，在夏秋之际送父亲回乡。岂料天有不测风云，人有旦夕祸福，还未来得及做好南归的准备，老人家便于 5 月 23 日（农历四月二十八日）在北京病故了。亲眼看见自己的独生子成了翰林，终于从贫困和磨难的蹉跎岁月中熬出了头，他能不高兴吗？然而，老人心头却有一片阴云。临终时，没有一句话谈及家庭私事，只留下一句格言式的遗嘱："开花时思结果，急流中宜勇退。"若干年后，每当老人临终时眉宇间的隐忧浮现在徐光启的眼前时，他便反复品味这句话的深切含义。徐光启为父亲买了一口贵重的楠木棺材，并且以天主教的仪式在北京举行了隆重的葬礼。神父们在教堂里搭了个灵台，上面覆盖着黑绸。中国人的传统习俗，丧事用白色，但徐光启一家都是天主教徒，就同意按照欧洲教会的习惯办事。灵台四周点燃蜡烛，信徒们肃穆地列队前来念诵死者生前的善行，并祝愿他的在天之灵受到圣父圣子的关照。徐光启穿着粗棉布的长袍站在灵台旁，默默地回念着父亲艰辛而洁白的一生。虽然按着天主教的说法，他的父亲是被仁慈的上帝召唤去了，但他仍然忍不住悲恸，热泪滚滚而下。这样的丧礼仪式，在中国还是破天荒第一回，教徒们从来没有见过这种丧礼。徐光启父亲的丧礼无疑为传教士们的尽情表演提供了一个绝好的机会，做了一次影响很大的义务宣传。丧礼结束后，徐光启护送灵柩南归，开始了他三年守制的生活。

　　守制期间，徐光启摒绝一切交往，埋头致力于科学研究。他运用《几何原本》的原理和方法，深入系统地研究了中国古代的数学，写成《测量法义》《测量异同》和《勾股义》三部著作。这项工作在中国是史无前例的，他把中国的数学科学向前推进了一大步。

　　《测量法义》一书，1608 年定稿。关于这部书，后人多以为是利玛窦口译，徐光启笔受，这就低估了徐光启对这部书所做的贡献，与实际情况也不相符。事实上，在翻译《几何原本》以前十多年，利玛窦就翻译过这本书。当时只是一些关于测量方法的片断，既没有理论的说明，也不成系统。1607 年《几何原本》出版以后，徐光启就以几何学的原理为基础来研究测量并着手整理利玛窦这批草稿。他进行整理的方法是选择草稿中的若干条，找出《几何原本》中相应的公理、公式，结合我国的《周髀算经》《九章算术》中的勾股测量诸条,把中西测量法会通起来,并说明这些测量方法的数学原理,从而发挥"金针度去从君用"的作用。他在《题测量法义》中说:"法而系之义也,自岁丁未(1607)始也。曷待乎?于时《几何原本》之六卷始卒业矣,至是而后能传其义也。"又说:"是法也,与《周髀》《九章》之勾股测望,异乎?不异也。不异,何贵焉?亦责其义也。"徐光启说的"义",就是科学原理的意思。中国古代的测量法,只说明如何如何测量的具体方法,未说明这些具体方法所根据的普遍原理,使人知其然,不知其所以然。徐光启的贡献,在于他不仅是"笔受",而是结合中西测量法做比较研究,并且力图用《几何原本》的理论体系去说明这些方法的原理。

《测量异同》是《测量法义》的补充和继续。徐光启把《九章算术·勾股篇》中我国旧有的测量法与《测量法义》中的西法进行比较,"推求异同",并对中国"旧篇所有今译所无者",即中国古代有的测量法而欧洲则没有的测量法,补充进去。徐光启倾心于当时西方的科学技术,目的是要使我们祖国超过外国;要想超过人家,就要结合自己的实际情况来学习。徐光启把他的这种思想归纳为八个字:"欲求超胜,必先会通。"《测量异同》这部著作,正是他这一光辉思想的第一次实践。

《勾股义》又是《测量异同》的继续。勾股测量法是我国古代算学中的伟大成就之一,最早见于《周髀算经》和《九章算术》的《勾股篇》。徐光启继承了历代数学家的科研成果,同时也指出他们的缺点是"第(只)能言其法,不能言其义",也就是说,他们只说出结论,却不能说出其中的道理。因而在《勾股义》中,徐光启运用《几何原本》和《测量法义》中的基本定理来解释并补充我国传统测量法的"义",从而把应用科学提高到系统理论的高度。当时从欧洲传入我国的西方数学中,还没有《勾股容圆》的科学命题,这说明我国古代数学的发达水平并不逊于西方。该题在刘徽的《九章算术注》中已有两个证明方法,而徐光启又创造出另外一种新的证明方法。这是徐光启对我国数学的又一贡献,也是我国数学史上的创举之一。

徐光启认为,我国古代原是一个数学发达的国家。相传黄帝、伏羲造历,大禹治水,哪一样也离不开数学,数千年来,有成就的数学家对农田水利、天文历法、工商运算,都起过不少作用。徐光启的功绩就在于重新把数学置于实事求是的基础上,从而发挥它作为"斧斤寻尺"的工具作用。他研究数学的目的是和他开发农田水利,富国强兵的努力分不开的。他强调指出"西北治河,东南治水利",都离不开测量,而勾股法则是治河治水的法宝。这表明,他不仅注意吸取西方数学理论和知识,以弥补中国数学的不足,更关心的是数学为发展农业生产服务。

与此同时,徐光启还研究过《周髀算经》中有关测天的学说。他指出:"古法测出北极出地 36 度,这是以中州(我国中原地区)为立足点测出的数据。唐朝人说南北距离每 351 里 80 步就差 1 度,宋朝人说自交南至子岳台 6000 里差 15 度,之所以产生这样的差度,是因为地球是椭圆形的;否则,如果大地是平面的,即使南北相距亿万里,北极出地的度数总是 36 度,绝不会变的。"他还指出地球经纬度在天体测量中的重要意义,他说:"上天下地各有经度纬度,测天则经度易,纬度难;测地则经度难,纬度易。"在徐光启以前,还没有

人把地球的经纬度应用到测天方面来;就是在他以后很长一个历史时期,有许多人仍然不相信大地是球形的,也不懂得经纬度对日月蚀测验的应用,因而那些钦天监官员在对日月蚀的测验中往往出现误差。徐光启对《周髀算经》关于测天的错误加以纠正,标志着我国天文学上的一大进步。

农业试验

徐光启回乡守丧的第二年六月,江南连日大雨,江潮泛滥,原野一片汪洋。常州、苏州、上海和杭州、嘉兴、湖州等府县,灾情尤重。农田淹没,稻谷无收;房倒屋塌,没有安身之处。据说这是200多年来少有的大水灾。水灾过后,紧跟着就是饥荒、瘟疫、粮价上涨,死的死,亡的亡,活着的无衣无食,卖儿卖女,四处逃荒。上海县城的大街小巷,也挤满了沿街乞讨的难民。

徐光启回到上海,闭门谢客,足不出户,整天坐在书斋里写书。这天,儿子徐骥从外边回来,说街上到处都是从四乡逃荒来的难民。听了儿子的描述,这位忧国忧民的科学家再也坐不住了。他让夫人看看自家的米筐里还有多少粮,让儿子在巷口支起一口锅,赶快煮粥,施舍给那些奄奄待毙的难民。交代完了,便匆匆地出门了。

说来奇怪,与徐光启有过矛盾且仇恨在心的魏广微,这时却出人意外地策划起用徐光启。奏请任命徐光启为礼部右侍郎(相当于第二副部长)兼翰林院侍读学士、协理詹事府事、纂修神宗实录副总裁。这些头衔都是令人感到十分荣耀的。假如徐光启是个毫无政治操守的人,还不感激涕零,受宠若惊? 可是,他一身正气,爱憎分明,毫不为阉党的拉拢动心。他目睹阉党横行不法,耻与为伍,拒不接受拉拢。

阉党一催再催,要他回京赴任。他却一再推托,不肯就范。这使阉党恼羞成怒,他们指使御史智铤上疏弹劾徐光启。一方面说他"依墙靠壁",是东林党的残滓余孽;一方面诬控他通州练兵是"误国欺君","骗官盗饷"。1625年6月27日,给以革职处分,免去了他的礼部右侍郎的职务。徐光启虽然把国家的命运和人民的疾苦时时挂在心头,然而阉党当道,报国无门。生无媚人之骨,不愿同流合污,只好在家闲住了。

政治上的失意,却使他有几年空闲的时间,利用在学术上,将数十年来对于农业科学的研究心得加以整理,写成皇皇巨著《农政全书》。

《农政全书》,原名《农书》或《种艺书》。全书60卷,50余万字,分12个门类,即《农本》3卷,《田制》2卷,《农事》6卷,《水利》9卷,《农器》4卷,《树艺》6卷,《蚕桑》4卷,《蚕桑广类》2卷,《种植》4卷,《牧养》1卷,《制造》(食品加工)1卷,《荒政》18卷。

《农政全书》具有3大特点:

1.把个人的研究成果和前人的经验融为一体。"杂采众家,兼出独见",是本书最大的特点之一。"杂采众家",包括两个方面:一方面是"农师耕夫"之言。徐光启从20几岁开始,就对农学发生了浓厚的兴趣,从南到北,行程万里,每到一处,就访问"老农""老

圃"，学习他们的生产经验和生产技术，并随手记录下来。年长日久，积累了丰富的资料。一方面是阅读和辑录古往今来的有关农学的书面资料。据统计，《农政全书》共引用225种文献。至于未注明征引来源的还不包括在内。可以说，它是当时中国农业科学遗产的总汇，集中了中国古代农书的全部精华。许多早已失传的文献，赖以保存留传。所谓"兼出独见"，就是徐光启在北京、天津和上海从事农业科学研究和试验所取得的新成果。他用夹注、补充或评论的方式，加在古文献中不足或有缺点的地方，即使三言两语，却足以丰富古文献，把他们提到新的科学高度上来。凡是古文献中仍有现实意义的部分，都被保留下来以供人们采摘；凡是已经显得不足或有错误的地方，经过徐光启的修订和补充又重放异彩。所以《农政全书》虽然主要是一部古代文献的汇编，但每一条资料都融进了徐光启的试验和科研成果。

2.《农政全书》与以往农书一个最重要的区别在于，它是从国家政策的高度对农业生产的发展进行全面的考察和研究。它要解决"富国化民"的根本问题，寻求使国家富强的救世良方。着眼点是在"农政"，寄希望于通过行政力量，发展农业，提高产量，改善人民生活，增加朝廷的财政收入，实现富国强兵的目标。徐光启以前的各种农书，在农业生产的措施和方法上，虽然总结过不少宝贵经验，在经营管理方面却都只停留在个别农家和庄园的规模上，很少有人从国家政策的高度，从全国或某个大的区域范围内，去研究垦殖、水利、农田管理和抗御天灾之法。徐光启继承了我国传统的重农思想，但他并不反对发展商业，甚至要求发展对外贸易。这和古代政治家们"重农抑末"的思想也是有很大区别的。

关于农业综合治理的具体政策措施，主要包括开垦、水利与荒政三个内容。国家的财赋和粮食供应，越来越大的依赖江南，南北经济的发展越来越不平衡，要使北方农业生产迅速地发展起来，徐光启认为根本的办法是在我国的西部和北部，尤其是在黄河中下游和京津地区屯田垦荒。要在北方开荒种田，增加生产，就要特别重视兴修水利。"水利者，农之本也。无水则无田矣。"在农业生产技术方面，徐光启致力于谋取高产优质的农作物，特别是水稻、棉花和甘薯的推广，以解决粮食和衣着的供应。他念念不忘备荒救荒，他列举了在荒年可以充饥的野生植物414种，凡是他亲口尝过的，都注明"尝过"。神农氏尝百草，那不过是荒古渺茫的传说；徐光启尝百草则是确有的事实。他心里装着亿万农民的饥寒，出于科学家的献身精神，亲口品尝过各种野草、野菜、野果的滋味。徐光启对于荒政的基本论点是：浚河筑堤，兴修水利，发展生产，"宽民力，祛民害"，保护农业劳动者的利益，解放生产力，这是上策。提倡积蓄、反对浪费，是中策。开仓救济是下策。他主张的救荒政策是积极的，着眼点是推行休养生息的政策，减轻农民的负担，鼓励农民的生产积极性。开垦、水利和荒政等政策性的措施与农业的关系，在以前的农书中很少有人论及，徐光启则集中而系统地提了出来，这是不同于前人并且超过前人的地方，也是《农政全书》的又一重要特色。

3.徐光启力求用科学的方法，在详细占有资料的基础上，用实验的方法和统计的方法进行研究，力求找出自然规律，认识发展趋势，预告将来的变化。比如他对蝗灾的研究，

他搜集了史书上从春秋时代至明代万历以前所有关于蝗灾的记载,用历史统计法,进行整理分析,获知蝗灾发生的时间多在农历四、五、六月,从而得出蝗灾最盛于春夏之间的规律。又通过对受灾地区的统计,提出蝗虫发源并生长于沼泽地带的论断。在方法论上也大大超过前人。

《农政全书》是徐光启长期实践和调查研究的结晶。他几乎倾注毕生精力钻研农业科学。数十年如一日,广咨博询,考古证今,在上海的双园和天津的农庄,"躬执耒耜之器,亲尝草木之味",通过试验来验证书本上的知识和老农介绍的经验,再加深入地研究,寻找规律,得出结论。实践出真知,《农政全书》既不是道听途说,也不是只抄古书,它是徐光启切切实实的科研成果,是我国古典农业科学史最完备、最杰出的一部总结性的代表作。

由于某种原因,这部科学巨著在徐光启生前未能出版。在他逝世 6 年后,由陈子龙等人整理校刻问世,并题名《农政全书》。陈子龙等对本书的贡献,功不可没。我们有必要在这里补叙几句。陈子龙,松江华亭人,是徐光启的同乡,又是当时著名的经世致用学者和作家。清兵入关南下时,他曾高举义旗,率领民众,与清军顽强斗争。后在苏州被捕,投水自杀,表现了高度的民族气节。徐光启生前,此书尚未完全定稿,有一些内容重复而未及删定,有些略而未详未及增补。陈子龙等在整理过程中,删去了十分之三,增加了十分之二。使这部书更臻完美。

督修立法

1628 年 8 月 22 日(崇祯元年七月二十三日),年轻的崇祯皇帝在勤政殿接见一位年近七旬的老人。老人身材消瘦,容颜憔悴,黝黑的面额上尚留着长途跋涉的仆仆风尘。看上去,身体虽然疲惫不堪,眼神却格外明亮。这位老人便是刚从上海回到北京的徐光启。

1627 年 10 月 20 日(天启七年九月三十日),天启皇帝朱由校去世,死后无嗣,其弟朱由检即位,次年农历正月初一改元崇祯。20 多岁的朱由检却不像他那昏庸荒唐的哥哥,他是一位很想重振朝纲的年轻皇帝。即位不久,就当机立断,惩治祸国乱政的魏忠贤阉党集团。通告全国,揭露魏忠贤逞私、殖党、篡权乱政、陷害忠良的罪行。魏忠贤畏罪自杀,投靠魏忠贤的阉党分子该杀的杀,该关的关。崇祯皇帝此举,真是大快人心。在清除阉党集团的同时,崇祯皇帝起用受阉党迫害的大臣,很多当年遭魏忠贤集团迫害的官员相继被召回京。徐光启也恢复了礼部右侍郎的职务。他接到圣旨后,立即由上海抱病赴京。朝野上下,都对崇祯皇帝寄予莫大的希望:期待他重振朝纲,使奄奄待毙的大明王朝起死回生。徐光启对崇祯皇帝也抱有同样的希望,所以他兴奋激动,对于皇帝的提问,侃侃而谈。

皇帝问道:"国家选用人才为什么非得是进士出身,难道举人中就没有杰出的人才吗?"

　　徐光启答:"皇上圣明,果真不拘一格选拔人才,那将是国家和人民的福事啊!"

　　年轻的新皇帝与博学的老臣这一次谈话,留下了很好的印象。一周后,便任命徐光启为日讲官,9月又任命他为经筵讲官,也就是陪着皇帝讲论经史。这样,徐光启实际上充当了皇帝的老师。由于对徐光启的侍讲比较满意,崇祯皇帝给了他一个"太子宾客"的荣誉头衔,又任命他为纂修《熹宗实录》的副总裁,负责组织编写天启年间的编年史。应该说,这位新皇帝对徐光启颇为器重。但是,这些任命,社会地位虽高,对政局的发展,却是无关宏旨的。而徐光启念念不忘的则是练兵。

　　1629年1月,徐光启上了《再沥血诚,辨明冤诬疏》。为当年魏忠贤党羽智铤诬劾他"练兵失职"一事进行申辩。1625年他曾写过《疏辩》,因当时阉党势焰正盛,自知辩之无益,搁置未上。这次旧事重提,并非出于个人恩怨,因为随着阉党集团的覆灭和他的不断高升,这段公案早已有了结论。这次上疏的目的是要辨明是非,肃清影响,为宣传他的军事主张制造舆论。果然,到了2月,他就向崇祯皇帝正式提出了练兵计划。认为当务之急,是先抓练兵。只有训练出一支精兵,才能"战必胜,守必固"。可惜崇祯皇帝并未把他的练兵计划放在心上,也没有委任他去管军事,而是升任他为礼部左侍郎(相当于第一副部长),回部管事。

　　人无远虑,必有近忧。1627年8月,主持辽东前线军事的大将袁崇焕,利用火器的优势大败努尔哈赤之子皇太极,取得宁远大捷。使后金暂时未能发动攻势,明王朝获得了暂时的喘息。崇祯皇帝和他的决策大臣,也许被这一胜利冲昏了头脑,小瞧了后金对明王朝的威胁。正在这时,皇太极亲督数万骑兵,出其不意,以蒙古人为向导,绕过明军重兵驻守的山海关,突破大安口、分入龙井口、马兰谷,长驱直入,进围离北京不到一百公里的蓟州。1629年12月19日,又攻陷遵化,连陷抚宁,不到半个月,后金兵攻至北京城下的德胜门。

　　12月18日,崇祯皇帝在平台(故宫保和殿后右门)召集内阁兵部等大臣商议对策。兵临城下,危如累卵,是坚持守城待援,还是出城扎营与敌决战?文武百官,各抒己见;崇祯皇帝,心慌意乱,莫衷一是。徐光启引用袁应泰辽阳之战城外扎营惨遭失败而袁崇焕坚守宁远用大炮歼敌万余获得大捷的事实,说明在敌强我弱的形势下,坚持守城的重要性。他认为,古时没有大炮,非出战不能守城。现在有了大炮,敌人还未靠近城门,就可发炮杀敌,坐而取胜。如果在城外决战,胜负没有把握,不如守城稳妥。崇祯皇帝虽然刚愎自用,但毕竟不是昏庸之辈,他采纳了徐光启的意见,否决了城外扎营与敌决战的冒险策略。

　　徐光启还建议不杀俘虏,从政治上瓦解敌军。他分析,满洲兵劳师远袭,来自本部的八旗兵士不多,而大多数则是被俘去的汉人。他们虽然已被迫剃发,其中盼望逃脱归来的人定然不少。假如不分青红皂白,一律杀之以报功,是"绝其归正之路,坚其从贼之心",把他们推向敌人一方,壮大敌人的势力。他建议崇祯皇帝进行招抚。崇祯皇帝也采纳了他的意见,并责成他起草招降的文告。他在文告中说:"你们原先大都是我大明朝的

士兵，因为军队中的贪官污弁，克扣粮饷，中饱私囊，使你们缺衣少食，被迫哗变，也是不得已才投降了敌人。有的是战败被俘，被迫在敌军中服役。但是你们都生长中华，难道不想念你们的父母、妻子、亲戚、朋友？不眷恋生你养你的故乡热土吗？现在敌人利用你们，将来用不着你们的时候，就会一个个杀掉你们。历史上兔死狗烹的故事，你们大概也听说过吧。现在你们能弃恶从善，弃敌来归，不但赦免你们以前犯的过错，而且计功加赏，变灭族之祸为传世之荣，何去何从，就看你们的了。"果然，文告一出，辗转相传，弃敌来归者络绎不绝。

徐光启还建议，不仅要训练士兵进攻，还要训练防守。现在守城全靠大炮，不经过训练，很难胜任。他草拟了《城守条议》，就京师城守工作及注意事项，做出具体规划。提议设立总指挥部，在城垣上严密布置兵士和火器，并悬以赏格。主张广泛发动城内民众参加北京的保卫战。

"平台召对"后，12月30日（十一月十六日），崇祯皇帝下达了由徐光启负责指挥训练守城士兵的命令。第3天，徐光启以69岁高龄，担负起训练战守的重任。第5天，皇太极率兵包围了北京城。京师岌岌可危！徐光启受命于危难之时，不顾年高多病，一面抓守城士兵的选练，一面抓大炮和火药的生产和分配。昼夜巡逻在城头上，教练士兵操作。饥渴俱忘，风雪不避。

正当后金兵在北京城外扎营列阵的时候，从澳门购买的西洋大铳（炮），已由传教士陆若汉、商人公沙的西劳等运抵涿州。他们还带来一批制造大炮的工匠以及使用大炮的军事技术人员。他们到达涿州，听说京城已被后金军包围未敢贸然前行。当时敌警紧急，人心惶惶，涿州城的居民也正准备南逃。知州陆燧等当机立断，一力担当，作主将这些大铳分布在涿州城上，日夜演习，火光冲天，炮声震地。后金兵听到那震耳欲聋的炮声，闻风丧胆，在攻下良乡、固定以后，不敢贸然南下涿州。

在守卫京城的时候，也有些大臣主张出城决战。1月29日军事会议决定，战时设立文武两个经略，由梁廷栋、满桂分别担任。崇祯皇帝要求满桂出城与敌军决战。满桂认为敌劲援寡，不宜过早出战，无奈上面催逼甚急，不得已率兵出城，致使全军覆灭。

有鉴于此，徐光启再次紧急上疏，指出后金兵这次大举来犯，去京师不攻，环视涿州不攻，都是因为害怕大炮。他说："东事以来，克敌制胜，独有神威大炮。一见于宁远之奸，再见于京都之守，三见于涿州之守。"徐光启建议尽快仿造西洋大炮，崇祯皇帝批准了他的要求，下令：澳门洋商留京制造、教演火炮，由徐光启"总提协"。徐光启特别强调，制造西洋大炮，要严格保守技术机密，否则为敌人所窃，就把自己的优势变成了敌方的优势。

1630年上半年，由于徐光启一再上疏，崇祯皇帝又很支持，在京师制造了一批火炮。这在中国兵器史上是一件大事。它标志着中国兵器发展的一个新的里程碑。

皇太极饱尝了西洋火炮的厉害，不久退兵，北京解围，局势稍有缓和。

吃一堑，长一智，聪明的皇太极退兵关外以后，经过一段时间的筹备，从1631年初开始，也制造"红衣大炮"。同年10月，皇太极兵分两路围攻大凌河，城外百余座城台逐一为"红衣大炮"击溃。他深知先进武器装备的益处,于是与明王朝开始了生产火炮的竞赛。为了制胜对方,徐光启提出建设一支用西方火炮、火枪武装起来的精锐火器营的设想。建议以登莱兵备道孙元化的部队为精锐火器营的基本力量。为对付后金兵的入侵,须在北京、关内、关外三地,集中训练精兵2万,由孙元化负责统一指挥。

徐光启为什么选中孙元化?孙元化是嘉定人,又是徐光启儿子徐骥的儿女亲家。徐光启的为人,绝不会是任人唯亲,而是因为孙元化以善于使用西洋火炮著称。因此,他也就"内举不避亲"了。

徐光启不曾料到,在他上疏不到两个月,一件突然发生的事,使他建立一支新式军队的计划成了泡影。1632年1月19日,一部分登州部队奉命调往辽东前线,途经吴桥,狂风大雪,士兵粮尽衣单,在参将孔有德带领下发动兵变,回师登州,诡称投降。孙元化上当,准备招抚。结果孙元化和王徵等人都成了叛军的俘虏。一时误传孙元化本人叛变,崇祯皇帝下令把孙元化一家老小都抓起来了。在真相不明,消息中断的情况下,徐光启挺身而出,为孙元化辩护,认为他决不会叛变,并以自己的身家性命作担保。孙元化自刎未成,后与王徵等一起被叛军放回。3月下旬回京请罪。皇帝虽然仍把孙元化处死,但也不得不承认徐光启的知人之明。

孔有德的叛乱,使徐光启经营多年的精锐武器装备尽为皇太极的后金兵所有,从而使双方军事力量的对比,发生了很大的变化。这对徐光启精神上的打击是巨大的。从此,他不再谈兵事,专心致力于修改历法的工作中去了。

1629年6月21日(崇祯二年五月一日),又发生了一次日食。钦天监根据《大统历》的推算,初亏在巳正三刻,实际始于午初一刻,早了半个小时;原推复圆在午正三刻,实际在午正一刻,又迟了半个小时。徐光启本人用西洋历法推算的结果,则与日食发生与结束的时间首尾相合。钦天监是官方的天文历算机构,上报皇帝和发布预报当然是以钦天监的预测为准。

封建时代,日月食被看作有关国家兴衰治乱的大事,受到朝廷的高度重视。钦天监对这次日食推算的失误,使崇祯皇帝非常恼火。五月三日下了一道圣谕,痛责钦天监的失职:"钦天监推算日食前后刻数俱不对。天文重事,这等错误,卿等传与他,姑怒一次,以后还要细心推算。如再有误,重治不饶。"钦天监的官员有几个脑袋?龙颜震怒,个个慌恐。而且,据推算崇祯三年还有一次日食,崇祯四年不但有日食,还有两次月食。到那时,推算肯定还会不准,皇上问罪,如何是好?忧心如焚,寝食难安。钦天监归礼部管辖,徐光启时任礼部左侍郎,又精通西洋历法,大家觉得只有向他求援,才是唯一的出路。

徐光启深知钦天监是冤枉的。他们推算有错误,并非玩忽职守,而是因为他们据以推算的《大统历》年久失修。修改历法,势在必行。这使他想起了18年前那次日食的情景。

1610年12月15日(万历三十八年十一月初一日),他守丧期满,回京复职,要去翰林院报到。坐在轿里,忽听街道两旁一片喧哗,既纷乱又热闹。他掀开轿帘望去,只见家家户户,老人孩子,有的敲锣击鼓,有的举着铜盆铁锅敲敲打打,惊慌失措地望着天空。天

空也似乎比刚才昏暗了。前边是一座寺院，从山门望进去，只见和尚们都匍匐在地，手里敲着铙钹，走近了还听得他们念念有词。一个小孩惊叫着："无狗吃日头了!"徐光启知道发生日食了，市民和和尚们是在用他们手中的"武器"虚张声势，吓唬天狗呢。他招呼轿夫停步，下了轿，站在道旁，观望日食。不知是天狗的嗓子眼太细，吞不下偌大一个火球；还是被地上的中国人一吓唬，胆怯起来，总之，它终于又把日头慢慢吐了出来。阳光依旧灿烂，虽然脸色有点苍白。北京市民却个个喜笑颜开，像得胜的将军收拾起"打败"天狗的武器，心满意足地回屋去了。严冬的北京，大街小巷又安静了，依然是太平无事的样子。敢吞食太阳的天狗，胆子可谓大矣！然而被中国人这么一吓唬，却害起怕来，胆子仿佛又小得很。怎么这么矛盾呢？谁说得清楚！这就是当时中国人的心态和无法说得明白的道理。徐光启叹口气，摇摇头，哑然失笑了。

他到翰林院向上司销了假。这个高层知识人士成堆的机构，人们也正在议论纷纷，甚至有人不顾身份，用粗话攻击钦天监对这次日食预测的失误。他们骂钦天监的官员是白吃饱，一而再，再而三，预测失误。也有为钦天监辩护的，说这不能怪钦天监。一则观象仪器都老掉牙了，年久失修，怎么能验算得准！二则洪武年间的《大统历》用了快300年了，天象变，历法不变，怎能不出误差！公说公有理，婆说婆有理，争论不休。有的翰林知道徐光启对于历法素有研究，也知道他曾向利玛窦学习过西洋历法，就怂恿他谈谈自己的看法。徐光启对于科学技术上的问题，从来不隐瞒自己的观点，也不故作谦虚。他认为自己知道的故意不说出来，以表示自己是谦谦君子，违背"进不隐贤"的古训。于是他便侃侃而谈，说据他所知，在京的传教士庞迪我用西法预测这次日食，分秒圆缺，准确无误。

他从翰林院出来，没有回家，径直奔宣武门内的教堂去了。这时，他奉为良师益友的利玛窦已于这年的5月11日病逝了。讣告传到上海，他非常悲痛。回忆篝灯呵冻共译《几何原本》的日日夜夜，想起利玛窦为他讲解西洋历法时的音容笑貌，他忍不住热泪盈眶。他回京后，正赶上参加利玛窦的安葬仪式，勉强减少了一些心头的遗憾。也正是在利玛窦的葬礼上，他见到了传教士庞迪我和熊三拔，听他们讲述对这次日食的预测。他现在去教堂，正是要和庞迪我等人讨论修历的问题。

修改历法的呼声日益高涨。兵部职方员外郎范守已批评钦天监测算有误，主管钦天监的礼部无法掩饰。迫于压力，礼部请求广泛访求精通历法的学者与钦天监官员一起修改历法。赞成西洋历法的钦天监官员周子愚上疏，推荐传教士庞迪我、熊三拔等人。认为他们精通天文历法，同时认为西方的历书，有不少是中国典籍所没有的，建议将这些历书全部译出，以补中国典籍之缺。礼部采纳了周子愚的意见，向皇帝建议：把精通历法的邢云路、范守已等人"改授京卿，共理历事"。翰林院检讨徐光启和南京工部员外郎李之藻精通西洋历法，他二人可与教士庞迪我、熊三拔合作，翻译西洋历书，供邢云路等人参考。同时指出，要修改历法，就必先观测天象；要观察测算，就要先制作各种天文仪器仪表。

对要求改历的事情，徐光启开始抱有极大的热情和期望。为了推动修历，1611年秋

在熊三拔的协助下,他先后写了《平浑图说》《日晷图说》《夜晷图说》。同时,把熊三拔为他讲解天文测量仪器简平仪的内容记录下来。整理成《简平仪说》。在序言中,他以欣喜的笔调,热情地赞扬了礼部对修历的支持,期望这次修历能达到"历理大明,历法至当"的效果。对翻译西洋科技书籍的意义也做了阐述,认为西方三千年来积累的科学成果,借助翻译,一年半载就可坐享其成,为我所用。他这样说,显然是有意助长当时要求修历的声势,但他明确指出利用西方现有的科学成果来促进中国的科学进步,不失为具有高度科学眼光的见解。

不久,他又与熊三拔合作,制造了天盘、地盘、定时衡尺等修历所必需的仪器,以便万历皇帝一批准,便可立即动手。一年来,徐光启一门心思投入天文历法的研究,专心致志,如醉如痴。忘记吃饭,忘记洗漱,是常有的事。亲友来信,堆案盈几,顾不上回信;诗呀文呀,所有应酬文墨,无暇一字。他单枪匹马,孤军作战,既无同道共研,又无助手相助,致使"百端俱废"。除了"历算",他是什么也顾不上了,他也十分清楚,修改历法是一件大事,靠一人之力、一代之功是不行的,需要同志同业的数辈人共同努力。然而,事虽渺茫,困难重重,却决不能消极等待。凡是目前能做的,就先动手做起来。全力耕耘,是自己的本分,至于收获丰硕的成果,寄希望于后人。尽管如此,他还是迫不及待地希望早开历局,并为此积极筹划。他在给儿子的信中说:"现在最急需的是懂得《大统历》和《回回历》的人才,所以盼望周若虚早日来京。假如开设历局修改历法的事实现,需要制作多种天文仪器,也就需要很多能工巧匠,因此,就是葆赤来也用得着。"从这封家书可以看出,徐光启为准备修历,已经在物色人才,筹组班子了。

但是,昏庸的万历皇帝已经30年不上朝理政了。礼部的报告送上去,如石沉大海,没有批复。1613年,李之藻改任南京太仆寺少卿,奏言两方历法,力荐庞迪我、熊三拔,建议礼部正式开局修历,翻译西方历书。李之藻呼吁于南,徐光启应和于北。然而没有皇帝点头,修历的事只好不了了之。

现在崇祯皇帝励精图治,对徐光启又非常重用,实现设局修历的夙愿,正是大好机会。于是他草拟了《礼部为日食刻数不对请敕部修改疏》,于崇祯二年五月十日送上去。

在这份奏疏中,徐光启首先为钦天监开脱。他说,天文历算在我国已有4000多年的历史,源远流长,成就辉煌。汉唐以来,有两日一日之差,后来有一时二时之差,至元代郭守敬制定的《授时历》只有一刻二刻不合;他把中国的历法提高到一个空前精密的新高度。历法"从粗入细,从疏入密",不断修改,不断提高,日臻完善精密。但是,就在郭守敬还在世时,按照他的《授时历》推算,也有不准的时候。这是因为限于当时科学技术的发展水平,"一时心思技术,已尽于此,不能复有进步矣。"明朝初年颁行的《大统历》,直接沿用元代的《授时历》,260年来,"一毫未尝增损"。制定《授时历》的郭守敬本人尚且有时推算失误,更何况斤斤墨守此种历法的钦天监呢? 钦天监对日月食的推算不验,也就是必然的了。尺子不准,量的有误,这能怪量长短的人吗? 紧接着徐光启分析修改历法的必要性。他说:"创始难工,增修易善"。历朝历代,总是开设历局,招聘专家,制造仪器仪表,根据对天象的实际观察和测验的数据,不断地进行修改。汉代修历5次,魏至隋修历

13 次,唐至五代修历 16 次,宋朝修历 18 次,金代和元代修历 3 次。唯独明朝 260 年来对历法没修改过一次。因循苟且,墨守旧法,怎能无差! 要想推算准确,高度精密,就必须开设历局,修改历法。

崇祯皇帝虽是亡国之君,又生性多疑,刚愎自用,多遭后人唾骂。但公允地说,明朝的灭亡,是大势所趋,历史的必然,和他个人的品质并无必然的联系。在一些具体问题的处理上,他虽然说不上英明,却并不昏庸。徐光启关于修历的建议,很快得到他的批准,并且自始至终都得到他的支持。这年七月十四日,徐光启奉命全权负责,督修历法。徐光启接到任命的第二天,便着手选用知晓历法的人员,组织工匠制造天文仪器仪表,并在宣武门内空闲不用的首善书院设立了历局。

关于修历的计划和指导思想,徐光启早就胸有成竹,又广泛地征求了各方面的意见,因此,不但目标远大,而且切实可行。

他领导历局的方针是:用人必须是能够实干的,制器必求能够实用,经费决不虚报冒领,时间决不旷日持久。修历的目标是:"上推远古,下验将来,必期一一无爽。日月交食,五星凌犯,必期事事密合。又须穷源极本,著为明白简易之说,使一览了然。"

他的指导思想是:通过修历提倡新科学新技术,为发展中国的科学事业打下一个坚实的基础。在这个基础上,逐步开展各种应用科学的研究。他希望通过修历,广泛促进农业、手工业以及与民生日用有关的一切科学技术的发展。

当时,他面临的最大难题,是真正通晓天文历算的人太少了。万历四十年礼部推荐的五个人,三人已故,现在除了他本人,活着的只有李之藻了。这时南京太仆寺少卿李之藻在家守丧已届期满,根据他的推荐,皇帝批准任命李之藻充当他的助手。没有人才是难成事业的,他建议博访广求,选拔人才。但那时法律明文规定:私习天文是犯法的,谁敢来应选! 于是他引经据典,说明天文和历法"异科",通晓历法和借"天文占候""妄言祸福"的人是有区别的。这样就为通晓历法的人争得了合法的权利。又怕有人滥竽充数混进来,他提出各省都可推荐,但必须先交该人有关历法的著作,或制造仪器的样品,提出申请以便考核。

徐光后又建议借鉴西历,聘用精通西历的外国传教士,如龙华民、邓玉涵、汤若望、罗雅谷等,和我国的专家合作,翻译西洋历书,依西历的方法"测验推步,以正讹缪,以补缺略",这样会收到事半功倍的效果。

欧洲各国原来都使用儒略历,到十三、四世纪时,已出现严重误差。1582 年,罗马教皇格利哥里十三世组织人员修订并公布新历法,废除了儒略历。这个新历,就是现行的公历,也称作格利哥里历,其精密度大大超过了中国的《大统历》。利玛窦的老师克拉维斯参加过那次修历工作。利玛窦等来华传教士也大都精通格利哥里历,并且带来很多西洋历法的书籍。徐光启曾向利玛窦等人学习过西洋历法,按照西历的方法,推算日月交食,时刻分秒,无不应验。所以在选拔人才的问题上,他极力推荐传教士。

崇祯皇帝亲笔批准了徐光启的修历计划。要求他广集众长,虚心采听。西洋历法不妨兼收,各家看法务求综合,用人必求其当,制器必求其精。

崇祯二年七月二十四日,徐光启领到了修改历法的敕书(委任状)和关防(官印),修历工作很快走上正轨。

经过三个月的筹备,历局工作稍有头绪,正在这时,皇太极亲督数万骑逼近北京。徐光启参加了保卫京师的战斗。先是奉命负责训练守城士兵,继而督领制造大炮。即使在战争最紧急的时刻,他领导的历局也未中断工作。

1630 年秋,京师解围,徐光启又把主要精力用于修历。不幸的是两名最得力的助手先后去世。其一是传教士邓玉涵,他是著名科学家伽利略的同学,精通力学、机械学和天文学,是制造天文仪器非常出色的工程技术人才。1609 年,伽利略创造了天文望远镜。20 年后的 1629 年,邓玉涵在北京制成三架天文望远镜。精密的天象观察资料,是推算准确的历法基础。天象的观察,必须借助于各种精密的仪器。天文望远镜的制造成功,是中国天文观察的一大进步。当时称天文望远镜为"窥筒眼镜"。崇祯四年十月一日中午日食,徐光启督领历局和钦天监的官员,利用各种仪器实地观察,尤其是用天文望远镜观察,日食的盈亏得到了比推算更为准确的时间。崇祯三年四月初二日,邓玉涵病故,徐光启十分悲痛。徐光启依为左右手的李之藻,从原籍杭州来京途中病倒,延医治疗,病情好转,崇祯三年五月初六日到京,徐光启欣喜至极,岂料到历局不到两月便病逝了。两人的去世,对修历工作是莫大的损失。徐光启虽年近古稀,须发皆白,腿脚不灵,老眼昏花,不得已,只能事必躬亲,登台观测天象。

1630 年 12 月 31 日(崇祯三年十一月二十八日)冬至,关于冬至的时刻,徐光启和历局的同仁用新法推算,钦天监仍用旧法推算,两家推算的结果,分歧很大。为了验证谁是谁非,也为了找出一个简便准确的方法,就在冬至这一天,徐光启亲往观象台观测,不慎失足跌落台下,摔伤了腰部和膝盖。他担心长期卧病不起,影响修历工作,连续两次上疏,请求选拔精通历法的人来。如果自己的伤很快痊愈,可以加快修历的进度;假如一病不起,也能后继有人。徐光启申诉说,自李之藻病故以后,历局内誊写、计算的人员虽为数不少,但能"释义演文,讲究润色,校勘试验"的,只有他自己了。如此繁重的工作,即使是身强力壮、精力充沛的年轻人,尚且忙不过来,何况他垂垂暮年,又兼卧病在床!千军易得,一将难求。抄抄算算的人好找,真正通晓历法的人可就不多了。找不到好助手,这位老科学家只好抱病工作,肩负千斤重担了。

徐光启清楚地看到,西历在精密程度上远远超过了《大统历》。因此,他主张"熔彼方之材质,入《大统》之型模"。使西历与中历"会通归一"。他说"欲求超胜,必须会通;会通之前,必须翻译。"把西洋历法有关的重要文献先翻译过来,然后与中国旧有的历法对照比较,取西历之长,补中历之短,以期编出既比《大统历》优越,又超过西历的新历法来。他的这一思想和主张,在中外文化交流史上,为后人树立了一个光辉榜样,就是从现在的视角加以审视,他的主张也是正确的。

徐光启晚年主要精力,几乎完全用在主编《崇祯历书》上,其内容分为五个方面:①法原,即天文学基础理论。②法数,即观察计算得来的天文表。③法算,即天文计算中用到的数学知识。④法器,即各种天文仪器的制造和使用说明书。⑤会通,即旧法与西法度

量单位换算表。徐光启特别重视天文学的基础知识，强调"穷源极本"，因此"法原"部分分量特重，共四十余卷，几乎占全书的三分之一。

徐光启领导的历局，工作效率十分高，短短五年间共编译历书136卷。这部皇皇巨著，在中国天文学史上具有划时代的意义，引进了许多先进的科学技术，成了清代《时宪历》的基础。

他还亲自主持了五次月食和一次日食的观测和预报工作。事实证明，他用新法预测的结果，远比《大统历》精确得多。当时，在北京地区，钦天监用《大统历》的旧法推算，修历局用新法推算，各自都在日月食之前发布预报。每次日月食发生时，同登现象台观测，其结果，钦天监的推算误差总在数刻以上，而修历局的误差则是几分或十几分，这在当时的中国以及世界，都是最高精密度了。

1633年11月8日（崇祯六年十月初七日），科学王国的夜空中，一颗璀璨的明星陨落了。一代杰出的科学家——徐光启，与世长辞，享年72岁。

这年春天，徐光启胃病发作，来势很猛，一连数天不能进食，喝口水都会呕吐。他浑身疼痛，有时痛得昏迷不醒。1628年8月，他奉诏来京复职，没带家眷。数年来，身边只有一位老佣人服侍他。4月初，病情稍有好转，9月11日，胃病再次复发，他请求病休，皇帝一再"慰留"。72岁高龄的老人，虽然心力劳瘁，病体不支，仍然抱病工作。他自知苍天留给他的时间已经不多了，他必须在与病魔搏斗的同时，争分夺秒地工作，把该做的和应该交代清楚的事，一一做完。从9月11日病倒至11月8日长眠，在不到两个月的时间里，他以惊人的毅力和顽强的精神完成了令人难以想象的工作。

10月31日，他上疏预报了次年3月14日（崇祯七年二月十五日）将出现月食的时间和起复方位。同一天，他又详细地汇报了历书编写和进展情况。推荐原任山东布政司参政李天经接替自己在历局的工作。

身倚病榻，伏枕执笔，继续修改和审阅尚未进呈的60余卷历书。

将入阁以来撰写的有关国家大事的奏疏稿辑成《纶扉奏草》；将有关观象、修历的疏稿辑成《清台奏草》。

11月7日，上《治历已有成模恳祈恩叙疏》，保举修历有功人员，推荐正在学习的钦天监实习生，并对他们寄予厚望。

11月8日上午，几度昏迷之后，终于写成《进缴敕印开报钱粮疏》，将他在历局任期内的一切开支，明列细表，一一做了交代。所有单据，封存在库，以备验收，并派钦天监博士朱光显将委任状和印章送交内阁。下午，病危，呼吸渐渐微弱，但头脑仍很清醒。前几天，他自觉"病势危迫"，伏在枕边，给儿子徐骥写了一封亲笔信，要他速来北京。他用力睁开眼睛，看看守在床前的只有来京应试的孙子尔爵和在历局工作的外甥陈于阶。此时，不知独生子是否已经接到他的信？生前还能否再见一面？自己贵为内阁辅臣，礼部尚书，儿子却一直在家务农，而且数年来，自己矢忠报效国家，忙于公务，未能和家人团聚，对儿子关心不够，不免有些歉意，两颗泪珠从老人干涸的眼帘里滚落下来。

孙子尔爵见此情景，忙跪下来拭去老人面颊上的热泪，自己却再也忍不住呜咽起来。

老人一阵急促的喘息之后，又复平静了，脸上隐然可见一丝微笑；他的手轻轻地动了一下，好像要想抚摸一下孙子的额头，却再也无力抬起来了。他喃喃地对孙子说："我的病很重了，如果能得到皇上的批准，告老还乡，一定要继续向家乡人民宣传农业知识。"双目微合，休息了一会儿，又继续嘱咐说："你要抓紧时间，尽快把《农政全书》抄写出来。进呈皇上。"

11月的北京，天气已经很冷了，冷风从门窗的缝隙里吹进来，床头书案上的残烛忽闪忽闪地摇曳着。屋里还没生炉火，尔爵给老人掖掖被角，外甥于阶把暖脚的汤壶换了热水。徐光启安详地闭上双目。东北风卷着昏黄的尘沙，在窗外怒吼着，仿佛千军万马正在拼杀。摇曳的烛光幻化出炮火连天的战场，浮现在徐光启的眼前，"辽……辽东……"尔爵明白，老人是在询问辽东前线的战况，还没等得解释，老人便停止呼吸了。

徐光启临终时，念念不忘他用毕生精力撰写的《农政全书》的出版，念念不忘他晚年全力以赴的《崇祯历书》的定稿，念念不忘辽东前线的战况，深深以国家大事为念，以国家的前途命运为忧，没有一句话涉及自己的家庭私事，"鞠躬尽瘁，死而后已"，徐光启把他的一生献给了祖国的科学事业。他把他的爱全部奉献给了自己的国家和人民。

明末复社领袖、著名文学家张溥是徐光启崇祯四年录取的进士，他曾和同学徐天麟一起前往徐光启的住所去向老师请教。只见老师端坐斗室，正在奋笔疾书，把仔细推算出来的天文数据，用蝇头小楷，端端正正地记录下来。一丈见方的卧室内，铺了一床粗棉布的被子，连帐子都没挂。张溥非常吃惊，这哪里像朝廷大臣的住处啊！居住条件之简陋，与贫寒的知识分子还有什么区别呢？后来接触多了，才知老师勤奋好学，生活俭朴，早已养成习惯。冬天不烤火炉，夏天不用扇子，每天工作到半夜，"目不停览，手不停笔"，专心治学。

徐光启去世后，人们整理他的遗物时，发现在简陋的住屋里，仅有一只陈旧的木箱。打开箱子一看，里面是几件旧衣服和一两白银。此外只有大量的著作手稿和书籍了。翻开床上的褥子，已经破旧不堪。因为他生前多年使用的暖足的汤壶微有渗漏，日复日，年复年，足部的褥子已经烂成一个很大的破洞。

这就是一代杰出的科学家、当朝一品大员徐光启的物质生活和全部家私。"盖棺之日，囊无余资"，一贫如洗的情境，和那些"巧立名目"，"妄取民财"，堆金积银，拥妻抱妾的贪官污吏相比，徐光启的廉洁奉公、清贫自持的品质更令人肃然起敬。难怪讣告一出，朝野上下，闻之者都失声痛哭，就连崇祯皇帝，也深表悲痛，闻丧后辍朝一天，以示哀悼。

1634年（崇祯七年）年初，徐骥扶柩南归，暂厝于上海县城南门外双园别墅。1641年（崇祯十四年），安葬于上海县城西门外十余里的土山湾西北，即现在徐家汇的徐光启墓地。1903年（光绪二十九年）重加修葺，1957年上海市人民政府又拨款进行整修，1978年辟为南丹公园，1983年改名光启公园。墓前石坊上镌刻着一副对联：

    治历明农百世师，经天纬地；
    出将入相一个臣，奋武揆文。

这副对联，对徐光启一生事业做了恰如其分的概括。

"盖棺之日,囊无余资",他没有留给他的子孙后代丰厚的物质财富,却给我们的中华民族留下了珍贵而巨大的文化财富。

1993 年 11 月 8 日,是徐光启逝世 360 周年纪念日。这样一位在中国历史上曾起过重大进步作用的爱国科学家,人们将永远崇敬和纪念他。今天,在中国共产党的领导下,全国人民为建设有中国特色的社会主义,正在信心百倍地努力奋斗。改革开放的大潮势不可挡。如何学习外国的先进经验,尽快提高人民的生活水平和综合国力,使我们可爱的祖国更加富强起来。在这样的形势下,学习徐光启,纪念徐光启,更具有现实意义。

启蒙先驱

——宋应星

名人档案

宋应星:汉族,字长庚,奉新县宋埠镇牌楼村人。明朝科学家。万历四十三年(公元1615年)28岁时,考中举人,以后五次进京会试均告失败。

生卒时间:1587~1661年。

安葬之地:江西奉新县宋埠镇新库前村。

性格特点:一生讲求实学,反对士大夫轻视生产的态度。他对劳动人民怀有深刻的同情,对官府压榨人民深为不满。

历史功过:崇祯七年(公元1634年)出任江西分宜县教谕(县学的教官)。在这个时期,他把他长期积累的生产技术等方面知识加以总结整理,编著了《天工开物》一书,在崇祯十年(公元1637年)刊行。稍后,他又出任福建汀州(今福建省长汀县)推官、亳州(今安徽省亳州)知府,大约在清顺治年间(公元1661年前后)去世。

名家评点:宋应星的《天工开物》已经成为世界科学经典著作在各国流传,并受到高度评价。如法国的儒莲把《天工开物》称为"技术百科全书",英国的达尔文称之为"权威著作"。日本学者三枝博音称此书是"中国有代表性的技术书",英国科学史家李约瑟博士把《天工开物》称为"中国的阿格里科拉"和"中国的狄德罗——宋应星写作的17世纪早期的重要工业技术著作"。

书香门第

在山清水秀的江西南昌府境内,有一个县城叫奉新。它三面环山——狮山、越王山、百丈山,合抱着一片平原,稻谷葱绿,竹林青翠。清澈如镜的潦河缓缓流淌,从山谷向东

方的开阔平坦地，出奉新，经过新建县，折向东北注入鄱阳湖。潦河在古老的年代称为雅溪。

在奉新县的东南角，潦河南岸的北乡宋埠镇牌楼宋村，有一家远近闻名的书香门第。明代著名的科学家宋应星就诞生在这里。时间是明神宗万历十五年（1587 年）。

宋应星的祖先本姓熊。在元代（1260—1368 年）末年，南昌府丰城驿丞（管理驿站的小官）熊德甫因逃避兵乱，携妻宋氏弃职迁居奉新县东的雅溪南岸，并且从此改姓宋，务农为生。

宋德甫乘明初朱元璋皇帝奖励垦荒、免税三年之际，带领全家开荒种地。当时的奉新北乡，人烟稀少，遍处荒地。宋家育桑养蚕，栽稻种麻，创立家业。以后发展为雇工、佃田，收租取利，发迹成当地首富。

宋家家产不断发达，人丁兴旺，已经不满足于当一个豪绅富户了。宋德甫传到第六代，即宋应星的曾祖父宋景。弘治十八年（1505 年），宋景考中进士，出任山东参政。从此宋家进入官家兼地主行列。

宋景的官职不断升迁，在朝廷中任都察院左都御史、南工部尚书、南吏部尚书转兵部尚书。他死时被追赠吏部尚书。这种死后加封，连宋景的父亲、祖父也一同享用，因此出现三代尚书。

跨过潦河上的石桥德水桥，一条大道贯通牌楼宋村。大道旁赫然屹立着许多高大的石牌坊，其中"三代尚书第"的牌坊就是为宋景和他的父亲、祖父设立的。还有"方伯第"是为宋应星的堂叔宋国华修建的，他担任过布政使，也称方伯。村庄因宋家的这些石牌楼而得名"牌楼宋村"。

宋家到了宋景这一代，家业鼎盛，府第繁华，车水马龙，差官家丁前呼后拥。宋姓家族成为奉新的名门望族。

宋应星的曾祖父宋景有五个儿子，幼子早夭，老二、老四都是进士，当过地方官。老三承庆，即应星的祖父，是奉新县廪生（吃县衙口粮的生员），可惜只活了 27 岁。他博学能文，进取心极强，若不是早逝，也同样是进士、仕官的材料。

宋承庆只留下一个不满周岁的儿子国霖。国霖自幼由他年轻的母亲顾氏抚育成人。

顾氏盼国霖成材，托承庆的同母兄弟和庆教养。宋和庆是进士出身，当过浙江安吉州同知，很快擢升为广西柳州府通判，辞官后在故乡过着消闲的生活。自然，他乐于帮助教育这个兄长的遗孤。

但是，宋家到国霖这一辈时，繁盛的阁臣府第权势日衰，锦衣玉食已成过眼云烟。宋家的家业中落了。

国霖自幼孤弱，没有兄弟相伴，又病魔缠身，在青年时娶甘氏为妻，生下一女。母亲顾氏见儿子 30 岁还未有孙子出世，担忧承庆的血脉到国霖这一辈后继无人，抱孙子心切，便又为儿子迎娶了魏氏。

顾氏一心守着儿子，不让他出远门拜师读书，更不指望他进京赶考。国霖也因母亲宠爱，过惯了娇贵的生活，一向养尊处优，四体不勤，不思功名进取，也不会持家理财。

宋国霖的第二房夫人魏氏,是本县农民的女儿。魏氏进宋家不到两年,家中就不幸遭到火灾。烈焰吞噬了房舍和家财,使本来已经家道中落的孤儿寡母雪上加霜,家境更加萧条。大片田地仍要雇用长工耕作,最低限度留下了20人。以往呼之即来、端茶送饭的奴婢,早已遣送还乡。魏氏,这新过门的媳妇,挑起了全家生计的重担,整天忙着洗衣做饭。长工们收工回来,魏氏分发饭菜给他们吃,还要按时在内室侍候婆母、丈夫和甘氏三餐。待全家用膳完毕,魏氏方可喘一口气,吃些残羹剩饭。常常是饭连锅巴都不够吃,她只得强忍饥饿;菜肴吃得盘底朝天,她也顾不上另做,蘸点盐粒代替了事。

宋国霖在31岁的时候,长子应昇出世。四年以后,甘氏生次子应鼎。在应昇10岁那一年,魏氏生了第三子应星。

宋应星降生在明神宗万历十五年(1587年)。明王朝已经统治了200多年,从兴旺发达时期进入衰败没落的明末时代。这时西方一些国家已经进入资本主义时代。中国2000多年的封建社会也已开始解体,资本主义的商品经济开始发展起来。中国正在经历一个"天崩地解"的时代。宋应星的家庭也正是当时中国社会的缩影。

应星和应昇是同母所生的亲弟兄,受到亲生母亲魏氏的格外关怀。妈妈挑起了照管全家的重担,比应星年长9岁的哥哥应昇成了妈妈的好帮手,照顾弟弟当然是分内的事。

小哥俩终日相昵,形影不离。他们常去种地务农的外祖父母家去玩,看老人们选种、耕作、驾牛、收割。妈妈在忙完家务后的短暂间隙,也总忘不了给应星和应昇弟兄讲点农户的生活情景和农活常识。她看到国霖整天抄起双手闲坐,饱食终日,无所用心,为儿女绕膝自满自足,却从不为子女的教育操心,因而十分着急。可是魏氏书读得不多,又苦于无暇顾及子女教育,便委托应星弟兄俩的叔祖父和庆代为管教。

和庆年过花甲,45岁时中进士,在外地做官后回乡闲住。和庆在青年时代曾代短命的哥哥教养他的遗孤国霖。如今,国霖的儿子应昇和应星也进了他的家塾。他忆起往日教国霖的情景,又认认真真地教应昇兄弟俩诵读启蒙必读的"三(字经)、百(家姓)、千(字文)、千(家诗)",然后是《四书》《五经》。

宋应星眉清目秀,一双眼睛光芒射人,镶嵌在白嫩的胖脸上,那么周正,那么突出,炯炯有神,令父老乡亲喜爱万分,都夸赞孩子有灵气。他在三四岁时即可口出韵语,说话畅达而有板有眼,立意峻拔,常常语惊四座。

在和庆叔祖父的家塾里,应星弟兄俩苦读八年。叔祖父要求极为严格,完全按照旧时私塾一套规矩,要背诵大块大块的文章,稍有顿滞,即责罚不误。这种责罚,轻则叱呵、罚站,重则罚跪、打板,以至逐出书房。

和庆爷爷经常以亲身的经历和父老的期望来开导他俩。他从祖先熊姓改宋,开荒安家说起,谈到宋景,他的父亲,应星的曾祖父时,和庆眉飞色舞。他说:"你们的曾祖父30岁时中进士,官至吏部尚书,每天上朝见皇帝,日理百宗国家大事。何等的荣耀! 你们的叔伯祖父,继承父业,进士及第,官阶荣升。只可惜你俩的爷爷只活到27岁,功名未就。你们的父亲从小由我管教,只因他身体病弱,与功名无缘。父辈、祖辈未竟的科举功名,等着你们去成就!"

应昇和应星已经进入青少年时代，自然懂得叔祖父近乎严厉的苦心孤诣。这些年来家境的窘迫，生活的艰难，人情冷暖，世态炎凉，一齐涌上应星的心头。应星两眼泪水，捏紧哥哥的手，轻声而又坚定地说："哥哥，咱俩一定要考举人，中进士，让祖父在九泉之下感到欣慰，也让和庆爷爷和父亲亲眼见到及第的喜报。父祖未竟之业由咱俩来完成。"

应昇激动地搂住弟弟，颤声说："好弟弟！咱俩相互扶持，在科举求仕的道路上并驾齐驱吧！"

小应星弟兄俩在和庆爷爷的家塾里读了八年书。和庆到了古稀之年，已经无力执教，便让他们随隔房叔叔国祚继续学业。宋国祚自幼博学，诗词曲赋，样样精通，旁人不敢和他比试。但是他却把功名看得很轻淡，满腹经纶都用来教育孩子，而不去追求什么科举当官。

应星有这么一位好叔叔，好老师，当然学问更见长进。

一天，应星身体不适，起床后赶到学堂，早自习已经快结束了。每天早晨，在自习时间里，国祚老师要求熟读七篇新课，然后抽查学生是否背诵熟烂。应星一脚跨进讲堂，只见他的哥哥应昇正被老师点名起立，老师让他背诵刚才自习的新课。

应星气喘吁吁，头疼脑热顿时被课堂的紧张气氛吓退了。他还从来没有遇到过这种尴尬场面呢！没有老师允许，迟到的学生是不能擅自入座的。他只好站在书房门口，等待老师的训斥。

应昇背诵得挺流利，没有错漏。背诵刚刚完毕，国祚老师称赞了应昇几句，随后，脸色一变，刚才飞扬的双眉立时紧蹙一团，面对应星说："你既已迟到，还不赶紧当堂背诵这七篇新课！"

不料应星口诵课文如汩汩流水，抑扬顿挫，一气呵成。老师一惊，"砰"的一声拍案叫绝。这声响却吓坏了小应星。应星"扑通"一声双膝跪地，听候发落。

国祚老师转惊为喜，马上安慰应星，问道："你什么时候自习了这七篇课文，背诵得如此流畅？"应星连忙禀报说："适才兄长应昇背诵时，弟子站立一旁静心聆听，犹如做梦，听一遍俱入心中。所以背诵起来如梦初醒，一字一句熟稔如常。"

从此，老师益加钟爱应星，逢人便夸他年少聪慧，智力超群。应星更是勤奋攻读。《易》《书》《诗》《周礼》《仪礼》《礼记》《春秋左传》《公羊传》《谷梁传》《论语》《孟子》《孝经》《尔雅》等"十三经"儒家经典，张载（1020～1077年）、朱熹（1130～1200年）、周敦颐（1017～1073年）和程颢（1032～1085年）、程颐（1033～1107年）四大理学家的"关闽濂洛"著作，他都刻苦钻研，汲取其精华。可以说，不论周、秦、汉、唐、五代十国的史籍，还是诸子百家的著作，他无不通晓，却又不拘泥死读。

每逢放学假日，应星随哥哥应昇和同学绍煃小伙伴一道去县城和郊外游玩。北乡北面30里，是奉新县城。城北的狮山，虽然不算高峻，却也绿树满山。登上山巅，脚下一片碧绿，向南眺望，县城房舍市井尽收眼底。再向西北走50里，便是越王山。

有一次，应星登上越王山以后，对哥哥谈起这座山的典故。往事追越两千多年，越王勾践卧薪尝胆，终于打败吴王夫差，恢复了越国旧时的江山。勾践称雄一时，曾西征直到南昌府地界。越王山,传说就是他那时登临的遗址。应星说:"越王登高一呼,山下旌旗似海,齐声响应,该是多么威武壮阔的场面呵!"

弟兄俩遥望山南的一片平原,那是宋家的田产。正是这田产的租米支撑着宋家还算小康的生活,供给应星和应昇读书、走科举之路的财资。

从北乡往东出奉新县界,便是邻县新建。新建东 80 里,是省城南昌府。

青年时代的宋应星已经不满足于在家族办的塾堂里求学了。正如他游历的足迹遍及奉新,越出新建,涉足南昌一样,他的见识和才学早就使他不安于本乡本土的局限了。他要展翅远飞了!他拜新建的学者邓良知为师。邓良知比宋应星年长 28 岁,是他的舅父。

邓良知教应星弟兄俩诗文,同学中有应星的堂叔国璋(宋和庆之子)、远房侄子士中(堂兄宋应和之子)等人。

邓良知执教一年多以后,进京应考,45 岁中进士,便当官去了。他历任南直隶宣城(今安徽宣城)县令和福建兴泉兵备道。在福建沿海抵抗倭寇的战斗中,邓良知运筹帷幄,指挥若定,为扫平倭寇立下功勋。这消息传到新建和奉新,应星受到很大的鼓舞。他十分钦敬舅父科举有成,文武双全。

应星和伙伴们送别邓良知以后,相约去南昌城拜著名的学者舒曰敬为师。

舒曰敬,人称"碣石先生"。他一身正气,不畏权贵,方圆百里有口皆碑。他才华出众,三十三四岁连中举人、进士后,赴泰兴任知县。在泰兴,有一个地痞恶霸叫张耀的,为非作歹,偷盗抢掠,无所不为。但是他依仗吴太守的庇护,官家一向奈何他不得。舒曰敬上任后,将张耀押上公堂。张耀却满不在乎,咆哮公堂,举柳伤人。众吏卒情急,乱棍将其击毙。吴太守怪罪下来,舒曰敬摘下乌纱帽,拂袖而还乡。从此,他致力于教育。著名的紫阳山书院、白鹿洞书院等治学团体纷纷请他去讲课。他培养了不少江西著名学者和仕官。他门下的应星、应昇、涂绍煃、廖邦英等后来都成为明末时期江西的名士。舒曰敬的名声传到后来的崇祯皇帝耳中,朝廷请他出山任重要官职,但他谢恩婉辞不去。

应星在这些良师的身教言传下,不仅掌握了广博的学识艺技,还耳濡目染了他们不满明末的腐朽官场、不惧权奸宦党、不为乌纱帽折腰的正气,十分同情东林党人(东林书院一批议论朝政的读书人)的政治主张,关心社会底层的生活疾苦。

应星的兴趣还兼及音乐、弈棋,对当时蓬勃发展的科学技术也求之若渴,悉心钻研。

就在宋应星求学时期,江西巡抚夏良心于万历三十一年(1603 年)在南昌府刊刻了一部重要的科学著作,这就是李时珍的《本草纲目》。

夏良心对科学技术很重视。他得知李时珍逝世后,遗著由南京书商胡承龙首次刊刻问世,很快不胫而走,销售一空。夏良心深感《本草纲目》应广为传播,便再次刻印,因此这部书风靡江西全省。

李明珍(1518~1593 年),在宋应星少年时代,已经名震大江南北,公认为大医家和本草学家。宋应星敬佩他放着朝廷太医官不当,却辞官进深山老林采药。李时珍高超的医术和草药学问,对宋应星来说,早已如雷贯耳。湖北蕲州(今湖北蕲春),是李时珍的家

乡,距奉新只有 300 里,可谓一江之隔。宋应星倾心仰慕,早就打算去拜谒李时珍的墓地。再说,南京首版的《本草纲目》刊行又少,应星一直拜读不到。

如今,天赐机缘,宋应星购得一部《本草纲目》,秉烛夜读,记下不少心得体会。在他以后的著作《天工开物》中,多处引用了这部药学名著。

宋应星和朋友们一道听讲、问师、讨论、诵读,也常常一起远游、吟诗、品茶、议论国事。他们为国事担忧,也憧憬科举道路会给自己带来通往仕途的好运气,以便为国家出力。

闭门著书

宋应星成年以后,弟兄四人分家各自独立门户。他们在此前后都娶妻成家。

应星和应昇牢记和庆叔祖父的训导,要实现祖父和父亲未竟的科举事业,沿着曾祖父宋景的道路,考举人,中进士,"学而优则仕",当朝廷的命官。每当应星出入村头,抬眼望见那"三代尚书第"的石牌坊,都不由得心头一振,这是何等的荣耀!

如今家业虽然不济,但是父亲国霖、母亲魏氏,还有祖母顾氏心上总是放不下赶考及第的事,全家仍然竭尽全力在支持应星弟兄俩走科举之路。

在两代科举空白之后,他兄弟俩肩负着第三代光宗耀祖的重任。

万历四十三年(1615 年),29 岁的宋应星和哥哥应昇一起到省城南昌参加全省乙卯年乡试。

乡试结果,弟兄俩双双高中。这一次考试,江西省有 1 万多人参加,而中举的只有 109 人。在奉新县考生中,只有应星弟兄俩考中举人,而且他俩名列前茅——应星第三名,应昇第六名。从此,众人都称他们为"奉新二宋"。和他俩同时中举的,还有新建县的同学、好友涂绍煃和姜曰广。涂绍煃的名次恰恰紧接在应星之后,第四名。

旗开得胜。全家万分高兴,亲友们纷纷前来祝贺。应星弟兄俩更是兴奋异常,心潮翻涌,当即奔赴本村戴家园祖先墓地,向曾祖父宋景跪拜,向少年时代不倦教诲他俩的启蒙老师叔祖父宋和庆叩头。在科举征途上,他俩已经赢得了第一个回合的胜利,接着就要向进士的目标进发了。

哥俩中举后,马不停蹄,做好进京赶考的准备。当年冬天,他们踏上东去的船头,乘着飒飒西风,顺潦河直下鄱阳湖,入长江,转运河北上。

一路上,宋应昇诗兴大发,出口成诵。诗中说:"朝发皖城暮池口,西风飒飒吹驰走。……幸好偕计复偕弟,那堪临水又临风。"还有一首《乙卯冬发舟北上,未至湖口十里作》,其中吟道:"我年三十余,足不出州党。每每览舆论,时时寄梦想。吾弟亦复然,遐征从北昉。"

应昇毕竟是诗人,何况他已经 38 岁,必须尽快完成科举考试,时不我待嘛!应昇的心情十分急迫。

应星则不然。他认为,这是有生以来第一次出远门,沿途要经过江西、湖广(今湖北等省)、南直隶(今安徽、江苏等省)、北直隶(今山东、河北等省),进入北京,比幼小时游狮山、越王山、新建和南昌有意义得多了。应星盘算,进士要中,这次旅途也应该不虚此行。因此,他沿途考察风土民情、社会状况,以及技艺物产、田耕坊作。比起科举来,这些的确是实实在在的收获。

宋应星一路上兴致勃勃,浮想联翩。弟兄俩犹如鼓足风帆的航船,乘风破浪,疾驰向前。他俩意气风发,在船板上啜茶吟诗,交谈社会见闻,研讨儒家理学,不觉流水向身后急急退去,转眼迎来了万历四十四年(1616年)的丙辰京都会试。

各地举人会聚北京,在京师礼部门前等候。举子们个个携篮备食,出示保结,经过搜身证明没有夹带以后,进入考场。考场内纪律森严,一人一个小间,初看很像监狱。

应昇忆起有一首民诗云:"负凳提篮浑似丐,过堂唱号直如囚",就是描绘会试的场景的,不禁凄然苦笑。应星心中也不免紧张,但是他默诵宋真宗的《劝学诗》来稳定不安的心绪:"富家不用买良田,书中自有千钟粟。安房不用架高梁,书中自有黄金屋。娶妻莫恨无良媒,书中女颜如玉。出门莫恨无随人,书中车马多如簇。男儿欲遂平生志,六经勤问窗前读。"念着念着,监考官喊到他的号。他抖擞精神,大步流星走进考舍,坐定等候。

八股文是科举的必考科目,到应星会试的时候,已有一百多年历史了,发展到登峰造极的地步。八股文以《四书》《五经》上的文句出题,有严格的八股程式,如起、承、转、合,等等。文章要求以宋代理学家朱熹的《四书集注》等书为依据,去解说《四书》《五经》的内容。这种死板、繁琐的八股文考试竟成为读书人中进士进入仕途的必由之路,毁灭了大量具有真才实学、有思想有创造力的人才。

宋应星、应昇寒窗苦读二十多个春秋,经史子集读得滚瓜烂熟,自忖八股文试卷写得也不差,颇有信心地静候张榜之后回乡报喜了。

但是谁也没有料到,闻名江西的这"奉新二宋",进士榜上竟然没有他俩的名字。名落孙山!对应星弟兄俩真是当头一棒。

他俩惴惴懂懂,茫然不知原因出在哪里。是文不切题,误引经典,还是主题不合考官要求?百思不得其解。无奈,只好归咎于命运多舛误,下次再试吧。

在汉代,进京会试的考生都是由朝廷派出的公车接来京城的。因此,从那时起,科举考试到考进士阶段,人们称之为"上公车"。上公车成为进京会试的代名词。

应星一上公车不第,和哥哥一道回奉新准备二上公车。

应星和哥哥互相勉励,再上公车,进京参加三年之后的己未年(1619年)会试。他俩的舅父甘吉阳和他们一道进京会试。

但是,会试的结果,这舅甥三人都榜上无名。应星二上公车不第!

第二次失败后,寄希望于第三次。天启三年(1623年)、天启七年(1627年),仍然是舅甥三个鼓劲而去,败兴而归。应星四上公车不第!舅父甘吉阳灰心丧气,但仍然鼓励应星说:"我已经老了,你还年轻,考过奉新举人第三名,我就不相信我的外甥中不了进士

第。"

应星哪里年轻！41 岁的人了。家有一妻二妾，儿女绕膝。哥哥也在从旁激励，说："我已年届半百，但依然决定陪你一同参加四年后的辛未会试。你刚过不惑之年。虽然不可与曾祖相比，他 30 岁中进士，不过，和庆叔祖父中进士，也已经 45 岁了，恰好是下次会试时你的年纪。更不用说，我们的师长邓老先生中进士时都 56 岁了。下次会试时，我还不及他的年纪哩！"

说着，应星又恢复兴致，决意和哥哥五上公车。计算一下，应星、应昇自第一次落榜以来，他俩又寒窗苦读了 16 个冬春，经书诗文更加炉火纯青，八股文也做得更加娴熟，再不及第实在不可思议了。

然而，弟兄俩终究还是双双落榜。五上公车不第！

应星从 29 岁到 45 岁，在这 16 年宝贵的青壮年时间里，熬尽了精力，耗竭了家财，南北奔波，竟如此无谓地消磨在科举上面。

他对科举入仕、读书做官，完全绝望了。他懊悔走上了这一条路，这么多年白白耗费在这种无聊的追求上面了。

应星回到家中，把他的书斋命名为"家食之问堂"。这取名来源于《易经·大畜》中的一句话："不家食，吉：养贤也"。话的原意是用食俸禄养贤，不让"贤人"在家自食。宋应星反其意而用，唯家食之问。"家食之问"即研究在家自食的学问，转意为不追求官场俸禄，甘愿在家吃普通百姓的饭，研究在家自食的学问，也即探讨以工农业技术谋生的学问。

宋应星申明了自己绝步仕途的决心。

应星五上公车不第，使他从"学而优则仕"的梦想中清醒过来。他五次北上，水陆兼程，万里旅途，沿路考察田间、作坊，耳闻目睹社会的腐败现象。正如他早有所防备的，万一进士未中，倒也不虚此行。

原来，自宋应星出世，明代正进入衰败没落的明末时期。明神宗朱翊钧在位 48 年（1572~1620 年），从万历十七年（1589 年）以后就不上朝，整天在后宫纵情声色，吸食鸦片，过着肉林酒池、挥金掷玉的腐化生活。神宗不理朝政，阉党宦官把持大权，为非作歹，贪婪地聚敛钱财，大肆抢掠土地，结党营私，安插亲信，杀戮无辜。连内阁官缺也不替补，朝廷几近瘫痪。万历末年，朝廷内阁只剩一名官员方从哲。方从哲奏请补齐阁员，神宗竟答复说，一个人就足够了，不必增人。

神宗尽管深居宫内挥霍无度，不上朝，不理政，却不遗余力地搜刮民脂民膏。他派往各地的矿监税使，到处在城镇关隘、交通要道设关加卡。宋应星在会试途中，眼见仪真（今江苏仪征）和京口（今江苏镇江）之间仅一江之隔，短短几里路间，却设置了两道税关。一路上，真可谓关卡林立。税官们除将搜刮来的财宝上缴给宦官外，自己又对工商业主和普通百姓敲骨吸髓，狠命压榨钱财，弄得怨声载道，民怨沸腾。

苛捐杂税，有增无减。朝廷借口练兵抗辽、剿灭义军，加征"辽饷""剿饷"和"练饷"，三饷总额增加到 1600 万两白银，超过以往各年税赋总额的一半。

神宗在万历十年（1582年）与王恭妃生长子常洛。后来又与郑贵妃生第三子常洵。按常规，常洛是太子。但是神宗宠幸郑妃，欲立常洵为太子。郑妃也早就觊觎长子的嗣位权，因而勾结阉党宦官，与正统派官僚展开了"争国本"（即争夺皇位继承权）的斗争。

正统派的朝臣由于拥立常洛为太子，不讨神宗欢喜，大多遭到贬谪、降职。逢迎神宗的邪派官僚乘机串通太监，扩充自己的势力。吏部郎中顾宪成要求立常洛为皇储，逐坏官沈一贯出内阁，神宗动怒，革去顾宪成的官职。顾宪成返回故里无锡，和高攀龙等人成立东林书院，利用讲学议论朝政，抨击当权者，人称"东林党"。东林党人失败后，"复社"紧随而起。

宋应星结交的文人、名流，不少人担任过地方官，清廉、正派，由于不满明末的腐朽政治，得罪权奸而被罢官。他们持有东林、复社的观点，反对阉党，主张抗清。

经过斗争，神宗被迫按常规立常洛为太子。为稳固常洛的地位，东林党人力主福王常洵离开京城移居洛阳，终于获得胜利。万历四十三年（1615年），郑妃指使刺客持棍闯入太子宫，打死守门卫兵，而神宗却不加责罚，草草了事，更不惩处幕后主使。这宗著名的持梃击杀卫官的"梃击案"，就发生在应星弟兄中举的那一年。

在宋应星二上公车落第后，第二年，神宗驾崩，太子常洛继位为光宗。光宗即位不及一个月，便被阉党以"红丸"毒死。

这一闻名的"红丸案"连同"梃击案"，集中反映了明王朝衰败溃烂的局面已无可挽回。此后继位的光宗之子朱由校（熹宗），昏庸无能，朝政由宦官魏忠贤一手把持。魏忠贤凶残贪暴，豢养爪牙五彪、十狗、十孩儿、四十孙等，残害百姓，无恶不作。他在各外密布暗探，只要谁说魏忠贤一句坏话，就立刻惨遭杀害。

东林党人不怕迫害，发动社会舆论反对魏忠贤，屡次上书声讨阉党罪行。魏忠贤捕杀为首的高攀龙等人，随后在朝的东林党人尽遭杀害。阉党按黑名单追杀东林党人，一时形成阉党的恐怖统治。

宋应星的同窗好友姜曰广，被魏忠贤视为东林党人，逐出翰林院，革去"编修"官职。

在朝廷里是阉党和东林党的斗争，在社会上则是农民起义、手工业工人暴动。

宋应星四上公车不第后的天启八年（1628年），陕西大旱，饥民揭竿而起。农民起义军迅速发展到几十支，著名的领袖有高迎祥、李自成和张献忠。16年后，李自成率起义大军攻入北京，明崇祯皇帝在煤山（今景山）上吊自杀。明王朝垮台了。

与农民武装起义的同时，城镇手工业工人、贫民联合工商业主，打死或驱逐税监、矿监的事件接二连三。万历二十九年（1601年），中国历史上第一次手工业工人暴动发生了，它是由苏州织工葛诚领导的，后来人们就尊称他为葛贤大将军。爆发起义时，众人身穿白布短衣，手握匕首，包围衙门，打死税监的爪牙，打跑了税监孙隆。

与此同时，在东北的清兵正在积极准备南进，边防吃紧。

内忧外患，科举又有何用！它只是一帖迷魂药，引诱学子们漠视国难民灾，陷在书斋里而与世事隔绝。何况，这时的科举制度已被阉党宦官所把持，蜕变成为他们装点门面、粉饰太平的阴谋手段了。

宋应星五次进京会试失败，但阉党头头魏忠贤的干儿子崔呈秀，却和考官串通一气，营私舞弊，竟让崔呈秀那个大字不识的傻儿子金榜题名，甚至独占鳌头。丑事传出，舆论哗然，也使宋应星进一步认清了朝廷的腐败和科举的虚妄。

宋应星就这样在一步一步地加深了对社会的认识，对科举制度的厌恶也随着一次一次的会试失败而日益加强，其结果就是终于转向批判社会，研究实学。

宋应星从科举梦中苏醒过来，面对现实，他发现牺牲的代价太大了。家财耗尽，又逢家中添丁加口，家庭的经济负担越来越重。父亲国霖和母亲魏氏在两年里相继去世。弟兄们悲痛地掩埋了双亲，自然又增大了家庭的开销。

应星想，不能再长期闲居下去了。需要谋一项职业养家糊口，也可借此来实现他从事实学研究的夙愿。

哥哥应昇已早一年谋得官职。他告别应星，赴浙江桐乡当县令。四年后，又转到广东肇庆府恩平任县令。

按当时习俗，应星弟兄俩为父母守丧三个年头。在崇祯七年（1634年），宋应星在奉新不远处的分宜县谋到一个官职——教谕。就在他任分宜县教谕期间，中外闻名的科技百科全书《天工开物》在他手中诞生。

分宜县属袁州府（今江西宜春一带），在奉新西南二百多里。教谕是管理县学的小官，地位不高，俸禄也很少。在文职官员中，教谕这个卑微的官职根本没有人瞧得起。

但是，在宋应星看来，官微俸薄并不在乎，贴补点家用已心满意足，而给县学20名庠生授课，倒也轻松自在，不费多大气力，正可腾出余暇时间从事科学研究和著述。

他根据五次进京会试沿途考察、访问的记录，加以整理、提炼，再利用县、府的图书资料，参照分析，开始了极其繁忙、紧张的写作。

宋应星当时正处在家境窘迫、囊中羞涩的情况下，写作的物质条件并不好。他的心境也不似太平盛世悠闲的文人墨客，可以从容写来。"长太息以掩涕兮，哀民生之多艰"，朝廷腐败，阉党权奸当道，民不聊生，四处揭竿而起，边关急报频传，朋友无辜遭难，再加上家业破落，科举屡遭戏弄，宋应星的心境如波涛汹涌。

宋应星结交的朋友有两类：直言敢谏、清廉正派的地方官，还有就是鄙视仕途、重视实学的文人。他和朋友们议论朝政，关心国事，力主革新政治、挽救民族危亡；也和他们探讨工农业生产，振兴经济，推动科学技术发展。

宋应星和一般寒窗苦读的文人不同，既钻研学问，又关心"窗外事"。他很欣赏东林书院的对联："风声雨声读书声，声声入耳；家事国事天下事，事事关心。"他把革新政治和发展科技两个方面联系在一起，想以此来挽救明末的危机局面。

时不我待，奋笔疾书。在分宜教谕的四年任期里，宋应星不管是酷暑严冬，也不论白昼黑夜，都秉烛通宵，夜以继日，握笔不止。他好像要在一夜之间，把心胸敞开，倾吐尽肺腑之言。

在50岁那年，宋应星一年内就刊行了《画音归正》《原耗》《野议》和《思怜诗》等著作。其中1万多字的《野议》，是在一夜之间疾书而成的。

第二年,他发表了重要的代表作、十八卷的《天工开物》,以及《厄言十种》等书。

宋应星的代表作《天工开物》和《野议》,表述了他在科学研究和改革政治两方面的心得和主张。

由于写作时间紧迫,宋应星来不及对他的文章修辞润色,也不按常规旁征博引,阐发铺陈。他的著作大多是朴素无华的陈述,言简意赅,直抒胸臆。他自己也承认无暇考虑"文章工拙","故有议而无文",请读者鉴谅。

崇祯九年(1636年)三月的一天,已是暮春时节,应分宜县令曹国祺的盛情邀请,宋应星暂时从研究和写作中抽身,两人一同去当地的名胜钤山游览。"蝶飞芳草花飞路,把酒已嗟春色暮。"他俩在青石板上坐下,对酌清酒,吟诗咏赋,耳听黄鹂啼鸣,身在松影之荫,是何等的清幽惬意啊!

但是,这良辰美景却被突然出现的县衙公差搅散了。公差追踪而至,递上新到的邸报一份。曹县令和宋应星的游兴顿时一扫而光。

邸报是官家的政治公报。两人感到无聊之余,随手翻翻,一眼瞥见一篇奇文,是有人给皇帝上书论述自己可以得官职而请求封官。应星认为这是千秋难遇的怪事。

奇文共欣赏。两人又重读了这份奏议,互相议论起来。应星说:"曹先生,您看这要求授官者命词立意倒也磊落可人,只可惜启奏者的见识太浅薄了。如此当官,政界该黑暗到什么程度!"曹知县表示赞同。两人你一言我一语,针砭时弊,抨击权奸,热烈非凡。

曹国祺建议宋应星把这些议论写成文章发表。应星十分激动,思绪涌动,回到官署立即点灯疾书。待天色已明,完成万言全篇,他才算长舒一口气。

这篇万言政论,宋应星题名为《野议》。"野议"是相对于"朝议"而言的。他在《序》中指出,朝议既然已无敢直言者,而民间却议论纷纷,这些野议并无恶意,想必对朝议不会有妨碍吧!

挂冠拒仕

时光流逝,宋应星在紧张繁忙的写作活动中度过了分宜县教谕的四年任期。他聪明能干,本职工作也干得叫人无可挑剔,县学的生员和分宜县令曹国祺都很满意。因此,分宜任满后,他升任福建汀州府推官。

这是崇祯十一年(1638年)的事。这时宋应星52岁。汀州府(今福建长汀)在闽西武夷山东,下辖长汀、上杭等八个县。推官是掌管本府刑狱审判的官,官阶为正七品。

汀州府境内丘陵起伏,林木繁茂,海盗为患,社会秩序不安定。

在宋应星到任前一年,有一股农民起义军从南靖攻入汀州府的永定县。领头的是个海盗出身的人,外号"陈缺嘴"。他的大本营距漳州50里,离海不到100里的南靖。

宋应星到任后,派兵在漳州的漳南驻扎,伺机围攻南靖的陈缺嘴根据地。结果,陈缺嘴被捕,遭官兵杀害。随从起义的群众,根据宋应星的命令,被从宽处理而获释。

两年以后,获释的陈缺嘴残部聚集在沿海岛屿、港汊,重举义旗。督抚得知这一情况后,大发雷霆,责备宋应星姑息养奸。宋应星表示愿只身前往平息暴乱。督抚担心他遭难,打算同时派大军掩护以为后盾。宋应星不同意派兵。

说完,宋应星竟单人独骑闯入义军营地,向义军兵士发表演说,招降分化,最后瓦解了义军阵营,兵士各自散去。宋应星焚毁了义军的营寨,平息了这场渔民起义。

宋应星参与了平定渔民起义一事,这虽然是他七品官分内的事,可是在他的一生中却留下了污点。

崇祯十三年(1640年),正是宋应星牢记的30年前与故交刘同升再见面的约定正好到期,他会友履约心切,扔下汀州推官的官职,辞官回乡。

原来,宋应星在30年前,与江西吉水的庠生刘同升在九岭山中游历时偶然相遇。攀谈中,应星见同升谈吐不俗,志向宏伟。两人话语投机,只恨相逢太晚,且又同庚,都是24岁青年,便订为知交。他们相约在30年后同月同日在同升的家乡再聚首。

分手后,两人各奔仕途。刘同升在天启元年(1621年)中举。崇祯十年(1637年),赴京会试,高中进士头名,为状元,任翰林院修撰。他为人正直,当官清廉,在一次联名奏劾当朝权臣时,触怒了崇祯皇帝,遭到贬谪,降为福建按察使知事,托病回乡。

宋应星辞去官职,觉得浑身轻松。春风得意马蹄疾。他登山穿林,急切地赶路,要赶在约定的那一天抵达江西南部的吉水。那儿有他的老朋友刘同升在等着会面呢。

老友如期会面。30年了,沧海桑田,世事变迁。当年一双风华正茂的青年,如今都已两鬓染霜,屡经挫折。无论考场、官场,各有酸甜苦辣。同升高兴得即席赋诗:

"莫看梦幻遂成真,林下高风当有人。

一自仙舟更遇李,空令河内更思恂。

江干驻客同粗粝,山水为家约锦鳞。

三十年来酬旧约,如君差不负松筠。"

宋应星在奉新家乡居住期间,李自成领导的农民起义正在蓬勃发展,各地农民纷纷响应。奉新木工李肃十、肃七弟兄率领红巾军,杀贪官除恶吏,均富济贫,迅速扩展到靖安、安义,声势浩大。官府屡次派兵围剿,都失败了。

这时的宋应星本来没有责任过问这件事,但是,他却主动与当地的兵备道陈起龙、司李胡时亨等,一起研究对策,甚至倾其全家财力,招募敢死壮丁,用武力和计谋,软硬兼施,把这次起义镇压了下去。

应该说,这一次镇压红巾军起义比汀州府推官任上瓦解陈缺嘴残部的起义宋应星表现了更顽固的富豪、地主敌视农民起义的立场。不过,我们如果从他的历代居官的家庭出身,他靠租赋维持生计的个人经历来考虑,他摆脱不了历史和时代的局限性。他既要改革政治,抨击明末的腐败时局,又害怕农民起义,甚至参与镇压。但是,从他毕生的贡献看,仍是瑕不掩瑜,不愧为中华精英中的一员!

在奉新家乡闲居时,宋应星接到让他去亳州(今安徽阜阳)任知州的通知。知州是一州的最高行政长官,官阶为副五品。这是宋应星一生中最高的官阶。

亳州在他到任前，一直在李自成的起义军的管辖下。原任知州何燮已经死去，衙门被起义军砸烂，官宅被烧毁。李自成的主力已经逼近京师，明王朝行将崩溃。义军已顾不上驻守亳州了，也没有高官顾及这座满城废垣的州府了。

宋应星到任后，立即修复府衙，召回逃亡在外的市民，还买下城南的薛家阁，准备在那里建立书院。但是这正是兵荒马乱、百业凋敝的岁月，他也无心久留，对官场已无依恋，不到一年，他便匆匆给老友、舒城知州陈宏绪写了一封信，托他带信给掌管南京翰林院的姜曰广，请姜曰广向淮扬巡抚路振飞周旋，允许宋应星辞官归里。

这时正是崇祯十七年（1644年），历史上著名的甲申年。三月，李自成率农民起义大军攻入北京，明王朝宣告灭亡。但是，镇守山海关的明将吴三桂投降清兵，与多尔衮联合围剿义军。李自成兵败退到山西。福王朱由崧逃到南京，建立南明小朝廷。

南明小朝廷刚建立，就想联合清军，镇压农民起义。但是清王朝已经不肯容忍南明政权的存在，于是继续挥兵南下。

南明朝廷由阉党马士英、阮大铖把持。他们只知争权夺利，卖官鬻爵，聚敛家财，仍然花天酒地，歌舞升平，哪有精力去管国家大事。

阁臣姜曰广得罪了阉党，被逐出朝廷。只剩下兵部尚书史可法，在扬州督战抗清，多次拒绝清廷的劝降书，率众死守扬州。

陈宏绪联络史可法、姜曰广、刘同升等人共同抗清。他们中大多是明末"复社"成员。复社中还有著名科学家、《物理小识》的作者方以智（1611~1671年）。

方以智在《物理小识》中，多处引用过《天工开物》。他是南直隶桐城（今安徽桐城）人。曾游历过江西南昌，和宋应星相识。他亲切地称呼宋应星为"宋奉新"。

当清兵围攻北京的时候，南方抗清力量迅速集结，纷纷起兵阻止清兵南下。在复社思想的影响下，宋应星坚持挂冠拒仕，回绝了南明朝廷让他出任兵巡道官职的御令。他在甲申年初离开亳州后，就早已"求一挂冠不得"。他这时不仅早已放弃了科举的念头，也不愿再当官。他在晚年决心做一个隐士。

宋应星的心已经凉了。隐居乡里，了此一生，成为他最大的心愿。

但是，宋应星在家乡隐居，并没有沉沦下去。

清王朝借口"留头不留发，留发不留头"，大肆镇压抗清力量。宋应星耳闻目睹他的友好、至亲一个个惨遭杀害。朋辈转瞬成新鬼，而南明小朝廷却准备投降清廷。有的文官已经剃发扎辫，换上旗人服装，等待清兵的到来。有的武将干脆倒戈，投入敌人的阵营。

宋应星怒火中烧。他这短暂的乡间隐居平静的生活又冲起汹涌波涛；制造反清抗敌的舆论，坚持民族的气节，呼喊志士仁人奋起，这是当务之急。

以什么为旗帜和武器呢？宋应星思忖，他年近花甲，已经年老力衰，带兵奔赴疆场是不可能了。只有写书来鼓舞斗志，呼唤民族气节，万众一心抗御清兵南下。

他以注《春秋》，考证少数民族史为名，借古喻今，奋笔疾书《春秋戎狄解》。

可惜宋应星的这一著作没有流传到今天。我们只能从陈宏绪写给宋应星的复信中，

间接了解到它的梗概。

陈宏绪读了宋应星寄给他的《春秋戎狄解》后，非常赞赏它辩证详解，认为这部书可以补充著名的东汉经学诠注大师马融（公元79~166年）和郑玄（公元127~200年）的不足，订正了前人的讹误，破除千古之疑，堪称"不灭的鸿篇"。陈宏绪一眼看透宋应星写这部书的真正意图，他说，在清人逼近京城，明王朝的元老见风使舵、随即改换异族服饰、敌我难分之际，写作《春秋戎狄解》富有深刻的寓意，应当想尽办法将它"悬之国门，以伸内外之防"。

可见，宋应星写这部书，在明末的爱国抗敌的反清舆论中，有重要的地位。

宋应星不时听到他昔日的同僚、上司、老师、朋友和亲戚反清抗敌、坚持民族气节的事迹。他们中，有的建树赫赫战功，重创清军；有的拒不向清廷屈服，不投降求荣而以身许国；有的隐居乡间，不为清廷高官厚禄所诱惑……宋应星衷心为他们深感自豪，庆幸他拥有这么多良师益友；也为他们中的英勇不屈、壮烈殉难而伤悲，心中油然升起崇敬和怀念之情。

他在任教谕时的上司分宜县令曹国祺，在甲申后清兵直逼分宜的时候，不像一些地方官吏那样闻风丧胆，即刻献出城池投降清军。曹县令临危不惧，率兵出城，杀开一条血路，将兵队转移到地势险要的上高（今江西上高）。他联络举人曹志明等人高举南明的旗帜，起兵抗清。群众纷纷响应。

乙酉（1645年）年底，曹国祺率兵攻入新昌，愤怒地砍杀了投降清军的县令。后来，他又和其他明将率领的部队共同发动了围攻南昌府城的战斗。尽管他身先士卒，骁勇善战，但是终因友邻配合不好，遭到清军三路夹击，兵败而退入湖广。

宋应星闻知曹国祺的事迹，不禁拍案称奇。昔日背负诗囊，手提清酒，和他同吟对酌的地方文官，竟有领兵攻城的武功。诗文知己，还是一位戎马英雄！这是宋应星当年受曹县令鼓励，写作《野议》时所万万想不到的。

宋应星不免感慨良久，真是大难当头，文弱书生也能驰骋战场。

同庚知交、30年后又约会重逢的翰林院编修刘同升，从朝廷重臣被贬为知事后，托病还乡，全家迁居福建。他这文状元，在清兵逼近江西的时候，也毅然举兵抗清。他领兵越过武夷山，一举攻克江西南部重镇赣州。又乘胜北上500里，直取吉安、临江等地，距离南昌府和奉新县不远。刘同升收复失地有功，南明朝廷把他的官职擢升到詹事兼兵部左侍郎。

应星关心战事进展，望眼欲穿，等待着同升率兵攻抵奉新。遗憾的是，南明福王弘光二年（清顺治二年，1645年）五月，清兵攻陷金陵（今江苏南京）——南明京都。同升在赣州军营中惊悉这一消息，悲愤不已，胸口一阵发热，口吐鲜血，"砰"的一声倒地，从此未起。

应星哀叹，同升只活了59岁。那五年前的重逢，竟成了和他的永别。

应星一直牵挂的姜曰广，原是明廷重臣，被阉党排挤出朝廷后，辞官返回江西老家。他的孙子娶宋应昇的二女儿为妻，因此也就和应昇、应星兄弟结为姻亲。

这时，姜曰广致力于抗清斗争。曾投降清廷的明朝将帅金声桓在率兵进入江西后，突然倒戈，宣布与清王朝不共戴天，并且投奔明廷老臣姜曰广。姜曰广号召抗清，一呼百应，尤其在江西，几乎无人不晓。金声桓以姜曰广为号召，洗刷了金声桓自己曾投降敌人的耻辱，赢得百姓的信任和支持，因此对清军的作战取得了节节胜利。

但是在一次战斗中，金声桓误入清军设下的埋伏圈。经过一场激烈悲壮的突围战斗。金声桓掩护姜曰广冲破重围，而自己却壮烈牺牲。姜曰广见全军覆灭，而南明大势已去，决心宁为玉碎，不为瓦全，旋即投身自己家中的池塘溺水自尽。

江山破碎，明王朝覆灭。清兵的铁蹄践踏大江南北。"扬州十日"——史可法死守扬州，兵败被俘，从容就义。清军破城后，大肆屠杀扬州人民，整整十天里杀戮几十万无辜。"江阴八十天"——江阴人民有24万清兵围攻下，苦战81天。城破后，全城老幼无一人投降。"嘉定三屠"——嘉定人民守城三个月，城破后遭到清军三次大屠杀。这血腥的屠杀事件使宋应星震惊。他下定决心，永不低头为清王朝效力。

亲朋好友都是铮铮铁骨，虽死犹荣。那帮助出版《天工开物》的涂绍煃，30年知交的刘同升，鼓励写作《野议》的曹国祺，号召抗清的姜曰广……弘扬民族正气，迸发爱国烈火，可歌可泣。

宋应昇终日深陷在忧民哀国的悲愤思虑之中。

在这哀痛的时势中，甲申年明王朝灭亡使宋应星万念俱灰。他拒绝清廷原地留任的命令，扔下广州知府的乌纱帽，回到奉新老家。

弟兄俩阔别十多年，今日重相聚，自是高兴事。但是，此时的重逢正是国破山河碎、百姓遭蹂躏的危难时刻，忧伤悲愤涌上两人心头，真是欲哭无泪。

哥哥应昇依旧保持诗人本色，指点江山，激昂慷慨，如痴如狂。怒火上冲，他终于一气病倒。

应昇自觉活在世上已无意义，挣扎着从病榻上起身，写下两首绝笔诗后，喝下烈性毒药，自杀身亡。

应星手捧哥哥留下的绝笔诗笺，只觉天昏地暗，痛不欲生。手足情深，从小形影不离、相随相伴的兄长，如今竟再也不会一同吟诗论文、说古道今了。

宋应星想，哥哥平生著有《方玉堂全集》，是应星为他校订的，印数不多，还需要再版重印；哥哥一生70年，事迹和业绩尚无整理、记录，要着手撰写宋应昇传；哥哥的子女多未成年，这些侄儿女和家业也需要有人照应……

想到这里，宋应星决意留在人间，活下去，克尽手足之谊，完成未竟的事情。

应星洒泪掩埋了哥哥，修墓立碑。从此，他仍然过着隐居的生活，拒绝为清廷做事。

在宋应星69岁时，他的友人陈宏绪撰写地方志《南昌郡乘》，用来表彰志士、怀念故旧。陈宏绪请宋应星写一篇《宋应昇传》。应星欣然从命。这正是他安葬哥哥以后一直打算做的。于是，应星信手写来，如数家珍，和哥哥相处的日子又重现在眼前。不多时，应星写完了《宋应昇传》。亲切的话语，深深的怀念，充满传记的字里行间。

清康熙四年（1665年），陈宏绪手握问世不到两年的《南昌郡乘》，安详地离开了人

世。他至死也没有接受清朝廷的聘任，而乘机编纂了这部地方志，了结了他长期以来纪念抗清的故友、志士的夙愿。

大约在老友陈宏绪逝世前后，宋应星，这位明末时期著名的科学家溘然辞世。他大约享年80。他和哥哥应昇等都埋葬在牌楼宋村戴家园的祖坟旁。

宋应星在生前多次以自己的切身经验告诫子孙，不要热衷于科举考试，更不要去当清王朝的官。

他的两个儿子，长子士慧、次子士意，都聪明好学，写得一手好诗文。他们的相貌长得很像父亲，也是眉清目秀、皮肤白皙。两人同来同往，村人见了都夸赞他俩为"双玉"。

宋士慧和士意兄弟俩在学塾里，学业优异。他们牢记父亲的教诲，那五上公车不第的经历，白白耗尽了父亲的青春年华。父亲虽然没有考中进士，但是他给后人留下的《天工开物》《野议》等著作，哪一部不比那么多的状元、进士的文章意义深重、影响久远啊！历史上三百多年那么众多的进士如昙花一现，甚至无声无息地成为过眼烟云，几人留名，几人为后人传诵？

决不走科举进士之路！

士慧兄弟俩从父亲的日常谈话中，对他的朋友、师长坚守民族气节、不为清廷效劳的事迹十分熟悉，刘同升、姜曰广、邓良知、舒曰敬……他们疾恶如仇、宁折不屈的凛然正气一直为兄弟俩深深钦敬。耳濡目染，他俩从父亲宋应星身上继承了厌恶官府、乐于为民的品格。

绝不仕清，不当清王朝的官！

因此，宋士慧、宋士意一生未参加科举考试，也没有进入官府。一代传一代，宋应星的孙子宋一仪、宋一传等也恪守祖父遗训，淡漠功名。

宋应昇的三个儿子士颖、士颥、士项，以至三代以内的子孙，也都没有涉足清代的科举仕途。

从儿孙的身上可以看见父辈的影子。宋应星弃绝科举进士之途，正是中国知识分子从《四书》《五经》的书斋中转向研究实学、重视实际的萌芽。从这个角度看，宋应星的典范就不仅是反映在他的儿孙身上的影响，而且是当时一代知识分子进步的缩影。

明崇祯十年（1637年）问世的《天工开物》是宋应星的好朋友涂绍煃慷慨解囊帮助出版的。后人称这一版本为"涂本"。

涂本《天工开物》在江西南昌府刊刻发行后，很快不胫而走，引起社会上的注目。

崇祯末年，学识渊博的科学家方以智在研究自然科学和一些技术问题时，在金属冶炼方面苦于没有专门著作供他参考。这时，他得到一部《天工开物》，喜出望外，参阅之后，很快就写成了著名的《物理小识》一书。

这部书的卷七金石部中直接摘引了《天工开物》有关的记载。方以智写道："宋奉新曰：赤铜以炉甘石或倭铅参和为黄铜（原注：铜十斤，炉甘石六斤。用倭铅四，则红铜六，以袁郡自风煤炭炼），以砒霜等药炼制为白铜，矾硝等药制炼为青铜，广锡参和为响铜（原注：铜八，广锡二），禄质则红而已。"

再如，当时著名的哲学家王夫之也读过宋应星的著作，而且进一步阐发了宋应星的一些命题。

《天工开物》畅行于江南一带，很快销售一空，在当时明代末期战乱时候，实属奇迹。刻书商杨素卿见《天工开物》引来洛阳纸贵，决定将涂本再版。版虽然雕刻好了，但明朝已经灭亡。

杨素卿用稍价廉的福建竹纸印制杨本《天工开物》。扉页上用楷体大安印有"宋先生著""天工开物"两行。有的扉页上还加印"一见奇能"横排四字，两行大字的间缝有双行小字："内载耕织造作炼采金宝""一切生财备用秘传要诀"，下方是"书林杨素卿梓"。从扉页上可见当时重视《天工开物》的盛况。

杨本付梓的时候正是清初。杨素卿给全书加了句号和圈点。为了在清代流传，他去掉原序中的崇祯年款，将"我朝""国朝"改为"明朝"。但是，他改得并不彻底。如《佳兵》卷中涂本多次出现的"北虏""东北夷"等反清字样，他都仓促未改。幸亏是清初，书禁不严，才未酿成大祸。

以后，《天工开物》不断被清人引用。有两次大规模引用的高潮。

第一次是在清初官修的大型百科全书《古今图书集成》中。

从康熙到雍正，清廷先后命陈梦雷、蒋廷锡，前后共花了十五六年时间，组织编纂大型类书《古今图书集成》。全书一万卷，分历象、方舆、明伦、博物、理学、经济六大汇编，每汇编下分若干典，典下再分若干部。全书共三十二典六千一百零九部。其中经济汇编有选举、铨衡、食货、礼仪、乐律、戎政、祥刑、考工八典。在食货、考工等典中，有许多内容都摘引自《天工开物》。

清雍正四年（1726年），《古今图书集成》以铜活字印刷了六十四套，以后用石版多次再版。它仅将引文中的"北虏"等反清字样改为"北边"，其余文字未动。

乾隆二年（1737年），保和殿大学士鄂尔泰受命编纂《授时通考》，共七十八卷，历时五年成书。这是又一部官修大型类书，集我国农书之大成。共有天时、土宜、谷种、功作、劝课、蓄聚、农余、蚕桑等篇。《天工开物》的《乃粒》《粹精》等卷中的文字和插图，被摘引入《授时通考》许多卷中。

这是《天工开物》在清代的第二次大规模引用。

但是，好景不长，《天工开物》横遭厄运。

乾隆三十七年（1772年），清廷开始编修大型类书《四库全书》。在这之前，乾隆诏令各省进献书籍，乘机实行图书审查。

清代自康熙后半期，文字狱兴起。当时有人告发，在翰林院戴名世的文集里，用了南明桂王的年号。康熙就下令将戴名世斩首。由此株连到戴名世的亲友和文集的刻印者，300多人被充军、杀头。雍正时期文字狱更甚。翰林院徐骏因诗中有"清风不识字，何事乱翻书？"被诬为诽谤朝廷而遭斩，还株连九族，满门抄斩。

乾隆皇帝对明末清初的文人抗清斗争仍心有余悸，在笼络文人的同时，加强了思想文化的统治。

这次,在江西进献的图书中,宋应星的哥哥应昇的《方玉堂全集》、宋应星的友人陈宏绪等人的一些著作被检查出有反清文句,因此列为"禁书"。宋应星及其著作当然遭到株连。更何况,他的《天工开物》《野议》等书本身也有反清思想,因此虽未列入禁书名单,也在受排斥之列。

从此,在长达两个半世纪的时期里,《天工开物》再也无人刊刻。《天工开物》本应发射的光辉受云遮雾障而暂时隐没、减弱了。文字狱、禁书这类文化统治阻碍了人类文明的进步。

清康熙年间,外国使者回国时往往携带不少中国典籍,其中就有《天工开物》。

《天工开物》的涂本、杨本东渡扶桑,在一衣带水的日本引起重视。日本江户时代著名的本草学家贝原笃信(1630~1714年)在他的《花谱》和《菜谱》中,把《天工开物》列入参考书目。稍后,贝原的主要著作《大和本草》试金石条中就有"《天工开物》一书言之甚详。"的记载。

随后,日本著名的学馆、图书馆收藏了《天工开物》的涂本、杨本。在乾隆皇帝大开书禁的同时,日本大阪的营生堂书商柏原屋佐兵卫率先翻刻了《天工开物》,广为流行。

江户时代著名本草学家小野兰山的《本草纲目启蒙》、宇田川榕庵的日本近代科学启蒙著作《舍密开宗》等权威的科技书籍中,都大量摘引了《天工开物》的内容。

18世纪日本的学术界兴起了"开物之学"。学者们受宋应星思想的影响,认为:"开物者乃经营国土,开发物产,富饶境内,养育人民之业者也。"

《天工开物》也随国际友好往来传播到我们的东邻朝鲜。著名的朝鲜作家和思想家朴趾源(1737~1805年)访问中国后写了一部游记《热河日记》,记述他从鸭绿江畔到热河承德(今属河北)旅行中的见闻。游记中说,他看见中国用来灌溉的各式各样的水车,有龙尾车、龙骨车、恒升车、玉衡车,等等。有心研究的人可发以读一读《天工开物》《农政全书》。朴趾源还热情地说,如果仔细研究了这些著作,那么朝鲜百姓贫穷病弱的境况就有救了。

《天工开物》在东传的同时,也流传到欧洲。法国巴黎的皇家文库早在18世纪已经收藏了这部书的涂本和杨本。大概是因为识汉字的人太少,《天工开物》长期以来藏在书库中无人问津。

直到19世纪上半叶,《天工开物》才引起法国著名的汉学家儒莲教授注意。儒莲的老师勒牡萨是精通中文的植物学家,以研究《本草纲目》著称;而儒莲则是研究《天工开物》的著名专家。

儒莲把《天工开物》中的《丹青》《五金》《乃服》《彰施》和《杀青》等卷的一些内容,陆续摘译成法文,在著名的法国科学刊物如《法兰西科学院院报》《化学年鉴》上发表。他的法文译文又很快被转译成英文、德文、意大利文和俄文。

儒莲摘译了《授时通考》卷七十一至卷七十六中的《蚕桑篇》,将《天工开物·乃服》卷论蚕桑部分作为附录,以单行本出版。他给该书取了中文名字《蚕桑辑要》,轰动了全欧洲。

欧洲的科学技术界由于儒莲的译介,从《天工开物》中汲取了不少有用的技术经验,诸如养蚕、造纸、染色、制墨、制造铜合金、制造红色颜料银朱(硫化汞)等。这些领域正是当时欧洲所亟待研究的。欧洲的养蚕业曾因蚕的微生物致病而成灾,屡次发生危机。《天工开物》提供的中国四千多年的育蚕、择茧、防病害、提高缫丝率等经验精粹,正适应欧洲蚕农的急需。再比如利用竹纤维造纸,当时欧洲人还没听说过。儒莲在1840年发表了《天工开物·杀青》卷的译文后,1875年西方才首次制造成功竹纸。

在1869年,儒莲和法国化学家商毕昂合作,出版专著《中华帝国工业的今昔》。这部书摘译《天工开物》中的《作咸》《陶埏》《冶铸》《锤锻》《燔古》《杀青》《五金》和《丹青》等卷,还加以科学考据和注释,并转载了原书的一些插图。

这部专著和前述儒莲的《蚕桑辑要》,介绍了《天工开物》的全貌,成为欧美学者的学术参考书。

英国著名的生物学家达尔文(1800~1882年)曾经读过儒莲的《蚕桑辑要》。由此,他了解了中国古代的养蚕技术,并把记载这一技术的《天工开物》称为"权威著作"。在达尔文的著名论文《动物和植物在家养下的变异》一书中,他把《天工开物》记述的"白雄配黄雌"产生结褐茧的后代,以及"早雄配晚雌""幻出嘉种",作为人工变异的例证来论述他的结论。

在1966年,美国宾夕法尼亚州立大学历史系教授任以都和她的丈夫孙守全将《天工开物》全文译出,在伦敦和宾州的尤尼弗西迪帕克同时出版。这是第一部英文全译本,标志着西方系统研究《天工开物》进入更加深入的阶段。

千秋留芳

是金子终究要闪光。宋应星,连同他的科学技术代表作《天工开物》,在他古老的祖国曾一度遭到埋没。因为他反清抗清,至死不为清廷效力,所以乾隆之后,他的著作横遭厄运,被禁止刊行;因为《天工开物》"于功名进取毫不相关",所以长期以来不为正统的读书界重视。尽管如此,坎坷的尽头会出现平坦大道,遮蔽的光辉终将重现辉煌。

几乎在中国失传的《天工开物》,从日本得到翻刻本,又回到中国重版。历史就是这样捉弄人。《天工开物》在海外传播,促进了东邻和西欧科学技术的发展后,又被宋应星的后辈同胞重新发现。

《天工开物》在清代乾隆年间遭禁后,由于它本身的魅力,仍然被学者们继续引用。他们打着官修大型图书《古今图书集成》的旗号,令禁书官们无可奈何:既然在康熙皇帝钦定的书里有的文字,引用它们又违什么书禁呢?

著名学者、曾官至同西巡抚的嘉庆进士吴其濬,在他的著作《滇南矿厂图略》中,采用了《天工开物》中有关采矿、冶金的记载。后来,他又写成《植物名实图考》三十八卷,其中谷物等类中大量引用了《天工开物·乃粒》卷的内容。

在同治九年（1870 年）刊刻的《格物中法》一书中，作者刘嶽云又大量引用了《天工开物》。该书二十四卷，汇编古代科技资料并加以补充和校订。《天工开物》中的各卷，它几乎都予以大量摘引，囊括了所有主要内容。

在这部书中，刘嶽云以近代科学知识予以诠释。例如，在引《天工开物·五金》卷中"水金多者出去南金沙江，此水源出吐蕃（西藏），绕流丽江府，至于北胜州，回环五百余里，出金者有数截"时，续有按语："嶽云谨按：此金之出于水者，然虽自水中淘取，亦由附近山中有沙金，为水漱出故耳，非真生于水中也。故寻金脉者，视水中有沙金，即可细审自何处山中漱出，而觅得其矿。"他引用由炉甘石升炼倭铅（锌）的内容后，写道："嶽云谨按：炉甘石即白铅矿也。色黄者西人所谓锌养炭养二矿（即 $ZnO \cdot CO_2$，也即 $ZnCO_3$ 矿），色红者西人所谓锌养矿，色白或青或绿，与铅砒相杂之矿，若与硫相合之矿色黑。"刘嶽云的按语已经采用近代化学的术语和观念，因此专家们认为他是我国以近代科学眼光研究《天工开物》的第一人。

据专家研究，晚清时摘引《天工开物》的最后一部著作《蚕桑萃编》，于光绪二十五年（1899 年）刊行。全书十二卷，不少地方摘引了《天工开物》的《乃服》《彰施》等卷。

谁说禁令不可违！摘引和研究《天工开物》的景象，犹如春色满园关不住，一枝红杏出墙来。

清王朝覆灭后，地质学家、曾任中国地质调查所所长的丁文江（1887~1936 年）最早注意收集宋应星的事迹材料。他在 1927 年到 1928 年间在京师图书馆（现北京图书馆）查阅江西地方志，著《奉新宋长庚先生传》，附在陶湘刊刻的《天工开物》书末。

陶湘以石板刻印的陶本《天工开物》，以日本营生堂的营本翻刻本为底本，是中断了两个半世纪之久的《天工开物》的新版本。附上了丁文江撰写的宋应星传记的新版本，重新唤起了人们研究宋应星及其著作的兴趣。

但是，宋应星的生平事迹、家庭状况、社会关系、著述内容等，在本世纪 60 年代以前，一直没有弄清楚。

我国自然科学史专家潘吉星，自 1961 年冬起，先后专程志访京、津、赣、豫、苏、浙、湘、沪等地，搜求宋应星的佚著和传记原始资料，发现许多从未见过的家谱、著作的孤本、缮本。他历时二十多年，潜心研究宋应星及其主要著作，终于获得丰硕成果。

正是由于有了专家、学者们，尤其是潘吉星先生的学术研究成果，奉献在读者朋友们眼前的这本传记故事，才有可能写出来。

潘吉星统计的结果表明，从 1637 年到 1977 年的 340 年内，《天工开物》总共发行 16 版次，大约平均每 20 年一次。其间在中国发行 8 版 16 次，在日本发行 3 版 5 次，在欧美发行 1 版次。若以时代来计，则 20 世纪发行最为频繁，共 12 版次，平均不到 6 年半即发行一次。他预计，到 21 世纪时，《天工开物》将要在国内外出现更多的新版本。

《天工开物》及其著者正在走向再度辉煌。

宋应星生活在明末清初，正是商品经济蓬勃兴起，农业、手工业和科学技术迅速发展的时期，同时又是社会矛盾和民族矛盾日趋尖锐，社会动荡，思想活跃的时代。历史学家们称之为"天崩地解"的时代。

这一时代,思想界和学术界人才辈出,群星灿烂。宋应星是众多星星中的一颗。和他同时代的著名思想家王夫之、顾炎武、黄宗羲,卓越的科学家李时珍、徐霞客、方以智、徐光启……众星辉映,放射出各自特异的光彩。宋应星则有他独特的研究领域和在科技史中的地位。

黄宗羲、顾炎武和王夫之都是著名的爱国志士。或反清拒仕,或逃避清兵追杀,他们在逆境和危难中放射出先进思想的光华。

顾炎武(1613～1682年)有一句名言,"天下兴亡,匹夫有责",集中体现了他炽烈的爱国精神。他反对不切合实际的空虚之学,主张研究经世致用的学问,强调将书本知识和实际考察相结合,而且要学以致用。

黄宗羲(1610～1695年)在青年时代为报父仇,明知皇帝在庇护自己的仇敌,还是敢于和仇人对簿公堂,掷锥直刺阉党,终于迫使朝廷处死他们。他激烈批判忠君思想,认为君主的法是"一家之法",并非"天下之法",是非不能由君主说了算,只能由公众的舆论来判断,以"天下之法"取代"一家之法"。他还主张"工商皆本",发展商业、手工业。宋应星重视实学,虚心向农工请教,和黄宗羲的这一主张是一脉相通的。黄宗羲的"民贵君贱"思想是民主思想的萌芽,在当时是十分先进的。

发展了古代朴素的唯物论和辩证法的王夫之(1619～1692年),是那个时代世界上不多的先进思想家之一。他认为世界是由物质的气所构成的。气凝聚成物质而有形,物质变幻为气而离散。物体的形态变化了,但是物质并没有消灭。他以"越(浙江)有山,而我未至越,不可谓越无山"为例,说明事物是不依赖人们的主观意识而独立存在的。他认为,人们认识事物,绝不是知在先,行在后,而是先行而后知。

王夫之发挥了宋应星"日日新"的学说。王夫之说:"天地之化日新,今日之风雷非昨日之风雷,是以知今日之日月,非昨日之日月也。"王夫之的形气说也是发展了宋应星的思想,已经相当接近现代科学的物质不灭理论了。

王夫之等思想家代表了先进的社会思想潮流,是推进时代进步的启蒙思想家。

在同时代科学家的行列里,李时珍(1518～1593年)和他的巨著《本草纲目》是宋应星所熟悉并时常学习借鉴的。李时珍集历代本草学之大成,编写的《本草纲目》被誉为"东方医学巨典"而名扬中外。李时珍把我国的传统医药学和相关的自然科学提高到新的水平。他年轻时对科举考试不感兴趣,三次乡试落第后便不再参加。他读书不全信书,遍游各地去采药行医、寻访民间验方以至冒险在自己身上用药。这种精神和宋应星的"穷究试验"是一致的。

在"穷究试验"、凡事要亲身经历这一点上,徐霞客(1586～1641年)和宋应星也完全吻合。他历尽艰辛,足迹遍西南边疆,写出著名的地理学著作《徐霞客游记》。这是世界上研究熔岩地貌的第一部文献,还记载了不少我国少数民族的分布、生产状况、生活习俗等珍贵的历史资料,而且文笔优美,被誉为"古今记游第一书"。

方以智(1611～1671年),这位博学多才、思想敏锐的科学家、思想家,是认识宋应星、

亲切地称呼宋应星为"宋奉新",也同样反对阉党、反抗清廷的同时代人。宋应星关于五金、冶铸的知识被方以智补充到他的著作《物理小识》里。他重视实验科学,认为哲学不能离开科学,科学应以哲学为指导。他反对"离气以言理""离器以言道"的程朱理学,提出了时间、空间相互依存而共同组成整个宇宙的物质世界这一科学的观点。

徐光启(1562~1633年)是近代科学的先驱者。他的《农政全书》是一部关于我国农业的百科全书,汲取了我国农书的精华,在中国农业科学技术史上占有突出的重要地位。他最早将大量的西方自然科学知识介绍到中国来,翻译的欧几里德《几何原本》是其中最著名的。在《农政全书》中常见"老农说""山中老圃说"等字样。这种立足农工研究实学和引进西学面向世界的巧妙结合,使徐光启在我国科学技术发展中,起到了承前启后的作用。

时代要求巨人。李时珍和《本草纲目》,徐霞客和《徐霞客游记》,徐光启和《农政全书》与宋应星及其《天工开物》,等等,正是十六七世纪中国科学技术领域的明星。

众星辉映。在这些我国科学技术界的先驱者和代表作之中,宋应星和他的《天工开物》以其独特的总结工农业生产的科学技术知识百科全书,大放异彩。

宋应星是多产的作家。他的研究兴趣很广泛。他的著述,经过专家潘吉星的综合考证,已知有十余种。其中除科技百科全书《天工开物》外,还有关于天文、物理和自然哲学的《卮言十种》,其中除第八、第九种《论气》《谈天》幸存外,均已佚失;关于政治、经济的《野议》;关于文学艺术的《美利笺》和自选诗集《思怜诗》;关于史学、少数民族史的《春秋戎狄解》;关于音韵和乐律的《画音归正》和《乐律》;关于天象观测的《观象》,它和《乐律》曾列入《天工开物》第十九、二十卷,只是在临付印前,宋应星认为这两卷太深奥且于国计民生没有多大实用价值而删去了;还有杂文《杂色文》《原耗》等。

这些著述在清代康熙年间,仍在流传。但是自乾隆诏令修《四库全书》后,宋应星的著作因为有鲜明的反清思想而遭排斥、查禁,从此逐渐散佚。清代严厉的思想统治和长期的文字狱,使宋应星的著述几乎失传。

研究宋应星的学者丁文江、章鸿钊、罗振玉等,长期刻意搜求,也没有找到《天工开物》的原本,只好从日本的翻刻本引进再版。几十年来,人们认为这部重要的著作原版已经失传。

在这几近绝望的时候,解放初,浙江宁波墨海楼主李庆城将他的一些藏书捐赠给北京图书馆。其中就有《天工开物》的原版书,是首次于明崇祯十年(1637年)在江西南昌府刊刻的。

宋应星的著作留传下来的,还有《野议》《思怜诗》《论气》和《谈天》四种,其孤本现存在江西省图书馆。

这些仅有的留存下来的孤本原版书,堪称稀世宝藏。经专家们发掘出来以后,研究宋应星和《天工开物》的活动又出现活跃的局面。

在《天工开物》问世之前,综合性农书中以南北朝贾思勰的《齐民要术》(公元533~544年)和元代王桢的《农书》(1313年)学术地位较高。有关手工业的著作中,则以战国

时代成书的《考工记》为突出。

比较之下,只有《天工开物》才是我国历史上第一次将农业和手工业的众多领域结合起来,加以系统化探讨的。无论在广度和深度上,都开创了我国科技史上的新境界。

宋应星所处的时代正是西方文艺复兴时期。无论是哥白尼的《天体运行论》(1543年),还是阿格里柯拉的《矿采全书》,这些当时西方最高水平的科学技术著作,它们所反映的同时代西方的科学水平,并不比《天工开物》高明多少。当时中国的科学技术以及生产水平,处于世界的先进地位。

英国近代实验科学的鼻祖弗兰西斯·培根,曾经计划要写一部名为《学术的伟大复兴》的巨著,这部书的第三册是《关于工匠学问和实验的百科全书》,但是他没能完成。看来,那时候英国的工艺百科,一定比不上宋应星的《天工开物》。

18世纪法国的启蒙思想家狄德罗(1713~1784年),他的事业是和《百科全书》连在一起的。他编纂《百科全书》的时候,才三十一二岁。他的工作在开始时进行得并不顺利。还在《百科全书》征订的时候,他就因宣传无神论而被捕,坐了三个月监牢。第一、二卷出版后,教会指责《百科全书》亵渎神灵。但是它受到读者的热烈欢迎,一时间竟成为时髦的书,甚至巴黎贵妇人的梳妆台上都要放上两部《百科全书》装样子。法皇路易十五鉴于《百科全书》宣传唯物论,主张无神论,宣布禁止出版发行。但是《百科全书》受到人民越来越多的欢迎,禁令无法生效。

狄德罗在逆境中主编完成了28卷的《百科全书》,用了整整20年!在主编《百科全书》期间,如果他知道在巴黎皇家文库中已经收藏有中国的工农业技术百科全书《天工开物》,狄德罗必定会喜出望外。

等到法国汉学家儒莲在巴黎法国国家图书馆里发现《天工开物》时,已经过去半个多世纪了。儒莲摘译的《天工开物》,立即在欧洲引起轰动。欧洲人在科学院的最高级刊物上,刊载了《天工开物》的摘译文章。他们惊叹在1637年的中国竟会有如此出色的作品。他们想起了法国《百科全书》之王狄德罗,说宋应星是"中国的狄德罗"。

著名的英国科学史家、《中国科学技术史》的作者李约瑟博士,称《天工开物》为"中国的狄德罗宋应星写作的17世纪早期的重要工业技术著作。"

日本的科学史家、《天工开物》研究专家三枝博音,称《天工开物》是"中国有代表性的技术书"。

法国汉学家、《天工开物》研究专家儒莲教授把《天工开物》称为"技术百科全书"。

《天工开物》已经成为世界科学技术史中的一部名著,占有重要的地位。

宋应星,明代著名的科学家,生活在十六七世纪中国封建社会逐渐解体、资本主义商品经济正在兴起的"天崩地解"的时代。

他在五次进京科举会试中,浪费了青年和壮年时光。但是,他从科举失败中清醒过来,鄙弃仕途,转向"与功名进取毫不相关"的实学研究。

他强调认识事物要通过亲身经验,主张"穷究试验",凡事"皆须试见而后详之"。他在农田、作坊广泛调查农业和手工业生产状况,记录其中的科学技术。

在任分宜教谕时，他勤奋写作。几乎所有的重要著作，他都是在这四年时间里完成的。

宋应星的代表作，在人文科学方面有《野议》，在自然科学方面则是《天工开物》。

"天工开物"寓意的"靠人工技巧开发天然界来获取有用之物"的思想，是宋应星科学思想的精华，也是他对中国科学技术发展的一项独特的贡献。

《天工开物》在历史上第一次把农业和手工业方面众多的领域内的知识结合在一起，归类汇总，填补了前人的空白，记录了当时的最新成就，是一部杰出的十六七世纪中国的技术百科全书。它既是一笔珍贵的科学遗产，又是科学技术史上一块辉煌的里程碑。

《天工开物》记载的全国各地的农业、手工业的生产技术，在当时以及后来相当长时间里都是世界第一流的。

这里有我国农民最早施用有机磷肥和石灰改良土壤的记录；有育苗移秧、中耕培土种植甘蔗的先进技术；有由铁水直接炼熟铁的连续生产工艺的记载；有独特的"灌钢"冶炼法记录……都是当时的世界纪录。

《天工开物》中叙述的连续鼓风的活塞木风箱，比欧洲要早一百多年；记述的锌的冶炼和铜锌合金的生产技术，是世界的首次文献记载。

宋应星记录了农民培育水稻、大麦新品种和利用蚕蛾杂交"幻出嘉种"的许多事例，明确提出"物种随水土而分"。这种关于物种变异的最早论断，比德国生物学家伏尔弗早120年，而被英国著名生物学家达尔文在200多年后引为论据。

宋应星反对炼丹求得长寿，并对炼丹常涉及的化学变化做了详细的研究记录。他在将水银和硫黄炼制银朱（硫化汞）的过程中，注意到生成的硫化汞的质量多于投入的水银，从而得出"出数借硫质而生"的科学结论。他已认识到银朱是汞和硫的化合物，还具有化学反应中"质量守恒"思想的萌芽。这种思想在稍后的《论气》中，宋应星又以"形""气"的古老中国术语进一步予以阐发。他比法国化学家拉瓦锡确立"质量守恒""物质不灭"原理，早130年。

《天工开物》在发表的初期即已轰动全欧洲，在日本兴起了"开物之学"。就是在今天，世界的科学技术已经突飞猛进，仍然有许多学者对《天工开物》很感兴趣。《天工开物》成为世界科学技术名著。这是值得我们自豪的。

中国人在三四百年前的明代，就有宋应星这样的科学家在世界科学技术领域中作为带头人，记录下居于世界前列的中国科学技术。他鼓舞着我们奋发图强，让中国的科学技术再次在国际上领先！他启迪我们要重视科学，尊重人才，努力造就出一大批当今世界第一流的科学家和发明家！

宋应星是我国古代优秀的科学家，同时也是一位思想先进，同情劳动人民，坚守民族气节的爱国者。

他在《野议》中对明末的黑暗政治和贪官污吏进行了强烈的抨击，揭露朝廷的穷奢极欲和横征暴敛，揭露官僚大地主的土地兼并和高利贷盘剥，对劳动人民的苦难生活寄予了极大的同情，主张减轻赋役。但是他仍然希望维持朝廷的统治，对农民起义持对立的

态度。不过,当外来民族压迫加剧、人民遭难时,他拒清挂冠,表现了凛然的民族正气和强烈的爱国精神。

在宋应星的著作中,不少地方体现了他对农工劳动者的尊重。他重五谷而轻珠玉,对与劳动人民关系密切的生产技术和生活用品,他不惜笔墨大加叙述,而对富贵人家、君王高官感兴趣的珠宝美玉、香稻、龙袍、锦衣等,则轻描淡写,一笔略过。他多次赞扬老农和能工巧匠的创造才能,鄙视那些"大业文人"死啃经书却不知米面从哪里来的所谓"博学""聪明"。

宋应星虽然已经辞世 300 多年,但是他的《天工开物》依然在世界科技文库中闪亮发光,他的名字在世界各地传扬。他值得我们引以为自豪。他将为世世代代永远纪念。

他是中国古代卓越的科学家。

他是中华五千年历史中,英名永存的人。

中华名人百传

先贤圣哲

王书利 ⊙ 主编

导　读

　　什么是贤人？贤人就是在保全性命和家族的前提下，还能帮助国家苟延残喘的人。所以，贤人创造办法；那么什么是圣人呢？简单地说，圣人就是连自己的前途都看不到在哪里，却能为世界的未来殚精竭虑的人。所以，圣人产生思想。有权力的人用权力说话，没权力的人才用思想说话，这就是思想的光荣，也是思想的悲哀。

　　自商末"清圣"伯夷、叔齐始，到春秋俨然成为一个盛产圣贤的时代。"和圣"柳下惠、"盗圣"展雄、"情圣"巫臣、"乐圣"师旷、"宇宙圣人"老子一一亮相；为国保家的杨姓祖先晋国贤臣叔向，保家卫国的郑国大改革家子产，"史上最牛钉子户"齐相晏婴，看穿世事的音乐天才、吴姓始祖王子季札，少年天才、飘然成仙的王姓始祖王子晋纷纷登台。战火烽烟、尔虞我诈、诗礼唱和之中，看他们怎样说、怎样做、怎样活……

　　我国灿烂光辉的文化，不都是先贤圣哲们的奉献吗？伟大的思想家启迪了思想，留下了至理名言，伟大的教育家，育人无数，传授人们知识；还有艺术家们，留下了一件件伟大的作品，像青铜器，瓷器等艺术品在世界上成就了奇迹；我国素有文明古国的美称，造纸术，火药，指南针这些伟大发明，都是我国的先贤的创造，为后人留下了宝贵的财富，这都是给我后人的无价之宝，给了我们一个让我们和谐可持续的生活在这世界的方法。

生命的大智者

——老子

名人档案

老子:姓李,名耳,字聃,因而人称老聃,楚国者县(今河南鹿邑县)厉乡曲仁里人,一说为今安徽涡阳人。我国古代著名的哲学家、思想家和道家学派的创始人。曾做过周王室管理藏书的史官,后隐居石化。

生卒时间:约前 580 年~前 500 年之后。

历史功过:老子生活在春秋时期,曾在周国都洛邑任藏室史(相当于国家图书馆馆长)。他博学多才,孔子周游列国时曾到洛邑向老子问礼。老子晚年乘青牛西去,在函谷关(位于今河南灵宝)写成了五千言的《道德经》(又称《道德真经》,或直称《老子》、或《老子五千文》)。在道教中,老子是太上老君的第十八个化身。

名家评点:被唐皇武后封为太上老君,世界文化名人,世界百位历史名人之一。在道教中老子被尊为道祖。秦佚颂悼文道:"老聃大圣,替天行道,游神大同,千古流芳。"

老子出世

传说中在商朝第十八代王阳甲继位的第 7 年,民间有一妇人,夜宿山中,做了一梦。梦见自己独自夜行,忽见一颗斗大的明星自东向西移动,顷刻之间,已到头顶。她生怕大星落下砸着自己,急忙躲避,只听一声巨响,那大星落下正压在她身上。这一来将她吓醒了,方知是一场大梦。从此以后,她就怀孕了。怀孕本是常事,可她却与众不同。别人怀孕,10 个月生产,可她却 1 年没生,2 年没产,直过了 10 来年,依然毫无音信,如此一年年过去了,幸而她寿命较长,能一直持续下去,否则胎儿没生下来,母亲要先去世了! 自阳

中华传世藏书

中华名人百传

先贤圣哲

二三七

甲之世，直到武丁王朝，足足怀了81年。有一天妇人正坐在一株李树下休息，忽听腹内有人说话："母亲啊！孩儿今天要出来了，请你用锋利的石棱剖开left腹，我就可以出来与你相见了。"她听了非常奇怪，但实在因怀孕太久，就决定试一试。她找到了一块锋利的石片，将左腹剖开，只听轰然一声，钻出一个人来，迎风而长，仔细一看，却是一个白发盈头的老头。他指着李树说："就以此为我的姓吧！"这时妇人的腹部已经合上了，她替他起名叫李耳。因怀孕到老而生，故又名老子。

当然这只是个神话传说。除此外，在老子的家乡鹿邑一带，还流传着李耳是母亲吃了李子后怀孕而生下的，所以取姓李的传说。老氏是殷代的贵族，在殷人中传说他们的祖先契是简狄吞了燕卵后生下来的，因为出生得与众不同，所以后来才出息得很，成了殷人的开宗祖先。老子后来也成为有学问的圣人，大概也是来历不凡，人们很自然地仿照简狄吞燕卵的传说，编造了李母吞食李子的传说。

由于真正的事实已难于考证，我们只能说其中某一种说法还比较可信。

春秋末期，楚国苦县厉乡曲仁里有一个李员外，名叫李乾。在洛阳附近当过几个月的小乡官，因感当差不自在，便带妻子李氏弃官归里。夫妻二人乐善好施，很得乡民爱戴。后来李氏怀孕了，可李乾却因走远亲，酒醉后连夜回归而迷失无踪。胎儿一天天长大，但到了十个月却未生产，李氏十分忧虑，天天盼望着孩子早点生下来。到了十一个月，还是不生，李氏不住地念叨："儿啊，你快快出生吧，娘巴望你出生已经巴望到怀你的第十一个月了。唉，谁知是今儿也巴望，明儿也巴望，巴到十一不出家！"后来"巴到十一不出家"这句忧虑的话被传成了怀孕怀了"八十一年"。话说到了周灵王元年（公元前571年）2月15日的早晨，李氏感到阵阵腹痛，她忍不住大声呻吟，在床上栽倒。邻家妇女替她请来一位接生婆金大娘。金大娘看过李氏后，确定是稀有的难产，因为胎儿在娘肚里发育得过于长大，加上过月过得时间太长，李氏又是第一次生产，十有八九母子都不保。金大娘十分着急，李氏脸色苍白，毫无血色，一阵疼痛使李氏昏了过去，把李氏唤醒时，她的目光落在了案板上的一把菜刀上，她对金大娘说："快给我把肚子割开！"金大娘慌乱的不知所措，颤抖着将菜刀拿起来，又放下："不行！这一刀下去……我，我害怕，不忍心下手。"李氏忍着痛苦，用极微弱的声音说："为给李家留下这条根，我，情愿……，我死后，你告诉孩子，做个对苍生有益的好人……，快，快！"金大娘又一次举起刀，又放下了，就在这时，李氏突然以惊人的力量抽身坐起，从金大娘手中夺过菜刀，照着自己的腹部切了一刀！血立即从被划破的腹部流出，浴血的婴孩，也呱呱坠地。金大娘在惊骇中慌乱地将婴儿抱起。可英勇的母亲却因流血过多，无法挽救，嘴角留着一丝不寻常的微笑，与世长辞。她以献身的精神，用异常的惊世之举，为人间奉献出一个伟大的生命。

金大娘再看看这个婴儿，是个男婴。除比一般刚出生的婴儿惊人的长大之外，还出落着一副俊美而怪异的相貌。他像已经生下来几个月的孩子一样，脑门宽阔圆饱，略长的大脸，丰满俊秀，淡眉长目、高鼻梁、笑嘴角，安详和善，慈意满面生，两只垂着福相的耳朵大得出奇。最使人感到怪异的事是：他头发是黑的，但是除眉毛有点发白之外，上嘴唇

上还显出一道淡淡的白胡。

由于孩子的父亲走失了，母亲又去世了，他被送给了村里的老莱夫妇。老莱，50 出头的年纪，是一个心地纯真，宽厚和悦的老人。夫妇俩一生无子，刚生了一个女孩又突然死去了，这时得了一个男孩，真是喜从天降。由于孩子长着一双大而好看的耳朵，就给他起名叫李耳。由于养父姓老，再加上他生下来就有白胡，所以后人也称他为"老子"。"子"是古代对有学问有德行的男子的尊称。

小李耳是聪慧的，而且从小就表现出了天性中的仁爱之心。他生下来不到俩月，就已经开始牙牙学语，一般孩子牙牙学语时，他已会清清楚楚地说话。有一天李耳的养母抱他去玩，养父老莱故意逗他，拿个小木棒去打妻子，小李耳伸出白嫩的小手，用力抓着木棒，不让他打；养母感到奇怪又好笑，就故意夺过木棒扔到地上，又扬起胳膊用拳头去打老莱，李耳又伸出小手，用力扒着她的胳膊，不让打。李耳这么小就知道仁爱，实在是天性的缘故了。在李耳的幼小生活中，这种同情弱者，帮助弱者的事绝不止一件，在曲仁里还流传着这样一个故事。

在李耳 11 岁那年冬天，一场大雪刚刚化尽，一个讨饭的小孩走进了他家的院子。他上身穿一件烂得开了花的小袄，下身穿一条烂得只剩下大半截的夹裤。他定定地站在那里，一副十分饥饿的样子，眼巴巴往屋里看着。这时李耳的养母去抱柴火了，正赶上老莱身体不舒服从外面回来，他看了看厨房，又看看小乞丐，随口说了句："饭还没做好，没啥给你，先到别处要去吧。"小乞丐见老莱脸色不好，扭头就走了。实际上，老莱不知道，因为有客，李耳的养母早就蒸好了馍，放在了馍筐里，上面用馏布盖着。

李耳很可怜这个讨饭的孩子，便从厨房里拿了四个馍追了出去。没想到，当他急急慌慌追到村头，那小乞丐已走远了。李耳心里有点踌躇："他走了，馍还给不给他呢？"一手拨拉着头上那黑发扎成的"小牛角"，一时不知如何是好了。心想：我偷拿了馍，大（养父）会生气的，若再不给那小乞丐，岂不让人笑话。不行，我一定要追上他！非把我下决心给他的馍送到他手里不可！想到这，就拿着馍又追了下去。"别走哩——！别走哩——！"他一边小跑，一边喊着。可不知是那个小乞丐没听见还是咋的，他依然一路走了下去。一直追了二里路，那乞丐进了一个村庄不见了。李耳喘着气走到村庄西头，见一个老头向他走来，他问老头："老伯伯，见一个小讨饭的没有？"老头说："见了，鼻涕两筒，穿得很烂，脸抹得像个小灰鬼。上庄东头去了。"李耳道了谢，拿着四个馍又奔了庄东头。可到庄东一问，又说他向正南去了。李耳又急又气，又向南追了下去，终于又看见那个小乞丐了。他拼命向前追赶，嘴里还喊着："我给你送馍来了，站住！！"不想脚下被石头绊了一下，重重地摔了一跤。李耳简直就要哭了，他忍着疼，爬了起来，又向前追，终于追上了。当李耳把四个蒸馍放到那孩子手里时，那孩子被感动得哭了，说着："你！……你是好人！"

有人说：天底下没见过这样给乞丐送吃的，李耳真是个稀罕人。这样的事对别人来说也许稀罕，可在李耳却是件平凡的事。

少年李耳不但聪明，还十分好学。在曲仁里一带流传着这样一句俗语"半夜走亲戚——意在求学"。这话是怎么来的呢？

有一天，李耳的养父叫他到姨家走亲戚。李耳的姨家离曲仁里20多里，需要坐车前往。他坐着小拉车往姨家走，准备回来时请他姨坐车来住几天。为了利用一切时间学习，临行时，他在车上放了几大捆竹简，这竹简就是古代的书。李耳坐在小拉车上，一面让马自己顺着路往前走，一面专心致志地看书。走哇，走哇，因他看书入了迷，竟把周围的一切都忘了，当然也忘了走亲戚的事。等他偶然抬起头来一看，马车把他拉到一座野山脚下的清溪旁边了，他向四周看了看，不认识是哪里。"这可咋办？得赶紧问路，到姨家去。"李耳心中想着。又一想："《河图》《洛书》这没看完，到姨家七拐八弯，处处问路，到了那儿不定要耽误多少时间，反正到姨家也没啥急事，干脆把这些竹简读完再说。"想到这，他把马拴到树上，让它就地吃草。一个人坐在小溪旁边，如饥似渴地读起了书。这一下他是更加心无旁骛，卷上《河图》《洛书》，又展《八索》《九丘》，真是流连忘返，一读而不可收拾，一直到日落西山，天全黑下来了，他才想起还要去姨家。可这时天黑路又不熟，他是怎么也找不到姨家了，他急得出了一身冷汗。无奈，只好听天由命，把命运交给了那匹马，让它自己走。走哇，走哇，终于他看到了前面有一点灯火，急忙催马往前赶，到了近前一看，是个村庄，而且正是曲仁里，马自己走回了家。自此，李耳有了一个"书疯子"的绰号。

在李耳的学业生涯中，还有一件事显示出了少年李耳的不平凡。在李耳上学的学馆里，学业成绩最好的是一个叫杜杰的孩子，可是有一天老师来了个突然袭击，展开一卷卷竹简，用他讲过的一些精彩段落考问他的弟子们。弟子们对教师的提问，不是目瞪口呆，就是答非所问，连杜杰也只回答了试题的一半。可出人意料的是，李耳语惊四座，对老师所提全部问题，一个个都做了圆满的答复。老师喜出望外，表扬李耳是"第一聪明弟子"。可这却惹恼了一个人，他就是杜杰，他恨李耳夺走了他的"第一聪明弟子"的名号。两人较上劲要见个高低，打赌比赛背《周易》，可对于赌什么，二人争持不下，于是决定请老师做裁判。老师听了他们的说明，十分认真地说："你们比背《周易》，很好，我看这样吧，赢了的，我拿我的束脩（学生们交的学费），以一盘银子作奖；输了的，我要严厉地惩罚，我说话算话！咱们三比两胜，你们看怎么样？"李、杜二人都同意了。李耳并不了解，这位老师平时虽然宽容大度，对学生十分放纵，可一旦认起真来，却是说话算数，十分严厉的。

于是比赛开始了，第一次两人都先背27片竹简，老师讲一遍，再领他们读三遍，然后回家去背，第二天来比，杜杰精神紧张地回到家里，他平时被称为"第一聪明弟子"一直生活在一片赞扬声中，再加上爹娘的娇惯，使他养成了一种自傲的性格，平时不允许任何同学有半点超过自己的地方。这次当众丢了"第一聪明弟子"的称号，他不能容忍，否则会活活地难受出一场病来。他要征服李耳，拿回"第一聪明弟子"的荣誉！他通宵达旦苦学，一夜灯火通明。

曲仁里，李耳也是一夜未眠。

第二天，第一轮比赛正式开始。首先是杜杰背，他从"乾；元亨利贞"开始，每背几段，故意歇一下，一直背了几十段。背着背着忽然停住了，想不起来下一句该是什么了。待了一会儿，想起来了，又背下去。就这样他一直背了20片，再也想不起了，才宣布终止。杜杰带着一脸的满足和得意站到了一边。心想，一般人最多只能背十七八片，我只差了一片，任你李耳再聪明也比不过我。接下来，是李耳背。他既抑扬顿挫，又长驱直进，一口气背了29片才停下，宣布终止。在场的老师和同学们都热烈地鼓起掌来。站在李耳身边的杜杰，见出现这种异常情况，不由得心中一阵害怕。虚荣、嫉妒和强烈的自尊心受到了极大的刺激和伤害。他脸色蜡黄，嘴唇青白，没有半点血色。他感到站在这里，如芒刺背，站也不是，走也不是，样子十分狼狈。那种自我当面出丑的感觉，使他出了一身的冷汗。这些，李耳一一看在眼里，记在心上。

第二轮比赛方法同上次一样，只是要背36片。杜杰回到家里，越想越难受，简直是气得要死。他下了决心：下次比赛，不赢李耳，誓不为人！他把愤怒化成了读书上的惊人力量，不吃饭，不睡觉，拼命地背。

李耳回到家中，读书的劲头更大，一直读到后半夜，连养母半夜给他送饭也丝毫不知，即将天明，有两个同乡同学来找李耳上学，他们看着竹简，让李耳再背了一遍，真是滚瓜烂熟，一字不差，共背了39片。

第二天，学馆比赛还是杜杰先背。这一次他十分紧张，背起来小心翼翼，他直背了35片才停止，然后站在一边紧张地看看李耳。李耳背的流利自然，一字不错，非常熟练。但是万万没想到，当他背到34片和杜杰只差一片时，突然停住，再也背不下去了。帮他看书的两个同学感到很不理解。第二轮比赛李耳输了。

第三轮比赛背《易》45片。杜杰第二次获得胜利，心情异常振奋，但也依然害怕，因为三比两胜，各胜一次，鹿死谁手，还未可知。他向好友发下宏誓：第三次若不胜李耳，决不头朝上活一天，不悬梁自尽，也要投河而死！

李耳回到家，也以超过前两次的劲头，苦读苦背。第二天黎明，他的两个同学又来找李耳。他们第二次看着竹简，让李耳背，这一次李耳背了56片，比老师留的多了十一片。那两个同学问李耳："上一次，你事先背得烂熟，而到临头却为啥比不上杜杰？"李耳不说。两个同学再三追问，李耳才说："你们保证，决不能说出去。"两个孩子答应了。

第三次比赛开始了。又是杜杰先背，这一次他竟一鼓作气，背了46片，直到他确实无法再往下背时，才宣布终止。接着又是李耳，他背得还像每一次那样，一字不错，流利自然，可是他只背了45片，就停止了。看来他是故意不超过杜杰的，但老师对这一点毫无觉察，因为他根本就没想起往这一点上注意。

三轮比赛，杜杰胜利了。老师激动地用喜爱的目光看着杜杰，连声夸赞："好，好！我要当场奖你！"说着端出早已准备好的一盘银子，亲自用双手捧到杜杰面前，杜杰接过银子，脸上又有了十分自信的得意神色。

老师把目光转向李耳，严肃地说："李耳，你也太不争气了，你第一次背的很好，可却

骄傲自大，后两次接连失败。我说过败要严惩的，不给你点厉害，你以后会更加傲气。伸出左手来！"说着，伸手从书桌上拿起了一个2寸来宽，2尺来长的桑木戒尺，李耳无奈，只得顺从地伸出左手。老师抡起戒尺，狠狠地打了下去，李耳咬着牙，蹙着眉忍受着，两个同乡同学心中不忍，感到十分难受，张张嘴，想说什么又没说。老师一连打了20下，才放下戒尺。可依然怒气未消，大声说："跪外边去！"李耳看了看肿起的左手，感到火辣辣地疼，他凝着眸，想了一下什么，用力咬着哆嗦的嘴唇，眼里微微涌出一层泪水，但他什么也没说，顺从地走到门外，跪在了地下，那样子十分可怜。

他的两个同乡再也忍受不住了，他们噙着同情的眼泪，说："老师，李耳不该受罚，他没有输！"老师诧异地盯着两个孩子，问他们是怎么回事。两个孩子说："李耳第二次背书实际上背了39片，比杜杰还多五片；第三次实际背了56片，比杜杰多10片。他背的好得很！他说他看见杜杰第一次背输了时难为情的样，不忍心再叫他输。杜杰对人家说：他要是比输了就不活了；李耳怕他万一死了，更不忍心叫他输啦。李耳说，他比赛背书只是想催杜杰好好学习，催自己好好学习，也催同学们学习，他并不想赢老师的银子。"

听了这令人吃惊的话，老师的眼睛也模糊了，他一把拉起了李耳，嘴里说着："好孩子！快起来，你不该受罚！你输的高尚，是老师错了！"在座的学生都哭了，手里捧着银子的杜杰傻了一般，盘子掉到了地上，他也哭了！

少年李耳不但是一个善良好学的孩子，而且他从小就善于思考，对生活中遇到的事物总是细心观察，并认真思考其中的道理。

有一次，李耳和小朋友在山上玩，突然两人看到了一棵有字的树，于是两个人争吵起来。李耳在这一面看到树上写有一个"楝"字，就说是楝树；那位小朋友看到树的另一面写有一个"槐"字，便说是槐树，两人争论不休，你一言，我一语，都说自己的对。最后还是大人告诉他们这是一棵合欢树，既不是楝树，也不是槐树。从此李耳认识到看事物要从反看到正，从外看到里，从左看到右，从上看到下，从东看到西，不能只凭一面来断定事物，天下的事情很多很多，天下的道理也很多，很深，很宽，不能只是一面之观，一己之见。要想避免一面之观，一己之见，就要多长见识，多学知识。这就是李耳最初对辩证法的认识。随着年龄的增长，他思考的东西越来越多，越来越深。

在李耳的家乡，春天，河水汩汩（流水的样子）地流进了地里，滋润着种子，滋润着万物，一到秋天，往往是干旱的季节，人们渴望着水，他们祭神求雨，一旦下雨，人们又狂喜欢呼，手舞足蹈。李耳年年看到人们求雨的场面，看到下雨后的狂欢。他便开始观察水。劳累了一天的牛，贪婪地喝着水，甜美地舔着鼻子；种地回来的人喝上一碗热水，满心舒畅，涡河里的水每天载着上百只船从远方来了，又走了，但涡河一旦发起怒来，舟覆船翻，毫不留情。涡河岸边的坚硬堤岸，在河水的冲刷下不断坍塌，屋檐下的青石板被从屋檐滴下的水凿了一个个的小窝窝。这使李耳认识到水是那样伟大，没有水就没有万物，没有生命。水，万物和人都离不开它。但涡河的水默默地流淌着，日复一日，无须自我表现，无须人们的表扬。水从不争强好胜，它能忍让一切，石头挡住了去路，它绕开走，无声

无息地奔流。水又是那样谦虚，总是往低处流去，尽管低洼的地方有许多污秽的东西，但水从不嫌弃，愈是低处的水，愈能容纳涓涓细流，从而汇成湖泊。水是那样有力，它载着无数船只，把他们送到想去的地方。水看起来是那样柔弱，却又具有无坚不摧的力量。做人就该像水一样，具有水的伟大品格。

春天来了，万物复苏。李耳家村头的老槐树重又冠盖如荫，像一把硕大无比的伞，几个孩子手牵着手围在老槐树下玩耍。在孩子们的眼中，这大槐树是最强大的靠山了，是任何力量也摧不垮的。大树根边，几棵小草正艰难地拱出地面，那么细弱，在微风中摇摆不定。忽然狂风大作，乌云翻滚，狂风把小草吹得几乎贴伏到了地面上，而大槐树在风中得意地晃着身躯，似乎在说："看！我多强大，什么也不怕！"一阵刺眼的闪电，震耳欲聋的雷鸣，随着是一声巨响，大槐树断了。孩子们吓得躲在一旁说不出话来。雨过天晴，李耳来到倒下的大槐树旁边，却看到了小草正迎着阳光挺立着，叶子上还带着闪光的水珠。孩子们七嘴八舌讲着刚才的经过，李耳又一次陷入了沉思。

涡河边上的人们的住房是用土坯垒起来的，平时农闲时，人们就制作许多土坯垒在一起，等盖房子时取用，李耳和小朋友们做游戏时常绕着这些土坯玩耍，有时想躲进去，但土坯是实的，不能躲。李耳想："啊，空的才有躲藏的地方。"吃饭时，李耳瞅着饭碗又想："这碗要是实的，就没办法盛饭盛汤啦。"过了几天，李耳到烧碗罐的窑上去，大人们推着独轮车，李耳在后边看着不断转动的车轮感到非常新鲜，车轮为什么会转呢？大人告诉他，车毂是中空的，插一个轴进去，人推车，靠车轴在车毂中转动。渐渐地，李耳悟出了一个道理：无，什么也没有，但没有无，许多事物就没用处。房屋是空的人才能住，碗是空的人才能用，车毂中是空的车才能转动，无的作用很大啊！

自然，生活，启迪了李耳的智慧，他从中得到了许多知识，包括做人的道理，李耳之所以成为一个大思想家，与小时候的这些思想启蒙是分不开的。

光阴像一只巨大无比的神鸟，忽闪着一双翅膀轻无声息地往前飞进，随着这只神鸟翅膀的忽闪，我们的小李耳不知不觉地从少年时代进入了青年时期。

入周为官

在李耳的青年时代，有这样一件事影响了他的一生。

老子的家乡鹿邑是著名的牡丹之乡。有一天村里来了一个卖牡丹根的。那人说他卖的这个品种是在深山谷中所得的一株红牡丹，它比一般牡丹红艳，红得耀眼，艳得使人想起天上的彩虹，叫人禁不住为它心动；而且它比一般牡丹朵大，开出的花朵，大如碗口；它比一般牡丹棵大，大得像一株小树；它的叶子也和一般牡丹不同，油绿的叶子，看起来有点和橘树的叶子相仿佛。所以他的牡丹，价钱也比一般高，要 20 两银子一株。

李耳看着牡丹非常感兴趣，那卖牡丹的便对李耳说："看来这位兄弟要买一根。我观这位兄弟,文质彬彬,阔绰泰然,风清月静,相貌不凡,定是一位有学问的高人雅士。我这牡丹,非高人雅士舍不得买它,也不愿意要,因为他们没有那份美情妙致,你买到之后,用土埋在盆里,勤浇水,过一段时间,即可发芽长成一株小牡丹树;然后特别肥美的花朵,怒放盛开,又香又好看。或陪你于书斋,或伴你于窗前,赏心悦目,清志静神,可以说是其乐无穷!我这还有别人写的一段百字颂词,是夸赞我这牡丹的,小兄弟请看!"说着从怀中掏出一卷白绢递给李耳,李耳接过白绢一看,上面写着清楚的小字,他说念不好,就又递给了那卖牡丹的。

"好,我来献丑。"卖牡丹的说着展开白绢,抑扬顿挫地朗声念了起来:"一树春色!满院溢香!朵艳、瓣丽,栽彩虹于天庭;枝绿、花红,若旭日上扶桑。居茅舍而不卑,植污土而不脏,辟恶气以美人情,清烦恼以宁心房。伴君于书斋窗外,陪君于床头案旁。富增志趣兮!学业上进;贵宽胸襟兮!心情豁朗。未出屋——能触朝霞,不喧赫——可掬荣光!"

卖牡丹的读到这里,李耳心想,这人确实有些意思,他的牡丹一定不寻常,便掏出 20两银子,买了一株牡丹根,然后珍爱地捧着它,回家了。

李耳将牡丹根埋在了一个盛满肥沃的湿土的盆里,小心地照料着它。白天把盆放在阴凉、通风的影壁墙里边的砖台上,这里还有反射过来的柔和的阳光;晚上又把它抬进小西屋,放在和它朝夕相伴的小书桌旁,李耳对这盆花倾注了他许多的爱,他多么盼望那牡丹根快快长成一棵浓香四溢的牡丹花呀!

十天之后,牡丹根发出了黄绿色的嫩芽;春去夏来,嫩芽长成了一棵手指粗细的牡丹树,青青的干,嫩绿的枝,浅绿的叶。李耳好喜欢!他盼着那小树快快开花,但不知怎么,它就是不开花。枝和叶的绿色都变重了,它不开;枝条上的扁棘针一般的东西也变硬了,还是没开,直到整棵树的枝枝叶叶,都变得丑陋了,还是没见一个花骨朵。李耳急了,请来村里见识广的老人给看一看,原来根本不是牡丹,是一棵狗屎蒺子树!这种树当时还很少见,学名叫作"枳"。

李耳气愤万分,他白花了银子,费了心血和功夫,却是什么"狗屎蒺子树",这对他一片美好的感情是多么大的侮辱啊!他不禁慨叹道:"这世道,真是人心险恶呀!这些人看起来像人,为啥偏偏不做人事呢?难道上天造物时就故意造出这物种吗?尘世的人如果都这样,天下还成什么样?"他越想越气,恨透了那个可恶的假字,他下决心自己一定在这个尘世中做个真人!这种信念可以说贯穿了他的一生。

李耳青年时曾经跟一位精通殷商礼乐的商容(司殷商礼乐之官的官名)学习礼仪知识。有一次商容病了,李耳去探病,闲谈中商容问李耳:"经过故乡的时候要下车,对于这个礼节你知道吗?"

李耳答道:"是表示不忘故旧根本的意思吧?"商容高兴地说:"对!对!那么从高大的树旁经过时要弯腰伛背,赶快走过,又是什么意思呢?"

李耳回答:"是表示尊敬老一辈的意思。"

商容对李耳的回答十分高兴,他知道李耳不但聪明,而且好学深思,就进一步启发李耳认识守柔的道理。他张开嘴让李耳看,问道:"我的舌头存在吗?"李耳回答:"是的。"商容又问:"我的牙齿还在吗?"李耳说:"没有了!"商容又问:"你知道我问你这一问题的含义吗?"李耳立即答道:"您老年寿已高,舌之所以存在,是因为它柔软,牙齿所以落尽,是因为它太刚强。"商容说:"是啊,你理解得很对,正是这个道理。不仅舌齿如此,天下万事万物都是如此啊,这是最根本的道理。"

李耳听着商容的教诲,脑海里不时呈现出屋檐下那块被水凿出小洞的青石板和那棵被风吹倒的大槐树,树根边柔弱的小草的形象。李耳不断地琢磨着舌存齿亡以及做人的道理,他很快认识到,守礼最重要的是谦下,决不自我炫耀。一个人如果自以为是,盛气凌人,表现出一种刚强不可一世的逼人态势,只会使人畏而不服,甚至树敌太多,导致失败。一个人虽然很强大,很有才华,但如果能处处谦卑居下,就不会与人为敌,他的事业很快会取得成功。

李耳因为懂得礼仪知识,有人家死了人,常常邀请他去助葬,他看到死者亲人在为死者穿老衣时十分困难,因为死者的四肢都僵硬了。他想到邻居的新生婴儿,那小胳膊和小腿是多么柔软,看起来是那样弱小,却一天天长大起来。涡河岸边,麦苗在寒风中抖动,尽管显得很柔弱,狂风却吹不倒它;夏天时,麦子黄了,麦秆笔直,却枯槁了。自然界的生物不都是如此吗? 李耳悟出了这个道理,便告诉人们:"人之生也柔弱,其死也坚强;草木之生也柔脆,其死也枯槁。故坚强者死之徒,柔弱者生之徒。"他所悟出的这个道理,得到了许多人的赞同。

李耳的人品、思想和学识渐渐地为人们所知,也越传越远,李耳 20 多岁的时候,做了周朝的史官。

大约公元前 551 年,李耳当上了周朝的柱下史。这是一个掌管殿堂记事的官员。过了一段时间,周景王又任命李耳为周王室守藏室之史,也就是今天的国家图书馆管理员。这时候李耳多被人尊称老聃,又因为他仰慕西周末年史官伯阳甫的为人和学问,自号伯阳,所以也称为李伯阳。

周王室的藏书十分繁杂,天下的典册绝大部分都收藏在这里。有竹简的、木简的,大多数是绢帛的,还有极少是麻布的。书的内容也是五花八门。老聃的任务就是整理、修补、保管这些藏书,并征集新的藏书。

担任周王朝的图书管理员,给了老聃极好的学习机会,他是如鱼得水。他贪婪地读着各种书以充实自己。有历代文诰、档案资料、诗,还有《军志》《建言》《易》以及管仲所写的有关篇章等等。这一时间他学习与研究的中心问题仍然是从商容处继承下来的课题,也就是关于做人的道理、人的行为规范以及治理国家的原则,这两个方面是构成周礼的主要内容,经过多年的研究,他已是一位精通周礼的理论与制度的学者,在这儿对他影响最大的一本书就是《尚书》,这里记载了从尧到周初历代最高统治者的讲话、文告,其中渗透着那个时代的精神和许多精深的道理。对《尚书》的研究真正奠定了他在《道德经》

一书里提出的"无为而治"和"小国寡民"思想的基础。

《尚书·舜典》里记载了这样一个故事。据说尧为了考验舜，将舜放到了大麓这个地方。一天，狂风大作，电闪雷鸣，大雨倾盆，而舜镇定自若，对狂风暴雨似乎视而未见。老子读到这里，不禁合上书沉思起来：舜之所以在恶劣的环境中不动声色，是因为他忘却了危险，忘却了生死，一个生死不入于心的人是强大的，他真正懂得生命的意义，不管走到哪里，即使遇到犀牛和猛虎，也像没遇到一样，那犀牛角就失去了它的锋利，猛虎的利爪也就失去了它的作用；一个士兵上阵打仗，对敌方兵器视而不见，那么他就会如入无人之境，勇敢异常。这就是"无"的威力。老子认为，无和空是有用的。对待事情，无为正是有所作为，也就是"无为而无不为"。如果人人按照无为的准则去过日子、去做人，国家按照无为的准则去治理，这样一切事情就能办理好了。

《尚书》还有一点对老子的启发非常大，这就是"人心惟危，道心惟微，唯精唯一，允执厥中。"这意思是说：人心容易自私是危险的，道心是很微妙而难被人们了解的，人们只有精诚专一，恪守中正之道，才能够认识大道，转危为安，处理好人生和治理好社会。过去老子一直在思考一个问题：宇宙间的一切事物都是有无相生，正反相倚的，都有两个方面，它们也都在不停地变化转换之中，人们怎么能把握它们呢？认识了这一点，往往忽略了另一点，把握了今天，往往放过了昨天和明天，人们的认识跳不出某个圈子，总是不明白大道；讲的道理再多也仅仅是在某一点上有体会，而又恰丢失了另外一些，这不就是道心难明吗？现在办法有了，就是执中。把握中正之道，就可以破除偏执、片面，就可以认识无穷的宇宙了。这使老子在道的研究上前进了一大步，他把这个原则用八个字表述出来，就是"多言数穷，不如守中"。

作为王室的图书管理员，老聃除了进行学术上的研究，更重要的还是图书管理工作。他对自己的工作极为认真负责，有这样一件事，就真实地反映了老子的工作态度。

图书馆需要不断地添置新书，就要东奔西走，去找去看，确定买的，再付银购回，有些从地下出土的年代久远的古书，说是某朝某代某人的某某书籍，但不知是真是假，还需要阅读大量的书籍，分析、考究，才能证实。有的出土古籍，缺页掉字，需要按本来面目补缺还原，这种工作一点也马虎不得，是极为细致、艰苦的考究对证工作。

有一天，老聃听说城西北20里外的一个山村，有个叫春长的中年汉子，在刨地时，掘出来一个小瓮，瓮里有一卷书，是舜写的《箫韶》，而且是舜的手笔真迹。《箫韶》是舜写的一篇谈音乐的著作，人们只知道舜作韶乐，但是从来也没谁见过他的真笔手迹。对于守藏史来说，真是一件天大的喜事。老聃决定去看一看，这《箫韶》到底是不是舜的真笔手迹。

虽说是离城20里，但都是山路，不能坐车，只能步行，老聃翻过一座丘陵，又走过一段长着乱草的洼地，继续往前走。天阴着，还刮着小风，中午的时候，他在一片斜坡上吃了点带的干粮，又开始爬岭，翻过一道岭，走下一道幽谷。真是天不作美，天空竟下起了小雨。这一下山路打滑，更难走了，老聃也不敢停留，结果是一步一滑，还摔了一跤，弄得

满身泥水，好不容易来到了春长住的村子。

这是一个幽偏的小村，乱树丛生，土地贫瘠，树后一片斜坡底下，有一所破旧的草舍，正是春长的屋子，老聃向春长说明了来意，春长看了看他，脸上出现了同情的神色，他拿出了一个小瓮，放在了老聃面前。

这是一个土褐色的小瓮，瓮口盖一块样式古老的方砖，春长拿下方砖，从瓮里掏出一小捆木简递给老聃。老聃接过木简，小心地展开，只见那用破麻绳编起来的破旧木板上刻满了密密麻麻的古体文字。这些文字老聃似能认识又不能认识，他所能清楚地认识的就是作为题目的两个较大的字，这两个字也是弯弯拐拐，十分复杂，非常难写，翻译成现在的字体，就是"箫韶"。老聃又细细地把全文看了一遍，因为那些文字似懂非懂，所以文章的意思也是似懂非懂。看起来好像是舜在以自己的口吻论述以箫来奏韶乐的一些技法和道理。但是究竟说的是什么，还是不得而知。

这篇《箫韶》是否真是舜亲笔刻在木简之上，还是后人的假托，老聃一时无法确认。看那纬绳，像是麻绳，也像是其他野生植物纤维。那时候是不是已经有麻？木简之纬是应该用麻，还是该用皮子做的皮绳？再说，那时写字，是应该写在木板上，还是应该写在竹板上，还是应该写在骨片上？这些也暂时无法确定。这些问题还仅仅是问题的一方面。更主要的是看文章的语言文字和所讲的内容。首先那时的文章是否有题目这需要考虑，最关键的是正文里到底讲的是什么呢？这还需要拿回去研究。

老聃问春长："你这木简卖不卖？"春长没说话，好像在考虑。老聃说："这所谓舜之真迹的《箫韶》，不知到底是真是假，我想带回守藏室进行考察核实。这样吧，我付给你三镒（古重量单位，合二十两）黄金，先把《箫韶》带走，等核实之后，若是真的，你要多少我再付给你；若是假的，我们作为一种《箫韶》的假托收存在守藏室，或者你退回我已付的黄金，再把这《箫韶》还给你，不知你意下如何？"春长犹豫了一下，老聃接着说："你不要怕，我老聃说话算话，说付给你一定付给你。"春长一听说眼前的人竟然是老聃，马上说："可以，可以。你拿走吧，我不要银。"老聃硬是把他来时带在身上的黄金拿三镒，放到春长的屋子里，然后拿起《箫韶》告辞了。

老聃因为得到《箫韶》而十分高兴，当他翻山越岭回到守藏室的时候，已经是夜深人静了。可他却怎么也睡不着，他急于知道那《箫韶》是真是假。于是他索性穿衣起床，把拿回来的"舜作"放在书案上，高点明灯，连夜研究起这本古书。他把一捆一捆的有关资料从书架上拿下来，放在临窗的书案上，面对众多资料，卷卷展现，一一过目，悉心阅读。要查清这本《箫韶》是真迹；还是假托，不但要用许多古籍中所认识的古字体去推测，理解那本书中的字，还要对照周代的《箫韶》去逐字逐句逐段地推敲。展阅，对照，核实，再展阅，再对照，再核实。一进入那个古体字的王国，老聃再也出不来了，直到东方发白，雄鸡报晓，他的战斗还没有结束，太阳出来了，他的灯还在亮着，他根本没注意到周围世界的变化。

终于，老聃先生抬起了头，他望望周围，天已大亮，吹熄了眼前的灯，他异常兴奋，终于有了个结果,他初步判定这篇《箫韶》是后人假托之作。晃了晃头,他感到头昏脑涨,脑门发烫。他感冒了,昨天淋了雨,又熬了一个通宵,一做完工作,他感到了全身的不适。

老聃先生对待工作,总是不怕苦,不怕累,认真负责;对待守藏室的藏书,他像宝贝一样珍爱。

授礼孔丘

春秋末年,天下纷争,各诸侯国逐渐强大,周王室衰微。但是各诸侯国外迫于少数民族的侵扰,内拘于周礼的传统威力,纷纷高举尊王攘夷的旗号,表面上听命于周天子,实则是形成了齐桓公、晋文公、秦穆公、宋襄公、楚庄王等"春秋五霸",由他们把持着天下。

在周王室内部,把握政权的诸公卿士,也是结党营私,争夺王朝权力。不幸的是老聃也被卷入了这场政治漩涡中。周王室甘氏一族,由甘简公掌政,与族人甘成公、甘景公不和,老聃不知为什么得罪了甘简公,被免去了史官之职。

老聃离开了周王朝,他想自己该往哪里去呢?忽然他又想起了自己的一个夙愿。鲁昭公二年(公元前540年)晋国韩宣子访问鲁国,在鲁国大史氏那儿看到了《易》《象》及《鲁春秋》。韩宣子十分羡慕地赞叹道:"周礼在鲁国啊!我现在才知道周公的品德与周之所以能称王天下的原因了。"后来,这番话传到王都,作为精于周礼的史官,老聃一直盼望着能到鲁国去看一看。现在终于有机会了,于是老聃决定去鲁国看一看,要见识一下鲁国的周礼。

在鲁国,老聃第一次遇见了17岁的孔丘,也就是著名的孔子。

鲁昭公七年(公元前535年),老聃的一位住在巷党的友人去世了。人们知道老聃精通周礼,自然请他去帮助安排丧事。出葬那一天,年仅17岁的孔丘也去了。少年孔丘十分好学,特别爱钻研周礼,儿童时代就常常和小朋友们一起模仿大人们的祭祀活动。每逢太庙里有祭祀活动,孔丘总要赶去学习,不懂的就问。16岁时,孔丘的母亲去世了,孔丘就挑起了生活的重担。他有时担任丧祝,即助丧的相礼工作。这一次孔丘也被邀请来助丧。老聃比孔丘大约大20岁,所以无论从年龄还是对周礼的研究上,孔丘都只能算是后生晚辈。

这一天,送葬的队伍正行进时,突然遇到日蚀。老聃叫送葬的队伍停止前进,靠右站立,停止哭泣,等日蚀过后再走。正在前面引导灵柩的孔丘很不理解,但面对老聃这样的周礼研究的权威人物,他只能照吩咐的去做。

送葬归来,孔丘向老聃表示了自己的不同看法。孔丘认为中途止柩是不合周礼,而且日蚀究竟要多长时间过去,并不知道,如果等得太久,会使死者不安,还是继续进行为好。老聃便向孔丘解释道:"诸侯去王都朝见天子,都是日出上路,日落前就休息并祭奠车上的先祖牌位。大夫出国访问也是见日出才赶路,日落就休息。送葬也一样,不在日

出前出殡，不在日落天黑后止宿。夜晚看到星星出来赶路的，只有罪犯以及回家奔父母之丧的人。日蚀的时候，天是黑的，如同夜晚，你怎么知道天空不出星星呢？对于懂礼仪的君子来说，是不应该把别人刚去世的亲人置于这样的一种星夜出奔的不吉利的境地之中的。所以出葬时如果遇到日蚀，应该停下来，等日蚀过后再走。"

老聃的这番话，精深而且合乎情理，给少年孔丘留下了很深刻的印象。

鲁昭公十二年（公元前 530 年），老聃被召回周王朝的守藏室。这是因为甘简公没有儿子，所以他死后他的弟弟甘过继承了他的爵位，也就是甘悼公。甘悼公同样是想除去甘成公和甘景公。但是，甘成公和甘景公贿赂了周王朝的重臣刘献公，设法杀掉了甘悼公，让甘成公的孙子甘鳋继承了甘简公的一切，这就是甘平公。于是这场明争暗斗终于以甘成公和甘景公的胜利而告终。因为老聃是得罪了甘简公而罢官的，所以甘成公和甘景公认为他是甘简公的敌对派，便把他又召回了守藏室。经历了这一场政治变故，经过了几年的颠沛辗转的周游，老聃的见识更多了，思想也更成熟更深沉了。

几年以后，孔丘已 20 多岁，不仅学识大为长进，懂礼守礼，而且风度翩翩，鲁国已有不少少年来拜他为师。特别是大夫孟僖子，知道孔丘知书达礼，又是宋贵族之后，在重病中还特别嘱咐儿子一定要拜孔丘为师。孔丘觉得自己年纪轻轻，平时虽然注意学习周礼，但毕竟所学还是不够系统，不够深入。这样教育别人的子弟，会误人子弟的。他想起自己曾经跟随其一起助葬的老聃，那次短暂的关于葬礼的问答留给孔丘的印象至今历历在目。遗憾的是当时自己只有 17 岁，没有能够多多请教。老聃现在已回到周王城，洛邑中有宗庙，还有丰富的典籍，正是学习与实践周礼的理想地方。他决定到周都洛邑去学习周礼，他的弟子南宫敬叔也请示和他一起去。鲁昭公听说了这件事，对他们这种求知精神十分赞赏，考虑到他们的经济情况都很窘迫，就赏给他们一辆车子，两匹马和一名小童仆，算是对他们求学的帮助。

公元前 526 年前后，孔子和南宫敬叔来到周王都。他们参观了祭天地的天坛和地坛，考察了周王朝统治者祭祖先、举行朝会商议国家大事以及发布政令的地方，观看了各种文物，他还看到一尊"三缄其口"的金人，读了金人背后的铭文，觉得很有收获，但也还有一些问题不清楚，于是孔子带着这些问题去向老子请教周礼。

老聃听说孔丘来访，也立即想起了几年前在鲁国巷党助葬时向自己提问的那个诚恳好学的少年形象，便十分高兴地接待了孔丘。二人客套了几句，话题便转到了礼这个方面。

孔丘问："在什么情况下，各宗庙的神主需要请出呢？"

老聃回答说："有三种情况。天子或诸侯去世时，由太祝把宗庙的神主请到太祖庙里，这是周礼规定的。等到安葬好，哭罢，丧事办完之后，再把各宗庙的神主请回各自的庙里。另外君王出国就由太宰请出各宗庙的神主随君主同行，这样做，也是礼规定的。还有就是在举行合祭的时候，由太祝请出二昭二穆的神主到太祖庙里合食。"老聃特别强调说："凡迎接神主出庙或回庙，都要有仪仗队，不准闲人窜动。"

孔丘又问:"大夫家中8~11岁的孩子死了,能用衣棺吗?"

老聃答道:"从前八至十一岁的小孩死了,葬于园,不葬于墓,也不用衣棺。从史佚开始,情况就不同了。史佚有一个爱子,年幼而亡,如果葬于园,史佚觉得孩子像是被家族遗弃了,于心不忍;如果葬于家族墓地,由于距离远,不入棺用车载,又很费力。正在进退两难时,召公来了,召公问:'为什么不用衣棺?'史侯回答说:'礼有规定,我不敢违反,'召公把情况向周公说了,请求改变一下这个规定。周公不同意,说:'岂!不可。'但召公转告史佚时,把'岂!不可'说成了'岂不可!',史佚理解成了如何不可,就给死去的孩子用了衣棺。所以后来对死去的人到11岁的孩子就用衣棺了。"

孔丘听到这里,说:"原来如此。"停了一下,他又问:"作为人子,在孝敬父母上都有哪些礼节,我想请先生重点说说。"

老聃回答说:"周礼的内容很多,其中主要的是尊尊、亲亲、宽厚、仁慈、爱民、和乐、勤谨。孝敬父母,既是尊尊,又是亲亲。作为人子,孝敬的礼节很多,我只能选择重要的说一下。子女对父母应该做到'冬温而夏清,昏定而晨省'(严冬温暖被褥,酷暑清凉床席,晚上铺整床被,早晨起来问安)。'见父之执不谓之进,不敢进;不为之退,不敢退;不问不敢对'(见父亲的朋友,父亲不叫近前,不能近前;父亲不叫退出,不能退出;问话,就答,不问,不要出声)。'出必面,反必告,所游必有常,所习必有业'(外出必须向父母告辞,回来要向父母告回,出门远游,要让父母知道去的地点,学习一样东西,必须专心专意,学出成绩,做出结果)。'居不主奥,坐不中席,行不中道,立不中门'(与父母同住,别占尊贵的主房;与父母同坐,不占正中的尊位;与父母同行,不占正中的道路;与父母同站,不站门口正中)。'父母存,不许友以死,不有私财'(父母在,子女孝意未尽,不许随便为朋友去死,不该有自己的私财)。'孝子之有深爱者,必有和气,有和气者,必有悦色,有悦色者,必有婉容','一举足而不敢忘父母,一出言而不敢忘父母','恶言不出于口,忿言不反于身'(有孝心的儿女应该对父母有深爱,有深爱之心的儿女,在父母面前必然和和气气,满面悦色,不给父母看难看的脸色。行动之中不忘父母,言语之中不忘父母。不以恶言对待父母,不因自己的骂人的言语激怒别人而使父母挨骂)。'孝子之事亲也,有三道焉。生则养,没则丧,丧毕则祭。养则观其顺也,丧则观其哀也,祭则观其敬而时也,尽此三道者,孝子之行也'(孝顺的子女,对待父母最重要的有三大方面:父母在时,要养护,父母死时办丧事,丧事过后不忘祭念。养护父母,可以见他的孝顺;办丧事时,可以看他是否悲哀,对父母有没有真正的爱心;祭念时,可以见他对父母有没有敬意。做到这三大方面,是孝子的标准行为)。"

老聃说到这儿,停了下来,看孔子连连点头,一副如饥似渴的表情。老聃先生话题一转,接着说:"有人会说,周礼上关于如何尽孝规定的那样具体;关于父母如何疼爱儿女为啥写的那样少呢?这是因为,天下除了极为特殊的情况外,父母几乎没有一个不疼爱自己的儿女的。他们比子女早到尘世一步,当然知道怎样疼爱子女。父母疼儿女,是天性使然,天叫他那样,必然是那样,不由人的;儿女孝敬父母,是回报性的。如若将礼彻底废

去,完全任意去做,父母一样会疼爱自己的亲生骨肉,何况他们将来还要靠子女养活;至于儿女则不尽然,因属事过之后回报,有品格的,有真情的,则是知恩必报;无品格的、无真情的,则是一省了之,有的甚至虐待自己的父母。疼爱最真父母真,疼爱最深父母深,父母对子女的疼爱是天然的,是伟大的,子女对父母的孝敬,也可以说是天然的,从某种意义上说,比天然更进一步,是更加伟大的。孝是立身之本,是可以衡量一个人是否真正伟大的标准,这和'爱黎民者伟大,爱黎民而不爱黎民中的自己的父母者不是真伟大'的意思是一致的。孝不仅是立身之本,而且是和安家、安国、安天下紧紧连在一起的。周礼上说:'亲亲故尊祖,尊祖故敬宗,敬宗故收族,收族故宗庙严,宗庙严故重社稷,重社稷故爱百姓,爱百姓故刑罚中,刑罚中故庶民安,庶民安故财用足,财用足故百志达,百志达故礼俗成,礼俗成则然后乐',就是这个意思啊。"

"好啊,好!太精彩了!"孔丘听得简直要入迷了。接下去,他又就周礼提出许多问题,向老聃请教,如祭祀礼、朝拜礼、婚丧嫁娶礼、燕礼、冠礼、射礼、亲友来往礼、男女授受礼,甚至于经商买卖礼、街巷处众礼等。老聃都一一做了准确明白的回答,孔丘是心满意足,如愿以偿。

老子一向主张为人应该谦逊、守柔、无欲,而且他也很明白"强梁者不得其死,好胜者必遇其敌"这句话的含义:过于逞强好胜的人必然会遇到挫折,付出惨重的代价。看着眼前这位20多岁的孔丘如饥似渴地学习关于周礼的知识,从他的眼神、举止动作和气质上看,都隐约有一种骄矜之意和急于从政的劲头。老聃觉得应该适当给他敲一敲警钟。当孔丘满意地向他告辞时,他一边送一边诚恳地对孔丘说:"我听说富贵的人送人以钱财,而仁者送人以良言。我没有钱财,只是勉强被人加了一个'仁者'的称号,我想送你几句忠言。"

老子问孔丘:"你在庙堂前看到一尊'三缄其中'的金人了吗?""是的,看到了。""那么那背后的铭文你记下来了吗?"孔丘回答说:"丘已经全部背下来了。其中有几句话我正在琢磨。""是哪几句话?"老聃问。孔丘说:"例如,无多言,多言多败;无多事,多事多患。又比如,执雌下之,莫能与之争。"

老聃听了,微微一笑说:"这正是我要送给你的良言,它是一个人做人的道理,一个人自以为聪明,喜欢议论别人的长短,以为自己的认识深刻,这个人就接近于死亡了。真正聪明的人是不多言不善辩的,因为他懂得多言多败的道理。一个人自以为知识渊博,懂得一切,总是喜欢揭露别人的隐私或错事,这个人就身处危险境地了。真正聪明的人无知无识得好像愚笨无比,因为他懂得多事多患的道理,一个有经验的商人,他的一些货物是藏而不露的,一个有大德和大学问的人,是深沉稳重,貌似愚鲁的。要防止有人认为您骄傲,不要使他们感到您志气太大、太刺激。这些对您是有好处的。无论是作为父母的儿子,还是国君的臣子,都要做到忘己。即使自己明明是强大的雄者,也要以一种雌者的姿态出现,金人背后的铭文就是这样告诫人们的。"

出了老聃的家,南宫敬叔问孔丘:"老师,您说这老聃是个什么样的人呢?"

孔丘想了想说："鸟，我知道它善飞；鱼，我知道它善游；野兽，我知道它善于奔走。对于善于奔走的野兽，我们可以用网或兽夹来捕获；对于善游的鱼，我们可以用钓钩来钓它；对于善飞的鸟，我们可以用弓箭射它。可对于龙，合起来成一体；散开来成'云彩'，乘驾云气而翱翔于阴阳之间，我们根本无法了解。"

老聃的教诲，使孔丘深受其益，在他后来的人生道路上，他总是那样谦虚谨慎，"三人行，必有我师焉"就表明了孔子的认识。回到鲁国以后，闻风而来投师的人更多了。

无为而治

老聃生活的时代，正是春秋末期的乱世，他的一生经历了许多次动荡。周王室甘氏家族的内讧中，老聃就饱受颠沛流离之苦，现在他又面临着一次更大的政变。

公元前520年秋天，老聃已经52岁。这一年，周朝景王天子去世。于是一场争夺王权的斗争开始了。

周景王生前所立的太子是王子猛，但他临终前又有了改立长庶子朝的想法。王子朝受到了大夫宾孟和上将南宫极的拥戴。而刘献公之子刘卷和单穆公单旗则维护太子猛的地位。两派展开了明争暗斗。在这当中老聃也曾试图以礼劝说兄弟二人和好，但并没有成功。老聃感到在这场王权的争夺战中，礼是那么无足轻重，兄弟谁也没有把它放在心上。

首先是王子猛一派先行动了，刘卷和单旗突然活捉了宾孟并将他杀掉，立猛为周悼王。而王子朝利用当时因失职而暴动的百工的力量从王宫中赶走了悼王和刘卷、单旗。单旗不甘失败，又带兵杀回王宫，血洗了王宫。当然王子朝也不会善罢甘休，就这样两派展开了拉锯战。

时过不久，悼王猛因病而死。刘卷、单旗又立猛的弟弟匄为敬王，继续与王子朝对抗。这时王子朝也自立为王，敬王无法进入王城，只得暂居泽地。两派之间的军事较量，一直持续了5年。到公元前515年，敬王匄终于在晋国军队的帮助下，彻底打败了王子朝。王子朝带着尹固、毛得、召悃、南宫极及大批周王室的典籍逃往楚国。

周敬王掌权后，老聃因被王子朝一党用武力掠走了大批典籍，而蒙受了失职之罪，因而失去了守藏史的官职，回到了家乡曲仁里。

在回故乡的路上，老聃看到的是一派战后的破败景象：田园荒芜，荆棘满地，断壁残垣，焦木枯骨；百姓破衣烂衫，面黄肌瘦，盗匪猖獗，乞丐遍地，一路上，老聃不时听到凄凉的歌声：

登上那草木青青的山上啊，登高要把爹来望啊。爹说：咳！我儿当兵啊出门远行，早沾露水晚披星。多保重啊多保重，树叶儿归根记在心！

登上那光秃秃的山顶啊，想娘要望娘的影啊，娘说：咳！小子当差啊奔走他乡，朝朝

夜夜不挨床。多保重啊多保重，千万别丢了你的娘！

登上那高高的山冈啊，要望我哥在哪方啊！哥说：咳！我弟当兵啊东奔西走，日日夜夜不能休，多保重啊多保重，别落得他乡埋骨头！

尽管这是一首古魏国的青年士兵思念故乡亲人的歌曲，此刻老百姓却用他们来表达自己对战争的仇恨。这歌声沉重地敲打着老聃的心，老聃也在内心诅咒着这场战争。

看着眼前的一切，老聃想起了在王都洛邑，那些贵族们"穿着锦绣的衣服，佩戴着锋利的宝剑，饱餐精美的饮食，占有大量的财货，这简直就是一伙强盗"。而百姓们在残酷的剥削下，却过着缺衣少食，忍冻挨饿的日子，在死亡线上挣扎，这真是"天下无道，戎马生于郊啊"！

在故乡的乡邻中间，在劳动生活的最底层，老聃深切地了解到人民的穷困。一边是不分日夜地劳作，却吃不饱，穿不暖；另一边却是不劳而获，坐享其成，多么鲜明的对比，老聃被震惊了。战争的掠夺，无休止的劳役和赋税，这是怎样的世道啊！人道和天道真是截然不同，天道是"损有余而补不足"（减少富余的用来供给不足的），可人道却正相反，"损不足以奉有余"（剥夺不足的用以供奉有余的人）。老聃开始对他所信奉的周礼发生了根本的动摇。

礼究竟是什么？礼维护着使老百姓受苦受难的社会制度，奉行着损不足以奉有余的原则，多少青年被礼驱使去为少数人的私利去争战厮杀？在这次周王室之乱中，王子朝口口声声维护先王的制度，说什么"王不立爱，公卿无私"，要求诸侯"将顺天法，无助狡猾"，处处合礼，但事实上却是为了自己能登王位。闵子父批评王子朝企图"以专其志，无礼甚矣"。可他的话又有哪些不合礼呢？大家都以"礼"为武器，互相攻击，结果是百姓遭殃，人民受难。看涡河边上的乡民，没有满口的仁义礼信，可他们却凭着本能的忠厚信任相处得很好。礼究竟是什么？他是"忠信不足的产物，是祸乱的开端"啊！

老聃想到郑国强盗很多，执政子产制定了许多刑法来对付那些铤而走险的百姓，甚至于还铸了刑书，可是却收效甚微，而且对人民压迫得越厉害，人民越是设法反抗；有些法令被统治者利用，给人民造成更大的苦难，所谓"盗贼"也越来越多。子产死后，郑国的盗贼更多。所以事情往往是向相反方向发展的，提倡礼正是因为社会上的非礼行为太多的缘故，实行法制是因为法令制度维持不下去了。人民的要求得不到适当的满足，老百姓活不下去，他们就不怕死了，那就永远有斗争。如果国家是这样该多好：领土不大，人民稀少。即使有许多器具，也不使用。使人民不用冒生命的危险，不向远方迁徙，即使有船和车，没有必要乘坐它，即使有武器装备，也用不着。老百姓用古代结绳记事的办法。让人民吃的香甜，穿的舒服，住的安适，满足于质朴的风俗和生活习惯。邻近的国家互相望得见，鸡鸣狗叫互相听得见，而人民直到老死，不相往来。这样的小国寡民的社会用'无为而治的办法统治'该多么理想！

孔丘自从洛邑访学问礼于老聃后，学识大进，气质更为醇和，作风更加朴实。他不满足于教育上取得的成就，不断到各地访问学习。一晃就是10年，这10年中，鲁昭公被逐，

客死异国。鲁国贵族内部的斗争关系很复杂,但无论哪一派,都没有重用孔丘。孔丘无法实现自己的政治抱负,只得倾注全力于培养学生和研究古代文化事业。他搜集、整理了很多书册。当他听说王子朝将大批周王室的文化典籍劫往楚国时,除了忧虑外,想到要把自己搜集和整理的书册送到周守藏室去。他是一个极为尊重周天子的人,希望天下统一,诸侯听从周天子的命令,所以他也想用自己的行为去维护周天子的地位和威信。但在当时,一个人的藏书如果能被周守藏室收藏,那是一种莫大的荣誉,因此必须有相当身份的人介绍,才可能实现。子路听说了老师的想法后,便向孔丘建议道:"我听说周王室的守藏史老聃被免职了。老师要藏书于周王室,不妨试试借助于他。"

于是孔丘带着子路等学生及要藏于周王室的书册来到了老聃的家乡,他们见到老聃,说明来意,请老聃推荐。出乎孔丘的意料,老聃拒绝了。老聃之所以拒绝推荐,不仅因为东周王室藏书已名存实亡,王室内乱,藏书在王室等于是飞蛾投火,而且更是因为他有了新的价值观念,对于孔丘热心搜求整理的图书已经不再重视了。可是孔丘并不了解这一点,他依然把老聃当作是熟悉并信仰周礼的学者。所以他引述六经,想用六经中的理论及六经的价值来说服老聃。

老聃听着孔丘的论述,只是微微笑着。他问孔丘:"六经的根本是什么?"孔丘回答说:"六经的根本在于仁义,我就是以仁义为标准来衡量一切的。"

老聃接着问道:"仁义是人的本性吗?"

孔丘答道:"是的!君子不仁便不成其为君子,不义便不能生存。仁义,确是人的本性。这还有什么疑问?"

老聃说:"那么,什么叫仁义呢?"

孔丘回答:"心思中正而无邪,原物和乐而无怨,泛爱众人而不偏,利用万民而无私,这就是仁义的大概。"

老聃摇摇头缓慢地说:"唉,你后面的这些话很危险哪!现在讲泛爱众,太迂阔了。无论是历史经验还是实际生活,都明白地证实了所有讲无私的人,恰恰是为了实现偏私。我这样说并不是要大家去宣扬仇恨和自私,而是想使你明白,利人才能爱人,己利人,人才能利己,爱人与利己其实是一致的,无私才能成其私。但是现在的人们只是为了利己的目的,爱人只是虚假的谎言,而且还极力掩饰这一点,这不是很迂阔吗?"

老聃停顿了一下,似乎是陷入了沉思。过了一会他向孔丘说:"我的意思总的是说,人的一切行为应当自然无为。你看天地的运行有一定的规律,日月本身是光明的,星辰有秩序地罗列着,禽兽成群和谐地生活,树木在生长,这一切都不是神造的,也不是什么人有意安排的,它们都是按自然本性生长、存在、发展的。天地并无仁爱之心,任凭万物自生自灭。人的本性应当是自然的,不是某些人所提倡的仁爱。所以圣人也是不提倡仁爱的,任凭百姓自作自息,你想让天下之人不失去他们的生养之道,就一定要顺着人们的自然本性去做,也就是顺其自然。何必去急于人为地标榜什么仁义呢?就好比一个孩子逃离了家庭,他的家长一边敲鼓一边高喊孩子的名字,叫他回来。那么结果如何呢?孩

子听到鼓声,听到喊声,逃得越远。你提倡仁义,目的是求人的本性,实际效果却是扰乱了人的本性。唉,你的学说实在是扰乱人的本性啊!"

已近不惑之年的孔丘对老聃一味贬低仁义的说法感到不能接受,但一时又反驳不了。他想:眼下正是无道的乱世,老聃也同意这一点。而要改变这种状况,要救世,除了仁义没有其他办法。救世与仁义是统一不可分的,讲救世而不讲仁义,岂不如同把一块白石中的白色属性与坚硬属性分开一样吗?老聃把无私说成有私,混淆了有无、是非,不也是同样的错误吗?想到这儿,孔丘觉得已经抓住了老聃理论中的致命弱点。他对老聃说:"有人学道,可是立论总是相矛盾。不可以地说成可以,不是的说成是。又像善辩之士一样,硬把石中之白与石之坚硬分离开。这样的人可以称为圣人吗?"孔丘这话的弦外之音是:你老聃把仁者无私说成有私,岂不是把非说成是,把不可以说成可以吗?

老聃回答说:"这样的人只不过像小胥吏治事一样玩弄小技巧,劳形伤神,自以为得意而已。狗善于捕捉狸但总被人牵着,猿猴因为灵敏才被人从山林里捉来戏于街头。这些玩弄小智者的辩者不是如同猎狗一样丧失了自然本性吗,怎能称作圣人!"老聃停了一下,他对孔丘的问话用心了如指掌,他接着说:"仲尼先生,让我来告诉你那些你不能听到和说出的大道吧。凡是具体的人,无知无闻的多,有形的人和无形无状的道共同存在,是绝对没有的。起居、生死、穷达,这是自然而不知其所以然的,人事有治迹,不执滞于物,不执滞于自然,这便叫作不执滞于自己。不执滞于自己的人,称为与天融合为一。"老聃见孔丘仍是一脸的迷惘,就又接着说:"就具体事物而论,说得白无坚,得坚无白;说生死齐一,无是无非,都是荒谬的。但是我讲的是大道,是物的根本,只区分坚与白,就是毫无意义的;但说生死齐一,无是无非,那倒是符合大道的。因为常道是深不可识的,是不能用一般的是非去评判它的。大道废才有仁义,才有是非之非。仁义毒害人心,再没有比这更大的祸乱了。你要救天下,就要使天下不失其本性,应该顺化而行。白鹤不必天天洗才白,乌鸦不必天天染才黑。它们的黑白是本性,不用辩论,它本来就存在。"

孔丘的这次访问没有达到预期的目的。他和老聃对世界、对社会的看法有着根本的分歧,谁也说服不了谁。虽然如此无为思想还是对孔丘有一定的影响,当他的治世主张得不到实现时,也时而流露出一种无为的思想,甚至在解《易》时,还说出了"无思无为,寂然不动"的话。

鲁国人崔瞿了解到孔丘思想上的这种变化,感到老聃一定是个了不起的人,于是也来向老聃求教。但是他错误地理解了老聃无为的含义,一见面他就问:"不治理天下,怎样引导人心向善?"

老聃知道他来自鲁国,一定受了孔丘等人的影响,便回答说:"你要小心,别扰乱了人心!"

"引导人心向善,怎么会是扰乱人心呢?"崔瞿疑惑不解地问。

老聃说:你要知道人心是很危险的啊!当它受到压抑时,就会消沉;当它受到推进时,就会昂扬。无论是消沉还是昂扬,都是对人性的囚杀,是自苦自累。一个人当他饱受折磨时，心境便时而急躁如火，时而忧恐如冰，其中变化的速度，就像顷刻间往来于四海之外。人心安稳时深沉而寂静，跃动时悬腾而高飞，可见强傲不可羁制的就是人心哪！"

"可人性是安静朴实的。"老聃接着说："人本来无知无欲，一切顺其自然。无知，也就不知道诈巧；无欲，就没有追求。无诈无求就没有贪欲与罪恶。反过来，只有守静，无知无欲，人的朴实本性才能实现。这也就是我说过的，要见素抱朴，少私寡欲，绝学无忧。治理国家和天下也是一样的道理，只有无为才能无所不为，治理天下的人，要以不骚扰人民为治国之本。古人言：我无为，人民就自然顺化；我好静，人民就自然纯正；我不扰民，人民就自然富足；我无奢欲，人民就自然淳朴。历史上黄帝以仁义之说扰乱了人心，以致尧为仁义而奔波，挖空心思去施行仁义，煞费苦心去规定法度，然而还是不能改变人心。甚至将讙兜放逐到崇山，将三苗投置在三危，将共工流配到幽州，依然无法治理好天下。由此可见大道废才有仁义。提倡仁义，无非是一种推进人心昂扬的办法。但有昂扬，就必然有沉落，人们就会以仁义相标榜去讥刺攻讦对方，就会相争，人们淳德含和的本性就会丧失。所谓以仁义引导人心向善，实在是扰乱人心！所以我说：君王无为，天下自治。"

老死扶风

老聃在回到家乡后，先后有孔子、叔山无趾、崔瞿、士成绮来求学。这以后由于战乱的影响，老聃在弟子和家人的劝说下来到沛泽隐居。

在沛泽隐居期间，老聃把对现行社会制度的批判以及救世方略的思考升华为对宇宙生成及万物本源问题的探讨。他统一了从商末以来就已经存在的五行本源说与阴阳混沌一气构成天地万物这两大系统，并以阴阳说为基础，吸取了五行说，尤其是水本源说的合理因素，在阴阳五行之上提出了更普遍更一般的范畴——道。老聃从与周礼决裂开始，走向探索新的治世方法，再进而探索宇宙本源，形成道法自然，以无为本，有无统一的天道观。

与此同时，他决定撰写一部上至天，下至地，中至人，包括万事万物及其规律的，益天、益地、益人的篇幅最长、容量最大的长篇大书。这部书包括很多部，总括地说，只有宇宙述论部和人尘述论部两大部分。

这部书，老聃构勒的框架十分庞大，而且内容复杂，笔法也复杂，要有铺叙，有描写，特别是要有独具一格的无法驳倒的论证。他要描写得栩栩如生，使形象逼真如见真物；他要叙述得条条是道，清楚明白；他要把其中的大小理论证论得深入浅出，玄而易见，精辟透彻，能禁得起推敲和考究；要使语言文雅而且准确鲜明、易懂、生动。这是一项十分艰巨的工作。他边想边写，写写停停。有时候还要对他的论点进行一番考证。

就这样时间一天天，一月月，一年年地过去了，从公元前498年到公元前489年整整10年，老聃先生埋头著书，终于完成了大书的上半部—宇宙述论部。但在而后的6年间，80多岁的老聃先生因病暂时搁下了他的写作，他却一边养病一边搜集着资料。这期间还

曾有杨朱、柏矩、庚桑楚来向老聃先生问学。

公元前484年，老聃先生又开始了他人尘述论部的写作。老聃先生写啊，写啊，真是心无旁骛。可此时，外边正是天下大乱的时节。春秋之战，大大小小何止百次。什么齐桓公伐楚之战、齐鲁长勺之战、晋楚城濮之战争、秦晋围郑之战、吴越之战等等真是数不胜数。到了公元前478年，越王勾践再次攻吴，大破吴师于笠泽，并且杀死了吴国太子。也是在这一年，楚灭陈的战争烽火在陈国地面熊熊燃起。

这次战争引起的原因是：楚国出现白公之乱。陈国乘楚国内乱，兴兵伐楚，引起了楚惠王对陈国的愤怒。待白公之乱平息后，惠王就派楚令尹子西的儿子宁嗣领兵伐陈。楚军怀着大发泄，大复仇的心情在陈地烧杀抢掠，无所不为。他们所到之处，鸡飞狗跳，一片火海。陈都宛丘燃起了大火；苦县（即老子的家乡，以前是陈国领地，这次战争后成为楚国属地）县城烧起了大火；曲仁里以及附近的一些村庄也都燃起了大火。陈国君闵公被杀了，苦县县正也被杀了。对于这一切，老聃先生一无所知。他正沉浸于他的大书之中，大书即将完工，老聃先生正抓紧赶写。

这天下午，夕阳将要落山时，老聃先生出去散步。就在这时，三个楚兵来到了老聃先生的房前，一通搜掠，三个人掠走了老聃先生的使女，又放火点着了房子，然后扬长而去。当老聃先生看到烟火回到房前时，已是什么都没有了，老聃先生蹲在地上，想起数十年心血写成的书稿，毁之一炬！他的心彻底碎了……

公元前478年，老聃遭劫难，大书被毁，便暂住在涡北一个朋友家里。每每想到大书被毁，他心中就一阵阵难受，他决定要离开家乡去秦讲学，他要把被毁了的大书中道理用口舌讲出来。

这一年，老聃先生已经93岁了，他带着一个小书僮，骑着青牛向西出发了，他的弟子庚桑楚送他们出了已成为楚国的陈国国境。一路上，老聃先生一边走一边向人讲善，讲他的天道。

在西去的路上，曾经有一位文子向老聃先生问道。老聃收他为弟子，对他说："天地间一切都由气构成生命，一切具有形态的事物，都是不长久的。自然造物开始之时，只有阴阳混沌一气，一切造化都是阴阳所变，生是阴阳之变，死也是阴阳之变。阴阳变化有一定的秩序，其中存在一定之数，如果能够穷尽这一定数，就可以通达阴阳之变。但是造物是十分巧妙的，其造化之功很深，人们是很难穷尽的。"这位文子是位有心人，他继承和发展了老子的唯物主义思想，又吸收了其他各家的理论长处，开创了战国黄老学的先河。

老聃先生一路向西，向着函谷关走来。函谷关当时是周朝和秦国的交界处，要去秦，必走此关。此时，镇守函谷关的关令名叫尹喜。这尹喜学富才高，特别喜欢钻研天文星象，并以此来探究人间福祸，推测世道变异。他是周朝的大夫，年轻时曾向老聃先生请教，对他的学识和品德十分佩服。近来他听说老聃先生要西出函谷关，心里十分高兴，想着一定要借此机会好好请教一下这位老先生。于是他开始等，等啊等，一直等了好几天，这一天老聃先生终于走到了函谷关。尹喜异常兴奋，亲自把老聃先生请到了自己的宅第。

老聃先生在此做客期间，尹喜对他异乎寻常的热情，天天陪着老聃先生讲话，讲老聃在周都洛阳的为官生涯，讲天道人德。这尹喜热情挽留老聃，主要有两个目的：一是他对老聃先生十分敬慕，想多留他几天，好好亲热亲热，多请教请教；二是想请老聃先生给他写一卷书，留作历史性的纪念，一代代传下去，使自己和后代从老聃先生的文章中取得丰富的知识和教益。

一听说要写书，老聃先生的心里不禁一震，想起大书被毁，心里顿时难受起来。他向尹喜表示不愿再写书了，还是让他走吧。可尹喜并不知道大书被焚的事，因为老聃先生是隐居著书的。他一再诚恳地请求老聃先生写点东西，老聃先生想起尹喜热情接待，又如此恳求，一片真情，只好答应了。

可拿起笔，老聃先生却犯愁了，写什么呢，自己这几十年的思想变迁，政治观、人生观的重大转变？可大书花费了自己 20 年的时间和心血呀，眼下是不可能再写的，他想啊想，终于，他决定把大书的意思浓缩一下，用极少的话将它概括下来，这样也不枉自己辛苦 20 年了。

他提起笔来，在竹简上写下了这样的话："道可道，非常道。名可名，非常名……"这一开头，老聃先生就搁不下下笔了，他不停地写着"古之善为道者，微妙玄通，深不可识。夫唯不可识，故强为之容……

……

天下之至柔，驰骋天下之至坚。无有人无间，吾是以知无为之有益。

不言之教，无为之益，天下希及之。

……

经过几个月的努力，老聃先生终于写到了"信言不美，美言不信。善者不辩，辩者不善。知者不博，博者不知。圣人不积，既以为人己愈有，既以与人己愈多。天之道，利而不害；人之道，为而不争。"八十一章的奇文完成了，这部书虽然只有五千字，但内容所涉，大到无限，小到希微，广度极大，深度极深。因其上篇以"道可道，非常道"开头，被后人称为"道篇"；下篇以"上德不德，是以有德"开始，被后人称为"德篇"，故合称《道德经》。

尹喜得到此书，如获至宝。马上叫儿子及钱粮师爷及所有会写字的人再誊抄几份。这部五千言的《道德经》后来就由尹喜和他的后代保存。

老聃先生终于还是要走了，尹喜再也留不住。老聃先生带着深情出了函谷关向西而去。

冬天的时候，老聃先生来到了槐里（今陕西兴平县东南 40 公里处），他进了村，还是要传道。

在当时，槐里是个非常穷苦的村子。村上人大多过着糠菜半年粮，忍饥挨饿的生活。有几家更是穷苦得一年四季锅底朝天，连糠菜都难吃上，其中有个叫大黑的男人，一个人带着三个孩子，他自己又长期病着，那日子实在是有一顿，没一顿的。村上只有一个富户赵弼襄，他家粮多地广，而且此人还很有学问，就是为富不仁，从不周济别人。

因为讲道在当时是个新鲜事，所以村里的人这一天都来听了，连赵弼襄也来了。老聃

先生用通俗的语言讲了他认为确实存在着的宇宙的本体——道,讲了在道的作用下,万物的创生,讲了应道之特性所产生的人德以及道的几种规律:有无互生律、有无互用律、相对存在律、道之变动不变律、反律;讲了道和德的上合天理、下合人情以及它的永恒性,说明这"道德"二字是万古不变的,万万古也不会磨灭的。在场的人听了无不心悦诚服,连赵弭襄也觉得这是个大有学问的人,被他的学问折服了。接着老聃先生又对《道德经》上的一些语句进行摘论,运用实例,进行了生动形象、活泼有趣的讲述。他的讲述深深打动了赵弭襄,他受到了很大的震动,感到自己活了50多岁,到今天才算是悟透人间哲理。

晚上赵弭襄把老聃先生请到家里,以丰美的饭菜招待了他,并说要拜他为师,向他学道。老聃先生连连推辞,只是说互相学习。赵弭襄又请老聃先生住到他家里,老聃先生说:"我们带有钱粮,本来打算在这住下不走了,在这自己做吃,好好观观山景,明年春暖花开再走,没想到给你添了这么多麻烦。这样吧,请你给我们找个闲屋,让我们在这自己做着吃吧。"就这样老聃主仆在槐里村住下了。

慢慢地老聃先生知道了村上的一些人家的穷苦情况,他便常拿出自己讲学、收徒得来的钱帮助他们,尤其是经常做出大黑一家四口人的饭给送去。老聃先生的举动感动了村里人,也感动了为富不仁的赵弭襄,他说:"您真是以有余以奉天下的道者,这真是圣人不积,既以为人己愈有,既以与人己愈多啊。"从此以后他竟开仓放粮,还拿出钱财周济村里的穷苦人。

老聃先生来的时候,只是说姓老,并没有说真名实姓。后来村里人终于知道他就是周朝的柱下史、守藏史老聃先生,对他更是爱戴。

第二年春天,老聃先生提出要辞别槐里,到别处去讲学。村里人听说先生要走,都是难舍难离,一再挽留。老聃先生安慰他们:"我还会回来的,放心吧,这地方我也实在喜欢,一定会回来的。"

就这样老聃先生辞别了村里人,骑着青牛,带着书僮又出发了。后来老聃先生到咸阳讲过道,再后来,主仆二人离开咸阳,竟不知上哪了。后人有人猜测是西北走流沙,到了新疆;也有人说是出了中国到印度去了,各种说法,各说不一。直到公元前471年,他们又出现在扶风,从此他又在这一带隐居。

老聃高寿,活到160多岁,老死于扶风。老聃先生作为长者,平素待人慈祥,他那与天地一体的阔大胸怀,他那守柔处静忍辱含垢的性格,得到乡邻老少的敬爱。他死后人们络绎不绝地前来吊唁,痛哭失声。扶风人和槐里人为他赶制了孝衣,两村人商量先生的殡葬事宜,都要求把老聃先生葬在自己的村里。槐里人说:"先生离开槐里的时候,还说过要回槐里的,请让我们把他葬到槐里吧,请你们尊重先生生前的愿望吧,请你们答应吧!"扶风的百姓想到老聃先生平素教给他们的不争的待人原则,就流着泪答应了,他们协同槐里的百姓一起将老聃先生安葬在了槐里的西山。

庄子在写完老聃之死一段文字后,写下了一句含义十分深刻的话:"蜡烛和柴薪的燃烧是有穷尽的,火却传承下来,永远没有穷尽的时候。"

永远的"至圣先师"

——孔子

名人档案

孔子：名丘，字仲尼，鲁国陬邑（今山东曲阜东南）人，春秋末期思想家、政治家、教育家，儒家学派的创始人。官至司寇。后罢职，带领弟子周游列国。归国后闭门治学，潜心研究礼仪。

生卒时间：前551年~前479年。

安葬之地：曲阜城北泗水之上，即今日孔林所在地。

性格特点：发愤忘食，乐以忘忧，安贫乐道，学而不厌，诲人不倦，直道而行。

历史功过：整理过《诗》《书》等古籍，后将其称为"六经"，亦或"六艺"。现存《论语》一书，记有孔子的谈话以及孔子与门人弟子的问答，是研究孔子学说的主要资料集中体现了孔子的政治主张、伦理思想、道德观念及教育原则等。与《大学》《中庸》《孟子》并称"四书"。通行本《论语》共二十篇。《论语》的语言简洁精炼，含义深刻，其中有许多言论至今仍被世人视为至理。

名家评点：孔子是我国古代伟大的思想家和教育家，儒家学派创始人，世界最著名的文化名人之一。后世并尊称他为"至圣"（圣人之中的圣人）、"万世师表"。

三十而立

孔子，名丘，字仲尼，春秋时代的鲁国（今山东曲阜）人。生于鲁襄公二十二年、周灵王二十一年（前551年）夏历八月二十七日，卒于鲁哀公十六年、周敬王四十一年（前479年）夏历二月十一日，享年七十三岁。

今曲阜城东南有一座昌平山，山下即古昌平乡，昌平乡东有一座不太高的小山，原名

尼丘山,因避孔子讳,省去"丘"字,改名为尼山。这里山明水秀,林壑幽美,海拔340余米,五峰连峙,其中环抱的即为尼山,远望尼山五峰好像五位老人,故又名"五老峰"。相传两千五百年前,我国的文化伟人孔子便诞生在尼山脚下东侧的坤灵洞(又名夫子洞)中。

孔子的祖先本系春秋时宋国的贵族。宋国贵族原是殷商子姓王族的后裔。

正考父以谦恭俭朴和熟悉古文献见称,是辅佐过戴、武、宣三公的三朝元老,据传《诗经》中的《商颂》就是经他整理的。其子孔父嘉已沦为大夫,因参与宋国贵族华氏内争被杀,孔父嘉生木金父,木金父生祈父,祈父生防叔。至防叔时,遇上国家战乱,逃到鲁国。防叔生伯夏,伯复生叔梁纥,叔梁纥即孔子之父。由于当时一般取五代祖先的字为"族名",因此,孔父嘉的"孔"成了孔子的"族名"。

家道传至孔子的父亲叔梁纥已经没落了,他已成为一个失去世袭贵族地位的官位不大的武士。叔梁纥曾娶过鲁国人施氏为妻,生了九个女儿,没生儿子,又娶妾生了一个儿子,但是个有残疾的跛子,取名孟皮。叔梁纥感到孟皮不能继承他的家业,又向颜家求婚,颜家是鲁都的大姓,有三个女儿,只有未满二十的小女颜徵在愿意嫁给叔梁纥。此时,叔梁纥已是六十六岁的老人了。老夫少妻,年龄相差太大,古人认为这种婚姻不合礼仪,司马迁在《史记·孔子世家》中以"野合"一词来描述这门婚事。

"野"字古时有两种解释,一说指野外,一说指不合礼仪。有的学者以此而认为孔子是私生子,这种说法比较武断。

传说叔梁纥与颜徵在婚后,很想早日生个儿子继嗣,为此多次上尼山向天神祈祷生个男孩。在鲁襄公二十二年(前551年,周灵王二十一年)夏历八月二十七日,当他们同去尼山祈祷后下山时,生孔子于山下东侧的一个山洞里。古书上关于孔子诞生的神话很多,如《祖庭广记》上说,孔母祷于尼山时,当她走进山谷时,连脚下草木的叶片都下垂,当她走出山谷时,草木的叶片又都抬起头来。后世传说尼山的荆棘朝下,是为了避免刺伤孔母与孔子,可见降生圣人时连尼山的草木也为之感动。由于孔子生于尼山脚下的山洞中,后人为了纪念颜徵在母子,名此洞为"坤灵洞",又名为"夫子洞"。

孔子出生后,其父母给他取名叫"丘",这是因为孔子刚生下来时,头的形状有点像圩顶,所谓圩顶,通常是人们形容山的周围高而中间平的形状,这种头形很像这种山,因此取名为"丘"。又别名"仲尼","仲"是老二的意思,因为孔子还有一个同父异母的哥哥,就是前面提到的跛足的"孟皮"。

尽管孔子降生尼山的故事是那么神圣而不平凡,然而幼年的孔子在人世间的道路则是十分不幸而艰难的。孔子三岁时,他的父亲叔梁纥含着眼泪、怀着对三岁的儿子的一片爱心与期望,离开了人世。母子俩孤苦伶仃,相依为命。迁往鲁都的娘家。当时的鲁都曲阜是鲁国的政治、文化的中心,典籍丰富,名师众多,孔母希望自己的儿子能够在这种良好的文化环境中完成学业。因此,孔子自幼就生活在曲阜的传统文化气氛中,接触到保存得比较完整的周王朝的典章文献、礼仪制度。孔母为了让自己的儿子将来能够光宗耀祖,继承先圣商汤的伟绩,长大后成为有出息的人,教他学习通晓周王朝的《诗》《书》《礼》《乐》。在孔母的严格教育下,尽管生活清贫,但仍以一个贵族子弟的身份认真学习贵族的礼仪,《论语》上记载孔子的自述:"吾十有五而志于学。"这是说孔子在十五岁时,就立志求学,又两次记孔子"入太庙,每事问"。

孔子十七岁那年母亲去世。孔母死时才三十多岁,这对孔子又是一次痛苦的打击。

说起孔子,人们的脑海中会浮现出孔庙里孔子的形象。但孔子的形象到底如何呢?从有关典籍中可以看出,十八九岁的孔子身材魁梧。《荀子·非相》上记载:"仲尼长,子弓短。"《史记·孔子世家》上说:"孔子长九尺有六寸,人皆谓之长人而异之。"这一尺度当属周制,周制一尺合今 19.91 厘米,折算下来,等于今天的 191 厘米。《庄子·外物》上记载孔子体型:"修上而趋下",即上身长,胳膊长,下身短。其"肩背伛偻"。孔子体格十分强壮,筋骨劲健,力大过人。《列子》与《淮南子》上也有类似记载。王充《论衡·效力篇》上说:"孔子,周世多力之人也。"这与孔子从小习武,精通射、御之术有关。《吕氏春秋·慎大》上说:"孔子之劲,举国门之关,而不肯以力闻。"据此可知孔子绝非文弱的书生。孔子的头部更有特点,头形中凹而四周高起,古书上称为"圩顶"。孔子又有两颗像兔子的大门牙,露在外头,古书上称孔子的门牙是"骈齿"。关于孔子的外貌特征,《孝经·钩命诀》上说:"仲尼斗屑,舌理七重","龟脊、辅喉、骈齿,面如蒙俱。"古书上载帝喾、周武王、南唐后主李煜都生有骈齿。于是,骈齿非但不是不雅观,反而成为圣人的一大特征相貌。孔子是否有骈齿,可以另当别论。不过,今天不少有关孔子的图像、雕像中,确有不少作品里的孔子是有骈齿的。关于孔子的服装,《孔子家语》中有一段记载,谓孔子见鲁哀公时,公曰:"夫子之服,其儒服与?"孔子对曰:"丘少居鲁,衣逢掖之农。长居宋,冠章甫之冠。丘闻之,君子之学也,博其服以乡,丘未知其为儒服也。"从这段记载,可知孔子所穿的衣服,所戴的帽子,都是乡服,亦即为鲁人所穿的服装,为宋人所戴的帽子,并不是代表儒者身份的制服。因为孔子是一位不耻恶衣恶食的平民身份的知识分子,以他的身份是不会穿那些华贵精美的服装的。

十九岁那年,孔子与鲁国的一位青年女子亓官氏结婚。传说亓官氏也是殷人之后,婚后第二年,亓官氏生下一个男孩,孔子很高兴。

当鲁昭公获悉孔子得子时,也专门派人向孔子道喜,还送去了一条大鲤鱼。为了纪念这件很荣耀的事,孔子给自己的儿子取名为"鲤",又取字为伯鱼。大概这时,鲁国国君已将孔子视为叔梁纥的继承人,至此亡父的家族也都承认孔子的合法地位。孔子二十岁左右时曾做过两次小吏。一次是做乘田,乘田的职务是管理牛羊。另一次是做委吏。委吏的职务是管理仓库,孔子在青少年时,干过很多的低贱的工作,人家死了人,他就去给人送葬,当吹鼓手;孔子很熟悉葬丧之礼,并为人办丧事。《论语》中记孔子说:"乡人傩,孔子朝服而立于阼阶。"傩是一种赶鬼的仪式,孔子也参加。经过刻苦学习,孔子逐渐成为一位博学多能的人。

孔子从记事的时候起,就体验到人生的艰辛,由于其父亲在孔子幼年即去世,因此实

际上孔子的生活已由贵族下降为平民，及至他后来被门人弟子尊为师表、誉为圣人时，他的西家邻人仍称呼孔子为"东家丘"。就这一点看，孔子自幼平易近人，即在他名声大扬时，仍不失他的平民知识分子的本色。

孔子自幼好学，"敏而好古"，"不耻下问"，学无常师。鲁国东南方有一个鲁国的附庸小国郯国的国君郯子来鲁国朝见昭公，郯子自称是少昊氏子孙，在鲁昭公举行的宴会上，鲁国的大夫叔孙昭子向郯子问起少昊氏"以鸟名官"的情况，郯子滔滔不绝地讲述了古代官名的由来。孔子听到郯子来到鲁国，便抓紧时机拜见郯子，向他仔细打听少昊氏时代的职官制度的历史情况，郯子向孔子介绍了古代东海岸有关鸟图腾的传说。孔子终于弄明白殷商文化与东海岸鸟的神话传说的关系。郯子的讲话给他留下了深刻的印象，他在向郯子求教后感叹地说："天子失官，学在四夷。"在"官失其守"，文献典籍四散，西周王室的巫、史、祝、宗和礼乐之士流散民间的时代里，孔子不得不以其强烈的求知欲，四处求学。这就是历史上著名的孔子向郯子学习的故事。

公元前523年，孔子二十九岁。相传孔子这一年从山东跑到山西，向晋国著名音乐家师襄子学鼓琴。

鲁昭公二十年（前522年），孔子三十岁。这一年，郑国的大夫子产逝世。子产是一个政治上十分开明的人，当时的老百姓议论政治，在乡校里批评执政，有人建议子产捣毁乡校，但子产反对这种专制野蛮的做法，给乡校中的士人以批评执政者的权利，可见他有着政治家的胸怀与风度。孔子对郑国这位政治家、思想家十分敬佩，他从青年时代起，就受到子产的很大影响。当孔子惊悉子产去世的消息时，他悲痛地哭了，孔子评价子产是"古代留下来的最后一位仁人君子"。孔子后来成为圣人，多少与子产的影响是有关的。

孔子在晚年回顾自己一生的修养与治学的历程，他说自己是"三十而立"，在十五岁时开始立志于学，到三十岁，就打下了坚实的根底，不仅精通了一般贵族子弟在进入上层社会、从事政治活动之前所要掌握的"六艺"（礼、乐、射、御、书、数），而且精通了古代大学中所掌握的高级的"六艺"，即汉代之后被尊为《六经》的《诗》《书》《礼》《乐》《易》《春秋》。孔子已有很高深的造诣，他的学识与声望已相当的高，基本上确定了他的"一以贯之"的思想原则，并为他后来治学、施教、参政打下了坚实的基础。

所谓孔子自述"三十而立"，除了他已熟悉、精通《六经》等古代的大量文献外，还有另一层意思，即孔子面对周室衰微、礼崩乐坏、诸侯纷争和政治动乱的社会现状，他已立下了救世的宏愿，形成了他的以西周礼乐文明为典范的立身处世的思想法则，确定了他的以"仁"为核心、以"礼"为形式、以"中庸"为原则比较完整的伦理观、政治观、社会观。他开始在民间创办私学，"始教於阙里"，并以小型学术团体的形式，开始了儒家学派早期的学术活动。这时他已是一个为鲁国人所周知的品德高尚、学问精深的知名人物，求教他的学生自远方接踵而至。从此时起，一直到他仕鲁之前，在将近二十年的时间里，他的主要精力放在研究学问与从事教学方面。

大约在三十岁左右时，孔子开始招收第一批弟子，这中间有颜渊的父亲颜路，曾参的

父亲曾点。孔子的另一位著名弟子子路，也属于这第一批弟子之列。子路比孔子小九岁，他拜孔子为师时大约二十一二岁。子路出身贫贱，为人性格豪爽、耿直，起初他对孔子很不尊重，还欺凌过孔子，但孔子以德折服了他。子路后来成为孔子最忠实、最可靠的学生。在孔子招收的第一批弟子中，还有伯牛、冉有、子贡、颜渊、闵损等人，而孔子晚年招收的子游、子夏、曾参等人，则属于后一辈的弟子。所谓门徒三千，当然有点夸张，就是"七十二贤"，也不是同时共学的。他们在孔子那里主要学习《诗》《书》《礼》《乐》，但重点是培养德行，陶冶性情，准备担负起闻道救世的重任。孔子在鲁都杏坛(曲阜城北的学舍)向他们讲学，但弟子们也跟着孔子四处出访，在实际的社会活动中，随时问难，这大概是中国古代最早的开门办学。孔子之前，"学在官府"，只有贵族子弟有机会接受教育，一般平民是无资格得到求学机会的。自从孔子创办私学后，才打破"学在官府"的局面。这在当时是一件破天荒的大事，在鲁国引起很大震动。由于招收一大批学生，进行了认真的教育培养，造成了很大的社会影响，孔子逐渐成为一个著名的教育家。

孔子办学成名，与当时民间流传的"圣人降生"预言有关。那就是孔子是殷人之后，早在孔子之前，当周初灭殷之际，就在殷人的遗民中流传着将有"圣人出世"的预言。这位圣人是谁呢？人们纷纷猜测。这就是所谓殷商灭亡后，"五百年必有王者兴"的预言。《孟子》最后一章就专门提到这件事说："由尧舜至于汤，五百有余岁。……由汤至于文王，五百有余岁。……由文王至于孔子，五百有余岁。"孔子生于鲁襄公二十二年，上距殷商武庚灭亡，约有五百多年。这个"五百年必有王者兴"的传说，曾经勾起宋襄公复兴殷商的野心。但宋襄公是一个失败的仁君。然而这个"预言"仍在殷民中流传着，到孔子出世的时代，这个将有圣人复起的预言已有五百多年了。这时候，在殷宋公孙的一个嫡系里忽然出来了一个天资聪明的贫贱少年，传说中又有那么多"圣人降生"的神话，于是在鲁国的贵族中间与民众的目光中，孔子成了伟大的圣人。(参见《胡适论学近著》第一集《说儒》)。

早在孔子十七岁时，鲁国有位孟僖子，他是"三桓"之一，政治地位仅次于季平子，是鲁国第三号人物。这一年是鲁昭公七年(前535年)，孟僖子陪同鲁昭公出访楚国，途经郑国抵楚，在引导鲁昭公参加对方欢迎仪式时，因为不懂礼节而出丑，孟僖子为此惭愧之极，归国后便到处向人求教，曾向青年孔子问礼，孟僖子从此十分敬佩孔子的学问。

鲁昭公二十四年(前518年)，孔子三十四岁。孟僖子在临终前，将他的两个儿子叫到床前，长子仲孙何忌快三十岁了，次子南宫适也已十几岁了。孟僖子向他们讲述礼的重要，讲述自己不知礼所得到的教训，又讲述了孔子的家世。他说："听说我们鲁国出了个通达明礼、学问渊博的人，他就是孔丘。我告诉你们，他是圣人商汤的后代，他的祖先弗父何有功于宋国，弗父何的曾孙正考父曾辅佐过宋戴公、武公、宣公三个国君。他们虽然地位很高，但谦虚谨慎，可见孔丘的祖先有谦恭的美德。当年我们鲁国臧孙纥说过：'祖先有美德，其后世必定出现聪明通达的人。'现在孔丘年纪才三十多就已经知道许多学问，懂得许多礼节，他就是今天的圣人吧！我死后，你们要拜他为师，向他学礼。"

孟僖子的这一番话对于研究孔子生平很有价值。首先这段话证明孔子作为"圣人之后"已经得到当时鲁国贵族的普遍承认,同时也可看出孔子在三十四岁后,他所创办的私学在鲁国已有很大的名声,连鲁国的贵族也将自己的子弟交给孔子教育。另一方面,孔子之所以办学成名,也是因为他看到鲁国贵族在当时需要自己出来重新恢复礼乐文明。从此,孟僖子的两个儿子孟懿子和南宫敬叔都做了孔子的弟子。孟氏是鲁国掌权的贵族,自从孔子吸收了孟氏兄弟入学后,孔子办学的经费得到了国家的补给,私学的规模越来越大。

　　孔子的教学活动的一个很大的特点,就是结合社会实际进行教学。为了收集古代的文献典籍,为了弄清三代文化的演变,孔子早有去洛邑的打算,他对南宫适说:"我听说京都洛邑(今河南洛阳)当守藏史的老聃博古通今,通晓礼乐文明的源头,明白道德学问的归宿。我们还得向这位智者求教哩!"南宫适将孔子的这一赴周都采访的愿望报告给鲁昭公,"请与孔子适周",鲁昭公还派出车马仆役,支持孔子师生这一次长途出国访问活动。

　　洛邑(今河南洛阳)原是周王营建的控制东方的政治、文化中心,自从公元前770年平王东迁后,便成为东周王朝的统治中心。这里又有大量的古代的文物典籍,当时负责保管这些文献的是周王朝的守藏史老聃,也就是大家熟悉的博学多闻的老子。老子听说孔子来访,还专程坐车至郊外迎接孔子。今山东省嘉祥武氏墓群的石刻中有一块孔子见老子的汉代画像石,上面刻画了老子与孔子相见的情景:头戴高冠、身着长袍的孔子,手捧一只雁,作为拜见老子的见面礼。老子也是高冠长袍,手拄曲杖,拱手相应。其后一人手捧简册,交孔子翻阅。这即是"孔子问礼于老聃"的故事。

　　认真考察周礼,是孔子这次赴洛邑的目的。孔子问礼于老子,老子对他说:"你所讲的多半是古人的东西,这些人连骨头早就朽烂了,只不过留下了一些言论而已。君子遭遇明世就出来做官,不然,就隐居而自行其是。我听说一句古语:会做买卖的人深藏若虚,不把所有货物都拿出来;君子道德高尚,而容貌谦退,就像一个愚人。你应该去掉身上的骄气与多欲,不可抱有过大的志愿,这才有益于你的身心。"老子的这一连串讲话与孔子的人生处世的想法有着明显的区别,但老子作为周王室史官,还是将周代的具体礼制,尤其是丧礼,向孔子做了详尽的讲解。

　　孔子在洛邑参观了明堂,明堂是古代天子宣明政教的地方,最早的明堂可能是建造于神农时代。它是祭祀的场所,也是教育的场所,古代所有朝会、庆赏、选士、教学等大典,都在这里进行。明堂四面的大门上,画着尧、舜、禹和桀纣的画像。还有周公相成王图也画在墙壁上。孔子在这里徘徊观望并且感叹地说:"此周公之所兴盛也。夫明镜所以察形,往古者所以知今。人君从这里可以看到一兴一亡的历史教训了。"孔子又来到太祖后稷之庙,只见庙堂右阶之前,有一金人,口上贴有三道封条,背上有一行铭文,上写:"古之慎言人也。"相传这是周公的口嘱,劝人出言慎重,处世小心。多言多事,多事多灾,多灾多悔。孔子读完铭文,对其弟子说:"小子记住,这些教训合于一般人情,中于一般事

理。《诗经》上说：'战战兢兢，如临深渊，如履薄冰'，如此立身处世，就不会闯祸了。"

当孔子辞别老子时，老子又以言相赠，向他讲了一番明哲保身的道理。孔子回鲁后，时时想起老子的教诲，时时在他的弟子们面前称颂老子，孔子说："我知道鸟能飞，鱼能游，兽能走，但又时常见到鸟被人射下，鱼被人钓上，兽被人捕杀。可见飞、游、走不是真本领。至于龙，我不知它如何乘风云而上天，但它能自由自在地乘风上天，使人无法捉摸，我今见老子，他就像龙那样的飘逸玄妙啊！"

孔子这次赴周室考察，开阔了他的眼界，看到了周代的许多文物、典籍，从而使他对周代的文明更加神往。孔子从老子那里学到了周礼，内心十分敬重老子，但并没有接受老子那种消极避世、与世无争的人生哲学。老子比孔子年纪大，社会经验、人生阅历也丰富得多，因此这一次会见，对孔子一生极有益，这时的孔子三十四岁，血气方刚，在求知与修身方面，积极热情，但不免急躁，在这方面五十多岁的老子是他的老师，给孔子很多启发。而在老子方面，他又似乎缺少孔子的那种入世的积极热情。因此，孔老这两人的会见，在中国文化史上是极有意义的。孔子入世，老子出世；孔子积极，老子消极；孔子重人事，老子重天命。总之，他们在许多方面是互补的，由此构成了华夏文化的整体。

辞官去鲁

孔子是一个有政治抱负的人，他渴望取得某一位贤明君主的信用，出仕从政，以实现自己的"仁政德治"，做到"博施于民而能济众"，"拯民于水火之中"，他等待这一机会的到来。然而生当春秋乱世中的孔子，要得到这一个机会又是多么的难得。当孔子偕南宫敬叔从周都洛阳返回鲁国时，鲁国正酝酿着一场内乱。

春秋末年，政治权力下移，先是周天子已无力号令诸侯，礼乐征伐自诸侯出，而各诸侯国内的大夫的力量也越来越大，出现了"政在大夫"的局面。这种大夫专权的现象在鲁国尤其明显，鲁国的大权落在"三桓"的手中。所谓"三桓"就是鲁桓公的三个儿子庆父、叔牙、季友的后代孟孙氏、叔孙氏、季孙氏三家贵族。这三家贵族在鲁国世代相传、历任卿相，出现"三分公室"的局面。到了春秋末年，季氏的势力越见膨胀，鲁国的军政大事，皆由季平子专权。到了鲁昭公二十五年（前517年）季氏与郈氏的"斗鸡风波"，将鲁国上层的政治权力的斗争推向顶点。

斗鸡是当时鲁国贵族的一种娱乐和赌博活动。赌博的双方各放出一只勇猛好斗的公鸡，在场地上互相残酷厮杀，获得胜利一方的公鸡，其主人可以赢钱，这种娱乐在鲁都曲阜城内很是流行。恰好季平子在鲁都曲阜的寓所与鲁国另一家贵族郈氏为邻，这两家常以斗鸡为乐。季氏放出的公鸡，在鸡翅膀上偷偷撒上了芥子粉，郈家的公鸡无论多么雄壮、凶猛总是被弄瞎眼睛，连连失败。后来郈家发现李氏斗鸡取胜的秘密，便也在鸡爪上装上锋利的小铜钩，于是反过来季家的鸡又总被抓瞎了眼睛，而以失败告终。这件事

季平子在鲁专权已久，他要郈伯让步，郈伯不肯退让，季平子怒而侵郈氏，一举占领了郈伯的封地。另外季平子与臧昭伯也有矛盾，还将臧氏的家臣囚禁了起来。因此，郈氏与臧氏一起诉冤于鲁昭公。鲁昭公对季氏专权早已不满，一直想搞倒季氏，以恢复公室的权力，于是鲁昭公支持郈氏、臧氏，出兵包围了季平子。季平子看看四周是军队，已无法逃命，表示愿意搬出曲阜，归还从郈氏抢来的封地。鲁昭公不允许，季平子又表示愿意赔偿财产，囚禁自己，以示惩罚。鲁昭公仍不允许，郈、臧二家一定要杀掉季平子。在这场斗争中，叔孙氏和孟孙氏感到季孙氏一倒，他们也会先后垮台，于是一起去救季平子，并将鲁昭公派来联络他们的郈昭伯杀死。反抗三桓的这场斗争就在一天之内失败了。鲁昭公逃亡到齐国。当孔子得知鲁昭公逃到齐国的消息后，孔子也追随昭公赶到齐国。

齐国在齐桓公时，曾经称霸中原，做过各国盟主。这个国家的手工业、商业都很发达，首都临淄在中原算得上是第一流的大城市。孔子初到齐国，对于这里的繁华景象十分惊奇，使他的眼界为之一开。

孔子在齐国大约住了二年，自昭公二十五年来齐，到昭公二十七年返鲁。在这二年中，孔子在齐"为高昭子家臣，欲以通乎景公"（《史记·孔子世家》）。不久，孔子通过高昭子见到了齐景公。据说齐景公在五年前（前522年）到鲁国时见过孔子，齐景公知道孔子是当今的圣人，向他请教为政治国的道理，问孔子："从前秦穆公国家很小，地方又偏僻，可是为什么能称霸一方呢？"孔子说："秦国虽小，但志气很大，地虽偏僻，但行为正当。秦穆公又会用人，看中了养牛的百里奚，和他谈了三天话，便信任他，叫他执政。像秦穆公这样任人唯贤的做法，就是治理全中国也行，称霸一方算是最起码的。"齐景公又问孔子如何治理国家，孔子就提出了他的政治主张："只有做到国君像个国君，臣子才会像个臣子；父亲像个父亲，儿子才会像个儿子。"孔子认为一个国家上下的名分是不能乱的。这一政治主张也反映出孔子对当时鲁国君臣名分大乱的感慨。齐景公听了孔子这一番话，赞成地说："是啊，如果国君不像国君，臣子不像臣子，父亲不像父亲，儿子不像儿子，就是有饭吃，我也不能安心地吃啊！"齐景公进一步向孔子请教治国之道，孔子针对齐国临淄人的生活豪华、奢侈浪费、讲究排场的弊病，向他提出了"政在节财"的治国原则。

齐景公十分满意孔子的看法，并准备将尼谿这块地方封给孔子，让他做一个有采邑的齐国大夫。根据《墨子》上的记载，正当齐景公打算任用孔子时，却遭到齐国的大臣特别是晏婴的反对。晏婴在齐景公面前批评孔子说："这些鲁国的儒者，办事不依法制，只会说些漂亮话，他们对活着的人不能关心，却重视死后的事，治丧主张铺张浪费，埋葬死人又不惜倾家荡产，此风实不可长。他们到处游说，乞求高官厚禄。孔丘所提倡的礼仪，繁杂琐碎，令人一辈子也学不完，实在无益于治国。"经晏婴这么一说，齐景公打消了重用孔子的念头。此后齐景公对孔子开始疏远，见面时只是客气地说："我们齐国有自己的习俗，要我像鲁昭公对待季孙氏那样，对您付以重任，恐不可能，我也不会像鲁君那样对待

下卿孟孙氏那样对待您,我还是待您在季孙与孟孙之间吧。"不久,齐景公又对孔子说:"我已经老了,不能用您来改革齐政了。"这时的齐景公五十六岁,已是一个垂老之人,失去了改革齐国的信心。此外,齐国的一些贵族,怕孔子当政,实行改革损害他们的利益,又散布一些恐吓孔子的话,于是孔子匆匆地打点行李,离齐返鲁。

孔子在齐二年,在政治上毫无收获。闲暇时便时常去找齐国主管音乐的大师,探讨音乐。他从齐太师那里得知,齐还保存有禹舜的古乐曲《韶》,他要求大师让人演奏这首古乐。听着古乐,孔子大受感染,沉浸在古乐中,竟然有三个月不知道肉的滋味,并说:"想不到这首乐曲使我陶醉到这种境界!"又称赞《韶》乐,说这首曲子"尽善尽美矣"。

孔子回到鲁国后,仍然讲学杏坛,整理古代文献,但也时时静观着鲁国的政治形势,面对着鲁国大夫乱政的局面,忧心忡忡。

鲁昭公三十二年(前510年),流亡在外的鲁昭公死于晋国的乾侯,昭公的弟弟鲁定公继承了君位。这一年,孔子四十二岁。鲁定公五年(前505年)六月,赶走鲁昭公的季平子也死了。季平子的儿子季孙斯嗣位,他就是季桓子。这时不但鲁国的国君之权为"三桓"削弱,连"三桓"的家臣的势力也在扩展,并且形成对"三桓"的威胁。当时,季桓子掌握鲁国的大权,但他的家臣仲梁怀、阳货和公山不狃闹得鲁国国无宁日。季平子在鲁昭公出走后,在鲁国当政七年,他颈上挂着一块叫"玙璠"的宝玉,表示自己是国君的代理人。在大殓季平子时,阳货主张将这块"玙璠"放进棺材里去,却遭到仲梁怀的反对。阳货大怒,将仲梁怀囚禁,季桓子出来干涉,阳货又将季桓子囚禁,把仲梁怀驱逐出去,并杀死季氏族人公何藐,还把季桓子一家大小都捆绑起来,监禁在南门外的乡里,直到季桓子认输,才放了他。阳货在鲁国独断独行最终做了"太上皇"。阳货自知虽有权势,如果得不到鲁国最有名望的孔子支持,是很难站住脚跟的。因此,他极力去争取孔子,以求利用孔子的名望来抬高自己。有一天,阳货派人送给孔子一头蒸熟的乳猪,作为礼品。按照鲁国的礼俗,身份高的人下赠礼物,受者要亲自登门致谢。孔子知其用心,是要逼他出来做官,故孔子选择阳货不在家时,前去回拜,没想到在回家的路上遇见阳货。阳货劝孔子勿将自己的本领藏而不用,应该出来做官,孔子只好口头上答应下来。但事后孔子仍坚持自己的信念,决不在阳货当权的时期出来做官。

三年后,即鲁定公九年(前501年),这时阳货自以为自己势力更大了,他勾结了对季桓子不满的人,想把"三桓"(季桓子、孟懿子、叔孙武叔)一起除去,由自己取而代之。这年十月,阳货邀请李桓子到蒲园赴宴,打算在这次宴会上杀死他。季桓子获悉此事,在去蒲园的路上跑到孟孙氏家。阳货公开叛乱,劫持鲁定公、叔孙武叔,攻打孟孙氏。鲁国贵族再也忍不住了,于是群起而攻之,一同声讨、反击,阳货战败逃到齐国,又投奔晋狃国,受到赵简子的任用。在这次阳货发动的叛乱中,李氏家臣公山不狃配合阳货,起兵占据费城,他知道孔子讨厌季氏的专权,就派人请孔子去费城,想以此为根据地反抗季桓子。孔子也有去公山不狃处的打算。鲁国政局如此之乱,他主张"强公室、抑私门",加强鲁定公的君权,改革鲁国的政治,然而他的抱负得不到实现。他想到古代的周文王、周武王曾

以西北的一块小地方丰镐作为根据地,最后统一了北中国,他自己是不是也可以以费城为根据地、有一番作为呢? 但是孔子想去公山不狃处的念头,因子路的劝阻而被取消了。孔子在阳货之乱时期,努力办学,不肯出来做官,他在教育上取得很大成绩,四方来求学的学生越来越多了。

孔子从政的机会来得很晚,一直到鲁定公九年(前 501 年)他五十一岁时才被鲁定公任命为中都宰(中都,在今山东汶上县西),相当于中都县的县长(根据清人江永考证,孔子仕鲁之年,在定公九年)。

中都在今山东汶上县之南、鲁国都西北约五十公里的地方。孔子治中都,将教育与政治结合起来,一改当时衰颓风气,做了一系列整饬社会的工作,选拔了一批出身平民、学过礼仪、品格正直的人担任他手下的官员,取代了某些为所欲为、横行霸道的贵族子弟。同时,还采取了安定民生、维护社会秩序的措施,围绕着爱民、养民、富民、利民、教民、安民的原则,对老百姓实施"养生送死"的礼制。诸如"长幼异食,强弱异任,男妇别深,路无拾遗,器不雕伪。为四寸之棺,五寸之椁,因丘陵而坟,不封不树"等。即按人的年龄大小供给不同饮食,按体力强弱给以一定的工作。路上别人遗失的财物不随便拾为己有,自然更不会偷窃他人财物。街上做小买卖的出售的器具不是外华内粗,不搞弄虚作假。"男女别深"是为了整顿社会秩序。有关棺椁、坟陵的规定,是为了反对僭越,按不同身份办好丧事。一年以后,中都邑在孔子治理下,发生很大的变化。百姓安居乐业,丰衣足食,社会秩序井然,令行禁止,孔子的政绩不胫而走,各地都效法中都的做法。不久,孔子由中都宰提升为"司空"。

司空是掌握全国土地、工程建设的官员。孔子上任后,立即带领人马走遍鲁国各地,勘察土地,测量山林、河流。孔子在司空任上,"别五土之性,而物各得其所生之宜,咸得厥所"(《孔子家语·相鲁》)。所谓"五土"包括山林、川泽、丘陵、坟衍(高原)、厚阖(平地),"别五土"以便针对不同的地势,因地制宜,发展经济,富强国家。不久,鲁国地尽其利,人尽其才,国家财政收入增多,百姓生活改善,孔子的名声也越来越大,于是鲁定公又任命孔子为"大司寇",这时,他已五十二岁。

司寇是负责司法的长官,同时兼理外交事务。孔子现在是真正登上政治舞台了。孔子在仕鲁的时间中,做司寇为时最长,这期间他除了致力整顿国家法治外,还参与了鲁国的外交、军事活动,并显示出其卓越的政治才干。孔子虽然身为高官,但他仍保持着谦虚谨慎的作风,在朝廷上议事从容不迫,在上级面前,公正不阿,在同僚之间,平易近人。他司法听讼,不搞专断,而是从众议,并且提出了"无讼"的政治主张。在政治上,不惜屈己退让,搞好与三家贵族的关系。在经济上,主张发展生产,"使民以时",重视劳动者的人格,关心百姓的物质生活。他反对采用暴力手段,迫使百姓就范,而是采取"德政""仁政"来感化教育百姓。他说:"为政以德,譬如北辰,居其所而众星拱之。"又说:"道之以政,齐之以刑,民免而无耻。道之以德,齐之以礼,有耻且格。"在处理君臣关系时,他向鲁定公提出了"君事臣以礼,臣使君以忠"的原则。大约也是在这时,定公向孔子问起"一言而可以兴邦""一言而可以丧邦"的问题。孔子说,如果国君知道"为君难",臣下知道"为臣不易",那就可以"一言兴邦"了。孔子又说:"如果说,国君的好处就是谁也不能在他面前说一个不字,一切都由国君一个人说了算,言莫予违,就是说错了,也不允许臣下来纠正,那就难免导致亡国的灾祸!"

由于孔子为司寇,实行了一系列政治措施,鲁国的社会秩序好转起来。《淮南子·泰族训》上说:"孔子为司寇,道不拾,市贾不豫贾,田渔皆让长,而斑白不负载,非法之所能致也。"有的古书上记载孔子当政仅三个月,社会上便出现了新气象。做买卖的不再以次充好,乱开物价了。男女有别,在路上有秩序地走路。连在路上丢失的物品,也没有人去拾了。据说鲁国有位卖羊的沈犹氏,以前每天早上牵着羊饮水,再拿到市上去卖。有位公慎氏,老婆淫荡,但无法治她。慎溃氏生活奢侈,时时违反鲁国的法令。但自孔子当政后,沈犹氏不再给羊饮水,公慎氏将他的老婆休去,而慎溃氏越境逃去。

鲁国向来拥晋而不附齐,如今孔子从政于鲁,国力日盛,齐国警觉地感到,恐不利于自己。就在孔子任大司寇的这年夏天,齐景公根据大夫黎鉏的建议,派使者到鲁国,约定时间,两国君主在齐鲁边境的夹谷相会,重修和好。齐景公打算在这次外交会议上,以武力胁迫鲁国屈服,改变对齐的态度。鲁定公接受齐国举行和会的建议,决定参加这次会见。孔子为司寇又兼办外交事务,在齐鲁会盟前夕,他将作为这次会盟的随行大臣,协助鲁君参加会谈。临行前,孔子向鲁定公建议:"我听说在外交活动中,须有军事准备,而在战场上,也须辅之以外交手段,这样可以文武交相为用。"根据孔子建议,鲁定公决定加派负责军事的左右司马带兵同去夹谷,以备不测。

届时,鲁定公与齐景公都到了夹谷。夹谷山在今山东淄川县西南十五公里地方,一名祝其,其地处于泰山山脉中段,地理学上称为鲁山,海拔千余公尺,状颇雄伟。夹谷是一岭道,即齐鲁两国交通要道。会盟的坛设在有三级台阶的土台上,两国国君依照礼节互相揖让、献酒。礼毕,会议未正式开始,忽然齐国的管事官员走上前来宣布:"请奏四方之乐。"齐景公不等鲁定公表态,就回答:"好。"于是齐国的土著莱人高举旗帜,拿着盾牌,挥舞着长矛、短剑、大戟,大声怪叫着拥上台阶,试图威胁恫吓鲁定公。孔子见势急迫,感到来者不怀好意,一个箭步跨上三级盟台,扬起长袖,义正词严地喝道:"两国国君相见,这是一种庄严隆重的会盟,岂可在此时用夷狄的乐舞,请司法官员依法处置!"与会官员一起将眼色投向齐景公,景公顿时面有愧色,不得已地挥手令莱人退下。齐国的管事也只好示意歌舞的莱人退下。过了一会儿,齐国的管事官员又上前说道:"请奏宫廷音乐。"又有一队人上台,这是一群丑角和侏儒,边舞边嬉而上,演得不是庄严的宫乐。孔子大步跨上土台,又一次厉声宣称:"匹夫营惑,戏弄诸侯,罪当断首!"由于孔子勇敢机智、大义凛然,加上鲁国在军事上已做好准备,使齐景公始终未能在夹谷会上劫持要挟鲁定公,齐国只得对自己的失礼之举表示道歉。会后,齐景公埋怨他的大臣们说:"孔子是按古人的礼仪来引导他的国君的,可是你们却叫我采用夷狄的野蛮办法,耍小手腕。这是干什么呢?"盟会最后在缔订盟约时,齐人在盟约中提出齐人出征时,鲁人必须出三百兵车相从,

否则是破坏盟约。如果这样，鲁国就降为齐国的附庸国。孔子当机立断，针锋相对提出，如果齐国不把他们侵占的汶阳之田归还鲁国，不将郓、灌、龟阴三地还给鲁国，而单方面要鲁国出兵车，也是破坏盟约。于是齐景公只得退还了以前所侵占的鲁国城池郓、灌和龟阴。这次夹谷会盟，由于孔子的据理力争，使鲁国在外交上取得了胜利。

《论语·李氏》上记载孔子论述春秋时代政治形势的一段话说："天下太平，制礼作乐以及出兵的决定都由天子出；天下昏乱，制礼作乐以及出兵的决定便由诸侯出。由诸侯出，大概传到十代，很少还能继续的；若是大夫的家臣把持国家政权，传到三代很少还能继续的。天下太平，国家的最高政治权力不会在大夫之手。天下太平，老百姓就不会议论国政。"孔子目睹春秋时代天下大乱、礼崩乐坏的局面十分忧心，他希望中国早日出现一个统一的、安定的政治局面。孔子在鲁国担任司寇后，就下决心从鲁国做起，实行他的"强公室、抑私门"的政策。而当时的鲁国正值"三分公室"的局面，鲁君大权旁落到孟孙、叔孙、季孙三家。这三家家臣，各据一些城头。成邑是孟孙氏领地的城堡，郈邑是叔孙氏领地的城堡，费邑是季孙氏领地的城堡。他们各自有自己的军队，势力又在不断扩大，大有压倒鲁国国君的势头。为了使鲁国强大起来，首先要加强鲁国的君权，取消各地的割据势力，于是孔子提出了"堕三都"的计划。孔子向鲁定公进言："依照历来的制度，为臣下不该收藏兵器，大夫不该拥有百雉之城。"（指城墙周长三百丈，高一丈的城邑）这显然是针对孟孙、叔孙、季孙氏的都、邱、费三城而言的。鲁定公自然支持孔子的这一主张。三家中，季孙氏也支持孔子，因为季氏的费城被公山不狃占据着，李氏希望借助孔子，消灭公山不狃。孔子于是大刀阔斧地进行削城活动，他们弟子仲由（子路）直接担任执政季氏的家臣，执行"堕三都"的大事。这是发生在定公十二年（前498年）的事，这一年孔子五十四岁。

三家中，叔孙氏力量最弱，他的郈城最先被拆除，但费城的公山不狃联合了叔孙辄起兵反抗，他们率领费城的军队，一直打到鲁国城边。鲁定公吓得跑进季氏宫中，登上季武子台，躲了起来。孔子马上命申句须、乐顷带领军队反攻，打败了公山不狃。公山不狃与叔孙辄败逃齐国，费城也被拆除了。但孟孙氏的封邑郎，由于孟孙氏家臣公敛处父违抗拒拆，鲁定公派兵围攻不克，以致孔子的"堕三都"的任务未能全部完成。但不管怎么说，三家贵族主力有两家的力量是被削弱了，孔子在内政方面也取得了一定的胜利。

"堕三都"未能全部完成，而孔子和季桓子之间的矛盾则公开化了。这在《论语》中也透露了出来："公伯寮愬子路于季孙。子服景伯以告（孔子）曰：'夫子固有惑志于公伯寮，吾力犹能肆诸市朝。'子曰：'道之将行也与，命也；道之将废也与，命也。公伯寮其如命何？'"（《论语·宪问》）公伯寮是孔子弟子，他在季孙氏面前告发子路，就等于说孔子的坏话。公伯寮是孔子弟子，如今为了向季桓子献媚取宠，成了孔子的叛徒。子服景伯要替孔子惩办叛徒，而子服景伯，是孟献子重孙，李桓子对子路有"惑志"，其实与孔子和孟懿子有关系，孔子派自己的弟子子羔（高柴）为费宰，实质上是强公室，弱私家，自然使季桓子感到不满。因此，在"堕三都"这一件事上，孔子是为了加强鲁君的地位，这就必然与三桓的矛盾公开化。

孔子的政治主张是部分废弃"宗法封建"关系,实行不彻底的中央集权官僚制度。孔子的许多弟子当时在鲁国,闵子骞为费宰,子游为武城宰,子羔为资宰,仲弓为季氏宰,子夏为莒父宰,子皋将为成宰。春秋时期鲁国的邑县长官称宰。孔子的弟子担任的是李氏的家宰或邑宰。家宰是家族的总管,邑幸是县邑的长官。这些邑宰只受谷禄而无封土,实质上是中国古代最早的官僚性质的官吏。与当时鲁国有封土武装的贵族家臣是不同的。然而孔子的"强公室、抑私门"的主张在春秋末年的鲁国很难实行,因为当时鲁国的贵族经济和政治还相当巩固,又"周礼"在鲁国保存得最完备,"三桓"的势力很强,他们掌握了土地、人民和武力,而鲁君又无实力,孔子实行改革是靠着季孙氏的信用,季孙氏本身也是旧贵族,因此这一政治改革不可能取得最后的胜利。随着孔子与季氏矛盾的公开化,孔子很难在鲁国呆下去了。

季孙氏不满于孔子"堕三都"支持鲁君、打击大夫的势力,而齐国的一些大臣又不希望看到他们的邻国鲁国渐渐强大起来,构成对自己的威胁。齐景公虽然有些后悔当年不重用孔子,但现在看到孔子治鲁取得成就,心中十分害怕,便召集群臣商议对付鲁的策略。还是那位在夹谷之会中出坏主意的黎钮又想出了新的花招。他说:"鲁国现在强盛是因为鲁定公信用孔子的结果,只要设法离间孔子与鲁定公以及当权的季桓子的关系,不就釜底抽薪,把孔子搞下台了吗?这样,对付鲁国也就有办法了。"孔子治鲁,十分强调统治者自身的品德修养,他要求鲁定公亲君子,远小人,反对他们的骄奢淫逸、腐败享乐的生活。他一方面恪守周礼,反对大夫僭越等级,另一方面通过限制君权,约束臣下,克己复礼,以求励精图治。齐国的大臣知道鲁定公和季桓子爱好享乐游玩。为此,他们选了八十名身材苗条、容貌艳丽、能歌善舞的女子,又弄来了三十辆缕金雕玉的马车,每辆车上配上四匹披着彩服的骏马,将这些美女与文马送给鲁君,企图使鲁国君臣玩物丧志。女乐和马车一送到鲁国的雉门外,许多人都去围观。季桓子经不起这种诱惑,化了装前去偷看。鲁定公极想收下这一批齐国送来的礼物,却又不便马上公开说收下来,也假装到城外巡视,惊羡不已,对着这一批美女,看了又看。孔子得知此事,极力劝阻,向鲁定公晓以大义,但鲁君十分贪婪好色,而季氏又从中怂恿,最终还是收下。这使孔子十分失望。从此,鲁君及其大夫沉湎在女色之中,再也不处理日常的朝政,也不与孔子商议国事了。子路气愤地对孔子说:"老师,我们可以离开这里了。"孔子不忍心离开鲁国,便对子路说:"再等一等吧!你知道鲁国就要举行祭天仪式了,如果他们也像往年一样,祭完天后,分给我们一份祭肉,我们还是不能走的啊!"

根据古代的礼规,国君举行祭祀后,要把供神用的胙肉分赐给辅佐其祭祀的大夫等官员。结果,这一次没有按规定分送胙肉给孔子,这说明鲁君连对待孔子这一点礼仪也不讲了。于是孔子只得出走了。百余年后的孟子对孔子当时分不到祭肉时的心情是颇为理解的。他说:"不知者以为肉也,其知者以为无礼也。乃孔子则欲以微罪行,不欲为不苟去。君子之所为,众人固不识也。"不了解孔子的人还以为孔子是为了几块祭肉才走

的，了解孔子的人就知道孔子是由于鲁国君主的无礼才出走的。孔子为不至显露君主的过错，因而想使自己带点小小的罪名而离开鲁国，并不是随随便便地出走的。这位孔圣人的所作所为，是一般人难以理解的。孔子终于辞去了大司寇的官位，带着他的弟子们，乘着马车，缓缓而闷闷不乐地离开鲁国。这一年正是鲁定公十三年（前497年），他已五十五岁。

当孔子离开鲁国时，在一个叫屯的地方住了下来，鲁国的乐师师已追上孔子，在送行时说："先生是没有过错的。"孔子听后长叹一声，吟出一首《去鲁歌》："彼妇之口，可以出走。彼妇之谒，可以死败。盖优哉游哉，聊以卒岁！"大意是：美人的一张嘴啊，可以将国君依靠的大臣赶走；亲近那些妖艳的女人，会造成国破身亡的恶果。悠闲啊悠闲，我只有这样来度岁月了。"又《琴操》上记孔子离鲁时，作《龟山操》："予欲望鲁兮，龟山蔽之。子无斧柯，奈龟山何？"龟山是鲁国北面不远的小山，孔子离鲁出走时，不时回首眺望，当走到龟山背面，再回头望时，已经看不见鲁国了。他心中顿生无限惆怅。自恨手中无有劈山之斧，不能将龟山砍倒。孔子是将龟山遮目比作季氏惑政，这里也流露出孔子怀恋故土的赤子之心。还是这位孟子，在谈到孔子离鲁时的心情时说："孔子去鲁，曰'迟迟吾行也，去父母国之道也。'"（《孟子·滕文公下》）待师已返国，季桓子问："孔子临走时说了些什么话？"师已如实告诉桓子。桓子深深叹了一口气说："孔夫子在怪我啊，大概是我接受了那一群婢女吧？"

周游列国

离鲁出走。孔子当然不会去齐国，夹谷之会时，已经触犯了齐景公，"齐赠女乐"的事也激怒了孔子。在这样的背景下，孔子东向去齐已不可能了。因此，只有西向卫国。

鲁、卫本是兄弟之邦，而且这时的卫国政治比较安定，经济也比较富足。鲁、卫两国又有很多相同点。鲁国遵从周公和周礼，卫国也是如此。鲁、卫在历史上又都是殷民集中的地方，两国的风俗习惯相同，道德观念也比较接近，这又为孔子居卫提供了不少方便。孔子和他的弟子们周游列国的目的，是为了讲学布道，推行他们的政治主张，而为了达到这一目标，就得"求仕"担任官职，施展抱负。孔子及其弟子们大都出身清寒，在鲁国由于鲁君与三桓厚同姓、薄异姓，又是一个主张实行"世卿世禄"的国家，很难找到进身之阶。而卫国自卫文公改革后，实行"任贤任能"的政策，不分同姓、异姓，也不分平民、贵族，只要有功绩，就可以升官，这对孔子具有一定吸引力。此外，"卫多君子"，根据《论语》记载，受到孔子称赞的卫国君子就有八位。孔子称赞仲叔圉善治宾客，祝鮀善治宗庙，王孙贾善治军旅。公叔文子能举贤才（见《宪问》），蘧伯玉有"直"的美德（《卫灵公》），公子荆"善居室"（《子路》）。还赞美孔文子（仲叔圉）是"敏而好学，不耻下问"（《公冶长》），称赞宁武子"邦有道则知，邦无道则愚"（《公冶长》）。卫国的众多君子，也是孔子十分向往与接交的。还有孔子的学生子路与卫国的宠臣弥子瑕是连襟，孔子去卫，也可能是子路的建议，故孔子初到卫，就住在子路的妻兄颜浊邹家中（李启谦《孔子居卫之谜》，1989 年第四期《孔子研究》）。

当孔子带着弟子们进入卫境时，马车的行进渐渐放慢了速度。孔子在马车上一路观光，当他看到卫国人口稠密街市繁华时，就说："这里的人真多啊！"冉有边驾车边问："怎样治理这么多人口的国家呢？"孔子说："首先让老百姓在经济上富起来。"冉有又问："富了以后，该怎么办呢？"孔子说："要进行教育，使老百姓学习礼仪，成为有道德的人。"孔子不是一个撇开物质生活专讲精神生活的人，也不是一个撇开物质生活与精神生活专讲政治教条的人，他的"先富后教"的治国方针，对于古今中外的政治家是一条不可违背的金科玉律。卫灵公听说孔子一行来到卫国，十分高兴，他知道孔子是当今之圣人，因此很礼貌地接待了孔子。鲁定公十三年（前 497 年），孔子在卫国的都城帝丘（今河南濮阳县）见到了卫灵公。但卫灵公只是借孔子作为一块招牌，以炫耀他的"尊贤"之名。卫灵公问孔子在鲁国享受什么待遇，并以与鲁国一样的待遇供给孔子及其弟子每年俸禄六万，相当于领取实物薪水粮食二千石。孔子固然要吃饭，但他来卫的目的是"谋道"和"行道"，实现他的"仁政德治"的政治主张。但事实告诉孔子，灵公虽然敬重他，却未能采纳他的意见来革新国政。眼前的这位卫灵公远远不如当年的卫文公。孔子在卫所享受的待遇，还引起卫国一些大臣的非议，有人向卫灵公进谗言，不久，卫灵公便对孔子起疑心，派公孙余假监视孔子。孔子考虑自己的处境，觉得有可能被诬，住了十个月便带着弟子们离开卫国。这时大约是鲁定公十三年冬（前 497 年）。随后孔子去匡过蒲，又返卫。

孔子于当年十月间离卫向南去陈，在路上遇到了麻烦。鲁定公十四年（前 496 年）初，孔子一行途经匡邑（今河南睢县西）时，忽然受到匡人的包围。原来孔子的相貌很像阳货，正巧当孔子一行来到匡城时，给他驾车的弟子颜刻一边赶车，一边举鞭指着匡城的缺口说："我过去和阳货是从这里打进城的。"匡城人误将孔子当阳货，将他们师生团团包围。当时兵荒马乱，弟子们惊慌失措，孔子却十分镇定，还安慰大家说："我身负继承周文王的文化传统的神圣使命，如果上天要毁灭传承周文化的我，后代就得不到这个文化；如果上天不让这个文化被毁灭掉，那匡人又能把我怎么样！"在被围的五天中，孔子依然弦歌奏乐，安详自若。孔子这时已是"五十知天命"的岁数，他是以三代文化的精神领袖自居的。同时，孔子又派弟子求助于卫大夫宁武子，向卫称臣，由此得到宁武子的救援，这才使孔子一行突破匡人的包围。突围后，弟子们都分散了，颜回最后才赶到，孔子焦急地等着，怕他有三长两短，一见到颜回生还，激动地说："回啊，我以为你不在了！"颜回说："夫子在，颜回岂敢不在！"

但当孔子一行来到蒲乡时，恰遇卫国贵族公叔戌在这里发动反叛。孔子一行又被蒲人围住。孔子有位弟子叫公良孺，他"以私车五乘从孔子"，在危难中挺身而出，说："吾昔从夫子遇难于匡，今又遇难于此，命也已。吾与夫子再罹难，宁斗而死！"他带头冲杀，奋勇抵抗围兵达数日之久。最后，公叔戌出来与孔子谈判，提出只要孔子不去卫国，就可以

放行。孔子答应了公叔戌的条件，但一离开蒲乡，从东门出去，孔子就命车子绕向南方向卫都行去。子贡不理解地问孔子："既然订了盟约，怎么可以违背呢？"孔子回答说："在刀剑威逼下的盟约，是不必信守的，就是神灵也不会责怪我们。"

孔子因为遭到匡蒲之围，没有走成，又回到卫国。卫灵公十分高兴，还亲自赶到郊外去迎接孔子一行。卫灵公问孔子："蒲乡可以攻打吗？"孔子说："可以。"灵公说："我的大臣以为不可以打，现在蒲乡是防御晋、楚的屏障，用我们卫国的兵力去攻打，恐怕不可以吧？"孔子说："蒲乡那里的男子皆有誓死战斗的勇气，妇女皆有守卫自己家乡的决心，都不愿意跟着叛乱。我们所讨伐的只不过是四五个叛乱头目而已。"卫灵公并未采用孔子的发兵意见。这次孔子返卫后，便住在已经退休而仍德望俱隆的蘧伯玉家中。

孔子曾经走到黄河的边上，面对着滔滔的黄河水，也曾想到去晋国。他希望与晋国的实权派赵简子合作，以实现自己的政治主张。当孔子一行正欲渡河去晋时，忽然传来赵简子杀了两位贤人窦鸣犊和舜华，孔子怅然站在黄河边叹道："浩浩黄河水，多么盛大壮观啊！我不能过黄河了，这大概是天命的安排吧！"子贡走上前去问道："夫子，这是什么意思？"孔子沉默良久，然后说："窦鸣犊是晋国的贤大夫，赵简子不得志的时候，需要这两个人的帮助然后才能掌权，等到他得志后，竟然将他们杀了。我听说，剖腹取胎，杀死幼兽，麒麟就不会来到郊外；放干水池捉鱼，蛟龙也就不来调和阴阳，兴云致雨；毁坏鸟巢，打破鸟卵，凤凰就不会往这里飞翔了。这是为什么呢？君子忌讳杀害他的同类，那些鸟兽对于不义行为尚且知道躲避，更何况我呢？"孔子因而停了下来，作了一曲《陬操》，以表哀悼之情。孔子再也不肯去晋国了。

大约也正是在这时，晋国国内发生战争，赵简子和晋国另外两个贵族范氏、中行氏互相攻打，赵简子的家臣佛肸占据了中牟（今河南汤阴县境内）并宣布独立，佛肸还派人来请孔子。孔子便动过去中牟的念头，却遇到子路的反对。子路说："我听老师说，如果一个人本身的行为不正当，好人是不会与他合作的，佛肸反叛赵简子，难道也是应当的吗？"孔子回答："我是说过这话的，但我不是也说过，真正坚强的，磨也磨不成薄片；真正洁白的，染也染不成黑色？我不是苦瓜，怎能挂在半空中不吃东西呢？"孔子的意思是十分明显的，他认为只有不怕磨削，不怕染黑，才是真正的坚硬、真正的洁白。他认定只要自己有坚定的意志和清白的品行，就是去佛肸那里，他也会积极阻挠他们继续做出违背礼义的行为的。孔子将自己比为悬着的苦瓜，他将为实现自己的理想，在东方推行周朝的大道，不管境遇多么险恶，他依然充满信心。然而子路的劝阻最终还是发生了作用，使孔子打消去晋国中牟投靠佛肸的念头。

卫国有一位风流女人，名叫南子，是卫灵公的宠姬。此人原系宋人，据说与孔子还是远房亲戚。她听说孔子来卫，很想见见孔子，派人向孔子说："各国的君子和我国国君交往时，都跟夫人见见面，夫人希望与您相识。"又说如果想得到卫君重用，还得由她来做主。按照当时的礼节，孔子不愿见这位艳名远扬的女人。孔子起初婉言拒绝，但南子却再三相邀，孔子只得勉强答应。南子在细葛市的帷帐中接见孔子。孔子入门，北面稽首，恭敬地叩头。南子在帐中回拜答礼,她身上佩带的玉环首饰发出了碰击的声音,见面时行的是君臣相见礼。孔子回来后说:"我不想见她,既然她一定坚持,我也只能以礼答谢了。"子路为此很不愉快,认为孔子与这位风流王后见面太失身份了。孔子急得赌咒发誓说:"我如果有半点不光明坦白的地方,让上天来惩罚我!"

不久,孔子又遇到一件不愉快的事。卫灵公和南子邀请孔子同出一游。南子自从见了孔子后,对这位圣人油然而生敬意,并且很想在卫人中公开炫耀她与孔子的亲戚关系。这天,卫灵公与南子一同坐车出门,让孔子坐在第二辆车上,而且又叫宦官雍渠坐在第三辆车上,车队在卫都的街上招摇而过。这种事很使孔子感到耻辱。事后,他气愤地批评卫灵公说:"我从来没有见过像卫灵公这种好色胜过好德的人。"

有一次,孔子被卫灵公召进宫中谈话,灵公向孔子请教如何打仗的事,还详细地问起作战的阵法。孔子说:"我只是听过、学过礼义俎豆之事,至于军队中的阵法,我不曾学过。"

又有一次,卫灵公与孔子交谈,孔子在谈话时,灵公看着天上飞雁,根本不注意孔子的交谈内容,孔子看出卫灵公已不是一个可以共事的君主。他年老昏庸,又听信夫人南子之言,由此在君位继承上酿成动乱。后来,卫灵公的世子蒯聩因为不满意他母亲南子的淫乱行为,想杀死她而未成功,于是出奔晋国,投靠赵简子。

鲁哀公二年(前493年),卫灵公死,孔子已五十九岁,离开了卫国。卫国立蒯聩的儿子辄登上君位,即卫出公。这时,晋赵简子帮助蒯聩回国与他的儿子蒯辄争夺君位,赵简子的军队到了晋卫边境戚地驻扎下来,齐国又助辄将戚地的晋军包围起来。卫国的内争又进一步扩大到齐、晋两大国的武装干涉。因此,有的学者认为,孔子说的"鲁、卫兄弟之国",不独指历史上鲁的祖先周公与卫的祖先康叔是亲兄弟,也指现时鲁、卫两国的内乱不已,真要算是难兄难弟了。

离开卫国,孔子带着一行弟子,一路经过曹国,但曹国没有接待他,于是又转到宋国。宋国本是孔子的祖国,这里有颜回的好友罕任大夫。孔子一行在宋受到他的热情款待,并通过他的引荐,见到了宋国国君。

宋国掌权的是大司马桓魋,他是宋桓公的后代,此人极受宋君信用,又专横跋扈。不久前他曾为自己造了一口石头的棺材套,花了三年的时间还没造好。孔子知道这件事时曾经批评说:"这样的浪费,还不如死了以后很快腐烂了好!"(见《礼记·檀弓上》)这话后来传到桓魋耳里,因此很是记恨孔子。当孔子来宋国,他生怕宋君赏识孔子,抓住一切机会在宋君面前讲孔子坏话,还对孔子进行威胁,并派人将孔子在宋讲学的场地上的一棵参天大树拦腰砍断,向孔子示威。弟子们担心桓魋要加害孔子,急着要尽快离开,孔子却毫无惧色地说:"上天赋予我神圣的使命,桓魋能把我怎么样?"但在弟子们的再三劝说之下,一天夜里,孔子换了一套服装在月光下急步离开宋国向郑国赶路,这就是《孟子·万章上》所记载的"微服过宋"的典故。

抵达郑国时,天色已经大亮,弟子们在一夜的急行军中,不少人已走散。孔子独自一

人在郑国东门焦急地等候失散的学生。子贡最先发现孔子走失,招呼大家分头寻找。一位郑国人告诉子贡:"东门有一个人,两腮像古帝唐尧,脖子像尧时有名的法官皋陶,肩膀像郑国的子产,腰以下像人禹,相貌长得不凡,但那慌慌张张、疲惫不堪的样子,就像一条丧家之狗。"子贡一听,心想莫非就是夫子,赶紧奔到城东,果然看见是孔子伫立在东门下。子贡就将郑人的话告诉孔子。孔子凄然一笑自我解嘲地说:"他说我的相貌像古代的圣贤,实在不敢当。但说我像一条丧家狗,倒是很妙很妙啊!"

过了几天,孔子又离开郑国,带领弟子向陈国进发。鲁哀公三年(前492年)孔子六十岁。孔子一行人到达陈国,他们住在陈国大夫司城贞子家里。陈国在宋国南面,国都建在宛丘(今河南淮阳县),国君是陈湣公。由于贞子的推荐,孔子很快被陈湣公请进王宫。陈湣公很尊敬孔子,又很佩服孔子的学识,但由于陈湣公本人不是一个有所作为的人,这也就决定了孔子在陈也难以做出什么成绩。孔子只有在陈设坛讲学,陈国的很多年轻的官员也来听孔子讲课。有一天,一只被箭射下的鸷鸟从空中落到陈侯庭院里而死,箭仍留在鸷鸟的身上,箭头是石制的,箭杆长一尺八寸,陈湣公派人向孔子求教。孔子接过鸟和木石制的镞箭,仔细一看说:"这只鸷鸟是从很远的地方飞来的。这支箭是来自北方长白山肃慎氏。从前周武王平定天下、灭亡殷商之后,打通了九夷、南蛮之地,让各方官吏交纳本地特产,使他们不忘进贡的本职,当时各国都向周天子献上贡物。肃慎国就向周贡献这种箭。周天子为使其政令及功德传播全国,并让人永远牢记,于是在箭杆上刻下肃慎氏贡矢的字样。后来,武王将此箭赐给大姬,并将她嫁给虞胡公,分封到陈国。古时候,将珍宝送给同姓是表示重视,将远方贡物赠送给异姓,是要他不忘侍奉天子。"孔子又对来者说:"这种箭,可能还保留在陈国的府库里,若派人去府库查一查,肯定会发现这种箭。"陈湣公派人一查,果然如孔子所说,从此陈湣公更加敬重这位孔圣人了。

孔子虽身在陈国,却时时惦记着鲁国。这一年的夏天,鲁国发生火灾,起火的地方是一个小宫殿,但大火蔓延烧毁了鲁哀公的正殿,连鲁哀公的八代祖桓公、六代祖僖公的庙也烧了。桓公、僖公庙的存在说明季氏在鲁很有势力。按照周礼规定祖庙只保存四代,鲁桓公是当时上推的九代祖,僖公是六代祖,为什么还保存呢?因为桓公是"三桓"的直接祖先,也是季氏的直系祖先,僖公则是给予李氏封地的鲁君。鲁国所以保存桓、僖二公的庙,与季氏当权有关,李氏为了纪念他们,才违背周礼,保留他们的庙。如今大火烧了这两座庙。孔子心想,这正是上天对违礼的季氏进行惩罚。到了这年秋天(前492年),季桓子病重,当他乘车出巡,目睹鲁都城墙时,又勾起了他对"堕三都"的孔子的思念,季桓子坐在车上叹气说:"我们这个国家本来是可以兴旺的,因为我没有重用孔子,又将他赶走,才落到今天这地步!"他回头对他的继承人季康子说:"我活不多久了,我死后,你一定要辅佐鲁君,召回孔夫子啊!"没几天,季桓子去世,季康子继位,将其父安葬后,就遵照其父遗嘱请孔子回鲁。这时公之鱼反对说:"鲁定公在世时,曾用孔子,但不能有始有终,被诸侯耻笑,现在您再用孔子,能保证始终如一吗?"季康子问:"那么怎么办呢?"公之鱼说:"不如先请孔子的弟子冉有回来。请冉有,不就是请孔子吗?如果冉有什么改变,也不伤面子。"季康子以为这办法很好。但未能立即去办。公元前488年,吴国迫使鲁国在鄫城(今山东枣庄市峄城南)会盟,吴国要鲁国拿出百牢(牛、羊、猪各一百头)作为贡品,吴执政大宰嚭又叫季康子去见他,季康子不得已前往,并召回子贡与他同去。由于子贡的出使,才没受辱于吴。于是季康子决定将冉求召回鲁国。孔子说:"这次鲁国召请冉求,不是小用,而是大用他。"

孔子在陈共住了三年,由于陈国夹在楚、吴两个强国之间,随时有亡国的危险。孔子原先选它为栖身之地,也是想象子产那样拯救这个小国,但是陈湣公不给他施政的机会。不久,陈国突然变成吴、楚争霸的战场,于是孔子只好离开陈国向蔡国进发。路途中遇到长沮、桀溺两位隐者。孔子叫子路前去问路,打听渡口。这两位隐者对子路说:"你们是孔丘的门徒吧?"子路说:"正是。"隐者以教训的口气说:"天下大乱,洪水滔滔,谁能改变呢?你们跟着孔丘只知躲避坏人,不如跟着我们躲避这个世界好啊!"子路将隐者的话转告孔子。孔子低头沉思,良久不语,接着感叹地说:"如果天下太平,我也就不同你们投入这一救世的政治活动中去了。"一路上,有一次子路落在后面,遇到一位拄着拐杖、背着柳条筐的老人,子路向他打听说:"您看见我的老师吗?"老人说:"四体不勤,五谷不分,是什么老师?"说着放下拐杖,继续锄草。子路好容易赶上孔子,将此事告诉孔子。孔子说:"这是一位隐者吧?"再叫子路去寻找这位老人,但那人已经走远了。

公元前489年(鲁哀公六年),孔子六十三岁。这一年的年初,吴国攻打陈国,楚国为了反对吴国,出兵救陈。楚军与吴军在城父(今安徽亳县东南)对垒。据史书记载,楚昭王听说孔子一行人正在陈、蔡之间,便派人聘请孔子。这一消息很快为陈、蔡两国大夫得知,并报告了他们的国君,于是两国都派兵将孔子一行围困在陈蔡之野。从陈国到楚国中间须经过一些吴、楚两国争夺的小国,其中之一是蔡国。蔡国的国都原在河南东南新蔡县内,在吴楚争战中,蔡倾向吴国而迁都到州来(今安徽凤台县),这时另一部分蔡国百姓又被楚国迁到负函(今河南信阳市),孔子从陈国到楚国去,必经负函。负函在名义上属蔡国。从陈都宛丘到负函,这一路上兵荒马乱,正是吴楚交战地。由于吴兵攻打陈国,孔子被陈、蔡派来的军队围住,粮食吃光了,几乎有七天断炊,随行的人不少已经饿倒生病。但是孔子面对这种危险的形势,仍然诵诗,弹琴,唱歌,坚持向学生们讲课。

子路看到不少人病倒爬不起来了,内心很不平静地问孔子:"难道君子也有穷困潦倒的时候吗?"孔子温和地说:"君子当然也有穷困的时候,但他能够坚持自己的信念,不因穷困而改变自己的人生原则,小人一穷困就会变节而无所不为了!"孔子又向子路提问:"《诗》上说:'不是犀牛也不是老虎,何以在旷野上徘徊?'我的政治主张既然是正确的,为什么会落到这种地步呢?"子路说:"恐怕是我们的仁德修行得不够,人家才不相信我们吧?或者是我们智慧不行,人家才不让我们实现自己的抱负吧?"孔子摇摇头说:"有这样的事吗?由啊,假如仁者都能见信于世,伯夷、叔齐怎么会饿死在首阳山上呢?假如智者必能用行于世,比干又怎么会被人剜去心呢?"孔子不满意子路的回答又问子贡。子贡说:"老师,您的哲理太高了,所以天下没有人能容纳老师,我看,老师是否可将自己的哲

理降低些呢?"孔子叹了一口气说:"遇,还是不遇,都要看机会,君子博学深谋而怀才不遇,多得很哩。一个好的农夫能勤勤恳恳地耕作,不一定保证得到丰收;一个技术高明的工匠能制造出巧妙的器物,不一定合乎某些人的需要;有才能有道德的君子可以提出自己的政治理想和主张,能按照一定的办法治理国家,然而不一定会被执政者所容纳。现在你不坚信自己的理想,而是只求被人容纳。赐啊,你的志向太不远了。"于是孔子又问颜回:"《诗》上说'不是犀牛也不是老虎,何以在旷野上徘徊?'我的政治主张既然是正确的,我们为什么会困在这个地方呢?"颜回说:"老师的政治主张实在是太高了,所以天下没有人能容纳您,然而老师百折不挠地推而行之,天下不容有什么关系,正好表现出一个仁人君子的气度,越不被人容纳,越能考验出老师的道德高超,非一般人可比,要是提不出治理国家的办法,这才是我们的耻辱。要是我们提出完备的治国方案,却不受重用,这是那些当国者的耻辱。不能被容纳有什么关系,不能被容纳然后才看出仁人君子的非凡气度!"孔子听了颜回的这一番议论宽慰地笑着说:"是这样啊,颜家小子,如果那天你有钱的话,我来为你做管家吧!"于是孔子派子贡到楚国联络,在楚军的保护下,他们才得以脱身,到达了楚国的负函(今河南信阳)。

楚国的大将沈诸梁正驻军在负函,他又是这地方的执政者,因为他曾经当过叶(河南叶县南)的长官,故又称为叶公。叶公对孔子十分尊重,并向孔子求教为政的方法。孔子说:"近者悦,远者来。"意思是说治国之道,要使远方的人能对你羡慕向往并由国外赶回来归附你,首先就得使你本国人民能够安居乐业而心悦诚服。又有一次,叶公问子路:"你的老师孔夫子是怎样的人?"子路一时无法以三言两语做出回答。后来,孔子知道此事便对子路笑着说:"仲由啊,你可以这样回答,孔丘的为人就是不知疲倦地学习,不知疲倦地教人,发愤用功时,连吃饭也会忘记。他是一个乐观的人,别人以为他已经老了,但他自己始终有一股年轻人的朝气。"

当时楚国与吴国正处在交战状态,楚昭王正在前线指挥军队。孔子知道他是一位能知大道的开明的君主,对他抱有很大的希望,打算借楚国的力量实现自己的理想。据《史记·孔子世家》上说,孔子到了楚国,楚昭王"将以书社地七百里封孔子",楚国的令尹子西知道此事后,心里很不高兴,担心孔子一旦受到重用,自己可能失势,因此极力反对,并在楚昭王面前进谗言说:"楚国的外交使臣才能不如子贡,统帅三军的将帅不如子路,辅佐君王的令尹不如颜回,办理政事的官尹不如宰予。如今大王欲封孔子七百里书社,实在是很危险的,想当初我楚国先君受封时,地盘仅数十里,经过多少代人的努力,才有今天的疆域。当初周文王在丰,武王在镐,地仅百里,然而最终消灭了殷纣。如今孔子名闻天下,又述三王之法,明周召之业,他的弟子中人才济济,文武兼备,一旦封地给他,若照他的主张来治楚国,恐怕对楚国不是一件好事吧?"这段记载是传说,还是事实,还得不到其他材料证明。但据《春秋》,楚昭王死于鲁哀公六年秋七月;据《左传》,死于陈国的城父,而且从这年春天便率军"救陈师于城父",没见到有关楚昭王死前回楚的材料,《史记·楚世家》也明言楚昭王军城父后,死于军中。因此关于楚兴师迎绝粮中的孔子一说似不可信,欲封孔子一说也不可信。

但是,孔子去负函确是在等待着与楚昭王相见的机会。孔子在陈都滞留时就是为了谒见昭王,他在那里几乎等了三年,此后为避陈国内乱,又去负函,也还是为了与昭王取得联系,大概楚昭王已经考虑接纳子路、子贡、颜回这三位孔子弟子,孔子期望着与楚昭王见面的时刻早日到来,以便将他们这三位优秀弟子介绍给昭王,使他们登上楚国的政治舞台,为楚国的政治改革与统一中原做出贡献。但孔子没有想到一代有为之君楚昭王竟突然在城父的军中病逝了。当孔子及其弟子目送着楚昭王的灵柩前往郢都时,孔子感到自己的希望破灭了。他极度悲伤,险些倒在地上,弟子们搀扶着这位老人,他曾耐心地等着谒见昭王,而眼前看到的则是昭王的灵柩,真是"道之将行,天命也;道之不行,亦在天命"。尤其在中国古代的政治舞台上,"其人存则政举,其人亡则政息",如今昭王一死,孔子一行人在楚国难以出仕了。

一天,楚国的一个名叫接舆的隐者,疯疯癫癫从孔子车前走过,唱了一首歌:"凤鸟啊,凤鸟,你为何这般的狼狈! 往事由它逝去,未来还可努力,如此而已,如此而已。现在从事政治的人,是处境很危险的哩!"孔子听完这支歌,很受触动,赶忙下车,想与这位隐者交谈,但歌者已经远远地离去了。

在楚国,孔子遇到很多隐者。有人唱"沧浪的水清可以洗洗我的帽缨,沧浪的水若浊可以洗洗我的脚"的歌曲来劝他,也有人讽嘲他徒然在滔滔的浊流中挣扎,实在无济于事,还不如弃世隐遁。孔子听了这些话万分感慨。但孔子"知其不可为而为之",为了救世,他终究还是选择了奔赴苦难的道路。然而他确实走到了路的尽头。孔子感到他在楚国已经住不下去了。不久,就决定离开负函,再次回到卫国。

鲁哀公七年(前 488 年),孔子六十四岁,回到卫国,在卫又住了五年,直到鲁哀公十一年(前 484 年),时年六十八岁,才归鲁国。

卫国经过近几年的内乱,君位终于仍由卫灵公的孙子辄继承,是卫出公,亦称卫孝公。辄父蒯聩在晋的庇护下流亡在卫晋之边境,一时无力夺回王位,因此卫出公的政权暂趋稳固。由于孔子的弟子多人在卫做官,卫出公也有意请孔子来卫担任重要职务。

孔子一回到卫国,子路见老师在卫有做官的可能,就去问他:"如果卫君请您协助他主持政务,您首先打算做什么事?"孔子说:"首先要做的是端正名份,使人的职位和名义相称,名称与实际相符。"子路直率地表示了自己的不同看法:"老师未免有点不切实际、近乎迂腐了吧? 在这个时代,要想正名份,实在行不通啊!"孔子笑着说:"你啊,怎么这么粗鲁。君子对于他所不懂的事,大都采取保留态度,怎么可以乱说呢? 名分不正,说起话来就不能顺理成章,说话不顺理,事情就办不成;办事不成,国家的礼乐制度也就兴不起来;礼乐制度兴不起来,刑罚就不会得当;刑罚不当,老百姓就惶惶不安,手足无措。所以,君子办事必须符合名分,说话必须符合实际,切实可行。君子对于他说的话,没有一点马虎的地方。"(《论语·子路》)孔子这次回到卫国是准备接受卫出公的邀请出来做官的,他向子路发表的这一番言论,可以说是在卫从政的总纲领。孔子认为卫国政治上的

动乱，归根结底是因为"君臣"与"父子"的名分已乱了。卫灵公死后，理应由蒯聩接君位，但蒯聩不满其母的淫乱，谋杀未成，流亡在外，于是卫就立蒯辄为君，辄是卫灵公的孙子，也是世子蒯聩的儿子，所以孔子认为出公的王位是合乎名分的。虽然蒯聩是父，辄是其子，但辄既已继承了君位，则"父子"关系应从属于"君臣"关系。孔子既表示愿意"仕卫"，也说明他是承认卫出公的王位是合乎名分的。但是后来孔子发现卫国上层仍然潜伏着动乱的因素，他不愿意卷入这种内争，又打消了"仕卫"的念头。当孔文子为了和国内的太叔争斗并向孔子请教对策时，孔子终于决定归鲁了。

公元前 484 年的春天，齐国的军队逼近鲁国。季康子任命冉有主管军事，带领鲁军在鲁国的郎邑与齐军交战，取得了胜利。季康子问冉有："先生对于军事，是学到的呢？还是有天才呢？"冉有说："是跟孔夫子学来的。"季康子问："孔子是什么样的人呢？"冉有乘机向季康子介绍孔子的才能。于是季康子便派公华、公宾、公林三人，带着礼物来卫国迎接孔子。尽管卫出公一再挽留，但孔子早有归心，况且，去年鲁人来报他的妻子亓官氏已去世，他的内心是十分悲痛的，又特别思念留在鲁国的儿子孔鲤。经过周游列国十四年的漂泊生涯，对于仕途他已变得十分淡漠了。当他回到鲁国时，他已是六十八岁的老人了。

删述《六经》

公元前 484 年，孔子经过十四年漂泊异国他乡之后，又回到了鲁国，这时他已是六十八岁的老人了。回到鲁国，虽不当官，但他仍然十分关心国事。由于冉求任季氏宰臣，孔门弟子在鲁做官的很多。早在孔子返鲁之前，子贡就曾为鲁国办外交，樊迟曾任左师副将，有若在季康子处做顾问。孔子回鲁后，子路任过蒲宰，不久又去卫任官。冉雍为季氏宰，宓子贱为单父宰，言偃为武城宰，子夏为莒父宰，公西华出使过齐国，季康子在闵子骞为费宰，但遭拒绝。《韩非子·外储说左下》记载："季孙氏养孔子之徒，所朝服与坐者以十数。"也正因为如此，所以孔子在鲁国以"国老"的身份，关心着鲁国的国事。鲁哀公和执政的季康子将他看成鲁国的元老并时时向他求教治国之道。鲁哀公曾向他请教为政的原则，孔子说："政在选臣。"又问孔子："何为而民服？"孔子说："任用正直的人，斥退奸诈的人，人民就服从；任用奸诈的人，斥退正直的人，人民是不会服从的。"(《论语·为政》)。

通过十四年周游列国，孔子对春秋时代各国状况作了实地考察，他清楚地看到当时社会不断发生动乱的根源在于各国执政者本身的骄奢淫逸和贪婪残暴。当季康子问孔子什么是政治时，孔子说："政者，正也。子帅以正，孰敢不正？"他劝导季康子要努力改善自身的政治品质，借此调节君臣、君民、臣民之间的关系。有一次季康子苦于盗贼太多，向孔子请教治理的办法，孔子回答说："假若您自己不贪财货，就是悬令赏民行窃，他们也

不会干。"季康子又问孔子："如杀无道，以就有道如何？"孔子指出："子为政，焉用杀？子欲善而民善矣。"孔子坚决反对用杀人的办法来治理国家，认为执政者只要以身作则，做到清正廉洁，不贪财货，不谋私利，老百姓自然会向善的。季康子问孔子曰："使民敬，忠以劝，如之何？"孔子说："临之以庄则敬，孝慈则忠，举善而教不能则劝。"当他的弟子子张向他问政时，他说："能行五者于天下，为仁矣。""五者"即"恭、宽、信、敏、惠"，孔子认为这是执政者应具的美德，他说："恭则不侮，宽则得众，信则人任焉，敏则有功，惠则足以使人。"他向执政者提出了"为政以德"的政治伦理原则。《荀子》《大戴礼记》中均有鲁哀公向孔子问政的专篇，孔子仍想帮助鲁哀公树立鲁国公室的权威，甚至向他讲述了"水则载舟，水则覆舟"的道理。

我们从孔子晚年对季康子一系列的批评中，也可以看出他是坚持反对季氏专权的。当孔子一回到鲁国，他的弟子冉求奉季康子之命向他征求实行"田赋"的意见。所谓"田赋"是按每年的田亩数征收军赋。孔子对此很不赞成，当冉求一再询问时，他说："君子做事，应以周礼为准则，倘不以周礼为准则，贪得无厌，即使采用了田赋，也不能得到满足。现在有周公之典放在那儿，何必问我呢？"但季氏并没有接受孔子的劝告，于鲁哀公十二年春，实行田赋。孔子对此十分生气，《论语》上记载："季氏富于周公，而求也为之聚敛而附益之。子曰：'非吾徒也，小子鸣鼓而攻之，可也！'"孔子提出周礼的原则，并不意味着孔子真想倒退到周公那个时代去，孔子不是迂夫子，他只是以"周礼"的名义来限制贵族们的贪财好利、剥削百姓的行为。孔子主张的是一种"裕民"政策，他主张对百姓"施取其厚""敛从其薄"。

孔子在经济政策上，提出："不患贫而患不均，不患寡而患不安。"主张先让老百姓富起来，认为只有老百姓富裕了，自然人心稳定，政权巩固。有一次，鲁哀公问孔子弟子有若："年成不好，收入不够，怎么办？"有若说："收十分之一的税就是了。"鲁哀公说："收十分之二的税，还不够公室的开支，十分之一怎么行呢？"有若便说："只要老百姓够吃，您还担心什么呢？要是老百姓不够吃，您又向谁要粮食呢？"有若的这一观点与孔子的"裕民"政策是完全一致的。

孔子是反对战争的，他希望鲁国能有一个和平的环境。鲁国有一个很小的附庸国，叫颛臾（今山东费县西北），是鲁国唯一还未被三桓瓜分的公土。季康子打算出兵攻打这个小国，子路和冉有都在季氏那里做官，便将此事通报孔子。孔子说："求（冉有）啊，这恐怕是你出的主意吧！颛臾这个小国，一向是鲁国的附庸，为什么要对它用兵呢？"冉有声明："这是季康子的主意，我们并不想这样干。"孔子说："你们难道就没有责任了？笼中的老虎跑了，匣子里的美玉碎了，能不怪看守老虎和保管匣子的人吗？"冉有又说："颛臾的城堡很坚固，又靠近费城，现在不攻下，怕有后患。"孔子生气地说："我最讨厌那种口是心非，又制造借口的人，我听说一个国家不怕人口少，只怕贫富不均；不怕穷，只怕不安定。你与仲由辅助季氏多年，却不能使境内的老百姓安居乐业，又不能令四方的人向往鲁国，反而在国内动起干戈。我恐怕季康子的忧患不在外而在内呢！"（《论语·季氏》）。

孔子晚年返鲁后,虽已退居"国老",但是他仍然十分关心国事。不过他越来越感到治国化民之道,非从教育入手不可。事实上,施教是贯串孔子一生的主旋律。根据《史记》记载,他的教育活动最初是开始于三十岁即他赴周都游学前后,第一批学生如鲁国的贵族弟子孟懿子和南宫敬叔也是在这时候拜他为师的,这段时间可以说是孔子创办私学、始教阙里的第一阶段。

从三十七岁到五十岁,即从鲁昭公二十七年,自齐返鲁之后到仕鲁之前,由于当时鲁国政治是"政在大夫""陪臣执国命",孔子不愿与这些权臣合作,坚持"卷而怀之""邦无道则隐"。《史记·孔子世家》说:"退而修《诗》《书》《礼》《乐》,弟子弥众,至自远方,莫不受业焉。"这时期孔子的弟子中,不仅有来自齐、鲁的学生,还有来自楚、晋、秦、陈、吴各国的弟子,孔子弟子几乎遍及当时各诸侯国。这段时间可以算是第二期。

后来,孔子离开鲁国,在周游列国时期,也带着他的弟子们四处奔走,并以社会为课堂,在游说求仕的过程中,在与各国统治者的交际中,在社会的政治的实际活动中,进一步培养和教育自己的学生,即使在极为困难与危险的环境中,仍然讲学不辍。这段时间可以说是孔子扩大办学的第三时期。

孔子六十八岁返鲁之后,直到他七十三岁逝世之前,这中间共有五年时间。这五年中,孔子跨越了他一生中"六十而耳顺""七十从心所欲不逾矩"的两种思想境界。在这个时期,他的思想、学问、品德修养已是炉火纯青,达到了"文圣"的最高境界。此时,孔子出于他对文教事业的真挚热爱和对于中华文化的承前启后的强烈责任感,决定不再"求仕",而将主要精力致力于教育办学和整理古代经典文献这两方面。这段时间可以说是孔子讲学洙泗的第四阶段。

考查孔子几十年的办学实践,可归纳他主要有以下几方面的教育思想:

教育目的

首先,孔子办学是为了培养一大批能够参加春秋后期政治改革活动的志士仁人。孔子所处的时代是一个"礼崩乐坏"、政治动荡的时代,孔子对此怀着极大的忧虑,不断深思造成这种动乱的根源。孔子认为造成社会危机日趋严重的主要根源,应该从人自身的内在精神世界方面去寻找。孔子的整个学说有一个最主要的特点,就是认为人的内心的道德水平决定人的行为的高低,强调人的内在思想是可以塑造与改变的。他强调只有拯救人心,才能拯救世界。因此,孔子认为教育的主要目的是培养人良好的道德品质,并将教育内容分为四科:德行;言语;政事;文学。而置德行于诸科之上。孔子认为要变"天下无道"为"天下有道",不得不依靠"志士仁人"的不懈努力,为要造就一大批"志士仁人",就必须在办学中坚持将道德培养放在首位。只有那些自身道德品质高尚的人,才是实现仁政德治的优秀人才。

孔子曾告诫子夏说:"汝为君子儒,毋为小人儒。"在孔子看来,这些"君子儒"应按照自己的政治理想投身到当时诸侯各国的政治改革中去。孔子办学也确实达到了这一目的。

他一生除了有四五年的从事政治、为官治国外,几乎都用在教育事业上。孔子在政治上未能达到自己的目的,但孔子的教育目的是达到了。传说他一生培养了三千多名学生,其中"受业身通六艺者七十有七人",也有说七十二人。即所谓"三千徒弟子,七十二贤人"。孔子创立了我国古代最早、也是影响最大的儒家学派。而且孔门教学又有四科,按学生不同的品行与才性施以教育,培养出参政与从教的不同人才,如德行以颜渊、闵子骞、冉伯牛、仲弓修养最高;政事以冉有、季路最出色;言语有宰我、子贡;文学有子游、子夏。其中像冉求、子路、宰我、子游、子贱,曾为列国大夫或邑宰,子贡常相鲁、卫,在施政上很有政绩。至于没有从事政治活动而专门致力于学术教育的则有曾参、子夏、澹台灭明、商瞿等。曾参设教于武城,孟轲称其弟子有七十人(《孟子·离娄下》)。子夏居西河教授,为魏文侯师。李悝、田子方、段干木均是他的弟子。子夏在孔门中是传经之儒,汉代学者称儒家经学均由他所传授。澹台灭明南游至江,从弟子三百人,设取予去就,名施诸侯。此外,还有商瞿传《易》。澹台灭明和子夏的教育事业,又进一步将孔子的思想传播到黄河、长江两大流域。

教育对象

孔子之前的古代教育制度是由国家办学,就是所谓五官之学,这种教育制度的特点是官师合一、政教合一。这种官办的学校,教育大权由贵族垄断,只有社会上层的贵族子弟才有资格接受教育,而平民子弟是没有接受教育的权利的。但是到了春秋时代,社会发生剧变,王室衰微,官学已经荒废停办,垄断在王宫手中的文化典籍也散失四方,不少过去在官府教书的王官、巫祝、礼乐之士,也都流落到平民中间去了。因此,兴办私学已具备一定的条件,而且私学的产生又适应了当时文化下移、平民知识分子兴起的需要。孔子目睹春秋以来"礼崩乐坏""官失其守""学在四夷"的局面,他以"存亡继绝"的历史使命感,抢救并整理了有濒临散失危险的上古文化典籍,同时以此为教本,创办私学,教授弟子,其规模之大,影响之深,在古今中外的历史上是罕见的。

"有教无类"是孔子提出的口号,也是他创办私学的最大特点。造成古代贵族政治与阶级政治的主要因素除了出身以外,另一个就是知识的鸿沟。孔子提出"有教无类"的方针,其目的正在于填平这一鸿沟,这对于当时的贵族政治是一个很大的挑战。子L子办学之后,出现了许多民间的学术团体,许多著名学者带领门徒四处讲学,于是百家争鸣蔚然成风,形成了春秋战国的众多学派,出现了一种思想自由、学术繁荣的新风气。

所谓"有教无类",历来有不同解释。或指出身、贫富不分类,或指族种、地域不分类。孔子说:"自行束脩以上,吾未尝无诲焉。"(《论语·述而》)这是说不管是什么人,只要送来十条干牛肉,都收他做学生。大体上说,"有教无类"的重大意义,在于打破贵族和平民的出身限制,一律施教。这种不分富贵贫贱一律教育的作法,在中国教育史上是自孔子创始的。由于孔子教学是来者不拒,多多益善,相传他门下的学生竟达三千人之多,其办学规模可谓空前。由此可见,孔子办学极大地扩大了教育对象。他认为人的天赋素质并没有什么大的差别。《论语·阳货》上记载孔子说:"性相近也,习相远也。"他明确宣布,

人之成为各种不同的人,主要是后天的影响造成的。这可以说是中国古代最早的天赋平等的人性论(张瑞璠《中国教育史研究·先秦分卷》)。孔子的整个教育思想都是基于这种天赋平等的人性论,从而将教育对象扩大到平民,甚至贱人奴隶的范围,这的确是中国古代教育史上的重大突破。孔子之所以成为文化伟人和万世师表而为世人所崇敬,这是一个很重要的原因。他扩大了教育的社会基础和人才的来源,从而为世界文化发展史增添了宝贵的财富。他的"有教无类"的办学方针是一个划时代的伟大进步。

教育内容

孔子以前,"学在官府",夏、商、周贵族学校的教育内容是十分简单的,谈不上有多少理论性、知识性的教材,这是与当时的文化尚处于较低水平有关的。《周礼·地官司徒·保氏》上说:"保氏掌谏王恶,而养国子以道,乃教之六艺:一曰五礼,二曰六乐,三曰五射,四曰五驭,五曰六书,六曰九数。"这里的礼、乐、射、驭(同御)、书、数等六艺,指的是保氏对国子(贵族子弟)施教的内容,其中射、御是属于军事性质的技能,这种军事技能以及和技能相配合的礼、乐活动,是当时贵族从事政治、军事、外交活动所必备的素养。此外,礼是指待人接物的礼仪,乐是指音乐、舞蹈方面的艺术教育,还得掌握一些书写和计算的知识技能。这就是孔子之前贵族子弟的学习内容。孔子在办学中对教育内容做了重要改革,他研究整理了我国古代的大量文献,从中选出了《诗》《书》《礼》《乐》《易》《春秋》这六部经典,作为教科书。这六部经书后来被称为《六经》或"六艺"。在孔子之前就已经有这六部书,也曾被列为贵族子弟的教育内容,但那时还是未加工整理的、十分庞杂零乱的,并且充满着"怪、力、乱、神"荒诞迷信的内容,只是到了孔子手里,才排除了重巫、重祭的宗教鬼神文化的成分,注入了春秋时代人文主义的新精神,终于编订成世界教育史上最早的文化知识课本。经过孔子整理的"六艺"或《六经》的这一套教本,在中国古代的学校中,一直被使用了两千多年。

《礼记·经解》上记载了孔子对"六艺"或《六经》的解释:"其为人也,温柔敦厚,《诗》教也;疏通致远,《书》教也;广博易良,《乐》教也;洁静精微,《易》教也;恭俭庄敬,《礼》教也;属辞比事,《春秋》教也。"司马迁说:"自天子王侯中国言'六艺'者,折中于夫子。"又说:"孔子以《诗》《书》《礼》《乐》教弟子,身通'六艺'者七十二人。"又《庄子·天下篇》对于鲁国孔子的教育内容做介绍:"其在于《诗》《书》《乐》者,邹鲁之上缙绅先生多能明之。《诗》以道志,《书》以道事,《礼》以道行,《乐》以道和,《易》以道阴阳,《春秋》以道名分。"总之,孔子六十八岁倦游返国,赞《易》,作《春秋》,直至获麟绝笔,正寄托了他晚年的社会、哲学、政治理论,并形成了他的"同人""大一统""天下为公"等大同思想。因此,孔子的教育内容,固然包括《诗》《书》《礼》《乐》,但更为重要的则是《易》与《春秋》。

孔子的教育内容基本上是以《六经》文献为主,这也是孔子的教育内容与孔子之前的教育内容根本不同的地方,孔子办学将文化教育放在第一位,孔子之被尊为"文圣",也正是出于这个原因。

教育方法

首先是因材施教。这是孔子的一个重要的教育原则,也是中国教育史上一个非常宝贵的传统。孔子认为人的智力是有高低的,因此在教育上应有所区别。他说:"中人以上,可以语上也;中人以下,不可以语上也。"(《论语·雍也》)这是说,对于中等以上水平的人,可以向他谈论高深的学问;对于中等以下水平的人,不可以和他谈论高深的学问。为了贯彻"因材施教"的原则,孔子对他的弟子们有比较深入的了解,几乎掌握每个学生的特点和个性。孔子说:"柴也愚(愚直),参也鲁(鲁钝),师也辟(偏辟),由也喭(刚猛)。"又说:"回也其庶乎,屡空,赐不受命,而货殖焉,亿则屡中。"(《论语·先进》)他只用一两个字就刻画出高柴、曾参、子张、子路、颜回、子贡的个性特点,甚至连颜回、子贡二人的经济条件也十分清楚;并且对他的学生的优缺点也能给以恰如其分的评价。如子贡问孔子:"师(子张)与商(子夏)谁更好些?"孔子说:"子张办事过火,子夏办事不及。"子贡说:"那应该是子张胜过子夏了吧?"孔子说:"办事过火与办事不及都一样不够好啊!"

又如子夏、子路、仲弓、子张都向孔子问政,对同一个问题,孔子根据他们对政治理解的不同倾向做出了不同的答复。于夏问政于孔子,孔子说:"无欲速,无见小利,欲速则不达,见小利则大事不成。"子路问政,他说:"先之、劳之。"仲弓问政,他说:"先有司,赦小过,举贤才。"子张问政,他说:"居之无倦,行之以忠。"

由于孔子对他的学生很了解,因此对他们进行了不同的培养,并且知道他们的专长和适宜于什么工作。孔子说:"由也,千乘之国,可使治其赋也"。"求也,千室之邑,百乘之家,可使为之宰。""赤也,束带立于朝,可使与宾客言也。"(《论语·公冶长》)

总之,孔子是我国教育史上第一位实践"因材施教"的教育家,他的三千弟子中能出现七十二贤人,也与孔子能了解自己的教育对象,因材施教是分不开的。

其次,启发诱导。孔子是我国古代启发教学的首倡者,也是世界教育史上启发教学的创始人。远在古希腊苏格拉底(前470—前399年)提出启发法之前,孔子就已积累了丰富的启发教学经验。孔子认为,学习知识是学生独立思考的过程。他又是注入式教学最早的反对者。他说:"不愤不启,不悱不发。举一隅不以三隅反,则不复也。"(《论语·述而》)朱熹在《论语集注》中解释:"愤者,心求通而未得,愤则已用力于思,故可启以开其意。悱者,口欲言而未能,既已得其意而未能发表,故可发以达其辞。"《论语·为政篇》记孟懿子同孔子什么叫作孝,孔子只是答以"无违"(不要违背礼节),孟懿子没有再往下问,孔子也就不往下讲了。学生提问到什么地方,孔子也就回答到什么地方,并且也是按照学生当时的理解程度和如何积极程度而定的。孔子又将此事告诉樊迟说:"孟懿子问孝于我,我对曰无违。"樊迟又进一步问"无违"是什么意思,孔子这才进一步回答:"生事之以礼,死葬之以礼,祭之以礼。"孔子是在学生自身有了强烈的求知欲时,才给以教导的。颜回曾经说:"夫子循循然善诱人,博我以文,约我以礼,欲罢不能。既竭吾才,如有所立卓尔。"(《论语·子罕》)颜回感到孔子善于有步骤地诱导他求学,既梦地学习古代的文献,又要求他以礼来规范自己的行为。使他既有日,又能行,使他的知识成为有用的知识,激起强烈的求知欲,就是想停止学习也停不下来。

孔子教学中又运用"叩竭法"。这也是一种启发性的教学法。《论语·子罕》上按孔子的话说:"吾有知乎哉?无知也。有鄙夫问于我,空空如也,我叩其两端而竭焉。"这是说,当有人向孔子提问题时,他并不是马上将答案告诉提问者,而是从问者的疑难处出发,从正反两面展开反诘,弄清问题的性质与内容,然后使提问者通过积极的独立思考自己找到合理的答案。

再次,教学相长。孔子办学主张教学相长,提倡师生之间相互切磋,共同讨论。一部《论语》就记载了大量师生之间互相讨论问答的情况。《论语·学而》上记载子贡请教孔子说:"穷人能不谄媚人,富人能不骄,如何?"孔子说:"这也算不错了。但不如穷而能乐道,富而知好礼,这就更好了。"子贡于是说:"《诗经》上说:'如切如磋,如琢如磨'不就是这个意思嘛?"孔子说;"赐呀!像这样,才可与你谈《诗》了。"由此可见,孔子与他的弟子们在教学上是互相取长补短的。又如《论语·八佾》记载,子夏向孔子问《诗》:"'巧笑倩兮,美目盼兮,素以为绚兮',何谓也?"孔子回答他说:"绘事后素。"子夏由此而悟道:"礼后乎?"孔子十分高兴子夏的回答,并赞扬他说:"起予者商也,始可与言《诗》已矣。"他感到子夏在学《诗》的过程中,所发表的看法,对自己也有启发,因此,与子夏在一起才可言《诗》了。孔子认为只有师生之间互相启发,才是最好的教学方法。反过来,颜回在孔子面前从来不提相反的意见,孔子就批评说:"回也,非助我者也,于吾言无所不说。"他希望颜回对他的教学多提意见,以便使师生之间互相促进提高。

最后,师生平等、教学民主。孔子和他的弟子们亲如一家,孔子对学生平易近人,坦率真诚,学生对孔子敬爱尊重。他提倡"当仁不让于师"(《论语·卫灵公》)。有一次,孔子的学生陈亢向孔子的儿子孔鲤打听,问他从父亲那儿学些什么,孔鲤告诉陈亢除了教他学《诗》、学《礼》,再也没有其他功课了。陈亢知道了孔子将学生和自己的儿子一样看待。

孔子对于学生的缺点及时进行批评教育。宰予昼寝,孔子批评他是"朽木""粪土之墙",要他振作精神,不断上进。冉有为季氏宰,他搜刮民财以肥季氏,孔子见他损害老百姓,十分气愤地说:"这个人已经不是我的门徒了,你们都可打起鼓去声讨他!"(《论语·先进》)但孔子身为老师对自己也严格要求。孔子在卫国不得已去见南子,回来后,子路对他表示不满,孔子感到子路不理解并错怪了他,他就在子路面前激动地对天发誓,求得子路明白他的心志。(《论语·雍也》)子游为武城宰,孔子入武城"闻弦歌之声"而笑子游"割鸡何必要用牛刀",子游不服气地反驳孔子说:"往日我曾听先生说过,君子学于道,便懂得爱人,小人学于道,便易于使命。"孔子觉得他讲得有理,就公开在学生面前承认自己讲错话,并说:"学生们听着,子游说得对,我前面所说是和他开玩笑的。"(《论语·阳货》)孔子曾坦诚地向学生们表示:"我有什么事隐瞒大家吗?我的一切行为都是向大家公开的,这就是我的为人!"孟子曾经说:"以德服人者,中心说而诚服也,如七十子之服孔子也。"(《孟子·公孙丑上》)正因为孔子在师生关系上主张民主、平等,有一种较为开放的心态,他是一位"圣之时者",又是一位有热情、有感情、有爱心的文化圣人,因此弟子们对孔子十分敬爱,即使在最困难的情况下,师生之间也团结精诚,能够患难与共,相濡以沫。这可以说是孔子办学的伟大与成功之处。故《孟子·公孙丑上》说:"昔者子贡问于孔子曰:'夫子圣矣乎?'孔子曰:'圣任则吾不能,我学不厌而教不倦也。'子贡曰:'学不厌,智也;教不倦,仁也。仁且智,夫子既圣矣'!"

我国古代的文献典籍保存得较为完备,尤其是代表我国二千余年前古文明的文献典籍《六经》,直到今天还被保存并流传下来,这不能不归功于我国古代第一位伟大的文献整理家孔子。孔子被后世尊为"文圣",除了他首创私学的伟大功绩外,另一个伟大的功绩就是他对《六经》的整理工作。

"六经"之名,最早见于《庄子·天下》篇。作为我国古代的文化遗产的这六部古典文献,在最初形成时期,并非儒家的专利品,也正因为如此,历来对于六经的成书及其与孔子的关系,始终存在争议。

古文经学家认为《六经》原是周公的旧典,是先王的典章制度和历史文献。孔子只是"述而不作",章学诚、章太炎均持此一看法。如章学诚倡"六经皆史"之说,认为"古人未尝离事而言理"。章太炎则认为,孔子传播固有文化之功,不在尧舜之下,但也只将孔子当作历史学家看待,认为孔子是一位古代文献的保存者。总之,古文经学家认为孔子所描述的尧舜时期的文化是真实的历史,《周礼》只是周公治国平天下所实行或理想的政治蓝图。在他们看来,中华民族之所以历数千年而不致灭亡,实是因为我们的祖先有自己的详备而不绝的国史的缘故。因此,孔子是华夏文化"继往开来"的"集大成"者。章太炎先生说:"孔子不布《春秋》,前人往往不能语后人,后人亦无以识前人,乍被侵略,则相安于舆台之分。"(《国故论衡·原经》)这就是古文经学家对孔子与《六经》关系的看法。

今文经学家则不然,他们认为《六经》系孔子所作。《易》与《春秋》尤其是孔子明道经世之作。经书虽然是前代史料,但重要的是在其中已寄予"微言大义"。皮锡瑞认为,孔子之所以被后世看成是"万世师表",是因为他手订了"万世教科书",而康有为则认为《六经》是孔子"托古创制"之说。孔子与《六经》的渊源,直到近代之前,只有这两种说法。(参见苏渊雷《孔学四论》)

到了近代,又有人认为六经既不是周公之作,也不是孔子的"托古之作",并认为《六经》即无信史、也无哲理和政治的价值(参见《古史辨》第一册,钱玄回答顾颉刚先生书)。也有人认为,《六经》只是周代通行的几部书,《论语》上见不到一句关于孔子删述六经的记载。只是到孟子才说他作《春秋》;到了《史记》才说他赞《易》,序《书》,删《诗》;到《尚书纬》才说他删《书》;到清代的今文家,才说他作《易经》,作《仪礼》。(《古史辨》第一册,顾颉刚与钱玄同论孔子删述《六经》书)因此认为孔子与《六经》无关系,孔子非但未曾制作《六经》,就是删述《六经》之事也不可能。此说为钱玄同首倡,附和者亦不乏其人。

我们认为,《六经》的来源问题与孔子的文化历史地位有密切关系。否定孔子与《六经》之关系,也就是否定孔子在中国历史上"文圣"的地位。事实上,所谓"述而不作"正是说明孔子讲学有所依据。同样,孟子、司马迁以来相传孔子"删《诗》《书》",订《礼》

《乐》，赞《易》，作《春秋》"不是没有根据的。孔子时代的文化典籍是相当多的，也是十分分散的，孔子为此做了搜集与取舍的大量工作。孟子说："孔子，圣之时者也。孔子之谓集大成。集大成也者，金声而玉振之也。金声也者，始条理也；玉振也者，终条理也。"（《孟子·万章下》）孔子的删述《六经》，正是对夏、商、周三代的文化典籍做了一番"始条理""终条理"的整理研究工作。这在我国古代文化史上是一项极为浩大的文化整理工作。

孔子之前，我国古代的文献典籍极为丰富。根据《史记·太史公自序》中司马义所说："古者六艺经传以千万数"，早在殷代，就已有"典册"。《尚书·多士》上说："惟殷先人，有典有册。"殷代的"典册"是串联在一起的甲骨，还是用竹片串成的简册，至今尚不得而知。迄今为止，出土的简册，最早的是战国时期的，大量的则是秦简和汉简，至今尚未发现殷代的简册，也很难考证这些简册是什么样的文献资料。殷代的卜人、史官、巫祝记录在甲骨上的卜辞，以及在铜器上的金文，是作为档案资料被保存在王宫那里供少数贵族与统治者使用的。但这些原始文献并未得到有目的的加工、整理。根据已有的文献可考，《国语·鲁语下》上说："昔正考父校商之名《颂》十二篇于周太师。以《那》为首。"可见孔子的七世祖正考父曾对《诗》做过整理工作，他在西周末曾为宋国大夫，宋是殷旧贵族微子的封地，因此保存了殷商的乐章乐谱。正考父搜集了《商颂》十二篇，"恐其舛缪，故就太师校之也"（孔颖达《毛诗正义》）。经过周太师的指教，才编定以《那》篇为首的次序。但正考父是怎样校正编定《商颂》的，我们至今不得而知。只是正考父的后裔孔子整理《六经》，确有依据。

殷政权垮台之时，根据《吕氏春秋·先识》上说："商内史向挚，载其图法奔周。"这位奔周的商史官向挚，携带的典册要以车载，可见其数量之多。及至周室东迁，典册文献流散的情况也就更为严重。到了春秋时代，在社会的动荡与巨变中，大部分旧王朝的史官、礼官、乐官、卜官流散民间。史称墨子南游，载书甚多（《墨子·贵义》）。《左传·昭公十二年》载楚国的左史倚相"能读《三坟》《五典》《八索》《九丘》，"这些文献，现在已不可能见到，但孔子当时是可能接触到的。又《孟子·离娄下》提到晋之《乘》，楚之《梼杌》，鲁之《春秋》，都是当时各国的史书。《管子·山权数》上也提道："管子曰：《诗》者，所以记物也；《时》者，所以记成败也；《行》者，道民之利害也；《易》者，所以守凶吉成败也；《卜》者，所以卜凶吉利害也。"《国语·楚语上》又列举了当时所见的《春秋》《世》《诗》《礼》《乐》《令》《语》《故志》《训典》等九种文献典籍。可见在孔子时，他听见的文献是很多的。这就为孔子整理六经提供了充分有利的条件。

春秋时代，鲁国是一个弱小的国家，先后受制于齐国、吴国、越国。可是鲁国是周公之后，虽是政治上的弱国，但却是文化上的大国。当西周首都丰镐（今西安近郊）经犬戎之乱的摧毁，而东周首都成周（今洛阳）又迭经内乱的破坏，鲁国的文化，便成为周文化的代表。鲁襄公二十九年（前 544 年），吴公子季札来聘，观乐于鲁。鲁昭公二年（前 540年），晋国的韩宣子来聘，看到鲁太史所藏的典籍，曾言："周礼尽在鲁矣！"这些都充分证

明鲁国文化就是周文化的代表。

《诗》《书》、《礼》、《乐》、《易》、《春秋》,在孔子之前或可称之为"古六艺,也就是所谓"旧法世传之史",在周代的贵族官学里已被用为贵族子弟所学的教材,但这些教材十分凌乱,不成系统。到了春秋时代,由于天下大乱、王官失守,大量"古六艺已经遭到严重破坏。而只有当时的鲁国才是保存古典文献最为完备的国家。于是整理古代文献的历史使命便落到孔子的户上。

孔子自幼就好学不倦,他研读了大量三代的文献典册,及至青壮年时期包括他讲学杏坛、周游列国期间,一生始终注意考察、收集古代历史文化的传说、实物和文献。到了晚年更喜欢研究《易》。《礼运》上记载孔子的话说:"我欲观夏道,是故之杞,而不足征也,吾是《夏时》焉。我欲观殷道,是故之宋,而不足征也,吾得《坤乾》焉。《坤乾》之义,《夏时》之等,吾以是观之。"可见孔子不仅研究了《周易》,还研究了殷《易》。这就使孔子成为大学问家。因此,也只有他才具备整理古典文献的必要文化条件。加上孔子一生在政治上又极不得志,这就更促使他集中毕生精力,从事文化教育事业,通过整理文献,向他的学生们讲学传道。孔子认为他的删述《六经》、从事教育这两件毕生为之奋斗的大事,也能在政治上发生长远的影响,等于为后世百王立法垂教。这就是他整理古代文献的内在驱动力。

鲁哀公十一年,孔子返回阔别十四年的鲁国时,已六十八岁。在周游列国期间,为实现他的政治理想,他到处奔波,大声疾呼,备尝斥、逐、困、厄,但始终未能得到各国执政者的理解与重用。当他返回鲁国之后,已不再热衷仕途了。"鲁终不能用孔子,孔子亦不求仕",而集中精力整理古代的文献典籍。他从周、鲁、杞、宋的历史文献中,整理出古代中国的史系和学系,删《诗》《书》,订《礼》《乐》,赞《易》,作《春秋》,为我国古代民族文化的存亡继绝做出了伟大贡献。

孔子编写整理《六经》,在我国古代的文化史上是首创的、具有划时代意义的大规模的文化典籍整理事业。孔子在"究观古今之篇籍"(《汉书·儒林传》)之后,认为历史文化是前后相继的,不可割断的,但随着社会的发展,古代的文化制度和礼乐文明又是可以改革的。孔子说:"殷因于夏礼,所损益可知也;周因于殷礼,所损益可知也;其或继周者,虽百世可知也。"(《论语·为政》)孔子在整理古代文献中,对于三代的礼乐典章进行了损益与扬弃,并加以新的解释。

首先,孔子整理古代文献是以"仁"为内容,以"礼"为形式的。在整理阐释《六经》的过程中,孔子将仁的观念作为一种哲学观、社会观、人生观、伦理观注入《六经》中,通过对《六经》的阐释,创立了儒家的思想文化学说。由此将三代的文化典籍改造成为适应社会变革长远需要的儒家理论学说。

其次,"不语怪、力、乱、神"。上古三代的文献,原本由王官巫史掌握,作为"古六艺"的》《《书》《礼》《乐》《易》《春秋》这六部典籍在其最初的起源上,与巫史祝卜的宗教巫术活动关系密切,因此含有大量的神怪荒诞的内容。但是,留传至今的,我们现在所看到的

《六经》等典籍,却很少有涉及鬼神巫术的内容。其实这与孔子整理《六经》有很大关系;或者很可能是孔子删削的结果。(孔祥骅《"六艺"出自巫史考》,1992年第4期《学术月刊》孔子在比较研究了夏、商、周三代文化后曾说:殷人尊神率民以事神,先鬼而后礼,……周人尊礼尚施,事鬼敬神而远之,近人而忠焉。"(《礼记·表记》)孔子在这里谈到殷周之间的文化差异,其实这也是我国古代观念上的重大转变,即以神为本位的宗教文化转变为以人为本位的礼教文明,由此也就完成了由巫官文化向史官文化的过渡。孔子在整理《六经》时,排除了上古流传下来的鬼神机祥之事,而注重于实践的、理性的思考,致力于建设人伦日用的政教体系,强调人自身的德性与修养。本着春秋时代人文主义的新精神,对上古巫史文化加以改造、扬弃,这就是孔子在整理《六经》方面所做的巨大贡献。

再次,"述而有作"。孔子整理《六经》,其目的是将《六经》作为教本。他所依据的材料,毕竟是古代的文献,尽管他进行了删节,但他的态度是"信而好古",基本保持原有的文字,包括原来的史事内容和表达风格。因此,这《六经》至今仍是十分有价值的史料。但另一方面,孔子在整理六经时,又是寓作于述,或以述为作的。在整理与传授《六经》的过程中,孔子又做了引申与阐发,其中贯穿了孔子的正名、重民、仁爱等儒学精神,又寄托了他的志在改革春秋社会的政治意识,以及"贬天子,退诸侯,讨大夫"的批判精神。同时,孔子又描绘了他的"同人""大一统""天下为公""大同世界"等政治理想。这也正如孟子在评价《春秋》一书时所说的那样:"其事则齐桓晋文,其文则史。孔子曰:'其义则丘窃取之矣。'"(《孟子·离娄不》)不仅整理编修《春秋》是如此,其余绪经的整理、阐释、诠解都是本着这种精神的。因此我们认为,孔子在编订《六经》时,还是有所创作的,并根据春秋时代人文主义的新精神赋予《六经》以新的内涵的。因此,经过孔子整理的《六经》既可看作是中国古代文化的重要史料,也可看作代表孔子的思想体系及其儒家学派的理论著作。

孔子言行十分谨严,删述必以文献足征,始为撰述,故《书》由尧舜记起,计时约有一千七百余年。孔子自认为是"述而不作,信而好古"者,他对此一时期的文化遗产加以整理,存菁去芜,为后世享用。有人说:"有孔子乃有中国文化。"并非过誉之词。总之,孔子所整理的《六经》,在中国文化史上具有一种开创的人文精神,并由此而奠定了中华民族文化的基本格局,确定了儒学在中国文化中的正统地位。现将孔子对于《六经》的整理与删述,分别介绍如下

《诗》的整理

《诗》原是歌谣。上古之时,没有文学,只有口唱的歌谣,没有写的歌谣,一个人高兴或悲哀的时候,就将自己的心情以歌声唱出来,聚在一处酬神作乐,一边歌舞,一边奏着乐曲。等到最早的文字出现,才有人将这些歌谣记录下来,这便是最初的诗。《诗》中的诗歌,最早的可以追溯到殷商时期。如《商颂》这一组诗。有人认为是殷朝所作,有人则认为是周代宋国的颂歌。到了周代,统治者为了丰富自己的宫廷生活,才出现了太师与乐工,他们又四处征集、编写和整理乐歌,不但搜集本国的乐歌,还要搜集别国的乐歌;不

但搜集乐词,还得搜集乐谱。这些歌辞经过长时间的修改、删削,就成为《诗》。

孔子自幼用功于礼乐,早年以此为谋生手段,又曾从盲乐师处学弹琴唱歌,他一生办学又以《诗》为教授弟子的主要课程。为了整理《诗》,孔子几乎搜集了当时各国流行的全部诗的不同集子,并对此加以选择。到了晚年,他游历列国,回到鲁国后,对《诗》又加以修订,他说:"吾自卫返鲁,然后乐正,雅、颂各得其所。"(《论语·子罕》由于当时各国的口语差距很大,在转相传授口耳流传中,内容多有不同,正如皮锡瑞说:"东迁以后,礼坏乐崩,诗或有句而不成章,有章而不成篇者,无与于弦歌之用。"(《经学通论·诗经》)孔子在教学中,参照了各种传本,进行了校勘整理。《史记·孔子世家》上说:"古者《诗》三千余篇,及至孔子去其重,取其可施于礼仪,上采契、后稷,中述殷、周之盛,至幽、厉之缺:三百五篇,孔子皆弦歌之,以求合韶武雅颂之音。"

孔子删《诗》的总原则是"取其可施于礼仪",其态度是有褒有贬,既赞扬"殷周之盛",又指责"幽厉之缺"。王充在《论衡·正统》上说:"《诗经》旧时亦数千篇,孔子删去复重,正而存三百篇。又根据乐曲的正确音调,孔子对《诗》在篇章上进行调整,"雅"归于《雅》,"颂"归于《颂》,使之各得其所。经孔子整理的《诗》是古代中国留传下来的最完整、最可信的古籍,其历史价值可与希腊的《荷马史诗》媲美。

孔子根据诗的内容和形式分为风、雅、颂和赋、比、兴之类,此即所谓"诗之六义"。这样可以说是中国诗歌分类整理体义的滥觞,并成为历代诗人批评的一定准则。孔子谙熟音乐,对《诗》三百篇,还做了认真的"乐正"工作,他校订的乐调,"皆弦歌之"(《史记·孔子世家》),以求三百篇合乎风、雅、颂的乐调。《墨子·公孟》上说:"儒者诵《诗》三百,弦《诗》三百,歌《诗》三百,舞《诗》三百。"这种配上音乐,既可歌,又可舞,有一定的旋律、节奏的《诗》《乐》,是孔子的一种创造。又孔子对于《诗》三百除了与乐、舞结合外,又进行了文字、语音方面的校正,改正了方言的语音,使之合乎当时的通用语言,即合乎周代的普通话——雅言。故《论语·述而》上说:"子所雅言,诗、书、执礼,皆雅言也。"

鲁哀公十四年春天,鲁国发生一件"西狩获麟"的奇闻。叔孙氏手下的一位赶车人,叫钮商,他在鲁国西郊巨野打猎,打死了一只不知名的怪兽,送到孔子那里去辨识。孔子看后惊呼:"这是麒麟啊!"传说麒麟是一种仁慈的兽,这种异兽的出现是一种祥瑞的象征,意味着圣君当道,天下太平。然而这样的仁兽在鲁国的郊外竟被打死了。孔子感到这是极不好的兆头,他长叹一声说:"麒麟是仁兽啊! 它含仁怀义,叫出的声音像音乐,走路旋转合规矩,游必择上,翔必有处,脚不踩虫子,身不折青草,不群不旅,不入陷阱,不入罗网,身上有美丽的花纹。其出必明王在位,以示祥瑞于世。帝尧时此仁兽游于郊外,万民知其为祥,不忍伤其生;周将兴,凤鸣于岐山,万姓以为瑞,争留其形,麒麟也曾现于野。自尧至今,麒麟两现于世,今次出现,无明王在位,非其时也,所以折足而死于奴隶之手,我怎么不感伤呢?"孔子说着就掩面大哭,涕泪沾襟地说:"吾道穷矣。"相传孔子这时正在编写《春秋》,当他获悉这一令人震惊的消息时,就不再将此书写下去了。三天之后,孔子将在曲阜的众弟子召集起来,向他们说:"麟因出非其时而被害,吾道穷矣! 好在所修的

几部书均已完成，只有《春秋》一书，自平王东迁记起，直到现在，二百多年的大事都记载下来了，我将以获麟为《春秋》绝笔之日，今后的责任全靠你们了。"这就是孔子修《春秋》，"绝笔于获麟"的著名故事。

　　不久，大概也是公元前481年，孔子最心爱的弟子颜回也死了。孔子非常器重颜回，颜回的一生一直很贫困，但他并不因为物质上的贫困而放弃自己求学的志向。孔子曾经称赞说："颜回一箪食，一瓢饮，吃的是粗茶淡饭，喝的是清水。住在窄小简陋的巷子里，要是别人早就愁死了，但颜回安贫乐道，以艰苦学习为乐，他才是我最好的学生啊！"在孔门弟子中，不但子贡等高足感到比不上颜回，连孔子本人有时也说自己赶不上他。孔子是一个政治上有热情、志在救世的人，但并不迷恋功名富贵，颜回也是这样，他虽有宰相之才，也不急于做官，他对于孔子的道德与学问研习得最好。如今颜回一死，这对孔子是极大的打击与损失。孔子痛哭地呼喊着："老天要了我的命，老天要了我的命！"（《论语·先进》："天丧予！天丧予！"）颜回的父亲颜路想给颜回买一副套棺，但买不起，就要求孔子将他的车子卖了，换一套棺，孔子认为这是不符合礼制的，才不同意颜路的要求，但是孔门弟子仍然厚葬了颜渊，孔子只得说："颜回待我像父亲，可我没能待他像儿子，我也做不了主了。"

　　公元前481年夏天，齐国的陈垣（又叫田成子或田常）发动了政变，将齐国国君齐简公杀死，拥立齐平公，政权尽归陈氏。孔子的弟子宰予这时任临菑大夫，在政变中被陈恒所杀。齐国的这次政变是韩、赵、魏三家分晋的先声，在某种意义上说，齐国这次的政变可以说是揭开了战国时代的序幕。

　　孔子知道齐景公、齐简公都很平庸，无所作为，更谈不上是圣君明王。而陈恒治齐很得民心，齐国的王公大臣、平民百姓都很赞扬他，至少陈恒善于收拢人心，如他曾为群臣向国君请求爵禄，又曾用大斗斛施于百姓，用小斗斛收回。齐国流传着这样的民歌："妪乎采芑，归乎田成子。"但在孔子看来，君臣各有名分，臣杀其君是大逆不道。为此，孔子十分气愤，急忙沐浴、更衣、整冠，斋戒后朝见鲁哀公说："陈恒弑其君，请出兵伐齐，声讨陈恒之罪！"鲁哀公怕事，而当时鲁国的兵权皆在"三桓"，于是只得对孔子说："夫子，您还是去找'三桓'吧！"孔子说："因为我曾做过鲁国的大夫，所以不敢不来向您报告啊！"于是孔子又去报告三家贵族，但孟、仲、叔孙三家在鲁国的地位与齐国的陈氏差不多，季康子自己也是目无鲁君的权臣，也有取代鲁哀公的野心，只是还不具备陈恒的条件罢了，而且季康子与陈恒交往甚密，岂肯出兵讨伐。于是搪塞孔子说："陈恒虽杀其君，但仍立旧君之弟嗣位，情尚可怒。此乃齐国内乱，不必由鲁出面干涉。"孔子的要求遭到拒绝，他一面退出冢宰府，一面自言自语地说："因为我曾做过鲁国的大夫，所以不敢不来向您报告啊！"

　　第二年，鲁哀公十五年（前480年），孔子七十二岁，他的弟子六十三岁的子路又死于卫国的内乱。这一年，卫出公的父亲蒯聩在卫出公主政十二年之后，回到卫国，从其子蒯辄（卫出公）手中夺取王位。这时，子路在卫国的一位贵族孔悝处做官。孔悝是蒯聩的外

甥，但孔悝并不支持蒯聩回国夺三权。孔悝的母亲，即蒯聩的姐姐，却欢迎蒯聩，因为在孔悝父亲死后，她钟情上一个叫浑良夫的仆人。蒯聩支持这件事，又买通了他们充当内应。当蒯聩潜回卫国，就住在孔悝的菜园里，孔悝之母就帮着蒯聩逼迫孔悝也参加政变，并胁迫孔悝登上签订盟约的土台子：孔悝的家臣奕宁这时正在烤肉，没等肉烤熟，就赶快通知子路发生政变的事，自己找了一辆车，护送卫出公逃往鲁国。子路知道孔悝遇险，情况紧急，马上跑进城去营救孔悝，恰巧孔子的另一位在卫国做官的弟子高柴从城里逃了出来，高柴气急地劝阻子路说："城门关了，情况危急，赶快离卫回鲁。"子路说："食其食者不避其难。自己受孔悝之禄，现在孔悝处于危难之中，岂有不救之理？"于是子路冲进城内找到蒯聩，要他释放孔悝。蒯聩不放，子路就在土台下放火，以为蒯聩见火后，会放了孔悝。蒯聩派出两名武士与子路格斗。子路受了重伤，连冠缨也被击断。子路倒在血泊中说："君子临死时，也要将自己头上的帽子戴正的。"他爬起坐在地上将帽缨结好的时候，就被杀害了，身体被剁成了肉泥。蒯聩赶走了卫出公，取得了卫国的王位，这就是卫庄公。孔子一听说卫国发生政变，就顿时感到不安，他悲伤地预言："高架是可以安全生还的，仲由怕是回不来了。"果然不出所料，事后噩耗传来，孔子站在院子里仰天大哭。当有人告诉孔子"子路被剁成肉泥"，死得很惨时，孔子伤心地叫人把厨房里的肉酱扔掉。

子路虽为人粗放，但他跟随孔子的时间最长，对孔子也最忠诚，是一个能按照孔子的教诲而躬行实践的好学生，为人诚笃忠信，办事认真，他的勇力和社会关系又是孔子安全的保障。他一生保卫孔子唯恐不周，不愿孔子遭人非议，以至于在孔子处理同南子、佛肸、公山弗扰等人的关系上，都敢于向孔子提出不同意见，使孔子避免了不少过失。当孔子晚年有时感到文化的振兴以及社会风气的挽回实在难以实现，他的文教与道德感化的路很难走通时，他甚至想到乘木筏浮海到中国以外的地方去另谋传道的善地。他说："在中国大道难以推行，我将打算漂洋过海去寻找新的陆地，到那时候，大概只有子路一个人会跟我走吧？"（《论语·公冶长》）在孔门中，子路可以说是一位儒侠式的人物，他一生最忠诚于孔子的事业，一直到他在卫难中以身殉职时，在生命垂危的最后一刻，他仍履行孔子关于"君子死而冠不免"的教诲。子路之死，对于晚年已陷于困境中的孔子无疑是又一次沉重的打击。

从六十七岁到七十二岁，在短短的不到五年的时间里，先后失去了自己的夫人、儿子，又失去了自己最心爱的、最可靠的弟子颜回、子路，这使孔子的灵魂变得更孤独，晚景变得更凄凉。孔子的最后两年，一直是在病中度过的。这位一生中时时梦见周公的人，已经好久不再梦见周公了，他感到这是自己衰退的征兆并哀叹道："甚矣吾衰也！久矣吾不复梦见周公！"（《论语·述而》）他天天叨念着的凤鸟竟然还不来，天天巴望的河图竟然仍不出现，他预感到自己将不久人世痛苦地说："凤鸟不至，河不出图，吾已矣夫！"（《论语·子罕》）有一天夜里，孔子做了一场噩梦，清早起来后，他颤抖着拄着手杖在门口呆呆地站着，只见子贡来探望他，就说："赐啊，你怎么来得这么晚啊！接着孔子唱出了他最后的歌声：

泰山快要倒了吧？

梁柱就要断了吧？

一代的哲人圣贤啊，

也将如草木一样枯萎了。

子贡赶上前去，扶着孔子走进了屋里。孔子对他说："夏代人死后的棺木是停放在东阶上的，周代人死后的棺木是停放在西阶上的，殷代人死后的棺木是停放在厅堂的两柱中间的。我昨天夜里梦见自己坐在两柱之间，受人祭奠。我的祖先原是殷人，我大概活不长了，死后望弟子们依古礼将我的棺木停放在两柱之间。"

从这天起，孔子病得更重了。七天后，他的那颗伟大的仁爱之心终于停止了跳动，安详而平静地离开了面前的这个动荡不宁的春秋末世，终年七十三年岁。这一年是鲁哀公十六年（前479年），时在周历夏四月己丑，当夏历春二月十一日。

这位文化巨人生前经尽苦难，但死后却得到了无比的荣耀，丧礼的隆重程度，超过了任何一个诸侯。鲁哀公亲自为孔子作了祭文："上天不仁啊，连这位国老也不给我留下，如今只使我一人在位，孤零零地担着罪过。唉！尼父啊，我今后还去向谁求教呢？"

孔子虽系殷贵族的后裔，但已很疏远，由于家道中落，他自青少年时代一直过着贫贱的生活。三岁丧父，十七岁丧母，不得不独立谋生，因此他的社会生活很接近平民，是一个平民知识分子。司马迁说：

孔子布衣，传十余世，学者宗之。自天子王侯，中国言"六艺"者折中于夫子，可谓至圣矣。（《史记·孔子世家》）

由于他是一个布衣知识分子，又十分了解人民的疾苦，所以他一生的政治主张和教育宗旨在于重视教化人民，对老百姓要实行仁政德治，省刑罚、薄赋税。孔子的大量言论都说明他是一个时时看到人民，想到人民，处处关心人民疾苦、并与百姓站在一起的政治家，他一生努力步入政坛，希望通过出仕，拯民于水火之中。

孔子说过一句很重要的活："中庸之为德也，其至矣乎！民鲜久矣。"（《论语·雍也》）这里，孔子提出了一个新的观念，即"中庸"的观念。关于这一点，毛泽东也有过论述，他说："孔子的中庸观念是孔子的一大发现，一大功绩，是哲学的重要范畴，值得很好地解释一番。"（《毛泽东书信选集》第147页）。春秋战国时期，出现了儒、墨、道三大文化学派，道家和法家的所谓黄老刑名之学只看到对立面，强调斗争性，主张对人民实行绝对的统治。墨家的学说则只看到统一面，放弃了斗争性，专讲同一性，力主兼爱尚同。而孔子所创立的儒家学说则较为贴近对立统一的哲学法则，主张用礼来节制统治者对人民的剥削，借此和缓社会矛盾，主张仁民爱物，尚德缓刑，以求得统治者与被统治者的这一对矛盾同处于一个共同体中。由于孔子的中庸思想较为接近社会实际，因此具有长久的生命力。孔子的思想与学说二千多年来一直取得正统的地位，是有其深刻的哲学基础与广泛的社会基础的。这在很大的程度上，与孔子的中庸思想有关。

中国古代的大众文化，多少带有民主性和革命性的言论与事迹，很大一部分也是与

孔子的学说有关的。孔子是主张忠君尊王的,但他的尊君是有条件的,他忠的是明君贤王,他反对暴君污吏,念念不忘实现他的"博施于民而能济众"(《论语·雍也》)的小康社会。他的"学而优则仕","有教无类",平民可以求学,布衣知识分子可以议政、参政的思想,他的"仁者爱人",以仁为核心的人本主义、民本主义的思想,他的对老百姓主张"先富后教"的思想,长期以来,使孔子在民间、在历史上获得了极大的声望与美誉,获得无比尊崇。

此外,孔子的学说是极重伦理道德的学说。孔子提倡学悌忠信、礼义廉耻,提倡恭、宽、信、敏、惠,由孔子所创立的一系列伦理道德的观念成为一种准则,孔子的学说与中国的历史文化、民族心理已经血肉相连,密不可分,构成为整个中华民族的文化生命。因此,孔子被称为"文圣",主要是历代对他的肯定与尊崇,最初并不是由帝王或统治者提倡起来的。具体来说,主要是由孔子的弟子、再传弟子以及先秦诸子的尊崇,后来又被历代文化伟人所尊崇而获得文圣的地位的。(参见《唐全毅先生全集》卷十九,《中国哲学原论》)

孔子在世时,已有人称孔子为"圣人",但孔子本人并不接受"圣人"的称号,他说:"圣人,吾不得而见之矣,得见君子老,斯可。"又说"若圣与仁,则吾岂敢。"(《论语·述而》)有若则说:"麒麟之于走兽,凤凰之于飞鸟,……类也,圣人之于民也。亦类也。"孔子死后,孔门弟子发生了分化,据《韩非子·显学篇》上说:儒家在孔子死后分为八派,"有子张之儒,有子思之儒,有颜氏之儒,有孟氏之儒,有漆雕氏之儒,有仲良氏之儒,有孙氏之儒,有乐正氏之儒。"但他们都尊崇孔子,认为自己一派是孔子的正宗。到了孟、荀时代,他们奉孔子为圣人。孟子称孔子"大而化之谓之圣"(《孟子·尽心下》),又引孔子弟子有若的话说:"出乎其类,拔乎其卒,自生民以来,未有盛于孔子也。"并称孔子为"圣之时者"。荀子则称孔子是足以与三王和周公比德齐名的"圣人"。至于此后的道家、墨家和法家,也无不尊孔子为圣人。《庄子》是道家的著作,其外篇中的《盗跖》《渔父》等虽有贬抑孔子之语,然此数篇已被证明非庄子所作,而外篇中的《秋水》《寓言》《达生》《田子方》都有尊崇孔子的话。《庄子》内篇中,如《人世间》《德充符》《大宗师》诸篇,对孔子与其弟子颜渊等之人格、德行,也十分称颂。墨子非儒,也只是反对儒家的礼乐。《淮南子·要略》上称墨子最初也是"学儒者之业,受孔子之术",称《诗》《书》,尚仁义,可见他也是上承孔子之教而来的。即使是儒家的反对派韩非,也称孔子为"圣人",并说:"仲尼,天下圣人也。"据此可知,不只是孔门弟子与再传弟子尊孔子为圣人,就是先秦诸子也同样尊孔子为圣人。这说明孔子的思想学说对诸子的影响很大,也说明先秦诸子出于百家争鸣的需要,抬出孔子是为提高自己这一学派的地位。

孔子被尊为"文圣"这一现象,在中国古代宗教、史学、哲学、文学等领域均有反映。

佛教、道教均认同孔子为圣人。在中国的宗教史上,外来的佛教与基督教,传入中国后,为了争取中国民众的信服,也都先后自附于中国的儒教,尊孔子为第二圣人。佛、道、基督三教之间互相排斥,彼此视为异端邪说,而只有孔子在任何宗教中,皆居为第二位。

中国的佛教徒、道教徒与后来的基督教徒,各于其教主之外,皆推尊孔子,尊之为"孔圣人"。

孔子在史学上的圣人地位则始于西汉司马迁的推崇。司马迁认为孔子所修的《春秋》是最成功的历史著述,是孔子垂之万代的不朽功绩,又自述他发愤著《史记》是志在继承孔子著《春秋》的大业。他在《史记》中又作《孔子世家》,集中论列孔子修订《六经》的功业,并尊奉孔子既是垂教后世的圣人,又是中国古代文化的开创者与传播者。司马迁之《史记》,为后世史书之祖,但他自称是继承了孔子作《春秋》之精神的,后之班固则更进一步尊崇孔子,并以孔子之言,论定历史上人物功过而著《汉书》。自此之后,历代史家在其史学著述中,无不以孔圣之言为是非标准。

孔子在中国哲学、经学、玄学、理学诸领域中被推尊为圣人则始于西汉。

在西汉,由于汉武帝提倡《春秋公羊》学,采用了董仲舒之贤良对策,"罢黜百家,独尊儒术",由此而确定了孔子在经学史上的圣人地位。自魏晋至南北朝隋唐,其经史之学,又承两汉之绪,这一时期的魏晋玄学家如何晏、王弼、郭象虽讲老庄之学,但同时以孔子为圣人。尽管魏晋玄学家心目中的孔圣人不同于西汉经学家心目中的孔圣人,但他们谈义理多本老庄,而谈圣人境界,仍以孔子为标准。唐代的韩愈是新儒学的先驱,他提出了儒家的道统说,并开创了道统与治统合一的先河,从而将对孔子的圣人崇拜揉入了"道统说"中去。宋、明儒者心目中的孔子,已非汉人之"素王"(即有帝王之道而无帝王之禄位),也不是何晏、王弼、郭象心目中的"体无"之圣人,更不是佛教徒心中的菩萨化身。这时,孔子已经成为一位真正从事教育的"至圣先师"。以后明清之际,帝王也就不再以"文宣王"封孔子,而只以"至圣先师"封孔子。

宋明诸儒虽尊孔子,但认为孔子之圣德可学而致之。如周濂溪说:"士希贤,贤希圣,圣希天。"二程亦深信"圣人可学而至"。孔子这时之所谓圣,对学者而言,只是师。学者之学可与师相等。在宋明儒者看来,一切人与孔子是人同此心,心同此理,这一思想到了王阳明那里则成了"个个人心有仲尼",亦即人人心中,都有个圣人。于是将孔子的圣火地位,安置在每个中国人的心中。从此,不必以为孔子是天生的圣人,或者是古代的圣人,而是认为孔子这位圣人就活在人们的心中。到了清代,孔子在文化中的地位,又与宋、明不同,鉴于宋、明之儒的空谈心性,清代重经史之考证,倾向汉代经师之法,于是孔子又变为一建制立法者、托古改制者、革命排满者。

魏晋南北朝、隋唐时期,中国文化发生了巨大变化,在此时期,中国古代的文学家、文学批评家又进一步将孔子的文化精神贯输到文学艺术方面去。继司马迁在史学上继承孔子后,刘勰又在文学理论方面,继承孔子学说,其所著《文心雕龙》之书首就有《原道》《征圣》《宗圣》三篇,该书最后一篇《序志》,与全书的主要内容,都可看出他在文学批评上,继承孔子的诗教与乐教。而这一时期的文学家推崇孔子的,有陶渊明、陈子昂、李白、杜甫、韩愈。陶渊明在诗中尊孔子为"先师",自称"野外罕人事,游好在六经"。李白则有诗云:"我志在删述,垂辉映千春。希圣如有立,绝笔于获麟。"至于陈子昂,据姚铉《唐文粹》上说:"唐三百年用文治天下,陈子昂起于庸蜀,始振《风》《雅》。"其《感通诗》三十八首,乃言志之作,而最后一首,则始于"仲尼探元化,幽鸿顺阳和"之句,可见其志之所归。杜甫向被公认为"诗圣"。杜甫教人学诗"法自儒家有""应须饱经术"。他志在孔子,"致君尧舜上,再使风俗醇"。他的"穷年忧黎元,叹息肠内热"的千古名句,实来自孔子的爱民思想。又"文起八代之衰"的韩愈,其所著《原道》,辟佛老而发扬孔子之道。韩愈之所以被公认为古文运动的创始人,其成功的原因首先是发扬孔子之道。

至于历代帝王之尊崇孔子之种种政治措施,实是为了顺乎人心之所向。春秋时代任何一国统治者并没有信用孔子,也没有将孔子的政治主张作为他们的治国之方针。而孔子死后,历代的统治者为了巩固自己的统治,为了抬高自己的尊严,为了争取自己统治的合法性,他们往往借尊孔来维护自己的统治利益,以求在汉族人民的心目中获得正统地位。当然,历代封建王朝中,也不乏某些明君贤相,他们尊孔,并且多少还按照孔子思想治理国家,使得历史上的若干时期出现了国泰民安、经济富裕、文化繁荣的盛世。但是,我们还应该看到孔子的另一方面,即孔子之所以被历代君王尊崇,包括受到入主中原的少数民族的统治者的尊崇,还因为孔子的学说中又有"忠君尊王"的一面,并为统治者长治久安设计了很多的政治方案,于是人民心目中的"布衣孔子",又成了为统治者献策的"王者之师"。

孔子逝世后的第二年,鲁哀公就在曲阜阙里,以孔子之故居,立以为庙,置卒看守,藏孔子之衣冠、琴、书,并命"岁时奉祀",谥号孔子为"至圣先师"。

历史上第一位光顾孔庙的皇帝是汉高祖刘邦。刘邦本是丰沛酒徒,向来不喜欢儒生,在楚汉相争、戎马倥偬的战争岁月,他曾向儒冠撒尿。可是夺取政权后,他看到宫廷荒嬉,群臣酣歌狂饮,乃至拔剑击柱,感到十分恼火。其后,叔孙通依据儒家周礼,制订了汉的礼仪,群臣峨冠傅带,井然有序地上朝廷,这才使刘邦感到儒家的礼乐制度的文治功用。于是,在高祖十二年十二月(前195年)过鲁,"以太牢祀孔子"(《汉书·高帝纪》),此为历代帝王以太牢祭祀孔子之始。

汉武帝建元元年(前140年)武帝即位,崇尚儒术,以举贤良,采董仲舒建议,"罢黜百家,独尊儒术",董仲舒提出:"诸不在六艺之科、孔子之术者,皆绝其道,勿使共进。"此后,《五经》立于学官,当时有人称孔子为"素王",意即有帝王之德而不居帝王之位的人。

总之,历代帝王尊孔祭孔,以孔子为"至圣先师""万世师表",这一切都是在汉代奠定格局的。

魏晋南北朝时期,政治变动频仍,玄学兴起,佛道盛行,儒学地位下降,但孔子的地位未曾动摇。如魏文帝曹丕赞扬孔子"屈己以存道,贬身以救世","俾千载之后,莫不宗其文以述作,仰其圣以成谋咨。可谓命世之大圣,亿载之师表者也"。由于统治者重视孔子,这时期的孔庙仍不断得到整修。

隋唐时期,为巩固统一的中央集权制度,封建统治者在崇奉释者的同时,更加尊崇孔子,提倡儒学。

隋开皇元年(581年)隋文帝杨坚尊孔子为"先师尼父"。

唐高祖李渊于武德二年(619年)诏赞孔子"道济生民"。

唐太宗尤提倡儒学,即位之初诏赞孔子"以大圣之道,天纵多能,王道借以裁成,人伦资共教义"。贞观二年(628年)升孔子为"先圣",以颜回配,至此始定孔子为"先圣",颜回为"先师"。贞观四年(630年),又令州县学皆建孔子庙,此为州县立孔子庙之始。公元618年,创立唐朝的李世民曾向人保证,中国人之得孔子,如鱼之得水。李世民治国颇得力于孔子之教训,在他治理国家时,全国监狱,只有罪犯五十人,被处死刑的只有四人,这就是历史上著名的"贞观之治"。

北宋立国的当年,宋太祖赵匡胤即拜谒国子监孔子庙,三年诏孔子庙用一品礼,门列十六戟。他此后又多次去国子监主持盛大祭礼仪式,表彰孝悌,亲自主持进士考试。

宋大中祥符元年(1008年),宋真宗赵恒过曲阜,加封孔子为"玄圣文宣王",大中祥符五年(1012年)又改称"至圣文宣王"。"玄圣"是指有治天之德而不居其位的人,《后汉书》首先以此称孔子,"至圣"是指道德最高尚的人,司马迁首先以此称孔子,《史记·孔子世家·赞》说:"……自天子王侯,中国言六艺者折中于夫子,可谓至圣矣!"

我们还可以注意到,在中国古代,凡属少数民族入主中原所建立的政权,其尊孔、祭孔的活动之规模、修建孔庙的工程,甚至远远超过前代汉民族所建立的政权。如西晋末年,孔庙荒残,南渡的司马氏无暇顾及,但到了东魏孝静帝兴和元年(539年)则大修孔庙,还"雕塑圣容,旁立十子",从此孔庙的供奉已不是一个木制的神位,而是面目清晰的孔子像。至于"十子"的陪侍,更突出了孔圣的中心地位。再如北部中国的金,修建孔庙凡四次,金熙宗皇统元年(1141年),上亲祭孔子庙,北面再拜。他赞扬孔子儒学"使万世景仰",皇统四年命盖大成殿。金章宗幼习《尚书》《孟子》等经书,认为是"圣贤纯全之道",即位当年,就对孔庙进行大修,并在孔庙门前设置了下马碑。

建立横跨欧亚两洲的元朝,修建孔庙凡六次,元成宗(铁木真)即位时诏示天下,"孔子之道,垂宪万世,有国有家者所当崇奉"。大德十一年(1307年),武宗即位,加封孔子为"大成至圣文宣王"。"大成"原是古代奏乐的用语,古乐一变为一成,九变而乐终,至九成完毕,称为大成,后来引申称集中前人的主张、学说等形式的完整的体系。孟子是最早用大成赞颂孔子的,他说:"孔子之谓集大成,集大成也者,金声而王振之也。"(《孟子·万章下》)

明、清两代,由于帝王权力的提高,孔子的王位也就保不住了,从王位降到师位。

明太祖洪武元年(1368年),布衣出身的朱元璋登上明太祖帝位,翌年二月丁未下诏以太牢礼先师孔子于孔庙。三年(1370年)下诏革诸神封号,惟孔子封爵仍旧,四年(1371年)礼部更定释奠孔子祭器礼物。六年定祀孔子乐章。洪武十四年(1381年),命全国各地毁孔子像,代之以木制牌位,称孔子为"先师"。洪武二十年(1387年)正月,朱元璋下诏修阙里孔子庙时道:"春秋之世,人纪废坏,孔子以至圣之贤删述六经,使先正之道,晦而复明,万世永赖,功莫大焉。……孔子之功,与天地并立,故朕命天下通祈,以致崇报之意。"并于该年罢武庙独尊孔子。二十六年(1393年)颁大成乐于天下。郡县祀孔子于是始用乐。到了清朝,这个由松辽地区闯入山海关内入主中原的少数民族建立的帝国,其修建孔庙,祭祀孔子的活动,在整个中国封建社会中,可谓达到了很高的程度。清朝的统治者深感孔子这位大圣人在中国人民心目中的地位与威望,发现只靠军事力量是无法统治这样大的国家的,为此,他们只有对于汉文化采取认们同的态度,通过尊崇孔子来笼络人心。

清顺治二年(1645年),世祖福临加封孔子为"大成至圣文宣先师",取消谥号、封号。一应礼仪还照明朝旧制。世祖视学,释奠先师,王公百官斋戒陪祭。十四年(1657年)又改称"至圣先师"。

圣祖康熙二十三年(1684年)十一月,上次曲阜,诣先师庙,入大成殿,行九叩礼,亲题"万世师表"匾悬殿中,此为大成殿中悬匾额之始。从此,"万世师表"四字悬之于各地文庙。

世宗雍正四年(1726年)八月,雍正亲诣视学,初春秋一祀,无亲祭制,至是始定牺牲笾豆,视丁祭行礼,二跪六拜,莫帛献爵,改立为跪,明年定八月二十七日为先师诞辰,官民军士致斋一日。清高宗乾隆则有九次到曲阜,以表示对孔子这位大圣人的崇敬与景仰。

总之,正如鲁迅先生所说:

孔夫子到死了以后,我以为可以说运气较好一点,因为他不会啰唆了。种种的权势者便用种种的白粉给他来化妆,一直一抬到吓人的高度。(《鲁迅全集》第6卷,第251页)

孔子之所以会在汉代之后,被捧为"圣人",并且这"圣人"的脸谱又随时在变换,这都是历代尊孔者自身的需要,他们尊重孔子,只是为他们自身的利益。同是一个孔圣人,汉代的孔圣人,不同于宋代的孔圣人。在汉代,孔子是个形体怪异、未卜先知的半神半人的通天教主;到了宋代,则变成了修身养性、道貌岸然的纲常礼教的化身。到了清末民初,随着政治形势的变幻,孔子的圣人形象也随之不断变换。改良派搞维新运动,孔子成了托古改制的鼻祖,洋务派办洋务,孔子又变成了将目光投向"四夷"的人物。革命党行共和新政,则又搬出了孔子的"礼运大同"学说,保皇党闹复辟,孔教会于是应运而生。即使那些用炮舰轰开中国大门的侵略者,为了想征服中国人的心,也将这位孔圣人请出来为他们的行为进行辩护。他们都先后利用孔圣人作为他们的"敲门砖",于是孔圣人变成了一位"摩登圣人"。

孔子的思想与学说对世界也产生了巨大影响。早在汉唐时代,作为中国文化代表的孔子就越出国界,并且由于历史地理原因在东南亚形成了一个"孔子文化圈"。

在朝鲜,早在公元前三世纪箕氏朝鲜时代,孔子思想几乎与汉字同时传人这个国家。公元初年朝鲜半岛南部有个小国辰韩,"其耆老传世,自言古之亡人避秦役来适韩,马韩割其东界与之"(《三国志·魏书·东夷传》)。当时华人所到之处,儒家学说也随之传

人。公元 372 年(小兽林王二年)朝鲜始"立太学教育子弟",当时的高句丽国的最高学府,就传授儒家的"五经"。百济也很早受孔学影响,公元 285 年,百济王派遣王仁渡海向日本王子献上《论语》《千字文》,由此可见在这之前,《论语》已传入百济,这是德经传入朝鲜半岛最早的记载。当中国南北朝时,公元 541 年,梁武帝就派遣《毛诗》博士和《礼》博士去百济讲学。百济的王公大臣深受儒学熏陶,义慈王"事亲以孝,兄弟以友"而被誉为"海东曾子"。公元 675 年,新罗统一朝鲜,公元 717 年就在其首都设立国学,孔子及其弟子的画像开始在太学供奉,由于儒学在新罗的传播,该国名儒辈出。公元 935 年,高丽王朝一面尊佛,一面推行儒家教育,在文宣王庙扩充国学。

至于民间,由于孔子第五十四代孙孔昭于高丽恭愍王时以元朝的翰林学士陪鲁卫公女大长公主下嫁,也携妻室至高丽,居于宣源,建阙里庙,供奉孔子像,从此,在高丽也开始在民间进行祀孔仪式。至今在海外的孔裔以韩国最具代表性,约有五万八千多孔子后裔,恰为曲阜孔姓之半数,他们有自己的组织——孔氏大宗会,有自己的族谱。孔教在韩国几乎成了"国教"。

公元 1392 年(明洪武二十五年),李氏王朝取代高丽,进入封建社会后期,至此李朝改变了高丽王朝儒、佛并重的文化政策,以儒教为唯一正统思想,不过当时是以朱子学为正宗,为了满足儒学教育,李朝大力翻刻儒家经典。孔子思想在维护李朝长达五百年的统治中起了巨大作用。孔子被称为"素王",儒教无异于国教。公元 1466 年,李世祖规定世子冠礼为戴儒冠。入太庙行谒圣礼,称孔子为"素王"。自此谒圣成为定制。

日本著名汉学家阿部吉雄先生认为:"孕育日本古文化的摇篮是孔子儒教,而儒教为培养伦理政治之基础,也是保持日本秩序之根源。"孔子思想在日本的传播至今约有一千七百年的历史,源远流长,影响极大,几乎深入到日本社会生活各方面,特别对日本的道德观和教育观的影响最为深刻。

孔子思想传入日本是在日本应神天皇十六年(285 年,西晋武帝太康六年)。这一年百济使者阿直歧荐博士王仁献《论语》十卷《千字文》一卷至日本,日本始学汉字。一般学者将王仁到达日本作为孔子思想传入日本的开端。孔子思想传入日本后为日本朝野所接受,并很快深入人心,结合日本国情不断向前发展,与日本国固有文化融为一体。

隋唐时期,日本多次派遣留学生来中国学习儒学,日本又成功地进行了大化改新,并由此开始过渡到封建社会。这次改新的幕后指导者就是在中国留学达二三十年的大儒家高向玄理和僧旻。大化改新和大宝令都是学习隋唐文化的结果,其中不少内容来自儒家经典。大宝令规定日本的大学和国家在每年春秋的两季都得举行两次丁祭祀孔,这种祀孔仪式一直在日本延续下来,并称孔子为"先圣孔宣父"。公元 768 年,日本也依唐开元之制尊孔子为"文宣王"。此后,祀孔不限于学校,政府官员也得参加。当时奈良王朝的执政者藤原基经更是"敦崇儒术,释奠之日,率公卿拜先圣,使明经博士讲《周易》"。自奈良至平安时期,儒学在日本继续传播。日本在镰仓幕府时期提倡"武士道"精神,这时孔子思想又被武士道理论家所利用,忠、勇、信、礼、义、廉、耻均被吸收作为论证武士道精神的根据。到了江户时代，孔子思想在日本空前兴盛。德川幕府奉儒学为圣教，大力提倡尊孔读经，历代德川将军都是儒学的热烈拥护者，德川纲吉在本乡建立大成殿，置孔子与十哲像，按时举行释奠之礼。

二十世纪以来，特别是近三十年来，日本是海外儒学研究最发达的国家。1983 年 11 月，日本首相中曾根说："日本要把民主主义、自由主义的想法和孔子的教导调和起来。"从明治初期的企业家、被称为日本工业之父的涩泽荣一到今天的垄断资本家，均以儒家思想相标榜，说孔子的儒学是"和魂"的基础。日本民众的精神素质形成确与中国孔子精神有密切关系，日本至今仍有二百四十七座孔庙分布全国各地，一年四季香火不断，祭乐长鸣。刚去世的井上靖所写的《孔子》一书，是 1990 年日本最畅销书。如果问起亚太地区发展的原因以及日本国发展的原因时，日本人大都认为他们国家经济的发展是因为受到中国儒学的影响。

孔子学说传入欧洲，主要与西方来华的传教士译作、著述和宣传有关，如利玛窦在意大利被称为"沟通中西文化的第一人"，他在儒学的研究和译著方面的成绩，使他获得"博学西儒"的雅号。他身为传教士，却又尊敬孔子，尊重儒学，并以儒学附会天主教义，将基督精神与中国儒家思想结合起来，因而又被称为"基督教的孔子"。1687 年由利玛窦等翻译的拉丁文的《四书》《五经》在巴黎出版。这是孔子学说正式传入西方的一年。当时由殷铎泽等合编的《中国之哲人孔子》一书，对欧洲文化界影响很大。书中有《孔子传》和孔子画像，像上还题着："国学仲尼，天下先师。"此书为最初全部翻译《四书》及详细作《孔子传》之始，从此欧洲学者始尊孔子为天下先师。欧洲人的心目中从此将中国、孔子、政治道德三者合而为一。意大利学者利奥纳格·兰乔蒂说："当 1687 年出现了《中国的儒家哲学》后，欧洲对孔子及其学说的颂扬达到了最高峰。"

积极而潇洒的退守者

——庄子

名人档案

庄子:汉族。名周,字子休(一说子沐),后人称之为"南华真人",战国时期宋国蒙(今安徽省蒙城县,又说今河南省商丘市东北民权县境内)人。

生卒时间:约前369年~前286年

安葬之地:山东省菏泽市东明县庄寨村。

性格特点:淡泊名利,主张修身养性、清静无为。

历史功过:《庄子》在哲学、文学上都有较高研究价值。名篇有《逍遥游》《齐物论》《养生主》等,《养生主》中的"庖丁解牛"尤为后世传诵。

名家评点:著名的思想家、哲学家、文学家,是道家学派的代表人物,老子哲学思想的继承者和发展者,先秦庄子学派的创始人。他的学说涵盖着当时社会生活的方方面面,但根本精神还是归依于老子的哲学。后世将他与老子并称为"老庄",他们的哲学为"老庄哲学"。

真心隐居

庄子是一个破落贵族出身的知识分子,家中生活比较贫困。他经常身着破衣烂衫,足踏草鞋,家中也时常断炊。有一次,庄子又没有米下锅了,就去找监河侯借米。监河侯说:"你需要米吗?等我去收了租,再借给你三百斤米吧!"庄子一听,很生气,脸全气紫了,说:"我昨天在路上正走路,听到有喊叫声,回头一看,只见车辙里有一条鲋鱼,于是我就问它:你有什么要求呀?鲋鱼说:我原来是东海的水族,现在脱了水,急需要水呀!如果你能给我'斗升之水'也可以救我一命啊!我说:好吧,我将要南游吴越,等我把西江之水打过来救你好吗？鲋鱼听了非常生气地说：我脱了水，是急需要水呀，就是'斗升之水'也能救我不死啊！你偏要我等着，再等我就活不下去了，干脆还是早点到鱼市上去找我吧！说完，再也不说话了。"

庄子说完了这段话，又把那些臭官吏骂了一顿，说："这些臭官吏，只顾自己富有，不管百姓死活，真该千刀万剐！"

庄子讨厌做官，他在家乡做过漆园（今涡河北岸）吏，但没干多久。后来他就和战国时代其他思想家一样，从事讲学、著书了。

庄子经常游山玩水，尤其喜欢钓鱼。一次，他正在濮水上钓鱼，楚王知道庄子很有学问，就派了使者去向庄子请教一个问题。两个使者见了庄子赶快行礼道："大王特意叫我们来向你请教国事，并请你做官。"庄子手握着钓鱼竿，头也不回地说："听说楚国有一个大神龟死了三千年了，楚王是把它藏在箱子里，放在庙堂了吧？我问你们，这只龟是愿意死了留骨留名呢，还是愿意活着在浑水里摇摇尾巴呢？"二位使者连忙回答："当然愿意活着自由自在地游来游去了。"庄子又说："好了，这些道理你们是知道的，赶快请回吧，回去告诉你们大王，就说庄子不愿做官。"

庄子对功名利禄是高度轻蔑的。又有一次，楚威王派了使者去请庄子做官。并让两位使者带了"千金"之资。两位使者见到庄子，第一句话就说："楚王让我们来请你去楚国做相国，还让我们带来了千金，请你跟我们走吧。"而庄子呢，并没被金银所诱惑，不仅拒绝了做官，还嘲笑地对楚国的使者说："千两黄金确实是很重的聘礼，宰相也确实是尊贵的职位，但是这些都好像祭神用的牛一样，养了那么多年，还给它披上漂亮的外衣，送到太庙去当祭品，那未免有点太可怜了。到那时，虽然想做一只自由自在的小猪也就不可能了。你们赶快走吧，别玷污了我！我宁愿像一条鱼，在污泥中自得其乐，也绝不为帝王们所束缚。我终身不愿做官，只图个精神愉快。"

还有一次，梁国的宰相惠施，听说庄子来梁国访问。他知道庄子知识渊博，智慧超群，就心里敲起小鼓来。他想：庄子到梁国来，如果梁王看中了他，让他代替我的职位怎么办？不如我派人盯着庄子，如果他有什么动向，我马上可以知道。于是，他一直警戒了三天三夜。

后来，庄子知道了，不由得哈哈大笑起来。他一边笑一边说："惠施这个猫头鹰只不过捕捉到了一个相位这样发臭的死老鼠而已。想用这种死老鼠来吓唬我，我才不怕呢！怕我抢你的死鼠吗？你可要知道，我这有名的凤凰是连嗅也不嗅的，还怕把我熏坏了呢！"

惠施知道庄子不愿做官，更不会抢他的地位以后，便假惺惺地来看庄子。他首先把自己的相位和才能表露了一番。接着又说："我知道您的知识渊博，才学匪浅，特来向您请教。"他话还未说完，庄子就直言不讳地对惠施说："你自己的职位那么高，人又那么高洁，还向我这无职无权的人请教什么？我可比不上你呀！"说着就躲到一边看书去了，弄得惠施很尴尬。

庄子自己讨厌做官，更讨厌那些当权者，尤其憎恨商纣王。

他把商纣王这个有名的昏君、暴君恨透了。他说：商纣王无恶不作，他不仅对人民实行残酷的"炮烙之法"，还到处挑选美女，搜集珍宝和名马。尤其是宠信奸人、残害忠良，竟把一个忠于自己的叔父比干挖了心。

庄子是隐士，但他和后世那些把隐居南山当作做官捷径的隐士不同。那些人是为了抬高自己的身价，希望有朝一日飞黄腾达，而庄子是真心隐居。

庄子和老子一样，都是从农民小生产者，特别是隐士阶层中，汲取政治营养的。

庄子的著作，后人编为《庄子》一书，内容十分丰富，从中不仅能看到人与鱼的对话，河与海的交谈，牧马与童子游于山水之外；还能看到极其生动的比喻和异趣横生的寓言故事。人们从这些寓言中可以体味到庄子深刻的哲学洞察力，丰富的文学想象力和绚丽多彩、充满浪漫主义的精神。《庄子》是我国古代的一部名著，充分反映了那个时代的精神面貌。

"道"我合一

庄子是一个文学家、思想家、哲学家，还是一个道家。

庄子认为"道"是在没有天地以前，自古以来就存在的。万物从它派生，它生出天地，生出帝王，生出鬼神，生出一切理则。

庄子把"道"看成是无处不在、无处不有的。庄子和东郭子有过一番这样的对话：

东郭子问庄子："你说道在什么地方？"

庄子说："道是无所不在的。"

东郭子又问："你说具体一点好不好，到底在什么地方？"

庄子说："在蝼蛄和蚂蚁的身上。"

东郭子说："怎么这么低下呢？"

庄子又说："在小的稗子里面（小米、野谷之类）。"

东郭子接着又说："怎么更加低下了呢？"

庄子又说："瓦甓里面（瓦片、砖块之类）也有它。"

东郭子又说："你怎么越说越低下呢？"

庄子又笑着说："屎尿里都有它。"

东郭子一听屎尿里都有它，就有点生气的样子，再也不问了。庄子看出东郭子的心思就又故意拐弯说："先生的发问本来就没问到点子上。你说要是你在集市上作为一个监督官来问一个屠夫，要他通过脚踏来鉴别猪的肥瘦。那个屠夫应该怎样回答呢？也只能说脚踏的越深，其肥瘦程度就越加明显。踏肥猪的脚比踏瘦猪脚要陷得深些，更靠底下。道也一样，除非你不让我指明在什么地方，既要让我指明在什么地方，那就不能怕低下。因为道是无处不在的,存在于一切事物中,低下的事物也是事物呀! 更何况,越是低下,才越能体现出道的无处不在呀! 你不要生气呀。"

庄子对道的存在做了一番解释后,又说:道是无穷无际、不生不灭的。我们人也是一样,是从它派生出来的,也是无穷无际、不生不灭的。你说我死了呢? 我并没死,火也烧不死我,水也淹不死我,我化成灰,我也还在。道就是我,我就是道。你说我是马,我就是马,你说我是牛,我就是牛,你说我是屎尿,我就是屎尿。管你是房子也好,癫病患者也好,美丽的西子也好,什么奇形怪状的东西,一切都混而为一。一切都是道,一切都是我。"天地与我并生,而万物与我为一。"

庄子认为,这种道是可以学的。他说,有一位叫南伯子葵的,见到一位女偊说:"您年岁多高了?"女偊说:"八十岁了。"南伯子葵觉着很奇怪,又问:"您的年岁这么高,怎么看起来容颜一点也不像,还像个小孩子一样呢?"

这位女偊说:"因为我知道'道'是什么。"

南伯子葵紧接着又问:"'道'可以不可以学呢?"

女偊答复:"有圣人之材的自然可以。如果有圣人之材的要来学道,我还要慎之又慎,不轻易教授,如果教授三天,他就会心境虚寂,从宇宙中超脱出来了,又再继续讲授至七日,那他就能进一步把身边的一切置之度外了;于是再继续讲授至九日,那他更了不起,就走上了理想的'忘我'的境地。这样一来,就可以保全自身,尽享天年了。"

庄子说,学会了这种道的人,就是"有道之士",就是:"真人"(真正的人)。这种人,不欺负人少,不以成功自居,不做谋虑;过了时机不后悔,得到时机不得意;爬到高处他不害怕,掉进水里去不会打湿,落到火坑不觉得热。据说,这种人睡了是不会做梦的,醒来也不忧愁的。吃东西随随便便,呼吸来得很深,他们不像凡人一样用咽喉呼吸,而是用脚后跟呼吸。他说,这种人也不贪生,也不怕死,活也无所谓,死也无所谓,随随便便地来,随随便便地去。自己的老家也没忘记,自己的归宿也不追求,接到呢也好,弄掉呢也就算了。这就是说,心没离开本体,凡事都听其自然。这样的人,心是有主宰的,容貌是清癯的,冷清清的像秋天一样,暖洋洋的像春天一样;一喜一怒合乎春夏秋冬,对于任何事物都适宜。

看来,庄子说的这种人,不是凡人,而是仙人了。

庄子还称"无心是道"。庄子讲了"庖丁解牛"的故事。

战国时,有个善于宰牛的人,名叫庖丁。有一次,文惠君叫他宰牛。只见他执着刀,轻轻地宰割,并且他的手、脚、肩膀、膝盖,每一个动作,都很有节奏,像舞蹈一般。文惠君十分赞赏,站在一旁观看了起来,并且一边看一边赞叹地说:"熟练极了! 熟练极了! 你的技术是怎么学来的呀,怎么这么精湛?"

庖丁答道:"是的,这是我不断努力钻研技术的结果,我的技术水平已经超过一般水平了。回想我刚宰牛的时候,我的眼睛看到的,无非是一头一头的牛;过了三年,我就不见整牛了。所见到的不过是一块块肌肉和筋骨的组合,是一个个可以剖析的部件。只要

顺着肌肉筋骨的空隙下刀,就可以很方便地把一个个部件分开了。"

庖丁又说:"高明的厨子,一年换一把刀,普通的厨子,一月换一把刀;我的这把刀,用过十九年了,宰了几千头牛,而刀刃还是那么锋利,经常如同刚磨过的一样。"

接着,他又说:"不过,每次割筋骨交错比较复杂的地方,我总是特别小心,集中精神,对准关键、要害,仔细地下刀,等到轻轻一割开,牛肉立刻土崩瓦解。这时,心里也就轻松了,立起身来,踌躇满志,擦一擦刀,愉快地结束了我的工作。"

文惠君听了庖丁的话,感叹地说:"善哉!听了庖丁说的这些话,得到了养生之道啊!"

修养超人

庄子讲完了"道",又接着讲了"德"。那么"德"是什么呢?

庄子所说的"德",并非是德性的"德",而是逍遥自得的"德"。

庄子单以几个形体残缺的人为例,来赞美他们的"内德"。

庄子对形体残缺的人,不但不轻视,反而更加欣赏。在庄子心目中,形体残缺的人比正常的人更加刚毅有为,他们的精神更值得钦佩。他认为,各种形体残缺的人,不论是先天所致还是后天所致,都应该和形体健全的人享有同等的生存权利。因此,他对形体残缺的人寄予极大的希望。对于那些有自信心和敢于向命运挑战的残缺人,他更是无比的赞美。

庄子讲:有个名叫支离疏的人,脸部隐陷在肚脐以下,两肩高耸超过头部,颈后的头发朝天翘起,五脏的脉管全部露于外部,两腿又和两肋紧紧粘在一起。他的母亲双眼失明,不仅不能给他帮忙,反而给他增加了负担。可是支离疏不以为然,他到处给人家洗衣、喂牛,挣一点钱来维持生活,对老母照顾得也很好,别人都称他是孝子。于是很长寿。

王骀是一个断脚之人,行动不方便,但从来不麻烦别人,总是自己干这干那,就好像不知道自己是断了脚的人。他的门徒很多,这些弟子们也从来没有认为他是一个没脚的人。他和弟子们的关系很好。他对弟子们没有训过话,可是弟子们不仅尊重他,还跟他学了不少东西,个个都有所得。

另外还有一个断脚的人,他叫叔山无趾,是鲁国人。他行动很难,但他不怕艰难。每次走路都用两个脚跟,一点一点地向前移动。他以为孔子是个有德的人,常常去拜见孔子。可是,孔子一见到叔山无趾,看到他那动作就讨厌。

有一次,叔山无趾见到了孔子,高兴地好像要摔倒。可是孔子一见叔山无趾也不问清他的来意。开口就说:"你修身不谨慎,所以断了脚,现在你一再来我这里请教,可是请教对于你有什么益处呢?"意思是说,你这残体之人,有什么道可修呢?现在请教也是没用的。

叔山无趾满不在意地回答:"我虽然不能保全身体而断脚,但我并不介意,我主要是在乎全德;我总以为你是个有涵养的人,关于怎么全德,我来向你请教,怎么你和其他庸人一样,竟因我断脚而认为我不可以向人请教呢?"

孔子听了无趾的话很受教育,觉出了自己的浅陋。他诚恳地对无趾说:"恕我狭隘浅薄。"

叔山无趾走后,孔子又语重心长地对他的学生说:"你们要奋发向上,要像叔山无趾那样,设法求学。无趾这种残缺之人,行动不方便还来求学,你们这些身体健壮之人,更要加点劲。"

对当时社会极为不满,对位高权重的人无比憎恨的庄子,把人形残缺而心智却完好的人,放在那些人体完好而心智残缺的位高权重的人之上。就此,庄子讲了申徒嘉的故事。

断脚的申徒嘉,和郑国著名的执政大臣郑子产是同学,同拜伯昏无人门下。他俩虽然是同学,可是子产总认为申徒嘉是断脚的残疾人,总是不愿和他一起走。而申徒嘉却并不自卑,总是要和子产一起走。

有一次,郑子产觉着自己身价高贵,就异常傲慢地对申徒嘉说:"我俩地位有别,不能并肩同行。如果我先走,你就停下来一会儿再走;如果你先走,我就停下来一会儿再走。"第二天,他俩又同席而坐,子产又提起旧话:"申徒嘉,昨天我跟你说的那些话你记住了吗?我俩不能并肩同行。现在我有事要出去,你要在这停一会儿再走,我是执政大臣,如果你老是和我一块走,你不是也成了执政大臣了吗?"

申徒嘉说:"我真不明白,先生门下竟有这种妄自尊大、依仗自己位高权重而看不起别人的人?我从前听人说过,'镜子明亮就不易沾染灰尘,沾染了灰尘的镜子就不会明亮。人如果能以他人为镜,常和贤者在一起,就会减少自己的过失。'如今,你正在先生门下深造,竟然说出了这样的话,你难道不知道这叫欠修养吗?以前,有些人耻笑我身体残缺,我总是大发脾气,觉着这些人无聊,如今来到先生门下,我再也没有发过脾气,先生和门下的弟子们都没把我看作残缺人,就是你一人。我来到先生门下十九年了,先生总是以诚相待。现在,你来到先生门下,就该以道德学问相交。然而你是以貌取人,以势欺人,你不觉得有点违背师长的教育吗?自己也不觉着有愧吗?"

子产听了申徒嘉的一番话,心里有点醒悟,并有些后悔了。

庄子不仅同情残疾人,而且爱怜他们。他认为,他们不重权、不重势、不重利禄,本人的相貌是不以人的意志为转移的,那就要爱他们的德,忘记他们残缺的形。如果人们不遗忘该遗忘的残疾人的形,而遗忘了不该遗忘的残疾人的德,便是神智不健全者的真正遗忘。

庄子说:有两个形残貌丑的人,一个人脚跛、驼背、嘴上还有个小豁口。走起路来一颠一颠的,说起话来也很不清楚。另一个人头大个子矮,并且颈部长了一个大肿瘤。这人走起路来老是低着头、挺着脖,看起来很别扭。

这两个残缺人去和国君卫灵公交谈。刚开始,卫灵公觉着这两个人很古怪。经过交谈,卫灵公当即为这两个人特有的、超人的德所倾倒,敬佩之情油然而生。卫灵公忘掉了他们残缺丑陋的外形,对他们的讲话越听越入神。后来,这两个人的德还时常在卫灵公的脑海里出现,他见到形体完整的人反而觉着别扭,尤其对那些形体完全而缺德的人更加讨厌。

庄子又说:哀骀它也是一个相貌丑陋的残疾人。有一次,鲁哀公问孔子说:"卫国是有个相貌丑陋、而人人都喜欢的残疾人吗?"

孔子说:"有。"

鲁哀公又说:"听人说,男人和他相处,喜欢和他交朋友;女人见到他,回家就哀求父母,要做他的妻子,这样的女人至少也有十几个。他一没权势能拯救别人免于死难,二没钱财去接济别人粮食衣服,智慧也不超人,他的相貌又丑陋,为什么人们都那么喜欢他?他有什么迷人之处,把他召来让我看看。"

孔子叫子弟把哀骀它叫进宫来。刚一见面,确实是相貌丑陋惊人,后来过了一个月,鲁哀公对哀骀它就产生了好感;过了一年,鲁哀公就离不开他了。觉着对他有一种特殊的信任感。这时,国内缺一宰相职位,鲁哀公就想把这一职位交给哀骀它。哀骀它也不说接受也不说不接,后来就悄悄地离开了鲁哀公。他这一走,鲁哀公像丢了魂似的,几天睡不好觉。

后来,鲁哀公问孔子,哀骀它到底是一个什么人呢?

孔子说:哀骀它是一个"才全"而"德不形"的人。

鲁哀公问:"'德不形'是什么意思?"

孔子答:"'德不形'就是德不露形迹。德不露形迹,万物自然就会依附他并且不肯离去。这才是人世间最美的人才能具备的修养。"

庄子不仅赞美那些残疾人的德,而且赞美残疾人的才智。

《庄子》中讲:孔子带领他的徒弟前往楚国,在路途中看见一个驼背人在执竿粘蝉,动作非常熟练,比形体健全的人还敏捷。

孔子惊奇地问这个驼背人:"你怎么粘蝉这么熟练,是靠精湛的技术,还是有专门的学问?"

驼背人说:"我是靠专门的学问,我是经过专门训练的。开始时,我也是很费力的,拿竿都拿不住,更谈不上粘蝉。后来我专门训练了六个月。为了粘住蝉,我长期痛苦磨炼,安处身心,犹如木桩;用臂执竿,犹如枯枝;面对天地之大,万物之多,我都置之度外,心中只有粘蝉,别的什么都不看,什么都不想,什么事都打扰不了我。一次粘不住两次,一天不行两天,慢慢地就能粘住蝉了,只要专心没有粘不住的。所以我现在终于成功了。"

听了驼背老人的回答,孔子就对他的弟子以驼背人专心致志、聚精会神粘蝉为例,进行了很好的教育。

孔子说:"驼背老人不仅值得你们学习,也值得我学习,值得天下人学习。因为他的修养已达到了超人的程度。他以粘蝉取乐,真够逍遥自得的。"

逍遥自由

庄子主张逍遥自由,是有他的理论根据的。他认为,人和动物各有其本性,这些本性是天生而成,不可改易的。因此,对于人或动物,都要任其本性,自由地发展和生活,反对人为的约束。

他举例说:鹄不用每天洗澡而自然是白色清洁的,乌鸦不用给它涂上黑颜色而自然是黑色的。黑白是自然存在的,不足为辩。又说:牛马有四条腿,这是天生就有的,给马头系上绳子,穿住牛的鼻子,这是人为制造的约束,是妨碍马和牛的自由发展的。

还有,马本来蹄子可以践踏霜雪、柴草,毛可以抵御风寒,马的本性就是吃草饮水,举足跳跃,拉车耕田。可是,有一位叫伯乐的人,他总想显示一下自己,硬把马的蹄子给削掉,又在马蹄上钉上铁掌,并且为了不让马随便跑跳,还把马的两只前腿用绳子绊着。这么一来,马只能死掉,十匹马中因此会死掉二三匹。再加上有时只顾了让马给他赶路而不给马吃东西、饮水,有时还用鞭子一个劲地抽打,这样马死的就会更多了,结果十匹马要死掉五匹。

马本来是跑跳得很痛快,很逍遥自由的,但非有人把它治死;不死的马也要受羁绊,不得自由,这就是伯乐要改变马的本性的罪过。

有那些烧窑的人,他们说:我会把泥土做成砖样,然后烧成砖。你要圆的、方的都可以;木匠也说:我会治木,弯曲的木头我可以把它弄直,直的木头我也可以弄弯。庄子说,这种人是在破坏土和木的本性。土本来就是土,你为什么非把它烧成砖?木是直的,你为什么要把它弄弯?弯的又为什么要弄直?这些都是土和木所不乐意的。

那么人呢?庄子说,人也是一样。人的本性就是要生存和求得温饱。人要有饭吃,有衣穿,没有挨饿受冻的痛苦;人要劳动,女的要织布做衣服,男的要耕地种粮食。可儒家非要人们遵守他的仁义礼智,这就破坏了人类的自然状态。

儒家用仁义礼智束缚人们,就好像多余的手指要砍掉,连着的脚趾要割开,凫的短腿要续长,鹤的长腿要截短一样,是多此一举的,是违背人的本性的。

接着庄子又讲:北方深海中有一条大鱼,叫作"鲲"。光说它的长,就不知道有几千里。而这鱼还能变成鸟,叫作"大鹏"。这鹏之大,是难以形容的。光它的背,就不知道有几千里;它还能飞,它如果一怒而飞,腾空而起,张开两扇翅膀,黑压压的就好像遮住半个天的乌云。这大鹏鸟,每当冬天海潮运转的时候,就从北海迁居南海。当大鹏鸟从北海往南飞的时候,翅膀一扑,便击起三千里的巨浪,乘着一阵暴风,扶摇而上,直入云霄,一冲就是九万里。

庄子就是喜欢这种自由,向往这种自由。他多么愿意像大鹏一样地远走高飞啊!

但是，当大鹏鸟展翅奋飞，迁到南海去的时候，蝉、斑鸠和斥鷃等飞虫、小鸟，都感到非常奇怪。它们不但不羡慕大鹏的伟大和奋飞的精神，而且讥笑起来。它们指着鹏说："不知它要飞那么远干什么，费那么大的气力，好像多么显示自己似的。像我们这样跳上跳下，也有几丈的活动范围；要飞，在蓬草丛中穿来转去，也够逍遥自在了。我们也能看到人间的欢乐，照样能欣赏大自然，和人们一样地享受着大自然的风光。这个大家伙，真够莫名其妙的，它要飞那么远，到那儿去究竟干什么呢？"

庄子对这种渺小的见识，自鸣得意的小鸟、飞虫对大鹏的奚落和嘲笑，认为是太浅薄了。它不知道远近各有，游者自别，谁嘲笑谁都是不对的。

庄子讲道：朝菌是阴天生在粪堆上，一见太阳就死的小虫，因而它不知道昏暗是什么；寒蝉春生夏死，夏生秋死，因而它不知道春秋是什么。还有楚国南边有一种大龟，以五百岁为春秋；上古有大椿树，以八千年为春秋；彭祖能活七百岁。这都是由它的本性决定的。至于年岁的大小、寿命的长短，是任何人也改变不了的。

还有，日光发光发热，这是不难的；雨降就能浇田，并且可以成为沼泽，也不用人的劳动。这都是自然现象。

就说人治天下也是一样。庄子道：一个人的能力再大，再有治理国家的本领，他也不过只能治理一个国家。这就像鹪鹩小鸟一样，它的窝是用柔草、麻丝和软土等做成的蛋形圆囊，既精致又很高，好像高高在上，自以为了不起。可是，再高、再精致，也不过在大树林里只占小树枝上有限的一点位置。偃鼠呢，虽然是一只大鼠，也是有名的大肚，喝水最多。可是，河水、海水凭它随便喝，也不过能喝满它一肚皮。所以人们说："鹪鹩巢于树林，不过一枝；偃鼠饮河，不过满腹。"

治理天下，关键是什么呢？庄子说：治理天下全凭"势"。谁有势谁就能成名。尧、舜有势可以治理天下，桀、纣有权可以乱天下。如果别人有权、有势照样能够治天下。这就和庖人不治庖，尸祝也可代之的道理是一样的。

这里，庄子就把"庖人不治庖，尸祝可代之"的故事讲了一遍。

庄子说：传说上古唐尧、虞舜时代，帝位是"禅让"相继的。尧让位于舜，后来舜又让位于禹。历史上称为"禅让之世"。

据说，尧让位于舜之前，曾想把权让给一个叫许由的人。尧认为许由是个道德高尚的人，所以就亲自去请许由。许由知道了此事，不想接受，又不好意思直言拒绝，就只好逃避了。据后来有人说，许由连夜逃到了箕山（在今河南省登封市东南），隐居起来。

当时尧还以为许由谦虚，更加重视他，就又派人去请他，说："如果你不愿接受帝位，希望你能出来当个'九州长'"。不料，许由听了这个消息，更加厌烦，立刻跑到山下的颍水边去，躲了起来。

他把这些话当作一种臭话，生怕熏臭了自己的耳朵，于是就在水边用水洗起耳朵来。这时，在水边有两个放牛的人。见许由不洗脸老洗耳朵，并且洗了一遍又一遍。就跑过来问许由是怎么回事。许由以为又是那些来请他做官的人呢，于是连头也不抬，只顾洗他的耳朵。这两个放牛的人一看,许由怎么连理也不理呢?就认为他有毛病,于是就用鞭竿捅了许由两下。这时,许由抬头一看,原来是两个放牛的人。就对他们说:那些想让我做官的人,对我放了好多臭毒气,把我的耳朵都熏臭了,所以我到这里来洗耳朵。

那两个人听了哈哈大笑起来,一边笑一边把牛赶开,一边对许由说:我们怕把牛熏臭了,我们赶快走了。

那么,许由为什么不想做官呢?庄子有声有色地说,许由听了尧的话,对尧说:"你治理天下,已经治理得不错了。而要我来代替你,这不是让我享受你的名声吗?所谓'名'是'实'的附属品;'实'是主,那么'名'是客,那不是让我来做客吗?'鹪鹩巢于深森,不过一枝;偃鼠饮河,不过满腹'。我要这么大的天下干什么呢?请你打消原意,回去吧,我不能替代你。'庖人虽不治庖,尸祝不越樽俎而代之矣'。"

庖人,是负责宰杀牛羊猪和办理酒席的厨子;尸祝,是掌管祭祀仪式和对鬼神祝福的司祭者。古时,每逢祭祀鬼神,庖人先把整治好的牛羊猪和供品准备齐全。尸祝也要负责把祭品摆好。然后把酒斟到樽中,把杀好的牛羊猪搁到俎(一种器物)上,这才能开始祭祀仪式。如果庖人不治庖,尸祝就不好超越自己的职务范围去替代庖人的工作。后来人们就把超越本人的职务范围去管别人的工作,叫作"越俎代庖"或"尸祝代庖"。替代别人的工作,也叫"庖代"或"代庖",即庖人不治庖,尸祝也可代之。

这就是说,帝王、君主只是个名誉,谁代替了帝王、君主,谁就有了这个名誉。所以,庄子说,名、利也是无所谓的。追求这些名、利都不能说是逍遥自由。

修身养性

庄子所讲的逍遥自由,就是不受任何条件的束缚,既不受外界物质条件的限制,又不受自己肉体和精神的限制。

为达到这种自由,就必须把"有待"变为"无待",把"有己"变为"无己",达到"离形去知"的境界。怎样才能做到这些呢?

庄子举例说,有一种凌空飞翔的大鹏,威力很大,但要靠大风和长翼的帮助;行千里的人呢,虽然走得很远,但要靠几个月的粮食,这叫作"有待"。因为没有大风、长翼和粮食这些条件,大鹏就飞不了,行千里的人也走不成。这只是一般的规律,不叫什么自由。传说,列子能乘风飞行半个月之多,这虽然比人走路要自由多了,但是还是要受风的束缚,没风就飞不了。而且他飞的时间和地方是有限的,这都算不上自由。真正的自由是什么条件都不要,一切限制都没有,在无穷无尽的天空任意飞翔,自由地行动,这就叫作"无待"。

庄子为了把"无待"讲得更清楚一些,又举了一个例子。他说,罔两有一次问他的影子说:"为什么我起坐行止你总是唯形是从,总是跟随着我呢?"影子回答说:"这只不过是

一件微不足道的小事,何必问呢? 我是无心而动,动也好静也好我都不知道是为什么。只不过,有火有阳光,我就出现,阴天和夜晚我就休息。我并无待于形体,你来我就跟着来,你往我就跟着往。我和阳光一样,是安然自在地活动。"庄子说:"这就是'无待'的境界。"

那么,怎样使"有己"变为"无己"呢? 庄子说:凡是客观条件都不要,自己的肉体和精神上的束缚也不要,就会使"有己"变为"无己"。

"有待"变为"无待","有己"变为"无己"做到了,还要做到"离形去知",真正的自由才能获得。

怎样才能做到离形去知呢? 庄子又假托孔子的口吻讲了起来。他说,有一次,孔子的弟子颜回去看他。孔子就关心地问:"颜回,你这些日子进步了吗?"

颜回说:"进步了。"

孔子问:"那你是怎么进步的呢?"

颜回回答:"我已经忘记所谓的仁义了。"

孔子接着说:"好啊,比以前进步了是件好事,但还有点不够啊!"

过了几天,颜回又去看他的老师,孔子又问颜回,说:"你又进步了没有?"

颜回说:"我又进步了。"

孔子说:"是吗,你又怎么进步的呢?"

颜回说:"老师,我已经忘记所谓礼乐了。"

又过了几天,孔子见到了颜回,就又问颜回,说:"你是不是又有些进步了呢?"

颜回说:"我又进步了,这回我进步得又快了些,坐下来连自身都忘了。"

孔子听了,感到有些不安,连忙呈现出恭敬的样子追问道:"你怎么进步得这么快呢?"

颜回说:"我不觉得自己有肢体,又不觉得自己有聪明智慧,这样离形去知,简直好像混沌一般,这自然坐而忘其身了。"

可见,庄子所讲的"离形"就是"忘我"。

至于"忘我",庄子举了一个例子,说:一个叫列御寇的人,善于射箭。他拉开了箭,箭未射出时,在他胳膊肘上放一杯水,箭射出后,杯中的水并不撒漏一点,表示他射箭的平稳,射技的高强。

一个叫伯昏无人的看到列御寇射箭时毫无表情,呆若土木之人,就说列御寇是有心于射箭的人。于是他问列御寇说:"我与你一同登上高山,踩在危险得快要掉下来的石头上,面对着百丈深渊,你能不能射呢?"列御寇说:"试试吧。"于是伯昏无人就让列御寇坐在一边,自己先登上高山,踩在危险得快要掉下来的石头上,面对百丈深渊,坐在那里,脚还有二分垂在外面。然后叫列御寇:"快来呀!"列御寇刚走近伯昏无人,看到伯昏无人的危险情况,吓得伏在地上,虚汗直淌下来,一直流到了脚后跟。伯昏无人一看列御寇吓成那个样子,哪还有心射箭呢。于是就对列御寇说:你看我,上对青天,下对深渊,挥动双

臂,神气不变。意思是说:我已经达到忘我的境界了,而你列御寇还没有达到啊!

接着,庄子又讲了一个故事。他说,子桑户、孟子反和子琴张三个人的信仰相同,因此成了好朋友。他们三个人整天在一起,形影不离。有一天,子桑户突然死了。孔子知道后,赶忙让他的弟子子贡去吊唁,并让他帮助孟子反、子琴张办理丧事。

子贡遵照老师的吩咐去吊唁子桑户,一进门子贡就哭了起来。子贡哭了一会儿,一抬头看见孟子反和子琴张谁都没有一点悲痛难过的样子。一会儿,又看见他们两个,一个在唱歌,一个在拉琴。口中还唱着:"子桑户啊! 子桑户啊! 你真好,你已得到自由了。我们呢,还在人间受着各种束缚呢。"

子贡听了感到非常奇怪,就问他们两人:"你们怎么这样对待死人,人死了也不哭反而唱起来,你们还有一点礼节可讲吗?"

他们两人听了子贡的话,反而笑了起来,子贡更觉奇怪了,怀疑他们是否有病了。

子贡回去,对孔子说:"他们到底是什么人呢? 怎么人死了,一点悲哀也没有,在朋友死尸面前不仅不哭反而还唱歌呢? 好像他们不知道生死似的。"

孔子解释道:"他们的精神已在宇宙之外了,已经忘记自身了。"

关于"去知",庄子又解释说,去知,就是不要追求知识,不要分辨是非。并且是非是分不清的,人们硬要去分辨它是毫无意义的。

他说,人睡在潮湿的地方要生病,泥鳅整天在潮湿的地方也不会生病;人往高处爬很费力,并且爬上去也害怕掉下来,不敢往下看,一看就头晕。而猴子呢,猴子跳上跳下,爬高爬低,一窜就能窜到最高处,并且在最高处可以自由自在地嬉戏玩耍,一点害怕的意思也没有;人总是要吃点肉。并且喜欢吃牛、羊、猪肉,而鹿就喜欢吃草,牛羊也是一样;蜈蚣呢,喜欢吃蛇,而人看见蛇就害怕;乌鸦喜欢吃老鼠,而人看见老鼠就厌恶。那么,有人要问,谁正确谁错误,谁是谁非呢? 谁也说不清楚。在庄子看来,彼亦一是非,此亦一是非。公说公有理,婆说婆有理,正确和错误没有什么客观标准。

他还说,假使我和你进行辩论,也是无用的。假如你胜了我,我输给你,难道你果真是对,我果真是错了吗? 反之也一样,辩论的结果,究竟是一个错一个对呢? 还是两个人都对了或都错了呢? 我们两人是无法判断出谁对谁错的,那么请谁来判断呢? 假如请跟我意见相同的人来判断,他既然和我的意见一样,又怎么决定呢? 假如请跟你的意见相同的人来判断,他既然和你的意见一致,又怎能决定呢? 假使请跟我们两个人的意见相同的人来判断,他既然和我们两个人的意见一致,又怎能决定呢? 假如请跟我们两个人的意见都不同的人来判断,他既然跟我们两个人的意见都不一样,又怎么能决定呢? 那么我和你和第三者都不能知道谁对谁不对。这又等谁来判断决定是非呢? 庄子认为:"是亦一穷,非亦一穷也"。这就是说,是的变化是无穷的,非的变化也是无穷的。既然如此,如果人们总是纠缠在是非的圈子里,那是与非就永远是无穷尽的,也是永远搞不清楚的。

在庄子看来,知识不用追求,那世界必然就是不可知的,因而认识也是可以怀疑的

了。

有一次,庄子睡熟了,做了一个梦。梦见他自己看见一群蝴蝶飞到东,飞到西,一会儿飞到草丛中,一会儿飞到花蕊上。多么自由快乐啊! 这使庄子产生了羡慕之情。于是,庄子也变成了蝴蝶,到处遨游,自在极了,根本忘记了自己是庄子。忽然醒来,才知道是庄子自己。庄子就此提出了疑问,他说:到底是庄子梦见了蝴蝶,还是蝴蝶梦见了庄子? 这个问题谁能做出回答? 这个是非谁又能辨别清楚呢? 这就是说,物和我是分不清的。

庄子认为世界是不可知的,他的学生惠施也同样认为世界是不可知的。

有一次,庄子和惠施到河边钓鱼。他们一边钓,一边议论。

庄子说:"鱼游来游去,游上游下,一会儿甩尾巴,一会儿摇着头,出游多么从容自由,这是鱼的欢乐呀。"

惠施说:"你是人又不是鱼,你怎么知道这是鱼的欢乐呢?"

庄子说:"惠施是惠施,不是庄子,惠施怎么能知道庄子不知道这是鱼的欢乐呢?"

惠施又说:"惠施不是庄子,所以不知道庄子;但庄子不是鱼,庄子又怎么知道鱼的欢乐呢?"惠施认为人不是鱼,所以就不能认识鱼,更不会知道鱼的快乐。

所以庄子又说,如果人们一定去追求什么是非、知识,那就是瞎操劳自己的精神,就是"劳神明",就像一位养猴子的老人一样。

他说,宋国有个养猴子的老人,家里养着一群猴子,猴子和老人非常熟悉,老人说的话它们都懂,猴子的动作老人也明白。

猴子爱吃栗子,每天都要吃很多。老人家并不富裕,就想了办法用来限制猴子们吃栗子的数量。

一天早上,老人对猴子们说:"以后,你们吃的栗子,由我公平发给:一律早上三颗,晚上四颗,好不好?"猴子们听了都不高兴,个个嫌少,跳着闹着,吵嚷不休。这时老人笑了笑又接着说:"那么这样吧:一律早上四颗,晚上三颗,怎么样?"猴子们都非常满意。

"朝三暮四"和"朝四暮三"数量相同,效果不一。原因是它们不知道两种说话不同,但实际上相同。

庄子要人们不要分辨是非,不要用任何感官去思考问题。只有这样浑沌下去就会尽享天年。

他又用一个寓言故事来奉劝人们。他说:南海的帝叫儵,北海的帝叫忽,中央的帝叫浑沌。有一次,儵和忽一块儿到浑沌那里去聚会,浑沌招待得很好,他们感到很满意。临行前,他们商量着要帮助浑沌一下。他们说:"人都有七窍,用来听、看、吃、呼吸,浑沌独独没有,我们给他凿一下吧,凿一下七窍就开了。于是他们就一天一天地凿起来。一天凿一窍,七天以后七窍凿成,而浑沌却死了。

庄子在这里告诉人们"浑沌"一生罢了,何必要追求什么呢。

庄子要人们不追求知识,不分辨是非,也不要追求名利和富贵。尤其是对那些不择手段地追求名利富贵的人进行了冷嘲热讽。

宋国有一个叫曹商的人，利用不可告人的手段，赢得了秦王的欢心，得到车辆百乘。因此，他在庄子面前夸耀自己，说庄子不如他。曹商对庄子说："你处在穷乡陋巷，靠编织草鞋维持自己的生活，这是曹商的短处，也是我比不上的呀。可是今天我竟然有车百乘，这是曹商的长处呀，是庄子比不上的。"

庄子听了曹商的话，气得嘴唇哆嗦着，说："秦王有病召医，能治破痈溃痤的给车一乘；能给秦王舐痔的给车五乘；治愈得越低下的病得车越多。曹商能治痈舐痔，所以能得到车百乘，这是曹商的本能啊！也是我庄子不可比的呀！"

庄子把曹商奚落了一通以后，又骂曹商道："这种不知羞耻、反以为荣的人，纯粹是败类、畜生！"

庄子爱憎分明，厌恶不择手段、追逐名利的曹商，而赞美不追求名利和富贵的颜阖。

他说，颜阖是一个不为富贵的来去而悲欢，更不去追求和钻营它的人。

颜阖是一个贤明的人，鲁哀公听说以后想请他出来为国卖力，就派人送去一份礼物。颜阖家中很穷，住在一个破旧的村子里。这一天，颜阖正披着一件粗布旧衣，在那儿喂牛。鲁哀公派的人来了，向颜阖问道："这儿是颜阖的家吗？"颜阖说："是的，这就是我的家，我就是颜阖，你找我有事吗？"那人知道这个人就是颜阖后，首先说明了自己的来意，然后把带来的礼物交给颜阖，扭头就要走。颜阖把这个人叫回来说："你不会找错人吧，如果找错了人，会被治罪的，你还是把东西拿走吧。"那个人走了，一会儿又回来了，对颜阖说："没错，找的就是你这种不贪富贵的人。无论如何你要把东西留下，不然我回去是没法交差的。"颜阖又推辞说："礼物我是不要的，你还是带回去吧。"那个人很为难地说："你是个贤明的人，求你多为我想一想吧。"在这个人的哀求之下，颜阖才把礼物暂时收下。

庄子认为，人就应该自由自在的生活，不要为追求富贵而牺牲自己的生命。像颜阖这样，富贵送上门来也不接受，才是值得赞赏的。

知识渊博

庄子知识渊博，才学匪浅，这是人人皆知的。他虽然对人生发出了悲叹，但他还是非常重视才学的。

有一次，庄子在山中游玩，看见一棵枝繁叶茂的大树，树长得很挺直。但是，在树旁站着一个伐木人，看过来看过去，手里拿着斧子就是不砍伐它。庄子还以为是舍不得呢，就上前去问伐木人："你是不是看这树长得挺好，舍不得砍伐它呢？"伐木人说："这树长得虽然高大，但不可用。"庄子问："为什么不可用呢？"伐木人说："因为这树质量不好，用它盖房它会被压折，用它做门窗太松散，用它做柜子易遭虫咬。所以不可用啊！"庄子恍然

大悟地说:"啊,我明白了,这棵树正是不成材,所以终其天年啊!"

庄子从山上下来,走到一个老朋友家。他觉着走得很累,就在老朋友家住下了。老朋友两年多没见到庄子,对庄子的到来感到无比高兴,杀鸡宰牛为庄子准备晚餐。他家还养着两只雁,他吩咐儿子赶快杀一只雁。儿子问:"爸爸,杀哪一只呢?"老朋友回答:"杀那只不会鸣叫的。"不一会儿,他的儿子就把那只不会鸣叫的雁给杀了。

第二天,庄子回到家中,他的弟子知道他上山回来了,赶快问道:"老师累不累?"庄子说:"不累",又笑着把他昨天见到的伐木和杀雁的事告诉了弟子。

弟子非常聪明,对庄子说:"老师,我知道,昨天的山中之木是以不材而终其天年,而雁呢,也是因为不材而遭厄运啊!"

庄子听了点了点头说:"你真不愧是我的弟子,是个有才之人啊!"

庄子不仅重才,而且很赞赏经过艰苦学习,而取得成就的人。

他讲过"探骊得珠"的故事。故事的大意是这样的:黄河边上有一户贫苦人家,靠编织苇箔糊口。一天,这家的孩子,在河边玩耍。忽然看见骊龙在河里游过来游过去,甩着尾巴撒着欢儿真是逗人。这个孩子越看越感到有趣,于是一直看了两个时辰。

又一天,河边有一位老翁在钓鱼。这个孩子就跑到这个老翁跟前问了起来,说:"老大爷,你看见骊龙了吗?"老大爷说:"我不仅看见了,我还想捉到它呢?"孩子问:"你捉它干什么? 是不是想吃它的肉呢?"老大爷说:"不对,不对。我知道骊龙喉咙里有一个宝珠,等它睡着了就可以从它喉咙里取出来。"孩子听了,点了点头说:"我明白了。"

过了两天,孩子又来河边玩耍,这次他又看到骊龙游过来游过去。他就一直等啊等啊,等了三个时辰,骊龙终于睡着了。孩子轻手轻脚地从骊龙的喉咙中取出了宝珠。

庄子讲完了这个故事,用赞叹的口气说:"这种经过艰苦学习、取得成就的人是值得我们学习的。"

他还赞扬了禹三过家门而不入的工作态度。他说,禹是领导各地人民和洪水搏斗的名人。他经过十三年的艰苦奋斗,才把洪水平定。禹的工作是重大而艰辛的,工作态度是严肃认真的。他私人的生活无暇顾及,手掌、脚底都长满了厚茧,指甲也磨破了,皮肤晒黑了,还得了关节炎,走路很不方便,但他还是坚持工作。庄子非常赞赏这种精神,他用六个字描写了禹治水的劳苦,即:"沐甚雨,栉疾风"。就是说,用暴雨洗头,用大风梳头。

禹直到30岁才结婚,他在涂山县(今浙江绍兴市西北),遇到一个名叫女娇的姑娘,心中很爱慕,后来结为夫妻。可是,结婚的第四天,禹为了治水就离开了家。禹在工作期间多次从自己的家门路过,并听到孩子哇哇的哭声,但他匆匆而去,过门不入。禹这种三过家门不入的精神受到了人们的称赞。

庄子对生搬硬套,只从形式上勉强仿效他人的做法进行了讽刺。

传说,春秋时越国有个绝色美人,名叫西施。她品貌双全,人们一直把她作为典型的美女来传诵。

西施有胃病,有时用手轻轻地捧着胸口,慢慢地成了习惯。因为她长得实在美,即使这样也一点不难看,人们倒说更显得好看了。离西施家不远,有一个长得很丑的女人叫东施。她见过西施多次,也听到不少人对西施的议论和称赞,于是她也用手轻轻地捧着胸口,学着西施的样子,自以为很美。可是,因为她本来就长得丑,还勉强做作,就越发怪模怪样,更难看了。所以,人们见了她,都不喜欢她:富人见了,紧闭大门;穷人见了,赶快躲开。这种生搬硬套的学习方法,实在令人可笑。

还有一种抱着脱离实际的学习态度的人,庄子对他们也进行了无情的嘲笑和讽刺。

周朝有一个叫朱泙漫的人,把家产全部卖掉,带着千金巨款,出门去寻师学艺。

三年之后,朱泙漫回到家乡,人们问他:"你这三年功夫学了不少手艺吧?请给咱们说说好吗?"这几句话正中朱泙漫之意,他趁机大讲起来,说:"我拜了屠龙专家支离益为师,学会了杀龙的本领。"接着,他就吹东拉西,洋洋得意地大谈杀龙的技术。什么杀龙要用什么刀啦,要按着龙的头部,怎么剖开龙的肚子啦……

不等他说完,听的人早已捧腹大笑起来。他们说:"你这套本领果然是绝技,学的也不错,真是了不起。可惜,现在哪里有龙让你杀呢?"

庄子讲这个故事,目的在于告诉人们:一切脱离实际的东西,再高明也无济于事,只会遭到人们的讥讽和嘲笑。

庄子的思想对我国思想界、文学界影响很大,他对现实社会不满、抱有反抗情绪这一点及思想中的批判精神,对后代大文学家嵇康、阮籍、李白、曹雪芹等产生过很大影响。当然,庄子思想里的消极方面,如悲观厌世、虚无主义思想等,是需要进行批判的。

历代对庄子思想评价分歧很大,解放以来,对庄子予以全面否定的观点一度占据了绝对优势。现在,学术界坚持唯物主义的立场,对庄子的思想做出客观的、科学的评价,以恢复庄子思想的本来面目。

民本思想的先驱者

——孟子

名人档案

孟子：战国时期鲁国人。名轲，字子舆，又字子车、子居。父名激，母仉氏。字号在汉代以前的古书没有记载，但魏、晋之后却传出子车、子居、子舆等多个不同的字号，字号可能是后人的附会而未必可信。

生卒时间：前372年~前289年。

安葬之地：山东省邹城市东北12.5公里的四基山西南麓。

历史功过：《孟子》一书是孟子的言论汇编，由孟子及其弟子共同编写而成，记录了孟子的语言、政治观点（仁政、王霸之辨、民本、格君心之非）和政治行动的儒家经典著作。孟子曾仿效孔子，带领门徒游说各国。但不被当时各国所接受，退隐与弟子一起著书。《孟子》有七篇传世：《梁惠王》上下；《公孙丑》上下；《滕文公》上下；《离娄》上下；《万章》上下；《告子》上下；《尽心》上下。其学说出发点为性善论，提出"仁政""王道"，主张德治。南宋时朱熹将《孟子》与《论语》《大学》《中庸》合在一起称"四书"。从此直到清末，"四书"一直是科举必考内容。孟子的文章说理畅达，气势充沛并长于论辩。孟子在人性问题上提出性善论。

名家评点：中国古代著名思想家，教育家，战国时期儒家代表人物。仅次于孔子的一代儒家宗师，有"亚圣"之称，与孔子合称为"孔孟"。

三迁而居

孟子的母亲出身于名门，是一位知书达礼，聪明贤淑的女人。她非常重视对孟子的教育。

孟子出生的时候，由于穷困，一家人住在郊外较为偏僻的地方。离他家不远，有一大片基地—平时经常有人抬棺材来埋葬，一路上吹吹打打、哭哭啼啼，每逢扫墓期间，前来祭奠的人更是络绎不绝，显得极为热闹。

孩子总是好奇的，看到什么就想模仿什么。孟子住在这种环境里，经常看到一些送丧行列，以及提了祭品、烧纸磕头的扫墓人，他也经常和其他小伙伴一起玩起埋葬死人的游戏来了。

孟母看到孟子在这种环境里成长，心里感到忧虑。孟氏也是贵族之后，但目前已经败落了。孟母对孟子期望甚高，希望他努力上进，将来有一天能恢复家庭往日的荣耀。可是在现在这样一个偏僻的地方，孩子们所接触的都是葬礼和扫墓的人，这样会对孩子的成长带来不好的影响。

于是，孟母决定搬家。她在城里找到一个住处住下来。那里紧挨着集市，人来人往，店铺云集，非常热闹。

才搬去不久，孟母又感到不妥。集市里的小商贩们整天扯着嗓子高声叫卖，使孩子们觉得新鲜好玩。孟子在集市里耳濡目染，也模仿着商贩们吆喝起来。孟母感到这种环境只能造就斤斤计较的小商贩，决定必须再度搬家。

最后，孟母终于在一所学校附近找到了一个住处，立即带着孟子搬了过去。

学校里进进出出的，全是循规蹈矩的读书人。古代的读书人，非常注重礼节、谈吐，他们的言行，在社会上深受尊敬。

孟家在这里定居下来以后，孟子在学校气氛的熏陶下，开始学习学校里那些学者的行为、礼仪。孟母终于找到了一个教育孩子的良好环境。心里非常高兴。

孟母经常教育孟子做人要诚实。她注意在日常小事上培养孟子诚实的品德，而且她深深知道身教重于言教。

有一天，孟子看到附近有一户人家在杀猪，他跑回家问母亲说："妈妈，那家人为什么杀猪？"

母亲正在忙着干活，就笑着随口说道："是给你吃啊。"

孟子听到有肉可吃，小脸上马上绽开了笑容。因为家里。已经好久没有吃到肉了。

孟母说完就后悔了。心想明明不是为自己孩子杀的猪，我为什么要欺骗他呢？这不是教孩子说谎吗？

为了弥补自己的过失，尽管家里非常穷，孟母还是拿出一些钱，到杀猪的人家买了一些肉，带回家里做了给孟子吃。

孟母就这样，通过日常生活中的小事，来教育孟子养成诚实的品格。

孟子的父亲早逝，一家的生计以及教导孩子的责任，全落在孟母一个人身上。她靠织布维生，尽量省吃俭用，把剩余的钱，留作孟子上学之用。

有一天，孟子从学塾放学回家，母亲问他最近学习的情形。孟子很不在意地应道"马马虎虎，跟以往差不多。"

母亲一听,脸色陡变,随即取来一把剪刀,将织机砍断,泪流不止。孟子吓坏了,他低声地问母亲为何要把织机砍断。

孟母含着泪说:"儿啊,你知道,我辛辛苦苦为的是什么?"

"为了我们的生活。"孟子诚惶诚恐地回道。

"还有呢?"

孟子想了一会儿,说道:"为了让孩儿读书。"

孟母乘机教训他说:"你既然知道我们这么苦,仍然让你去读书,你怎么可以不求进取? 如果你读书读到一半中途而废,这跟织布织到一半砍断织机有什么两样呢? 我的辛苦,岂不是白费了吗?"

孟子看到母亲因自己不能专心读书而伤心,而且砍断了织机,小小的心灵受到了极大的震动。他趴在母亲的膝上,痛哭流涕。他向妈妈发誓今后要努力学习,再也不贪懒,惹妈妈生气了。

有这样的母亲,才能有日后成为一代大学者的孟子。这就是后来广为流传的"断机教子"的故事。

游学鲁国

孟子年岁稍长,如果继续待在故乡的话,对于自己的学业不能再有所进展,所以他准备外出游学,访求名师,增加见识。

当时的游学风气很盛。例如孔子时代,前来受教的,南及江淮,西至山、陕,全国各地的人都有。

孔子死后不到一百年,由春秋时代转变为战国时代,周朝皇室更为衰微,各国竞相改革图强,纷纷讲求富国强兵之策,于是养士之风大盛。

影响所及,从好的方面来说,言论开放,百家争鸣,专家学者等人才辈出。但是,坏的一面,却造成了许多投机分子,凭口才及溜须拍马以求功名富贵,形成一股不良风气。

孟子处在这样一个大变革的时代,更需要外出遨游,看一看故乡以外的广阔天地。

孟子一直是学习孔门学说的,他怀着年轻人的一股热情,年向儒家的发祥地——鲁国国都。那儿有着浓厚的文化传统,他理想中的圣人形象——孔子,早就深深地铭刻于心了。

到鲁国国都以后,孟子师从孔子的孙子——子思的门人,专心攻读孔子的学说。

踏上仕途

孟子学成后,虽然热切地期待着继承孔子的理想,以求拨乱反正,解救众生,但时局

混乱不堪,没有施展抱负的机会。在这段时间,孟子把全副精力放在教书育人上。他先后培养出了公孙丑、公都子、万章、陈臻、屋卢子、充虞等杰出弟子。

孟子眼看时局混乱,自己的抱负和理想难以实现,心中非常苦闷。他曾把自己比作伊尹,来抒发心中的抱负。

有一次,万章问孟子说:"传说伊尹曾经以宰割烹调的手艺得以见到了汤,并要求汤任用他,不知有没有这回事。"

孟子认为这是无稽之谈,他告诉万章说:"伊尹在有莘(古代国名)的乡间耕作时,就喜欢唐尧、虞舜之道,倘若不合尧舜之道,即使把天下的禄位都给他,他也不肯接受的,即使给他几千匹马,他也不会正眼瞧一下的。商汤曾派人备了重礼去聘请他,他却说道:"我要汤的这些礼物有什么用? 如果我去做官,那里能够像现在这样住在田野间、这样自由自在地思考尧舜之道吗?"

后来,商汤第三次派人去聘请他,他才略微改变了原来的心意,他说:"与其独自住在田野,研究尧舜之道,何不使国君们都成为像尧舜那样的君主呢? 何不使人民都成为象尧舜时代那样好的人民呢? 我何不亲身去看看尧舜时代的复现呢?

上天生下这些人民,是让先知道事理的人,去觉醒那些后知道事理的人。我就是人民当中的先知,我应该去让普通人民都知道真理,我若不去觉醒他们,还有谁呢?"

伊尹的意思是,他认为天下的人民,不论男女,若有一个不能蒙受尧舜的恩泽,就如同自己把他们推入沟中一样。他把天下的重担自己一人担起来,所以他一到商汤那里,就劝商汤立即讨伐夏桀,以拯救人民。我没听说过自身不正而能匡正别人的,更何况要匡正天下呢? 圣人的行为,虽然与众不同,或是远走隐遁,或是亲近国君,或是不愿为官,或是固守本职,但总之要保持自身的正直。

我只听说伊尹是以尧舜的道理,要求商汤实行,却没有听说是以烹调的手艺去求商汤任用他。

从这段对话中可以看出孟子那拯救众生的远大抱负。

孟子学成后,很想回到老家邹国,报效祖国。邹国国君穆人,早已听到孟子的名声,于是派人请孟子回国从政。

当时邹鲁之间,曾发生冲突,相互交兵。穆公告诉孟子说:"我方官员战死的有33人,而士兵却没有一个肯为他们而丧命。他们眼睁睁地看着长官战死而不肯去救,这该怎么办啊?"

孟子说:"在兵荒马乱的年代,年老体弱的都免不了一死,被抛弃在田沟山涧里。年轻力壮的都四处逃亡,总数有数千人。可是您的粮仓里却堆满了粮食,国库里的钱财也很充足。而那些地方官却不把民间的疾苦向您禀告。这就是当政者不关心政事,从而害苦了平民百姓。"

"曾子说过:'要小心,你做过的恶事,一定会给你带来报应。那些老百姓平时受当官的欺压,无处发泄,现在得到机会报复,您怎能怪他们呢? 今后只要王爷您施行仁政,百

姓自然拥戴他们的长官,一旦有事,也就会为长官拼命了。"

穆公对于孟子的建议,未能完全领悟,表面虽然尊敬他,却并不重用他。于是孟子准备采取孔子当年的办法,到各国去游说诸侯,以实现自己的政治理想。

周游列国

公元前322年,孟子51岁,他开始了巡游列国的旅程。他第一个对象是位于鲁国北方的齐国。

当他还在邹国的时候,任国的当权者季任曾送礼物给孟子,孟子接受了,却没去拜谢。后来在齐国平陆的时候,齐国的宰相储子也送礼物给孟子,孟子也接受了而不去拜谢。

孟子从邹国到任国时,立即去见季任。到了齐国后,却没有去看储子。

屋卢子(孟子弟子)问孟子:"夫子您一到任国,就会见季任,到了齐国,却不去见储子,是不是宰相不及国君尊贵的缘故?"

孟子说:"不是,《书经》上说:奉献礼物要以礼仪为重,假如礼仪不周,就等于没有奉献,因为他不是以真心来奉献。我不去见储子,就是因为他礼仪不周的缘故。"

屋卢子明白了,季任有守国的重任在肩,当然不能到邹国去见孟子。而储子是齐国的宰相,本可以亲自带了礼物到齐国的平陆去见孟子。

储子曾在齐威王面前推荐孟子,威王将信将疑不想一下子重用孟子,并派人去暗中加以观察。孟子则坚持不主动靠近威王的策略,使威王对他产生由衷的尊敬,于是派人去正式邀请,孟子这才率领众弟子进入齐都。

齐国威王以尊重学者而闻名于天下。在齐国临淄专设了"稷下馆"。就是为了召集天下杰出学者而特建的大住宅。凡是前来投奔的杰出人物,都在那儿受到优厚的礼遇。这些被称为"稷下学士"的人们,都由国家供养,他们可以整日思考、研究、谈论。

公元前322年,孟子率领弟子们到达齐国的临淄,希望在齐国能够实现他的政治理想。

在这期间,苏秦主张"合纵"之说,顺带六国相印。张仪则出任案相,主张"连横"。公元前318年,燕、赵、韩、魏、楚等五国联合攻厌,兵抵函谷关时,秦国开关迎敌,五国联军却畏而不前,终于败逃。而宋国的宋偃宣布称王,建立宋朝。当时的世局,真是混乱如麻。

齐威王听到孟子来到齐都,立即欣然接见,并拜他为卿。齐威王首先问到齐桓公和晋文公的称霸事迹。

齐威王对这两位霸主的彪炳功绩,深为景仰,也希望步他的后尘,因此,才提出这个问题来。

孟子对这个问题，表现得很冷漠，他只淡淡地表示，孔子的门徒，并没有讲到桓公、文王两位霸主的事迹，因此，没有流传到后世，所以他也不清楚。

孟子不谈则已，每当论及为政之道，必举尧舜为例。

公孙丑问孟子说："假如夫子当了齐国的宰相，能够推行大道，虽然可以使齐国称霸于诸侯，甚至于称王天下，也不足为奇。果真有这样的机会，夫子会不会动心呢？"

孟子说："不会，我四十岁时就不动心了。"

孟子对齐威王的称霸野心并不赞成，因此威王虽然对他非常尊敬，却并未授以实权。

有一次，齐王派孟子到滕国去吊丧，同时另外派了盖邑大夫王驩作为副使。

王驩这个人是个善于逢迎谄媚的人物，深受齐王的宠爱，他名义上是被派作为副使，实际上却非常专横。

孟子和王驩往返于齐、滕之间，却始终未曾谈及出使的事。公孙丑（孟子弟子）看在眼里，觉得很奇怪。于是找了一个机会问孟子："齐国的卿位，不能算不高；齐国到滕国的路途，也不能说不远，可是在路上一往一返，夫子却不曾和王驩谈起过出使的事，这是为了什么？"

孟子说："这件事既然有人办了，我还有什么话可说呢？"

孟子的意思是王驩名义上是副使，但他仗着齐王的恩宠而独断专行，并没有把孟子放在眼里。孟子对于这种阿谀奉承之辈，深为不齿，当然不愿意与他说话了。

齐国另一个大夫公行子，某次他办理儿子的丧事，一般的卿大夫都奉了国君之命去吊丧，王驩也去了。因为他是国君宠信的人，大家都想巴结他，纷纷走向前去和他寒暄打招呼，也有离开自己的座次特地赶到他旁边和他交谈的，只有孟子视若无睹，不前去打招呼。王驩心里感到很不痛快，他对别人说："诸位都来和我说话，只有孟子独独不和我说话，这明明是把我王驩不放在眼里啊！"

这话传到孟子那里，他说："依照礼法，这种场合的礼节是和朝廷所行的是一样的，各人有一定的座位，不能擅自离开去和别人说话，也不准越过自己所在的行列去和人作揖。我遵守礼法，王驩却认为我轻慢了他，这不是很奇怪吗？"

又有一次，孟子一个弟子名叫乐正子跟随出使到鲁国的王驩来到齐国，来见孟子。孟子说："你还会来见我吗？"

乐正子说："夫子为什么说这话呢？我当然要来啊。"

孟子说："你来到齐国几天了。"

乐正子说："昨天到的。因为旅舍还没有安顿好，所以没有立即赶来拜望。"

孟子说："你听谁说过，一定要把旅舍安顿好了，才能来见长者的？"

乐正子赶快赔罪说："我知道错了。"

孟子说："你跟王驩这种人到齐国来，只是为了吃喝罢了。我想不到你学古人的道理，却是用来博取吃喝啊。"

孟子不齿王驩的为人，所以才责备乐正子不应跟随他。

齐国有位大夫名叫蚔龙,他辞去灵丘的县官职务,改任狱官。

有一天,孟子对他说:"你辞去灵丘县官之职,改任狱官,似乎很有道理,因为狱官可以经常接近国君,便于向国君进谏。如今你已经出任狱官好几个月了,难道还没有到进言的时机吗?"

经孟子这么一提,蚔龙就去见齐王,请他修改刑罚,可是齐王却不予采纳。蚔龙因此辞官而去。

齐国人在背后议论孟子说:"孟子替蚔龙出的主意倒是不错,至于他对自己有什么打算,我们就不知道了。"

他们的意思是,孟子既不进谏,也不离开,不知他究竟作何打算?公子都把这些流言告诉了老师。

孟子说:"我听说过,有官位职守的人,如果无法尽其职责,就该离去;有进言责任的人,如果进言不被采纳,也该离去,我既没有固定的官位职守,也没有进言的责任,那么我的行动或进或退,岂不是有很大自由吗?"

话虽这么说,孟子在决心离开齐国以前,遇有机会,仍会尽力进言,决不袖手旁观。

有一次,孟子到边远的平陆县去巡视,对县官孔距心说:"假如你手下的士兵,一天之内有三次走错行列,你是否开除他?"

孔距心说:"不必等到三次。"

孟子说:"既然如此,那你自己失职,就和士兵走错队列一样,已经很多次了。在这兵荒马乱的年代,你管理下的百姓,年老体弱的抛尸露骨在田野里,年轻力壮地则纷纷逃走。"

孔距心辩解说:"我的力量有限,这种事,我也是力不从心啊。"

孟子说:"譬如现在有个人,他接受了主人的牛羊,去替他放牧,那就一定要找到牧场和水草。如果找不到的话,他岂能眼睁睁地看着牛羊饿死呢?"

孔距心听了这话,痛感自己的失职,非常惭悔。

过了几天,孟子去见齐王说:"国王您派去治理都邑的人,我一共认识五个,但是能够知道自己罪过的,就只有孔距心一人。"

齐威王听了,心里不悦,就敷衍孟子说:"这都是我的过错啊。"

孟子看到威王宠信谀媚之徒,而对自己的政见不予以采纳,渐生去意。于是向齐威王提出辞呈。齐王表面上仍然要挽留一番,但孟子去意已定。齐王勉强答应了孟子的辞呈,并派人送去两千两黄金,但孟子婉拒了。

孟子整顿行装,准备率众弟子启程回家。这时,齐王亲自登门来看他。

齐王深表遗憾地说:"以前我想见夫子,却不能如愿,现在能够经常在夫子身旁领教,和夫子在同朝研商国事,感到无比的高兴。如今夫子却又要抛弃寡人而去,不知道以后是否还有机会再见?"

孟子说:"我心里一直盼望将来能够与您再见,只不过不敢提出请求罢了。"

一天后，齐王对大王时子说："我想在国内选择一处适中的地点，替孟子盖一所房子，每年给他1万钟的俸禄，以便供养他的弟子，使得各位大夫和全国的百姓有一种敬慕的模范，你何不替我去向孟子谈谈。"

时子把这番话透过陈臻（孟子的弟子）去告诉孟子。

孟子说："时子怎么不知道我是留不住的啊！假如我想发财的话，辞掉10万钟的客卿地位，却去接受1万钟的教书职业，这算是发财吗？从前鲁国大夫季孙氏曾经说过：'子叔疑这个人真是奇怪，自己想做官，国君不肯用他，那也就罢了，却又四处设法，要使弟子们去做官。'谁不想富贵？但如果象子叔疑那样一味追求，将会遭到世人唾弃。"

就这样，孟子离开了齐国。

孟子原来准备打算回乡，听说宋王偃有心实行仁政，孟子很想趁此机会去看看。于是，浩浩荡荡地来到宋国，宋国君臣及全体人民，都极为兴奋，列国间也都知道宋国将实行仁政了。

孟子的弟子万章曾忧心忡忡地对孟子说："宋只是一个小小的国家，如果想实行仁政，必定会遭到齐、楚等大国的嫉妒，如果他们要出来征伐，将如何应付呢？"

孟子答道："从前商汤在亳邑，与葛国为邻，葛伯放纵无道，不祭祀祖先，汤便派人去问他，为何不实行祭祠？葛伯说，没有牲畜可供祭祀。汤就派人去送牛羊，葛伯把牛羊宰杀吃掉，仍不举行祭祀。汤又派人去问，为什么不祭祀？葛伯又推说没有粮食可供祭祀。汤又叫亳邑的壮年人去替他们耕种，老弱的送饭菜给耕种的人吃。葛伯却率领手下人在路上拦截送饭菜的人，把酒和饭菜抢夺下来，抵抗的就杀掉。汤知道这件事后，就起兵去讨伐。大家都说，汤这次讨伐的动机，并不是想把天下的财富占为己有，而是要为天下的平民报仇。从葛国开始，汤前后一共出兵征伐11次，所向无敌。当他向东征伐时，西边的夷人就抱怨；向南征伐时，北边的狄人也埋怨，都说，为什么忘了我们呢？人民仰望他，就像旱天盼望雨水一样。商汤军队所到之处，商场照样交易，农村照样耕作。杀了有罪的国君，安慰受苦的百姓，好像是及时雨，百姓们欢呼雀跃。

如此看来，宋国不施行仁政便罢，如真能施行仁政，四海之内的人民，都会抬起头来仰望他，要奉他做君王。齐、楚两国虽然强大，又有什么可怕？"

这便是孟子"仁者无敌"的政治理想。

戴不胜是宋国的一位大夫。孟子对他说："你想使你们的国王成为一位贤君吗？我明白地告诉你：比方说，有一位楚国的大夫，想使他的儿子学说齐国话，那么，请齐国人来教他呢？还是请楚国人来教他？"

戴不胜不假思索地说："当然请齐国人来教啊。"

孟子微笑着说："一个齐国人在教他说齐国话，而许多的楚国人却用楚国话来喧扰他，即使天天鞭打他，要他把齐国话学好，也是无济于事的。如果让他在齐国繁华的首都住上几年，即使天天鞭打他，让他仍旧说楚国话，也是不可能的。

你说，薛居州是个好人，所以举荐他随侍在宋王左右，以便时时劝谏宋王施行善政。

试想，在宋王的左右，无论是年纪大的小的，官位低的高的，都能像薛居州一样正直，有才干，那么谁会鼓动宋王做坏事呢？反之，如果宋王左右的人，都不是像薛居州那样正直、有才干，那么谁会鼓动宋王去行善政呢？单靠薛居州一人是没用的。"

孟子来到宋国，当然也要一尽心意，期望能协助宋王实行正道政治。某次，他和宋国的大臣们谈论到税收的问题。孟子的意思是，原则上应该减税，田赋是按十取一，并须免除关卡及商品的捐税，唯有如此，天下的商贾才会闻风而至，不需多久，宋国便能富强。

宋国大夫戴盈之对于孟子的这套办法，不便当面反对，但却认为难以实行，他藉词推托说道。"夫子建议我们征收田赋时，采取古代井田制，征收十分之一租税，并免除关卡及商品的捐税，现在可能还做不到。只好请宋王把旧税减轻一些，等到明年才完全废止。"

孟子说："现在有个人，每天偷邻家的鸡，有人警告他，这不是君子的行为。偷鸡的人说，好吧，那就每个月偷一只，到明年就不干了。试想，这话说得通吗？如果知道一件事不合理，那就赶快罢手，何必一定要等到明年呢？"

孟子又进一步说："古时的赋税，分为春天征收的布税，秋季征收的谷税以及冬季的劳役。有道的国君，每季只征用一种。假如一季中同时征用两种赋税，人民中就会有饿死的。假如三种一齐征，人民就要父子离散了。

孟子在宋国的这段时间，曾经会晤了滕文公。当时滕文公还是滕国的太子，有一次要到楚国去。听说孟子在宋国，特地经过那里，目的是去见孟子。

孟子见他虚心地前来请教，也就诚恳地把人性本善的道理向他讲解，并列举出尧舜的言行来予以证实。

过了几天，太子从楚国回来，又来到宋国来看孟子。

孟子说："太子怀疑我的话吗？做人的道理，在于人性本善。从前齐国的勇士成闲向齐景公说：'他是个男子汉，我也是个男子汉，我为什么要怕他？'颜渊也说：'舜是什么样的人？我是什么样的人？只要有志去做，也可以像他一样。'现在的滕国虽小，但截长补短，差不多也有五十万里的土地，还是可以成为一个完善的国家。希望太子了解人性本善，人人可以按尧舜之道做人，不要自暴自弃，认为尧舜的道理高不可攀，不肯下决心用它来振兴滕国。"

孟子看出宋国的权臣们缺乏推行仁政的热忱。凡事只想因循守旧，得过且过，纵然宋王有心实行仁政，但没有多少人响应，看来很难有所作为。于是，公元前321年，孟子启程回乡，这时孟子已52岁。

孟子在宋国的期间，滕文公以滕国太子的身份去拜访过孟子，领受不少教益。后来，滕文公父亲定公逝世，文公特地派他的老师然友到邹国来向孟子请教有关办理丧礼的细节并邀请孟子到滕国去。

然友奉命来到邹国，见到了孟子。孟子说："太子派你来问丧礼的事，也是一件好事啊。办理父母的丧礼，本是做子女的应尽的义务。"孟子说："父母在世时，服侍父母要依

礼节;父母去世时,安葬要依礼节、祭祀也要依礼节,这样就可算是一个孝子了。至于诸侯的丧礼,我却没有学过。虽然如此,我曾听人说,父母死后,子女行三年的丧礼,穿的是粗布孝服,吃的是稀粥,上自天子下至平民,夏、商、周三代都是如此。"

然友回国去向太子覆命,于是滕文公决定行三年的丧礼。可是宗族长辈以及朝中百官都不赞成。他们一致表示说:"我们的宗主国鲁国的先王们都没有这么做,滕国的先王也都没这么做,到了您的身上,却要违反前代的规矩,这是不行的。古书说,丧礼的礼节,应依照前代祖宗立下的规矩。怎么可以任意变更呢?"

太子再告诉然友说:"我平日没有研读学问,只喜欢骑马舞剑,现在宗族长辈和朝中百官都对我不满,恐怕无法把葬礼的事办好,请您再去替我问问孟子。"

然友奉命,再度来到邹国。

孟子告诉他说:"是啊,我就料到他们不会同意的,这种事原本不能找别人做主的啊。孔子曾说过,国君死了,一切政事听任宰相去处理,继任的新王只是竭尽哀思,每次只喝一点稀粥,脸色黛黑,站在灵位前哭泣,朝中百官和所有的办事人员,就没有不敢不哀痛,这是因为新王的诚心和孝心感动了他们的缘故。本来,在上面的人,如果做出一件善事,那么在下的人就会做得加倍的好。在上的君子,好比是风,在下的小人好比是草,草被一阵风吹过,就会随着起伏。由此可见,关于丧礼这件事,全在于太子自己了。"

然友回复太子,太子恍然大悟,"不错,这事确实是在于我自己。"

太子作了决定后,便在中门外的偏屋里守丧五个月,在这期间没有颁布过任何命令。朝中百官以及宗族长辈们,都夸赞太子知礼,到了安葬的日子,四方的人都来观礼,看到太子神色的悲戚、哭泣的哀痛,使那些前来吊唁的人赞叹不已。

孟子听到这件事以后,十分高兴。心想,滕国虽小,但这位新君看来颇有作为。于是又兴起游历的念头,准备前往滕国了。

快近滕国国境时,就听说滕国国君一心想施行仁政,所以楚国农学家许行、宋国的陈良之徒陈相和他的弟弟都纷纷前来。可见滕文公已经颇有贤名了。

孟子一行人到达滕国后,立即被安排在宾馆安顿下来。第二天就被邀入宫,滕文公对孟子极为尊敬,首先请问滕国如何在齐、楚两强之间的夹缝中立足。

孟子说:"这些大国之中,谁更靠得住,到底应该依靠谁,这个问题我无法回答。但有一个一劳永逸的办法,那就是,把护城河挖深,城墙筑高一点,然后施行仁政,和人民齐心防守,使人民都愿拼死保卫,决不弃城而逃。这倒是可以做得到的。"

当时,齐国的孟尝君在他自己的封邑——薛,正准备修筑城池,对滕国是一大威胁。滕文公为此忧惧不已,他请教孟子说:"齐国人将要在靠近我国边境的薛地筑城,使我国深受威胁,我心里十分恐慌,不知道该怎么办才好?"

孟子说:"以前周太王住在邠地,狄人侵犯他,太王就离开那儿,逃到歧山脚下去居住。并非是太王选中这块地方,实在是不得已啊。君王只要仿效太王施行仁政,后代的子孙,一定可以称王于天下的。有道德的君子创造基业,就是要后代的子孙能继续不断

下去。至于能否成功,那就要靠天命了。现在,君王对齐国又能怎样呢? 只有努力施行仁政,使后人继续努力罢了。"

滕文公一直对此耿耿于怀。有一次,他又提起这个问题。

他说:"我们是个小国,虽然尽力侍奉大国,仍免不了被侵犯,该如何应付?"

孟子说:"从前周文王立国于邠地,狄人来侵犯,太王就拿皮货和钱财去奉献,却还免不了遭受侵犯。太王召集邠地的父老们,告诉他们说:'狄人所要的,分明是我们的土地。我曾听说过,君子不因争夺土地而为害人民,你们大家不必忧郁没有好的君主,我准备离开这里了。'于是,太王就离开邠地,越过梁山,在岐山脚下建造一个城邑,居住了下来。当时邠地的百姓都认为太王是一个仁君,所以大家都争先恐后地跟着太王走,没有一个人离开。"

孟子认为滕国若想依仗外力而自保,那是绝对不可能的事。因为任何列强都有扩增领土、吞并弱小国家的野心。为今之计,唯一的途径,先求内部的团结,换句话说,要先得人心。如何深得人心呢? 唯有施行仁政,这才是根本之道。

果真能施行仁政,即使自己这一代,不能目睹成功,但继承者定会享受到成果,历史正以小小的领土,终能称王于天下的例子,不是没有,像商汤、周文王、周武王就是最好的明证。

一国的君王,不怕外来势力,只要自问是否勤政爱民。如果能尽职尽责,广行仁政,成功就只是一个时间问题了。

孟子又进一步说:"天时不如地利,地利不如人和。譬如周围只有三里宽阔的城墙,七里宽的外城,围攻它,却不能攻下,这就是天时不如地利的缘故。"

"但也有这种情况,城墙不能说不高、护城河也不能说不深,兵器盔甲不能说不坚固锋利,粮食也不能说不充足,结果却弃城而逃;这说明地势险要,但失去人心还是会失败,即地利不如人和。"

"所以,统治人民,不能靠封锁边界;巩固国防,不能靠高山深涧的险要;征服天下,不是靠兵器的锋利。"

"凡是靠推行正道治理国家的,就必定有人帮助;失去正道的,就很少有人帮助;得道的君王最终能够收服天下臣民,而失道的君王则会众叛亲离。这样得正道的国家必定能在战争中战无不胜。"此所谓"得道多助,失道寡助。"

有一次,滕文公询问治国之道。

孟子说:"农民的耕作绝对不能耽误。《诗经》上说,白天去割茅草,晚上赶快把绳索搓好。趁农事空闲的时候,赶紧把屋子修好,因为一到春天就要开始播种了。因为普通老百姓,必须有属于自己的财产,才有积极性。如果没有财产,人民就失去积极性,从而施荡妄为。等到他们犯了罪,才用刑罚来惩罚他们,这岂不等于是预设了机关来算计人民吗? 所以,自古以来的贤君,都是恭敬节俭,以礼法对待下面的臣民。向人民征税,也有一定的限制。从前阳虎曾说,假如要发财,就不能行仁道;要行仁道,就不能发财了。"

"夏朝的制度,每个成年人给他 50 亩田,只收他五亩的田租,这种税法叫作贡。

殷朝的制度,每个成年人给他 70 亩田,其中 7 亩是公田,要他帮助公家耕种,这种税法叫作助。

到了周朝,每个成年人给他 100 亩田,征收 10 亩田的产物作为赋税,这被称为彻。其实这些都是 1/10 的税率。

古时候的贤人龙子说:'征收田税的办法,没有比助更好的了,没有比贡更坏的了。'"

"一国的国君,号称人民的父母,却使人民终年辛劳,仍不足以奉养父母,还得借债去上税,年老的和年幼的饥寒而死,露尸荒野,这样怎能算是人民的父母呢?

减少税收,使人民有了自己的财产。还要再设立教育机关来教化他们。要设立各种各样的学校,来教导人民,使他们知书达礼,并学会武艺。假如滕国的官员们都明白做人的道理,那么普通百姓们自然能够团结一致。

诗经上说,周虽然是古老的国家,但却充满了新气象。这是赞美文王的诗句,希望君王也能励精图治,努力去做,必能使贵国气象一新。"

滕文公接着又派毕战去向孟子请教有关井田制的问题。

孟子对他说:"你们的国君想施行仁政,在众臣里而特地选出你,你一定要好好努力。

讲到施行仁政,必须先从画正田亩的界限开始,如果田界不正确,井田就不平均,征收的米谷也就不能公平。所以暴虐的国君和贪污的官吏,一定要使田界混乱,才好从中渔利。如果田界已经划分正确,然后分配田亩,制定俸禄,就可毫不费事地办妥了。

滕国土地虽小,可是也有享受俸禄的官吏和在乡村中耕种纳税的农民。没有官吏,就没有人管理百姓;没有耕种的农民,也就没有人供养官吏。

现在可以把乡村的土地,按照井田制,在九区里划出一区公田。在城市中则采取另一种税法,使人民自行纳税。

官吏自卿以下一直到大夫、士人,一定要有专供祭祀用的田地,每人分给 50 亩。一个家庭里,如果还有未成家的成年子弟,叫作余夫。每一余夫给他 25 亩。这样,无论是死者安葬或有人迁居,都要受固定的产业所限,不会越出本乡的范围了。

人民在同一个井字形的乡村里生活,出去耕作和回家休息,都是很多人在一起。保卫城池和防御盗贼,都互相帮助,有了疾病,也都互相照顾,那么,人民自然亲如一家了。

说到井田制,就是将方圆一里的地方划成一个井字形,把它分成 9 区,叫作一井。每井占地九百亩,中央部分是国家的公田,其余分给八家,各有私田 100 亩。

公田部分由八家共同耕种,必须把公田里的活干完,才可以照料自己的私田。这种先公后私的规定,是下等社会的人对统治阶级应尽的义务。也就是说,各尽本职,各享权利。这便是井田制的大概情形,至于实行时如需增减,酌情变通,那就全在国君和你自己了。"

滕文公确实是位贤君,他有心施行仁政,属下的臣民也都能尽职尽责,全力辅佐君王。无奈国土狭小,又介于列强之间,左右为难,不胜其苦。在这种情势之下,毕竟难有

大的作为。孟子认为,若想实现其政治理想,以拯救人民,仍应由大国着手,较容易收到成效。于是,孟子决定离开滕国。

魏国是"晋国三分"后的一个国家,开国之主是魏文侯,他以重视学者而闻名于列国。传到他的孙子惠王,更是一位雄心勃勃的野心家,在中原诸国中首先称王的就是他。

魏惠王,因为受不了西方秦国的威胁而迁都于大梁(河南开封),所以又称"梁"。

由于军事上的连遭失败,曾先后败于齐、秦,这位野心勃勃的惠王,希望发奋图强、重振雄风。于是,向外发生求贤的呼吁。

孟子听到了消息,认为时机已经成熟,就毅然决然地率顿弟子们,启程前往大梁。

这一年是公元前320年,孟子已经53岁。

孟子这一行人走到一个名叫石丘的地方,遇到宋国人名叫宋钘的,他是一位反战者,孟子很尊敬这位前辈,于是很恭敬地问他说:"不知道先生将往哪里去?"

宋钘说:"听说秦、楚两国准备出兵交战,我准备到楚国会见楚王,劝他罢兵。如果楚王不高兴听,我就再去见秦王,劝他罢兵。我想,这两个国王中间,总有一个肯听我的劝告的。"

孟子说:"我不想请问详细的情形,只希望听一个大概的情形,您究竟将怎样去劝说呢?"

宋钘说:"我将告诉他们交战所带来的恶果。"

孟子说:"先生的志愿诚然伟大,可是,先生所呼吁的理由却行不通。先生是准备用'利'这个字去劝说秦、楚两国的国君,如果他们都贪于利而停止出动三军,三军将士也就贪于利而乐于罢兵了。于是,做臣子的,怀着'利'的念头去侍奉他的君王;做儿子的,以'利'为标准去侍奉他的父亲;做弟弟的,怀着'利'的念头去侍奉他的哥哥。这么一来,使得君臣、父子、兄弟之间,到了最后,完全抛弃了仁义,大家都怀着利心互相交往。到了这个地步,要想不亡国,那是不可能的了。

如果先生拿仁义去劝说秦、楚两国的国君,秦楚两国的国王都喜爱仁义而停止出动三军,三军将士也就为了仁义而乐于停战罢兵,做臣子的,怀着仁义的思想去侍奉他的君王;做儿子的,怀着仁义的思想去侍奉他的父亲;做弟弟的怀着仁义的思想去侍奉他的哥哥。这么一来,君臣、父子、兄弟之间,统统抛弃'利'的私念而怀着仁义之心,那样的话,何愁不能统治天下呢? 又何必一定要说一个'利'字呢?"

当孟子一行抵达大梁时,梁惠王兴奋异常,待之以上宾之礼,他俩初次见面时,梁惠王劈头就问道:"您老人家不远千里而来,可有什么妙计有利于我国吧。"

孟子回答说:"君王何必说到这个'利'字呢? 除了利,还有仁、义二字呢。假如一国的国君说,怎么可以使我国有利;大夫们说,怎样可以使我家有利;一般的读书人和老百姓也都说,怎么可以使我身有利,像这样上上下下都交相夺利,那么,这个国家便危险万分了。

凡是拥有兵车万辆的国家,弑天子的,必定是天子属下有采邑、分掌兵车千辆的公卿。拥有兵车千辆的诸侯小国，弑杀君王的，必定是享有采邑、分掌兵车百辆的大夫。从万辆兵车里取得千辆，从千辆兵车里取得百辆，不能算少了。假如臣民不讲仁义，只以私利为前提，当然不篡夺君位便不能满足。

可是，从来没听说过讲仁爱的人却抛弃了自己的父母。也从来没有讲义理的人反把君王抛于脑后的。

还是请君王谈谈仁义吧，何必谈利呢？"

孟子这一番话，听在惠王的耳朵里，当然不是滋味。

其实，当时的社会，盛行实利主义，已经成为一种风气，这也是时势所造成的。因为战国时代诸侯间彼此攻伐，无有宁日，不论大国小国，无不力求富国强兵之策，在内政上，在外交上，都争于希望迅速有效地见到实际成果。换言之，就是急需得到"实利"。

无怪乎宋钘要以'利'去劝说秦、楚两国罢兵言和，而梁惠王一见到孟子就以利相询。

可是，孟子认为宋钘只求达到罢兵的目的，而不择手段，这是不对的。因为这么一来，它所带来的危害，较当前利益更大。

至于梁惠王的求利思想，使世局更为混乱，因此，他才直言指摘说，一国上下如果都追求私利，那么这个国家就很危险了。

孟子认为若想在纷乱的世局中，建立起一个新秩序，就得从根本上着手，也就是说，要把仁义思想深植于人心，使人们从内心里发出主动的自觉，才能使社会安定、和谐。

孟子是一位执着的学者，他对于自己的这一政治理想，从不改变或妥协。

一心发奋图强的梁惠王，第一次和孟子见面时，就受了他一顿教训。当时虽然满心不悦，事后想想，孟子是一代贤人，又是一位学者，他的那一套，纵然不合时宜，显得迂腐，但从道理上讲，仍是无可辩驳的。因此，对他仍然极为礼遇，经常请他进宫，谈论一些为政之道。

有一次，孟子去见梁惠王的时候，惠王正好站在园圃的池塘边，欣赏着他们豢养的一些鸿雁麋鹿。

他问孟子说："讲仁义的国君，也喜欢玩赏这些鸟兽吗？"孟子回答说："正因为是贤君，才能享受这些乐趣，至于那些不贤的国君，纵使有了这些东西，也不能尽情享受而感到快乐的。《诗经》上称赞文王说：'文王开始准备建造灵台，正在计划着如何布置，如何营建时，百姓们知道了以后，就一起来动手建造，没有几天很快地就完成了。文王的本意，本不想急着完工，可是，众多的百姓们，却好像儿子为父亲做事一样，大家赶来帮忙，所以一下子就建造完成了。文正在灵台游玩，看到那母鹿安静地伏着不动，全都是肥满油亮；白色的鸟儿，羽毛都是洁白干净。文王又走到灵沼旁，看到满池子鱼儿，在活泼地跳跃着。

文王使用人民的劳力修筑高台和深地，人民反而欢喜快乐。这就是因为古时的贤君能够与民同乐，所以他自己也能充分地享受快乐。

《书经》上记载人民怨恨夏桀的情形：'他们暗地指着桀说，这个天天在我们头顶上像

烈日似的暴君，什么时候才会灭亡呢？我们愿意和你一同灭亡。'

人民怨恨到这种地步，即使有台池鸟兽，他能独自享乐吗？"

梁惠王听了，觉得很有道理，不由得频频点头赞许。

接着，他俩相偕回到宫内，梁惠王感慨地说道："我对于国政，可以说是把全部心力都用上去了。譬如说，如果河内的地方发生饥荒，我就把河南少壮的劳力迁到河东去，再把河东的粮食运送到河内去，以赈济留在那儿的老弱妇孺。如果河东发生了饥荒，也是同样的办法。

可是，观察邻国的行政，从没有像寡人这样用心爱民的。

偏偏邻国的人并不见得减少，而我国人民也未见有增多，这是什么缘故呢？"

孟子回道，"君王您是喜欢谈论战争的，就以战争来做比喻吧。当敲响战鼓，挥军前进时，兵器一经接触，就弃了盔甲拖着兵器败下阵来，有的逃跑了100步后，就站立下来，有的只逃了50步停住，那些只逃了50步的人，居然讥笑那些逃了100步的人胆子太小，您说说看，可以不可以？"

梁惠王说："当然不可以，逃100步跟逃50步。同样是逃阿。"

孟子说："君王如果知道这个道理，那就不必希望人民的数目多于邻国了，反正都是一样啊。只要不耽误农家耕作的时令，五谷就吃不完；不把细密的渔网放到低洼的池子里，鱼虾也就吃不完；在适当的时令，到山林里去砍伐，木材就用不完。

五谷和鱼虾都吃不完，木材也取之不尽，这就能使人民在养生送死方面都没有缺憾，能做到这样，便是推行王道的开始了。

再进一步，使每户农家在所受王亩的住宅墙边，种上一些桑树，以便养蚕，那么50岁的人，就可以穿绸缎衣服了。此外，饲养一些鸡、狗及猪，那么，70岁的老人，日常就可以吃到肉了。

每家配给100亩田，不要因其他的差役而耽误农时，那么几口人的家庭就不会挨饿了。

然后，重视大举兴办学校，教育人民孝顺父母，恭敬兄长的道理，那么白头的老者就不用亲自干活了。

老人可以穿绸吃肉，年轻人不愁挨饿、受冻，像这样还不能称王于天下，那是不可能的。

看看如今的国君，五谷丰登、粮食过剩却不知道节省，就连猪、狗也喂以人吃的粮食，从不设法收购余粮，以防饥荒。万一遇上了荒年，就不能打开仓库，拿存粮来救济饥民了。

人民被饿死，却推卸责任说："这不是我的责任，是荒年啊。'这和拿刀杀人，却说不是我所杀而是刀子杀死的，有什么两样呢？

只要君王自己负起责任，不把它推卸到天灾上去，那么，天下人都会来归服了。"

梁惠王谦恭地说："寡人愿意安心承受教诲。"

孟子又反问说:"用木棍杀人和用刀子杀人,有什么不同呢?"

"没有。"

"用刀杀人和用暴政杀人。有什么不同吗?"

"也没有。"

孟子接着说:"如今的国君,厨下有肥肉,马房里有肥马,而人民的脸上却显出饥饿的样子,田野里有饿死的尸体,像这样豢养禽兽,却饿死了人民,这简直和率领禽兽去吃人是一样啊。这怎么能算是人民父母呢?"

孟子并非是为了求取个人的高官厚禄,而是想劝说居高位的人,除去暴政,重视人民的福利,因而为民请命。而梁惠王不知反省,却还为自己辩护说,他为国家已经尽心尽力。孟子不客气地指出,他所施行的小恩小惠,和别的国君比起来,只不过是 50 步与 100 步而已。

孟子进一步告诉惠王,要怎样爱护百姓,怎样不失农时,怎样教育人民,才能使天下归服,实行王道统治。

孟子提出这种行王道,施仁政的政治理想,希望能说服满脑子功利思想的梁惠王,注定是要失败的。不过,他仍不气馁,仍要尽力而为。

又有一次,梁惠王请孟子入宫,问他报仇雪耻之道。他说:"晋国的强大,普天之下是无可匹敌的(晋国后来分为魏、赵、韩三国)。这是您所知道的。可是到了我的手上,在东方被齐国打败,我的长子就是在那次战役平被俘而死。在西方又割让了 700 里的土地给秦国。在南方则饱受楚国的侮辱,这些事,使寡人感到无比的羞耻,真想振作一下,以便替那些战死者报仇雪恨,可是,要怎样才能达到目的呢?"

孟子回答说:"即使只有 100 里土地的小国,也可以称王于天下,何况梁还是个大国呢。君王如果能够施行仁政,减轻刑罚,薄收赋税,教人民辛勤耕作,努力生产,使年轻人在闲时学习忠孝之道。如果能做到这点,那么即使他们拿着木棍一类的武器,也可以痛击秦、楚两国装备精良的军队。

至于那些敌国的国君,夺去了人民耕作的时间,使他们不能耕田锄草,没有收获拿来供养父母,以致他们的父母挨饿受冻,兄弟妻子离散到四方各自谋生。敌国的国君把人民推进苦海,人民自然心生仇恨。

君王如果在这个时候去讨伐,还有哪一个可以与君王为敌呢?古人说,仁君无敌于天下,这话讲得很对,请君王不必怀疑。"

试想,野心勃勃,充满功利思想的梁惠王,对孟子的这番说教,怎能听得进去?在他看来,孟子的主张是"迂腐而脱离实际",这种理想主义,根本不切合当时的需要。

孟子知道自己的政治理想,在梁国是不能被采用了。他曾向弟子们感慨地说:"对不讲仁义的人,怎能和他说仁义的道理呢?私欲遮蔽了他的心,颠倒而错乱,明明是危险,他却当作安全。明明灾祸将临,他却看成有利。只喜欢做那些荒淫暴虐的亡国行为。如果对于不讲仁德的人还可以和他讲仁道的活,他又怎会弄到国亡家败的地步呢?"

孟子接着又说:"夏桀和商纣失去天下,是因为失去了民心。要想得到民心,就要给予人民所需求的,而废弃人民所厌恶的。

人民归服仁君,就如同水往低处流,野兽向往旷野一样。如果现在有一个喜爱施行仁政的国君出现,那么各国的暴君,就将替他驱赶自己的人民去归服。即使他不想称王,也一定会称王于天下。

所以说,现在那些想称王于天下的人,如果不立志施行仁政,那么,他的一生徒然生活在忧愁和耻辱之中,最后必将自陷身死国亡的绝境。"

孟子在梁国的第二年,惠王因病去世,他的儿子赫继位,称为襄王。

这时候,孟子把自己的理想,寄托于梁襄王的身上。他认为,这么一位年轻君王,也许较有朝气和干劲。同此,梁襄王即位不久,孟子即去求见。

襄王开始就问道:"怎样才能安定天下?"

孟子回答说:"天下归于统一,就会安定。"

"谁能统一天下?"

"不好杀人的国君,就能统一天下。"

"谁将归服不好杀人的国君呢?"

"天下没有不归服他的。君王可知道那禾苗吗?若是七、八月间久不下雨,禾苗就会枯萎,假如出现一片乌云,随即带来一阵滂沱大雨,那即将枯萎的禾苗就立刻蓬勃地复苏了。国君如果能像及时雨那样解救民困,谁还能阻止人民来归附呢?

如今天下的国君,没有一个不喜欢杀人。假如有一个不喜欢杀人的国君,那么天下的人民,都会伸长脖子盼望他。要是真能这样,人民归附他,就像水往低处流一样,无人能阻止。"

孟子对襄王说了这番道理,但内心里对襄王很失望,他事后对别人说:"梁襄王这个人,远看毫无风度,不像是个国君;近看觉得他丝毫没有威严,不足以使人敬畏。"

孟子不能见用于梁惠王,而继任的襄王,在孟子的眼里,也是一个无所作为的人。于是孟子打算离开大梁,再到齐国去。

孟子和弟子们乘坐数十辆豪华的马车在路上奔驰,这和孔子当年的情况,简直不可同日而语。弟子彭更唯恐太过招摇而遭非议,他小心翼翼地询问说:"后面跟随的车子有好几十辆,随从的人有好几百人,到处接受诸侯们的饮食供应,是不是有点过分?"

孟子断然告诉他说:"如果不合道理,即使一小竹篮的饭也不能接受,如果合理的话,哪怕是舜接受了尧的天下,也不算过分。照你的意思,舜接受尧的天下,是过分吗?"

彭更恭敬地回答说:"当然不算过分。我是说,士人一点事不做,白白受人供养,是不应该的。"

孟子说:"你如果不和别人交换产品,分工合作,把自己多余的去补别人的不足,那么,种田的农夫就有剩余的米谷,织布的女子就有多余的布匹。你若是和别人交换,虽然是木匠或车工,也都可以把自己的劳动成果换成生活必需品。假如有一个人,在家能孝

中华名人百传

顺父母,出外能尊敬亲友长辈,遵守古代圣王的道理,并传授给后起的学者,他却不能获得一切生活所需。照这样看来,岂不是忽视了那仁者,而单单看重木匠或者车工吗?"

彭更仍不能完全领会,他继续问道:"那木匠、车工,他们的目的,本来只是为了要吃饭。君子修仁行义,难道也是为了找饭吃吗?"

孟子纠正说:"为什么一定要强调目的两个字呢? 只要他有功于你,可以供应他生活就供应他便是了,我且问你,你供给别人饮食,是由于他的目的呢? 还是因为他的功劳?"

彭更说:"是基于对方的目的。"

孟子说:"譬如有个人,他毁坏了你屋上的瓦片,割破你车蓬的顶盖,他的目的是要找饭吃,你也会给他饭吃吗?"

彭更说:"不给。"

孟子说:"这不就很明显吗? 你不是因为别人的目的而给他饭吃,而是要看他的功劳才给他饭吃啊。"

公元前 318 年,是齐宣王宣布继位的第二年,孟子经过范邑到齐国都城的途中,远远看到齐王的儿子,不禁慨叹着说:"地位和环境可以改变一个人的气度,享受可以改变一个人的体态,地位和环境的影响力真大啊! 他不也是人家的儿子吗? 王子所住的房子,乘坐的马车使他有如此的改变啊。何况那处于天下最高地位的人呢? 从前鲁君到宋国去,怒呵着命人去叫守城的人开城,守门人说:'这不是我们的国君,可为什么他的声音很像我们的国君呢?'这没有别的原因,就是因为地位相似的缘故啊。"

齐宣王听到孟子再度来到临淄,赶快派人殷勤接待。第二天,就亲自接见,并和威王时代一样,任命孟子为客卿。

齐宣王和威王一样首先提出他先祖的事情,他说:"齐桓公、晋文公这两位霸主的事业,可以讲给我听听吗?"

孟子回答说:"孔子的门徒,并没有讲过齐桓、晋文那种偏狭的霸业,因此没有流传下来,我也没有听过。假使君王一定要我说的话,就谈谈以仁政治天下的道理吧。

齐宣王说:"要怎样的德行,才能实行王道政治而称王于天下呢?"

孟子回答:"施行保护人民的仁政而统一天下,就没有人能阻挠了。"

宣王说:"像寡人这样,能保护人民吗?"

孟子说:"可以。"

宣王追问说:"您怎么知道我可以保护人民呢?"

孟子说:"我曾听到君王的臣子胡龁说。'有一天,君王坐在堂上,有个人牵着一头牛从堂下走过,君王看见了,就问把牛牵到哪儿去? 那人报告说,是牵去杀了取血,用来涂抹新铸的钟。君王就告诉他说,放了它吧,我不忍看到它恐惧发抖的样子,就好像把没有罪的人拉去处死一样。牵牛的请示说,是否要废止取血涂钟的仪式? 君王说,这怎么可以废止,就用羊来替代吧。'不知道有没有这回事?"

宣王说:"确实有这回事。"

孟子说:"具有这样的仁心,如果扩展开来,就可以实行王道政治了。可是,却有一些没知识的百姓,还以为君王小气,是吝啬一头牛呢!我早就知道君王是不忍心眼睁睁地看着这头牛去死啊。"

宣王说:"是啊,真有这种无知的百姓。齐国的疆土虽然狭小,我又何至于吝啬一头牛呢?实在是因为不忍心看到它那种恐惧颤抖的样子,所以才叫他们用羊去替换啊。"

孟子说:"君王对于老百姓认为君王吝啬这件事,倒也不必责怪他们,他们只看到用一头小羊去换一头大牛,怎能了解君王的用心呢?君王如果真的不忍心,那么牛和羊又有什么区别呢?"

宣王笑着说:"真不知道他们存的是什么心?我并不是吝啬价值高的牛而换上价值低的羊啊。从表面上看,也难怪他们会以为我吝啬呢。"

孟子说:"这没有关系,这正是仁术啊。因为君王只看到那头牛恐惧发抖的样子,却没有看到羊啊。有道德的君子对于禽兽,看到他们活得好好的,就不忍看到他们的死。听到他们被宰割前的哀鸣,就不忍心吃他们的肉,所以,君子总是没法远离厨房的。"

宣王听孟子这么一解释,心里感到非常的高兴,他说:"《诗经》上说,别人有什么心思,我能猜出来。这就像说的是夫子啊。我做了这件事,如今回想起来,竟想不出当时的心理状态。现在经过夫子的说明,正合我意,使我颇为感动。不过,这种心意就能合于王道吗?"

孟子说:"假如有人跑来告诉君王说,他的力气可以举起3000斤的东西,却拿不起一根羽毛。他的眼力可以看清楚秋天鸟类换毛后的细毛末端,却看不见装满一车的柴薪。请问,君王肯相信他的话吗?"

宣王说:"当然不能相信。"

孟子于是进一步说:"君王的恩惠能够及于禽兽,却不能将功德施于百姓身上,这是什么缘故呢?这就像刚才的比喻,拿不起一根羽毛,是因为他不肯用力去拿;看不到一车柴薪,是因为他不肯用心去看。百姓没有受到保护,是因为君王没有施用恩惠。所以,君王没有实行王道政治,不是力量不及,而是不肯做而已。"

宣王似乎有点装傻,他反问孟子说:"不肯做和不能做,怎么能区分开来呢?"

孟子说:"假如让一个人挟了泰山而跃过北海,他说,力量不够,这的确是做不到。又譬如叫人去替长辈折一根小树枝,他说做不到,这是他不肯做,而不是真的做不到。

所以,君王的不实行王道政治,不是一手挟了泰山而跃过北海的那种,君王之所以不实行王道政治,乃是属于不肯攀折树枝的那一类。

实行王道政治并不难,可以先从我做起,推己及人。先敬重自己的父母、长辈,由此推广开去,同样敬重别人的父母、长辈;先爱护自己的子弟,再推而广之,同样爱护别人的子弟。这样的话,天下就可以握于您的掌心了。

《诗经》上说,文王能够修身以作为妻子的榜样,再推及兄弟宗族,更进而推广到所有的家族和邦国,从而使天下大治。这几句话的意思,就是说拿这个仁心,推广到别人身上而已。

能够推广恩惠、保护百姓，就足以保有天下。不能推广恩惠、保护百姓，就连妻子也没法保全。古代的贤王，之所以能远胜别人，就是因为能够推己及人。

现在君王的恩惠能够及于禽兽，可是，君王的功德却不能推广到百姓身上，这又是什么缘故呢？譬如一样东西，必须用秤去量，才知道它的轻重；用尺量过，才知道它的长短。任何物品都是一样，人心更是如此。

请君王仔细斟酌，称度一下自己的本心吧！也许君王正想动员军队，使将士臣民冒战争的危险，和列国诸侯结下仇怨，然后才觉得心里痛快吧。"

宣王赶快否认说："不，我怎么会由此而感到痛快呢？我只不过是想实现我最大的心愿而已。"

孟子一时好奇，便迫不及待地追问："君王的最大心愿，可以说出来听听吗？"

齐宣王笑而小答，因为他说不出口。

孟子猜度着说："是为了肥美甘芳的食物，不够口腹享受吗？轻暖的衣服，不够穿着吗？或是绚丽的色彩，满足不了视觉吗？美好的音乐，满足不了听觉吗？再不然，是随侍左右奉承旨意的人，不够使唤吗？"

据我看，这些事，君王的许多臣下都能充分地供应，君王难道真是为了这些事吗？"

宣王连声否认说："不，不，我不为这些。"

孟子也就直言不讳地点破说："那么，君王的最大心愿，也就可想而知了。要想开疆拓土，使秦、楚都来朝贡，不但威临中国，而且征服四方的蛮夷。以君王现在的作为，要想实现这样他心愿，就好像爬到树上去找鱼一样，怎么可能呢？"

宣王说："有这么严重吗？"

孟子说："事实上，比这还严重呢！爬到树上去找鱼，虽然找不到鱼，却也没有什么灾祸。但是，君王现在的作为，要想实现君王的心愿，假使耗尽心力去做，到后来一定有灾祸降临。"

"可以说给我听吗？"宣王很有兴趣地追问着。

孟子说："假如邹国人和楚国人打仗，君王认为哪一方可以获胜？"

"当然是楚国胜啊。"宣王不假思索地回答。

孟子说："照这么说，小国不能抵挡大国，兵少的不敌兵多将广的，弱小的打不过强大的。如今，四海之内，方圆9000里的有9份，齐国四方兼并的结果，只占了9份中的一份。想以这一份的力量去征服另外的8份，这和邹、楚作战有什么区别呢？

君王实在应该回头反思根本之计了。现在，如要君王决心改革政治，施行仁德，使天下的士大夫都想到齐国来做官；农人都想到齐国来种地；商人都想到齐国来做生意；过往的旅客，都想到齐国来看看；天下怨恨自己国君的人，都愿意赶来向君王诉苦。四方的人民像这样自动地来归附，谁还能阻止他们呢？"

宣王说："现在，我的头脑非常混乱，对您的理想，难有进一层的体会，恐怕不能做到

这一步,盼望夫子能辅佐我的志问,明明白白地教导我。我虽然不聪敏,也请让我照着夫子的话去试着做。"

孟子说:"没有固定不变的财产,却有固定不移的理想,这只有读书明理的人才能做到。至于普通百姓,就因为没有固定的产业,也就没有固定不移的信念。假如没有固定不移的信念,那就会干出各种越轨犯法的勾当。

所以,贤明的国君,制定人民的财产,原则上必定使他们上足以侍奉父母,下能养活家小。丰年固然吃得饱,即使遇到荒年,也不会饥饿而死。然后施行教化,督促他们向善,这样,人民就容易服从统治了。

如今,国君分配给人民的产业,上不能侍奉父母,下不能养活妻儿。即使是丰年也是一年到头受苦,遇到了荒年,就免不了饥饿死亡。这么一来,他们自身难保,哪还有心思去讲究礼仪?"

为此,若想实行王道统治,必须从根本着手,推行井田制,让农民拥有自己的田地,这样,才能使民心顺服,使社会进步。

孟子把他这一套以"保民"为中心的政治理论,先后向梁惠王及齐宣王加以阐述,目的是希望恢复到圣人之治的境界。

孟子说:"人民最重要,国家次之,国君最轻。所以,能够得到万民拥戴的,便可以做天子;受到天子赏识的,便可以做诸侯;受到诸侯赏识的,便可以做大夫。如果诸侯无道,其所作所为危及国家的话,就要改立一个贤君。"

这种民贵君轻的论调,在当时看来,无疑是一颗震撼人心的炸弹。

有一次,齐宣王和孟子讨论卿相职责的问题时,孟子说:"不知君王问的是哪一种卿相?"

齐宣王感到有点奇怪,于是反问道:"卿相也有不同吗?"

孟子答道:"当然有所不同,有同姓亲族的卿相,也有异姓的卿相。"

宣王说:"请问同姓亲族的卿相应该如何?"

孟子郑重地回答说:"如果国君有重大的过错,就要劝谏,一再劝谏,仍不接纳的话,那就该更换国君,另立宗族里的贤人。"

宣王一听,立刻变了脸色。

孟子赶忙解释说:"请君王不要见怪,是君王先问我,我不敢不以正理相告。"

宣王的神色安定下来后,请孟子接着谈异姓的卿相。

孟子说:"国君如有过错,就要劝谏。一再劝谏,仍然不采纳的话,那只好离去了。"

在权威至上的统治者面前,孟子居然敢说出更换国君,另选贤能的言论,可见他确实具有革命性的民主思想。

这种思想,经常见之于孟子和弟子们的日常谈话中。

有一次,孟子的弟子万章问孟子说:"请问夫子,听说帝尧把天下给予舜,有这么回事么?"

孟子说:"不,天子不能把天下给予别人的。"

"那么,舜有天下,是谁给的呢?"万章不解地问道。

孟子告诉他说:"是天给予的。"

万章又再问道:"天给予他的时候,是不是郑重地说明是给予他的?"

孟子说:"天并不说话,不过,舜的德行和业绩暗示着天把天下授予他。"

万章说:"此话怎讲?"

孟子说:"天子可以向上天推荐贤人,却不能使上天给予他天下,正如同诸侯只能把人才推荐给天子,但不能使天子让他做诸侯。同样的道理,大夫也只能把人才推荐给诸侯,却不能使诸侯让他做大夫。

从前帝尧把舜推荐给上天,上天就接受了,他的德行和业绩可以说明这一点。

孟子曾经告诉宣王说:"假如国君把臣下看成是自己的手足,尽心爱护,臣民就会把国君看成是自己的心腹,竭力保卫。假如国君对待臣民如同犬马,毫不尊重,臣民就会视国君如同陌路人,漠不关心。假如国君把臣民视同泥土、草芥般地任意践踏,臣民就会对国君像仇敌般切齿痛恨。"

宣王听孟子这么一说,不由得冷汗直流,深自警惕不已。

有一天,齐宣王问孟子说:"商汤把夏桀放逐到南巢,武王出兵在牧野讨伐殷纣,真有这种事吗?"

孟子说:"古书上有这样的记载。"

宣王说:"桀、纣是天子,汤、武是诸侯。一个是君,一个是臣,以臣弑君可以吗?"

孟子正色说道:"毁伤仁道的人,叫作贼;毁伤义理的人,叫作残。贼仁残义的人,必定众叛亲离,所以称之为独夫,却没听说武王杀死国君啊。"

孟子又进一步劝谏宣王对人才的使用和用刑必须十分慎重,才能立国久远。

宣王请问孟子怎样能明察手下人的才干而加以任用。

孟子说:"国君任用贤人,到了实在不得已的时候,势必会使位卑的超越位尊的、关系疏远的超越关系亲近的。这种事必须慎重处理。

如果左右近臣都说某人很有贤能,不要马上相信;满朝的大夫说某人有贤能,也还不能相信,等到全国的人都称谓某人非常贤能,然后再审察一番,认为确实很有贤能,这才录用他。

至于用刑,也要同样地慎重。假如左右的人都说某人该杀,不能马上听从;满朝的大夫都说某人该杀,也还不能听从;等到全国的人都说某人该杀,然后再亲自去加以审察,判明某人确实该杀,这才杀了他。"

孟子被齐宣王任命为卿相。他当然尽心竭力地辅佐宣王。遇有机会,他总是知无不言,言无不尽地及时规谏。

公元前316年,北方的燕国发生了动乱。由于燕王决定把王位传给宰相之子,国内的人不服,因而引起了内乱。

齐宣王认为有机乘，想要出兵伐燕。有位大臣名叫沈同，他为了这件事，曾经私下去问孟子，可以不可以伐燕。

孟子说："可以的。现在天子还在位，燕王子哙不应该象逊位似的把燕国私下给予别人。燕国的臣子子之更不该像受禅让似的从子哙手上接受燕国。这是不可以的。"

公元前314年，齐宣王派匡章为帅，率军攻燕，大获全胜，子哙和子之均被杀。宣王志得意满之余，希望吞并燕国，但又顾忌到别国的干涉，于是，宣召孟子进宫，向他请教说："有人建议我不要占领燕国，也有人建议我占有它。以我拥有兵车万辆的齐国，去攻打同样拥有兵车万辆的燕国，五十天就把它征服了。单靠人力是不可能这样的，这必定是天意。如果不占领它，就是违背天意，一定会受到天降的灾祸，就干脆把它占领了，好不好？"

孟子说："如果占领后燕国人民心里高兴的话，那就占领好了。古时候也有人这样做过，周武王讨纣就是一例。占领后如果燕国的人民心里不高兴，那就别占领。古时候也有人这样做过，周文王不肯伐纣就是例子。

以拥有万辆兵车的大国，去攻打同样拥有万辆兵车的大国，对方人民自动地用竹筐盛满了饭菜，用壶子装满了酒浆，拿来迎接君王的军队，它是有别的意思？不过想避开水淹火烧般的暴政啊。倘若水淹得更深，火烧得更热，使他们更加痛苦，他们只好转向别国逃生求救去了。"

孟子的意思是一切要以老百姓的意向为依据，如果换汤不换药，人民还是会反抗的。

宣王找孟子来谈这件事，无非是想找一个借口以达到他吞并燕国的目的。孟子的这套理论，他是听不进去的。

宣王终于不顾一切，吞并了燕国土地。果如孟子所料，燕人起而反抗了。经过一年多，燕国立太子平为君，他就是燕昭王，正式起而抗齐。列国诸侯，也打破了平静，准备出面干涉。

齐宣王可吓坏了，他又和孟子商量说："许多国家都想出兵助燕来攻打我，该怎么对付？"

孟子答道："我听说仅凭七十方里的土地就能统一天下的，那便是商汤。却没有听说纵横一千里的大国，会恐惧别人的攻击。《书经》上说，商汤第一次征伐，从葛国开始。天下的人民都相信商汤是拯救人民，所以商汤向东方进军，西方的夷人就抱怨；向南方进军，北方的狄人也抱怨。大家都说，为什么把我留在后面，不先来解救。

天下的诸侯，本来就畏忌齐国的强大，现在又占领了燕国，增加了一倍的土地，却还不施行仁政，这明明是自己引发天下的人在征伐自己啊。君王应该赶快与燕国人民商议，让他立一个贤君，然后撤军离开燕国。"

孟子这一番逆耳忠言，齐宣王当然听不进去。结果是，燕国人民大加反抗，在列国军队的协助下，齐军大败。

齐宣王经过这次教训以后，深深感到自己在外交上彻底的失败。他问孟子关于与邻国交往之道。

孟子回答说:"唯有仁德的国君才能以大国的身份去侍奉小国,是顺着天理,不肯欺负弱小。唯有仁德之君才能以小国的身份去侍奉大国,这是敬畏天理,不敢得罪强大。顺服敬畏天理的人,可以保住自己的国家。"

有一次,孟子对宣王说:"比方君王有一位臣子,即将到楚国去游历,他在行前把自己的妻子托付给一位好朋友,请他代为照顾。等他回来,却发现自己的妻子挨饿受冻。对于这种朋友,应该怎么办?"

宣王说:"跟他绝交,不再往来。"

孟子进一步说:"假如有一个国君,在他四方国境内治理混乱,那又该怎么办?"

宣王听了,针对自己的指责,只得装着左顾右盼,把话题岔开了。在宣王的心目中,孟子是一个棘手人物,成天仁啊义啊,对于齐宣王这样一个雄心勃勃的君王,孟子的理论是不切交际的。而孟子与宣王的关系也越来越疏远。

有一次,齐宣王问孟子:"有人建议我拆掉泰山的明堂。你是拆了好了,还是不拆?"

孟子说:"明堂乃是天子所造的宫室,天子巡游到东方,用来朝会诸侯的。君王如想实行称王天下的仁政,将来还有用得到它的一天,那就不必拆了。"

孟子又对宣王说了一番实行王道的道理,并问他为什么不去实行。

宣王说:"寡人有个毛病,寡人好财。"

孟子说:"这没关系。从前公刘也好财,但公刘和百姓们共同享受钱财。"

宣王说:"寡人还有一个毛病,寡人好色。"

孟子说。"这也没有关系,从前太大王也喜好女色。但君王何不学太王,使老百姓都有配偶?"

孟子对齐王的不满越来越强烈,求去之心也越来越坚定。

他向弟子们感慨说:"齐王的不聪明,不足为怪。我和齐王见面的日子很少,我退居在家时,那班小人经常和他接近。即使我能使他的善心萌芽,但又有什么用呢?"

辞官还乡

公元前311年,孟子终于离开待了7年之久的齐国。

孟子从公元前321年开始,先后到齐、宋、滕、梁等地游说诸侯,如今已十有一年了。他怀着满腔热忱,基于仁义理想,倡导王道政治,希望见到仁政施行于天下。可是,10年的岁月已无情地流逝,而自己的抱负依然未能受到重视。孔子晚年曾叹息说:"没有人知道我。"这种心情,孟子也体会到了。

一股落寞的心情油然而生,身心倦怠的他,不想再去游说诸侯了。

陈代(孟子弟子)希望老师振作起来,再到别国去试试。他说:"夫子不愿去见诸侯,

似乎太拘小节了。现在如果去见诸侯,一旦有机会,远处说,可以使他们施行仁政,称王于天下,退一步讲,也可改革局面称霸于诸侯。"

孟子说:"从前齐景公打猎的时候,拿旌旗召唤管理猎场的人,那管理人因为景公不按礼法,不用打猎时戴的皮帽去招他,所以不肯来。景公大怒,准备杀了他。孔子知道了这件事,对那管猎场的人十分赞扬。因为有志之士,坚守节操,纵然牺牲生命亦在所不惜。

我如果不等诸侯依礼招聘,自动去求见,这算是什么呢?"

万章也曾以同样的问题问过孟子,孟子也以类似前面的说法,解释给他听。

陈臻问道:"请问夫子,古时候的君子,要怎么样才出来做官?"

孟子说:"就任官职,有三种情形;辞去官位,也有三种情形。如果接待时既恭敬又有礼貌,并且能采取他的建议,那么就可以出任官职。倘若礼貌虽然周到,可是建议不予采纳执行,那就该辞官而去。

次一等的,虽不能采用自己的建议,但接待时很恭敬,礼貌周到,也可以出任官职。如果礼貌减退,那就辞官而去。

最次一等的,则是为免于穷困而出任官职。"

孟子一行人离开了临淄以后,当晚歇宿在齐国西南的画邑。

有一个人想为齐王挽留孟子,他恭恭敬敬地坐在孟子歇宿的旅舍里,对孟子说一些挽留的话。孟子却不予理睬,只管伏在案上打盹。

那位先生心里十分不自在,他说:"弟子是斋戒过,诚心诚意才敢向夫子说这些话的,夫子却只打盹不理我,我只好走了,以后再也不敢来见夫子了。"

孟子抬起头来,对他说道:"你且坐下,我明白告诉你,从前鲁缪公尊敬子思,假如不经常派人去伺候子思,转达诚意,他就不能把子思留下来。又如鲁国的贤士泄柳和子张的儿子申祥,贤能不及子思,却能在鲁国安然居留。你替我这个长者着想,却不去想缪公是如何对待子思的,你不去劝齐王改变态度,只凭几句空话想留住我,是你拒绝长者呢,还是长者拒绝你呢?"

孟子走出齐国国境以后,齐国一位名叫尹士的人,他对别人说:"如果孟子不晓得齐王不可能成就商汤,周武王的事业,那就说明他糊涂。如果明明知道,却还要到齐国来,那就说明他贪求富贵。他大老远地跑来,又因意见不合而离去,然而却又在画邑停留了三天,为什么这样慢腾腾呢?我就不喜欢这一套!"

孟子的弟子高子听到这些话,就原原本本地告诉了孟子。

孟子说:"尹士怎知道我的心意呢?我以老远的地方来见齐王,这是我自愿的。至于因意见不合而离去,难道也是我愿意的吗?实在是不得已啊!至于我在画邑停留了三天,在我心理上还认为太快呢。我希望齐王或许能够改变态度,齐王如果悔改,那就一定要追我回去,直到我走出画邑而齐王仍未派人来追,这才决心归去了。

虽然如此,我岂肯完全抛弃齐王?齐王天资朴实,还能够教他推行一些吾政。假如齐王肯用我,何止齐国人民可以安定,天下人民都可以得到安定太平了。我天天盼望着齐王能够悔改,我不会像那些气量窄小的人,向国王劝谏,国王不听,就大发脾气,显出一脸不高兴的样子。离开的时候,一口气地奔跑,不到精疲力竭不止。"

孟子从齐国回到老家邹国,从事教学著书工作。这段时间前后持续了20年。孟子从50岁开始游历各国,前后共10余年。虽然备受礼遇,但自己所鼓吹的政治理想,却最终未能实现。公元前289年,孟子逝世,享年84岁。

孟子去世以后,他的门人遍布邹、鲁、齐、宋、滕、晋、楚等国,继续鼓吹孟子的以"仁义"为中心的王道思想。

百家争鸣之集大成者

——荀子

名人档案

荀子：名况，字卿，因避西汉宣帝刘询讳，因"荀"与"孙"二字古音相通，故又称孙卿。汉族，周朝战国末期赵国猗氏（今山西安泽）人。

生卒时间：约公元前313～前238。

安葬之地：又称"兰陵古墓"，山东省苍山县兰陵镇东南1.5公里处。

性格特点：脾气古怪，为人严苛。

历史功过：曾三次出齐国稷下学宫的祭酒，后为楚兰陵（今山东兰陵）令。荀子对儒家思想有所发展，提倡性恶论，常被与孟子的性善论比较。对重整儒家典籍也有相当的贡献。

名家评点：战国末期赵国（今山西南部）人，先秦著名思想家。"百家争鸣"的集大成者，也是先秦儒家的最后一位大师。同时他也是一位教育家，李斯、韩非都是他的学生。后人对荀子争议颇大，有的说他是孔门嫡传，有的说他是儒门异端；有的说他是法家，是黄老思想家，有的说他是经师，是专制主义理论的祖师……北宋苏轼在《荀卿论》中说："荀卿明王道，述礼乐，而李斯以其学乱天下。"

一生坎坷

荀子早年游学于齐，因学问博大，"最为老师"，曾三次担任当时齐国"稷下学宫"的"祭酒"（学宫之长）。约公元前264年，应秦昭王聘，西游入秦，称秦国"百姓朴"，"百吏肃然"而近"治之至也"。后曾返回赵国，与临武君义兵于赵孝成王前，以为"用兵攻战之本在乎壹民"，"善附民者，是乃善用兵者也"《荀子·议兵》）。后来荀子受楚春申君之用，为兰陵（今山东苍水县兰陵镇）令。晚年从事教学和著述。人们一般都以为荀子姓荀,除《史记》,先秦两汉的著作都称其为"孙"。特别是《荀子》一书,几乎都称"孙"。韩非为荀子的学生,其著作也称"孙子"。可见,称荀是后起之说,有人认为荀子当为孙子,可能系卫公子惠孙之后,由卫而入赵。

荀子约生于公元前 313 年。在他 20 岁时,就已在燕国从事政治。他反对燕王把王位禅让给其相子之,但燕王没有听他的劝告。在燕国的游说失败后,荀子的行踪共有 20 多年不清楚。但至公元前 286 年时,荀子以"秀才"见称于世。此时齐国稷下之学正盛,齐闵王继齐宣王之后,招集天下贤才而"尊宠之"。田骈、慎到、接子这些著名的学者,都齐聚齐国稷下学宫,号为列大夫,享受优渥的政治生活待遇,不治而议论,作书以刺世。荀子年 50 才始来稷下游学,但他对诸子之事都有批评,认为"非先王之法"。

前 286 至前 285 年,齐闵王灭掉了宋国,夸耀武功,不尚德治,荀子曾进行谏净,但不获采纳,于是他就离齐赴楚。

前 284 年,燕将乐毅率燕、赵、韩、魏、秦王国之师攻齐,陷齐都临淄。齐闵王逃宫,被淖齿杀死。齐国几至灭亡。前 279 年,齐即墨守田单乘燕惠王用骑劫代乐毅为将之机,向燕军发起反攻,一举收复失地,"迎襄王于莒,入于临淄"。齐襄王复国后,吸取齐闵王的教训,又招集亡散的学士,重整稷下学宫,"修列大夫之缺"。这时,荀子在楚国,正逢秦将白起攻楚,陷郢烧夷陵,举国大乱,楚人仓皇迁都于陈。荀子在战乱中离楚来齐,参加稷下学宫的恢复重建工作。由于田骈等老一辈的学者已死,慎到、接子又不在齐国,荀子凭他的学识和才德,在复办的稷下学宫中"最为老师","三为祭酒",成为稷下学宫的领袖。

前 264 年,齐襄王死,荀子在齐更不得志,秦国于此时聘请他入秦,荀子遂离齐赴秦,对秦国的政治、军事、民情风俗以及自然地形等都进行了考察。他建议秦昭王重用儒士,"力术止、义术行"。秦昭王虽然口头称善,但他事实上正忙于兼并战争。所以荀子之说在秦不可能得到采用,于是荀子又只好离秦而往游他国。

前 259 至 257 年间,荀子曾在赵与临武君在赵孝成王前议兵,提出了"善用兵者""在乎善附民"的主张,以"王兵"折服了临武君的"诈兵",使赵孝成王和临武君都不得不称"善"(《荀子·议兵》)。但处于"争于气力"的当时,赵王"卒不能用"。于是他只好离开父母之邦而又回到齐国。

齐国这时齐王建在位,但朝政由"君王后"(襄王后)控制。荀子向齐相进言,论述齐国内外大势,劝他"求仁厚明通之君子而托王焉与之参国政、正是非",并对"女主乱之宫,诈臣乱之朝,贪吏乱之官"的弊政进行了批评。结果,正如《史记·孟荀列传》所载:"齐人或谗荀卿,荀卿乃适楚,而春申君以为兰陵令。"荀子冷言进谏反而受到了谗言的攻击,因此他在齐国再也呆不下去了。于是他转而赴楚,正碰上楚灭鲁新得兰陵之地,因而被春申君任命为兰陵令。

荀子在楚为兰陵令也不是一帆风顺的。他任职不久,就有人向春申君进谗,于是他只好离楚而回到赵国。在家邦,荀子这次得到了较高的礼遇。任他为"上卿"或"上客"。楚人听到后,就劝谏春申君,春申君又"使人请孙子于赵"。荀子致信辞谢,对楚政多所批

评。春申君深为后悔，又一再坚请。可能是为春申君的诚意所动，荀子又回到楚国，复任兰陵令。

前238年，楚考烈王卒，李国伏死士杀春申君。荀子失去政治上的依靠，废官居家于兰陵。"著数万言而卒，因葬兰陵"。其寿可能高达百岁。

荀子的著作，见于《荀子》一书。《劝学》《修身》《不苟》《非十二子》《天论》《正名》《性恶》等22篇，都为荀子亲著。其他10篇，有的为荀子弟子所论，有的为荀子所纂辑的资料。

人性学说

在荀子之前，较为系统阐明人性学说的是孟子。孟子所说的人性，是指人与其他一切存在物不同的条件，此条件是人类独有的，是先天具有的伦理道德意识及价值自觉能力。在孟子看来，封建伦理道德发端于人的本性，其目的是为封建等级制度和伦理道德寻找人性上的依据。可见，孟子解析人性，主要侧重于人性的社会功能方面；而荀子所谓的人性，则恰与孟子相反，它是指人生而具有的本能，是人最基本的欲望和要求，荀子的人性理论，也是为封建等级制度和伦理道德寻找人性依据的。荀子主要从人的自然属性向社会属性转化的角度上去剖析人性，他得出了"人之性恶，其善者伪也"的结论。孟、荀都谈论人性，但他们所谓的人性，既有相通处，又有相异处，他们都从一个侧面揭示了人性的本质内容，对人性的认识更深入了一层。荀子在人性问题上的主要贡献在于他批判了孟子的先天道德观念，从动态发展的角度提出了人性的动态转换过程以及人性可以通过外在环境条件和内在主观努力得以再塑的思想。

人性论是荀子社会政治观、伦理观、教育观等的理论前提，是荀子思想体系中最富有性格的重要组成部分。荀子对人性问题进行了深入而系统的阐述，对后人产生了深刻的影响。

人性是什么？荀子说：

凡性者，天之就也，不可学，不可事。（《荀子·生恶》）

又说：

不可学，不可事而在天者，谓之性。（《荀子·性恶》）

认为人性的所有内涵，都是自然生成的，都不是后天的学习、人为所能有的。这种"天就"之性，也就是天然属性。荀子在"性"前加一"凡"字表示统括，也就排除了人性中有非天然属性的存在，肯定一切人性皆属天然。

荀子是一个重视实证分析的思想家，为了准确表达他的人性学说，他提出了一系列有关概念，并对此进行了界定。他说：

生之所以然者谓之性。性之和所生，精合感应，不事而自然谓之性。

性恶论是荀子人性论思想中最为突出的部分。

荀子用"恶"来规范人性，用道德眼光审视人性，他用来论证人性恶的三个基本论据缺乏严密的逻辑推论和科学前提，因而他关于人性的观点就存在很大的片面性和主观色彩。所谓善恶观念都是社会历史的产物，是后天形成的判断人的行为的价值标准。在阶级对立的社会里，不同历史时期、不同阶级阶层都具有非常不同的善恶评价标准。孤立抽象地考察人性，人性无所谓善恶，人性及其本质主要取决于他们所处的社会制度、历史环境、阶级地位及其发展方向，在不同的社会环境和历史条件下，人性会获得不同的规定性及内在特质；人性是社会历史的产物，社会既规定人性，又不断地改变人性。尽管这样，荀子还是认识到了人性在阶级社会中存在的丑恶的一面，否定了先天的道德观念，否定了天生"圣人"的存在，也否定了君权神授，在人性论方面做出了先秦时期最为深刻的理论概括，成为韩非法家社会政治学说的重要来源和理论基础。

荀子主张人性恶，并不是他要达到的理论目的，其目的是从人性恶引申出礼义制度及君主专制制度存在的合理性和必要性。就是说，荀子论性的重点不在性之"恶"上，而在性之可"化"可"伪"上，不在性之本身，而在性之可塑上。荀子认为，在性之自然结构上，圣人之性无异于众人之性，他说："圣人之所以同于众而不异于众者，性也。"

荀子十分强调人性本恶，他说：

今人之性，生而有好利焉，顺是，故争夺而辞让亡焉；生而有疾恶焉，顺是，故残贼生而忠信亡焉；生而有耳目之欲，有好声色焉，顺是，故淫乱生而礼义文理亡焉。然则从人之性，顺人之情，必出于争夺，合于犯分乱理而归于暴……用此观之，然则人之性恶明矣。（同上）

"好利""疾恶""好声色"是人生而有之的，"从"之、"顺"之就会出现争夺、犯分乱理，这就是荀子论证性恶的逻辑。

荀子也承认人有善的一面，有"辞让""忠信""礼义文理"，但他认为这些并非人的本性，而是后天的人为。他说：

今人饥，见长而不敢先食者，将有所让；劳而不敢求息，将有所代也。

夫子之让乎父，弟之让乎兄；子之代乎父，弟之代乎兄：此二行者，皆反于性而悖于情也。然而孝子之道，礼义之文理也。故顺情性则不辞让矣，辞让则悖于情性矣。（同上）

荀子所说的人性，是不是只有性恶的一面呢？还有没有其他的内容呢？我们可从《性恶》篇入手进行分析。

《性恶》篇突出地论述了性恶问题，但它并不止论述了人性恶的一面，它还论述了人性中有可以知善之质、可以能善之具。如果说该篇前一部分的内容主要是论性恶，那么后一部分的内容就是侧重谈如何利用人性中的可以知善之质、可以能善之具去克服人性中恶的一面。所以，《性恶》篇不只是论述人性恶，而是全面论述人性问题。

《性恶》篇提出的第一个问题是"人之性恶"。这一命题在全文中强调了多次。人们一直将这一命题当成全称肯定判断，认为它的主词是周延的，指的是人性的所有内容。这种理解是错误的。其实，这一判断的主词是不周延的，指的是人性的一部分内容。荀子认为，人的天性有恶的一面，但是，他又承认人还具有另外一种天然的本能。他说：

"涂之人可以为禹。"易谓也？曰:凡禹之所以为禹者,以其为仁义法正也。然则仁义法正有可知可能之理,然而涂之人也,皆有可以知仁义法正之质,皆有可以能仁义法正之具,然则其可以为禹明矣。今以仁义法正为固无可知可能之理邪？然则唯离不知仁义法正,不能仁义法正也。将使涂之人因无可以知仁义法正之质,而因无可以能仁义法正之具邪？然则涂之人也,且内不可以知父子之义,外不可以知君臣之正。不然,今涂之人者,皆内可以知父子之义,外可以知君臣之正,然则其可以知之质,可以能之具,其在涂之人明矣。今使涂之人者,以其可以知之质,可以能之具,本夫仁义法正之可知可能之理,然则其可以为禹明矣。

荀子这段议论,反复论证了人"皆有可以知仁义法正之质";皆有可以能仁义法正之具";这种"质"和"具",既是"涂之人"都有的,具有普遍性,又是一种天生的本能。因此,无疑应属于所谓人性的内容。《解蔽》篇说:

凡以知,人之性也;可以知,物之理也。

"凡以知"就是"皆有可以知",荀子称之为"人之性也"。因此,将这里的"可以知之质,可以能之具"归入荀子的人性范围之内,是完全应该的。这种"凡以知"的人性,这种"所以知之质,可以能之具"是不是恶的呢？荀子并没有说,而且一再强调这种"可以知""可以能"的对象是"仁义法正",可见这种"人之性"绝对不会是恶的。

这种知的人性,荀子既然没有肯定其为恶,那么,它是否为善呢？荀子并没有如此说。所谓"可以知","可以为禹",是指人有一种向善的可能性,而并非指人性中天然就具有一种现实性的善。它只是"可以知""可以能",而不是"必然知""必然能"。这种"知之质""能之具"既存在着"知仁义法正""能仁义法正"的可能性,也存在"知"别的什么、"能"别的什么的可能性。这种"质""具"就像一张白纸一样,既可施之于朱,也可加之以墨。所以,视荀子的知性说为性善说,是完全错误的。由此可见,荀子的人性概念是一个多层次的意义结构,它的最一般的意义是指人生而具有的本能;它的第二层意义是二元的,由恶的情欲之性和无所谓善恶的知能之性组成。强调人性恶的一面是荀子人性论的特点,但荀子人性学说中最有价值的是他"化性起伪"的人性改造论。荀子认为"性也者,吾所不能为也,然而可化也"(《荀子·儒效》),"化"就是改造人性。他说:凡人之性者,尧、舜之与桀、跖,其性一也;君子之与小人,其性一也。(《荀子·性恶》)

具体说,无论尧、舜、桀、跖,还是君子、小人他们的本性都有"好荣恶辱,好利恶害",即恶的一面。但是,"圣人之所以异过众者,伪也"。这种"伪",就是"化性",即通过后天的努力改变其本性中恶的一面。对性,是顺、是纵,还是化、伪,这是圣人之所以成为圣人,小人之所以成为小人的关键所在。所以,荀子虽然讲性恶,但其目的和重心是在"伪",是在突出礼义对于人的重要性。

荀子从他所处的时代和阶级需要出发,把圣人说成是"化性起伪"的主宰,改变人性的最初力量。但荀子在具体阐述人性的变化过程中,则常常否定了他为自己设置的界限,在其总的理论框架下包含着大量现实的内容,从而冲淡了他的圣人万能论。荀子认为,人之性恶,后天"度量界限"及礼义道德的正确导引只是提供了一种人性由恶向善转

化的趋向或可能，要想使这一趋向或可能转变为现实，个体内在"心"的作用不可忽视，同时还必须有外在的即环境、教育、学习等方面的作用，即是说，主观努力与后天熏陶的结合，才是完全改变人性以致最终达到"成人"的有效途径，这其中包含有大量的历史唯物主义因素。

荀子认为，后天的人文环境对陶冶、改变人性具有重要作用，否认孟子的先验道德和生而知之的圣人。他认为，就人的本性功能而言，尧舜与桀跖、君子与小人，都是一样的，只是经过后天环境的熏染，才有了智愚贤不肖的分别，荀子说："可以为尧禹，可以为工匠，可以为农贾，在势注错习俗之所积耳"。"注错习俗"即指后天环境的陶冶和积累。荀子用了许多形象的比喻来说明环境对人性的影响，他说："居楚而楚，居越而越，居夏而夏"。若久居某地，其人性将随特定的文化环境、地域环境而发生改变，"习俗移志，安久移质"。荀子还用一些自然界的现象说明这一道理，他指出，"蓬生麻中，不扶而直；白沙在涅，与之俱黑"；"枸木必将待括矫然后直；钝金必将待厉然后利"，可见，后天环境对人性的影响是极为重要的，特别是在人们尚未完全意识到环境与自身关系时尤是这样。所谓环境，永远是指与人类生存及发展有密切联系的环境，人在特定文化环境下生存，又时常创造新环境以适应人类自身的发展，在这种意义上说，"人创造环境，同时环境也创造人"。

作为一种外部力量，后天的教育对人性的改变也是非常重要的。荀子说："干越夷貉之子，生而同声，长而异俗，教使之然也"，教育的作用就像蝉脱壳一样，使他"君子学如脱，幡然而迁之"，教育可以使人在政治地位、经济实力、知识才能方面发生质的飞跃。教育与环境是不可分割的，在什么环境下便从事什么样的教育。荀子还强调"师法"的功用，他说："人无师法，则隆性矣；有师法，则隆积矣。而师法者，所得乎积，非所受乎性，不足以独立而治"。"师法"是人性教育中的一项重要内容，人性"必将有师法之化，礼义之道，然后出于辞让，合于文理而归于治。"大量社会实践表明，教育是改变人性的最有效手段之一。

荀子虽强调后天的环境、教育对改变人性所起的巨大作用，但他又时常陷入一种不能自拔的理论困境。这种理论困境正如马克思在评价十八世纪法国唯物主义者提出的"人类社会的改变依靠教育"时指出："有一种唯物主义学说，认为人是环境和教育的产物，因而认为改变了的人是另一种环境和改变了的教育的产物，这种学说忘记了：环境正是由人来改变的，而教育者本人一定是受教育的。因此，这种学说必然把社会分成两部分，其中一部分高出于社会之上。"马克思的评价同样适合于荀子。荀子所谓的环境、教育，主要是指封建地主阶级的伦理道德规范和纲常名教，而他认为这些礼义规范等都是由圣人创制的，他说："礼义者，是生于圣人之伪，非故生于人之性"，荀子把圣人看作是人类社会礼义制度的创造者及"高出于社会之上"的人格力量，忽视另外圣人也是"人之所积"的修为过程，因而最终陷入了唯心史观。

荀子的"化性起伪"说，历来人们都认为存在着悖论："人生来是坏蛋……假使真是那样，那么善或礼义从何而出，那就苦于解答了。"从上可知，此说的大前提是错误的。荀子

强调"人之性恶",是说人性有恶的一面,并非说人性全恶。荀子认为"凡以知,人之性也",人性而有"可以知之质,可以能之具",圣人凭着这种知性,可以化掉恶性而选择善。所以,礼义之善并非从恶性中产生,而是产生于知性,是"知有所合"的结果。

荀子是第一个从理论上较为系统地、明确地对天给予自然的解释的思想家。天是什么? 荀子认为,天就是客观现实的自然界,就是唯一实在的物质世界。他说:"列星随旋,日月递炤,四时代御,阴阳大化,风雨博施,万物各得其和以生,各得其养以成,不见其事而见其功,夫是之谓神;皆知其所以成,莫知其无形,夫是之谓天。"(《荀子·天论》)天就是恒星运转、日月照耀、四时变化、阴阳风雨、万物生成。这种天,也就是运动着的物质自然界。

天地万物的本源是什么呢? 荀子说:"水火有气而无生,草木有生而无知,禽兽有知而无义,人有气有生有知,亦且有义,故最为天下贵也。"(《荀子·王制》)荀子这里把自然界分为五个层次:"最为天下贵"的最高层次是有气、有生、有知、有道德观念的人;第二层次是有气、有生、有知而无道德观念的禽兽;第三层次是有气、有生而无知、无道德观念的草木,即植物;第四层次是有气而无生、无知、无道德观念的水火,即无机物;第五层次也即最基本的层次是构成所有这一切的物质元素:无生、无知、无道德观念的气。这样,荀子就把无机界同有机界、人类同自然界的物类在"气"这个基础上统一起来了。

荀子不仅以"气"为万物的本源,而且还对形神关系做了唯物主义的解释。他说:"天职既立,天功既成,形具而神生,好恶喜怒哀乐臧焉,夫是之谓天情;耳、目、鼻、口、形,能各有接而不相能也,夫是之谓天官。心居中虚,以治五官,夫是之谓天君。"(《荀子·天论》)"天官""天君"这些自然形成的形体、器官,是人类精神活动的物质基础。"形具而神生",先有了这些物质的形体,然后才产生了精神活动。这样,就揭示了精神对形体的依赖关系。这是先秦时代关于形神关系最卓越、最深刻的理论成果,是荀子对古代形神观的重大贡献。

荀子还进一步揭示了宇宙运动变化的原因:"天地合而万物生,阴阳接而变化起"(《荀子·礼论》)。这是说天气和地气相结合,产生万物;阴阳二气的接合和交互,引起了自然界的运动变化。这是从气本源说出发,从事物自身的矛盾来揭示自然界运动变化的原因,进一步论证了"天"的物质性,排除了主宰之"天"的存在。

天是客观存在的自然界。那么,自然界有没有它固有的必然规律呢? 荀子的回答是肯定的。其《天论》第一句就说:"天行有常。"又说:"天有常道矣,地有常数矣。"这些命题尽管表述有异,但其旨皆同,都是肯定自然界有它本身所固有的规律。这种规律是什么? 荀子说:"天不为人之恶寒也,辍冬;地不为人之恶辽远也,辍广。"(《荀子·天论》)天道"不为尧存,不为桀亡"。规律性的存在是不以人的意愿、好恶为转移的,它具有永恒性、客观必然性。一方面,人们不能把自己的任何主观的成分、主观的性质附加给自然界;另一方面,天也没有任何主观的私怨私德,它不能干预人事。因为"道者,非天之道,非地之道,人之所道也,君子之所道也"(《荀子·儒效》)。

天道并非人道,自然界的规律不能决定社会的变化。这种思想,就是所谓"天人之分"说。从此出发,荀子明确提出人类社会的治乱兴废,并不取决于自然界。他说:"治乱天邪?曰:日月星辰瑞历,是禹桀之所同也;禹以治,桀以乱。治乱非天也。时邪?曰:繁启蕃长于春夏,蓄积收藏于秋冬,是又禹桀之所同也;禹以治,桀以乱,治乱非时也。地邪?曰:得地则生,失地则死。是又离桀之所同也;禹以治,桀以乱,治乱非地也。"(《荀子·天论》)天、时、地等自然条件,在大禹和夏桀的时代是相同的,但社会政治却有一治一乱的不同。这种比较说明社会的治乱主要不取决于自然,实际上已把社会治乱的根源由"天命"转移到人事上来了。

荀子提倡"天人之分",强调天不能干预人事,天道不能决定社会的变化。但他又认为天、人之间有相互联系、相互影响的一面,只不过这不是天支配人类社会、主宰人类社会,而是人类社会利用和主宰自然界。两者之间,人是主动的,天是被动;人是治者,天是被治者;人是有意识的主体,天是无意识的客体。

荀子的这种思想,主要内容有二:一是主张顺应自然规律,利用自然界。为此,他提出"天养""天政"的概念。他说:"财(裁)非其类,以养其类,夫是之谓天养。"(同上)"君子性非异也,善假于物也。"(《荀子·劝学》)人与自然界就是养与被养,假与被假的关系。他还进一步论述:"顺其类者谓之福,逆其类者谓之祸,夫是之谓天政。"(《荀子·天论》)"天养"只能"顺"而不能"逆",这个自然原则说明,自然界尽管是消极而无意识的,但它作为人类生存和发展的基础,对人类的生活起着客观的制约作用。因此,人类对自然界,"应之以治则吉,应之以乱则凶"(同上),思想和行动只能适应其规律,而决不能违反它。

二是主张积极地制天命,载万物,做自然的主人。荀子说:"天地生君子,君子理天地……无君子,则天地不理,礼义无统……"(《荀子·王制》)君子,就是自觉的人。天地生君子,也产生其他的人和物类。荀子认为,与其他的人和物类相比,君子最大的特点是"理天地"。也就是说,君子和自然界的关系是理和被理的关系,君子不是匍匐在自然界膝下的奴仆,而是自然界的主人。这种"理",荀子也称之为治。《天论》说:"天有其财,人有其治,夫是之谓能参。"天之时、地之财对人类生活有所制约,但这种制约是无意识的,而人类之治,却是主动的。这种"理""治"不但有顺应自然之意,也有改造自然之旨。

如果说,荀子以人文世界主宰自然世界的思想在以上表述中还不太明晰的话,那么,在《天论》的这两段话中,就再也不会产生歧义了。"如是,则知其所为,知其所不为矣,则天地官而万物役矣。"这是说,只要人们掌握和认识了客观规律,人类就能主宰自然界。"官"和"役"正表达了人类对"天地""万物"的征服。正因为如此,荀子认为"大天""颂天"不如"制"天、"用"天。他说:

"大天而思之,孰与物畜而制之!从天而颂之,孰与制天命而用之!望时而待之,孰与应时而使之!因物而多之,孰与骋能而化之!思物而物之,孰与理物而勿失之也!愿于物之所以生,孰与有物之所以成!故错人而思天,则失万物之情。"

"物言而制之""制天命而用之""应时而使之""骋能而化之""理物而勿失之",其实质是突出人作为自然界主人的自觉。这种人能胜天思想的提出,在先秦思想史上是划时

代的,是中华民族认识发展史上的一大飞跃。荀子的天人关系论,是先秦哲学思想的最高成果之一。

荀子博学深思,其思想学说以儒家为本,兼采道、法、名、墨诸家之长。他以孔子、仲弓的继承者自居,维护儒家的传统,痛斥子张氏、子夏氏、子游氏之儒为"贱儒",对子思、孟子一派批评甚烈。其对孔子思想有所损益,政治思想中突出强调了孔子的"礼学",颇有向法家转变的趋势,后期法家代表人物韩非子、李斯都出于荀子门下,并非完全偶然。

由于荀子处在战国末期的时代,诸子各派的思想学说均已出现,这使得他不仅能采纳诸子思想,又可以进行批判和比较,所以荀子的思想非常丰富。可以说,宇宙论、人性论、道德观知识论、教育观、文学、政治学、经济学、逻辑学等各个方面,荀子都有很大的建树。

1、天道观:荀子认为,"天"就是客观存在的自然界,"列星随旋,日月递炤,四时代御,阴阳大化,风雨博施,万物各得其和以生,各得其养以成,不见其事而见其功,夫是之谓神;皆知其所以成,莫知其无形,是之谓天"(《荀子·天论》)。自然界具有不以人意志为转移的规律性,"天行有常,不为尧存,不为桀亡,应之以治则吉,应之以乱则凶"(《荀子·天论》)。从承认自然界的客观性、规律性出发,荀子提出了"天人相分"的观点,"强本而节用,则天不能贫;养备而动时,则天不能病;循道而不贰,则天不能祸;……故明于天人之分,则可谓至人矣"(《荀子·天论》)。在主张尊重自然规律的基础上,荀子进一步提出了发挥人的主观能动性,"制天命而用之"的控制、发行、征服自然的思想,"大天而思之,孰与物畜而制之!从天而颂之,孰与制天命而用之!望时而待之,孰与应时而使之!因物而多之,孰与骋能而化之!思物而物之,孰与理物而勿失之也!愿于物之所以生,孰与有物之所以成!故错人而思天,则失万物之情"(《荀子·天论》)。荀子的这一系列富于唯物论性质的思想,在先秦诸子关于天道观的争辩中,独树一帜,它高扬了理性的精神,因此具有很高的理论价值。

2、认识论:荀子指出:"凡以知,人之性也;可以知,物之理也"(《荀子·解蔽》),即认为世界是可知的,它通过人的形体机能而进行。认识的过程是通过"天官"(感官)接触外界事物,再由"天君"(思维器官)进行理性的加工("征知"),即主客体相结合。"心"(思维)是认识的重要阶段,"心也,形之君也;而神明之主也"(《荀子·解蔽》)。他认为,认识的片面性和主观性是一大"蔽","蔽"的形式很多,有:"欲为蔽,恶为蔽,终为蔽,远为蔽,近为蔽,博为蔽,浅为蔽,古为蔽,今为蔽。凡万物异则莫不相为蔽,此心术之公患也。"(《荀子·解蔽》)要解蔽就须"知道","人何以知道?曰心。心何以知,曰:虚壹而静。人生而有知,知而有志,志也者,藏也。然而有所谓虚,不以所已藏害所将受之谓虚"(《荀子·解蔽》)。如做到了"虚壹而静",也就可以达到"大清明"。在"知"与"行"的关系上,荀子以为"行"高于"知","知之不若行之,学至于行之而止矣"(《荀子·儒效》)。在"名"与"实"的关系上,荀子强调"实"是"名"的客观基础,提出了"制名以指实"(《荀子·正名》)的观点。

3、人性论:在人性论方面,荀子提出了与孟子"性善"论截然相反的"性恶"论的观点。

他认为，人性是与生俱来的、质朴的一种自然属性，"凡性者，天之就也，不可学，不可事，……而在人者，谓之性"（《荀子·性恶》），表现为"饥而欲饱，寒而欲暖，劳而欲休"（《荀子·性恶》），所以人性就是"生而有好利焉"，"生而有疾恶焉"，"生而有耳目之欲、有好声色焉"（《荀子·性恶》）。而人性的"善"则是后天人为（即"伪"）的，"人之性恶，其善者伪也"（《荀子·性恶》）。"善"是后天环境和教化学习的结果，"礼义者，圣人之所生也，人之所学而能，所事而成者也……可学而能、可事而成之在人才，谓之伪"（《荀子·性恶》）。先天赋予的"性"和后天学事的"伪"是一对矛盾，要解决矛盾通过"化性起伪"，就是通过学、事而改变"性"。"性"和"伪"是对立统一的，"无性则伪无所加，无伪则性不能自美"，只有做到"性伪合，然后圣人之名一"（《荀子·礼论》）。荀子的"性恶"论与孟子的"性善"论有极大的区别，但就通过所谓的"圣王之教"来教育感化民众这一目的而言，他们又是一致的。

4、礼论："礼"的思想是荀子社会政治思想的核心观念。荀子提出，"礼"是"先王"为了调节人们的欲望、避免战乱而制定出来的"度量分界"，"礼起于何也？曰：人生而有欲，欲而不得，则不能无求，求而无度量分界，则不能不争。争则乱，乱则穷。先王恶其乱也，故制礼义以分之，以养人之欲、给人之求。使欲必不穷于物，物必不屈于欲，两者相持而长，是礼之所起也。"（《荀子·礼论》）荀子认为，"礼"的内容虽包含"事生""送死""祭祀""师旅"等等，实质不外乎"养"（"养人之欲"）和"制"（"贵贱有等，长幼有差，贫富轻重皆有称者也"）。荀子强调，"礼"是衡量一切的最高标准和治国的根本，即"人道之极"，同时也是至高无上、永恒存在的最高原则，"天地以合，日月以明，四时以序，星辰以行，江河以流，万物以昌，好恶以饰，喜怒以当，以为下则顺，以为上则明，万变而不乱，贰之则丧也，礼岂不至矣哉！"（《荀子·礼论》）

5、教育观：荀子重视教育和学习的功能，这实际是他"天人相分"天道观及"化性起伪"人性论的逻辑延伸。他认为，学习对人是至关重要的，"学不能已"，"吾尝终日而思矣，不如须臾之所学也"（《荀子·劝学》）。教育决定了人后天的成长，"干越夷貉之子，生而同声，长而异俗，教使之然也"（《荀子·劝学》）。他指出，知识和德性修养是通过积累而成的，"积土成山，风雨兴焉；积水成渊，蛟龙生焉；积善成德，而神明自得，圣心备焉"（《荀子·劝学》）。荀子认为学无止境、后来者居上，"青，取之于蓝，而青于蓝；冰，水为之，而寒于水"，并强调"学"的目的就在于"为"，"故学数有终，若其义则不可须臾舍也。为之，人也；舍之，禽兽也"（《荀子·劝学》）。

荀子一向被认为是儒家经学早期传授中的一个十分重要的人物，他兼通诸经，应劭《风俗通》螳臂当车谓："孙卿善为《诗》《礼》《易》《春秋》。"清儒汪中著有《荀卿子通论》，认为"荀卿之学，出于孔氏，而尤有功于诸经"，并对荀子的"传经"做了详细考证，为经学史研究的学者所基本同意。荀子是先秦非常重要的儒学家、大学者，在中国封建社会前期，其地位比较高，但自宋代以后，理学家往往抬高孟子而贬抑荀子，将他从儒家"道统"中排除出来。但荀子的思想学说还是具有颇为深广的影响，如张衡、王充、柳宗元、王夫之、戴震以及近代的资产阶级革命民主派，都不同程度地受到他的影响。

荀子的人性学说,虽已触及人的本质问题,但由于其阶级和历史的局限,与其他剥削阶级思想家所主张的人性论一样,仍然是抽象的人性论,他脱离了人的社会关系来论述人性,而没有看到人就其本质来说是一切社会关系的总和这一根本性的问题,其人性学说的目的仍是为当时的社会政治服务的,即为封建等级制度和封建伦理道德做辩护的。

立论《荀子》

《荀子》一书是中国古代儒、法、道、墨等诸子学术思想的集大成之作。它对中国的政治、经济、文化、思想等方面都提出了自己的看法,对中国社会有深远的影响。

《荀子》立论严谨,语言生动。《劝学》是其脍炙人口的散文名篇。

《荀子》是我国战国末期的进步思想家、教育家和杰出的唯物主义哲学家荀况的著作。据《史记·荀卿列传》说:"荀子年五十,始来游学于齐。"又说齐泯王时,稷下学士风盛,招来天下著名学者来齐国,多至数万人。齐泯王晚年,荀子到稷下游学,正值齐国对外作战失利,列大夫纷离散去,荀子随即南游楚国。齐襄王时,稷下士又盛,荀子又回到齐国,在列大夫中"最为老师",被尊称为卿。不久荀子遭谗,离齐至楚,春申君任荀子为兰陵(山东芭南县)令。荀子又遭谗,离楚至赵,在赵孝成王前议过兵,未得重用离去至秦。见秦昭王与秦相范雎,未得要领,离秦归赵,又至楚为兰陵令。公元前238年,春申君被杀,荀子失官居家著书数万言,死后葬兰陵;从齐泯王晚年到春申君死,又约50年,加起来荀子年当在100岁以上,研究者们认为不太可信。应邵著《风俗通》把五十改为十五。对此也有提出异议的,说十五六岁的童子,在齐国将亡时,提出论王道学说,也未必妥当。因而,荀子的确实年龄无法证明,但其活动,大体在公元前289年到公元前238年之间。总起来说,荀子是在赵国出生的,他的早年和中年是在齐国稷下度过的,晚年是在楚国的兰陵度过的。在这中间,他访问过秦国,居留过赵国。他的一生,主要从事教学和著述。他的弟子韩非和李斯都是当时法家有名的政治家和理论家,并且他们都从思想和行动上直接帮助秦始皇统一中国。

荀子生活的时代,正是中国社会制度发生深刻变化的时代,当时封建制度已经确立,出现了封建主义的大一统趋势。战国以来长期兼并战争的结果,只剩下秦、齐、楚、韩、赵、魏、燕七个大国。当时,随着生产斗争和阶级斗争的发展,地主阶级取得全国统一政权以代替封建称雄割据的条件已经具备。荀子作为地主阶级的进步的唯物主义思想家,他为新兴地主阶级统一全国的历史任务提供了理论根据。他是战国末期儒家最后一位大师,是集诸子百家之大成的学者,是我国古代杰出的唯物主义思想家。他批判地继承了孔丘以来儒家的思想传统,并且吸取了道、墨、名、法诸家的长处,建立起他的唯物主义无神论思想体系。他一生讲学议政的目的,就是要依靠一个强大的国家来实现儒家用王道统一中国的政治理想。

《荀子》一书是荀况晚年为总结百家争鸣和自己学术思想而写的。《史记·孟荀列

传》中曾写道:"荀卿嫉浊世之政,亡国乱君相属,不遂大道,而营于巫祝,信机祥,鄙儒小拘如庄周等,又滑稽乱俗,于是推儒墨道德之行事兴坏,序列数万言而卒。"此书在汉代抄录流传有 322 篇,名《孙卿书》。初经刘向整理校定,去其重复 290 篇,定著 32 篇,名《孙卿新书》,《汉书·艺文志》著录名《孙卿子》即《荀子》。

此书大部分为荀子自著。其中《儒效》《议兵》《强国》等篇,似出弟子记录;附于书末的《大略》《宥坐》《子道》《法行》《哀公》《尧问》等六篇疑为弟子所记荀子语及杂录传记。

《荀子》一书,仿《论语》体例,始于《劝学》,终于《尧问》,系统性、思想性较强。其中集中阐述自然观的主要有《天论》;阐述认识论、逻辑思想和思想方法的有《解蔽》《正名》;阐述人生论的有《性恶》;阐述教育理论的有《劝学》《修身》;阐述军事理论的有《议兵》;阐述社会政治思想的有《礼论》《王制》《王霸》《富国》等篇。《非十二子》以是否符合封建统一原则为标准,对先秦诸子进行了政治性批判。《成相》以民间文学的形式表达了为君、治国之道。《赋篇》系荀子的文学作品,是一种散文的赋体,在文学史上有一定的地位。

1.“重人轻天”思想

《荀子》中的《天论》篇针对唯心主义的“天人合一”论,提出了“明于天人之分”的理论,论述了人和自然的关系。它把人的主观精神世界同自然的客观物质世界区分开来,又联系起来,把天看成一种具有客观法则的自然物质系统,排除天有意志说,承认自然的客观物质世界是第一性的,人的主观精神世界是第二性的;强调天不能干预人事、主宰人事,但人事活动又必须遵循“天道”,人不能把自己的主观意志强加于自然,但人能“制天命”“裁万物”,提出“制天命而用之”的卓越见解。

西周以来传统的“天命”观把天看作是有意志的、能赏善罚恶、兴治灭乱的无上权威,人们只能按照“天”的意志即“天命”行事。针对这种宗教唯心主义的说教,荀子提出“明于天人之分”的思想,把“天”（自然）与人（社会）区分开来,否认“天”有意志,否认“天命”存在。他说:“天行有常,不为尧存,不为桀亡。”强调自然界本身有其不以人的意志为转移的客观规律,它的存在和作用并不因为社会上的政治好坏而改变。这种观点明显的是反对殷周以来传统的君权天授的思想。荀子认为自然界有其自身的职能,不掺杂人的意志在内,所以叫“天职”。他说:

“列星随旋,日月递炤四时代御,阴阳大化,风雨博施,万物各得其和以生,各得其养以成。不见其事而见其功、夫是之主谓神。”

这就是说,列星相随旋转,日月轮流照耀,四时交替运行,阴阳不断变化,风雨普遍降施,万物各自得到相适应的条件而发生,各自得到所需要的滋养而成长,这些都是自然的现象,并不是出于一个什么主宰的意志和作为。这里所谓的神是指自然界运动变化的功能,人们虽然看不见它在做什么,但它的功效很显著。

荀子认为天是按照其自身固有的规律运行、变化的自然界,没有任何主观的私怨和私德。此天不能干预人事,自然界的规律不能决定社会的变化:荀子明确指出,社会国家的治乱兴废,与天无关,与时无关,与地无关。他说:

"治乱天邪？曰：日月星辰瑞历，是禹桀之所同也；禹以治，桀以乱，治乱非天也。时邪？曰：繁启藩长于春夏，蓄积收藏于秋冬，是又禹桀之所同也；禹以治，桀以乱，治乱非时也；地邪？曰：得地则生，失地则死，是又禹桀之所同也：禹以治，桀以乱，治乱非地也。"

天、时、地等自然界的条件，在禹的时代和桀的时代是相同的，但社会政治在禹的时代和桀的时代，却有一治一乱的不同。这说明自然界的条件不能决定社会的治乱。他又说："天不为人之恶寒也，辍冬；地不为人之恶辽远也，辍广。"

荀子强调天人之分，又十分强调人定胜天，提出"制天命而用之"这一光辉的唯物主义命题。荀子认为人类发挥主观努力可以改变自然，使自然为人类造福。他看到自然界中的物类都是通过竞争求得生存的，人类也要利用其他物类来养活自己，这是一种自然的相生相养。所以他说："财非其类，以养其类，夫是之谓天养。"荀子认为，人类和其他物类一样，必须利用自然界适合于自己生存的条件，才能保证自己的生存和发展，得到幸福。如果不能根据自己生存的需要来利用自然界，那就会妨碍自己的生存和发展甚至遭受灾祸。这是自然界对人类的一种自然的制约，是人类生存发展的自然原则，所以他说："顺其类者谓之福，逆其类者谓之祸，夫是之谓天政"。这个自然原则说明，自然界的变化及其规律，对人类的生存和发展，起着客观的制约作用。然而，在荀子看来，人在自然界面前，绝不是无所作为地消极适应，而是能够发挥主观能动性，认识和掌握自然界的变化及其规律，利用自然，改造和征服自然。他提出："天有其时，地有其财，人有其治，夫是之谓能参。"这就是说，天有时节，地有物质财富，人有利用天时地利自然条件的能力。他指出：

"强本而节用，则天不能贫；养备而动时，则天不能病；循道而不忒，则天不能祸。故水旱不能使之饥，寒暑不能使之疾，妖怪不能使之凶。本荒而用侈，则不能使之富；养略而动罕，则天不能使之全；背道而妄行，则天不能使之吉。"

这是说，吉凶祸福，不是天给予的，而是全凭人为；一切自然灾害，只要尽到主观努力，也是可以克服的。因此，他主张人应积极去征服，利用自然，从而驾驭自然，不受自然的盲目支配。他说：

"大天而思之，孰与物畜而制之！从天而颂之，孰与制天命而用之！望时而待之，孰与应时而使之！因物而多之，孰与骋能而化之！思物而物之，孰与理物而勿失之也：愿于物之所以生，孰与有物之所成。故错人而思天，则失万物之情。"

在荀子看来，与其尊崇天而期待它的恩赐，则不如象畜养万物那样将天驯服；与其顺从天而歌颂它，则不如掌握自然规律而利用它；与其仰望天时等待自然的恩赐，则不如因时制宜地利用天时；与其消极地听任物类的自然增多，则不如发挥人的能力促使它们化育；与其空想支配万物，则不如按照万物的规律去控制它；与其指望物类自然生长，则不如根据它的生长规律去促进它的成长。人如果不去积极使自然界为人类服务，放弃主观努力，盲目崇拜天而无所作为，那就失去万物可以为人利用的本性。总之，天（自然）不会满足人，人应该相信自己的力量，发挥主观能动作用，积极地利用自然规律和各种自然条件，去控制、改造征服自然，向自然界夺取财富。

荀子的"制天命而用之"的重人轻天思想,代表了新兴地主阶级蒸蒸向上时期的进步的唯物主义世界观。当时不仅生产出现了前所未有的规模,自然科学有了很大进步,而且在政治上也面临建立全国统一的封建中央集权的形势。地主阶级各集团间为统一中国而竞争,他们靠的是政治上的优势,人心的向背,而不是什么"天命"。政治上的竞争和决赛,推动新兴地主阶级思想家重视人的因素而蔑视神秘的"天命"。荀子的"制天命而用之"的重人轻天思想,为当时地主阶级消除割据,实现全国统一,奠定了理论基础。

由于历史条件和阶级立场的限制,他的重人轻天思想还有一定的局限性。他一方面强调人要靠自己努力,利用天的规律去求生存和发展;但另一方面又认为"圣人清其天君,正其天官,备其天养,顺其天政,养其天情,以全其天功"。表现了"顺天"的思想,即"天人合一"的思想。他认为人定胜天的力量主要是所谓"圣人""君子",看不到劳动人民是人定胜天的主要力量,因而并没有找到一条人定胜天的正确道路。

2、"隆礼重法"学说

荀子认为人能胜天,战胜自然,其原因就在于人能合群。他说:"力不若牛,走不若马,而牛马为用,何也? 曰:人能群,彼不能群也。人何以能群? 曰:分。分何以能行? 曰:义。故义以分则合,合则一,一则多力,多力则强,强则胜物:故宫室可得而居也,故序四时,裁万物,兼利天下,无它故焉,得之分义也。故人生不能无群,群而无分则争,争则乱,乱则离,离则弱,弱则不能胜物。"

荀子认为人所以能合群,是因为有"分",所谓"分",就是名分等级的意思。为什么能行"分"呢? 这是依靠"义"。什么叫作"义"呢? 就是统治阶级所认为合理适宜的道德。

地主阶级在建立了君主集权的封建政权以后,应该怎样利用其政权实行政治统治呢? 荀子提出了礼治与法治相结合的主张。他认为,在"立君上之执以临之"的基础上,还必须"明礼义以化之,起法正以治之,至刑罚以禁之"。这是他的"隆礼""重法"政治论的主干。他在《老道》篇中有一个总纲式的概括叫作"隆礼至法则国有常"。在《成相》篇也重申了这个纲领:"治之经,礼与刑君子以修百姓宁。明德慎罚,国家既治四海平。"这是把礼和法看作是封建统治者治理国家、统治人民的两种根本手段。但在这两种手段中,他更加重视礼治的作用。他把"礼"看作是一种最高的政治标准,说"隆礼贵义者其国治""礼者,治辨之极也"。他强调礼是"治国之本","为政"的前导,"国之命在礼",离开了"礼",政治便不能推行,国家便不能维持。他说:"礼义者,治之始也,礼者,政之轮也,为政不以礼,政不行矣。"荀子是把奴隶社会中于孔子儒家的礼治思想继承并改造过来,成为封建地主阶级的礼治思想的第一人,这就使他的思想具有浓厚的儒家传统的特点。

什么是礼? 荀子说:"礼者,贵贱有等,长幼有差,贫富轻重皆有称者也。"封建的伦常关系:君臣、父子等各有名分,即礼的内容。他所讲的礼,是确定人们社会政治地位的等级区别和确定物质财富分配的"度量分界"的。他说:"程者,物之准也;礼者,节之准也。程以定数,礼以定伦"。在这个意义上,礼是人们社会生活、政治生活、文化生活和物质生活的规范。礼起着一种规范、法式的作用,为人们的活动、行为规定界限和标准。所以社会成员必须尊重和遵守礼的规定。"然而不法礼,不足礼,谓之无方之民;法礼,足礼,谓

之有方之士",君主也要用礼作为统率群臣的尺度和治理国家的标准。他说:"礼者,人主之所认为群臣寸尺寻丈检式也。国无礼则不正。礼之所以正国也、譬之犹衡之于轻重也,犹绳墨之于曲直也,犹规矩之于方圆也,既错之而人莫之能诬也。"有了礼作为尺度标准,人们的视听言行都符合礼的规定,国家就能治理得好。所以荀子说:"治国者分已定,则主相臣下百吏各谨其所闻,不务听其所不闻;各谨其所见,不务视其所不见。所闻所见,诚以齐矣,则虽幽娴隐辟,百姓莫敢不敬分安制,以化其上,是治国之征也!"

然而,在荀子看来,人的本性是"恶"的,是不符合礼的要求并同礼相悖的。因此,要使人们的视听言行符合礼的标准,就必须改变人的本性。礼作为一种规范、法式,就起着导化和矫饰人性,有"出于治,合于善"的作用。荀子主张礼治,强调"明礼义以化之",就是主张通过礼义的教化,诱导人们"化性起伪",去"恶"从"善",老老实实地服从封建统治者的统治。

为了使"礼"能够起到导化人性的作用,荀子一方面主张封建统治者要加强礼义的灌输教育、使人们对于"礼义"能够"强学而求有之","思虑而求知之";另一方面又主张应该有多种文仪礼节作为文饰。比如衣冠服饰、宫室械用、丧祭礼仪、声乐颜色等,都是符合封建礼制的规定,以显示礼的严肃性。所以"礼"还是"以贵贱为文"。荀子本来是不相信有鬼神存在的,但他认为丧祭礼及宗教仪式还是必要的。他说:"事死如事生,事亡如事存,状乎无形影,然而成文"。没有鬼神而举行丧祭仪式,完全是一种文饰。"其在君子以为人道也,其在百姓以为鬼事也"。因此,这种文饰作用,既可以点缀封建统治者的威严隆盛气象,又可以在被统治的劳动人民中间造成一种社会习俗和敬畏心理,借以从精神上麻痹劳动人民。这都是有利于维护地主阶级封建统治的。

对于礼的起源,荀子的看法不同于孔孟,他做了新的解释。他说:

"礼起于何也? 曰:人生而有欲,欲而不得,则不能无求,求而无度量分界,则不能不争。争则乱,乱则穷。先王恶其乱也,故制礼义以分之,以养人之欲,给人之求。使欲必不穷乎物,物必不屈于欲,两者相持而长,是礼之所起也。"

礼虽然节制人的欲望,但并不抹杀人的正当的物质利欲,这较之儒家传统的只讲义不讲利的观念前进了一步,这种思想无论在当时或以后都是起进步作用的。

荀子在强调礼治的同时,还公开强调法治。他说:"法者,治之端也。"他把"法"看作是实现封建统治不可缺少的一个重要方面。如果说礼治是一种着重于用礼义教化使人民就范的温和手段,那么,法治就是一种着重于用法制刑赏使人民就范的强制手段。这两者都是不可缺少的。荀子认为,通过礼义的教化,可以"赏不用而民劝,罚不用而民服",这是礼治的优越性。但是,礼义的教化又不是万能的,社会上总有礼义所不能教化的人,他说:"尧、舜者,至天下之善教化者也,南面而听天下,生民之属莫不振动从服以化顺之;然而朱、象独不化,是非尧、舜之过,朱、象之罪也。尧、舜者,天下之英也;朱、象者,天下之鬼、一时之琐也。……尧、舜者,天下之善教化者也,不能使鬼琐化。何世而无鬼?何时而无琐?"对于不能用礼义教化的所谓"鬼琐",就只能待之以刑罚。他说:"以善至者待之以礼,以不善至者待之以刑。"荀子主张,要把礼义的教化同法制的刑赏结合起来。

他反对"不教而诛",也反对"教而不诛",又反对"诛而不赏"。他说:"故不教而诛,则刑繁而邪不胜;教而不诛,则奸民不惩;诛而不赏,则勤励之民不劝。"

可见,荀子对于法制上的赏罚手段也是非常重视的。他提出要"勉之以庆赏,惩之以刑罚"。赏以进贤劝民,罚以禁暴除恶。为了达到这一目的,荀子强调"庆赏刑罚欲必以信",主张赏必当功,刑必称罪,而反对赏不当功,罚不当罪。他指出:"凡爵列官职赏庆刑罚,皆报也,以类相从者也。一物失称,乱之端也。夫德不称位,能不称官,赏不当功,罚不当罪,不祥莫大焉"。又说:"故刑当罪则威,不当罪则侮;爵当贤则贵,不当贤则贱。……刑罚不怒罪,爵赏不逾德,分然各以其诚通。是以为善者劝,为不善者沮;刑罚綦省,而威行如流,政令致明而化易如神。"荀子把爵列官职庆赏刑罚都看作是一种"以类相从"的报偿,爵列官职要与德能相称,庆赏刑罚要与功罪相当,不能根据当权者的意志和爱憎,任意赐爵封官,滥施赏罚。应该说,荀子的这种看法,体现了一种严肃的法制精神。当然,这种法制是维护封建统治者的利益的。所以他强调"赏不欲僭,刑不欲滥。赏僭则利及小人,刑滥则害及君子"。

另外,荀子继承孔子的"德治"和孟子的"仁政"思想,提出"平政爱民"的主张,他说:"马骇舆,则君子不安舆;庶人骇政、则君子不安位。马骇舆,则莫若静之;庶人骇政,则莫若惠之。……庶人安政,然后君子安位。传曰:'君者,舟也;庶人者,水也;水则载舟,水则覆舟。'此之谓也。故君人者,欲安,则莫若平政爱民矣"。

荀子看到"庶人骇政"是"君子不安位"的原因,因而认为政治好坏对统治者具有重要意义。他反对单纯任用刑罚,主张以施行恩惠的办法缓和人民的反抗。所谓"平政爱民",即用省刑罚、薄税敛的办法,发展小农经济,以增加地主阶级的剥削收入。荀子把君民关系看成船和水的关系,认识是深刻的。他使在位者警惕不要激化和人民的矛盾,以免被人民推翻。

3.性恶论

荀子人生论的一个中心思想就是"人之性恶,其善者伪也"。为了论证这个基本思想,他从"明于天人之分"的自然观出发,引申出了"性伪之分"这个基本界限。

荀子所说的人性的"性",有如下几种含义:

第一,就其本源来说,"性"不是在后天的社会生活中形成的,而是一种天然生就的自然本性,"性"是不能学习、不能造作,而为人生来就自然而然地所具有。他说:

"凡性者,天之就也,不可学,不可事。……不可学、不可事而在人者谓之性。""性之和所生,精合感应,不事而自然谓之性。"

第二,就其特质来说,"性"是一种未经加工的、质朴的原始素材,天生是一个什么样子就是什么样子。他写道:"性者,本始材朴也。""生之所以然者谓之性。"

第三,就其范围和内容来说,"性"包括各种生理器官的自然的生理本能以及对于衣食声色的情欲。在荀子看来,这种本能和情欲,是与生俱来,不学而能的,因此都属于人的本性。他说:

"今人之性,目可以见,耳可以听;夫可以见之明不离目,可以听之聪不离耳,目明而

耳聪,不可学明矣。……今人之性,饥而欲饱,寒而欲暖,劳而欲休,此人之情性也。""若夫目好色,耳好声,口好味,心好利,骨体肤理好愉佚,是皆生于人之情性者也,感而自然,不待事而后生之者也。"

由此可以看出,荀子所讲的人性,不是指人的社会性、社会本质,而是一种与人的社会关系无关的、单个人的抽象的自然生物性。

"性"的对立面是"伪"。荀子所谓"性伪之分"的"伪",不是真伪的伪,而是指人为的意思。与"性"不同,"伪"是在人出生以后可以学习得到、可以造作成功的品格,也就是在后天形成的品格。荀子说:

"可学而能,可事而成之在人者谓之伪。"

"伪"与"性"不同,还在于"伪"不是人的自然的本能活动,而是经过"心"的思虑并按照这种思虑而行动的能动的活动,是经过思虑的积累、行动的习惯所形成的成规。荀子说:

"心虑而能为之动谓之伪;虑积焉,能习焉,而后成谓为伪"。

"伪"作为"性"的对立面,是对人的自然本性进行人为的加工改造。只有经过人为的加工改造,自然质朴的原始素材才能完善美好。荀子说:"伪者,文理隆盛也。""文理隆盛"的内容就是"反于性而悖于情","离其质、离其朴"的"礼义辞让"。荀子强调,"礼义辞让"不是生于"性",而是生于"伪"。

对于"性"与"伪"的关系,荀子认为,"性"是"伪"的基础,是人为加工改造的原始材料;没有这种基础和材料,"伪"就是"无所加"。"伪"是对"性"的加工改造,使之完善美好;没有这种加工改造,"性"就"不能自美"。荀子一方面强调"性伪之分",另一方面又强调"性伪合",认为"性"可以"化",而"伪"就是为了"化性"。这种"合"的关系就叫作"化性而起伪"。

荀子认为,从人的天赋本性来说,是"性恶"的。人生来就有贪利、憎恨的性格和对于衣食声色的情欲。如果顺着这种与生俱来的性格与情欲,任其自然发展,就必然产生互相争夺、互相残害和淫乱等恶行,破坏社会的秩序和道德,造成暴乱。他说:

"今人之性,生而有利焉,顺是,故争夺生而辞让亡焉;生而有厌恶焉,顺是,故残贼生而忠信亡焉;生而有耳目之欲,有好声色焉,顺是,故淫乱生而礼义文理亡焉。然则从人之性,顺人之情,必出于争夺,合于犯分乱理而归于暴。"

这就是说,人性生来就好利、嫉妒、喜声色,如果放纵人性,任其发展,必然和礼义相违背,因此,只有经过"师法之化","礼义之道",人性才能走向"善"。他说:

"性也者,吾所不能为也,然而可化也;积习也者,非吾所有,然而可为也:注错习俗,所以化性也。""古者圣人以人之性恶,以为偏险而不正,悖乱而不治,故为之立君上之势以临之,明礼义以化之,起法正以治之,重刑罚以禁之,使天下皆出于治,合于善也。"荀子把礼义法治的起源归为人性恶,否定天赋道德观念,使他更为注重现实,把礼义道德当作调节人的物质欲望的手段。

荀子强调后天环境对人性的教育改造,否认有先验的道德,也否认有生而知之的圣

人。他说：

"凡人之性者，尧、舜之与桀、跖，其性一也；君子之与小人，其性一也。"

人的天性不分圣愚，都是一样的，只是经过后天环境的教育训练才发生圣愚之分。由于圣人不是天生的，是后天养成的，所以"涂之人可以为禹"。一个普通百姓只要肯于学习，一心向善，也可以成为禹那样的圣人。他说：

"凡禹之所以为禹者，以其为仁义法正也。然则仁义法正有可知可能之理，然而涂之人也，皆有可以知仁义法正之质，皆有可以能仁义法正之具；然则其可以为禹明矣"。这是说，圣人具备的"仁义法正"是可以被认识和掌握的，而普通人也具有认识和掌握这些"仁义法正"的本质和能力，因此有可能成为圣人。这说明的圣人和普通人之间没有不可逾越的鸿沟。

荀子的性恶论，与孟子的性善论，是相针对的，荀子从人的生理机能与纯感官的物质欲望出发，是具有唯物论倾向的；孟子从观念的羞恶、辞让、尊敬和是非出发认为人性是善的，是唯心论。两人有一个共同论点，就是教育作用。孟子根据人性生来是善的观点，主张循循善诱，发挥其天赋良能作用；荀子根据人性恶的观点，强调学礼义，则要刑罚加以矫正，强调统治作用。

荀子虽然强调后天的礼义、法治对人性起教育、约束和改造的作用，但他没有能力科学地说明礼义、法治的起源问题。他认为礼义、法治都是"圣人"制定的，所以"化性起伪"的工作也只能由圣人来完成。他说：

"故圣人化性而起伪，伪起而生礼义、礼义生而制法度。然则礼义法度者，是圣人之所生也。"这种观点和他的性恶论是矛盾的。因为，照荀子的说法，圣人的性也是恶的，那么，圣人的化性起伪又是怎样产生的？他无法做出说明。

总之，荀子的性恶论，强调人的自然本性可以改造，重视环境和教育的重要作用，这些都具有唯物主义、辩证法的合理因素。但是，荀子不懂得人的本性是社会关系的总和，他把人的自然属性视为人性的全体，特别是把礼义、法治说成是少数圣人、君子的发明，这样便不是环境改造人性，而是圣人、君子的主观意志决定环境和改造人性了。因此，在人性论问题上，他仍然不可避免地陷入唯心主义。

《荀子》一书，对中国古代史研究颇有价值，它在中国哲学史上也占有重要地位。

《荀子》中的议论篇章所列举的各种历史事实，都可以直接取材作为史料之用。如《荀子》第八《儒效》说："武王崩，成王幼，周公屏成王而及武王以属天下，恶天下之信周也。履天子之籍，听天下之断，恬然如固有之，而天下不称贪焉；杀管叔，虚殷国，而天下不称戾焉；兼制天下。立七十一国，姬姓独居五十三人，而天下不称偏焉。……周之子孙，苟不狂惑者，莫不为天下之显诸侯。"这里提到周初封国七十一，而姬姓独居五十三人，周的子孙，除非狂惑者，都当了天下的大诸侯。这条资料成为研究周初封国的数字根据，极被重视，广泛引用。

又如《荀子》十五《议兵篇》中的"齐之技击不可以遇魏之武卒，魏之武卒不可以遇秦之锐士"的论述，是战国时期各国军士实力的对比，被史学研究者广泛引用说明秦国军事

力量的强大,从而论证它是秦统一六国的原因之一。

《荀子》书中,有许多批判和评论的篇章。如《劝学篇》说:"礼、乐法而不说,诗、书故而不切,春秋约而不速。"简要对几部书作了评价,可作为对史书评论的参考。关于先秦诸子人物的评论,也较为具体简洁,如《荀子》书十七《天论篇》说:"慎子有见于后,无见于先;老子有见于诎,无见于信;墨子有见于齐,无见于畸;宋子有见于少,无见于多。"又在二十一《解蔽篇》说:"墨子蔽于用而不知文,宋子蔽于欲而不知得,慎子蔽于法而不知贤,申子蔽于执而不知知,惠子蔽于辞而不知实,庄子蔽于天而不知人。"这些对先秦诸子主要学派创立者及其学说的评论,被人们所重视,广为引用。

《荀子》一书的唯物主义思想体系,对后来封建社会两千多年的唯物主义传统发生了深刻的影响。如荀子的学生、法家集大成者韩非,继承了《荀子》一书的人定胜天思想,提出"梁括之道",用人类制造工具说明对于自然和人事的态度,不应该听任其自发的和偶然的因素,而应该自觉地积极地活动。唐代唯物主义思想家柳宗元,推崇《荀子》中的性恶论,借以论证国家的起源。与柳宗元同时的唯物主义哲学家刘禹锡,直接借用《荀子》中《天论》的题目,也写了《天论》提出"天与人变相胜",发展了"制天命而用之"的思想,为他在政治上主张革新提供理论根据。明末唯物主义哲学家王夫之提出的"天理即在人欲中",清初唯物主义者戴震提出的"理存于欲",都吸取了《荀子》一书中的"礼起于欲"的思想、反对先验的道德观念论。

《荀子》一书的思想,作为新兴土地阶级的思想意识,在地主阶级处于进步和革命时期,发挥了重要的作用,他的礼义伦理思想对于封建上层建筑的建立以及对封建基础的巩固起了积极作用。但随着封建社会的巩固,封建统治者为了镇压和欺骗农民,更加需要从以往的剥削阶级那里吸取反动保守的思想。《荀子》中的唯物主义无神论思想和曾起过进步作用的社会政治思想,便不再适合封建阶级的口味。因此,《荀子》中的思想在汉以后的长期封建社会中不被重视,受到排斥,一直延续到近现代,才发生根本性的变化。

纵横家鼻祖

——鬼谷子

名人档案

鬼谷子：姓王名诩，一说为春秋时代卫国（今河南鹤壁市淇县）人；一说为战国时代卫国（今江西省贵溪市）人。

生卒时间：不详。

安葬之地：不详。

性格特点：善智谋，喜纵横术。

历史功过：主要著作有《鬼谷子》及《本经阴符七术》。

名家评点：是"诸子百家"之一纵横家的鼻祖。战国时期著名的纵横家、权谋家。民间传说，鬼谷子为王善老祖，是占卜、星相、术算、权术的祖师；是战国时期纵横家苏秦和张仪的老师；亦是战国时期著名军事家庞涓、孙膑的老师。由于他的生平事迹在正史中很少提及，但作为一名影响深远的谋士，他一向被视为一位带有神话色彩的高人隐士。

传奇人生

鬼谷子（生卒年不可详考），他的真实姓名亦不可详考，史书所记大都语焉不详，或省略不述。据《道藏目录》载：鬼谷子"姓王，名诩，一名利，晋平公人。"五代时蜀人杜光庭在《录异记》中说："鬼谷先生者，古之真仙也。姓王氏，自轩辕之代，历于商、周。"如此说来，鬼谷子姓王初步可以确定。关于鬼谷子的生平事迹，古代正史记载极少，而民间传说却很多。

民间传说带有种种神秘、怪异色彩。关于鬼谷子的出生，传说很多，流传很广。其中最主要的说法是：鬼谷子没有父亲，其母亲因饥饿而偷食了一半从骷髅头里长出的稻穗

怀孕,且怀孕三年零六个月在野外生下了鬼谷子,生下他之后,母亲便死去,是母虎把他哺乳长大成人。他从老虎那里获得"无字天书",于是感悟而创立六十甲子,又创立算命、卜卦。如此说来,"鬼谷子"是"鬼骨子"之子了。所以"鬼谷"之名是由"鬼骨"而来。不管怎么说,都是说鬼谷子,不是一般凡夫俗子,而有着神秘怪异不平凡的来历。

鬼谷子是中国历史上一位极具神秘色彩的传奇式的人物。他是一位隐士、豪杰,更是一位术士、智者,他学识渊博,又精通道术,故使天下许多学子心向往之,拜他为师。据传他有弟子五百多人。在众多弟子中,有精通文韬、纵横捭阖者苏秦、张仪;有精通武韬、巧妙用兵者庞涓、孙膑等等。文臣武将,奇士怪杰,智谋、数术、变谲、辞谈者,出其门者,多有其人。他的名言是:"世无常贵,事无常师。"因此,他所培养、造就的众多弟子,在战国群雄争霸、权术盛行、纵横捭阖、巧用智略、南征北战、东西驰骋的大时代,能各显身手,大显神威,而成为时代的弄潮儿。也正因为如此,鬼谷子其人、其书,又平添了许多神秘色彩。全国许多地方都有鬼谷子洞和修道成仙之地。鬼谷子不仅自己修道成仙,而且还能点化他人成仙,有不少人是由他点化而成仙的。此类传说,流传甚广,拨去迷雾,就其真相而言,鬼谷子确实是一位智谋高超的纵横家、权术家。

司马迁在《史记·苏秦列传》中说:"苏秦者,东周洛阳人也。东事师于齐,而习之于鬼谷先生。"据《史记·苏秦列传》和《战国策·秦策三》等史籍记载:苏秦出游多年,裘敝金尽,大困回家,家人讥笑,父母不与言,妻不以为夫,嫂不以为叔。他自责后,发愤读书,锥刺大腿,深夜苦读,闭室不出,博览群书,腹有经纶。于是得周书《阴符》,伏而读之,一年之后,便整理出《揣》《摩》两篇论著,认为可以用此术去游说当时各国的君主。查《鬼谷子》,可见,《揣》《摩》均为《鬼谷子》中的两篇,大概是苏秦整理其师鬼谷子的相关思想,或者是整理听课笔记而成的。

又《史记·张仪列传》中说:"张仪者,魏人也。始尝与苏秦俱事鬼谷先生,学术,苏秦自以不及张仪。"说明鬼谷子是苏秦、张仪的老师,是战国时期的纵横家。这是正史中记载鬼谷子事迹所仅见的资料。

我们知道,在战国时期,齐、楚、燕、韩、赵、魏、秦的"七雄争霸"的时代,苏秦主合纵,张仪主连横,他们以各自的三寸不烂之舌,挟着自己的策略、权术,去游说各国君主,从而展开了智谋、权术的较量、斗争。这便形成了战国时代的纵横家,而其师祖,则是鬼谷子。

至于为什么称之为"鬼谷先生"呢?《风俗通义》曰:"鬼谷先生,六国时从(纵)横家。"又《史记》《索隐》:"按:鬼谷,地名也。扶风池阳、颍川阳城并有鬼谷墟,盖是其人所居,因为号。又乐壹注《鬼谷子》书云:'苏秦欲神秘其道,故假名鬼谷。'"这是说,鬼谷子因其隐居于鬼谷墟,以地为号,故人称鬼谷子。据传说苏秦所做的《鬼谷子序》中说:"周时有豪士,隐居鬼谷,自号'鬼谷先生',无乡、里、族、姓、名、字。"这是一种看法,即以地名为号,自称"鬼谷先生"。这种说法较为普遍。

当然,也有另外的不同看法。梁朝萧统在《昭明文选》《鬼谷子注·序》中说:"周时有豪士,隐居于鬼谷者,自号'鬼谷子',言其自远也,然'鬼谷'之号,隐者通号也。"意为"鬼谷"之号,蕴涵其人深古幽远、浩渺露显的志趣雅意。南宋王应麟在《<汉书·艺文志

>考证》中进一阐释道："鬼,幽而显者也;谷,扣而应者也。藏幽显露,一扣一应,信如其名哉!"如此等等。

千古奇书

《鬼谷子》一书,始见于《隋书·经籍志》,旧题鬼谷先生撰。在历代文献中,旧题鬼谷先生所著的诸书中,比较可信的唯有《鬼谷子》。《鬼谷子》作为"千古奇书""活人兵书",确实包含着丰富的思想内容和韬略智谋。它是一本特殊的教科书。

综观《鬼谷子》全书,其主要内容是游说人君的纵横之术,是适应战国时代七雄争霸的需要而产生的。所谓"纵横",即"合纵连横"的简称。"合纵连横"是战国时代各国之间的外交谋略、军事策略的重要手段。

所谓"合纵",其宗旨是各小国或东方六国联合起来,抵抗西方大国——秦国的东侵。苏秦力主合纵之策,合纵成功,而佩六国相印,"此其智有过人者",证明"其术长于权变",而各显于诸侯。

所谓"连横",其宗旨是秦国联合各小国或其中一国,瓦解、破坏各国的合纵联盟,而各个击破。张仪以秦王特使的身份,说服各国分别与秦国结盟,对付他国。张仪连横成功。"张仪之行事甚于苏秦",他们二人都是言而无信,"左右卖国以取容",而成为"真倾危之士哉!"

《鬼谷子》虽为纵横家的权谋术数之书,但其思想内容十分丰富,它蕴涵着深刻的哲学道理和智胜权术,涉及心理学、语言学、养生学,尤其是军事学的内容,受到人们的重视和推崇。当然,也有人批评它是一部容易引人入邪,而应当唾弃之书。见仁见智,不必厚责。我们这里只想拨开其神秘外衣,揭示其思想智谋和应对之术,就其与军事相关的谋略思想,加以分析评述。

察阴阳变

《鬼谷子》是一部重智慧,尚谋略,讲权术之书,它虽然直接论兵、行战的方论不多,但是却被历代诸家,尤其是兵家视为重要的军事著作。由此可见鬼谷子的高超智谋。

鬼谷子的军事思想是以其哲学思想为指导而建立起来的,所以他在《鬼谷子》开篇《捭阖第一》中,明确阐发了察阴阳捭阖之变,知生死之门的道理。即由观察阴阳二气这两个基本的对立方面的运动发展,来进一步认识宇宙万物的生死存亡、发展变化的基本规律,从而谋划万事万物,求得生存、发展。

"粤若稽古,圣人之在天地间也,为众生之先。观阴阳之开阖以命物,知存亡之门户,筹策万类之终始,达人心之理,见变化之朕焉,而守司其门户。故圣人之在天下也.自古至

今,其道一也。变化无穷,各有所归。或阴或阳,或柔或刚,或开或闭,或弛或张。是故圣人一守司其门户,审察其所先后,度权量能,校其技巧短长。"

鬼谷子认识到,宇宙万物都由阴阳二气的开阖变化而产生的,所以人认识了阴阳的这种变化,就可以认识自然万物的变化原理,通晓人心的变化道理,揭示事物变化的征兆,把握事物发展的关键。自古至今的一切事物的发展变化,都遵循这个规律,并以此为依归的。鬼谷子由自然万物变化之理,揭示人世变化之道,引申出克敌制胜之策,于中显现出其大智慧、大谋略、大计策。

鬼谷子接着指出:人虽有智与愚、勇与怯等不同差别,但这些都是可以改变的,一切都可以依靠无为来管理和调整。可以通过他们的嗜好和欲望,来观察他们的志向和意愿。略微排斥其所说的话,当其开讲之后,再加以反对,从而把握其思想言行的宗旨。通过各种方法、手段、观察、考验、测知,从而弄清什么可以行,什么不可以行。审明对方的各种计策,来印证哪些与自己的计策相吻合,哪些不相吻合,采取相应对策,分别对待,适时行动,以求胜之。

我令对方开启讲话,是为了解他的真实情况,所以要让对方讲话;令对方闭藏不语,是为了静观他的真实意愿,所以要争取其真诚合作。所以这些方法,都是为了观察对方的实力、计谋、态度,以便测量其各方面的权衡轻重、力量强弱,有利于我的思想行动和军事行动,而永远立于不败之地。如果不能以开启与闭藏之道,测度对方,权衡轻重、利弊,便会招致祸患,导致失败。因此,圣人对开启与闭藏的问题,十分重视。

由于开启与闭藏,是宇宙万事万物的发生、发展、变化的基本规律,一切事物的产生、发展、变化,不论是阴阳变动,还是四时往来乃至万物变化,都是遵循这个规律来实现的。所以说:"捭阖者,天地之道。捭阖者,以变动阴阳;四时开闭,以化万物。纵横、反出、反复、反忤,必由此矣。捭阖者,道之大化,说之变也;必预审其变化,吉凶大命系焉。"这是说,"捭"与"阖"——开启与闭藏之道,是天地万物发展变化的根本规律,阴阳变动,四时往来,万物化生,不论是纵横、反出、反复、反合等等,都必须经由开闭之道。人认识了这种大化之道,就能认识游说之士的变化、策略,而能预见、审知敌方的变化,及时采取对敌策略,克敌制胜,免遭祸患。所以说,开闭之道,是关系到生死、吉凶、胜败的大道。因此,圣人重之、贵之,并"自为之虑"。就是说,人认识、掌握了阴阳捭阖的大化之道,就可以预测、预知生死、吉凶、胜败,逢凶化吉,转败为胜。这就是鬼谷子的察阴阳之变,知存亡之门的意义。

鬼谷子在阴阳捭阖大化之道的指导下,论证了他的辩证的发展观点,提出了一系列的矛盾范畴。他以阴阳为基本范畴,即以阴阳、捭阖的对立统一,阴阳相和、相求、相结,从而促使事物美始美终。他做了这样精彩的论述:"捭之者,开也、言也、阳也;阖之者,闭也、谋也、阴也。阴阳其和,终始其义。故言长生、安乐、富贵、尊荣、显名、爱好、财利、得意、喜欲为阳,曰'始'。故言死亡、忧患、贫贱、苦辱、弃损、亡利、失意、有害、刑戮、诛罚为阴,曰'终'。诸言法阳之类者,皆曰'始',言善以始其事;诸言法阴之类者,皆曰'终',意恶以终其谋。"鬼谷子认为,"口"是心灵的门户,"心"是人的精神主宰。意志、喜怒、智虑、谋略、思想等,都是由口中出入、表现出来的。因此,用捭阖来封锁对方,用出入来控制对方,就可以掌握御事、制敌的主动权。所谓"捭之者",是指开启、言论、阳气(君道)而言;所谓"阖之者",是指闭藏、静默、阴气(臣道)而言。阴阳和合,事物就会各得其宜,合理发展。所以说,长生、安乐、富贵、尊荣、显名、爱好、得意、喜欲等,都属于阳气,都可以叫作"始"。死亡、忧患、贫贱、羞辱、毁弃、损伤、失意、灾害、刑戮、诛罚等,都属于阴气,都可以叫作"终"。阳气体现为君道,阴气体现为臣道。凡是遵循阳气之道行事的,都叫作"始",以此谈论"善"作为事物的开始;凡是遵循阴气之道行事的,都叫作"终",以此谈论"恶"作为谋略的结果。人们谋事、用兵,都要遵循阴阳运行的基本规律,做到善始善终,便会有好的结局。

据此,鬼谷子进一步论述着:事物的捭阖原则,都可以从阴阳二气的变化、运行而体现出来。因此,与处阳者论事,要依循崇高原则;与处阴者论事,要依循卑下的原则。这样以下而求小,以高而求大,就可以畅行无阻,无所不出,无所不入,无所不可,无所不能了。如果人们能够运用这种道理原则行事,便可以游说人、游说家、游说国、游说天下。这个道理原则是"为小无内,为大无外",无所不至,无所不在,普遍通行的。不论是损益、去就、背反等,都可以用阴阳的这个变化原理来驾驭和处理的。阳气运动就前进,阴气静止就退藏;阳气运动就出击,阴气运行就随入;阳气终结就返回开端,阴气达到极端就返回阳气。阴阳相互增长,相互配合,相互助长,相互包容,相互转化。人们就是根据阴阳的这种"开启"和"闭藏"的相互运动、转化的道理,来认识、处理、对待一切事物的。因为这个"天地阴阳之道",亦是"说人之法也",所以说是"天地之门"。人们认识了这个天地阴阳的大化之道,掌握了这个天地之门,就会无往而不胜了。

鬼谷子在这种哲学基本原理和思想方法的指导下,对战争中的诸问题,展开了论述。

不战而胜

鬼谷子认识到战争是杀人、耗财、损物的危险之事,所以他论兵言战,重视智慧谋略,以求不战而胜。

鬼谷子在《鬼谷子》的《揣篇第七》《摩篇第八》《谋篇第九》等篇中,对以谋取胜,不战而胜的思想,作了具体的论述。

在《揣篇第七》中,鬼谷子指出,要揣度敌情,出谋划策,就必须通过观察其外在表现来洞察、推测、判断其内心的真实想法、意图。

所谓"揣",就是揣度、量度、揣摩、推测。要想揣度合情合理,推测正确无误,就必须准确详知对方、敌人的具体情况。否则,不可能知道天下的时局变化和战略形势。在全知天下时局和战略形势的基础上,还要"量权",即测量大小,谋划众寡,称量财货有无,计算人民多少以及民众贫富的差距等。同时还要掌握地形的险易、利害,天时的吉凶、祸福。其次,还经比较、推断哪个谋略有利,哪个谋略不利,以及敌人的君臣、将帅、谋士、民

心、士气等种种情况，经过"衡量权势"，权衡利弊，计算得失，再决定战与不战，如何战而胜之。

要想揣度敌情，掌握敌情，权衡利弊，战胜敌人，就必须针对敌人的不同情况，采取相应的对策，使其暴露真情。诸如：在敌人高兴的时候，就要满足膨胀他的欲望，使其得意忘形，吐出实情；在敌人恐惧的时候，就加重他的恐惧心理，使其惊恐万状，不敢隐瞒实情等。因为人的内心情感，真实意图，必然通过外形表现出来，所以要通过显露出来的外部表现，去窥测、揣度其隐藏在内部的真实意图、实际情况，这样"测深揣情"，才能真正"刺探敌情"，掌握敌情，有效制敌。

因为刺探敌情，揣度敌情，是战胜敌人的前提，是谋划国家的大事，所以谋国、胜敌的人，必须细心考量、揣度、谋划这个大事。所以说："计国事者，则当审权量；说人主，则当审揣情；谋虑情欲，必出于此。乃可贵，乃可贱，乃可重，乃可轻，乃可利，乃可害，乃可成，乃可败，其数一也。故虽有先王之道，圣智之谋，非揣情，隐匿无所索之。此谋之本也，而说之法也。故曰：揣情最难守司。言必时其谋虑，故观蜎飞蠕动，无不有利害，可以生事变。美生事者，几之势也。"凡是计划国事、谋略战争的人，应当审察考量、仔细权衡天下大势；凡是游说人君、出谋献策的人，就应当认真揣度、详细了解该国实情。以至于谋虑情欲，求得生存的人，都必须采取这种策略。如此者，可以尊贵，可以卑贱，可以尊重，可以轻视，可以取利，可以招害，可以成功，可以失败，这其中的揣度之术都是一样的。所以说，即使是具有古圣先王的道德和智谋，如果不去揣摩、揣测敌情，也无法索取、知道敌人隐匿的真实情况和作战意图。所以说，这是谋略取胜的基本原则和游说人主的基本方法。常常有人遇事求他人出谋划策，可是他人却不能事先预谋定策，因为这是很难做到的事。而揣摩、预测敌情这件事最难。所以必须在侦察了解敌情的适当时机，才可以谋划、计算敌人。如观察昆虫飞翔、蠕动，都关系到它们生死、利害，可以使事物发生变化。事情的这种变化，是自然界的一种微妙的自然现象。人应当从自然现象中，得到启示，因势利导，夺取胜利，这就是"势"之所在。

在鬼谷子看来，揣摩考量敌情，是谋略取胜的基本原则和游说人主的基本方法。只有以此为基础，才能谋而不失，战而必胜。这是在先秦时代就已经实行的基本原则和方法。如司马迁在《史记·平原君虞卿列传》中，评论虞卿的智谋时，说："平原君，翩翩浊世之佳公子也，然未睹大体。鄙语曰：'利令智昏。'平原君贪冯亭邪说，使赵陷长平兵四十余万众，邯郸几亡。虞卿料事揣情，为赵画策，春工也！"虞卿为游说之士，赵孝成王时，为赵国上卿，"故号为虞卿"。他深通揣摩、政谋之术。他面对当时诸国的战略形势，尤其秦、赵两军对垒的战争态势，建议赵王平原君赵胜以重宝给楚、魏，联合楚、魏，合纵而使秦国恐惧，再与秦国媾和，赵国可以免除战争之祸。而平原君不采纳虞卿之策，而听信邪说，贪图小利，不肯与秦国媾和，却与秦国交战。结果招致长平大败，四十万大军被陷，国都邯郸被围困，为天下人笑话。如果采纳了虞卿的"料事揣情，为赵画策"，就不会招致如此惨败。因此，司马迁称道虞卿的"料事揣情"的智谋，批评平原君赵胜的"利令智昏"的邪行。这进一步说明了"揣情"是取胜的根本。所谓"此谋之本也"，就是这个意思。

在《摩篇第八》中，鬼谷子进一步说明了以"摩"探测、试探敌人的情况，洞察、掌握敌人的动向、意图，施行策略，利用矛盾，权谋取胜，不战而胜。

关于什么是"摩"？"摩"与"揣"的关系是什么？如何以"摩"而"常战于不争"而胜？等一系列问题，鬼谷子都做了明确的论述。

鬼谷子说："摩者，揣之术也。内符者，揣之主也。用之有道，其道必隐。微摩之以其所欲，测而探之，内符必应。其应也，必有为之。故微而去之，是谓塞窌、匿端、隐貌、逃情，而人不知。故成其事而无患。摩之在此，符之在彼，从而应之，事无可。"所谓"摩"，就是一种揣测的方法、手段、方术。所谓"内符"，就是用揣测的方法，从其外在表现揣知其内心活动状况，从而做出合理的判断。运用这种揣摩的方法要遵循一定的法则、规律，这种法则、规律，是隐秘不可见的。当轻微揣摩敌人的情况时，要根据敌人的欲望要求，进行测试刺探，如果与之相符合，其必然应从。一旦应从，必有行动表现。所以轻微揣摩排除假象，获取真情，这叫作堵塞地窌，隐匿痕迹，乔装躲藏，逃避情报，我这样测知敌情，敌人却没发觉、不知道。所以我可以战胜敌人而没有什么祸患。我在这里揣摩敌人，敌人在那里附应，这种此呼彼应的方法、权术，揣摩敌情，因情用策，就没有什么敌人不可战胜的了。

鬼谷子接着指出：善于运用揣摩之术的人，就像操着渔竿到深水中钓鱼一样，只要把鱼钩挂上香饵，投入深渊之中，就一定能钓到大鱼。所以说：所进行的事情获得了成功，而人们却不知道所以成功的原因；所指挥的军队取得了胜利，而士卒们却没有什么畏惧的感觉。聪明圣智的人都是在暗中谋略大事，进行揣摩之术，而获得成功，所以被称之为"神"；而他们所获得的成功，人们却真切地看到了，所以又被称之为"明"。

由此说来，办事能获得成功者，是积德的表现，因为这使广大民众能够安居乐业，而他自己却不追求什么个人利益；这也是积善的行为，人民群众虽然获得了利益，却不申明这是自己所达成的结果。这样使人们各行正道、自然而然的遵行道德。所以这种聪明的人，天下就可以把他比作"神明"了。同样，指挥军队作战而能获得胜利的人，则是常常在不动用武力发动战争，不耗费财力、物力的情况下作战，以至于使民众不知所以如何行战，不知畏惧敌人的情况下，却战胜了敌人。所以这种高明的将领，天下就可以把他比作"神明"了。因此，鬼谷子把这种"主事日成"的人，"主兵日胜"的将，称之为"神明"。这才是真正的"善摩者"。

鬼谷子进一步指出：要做到"神明"之谋，不战而胜之将，还必须在施"揣摩之术"时，采取多种办法去对付敌人，根据不同的对象，采取不同的对策，与敌人周旋，从而制服敌人，取得胜利。所以说：在施行"揣摩之术"时，有用平和态度的，有用正义指责的，有用喜悦方式的，有用震怒威吓的，有用行动逼迫的，有用廉明感化的，有用诚信说服的，有用利禄诱惑的，有用卑辞骗取的等等。针对不同的敌人，使用这些揣摩之术，一定会获得成功，夺取胜利。如果没有获得成功，夺取胜利，那么肯定是使用的权术不当、方法不当。

成功与否，胜败得失，当与不当，关键在于谋略，而谋略最难的莫过于周密，游说最难的莫过于使对方全听，做事最难的莫过于必成，这三者都是在采取实际行动之后，才能办

得到。所以要想谋略必须周密,就要选择与自己关系最好的人去游说,所以说要结交没有嫌隙的人。做事情要想一定成功,就必须采用揣摩之术,做到权术与事理相合,所以说道理、权术、天时三者相配合者,才能心想事成。要想使游说的内容,使对方全部听取接受,就必须使其内容合乎情理,使人爱听,愿意接受。这些就是施行"揣摩之术","独行其道",取得成功,夺取胜利,担承天下重任的关键。因此,谋略胜敌必须周密慎察,不可疏漏,察微观变,夺取胜利。

在《谋篇第十》中,鬼谷子具体阐述了"谋"的原则、方法等问题。

他说:对于一个人来说,大凡谋划、思虑事情,运筹、谋划战争,都要遵循一定的法则、规律,必须弄清事情的原因,认识事物的实情。根据考察、审知的真实情况,确立"三仪",即上、中、下三个标准。三者互相参照,彼此量度,反复揣摩,相辅为用,就可以产生奇谋、奇计、奇策,而计谋的施行,则是不可战胜的,自古及今都是如此。能用此"奇"之人,都是受人尊敬、推崇的人。比如说:郑国人入深山采取玉石,都要带着指南针,为的是不迷失方向。测度人的才干,衡量人的能力,揣度事情的情理,也如同做事情使用指南针一样,确定自己的主攻方向,而不迷失方向。任何事物的发生、存在,都有一定的原因、根据,所以要考察、研究事物同异的原因、根据。事物的存在与毁坏、发生与灭亡,都有其必然规律。事物的变故是由其自身原因所引起、所决定的。事物产生谋略,谋略产生计策,计策产生议论,议论产生游说,游说产生进取,进取产生退却,退却产生控制,事物由此得到控制。一切事物的产生、发展、灭亡,都有一定的道理、趋势,无论其多么反复无常,循环无穷,都是有其规律可循的,所以说"百事一道,而百度一数也"。

鬼谷子进一步指出,人们在根据"百事一道"的基本原则,来认识事物、谋划策略,决定战法的同时,在决定、裁定具体事物、作战方案时,要"因事而裁之","因势而成之","因敌而制之",依据具体情况,进行合理的裁定,才能使计策、战法得到合理的实行,收到奇效,获取奇胜。就是说,根据具体的人、事、战争、敌情,做出合情合理的判断、决策,采取适宜的战略、战术,方能战胜敌人,获得成功。这也是行道术的重要方法。

鬼谷子说:一个有仁德的君子,自然会轻视财货欲利,所以不能用金钱货利来诱惑他们,反而可以让他们捐出费用;一个有勇气的壮士,自然不畏惧艰难祸患,所以不能用艰难祸患威吓他们,反而可以让他们据守危地;一个有智谋的聪明人,他们明达事理,通晓事势,所以不能用所谓的真诚来欺骗他们,而应该用真正的道理使他们诚服,并使他们有建功立业的机会。这就是对待仁人、勇士、智者:"三才"的方法。相反,愚笨鲁莽的人,容易受到欺蔽;不肖之徒容易受到恫吓而恐惧;贪财之辈容易受到利欲诱惑而上当。所有这些都是根据不同人、不同事而实行不同的策略、方法。宇宙中的人和事,都是强者由弱者积累而成的,有余者由不足者积累而成的,这就是行道术的重要方法。懂得了这个道理,掌握了这个方法,针对不同情况,做好积累转化工作,做出适当的裁定,推行自己的谋策,最终会取得胜利。这就是以"谋"制人,而不受制于人的道理。

鬼谷子认为,执政、用兵最重要原则是"制人",而不是"制于人"。要想如此,就必须有计谋、有权力。

关于"计谋"。鬼谷子指出，要想行游说、施计谋，就要根据对方的疑惑来改变，根据对方的见解来肯定，根据对方的说法来归纳，根据对方的形势来促成，根据对方的缺点来谋划，根据对方的忧患来排除。揣摩之后加以恐吓，抬高之后加以策动，削弱之后加以证实，符摩之后加以应验，拥戴之后加以堵塞，扰乱之后加以迷惑，这些都叫作"计谋"。施用计谋，公开不如保密，保密不如结党，结党不如无隙。正规谋略、计策，不如奇谋、奇策。奇谋、奇策，推行起来就会像流水不止一样，畅行无阻。所以推行计策的人，向人主游说时，必先与他谈论奇谋、奇策；向人臣游说时，必先与他谈论私交、私情。这些都是"计谋之用"的原则、方法、策略。

关于"握权"。鬼谷子指出，要想"制人"而不"制于人"，就必须"握权"。因为执政也好，用兵也好，最重要的原则、方略，是控制人，绝对不可以被别人所控制。控制人的人是掌握大权的统治者，被别人控制的人是唯命是从的被统治者。所以圣人行内阳而外阴之道，出谋划策而不显露；常人行内阴而外阳之道，做事外露而无计谋。有智慧的人，做事比较容易；无智慧的人，办事比较困难。由此看来，国家夭亡了，就很难复兴；国家动乱了，就很难安定。要想亡而复兴，危而安定，只有智者可以做到。智者行无为而治，而能用众人所不能知、用众人所不能见的计策、方法，故能通天之化，行圣人之道。如此者，既能制人，又能复国，更可胜敌了。这就是古今"贵智"的原因。

量权度能

鬼谷子论事、言兵，与"谋"紧密相连的是"权"，所以称之为"权谋"。所谓"权"，就是权衡、衡量的意思。

鬼谷子在论述"谋"的同时，对"权"的含义做了详细的说明。意在告诉人们，不论是主事、谋事，还是行战、谋兵，都必须"量权度能"。在"量权度能"的基础上，立势制事，量能制人，因势利导，方能取胜。

鬼谷子对"权"的问题，极为重视，并做了一系列的论述。他在《鬼谷子·权篇第九》中说："古之善用天下者，必量天下之权，而揣诸侯之情。量权不审，不知强弱、轻重之称；揣情不审，不知隐匿、变化之动静。何谓量权？曰：'度于大小，谋于众寡。称货财有无之数，料人民多少，有余不足几何？辨地形之险易孰利、孰害？谋虑孰长、孰短？君臣之亲疏孰贤、孰不肖？与宾客之知睿孰少、孰多？观天时之祸福孰吉、孰凶？诸侯之亲孰用、孰不用？百姓之心去就变化孰安、孰危？孰好、孰憎？反侧孰便、孰知？如此者，是谓量权。'"这是说，自古以来，凡是善于治理天下、管理国家、指挥军队的人，首先必须权衡、度量各种力量之所在，揣摩诸侯国的实际情况。如果权衡、度量的不全面周密、审慎，就不知道各种力量的强弱、虚实、轻重。如果揣摩各诸侯国的情况不够全面周密、审慎，就不能知其内部暗中变化的征兆、迹象、动静，所以必须慎重"量权"。所谓"量权"，就是测量大小，谋划多少，估量财货的有无，人口的多少，贫富的差距，以及地形的险易、广狭、利害

等。尤其是要衡量将帅谋略的长短、优劣,君臣的亲疏、贤否,谋士的智慧、高下,天时的吉凶、祸福,民心的向背、安危,诸侯国的亲疏、协助,反叛者的内情等等,能够做到这些的,就是"量权"了。

"量权"是计国、谋军的要务。要想计国、谋军,就必须首先"量权度能"。非如此,不能掌握"制人"的重权。所以说这是招揽人、控制人、使用人的关键。鬼谷子将之称作"飞钳"之术。"飞"为飞扬、褒奖,使其自由;"钳"为挟持、钳住,使其不得活动。就是说,让人自由讲话与钳口不得讲话。

鬼谷子在《鬼谷子·飞钳第五》篇中说:凡是"度权量能"的,都是为了招揽远方的人才和吸引近处的人才,形成一定的声势,建立一定的制度,掌握事物发展变化的规律。一定要首先考察他们的同异,分辨他们言论的是非,观察他们内外的辞令,掌握有无的术数,决定安危的计策,决定亲疏的关系。确定这些情况之后,就可以权衡计量、揣度测定其能力和才干。如果他们还有隐情而不清楚的地方,就要继续征询、探求、研究,从而使之为我所用。借用引诱对方说话的言辞,然后使其自由发表议论,适当时机再予以钳制,这就是"引钩钳之辞,飞而钳之"的权术。"钩钳之语"是一种游说的辞令,其特点是忽同忽异,变化多端。对于那些用钩钳之术仍无法控制的对手,或者首先对其威胁利诱,然后再进行反复试探;或者首先对其进行反复试探,然后再发动攻击予以摧毁。这样便可以考验、对付各种不同的人物了。

要想把"飞钳"之术,推向天下,就必须"度权量能",权衡度量人的谋略、才能,观察天时的盛衰,测度地形的广狭和山川险阻的难易,以及人民财物的多少。同时还要考察与各诸侯国交往的亲疏、远近、爱憎、好恶、心愿等。经过思考、谋虑,掌握其意愿、所好,针对其所重视的问题,则"以飞钳之辞钩其所好,以钳求之"。这样就可钳制、控制对方了。

如果要把"飞钳"之术用于他人,或作为外交手段运用到其他国家,就要揣摩对方的智慧,度量对方的实力,估量对方的气势,然后以此为突破口,把握枢机,与敌人周旋,展开攻势,追踪敌人,钳制敌人,最终以友好的态度,适宜的方式,与敌人言和,乃至于建立邦交。这就是"飞钳"之术的好处、妙用。

往来求索

鬼谷子深知,用兵作战,主事用人,都是一个道理,只有知彼知己,方能胜利、成功。尤其是两军对阵,不知彼不知己,战之必然失败;知彼知己,用兵如神,百战百胜。要想知彼知己,就必须反复往来,不断求索。否则,不反复求索,则不能知敌我,不知者不能战。

鬼谷子认为,认识、求知的基本方法、途径,是追溯往古,验证来今,观察对方,认识自己,反复往来,上下求索。他在《鬼谷子·反应第二》篇中,对此做了精辟的论述。这就是:"古之大化者,乃与无形俱生。反以观往,复以验来;反以知古,复以知今;反以知彼,复以知己。动静虚实之理,不合来今,反古而求之。事有反而得复者,圣人之意也,不可不察。"认识事物,考察人事,都要通过考察历史事实的成功经验,来验证当今的事实,预测未来的发展。反复研究,认真思考,不断求证,方能取得正确的认识,做出正确的决断。古圣先贤,其所作所为之所以能与自然的发展变化相一致,就是因为他们能追往古而知来今。所以对古圣先贤的历史经验,要认真研究、吸取。

鬼谷子指出,对方说话是活动,自己沉默是静止。要根据对方的言辞、表现,来推测他的思想、意图,引诱其说出真情,从而刺探对方的实情。这如同张网捕捉野兽一样,多设张网,汇合起来,等待野兽投入,再加以捕捉。如果用诱捕野兽的方法,用到人事方面,也会使对方自己出来投人,这是钓人的"网"。不断地变换自己的方法,使对手暴露其真情、实情、意图,我获得了对手的全部情况和真实意图,心中有了底数,采取相应的对策,就能取得胜利。

为了诱惑对方,测试对方,探知真情,获取实情,就必须采取各种办法,控制对方,诱骗对方,欺诈对方,千方百计,设计圈套,使其道出真情,暴露意图,而我却要隐瞒自己的真情、意衅。以此谋敌,便是用兵如神了。所以鬼谷子说:古代善于从反面听取意见的人,可以改变鬼神,能刺探敌人的真情。他们能巧妙地随机应变、故能周到严密地认识敌人、控制敌人。如果认识、控制得不周到严密,得到的情况就不全面明了。这样心中的底数就不全面清楚,心中的底数不全面清楚,所制定的谋策、战法,就很难正确、缜密。为了获得对方的真情、意图,就要灵活运用模拟和类比的方法,正话反说,真话假说,以刺探敌人的反应。想听敌人讲话,反而令其沉默;想要使敌人张开,反而令其收敛;想要使敌人升高,反而令其下降;想要夺取敌人,反而施予敌人等等。然后把各种情况进行类比、模拟、认定、推断,辨别真伪,找出同异,分清真实情况和伪造情况,做到见微知著,察类明故,抓住战机,适时出击,击之必胜。

要做到这些,就必须知彼知己。只有提高自己的认识水平,判断能力,才能正确地认识敌人,揣摩敌情。因为只有胜己,才能胜人。所以说"知之始己,自知而后知人也"。正如老子所说的"自知者明,自胜者强"。要自知而知人,就要与人缩短距离,就要像比目鱼与水底亲近一样没有距离,做到音与响相符,光与影相随,彼此相符,形影不离,便可以无所不谈、无所不知了。侦察、刺探敌人的情况,就要像磁石吸引钢针,用舌头取燔骨上的熟肉一样,准确无误,万无一失。我暴露给敌人的情况却少之又少,微乎其微,而侦察得到敌人的情报却迅速敏捷,准确无误。这就如同阴与阳的相互转化、圆与方的相互转换一样,变化自然,运用自如,想进则进,想退则退,想左则左,想右则右,攻守自便,任其在我,而敌人却不知道我的作战意图,用兵机要和作战方法。这种既能指挥自己,又能调动敌人的作战技巧,指挥艺术,就是用兵如神。"莫见其门,是谓天神",就是这个意思。如此用兵,便能无往而不胜了。

鬼谷子还指出,知敌情、探敌意,要想见微知著,察微知类,察类明故,就必须由近知远,远近互察,反复往来,以此方能深谋远虑,利用矛盾,排除忧患,转危为安,取得胜利。

万物都有其存在的自然规律,任何事物都有其对立的两个矛盾方面。有时彼此距离很近,却视而不见;有时彼此相距很远,却很熟知。近而不见者,是因为没有相互考察了

解;远而熟知者,是因为经常往来,反复考察。事物的矛盾,容器的裂痕,小的时候不加以解决、堵塞,就会形成大的矛盾、漏洞,最终无法收拾、弥补,形成灾祸、危难。这些矛盾发展变化的情况,只有圣人才能知道它的变化道理和实际功能,并以事物矛盾变化的原理,来窥测各种计谋,从而认识对手的细微举动和思想意图。任何事物在开始时都像秋毫之末一样微小,发展起来就像泰山一样宏大威严。认识了这个事物发生、发展、壮大的规律,就能顺应事物的发展变化,通达计谋,见微知著,由小见大,因敌变化,谋划战争,纵横捭阖,分化敌人,利用矛盾,打击敌人,必定胜利,从而成为天地的守护神。"能因能循,为天地守神",就是这个意义。

天地人和

战争是一种综合的实力对抗,要想战胜敌人,就必须具备天时、地利、人和的基本条件和运用相应的战略战术,具备这些条件者必胜。相反者,则必败。因此,主政、主兵者,都务必要认识这个基本道理和运用合理的战术。

鬼谷子说:人主、将帅,主政、用兵,必须全面而周密地了解、掌握各种事物的发展趋向和敌人的活动情况。否则,就会招致祸乱和失败。所要了解的情况,包括天时、地利、人和、四方、上下、左右、前后等等,认识它们的存在、发展,找出存在问题的根源,采取相应的对策,使之为治、为安、为福,不使之为乱、为躁、为祸。为了全面而深入地认识、掌握各种情况,就要广开言路,广泛交往,打破沉默、封闭的不正常状态,做到内外相通、物我相融、上下相知。这样便可以及时了解、认识问题发生的根源,从而可以得天时、地利、人和,找出四方、上下、左右、前后,存在问题的症结,提出解决问题、化解矛盾的办法。按照名与实相符的原则来决断、处理。因为名实相生,相互依存,名生于实,实生于理,理产生名,理产生于智,这是事物产生、存在、发展的基本法则,也是人认识、决断事物的基本方法。道德产生于和谐,和谐产生适当。因此,主事、用兵、察物、识人,都要采取适当的方法,做到适中、不偏、不过,亦不及,这样便可以体现人的智慧和谋略。能够协和天、地、人的关系,则能使国治、兵强、攻取、战胜了。

鬼谷子指出,要使各种力量和谐共处,做到名与实相符而不违,就必须掌握"忤合之术",使各种不同的力量形成合力、为我所用。

所谓"忤合",就是反合的意思。"忤"为抵触离反之意;"合"为合作结合之意。"忤合"为把各种相悖的不同力量,使之趋之结合,形成共同的合力,共同对敌,所以说以忤求合,先忤后合的方述,是战胜对方、克敌取胜的重要方法。

要施行"忤合之术",就必须认识各种事物,掌握各种情况,从而方能做好转化的工作。所以说:"必因事之会,观天时之宜,国之所以多少,以此先知之,与之转化。"依据事物之间的相互联系,考察天时的适宜条件,抓住有利时机出击。同时要认清国家哪些方面有余,哪些方面不足,全面认识、了解之后,从这里出发,入手做好转化工作,使事物向有利于我的方面转化,就会最终获得成功,取得胜利。

鬼谷子进一步指出:这种"忤合之术","用之天下,必量天下而与之;用之国,必量国而与之;用之家,必量家而与之;用之身,必量身材能气势而与之。大小进退,其用一也。必先谋虑,计定而后行之以忤合之术。"这是说,推行"忤合之术",如果能把它运用到天下,就必须把天下都放在"忤合"之中;如果能把它运用到国家,就必须把国家都放在"忤合"之中;如果能把它运用到家庭,就必须把家庭都放在"忤合"之中;如果能把它运用到个人,就必须把个人的才能气势都放在"忤合"之中。不论把这种"忤合之术"运用到大事,还是小事;也不论是进攻,还是退守,其功能作用,都是相同的。所以说,无论处于什么样的情况,处理什么样的事物,对待什么样的敌人,都必须首先进行谋划、计虑,谋划用全,定下计策之后,就可以施行"忤合之术"了。

虽然如此,但是真正能运用好"忤合之术",做好转化工作却是件十分不容易的事情,必须是认识天下形势,了解人心向背,能协和四海,适时进退,选择明主,抛弃暴君的智者。如伊尹、吕尚这样的圣人,他们明形势,知人心,察民意,能御世,会用兵,故能建立功业,名扬天下。所以鬼谷子说:"古之善背向者,乃协四海、包诸侯,忤合之地而化转之,然后以之求合。故伊尹五就汤、五就桀,然后合于汤。吕尚三就文王、三入殷,而不能有所明,然后合于文王。此知天命之钳,故归之不疑也。非至圣人达奥,不能御世;不劳心苦思,不能原事;不悉心见情,不能成名;材质不惠,不能用兵;忠实无真,不能知人。故忤合之道,己必自度才能知睿,量长短、无近孰不如,乃可以进,乃可以退;乃可以从,乃可以横。"了解民心向背,认识天下大势,适时奔向明主,背弃民贼。掌握四海之内的各种力量,控制各个诸侯势力,促成"忤合"转化的形势,然后达到"合"于圣明君主的目的。伊尹五次事奉商汤,五次事奉夏桀,最后决定一心事奉商汤,讨伐民贼夏桀。吕尚三次会见周文王,三次入殷国了解情况,其行动目的还没有显露于世,最终归服了周文王。这便是懂得天命制约规律的人,所以归顺明君贤主,背弃独夫民贼而毫不犹豫、义无反顾。对于一个推行"揣摩之术""飞钳之术""忤合之术"的纵横家来说,如果没有高尚的道德、高超的智慧,没有知人所不知、达人所不能的智能、权术,就不能认识深奥的道理,也就不可驾驭天下;如果不肯用心思考、劳神费力谋略,就不可能认识发展规律;如果不能聚精会神考察事物的真实情况,就不可能功成名就,扬名天下;如果才能、智略、胆识不够,就不能统兵作战、抵御强敌;如果只是愚忠而无真知灼见,就不能知人善任。所以说,"忤合"的基本原则、条件是:首先要认识、度量自己的聪明智慧和才干能力,然后才能度量他人的长短、优劣,分析、比较远近范围之内的人才、谁优长、谁不足,从而取长去短,选用真正的智者、贤才、干将。只有这样既知彼,又知己,才能随心所欲,行动自如,可以前进,可以后退;可以合纵,可以连横。如此,就可以无往而不胜,而能威震四海,名扬天下了。

《鬼谷子》作为一部权谋术数之书,内中充满着智慧、韬略、权术的内容。有人概括为:"纵横捭阖揣摩臆测,阴阳术数权谋韬略,千古奇书千古奇人,出将入相治国齐家。"有人说是:"阴阳家的祖宗衣钵,预言家的江湖神算,外交家的纵横之术,政治家的六韬三略。"虽然不乏神秘之语,溢美之词,但就其智略、权术而言,确实是有些超乎常人之见,有

启智益人之处。就其用兵制胜之道、之术而言，除上述我们所分析、阐释的内容之外，还有许多内容。诸如：死而后生，先礼后兵，先发制人，出奇制胜，先打后摸，巧布疑云，以静制动等等，内中不少内容都是合理的、可取的。

当然，我们也应当看到，《鬼谷子》中，有不少神秘色彩、神仙方术，得道成仙的内容，以至虚妄、怪诞的邪术，这些都需要我们认真分析研究，从而做出公允的评价，不可顶礼膜拜，推崇备至，亦不可打入冷宫，弃置不问。对待这份珍贵的古代文化遗产，要发掘研究，吸取其有用的精华，启发我们的智慧，开创我们的事业，这才是当今的智者之举。

"大一统"的设计者

——董仲舒

名人档案

董仲舒:汉族,汉广川郡(今河北省衡水市景县广川镇)人。我国西汉时期著名儒家学者、哲学家、思想家、教育家,被世人尊奉为"董子""董二圣"。

生卒时间:前179年~前104年。

安葬之地:河北省枣强县旧县村。

性格特点:韬光养晦,喜欢谈论神秘莫测之事,善为灾异之说。

历史功过:汉景帝时任博士,讲授《公羊春秋》。他把儒家的伦理思想概括为"三纲五常",汉武帝采纳了董仲舒的建议,从此儒学开始成为官方哲学,并延续至今。其教育思想和"大一统""天人感应"理论,为后世封建统治者提供了统治的理论基础。时至今日,仍有学者在研究他的思想体系及故里等方面的文化,他的著作汇集于《春秋繁露》一书。

名家评点:西汉一位与时俱进的思想家,儒学家,西汉时期著名的唯心主义哲学家和今文经学大师。"董仲舒是有汉一代最有影响的思想家,……我们民族性格中的封闭自我,因循守旧等等劣根性,都与之直接相关。"(冯天瑜等著《中华文化史》)

汉代孔子

西汉文帝前元元年(前门年),董仲舒出生在河北广川(今河北省枣强县广川镇)一个大地主家庭。从少年时代起,他就和公孙弘一起向儒士胡母生学习春秋公羊学。

相传,孔子经过一生的颠沛流离,怀才不遇,到了晚年,他知道自己的主张不被统治

者看好,就退而著述,根据鲁国历史删定而成《春秋》,文字隐约其词,寓褒贬于字里行间,有的地方晦涩难懂。为了让后人读懂,有人为《春秋》作传,解释春秋,先后形成了春秋左氏传、春秋公羊传、春秋谷梁传三派各成一体的传授体系。秦始皇统一六国后,为了排斥异己思想,愚昧百姓,加强中央集权的专制统治,依李斯之言,焚书坑儒,烧掉了秦史官、法家、医药、农艺、卜筮以及国家所藏图书以外的"诗书百家语"等一切书籍,活埋了大批儒生。文化典籍毁于一旦,儒家思想受到一次沉重打击。然而,秦统治者的高压政策,没有也不可能完全压制诸子百家语。相反,欲禁不止,包括春秋三传在内的诸子百家语,通过师徒间口耳相传在民间学术界得以传承。到了汉朝初年,更加发扬光大。《公羊传》比《谷梁传》传习体系更完备,并在汉初著录成书,研习者众多。但是,当时黄老清静无为思想占据统治地位,以《公羊传》《谷梁传》为代表的儒家学派尚不足以取而代之。秦朝以法得国,故以法治国,横征暴敛,徭役不断,导致社会矛盾全面激化,最终爆发了农民大起义,灭亡了秦朝。汉朝建立后,面对的是一个经济凋敝、民不聊生的烂摊子,甚至"自天子不能具醇驷,而将相或乘牛车"(《汉书·食货志》)。在政治上,异姓诸侯控制着大片土地和人口,北方匈奴又趁机南侵骚扰。无论是新建王朝统治者还是老百姓,都希望有一个安定祥和、丰衣足食的环境,得以休养生息,恢复生产,重建家园。汉朝统治者总结了秦亡之教训,以黄老清静无为思想作为统治思想,经济迅速恢复发展。儒生出身的叔孙通、陆贾为汉高祖刘邦制礼仪,规范了朝廷的尊卑等级秩序,令讨厌儒生的汉高祖刘邦对儒生刮目相看,并封他们为太常,主管朝廷礼仪。此后,汉朝的文化事业慢慢发展起来,学术空气较为自由。朝廷设置博士,研习各种学说,民间讲学活动也逐步恢复。至汉惠帝四年(前191年),汉朝废除了秦朝私藏诗书灭门的法令,诗书百家语得以公开传习。董仲舒就是在这样一种氛围中开始了他的春秋公羊学的学习。他从小聪明好学,博览了先秦诸子著作后,与公孙弘一起拜胡母生为师,潜心学习春秋公羊学。董仲舒学习十分刻苦专心,三年都不曾到家里的园子看一看,甚至连他经常骑的马都不辨雌雄。他钻研经传形成自己独特的思想认识,又杂揉了阴阳五行。神学方术,博学多闻,又专精一思,成为"通五经,能持论,善属文"的大学者,"进退容止,非礼不行"(《汉传·董仲舒传》)的君子。

他获得了很高的声誉,时人称他为"汉代孔子",受到人们的敬重。许多读书人都尊他为师,向他学习。汉景帝时,由于他的学识和声誉,和他的老师胡母生一起被置为博士,开始招收门徒,"下帷讲诵"(《史记·儒林列传》)。随着影响、声誉日益扩大,他招的学生越来越多。他在讲堂上挂上一幅帷幔,他在里边讲,学生在外边听。有时,听他的得意学生吕步舒等转相传授。这样,有些人跟他学习了多年,却很少直接听他讲课,有些人甚至多年没跟他见过面。董仲舒广收学生,宣传儒家经典,客观上为汉朝培养了大批人才。他的学生著名的有褚大,官做到梁相;吕步舒,官至长吏。其余当大夫、为郎等官职的有一百多人。

伴君如虎

汉初以"清静无为"为指导思想,推行休养生息的政策,很快就收到了实效。生产迅速恢复,经济发展,国力增强。到汉武帝即位之时,国家集聚了大量财富,"都鄙廪庾皆满,而府库余货财,京师之钱累巨万,贯朽而不可校,太仓之粟陈陈相因,充溢露积于外,至腐败不可食"(《史记·平辈书》)。经济上的繁荣富裕,要求政治上加强中央集权,同时边境上要抵御匈奴南侵。早在楚汉战争的时候,刘邦为了集中力量击溃强大的项羽势力,不得不分封韩信、英布、彭越等异姓诸侯为王,以换取他们的支持。这些异姓诸侯控制着西汉大部分国土,对朝廷怀有二心。刘邦建立政权后,为巩固自己的统治,铲除了这些异姓诸王的势力,大封同姓子弟为王。刘邦分封的同姓诸王,据有"跨州兼郡,连城数十"的广大国土,掌握着地方财政、军事大权,势力渐渐强大,窥伺皇权,对西汉朝廷构成了严重威胁,最终在景帝时发生了七国叛乱。叛乱被迅速平定,但加强中央集权成为西汉朝廷的首要问题。景帝开始采取措施,剥夺了诸侯王治理封国的权力,把封国的土地分封给皇子,诸侯王的势力被大大地削弱,西汉的皇权得到进一步加强。待汉武帝即位,是继续推行黄老的清静无为,还是有所作为呢?年轻的汉武帝面临着选择。他选择了后者。他要内求统一,外攘夷狄,成就一番惊天动地的事业。首先,他要把大权独揽于自己手中,要树立皇帝的最高权威。同时要继续消除诸侯王力量过大这个内忧,匈奴侵扰这个外患,建立大一统的汉帝国。这样,汉初以来始终占据统治地位的黄老无为思想就成为汉武帝欲有所作为的障碍,为了施展自己的才能,实现他的远大抱负,他必须寻求合于他的政治主张的思想作为自己的理论依据,他从小受的是儒家思想教育,儒家思想所宣扬的大一统思想正合他的胃口,他要以儒家思想作为自己的指导思想。所以,他迫切需要网罗一批人才。于是,在建元元年(前140年),汉武帝下了一道诏书,要求丞相、御史、列侯、中二千石、诸侯相等各级官僚,推举贤良方正、敢于直言极谏的读书人,到朝廷做官。同时,又鼓励天下吏民直接给皇帝上书,提建议,发议论。汉武帝任用了一批儒生,以窦婴为丞相,田蚡为大尉,赵绾为御史大夫,王臧为郎中令。接着,他又接受卫绾建议,黜退治刑名、习纵横之人,置五经博士,提高儒家经书的地位。汉武帝推崇儒家思想和对儒生的优待,引起了崇尚黄老思想、不好儒术的窦太后的极端不满,发誓要杀死这些迷惑皇帝的儒生。终于,她找了一个借口,把赵绾、王臧打入监狱,窦婴、田蚡被免职。在窦太后的淫威下,汉武帝只好忍气乔声。不久,窦太后就病死了,汉武帝失去了推行儒家思想的障碍,没有了在政治上掣肘的人。他一改汉初黄老治国的传统,毫无顾忌地推行自己的大政方针,大批重用儒士,重新启用田呼为丞相。虽然,汉武帝为了自己"有为"的政治需要,极力扶持儒家而打击其他各家,尤其是道家,但汉武帝仍心有疑惑:汉初儒学之士,虽然极力鼓吹加强中央集权,鼓吹皇权,但并没有建立一个博大精深的思想体系,作为推行政治主张的支柱。汉武帝还无法摆脱汉初推行的黄老无为的道家学说带来的经济繁

荣和政治稳定的影响。为了加强中央集权，他尊儒黜道，但他更看到了道家黄老之学无论是其思想体系的建构，还是具体的政治主张，都有许多比儒家成功、高明的地方。因此，他迫切需要发展儒家思想，形成一种以儒家思想为中心，而又全面吸收道家思想长处并能超过道家的全新的儒学思想体系。为了吸纳人才，元光元年（前134年），他再次下诏，命令推举贤良文学之士，与之对策。所谓对策，就是皇帝提出问题，贤良文学之士来回答，阐明自己的思想主张。前后有数百名儒生参加了这次对策，董仲舒是其中之一。汉武帝首先向儒生提出这样的问题："我即位以来，希望能治理好国家，深感责任重大，昼夜不敢安心，深思国家之事，唯恐有什么闪失。所以，广泛吸纳你们这些贤能博学之人，向你们请教治国方针大计，你们有什么好的见解，我虚心诚受。我知道，五帝三王之时，改制礼乐，天下融洽平安后代贤王都仿效他们。及至桀纣之世，王道大坏。此后五百年之间，贤明之君。有识之士都想效法先王之道，辅助当世，然而都没能实现，难道他们的做法与先王。阵谬吗？天命不能恢复，一定要达到大衰才能重新开始吗？呜呼！难道我每天忙忙碌碌，夙兴夜寐，致力于效法先王之道，又将没有补益？夏、商、周三代受命于天，祥瑞是什么？灾异之变，缘何而起？治理国家都希望达到政令通达，轻刑罚，改邪恶，百姓和洽。那么，如何治理才能达到普降甘露，五谷丰登，德润四海，泽及草木，秉承上天的洪福，享受鬼神的保佑，使恩德施及域外，延及普天之下一切生命？你们这些人，通晓先王之业，知风俗之变、终始之序，把你们的想法全部写出来，不要有遗漏，更不要有隐瞒，我将亲自审阅你们的对策。"

汉武帝说到做到。他详细审阅了这数百人的对策。其中一个人的对策深深地吸引了他，这就是董仲舒的回答。

董仲舒把儒家经典结合汉代的现实进行阐述，又杂读了道家、阴阳家的精髓，以其雄辩机智、滔滔不绝的文章回答了汉武帝。他在对策中写道：

臣仔细阅读《春秋》经，根据前代已经做过的事，来观察天人之间的关系，天命可畏啊！国家将要发生失德的坏事，上天肯定先出现灾害来谴责、告诫统治者。如果统治者不知道自我反省，上天会继续出现一些怪异之事来警告。如果还不知道改变，国家败亡就要接踵而至。由此可见，上天对人君有仁爱之。希望制止人世间的祸乱。只要不是特别无道之君，上天尽力去扶持、保全他。能否受到佑护，关键看人君是否勤勉。勤勉于学问，那么人君见多识广，所知更力。勤勉于道，那么德行就会日日提高，建功立业。这些都可以很快做到，立竿见影。

道，是国家通往治世之路，仁、义、礼、乐是其工具。所以圣王死了，他的子孙能够保有天下数百年，这些都是礼乐教化的功劳。礼乐能够改变民风民俗。用礼乐改变民风容易，周礼乐教化人民效果显著。因此，先王王道衰微，而管弦之声未衰。虞氏失政很长时间，乐颂遗风尚存。人君没有不希望国家安宁、憎恶危亡的。然而，政治混乱，国家危亡的却很多。其原因在于用人不当，也没有遵循先王之道，致使国家一天天走向灭亡。周朝到幽王、厉王时，国家衰微，这不是天命如此，是他们不遵循先王之道。及至宣王，追思先王之德，兴利补弊，发扬文武功业，周朝得到复兴。国家治理得好坏，朝代的更替，都在于统治者自己，言行是否悖谬，是否失先王之道，并不是天命不可换回。

臣听说，天尊奉并使之为王的人，一定有非人力而自至的祥瑞，这就是受命之符。天下的人齐心归附就像归依自己的父母，天的祥瑞就会应和其诚心而至，这是积善累德的功效。后来，王道衰微，人君骄奢淫逸，不能治理国家，诸侯背叛。为了争夺土地，不惜残害百姓，废弃德教而任用刑罚。刑罚不当，就会产生邪气，邪气积累于下，怨气积累于上，上下不能调和，阴阳错位而灾害就出现。这是灾异出现的缘起。

臣听说，命是上天的命令，性是天生的本质，情是人的欲望。有的命长，有的命短，有的对人亲善，有的庸俗浅陋，就像造瓦铸金，不能纯芙，有的由于生于乱世，所以不会整齐。孔子有句话，君子之德是风，小人之德是草，草遇风一定被压倒。在尧舜时代，施行仁德，百姓对人亲善长寿。桀纣之世，行暴虐，百姓庸俗成陋短命。在上位者教化下民，下民追随在上位者，就像泥在制陶的转轮中，靠制陶之人来旋转；亦像金属在铸器的模范中，需要铸金之人来铸造。

臣仔细考察《春秋》经文，探求王道的发端，当从"正"开始。"正"之后是"王"，"王"之后是"春"。"春"是天所应做的，"正"是人君所应做的。大意是说，人君上承天的作为，在下端正自己的行为。既然这样，人君欲有所作为，应该向天寻求这一开端。天道的根本是阴阳。阳是德，阴是刑，刑主杀，德主生。所以阳永远居于夏天，主宰生长繁育；阴永远居于冬天，积聚在空虚不用的地方。从此可以看出，上天任用德行而不重视刑罚。天使阳出现在上，主管一年的成就；使阴潜伏在下，时常出来辅佐阳。阳得不到阴的帮助，是不能独立成就一年的功业的。最终依靠阳来成就一年的功业，尚德不尚别，是天之意。人君秉承天意做事情，所以任德行教化，不任用刑罚。刑罚不能用来治理国家，就如同阴不能主宰一年的成就一样。治理国家，任用刑罚，不顺乎天意，先王都不肯这么做。现在废弃了先王德教之官，单单任用执法的官吏来治理百姓，这不就是任用刑罚了吗！孔子说过，不教育人却杀他可谓暴虐。以暴虐对待百姓，却想让德教遍及四海，很难实现。

臣考察了《春秋》经文所说的"一"为"元"的用意，"一"是万物的开始，"元"是"本"之意。以"一"为"元"，表示重视开始，并且要正其本。《春秋》深入地探究王道之根本，从尊者开始。所以，人君心正，则朝廷正，朝廷正则百官正，百官正则万民正，万民正则四方正，四方正则远近没有敢不归依于正，也就没有奸邪之气参与其间。因此，阴阳调和，风雨有时，百姓和睦，万民增加，五谷丰收，草木繁茂，天地之间遍及润泽，四海之内闻有盛德都来归附臣服，招祥致福之物全都拥有，是王道的最终目的。

现在陛下贵为天子，富有四海，处在可以成就上述目标的王位，掌握权势，拥有资质，行为高尚，恩德深厚，智慧高超，意图美好，爱护百姓，喜欢士子，可谓有道的君主。然而，天地没有感应，招祥致福之物没有到来，为什么？关键在于教化不立，万民不正啊！老百姓追逐利益，就像水往低处流。不用教化来做堤防，就不能禁止。教化立，奸邪停止，是因为堤防完好无损。教化废弃，奸邪并出，刑罚不能制止，是因为堤防损坏的缘故。古代圣王明白这个道理，继位之后皆以教化为第一要事，立太学，教于国中，设学校教于乡里，

用仁来浸润感化百姓，用义来流项百姓，用礼来节制百姓，尽管刑罚轻也没有人犯禁。所以，施教化，则民俗民风就美好。

古代先圣王在乱世中继位后，扫除丢弃乱世中的一切，复修教化，推崇兴起教化。教化昌明，习俗形成，子孙遵循，运行五、六百年尚未衰败。到了周朝末期，远离教化之道，所以失去天下。秦朝继承了这一切，非但不改，反而更加厉害，焚书坑儒，不得私藏书籍，废弃礼义，想消灭一切先王之道，苟于权利之治，导致了国破家亡的下场——自古以来，还没有以乱治乱、极大地伤害百姓达到秦朝这种程度的先例。秦朝以法治国的遗毒余烈，至今没有汉天，使风俗接近罪恶，百姓欺诈顽固，触犯法令，拒绝教化，再没有比现在更腐烂的了。孔子有言云："腐朽之木不可雕也，粪土之墙不可圬也。"汉承秦弊就如孔子所说。虽然想好好治理，也是无可奈何的啊！法令一出，奸恶就产生了；命令一下，欺诈就出现了。这就像扬汤止沸、抱薪救火，只能使之更厉害而没有一丝好处。打个比喻，琴弦不和谐，严重了就要重新更换，才能弹奏出音；政令不行，严重了就要改变才可治理。应调整琴弦，而不调整，虽有好乐工，也不能弹奏出好听的音乐。应当变革，而不变革，虽有贤能之人也不能治理好国家。所以汉朝拥有天下以来，常想治理好国家，而至今没有治理好，其原因在于，应该改革而没有改革。古人说过："临渊羡鱼，不如退而结网。"汉朝执政，希望治理好国家已有70余年了，不如回过头来改革。改革就可治理好。治理好了，灾害就会一天天消除，福禄一天天到来。《诗经》上说，宜于人，宜于民，就能秉承天赐的福禄。治理国家，适合于民，理所当然享受天赐福禄。仁、义、礼、智、信这五种恒久不变的道理，是人君治理国家应首先培养整饬的。这五者得到了培养、整饬，就能够享受天的保佑，享受鬼神的荫庇，德行就能够施及全国，延及一切生命。

董仲舒引经据典，从无人关系出发，总结了三代的历史经验与教训，指出了汉武帝面临的问题及解决的办法。汉武帝阅罢董仲舒的对策，被其缜密的逻辑思维，富于理性的新颖论点折服。他要看看董仲舒的深度如何，接着，下了第二道制书：

虞舜为帝时，整日漫步在岩廊之上，拱手相抱，无所作为，而天下太平。至周文王时，每天忙碌，至太阳西斜仍无暇吃饭，国家亦治理得很好。帝王之道，难道不是一脉相承吗？为什么有劳逸的不同？

勤俭的人不做玄黄腹旗作修饰。到了周朝，修宫殿，乘玉路之车，朱丹其盾，以玉为斧，八佾舞于庭，而颂扬之声不断。帝王之道，难道意趣不同吗？

殷人用五刑责罚邪恶，用皮肉之刑来阻止犯罪。成康之世，刑措四十余年而不用。没人犯罪，监狱是空的。秦朝用刑酷烈，被杀死的人太多，几乎没有人不受到刑罚。

"朕晚睡早起，深思前王之法，被奉为至尊，彰明大业，都在于以农为本，任用贤能。现在朕身体力行，耕种籍田，为民表率。勉励行孝悌之道，尊崇有德之人，派出许多使臣去慰问勤劳之人，抚恤孤独，可谓殚精竭虑，却依然没有获得功绩美德。现在阴阳颠倒，到处充满邪恶，遇有灾害，黎民百姓得不到赈济，廉与耻不分，贤与不肖相混。所以，我要广招贤能之士，详细写出你们的见的见解，以称朕意。"

董仲舒在他的对策中，进一步总结了三代以来的历史经验，特别指出了秦朝以法治

大下,赋敛尤度,导致"死者相望而奸不息"的教训。他说:

臣听说,尧受天命,把治理天下作为忧虑的对象,并没有以获位为快乐。他诛伐乱臣,力求贤圣,所以得到舜、禹、后稷等圣人。有了众多圣贤的辅佐,教化大行,天下和洽。百姓都安仁乐义,各得其宜,行动合乎礼法,从容得体。尧在位70年,禅让于舜。舜继承了尧时功业,所以无为而天下治。到殷纣之世,倒行逆施,残暴无度,杀戮贤知,残害百姓、伯夷、太公都是当代贤人,却进而隐居,不为朝臣。忠于职守的人,都奔走逃亡至河海之上。天下大乱,百姓不安。所以,天下人都离开商纣,投奔周朝。文王顺应时势,以至贤为师,闳夭、太颠、散宜生等都集聚朝廷为官,施爱于万民,天下人都归附他。止比时,纣尚在王位,尊卑混乱,百姓逃亡,文王哀痛欲安抚他们。因此,忙得无眼吃饭。由此看来,帝王传承相同,而劳逸不同,他们所处时代不同啊!

臣听说,用玄黄旗修饰,是为了明尊车,别贵贱,勉励德行。所以《春秋》经中秉承天命者,都改正朔,易服色。这是顺应天意啊!宫室社旗制度,都是依据规则来制定的,勤俭并非圣人中庸之制。良玉,资质润吴,不用雕琢。普通的玉,不雕琢,就不能形成鲜明的纹路。君子若不学习,就不能形成良好德行。

圣王治天下,按才能授以官位,用官爵俸禄培养他的德行,用刑罚来威慑恶行。所以,百姓通晓礼义,以违背君王为可耻。武王推行大义,铲平贱贼。周公制礼作乐,来做修饰。到成康时,出现盛世,监狱空虚40年,这是推行教化仁义的功效,而非皮肉之刑的结果。到了秦朝,则不是这样,效法申、商之法,推行韩非的学说,憎恨先圣王所推行的道义,把贪婪作为风俗,不用德行教化百姓。根据名声去谴责人,却不考察实际情况。做善事的人不一定能得到豁免,做坏事未必受到刑罚。百官都以虚辞掩盖事实真相,外表上以礼事君,内心里却有背叛君之心。造假以掩饰欺诈,追逐利益不顾廉耻,重用酷吏,赋敛无度,耗尽百姓财力,百姓失散逃亡,不能从事耕织,群盗四起。因此,受刑者众,死者相望,而奸邪不止。

陛下亲自到籍田耕作,作为百姓的表率,晚睡早起,忧劳万民,思考前人之法,力求贤人,这也可以说是尧舜的用心。然而,陛下没有什么收获,对贤人勤勉不够,平日里不养士,需要时,却想求贤,犹如不雕琢玉,却想得到纹采一样。养士最大的机构,莫过于太学。太学是培养贤士的地方,教化的本原。现在一郡一国之众,没有人应诏对答,这就是王道远远没有达到这些地方。臣希望陛下兴太学,置明师,培养天下之人,多次考察,以使士人人尽其才,这样,就能够得到天下才智超众之人。现在,郡守、县令,是百姓的老师、统帅,要让他们继承王道,宣扬教化。老师、统帅不贤明,那么君主的德行得不到宣扬,恩泽得不到流传现在的官吏既不教育下民,又不传承君王之道,暴虐百姓,与奸邪之人狼狈为奸。贫穷得不到赈济,孤弱得不到帮助,这些都不合陛下之心。因此,出现了阴阳颠倒、邪恶充斥、百姓无助、黎民得不到赈济的局面。归结为一点,官吏不贤明。

居高位的官吏多出自郎中、中郎。二千石官吏的子弟可凭借父位选为郎中,义可凭借钱财选为官吏,他们不一定就贤明。古代所说的功过,以官吏是否称职来区别,并不以时间长短为标准。所以,才能低,虽然做官时间长,也只能做小官;才能高,时间虽短,也

不妨做君王的辅佐。这样,官吏都皆尽其智,皆尽其力,致力于他的工作。现在却不同:做官时间长,资格就老,能够做高官,造成了今日的廉耻混乱,贤与不肖混淆。臣愚以为,让列侯、郡守、二千石官吏选择辖区内贤能的人,每年推荐二人,借此可以考察官吏的才能。推荐的人贤,就奖赏推荐者,反之要受到惩罚二千石的官吏尽心竭力求得贤能的人,天下的贤人都授以官职,使其人尽其才,这样,国家就能够得到天下所有贤能之人,三王之时的盛世就容易变成现实,陛下就能够得到尧、舜一样的美名,所以,不要以时间作为考察功绩的依据,实际考察贤能才是上策。水良据才能授以官职,视其品德定其官位。那么,廉与耻、贤与不肖就区别开来了。

汉武帝早就想成就一番事业,看了董仲舒的第二道对策,心里痒痒的,心知此人智谋可用。于是下了第三道制书,表示欣赏董仲舒天人相应的观点。他在诏书中继续发问:"朕听说善于谈天的人,一定能从人事上找到证明;善于说古的人,一定能在今天找到验证。故朕虚心询问天人相应的关系,渐渐灭亡或渐渐昌明的道理,接受历史的教训,改正以往的所作所为。大夫已经谈论了治国的大道理,陈述了历史上治乱的原因,请讲得再透彻一点。"

董仲舒的两次对答都得到了汉武帝的赞赏,十分高兴。在第三道对策中,他郑重提出了自己思考多年的哲学观点和政治思想。

"天是万物之祖,包含一切,没有不同,又创造日、月、风、雨来调和万物,通过阴阳寒暑使万物成长。圣人效法天而创立道,普遍爱护,没有私心,广布德教,施行仁义,使道丰厚,设义立礼,用以引导。春,天使万物繁育,仁是人君用来爱护百姓的;夏,天使万物生长,德是人君用来培养百姓的;霜,天使万物萧条,刑罚是人君用来惩罚人民的。天人相互验证是古今一贯的道理。孔子作《春秋》,上揣测天道,下依据人情,参照古代考察当今。所以,《春秋》经中所讥讽的,必有灾害发生成《春秋》经中所憎恶的,必有怪异出现。记载郑国的过失,兼论灾异的变化。由此观之,人的所作所为,是好是坏,与天地互相流通往来,相互回应。这就是所说的,天是万物之端。古代官吏,致力于行善教化万民,万民得到教化之后,天下就没有一人因犯罪而获狱。现如今,世道崩塌,得不到整顿治理,无以教化万民,万民放弃行仁义,而苦苦追逐财利。所以,犯法获罪的人就非常多。天意就是所说的命,天命离开圣人不行;质朴就是所说的性,性情离开教化就培养不起来;人欲就是所说的情,情离开法令制度就得不到节制。所以君王在上谨承天意,以顺天命,在下致力于明教化,来培养万民,端正法令制度,区别上下尊卑之序,来防止人的欲望。这三者,是治国的根本。

积小致大,积少成多。圣人没有不是从愚昧到英明,从卑微到显赫的。尧从诸侯升至大子之位,舜从深山兴盛起来,这并非一日之功,而是循序渐进的结果。自己说出的话,不能搪塞;自己做的事,不能有所掩饰。言行是治国之要,是君子能够感动天地的原因。能尽众小,就能达到高大;能谨慎微小,就能显露英明。尧兢兢业业推行其治国之道,舜小心谨慎推行其孝悌之道,积聚善行,名声就显赫;德行显露,地位就尊贵。这就是渐渐昌明的道理。积累善行,犹如身材修短却日益增长;积聚邪恶,犹如用火烧油,这就

是唐虞美名流传，桀纣遭人唾弃的原因。善恶相从，就像身影相随。桀纣暴虐，信谗害民，贤智之人都隐退，邪恶一天天暴露，国家一天天混乱，还自鸣得意，以为如日在天，永远不会灭亡，最终导致国家破败不堪。暴虐忤逆的统治者也不是一下就灭亡的，也是逐渐的过程。桀纣虽然无道，却也享国十余年，这就是渐渐灭亡的道理。

古代的天下，也就是现在的天下，现在的天下，亦是古代的天下。同是天下，古代大治，上下和睦，习俗美好，不令而行，不禁而止，官吏无奸邪，百姓无盗贼，监狱空虚，恩德润及草木，被于四海，凤凰来集，麒麟来游。用古代衡量现在，为什么相差如此之远呢？为什么衰败混乱到如此程度？是失去了古代的道吗？还是违背了天理？努力沿承古道天理，返归天命，就能够恢复！

天赐万物也是有所区分的，给牛牙齿，就不给牛角；给鸟翅膀，就不给四条腿，接受大的就不能获得小的。古代享受俸禄的，就不能从事耕种，亦不能从事工商，这与天意相一致。得到大的，又争取小的，天尚不能给予满足，何况人呢？受到宠幸，拥有高位，家室温暖，薪俸优厚，凭着富贵身份仍与百姓争夺利益，百姓怎能听从于他呢！致力于广置奴婢、田宅、产业，永不停止，百姓就会变得非常穷苦。有钱人生活奢侈，财富四溢。穷人生活困苦，仍得不到国家救助。民不聊生，当然也就不回避死亡。既然如此，又怎能回避犯罪呢？这也是造成刑罚不断，犯罪依旧众多的原因。享受俸禄的，只要安于官位，不与百姓争位，那么利益即可平均分配，百姓也就家庭富足。这是天理，也是上古之道。天子依法订立制度，大夫应当遵循执行。天子大夫好义，百姓就有仁德，风俗就美好；天子大夫好利，百姓就奸邪，风俗就败坏。天子大夫是下民效法的榜样。

《春秋》经中所讲的大一统，是天地间不变的原则，古今共有的道理。现在人们学习各种学说，持有各种论点主张。各种学说不尽相同，各持其理，这样皇帝就无法统一大家的思想认识，法令制度多变，下边的人就不知所从。臣愚以为凡不属于六艺之科。孔子之术的，都要灭绝其迹，不要让各家学说相互并存。如果各种邪僻之说灭迹，都统一于儒家学说，就可做到政令行，法度明，百姓有所归一。"

汉武帝每下一道制书，董仲舒就有一篇措辞得当、说理透彻的对策，三道制书，三纣对策，一问一答，有问必答，丝丝相扣，字字句句都切中武帝的心意、通过这二封对策，董仲舒在诸儒中脱颖而出。

董仲舒的对策，洋洋洒洒，以古论今，为汉武帝施展自己的远大抱负指明了努力的方向。特别是在第三道对策的最后所提出的"诸不在六艺之科孔子之术者，皆绝其道，勿使并进"的主张，更令汉武帝欣喜不已，汉武帝终于有了推崇儒术的理论依据。而"罢黜百家，独尊儒术"的主张，也是董仲舒三封对策得出的最终结论。汉武帝十分欣赏董仲舒的这一主张，进而在全国推行，罢黜了儒家以外各家学说，从此之后，以董仲舒为代表的新的儒家学派代替法家、道家成为一尊。"罢黜百家，独尊儒术"确立了儒家的正统地位，儒家思想成为中国两千余年封建社会的统治思想。

为了按照儒家主张培养统治人才，汉武帝接受了董仲舒"兴太学，置明师，以养天下之士"的建议，在中央设立太学，置五经博士官职，教授儒家经典。选择"民年十八以上，

仪状端正者"和"好文学,敬长上,肃政教,顺乡里,出入不悖所闻"(《汉书·儒林传序》)者五十人,为博士弟子员。经过学习,考察试用,通一经即可补吏,优秀的可得为郎中。在地方郡国设郡国学,同时,授权地方郡守(二千石)根据儒家标准"择吏民之贤者岁贡二人",称为"孝廉",到朝廷做官。

尽管汉武帝欣赏董仲舒的才学,钦佩重他的博大精深,但对策结束后,汉武帝只是任命他为江都相,事易王刘非。习管如此,董仲舒还是走上了他人生中极为短暂的仕途之路。

易王刘非,是汉武帝的哥哥,平日里骄横跋扈,好勇斗狠。董仲舒走马上任后,对他晓之以理,进行了许多劝谏,董仲舒因此受到敬重。与董仲舒相处时间长了,易王请教董仲舒:"越王勾践与大夫泄庸、文种、范蠡,图谋攻伐吴国,并灭了吴。孔子称殷有三仁,我认为越有三仁。齐桓公有什么事都请教管仲,我因此请教于你"。尽管刘非的态度比较谦恭,其用意却是不言自明。他把董仲舒比作辅助齐桓公称霸诸侯的管仲,也就是希望董仲舒像管仲辅助齐桓公一样,辅助自己,篡夺中央大权。董仲舒深知其意,却回答他说:我知识浅薄、愚钝,不能够很好地回答你的问题。我听说从前鲁君问柳下惠:"我想攻代齐国,怎么样?"柳下惠回答说:"不可以"。回到家中,柳下惠面带忧色地说:"我听说一般不能向仁义之人请教攻代别国之事,今天国君怎么来问我呢?"只是被问到攻伐之事,柳下惠都感到羞愧,更何况设计去攻伐吴国呢?从这点可以看出,越国没有仁义之人。所谓仁义之人,端正道理,不图谋种益,阐明其道,不计较是否成功。所以,孔子的门徒中,连小孩子都以谈论上霸为羞耻。因为他们先用武力来欺骗,然后谈仁义。如果只是搞此苟且之计,根本不足以在孔子之门中谈论。五霸同其他诸侯比是贤能的,但与三王相比,犹如石头与美玉相比啊!董仲舒博览群书,通晓古今,他一贯主张"大一统",他不可能去"助纣为虐"。他的一番言语,说得易王哑口无言,只说了声好,也就作罢。不久,汉武帝废董仲舒为中大夫。

董仲舒治国思想的核心,就是根据《春秋》中灾异的变化来推导当今阴阳的变化、四季的交替更迭。当初辽东高庙、长陵高园的便殿曾发生火灾,董仲舒在家写篇文章推导出现灾异的原因。草稿刚写完,尚未呈给皇帝,恰好主父偃去见董仲舒,文章被主父偃俞偷看见了,主父偃一贯嫉贤妒能,就偷走了董仲舒的这篇文章,并将它上奏给了皇帝。汉武帝把这篇义章拿给诸儒生看,董仲舒的学生吕步舒不知道是老师写的,也没有认出董仲舒的笔迹,认为这篇义章写得愚昧荒诞。于是,汉武帝免去了董仲舒中大大的官职,判处死刑尚未执行,汉武帝义赦免了他一从此,董仲舒再不敢写文章谈论灾异了。

当初,公孙弘曾和董仲舒一起师从胡母生学习春秋公羊学,但是公孙弘没有把心思全部用于学习,学问赶不上董仲舒。公孙弘凭借察言观色,阿谀逢迎,获得官位,升迁很快,位至公卿董仲舒为人廉洁正直,对公孙弘的为人十分痛恨。公孙弘深知董仲舒讨厌他,因此,对董仲舒恨之入骨,不断寻机陷害董仲舒。他上书汉武帝,让董仲舒改任胶的干相。胶西王刘端也是武帝的哥哥,比起易王刘非,更加骄横放纵,多次陷害二千石的官吏董仲舒深知公孙弘的阴毒用心,知道他是想借刀杀人。董仲舒平日里以贤能著称于

中华传世藏书

中华名人百传

先贤圣哲

三七七

世,胶西王刘端也有所耳闻,知他是当世大儒,学问高深,治同有道,刘端对董仲舒非常客气,非常敬重,给予他优厚的生活待遇。董仲舒为相两国,总是侍奉阶王。他以身作则,为民表率,多次上疏地道义劝谏、匡正骄王,骄王居然能够听进他的话,这样,他的政令能够在国中推行。

董仲舒的两相骄王,两次迫害,他深知伴君如伴虎。于是,他决定退休不干了。他以自己上了年纪、身体有病为借口,申请免去胶西王相的职务,汉武帝满足了他的心愿。

著书立说

董仲舒离职归家后,闭门深居,潜心研究春秋公羊学学书立说,再没有出任官职,甚至连家中有多少产件都不去过问。

虽然董仲舒退休回家,但朝廷如果有什么大事,皇帝都要派使者或廷尉张汤到他的家中向他询问。他每次都有高深的见解和贤明的对策,深得皇帝之意。皇帝还下诏太子,跟随董仲舒学习春秋公羊学。从此,掀起了研究春秋公羊学的高潮,公羊学成为西汉一朝最主要的思想派别。

董仲舒以著书为事,却也不忘关心国计民生,多次因国策民生之事上疏皇帝。元狩三年(前120年),关中一带发生水灾,董仲舒立即上疏武帝,建议关中农民尽快种冬小麦。汉武帝十分重视此事,派大司农到关中一带监督种植冬小麦。第二年,朝廷实行盐铁国有,设官总管天下盐铁,不出铁的郡置小铁官,统属所在县的盐铁事务,凡是敢私铸铁器、煮盐的,剁去脚趾,没收其器物。盐铁收归国有,给大盐铁商人带来了好处,而老百姓没有得到丝毫利益,造成贫富不均。董仲舒看到盐铁专卖的害处,元狩五年(前118年),他再次上疏给汉武帝,要"限民名田,以澹不足,害兼并之路,盐铁皆归于民。"(《汉书·食货志》)

董仲舒晚年的时间多用于研究学问,著有《春秋繁露》一书。可以说,这本书是他一生哲学观点和政治思想的总结。其中谈阴阳、五行、仁义礼智信等消极内容的,占十分六七,讲受命改制、制度以及各家各派思想之长处的,占十分三四。我国现存最早《春秋繁露》的版本,是南宋嘉定四年(1211年)江右计台刻本。现藏于北京图书馆。其校注本很多,最详尽的当数清末人苏舆的《春秋繁露义证》。

太初元年(前104年),董仲舒在家中寿终正寝。据清代刘于义的《陕西通志》说,董仲舒死后葬在长安故城南二十里。汉武帝巡幸芙蓉园,每次路经此地,均下马。所以,又称董仲舒陵墓为下马陵,年代久远误为虾蟆陵。

独尊儒术

董仲舒辛勤忙碌一生,没有高官厚禄。但是,他以天人三策得到了汉武帝的赏识,他

の「罷黜百家,独尊儒术」的主张,为汉武帝推崇和推行。至此,自春秋以来,孔孟一生奔波忙碌却未能实现并遭秦朝残暴禁绝的儒家思想,焕发出了生机和活力,成为正统思想,被定为官学,得到大力提倡。从此以后的2000多年的封建社会中,儒学始终居于指导国家与社会管理的官方意识形态的地位。儒家思想焕发出的生机与活力,源于董仲舒对先秦儒家思想的继承和发展,源于董仲舒重新构建的以先秦儒家思想为中心,以天人感应为目的,杂糅阴阳、五行学说精髓的博大精深的新的儒学思想体系。

（一）天人合一、天人感应的神学目的论

天人合一、天人感应是董仲舒哲学思想的基础。他认为,天是有意志、有目的、有人格的至高无上的神,是百神之君,万物始祖,主宰人类社会与自然,通过阴阳五行之气的变化来发挥其作用。在董仲舒看来,阴阳二气再分而成木、火、土、金、水五行,五行相生相胜,终而复始,循环不止,因而有春、夏、秋、冬四时和东、西、南、北四方,由此产生万物,万物统一于五行,五行统一于阴阳,阴阳统一于天。阴为天的刑罚的表现,阳为天的恩德的表现,五行相生体现了天的恩德,五行相胜体现了天的刑罚。天有目的地创造万物和人类,创造万物是为了养人,通过寒暑四时成熟养育万物,生养万物是"阳"的作用,是天的仁德。而创造人类是为了实现天的意志,天为人世安排了正常的秩序,又用权力来监督这种秩序的正常实现,派一人来统治人世,是天的儿子,称天子,代表天治理人世。如果他治理得好,赢得天的赞赏,天就降祥瑞来褒奖他,比如出现灵芝、麒麟、凤凰等;如果治理得不好,天就降灾异来警告他,令他改过,如不思悔改,天就降怪异来惩罚他。徭役赋税太重,天就出现春凋秋荣;不赏善罚恶,天就冬温夏寒;不敬父兄,天就出现大风;弃义贪财,天就出现冬天多雾,春夏多雹。这就是所谓的"谴告说"。君主的行为与天是密切相通的,具有一种感应的关系。之所以如此,是因为人的一切都是天给予的,人是天有目的创造出来的,人是天的缩影、副本,人副天数。天与人是合一的,人有喜怒哀乐,天亦有"喜怒之气,哀乐之心";天有四季,人有四肢;天有12月,人有12块大骨节;天有366日,人有366块小骨;天有五行,人有五脏;天有昼夜,人有醒睡;天有冬夏,人有刚柔;天有度数,人有伦理。天和人是一体相连,互相对应的,"天地的标记,阴阳的标记",在人身上都表现出来。董仲舒的天人合一思想是对儒家子思、孟子和阴阳家邹衍天人合一思想的继承,并有相当大的发展。董仲舒天人感应的神学目的论是其思想的基石,贯穿其思想的始终,他的所有思想观念都由此派生出来。

（二）罢黜百家,独尊儒术的大一统的政治思想

汉武帝为了加强中央集权的需要,向文学贤良发出策问,以求治世的良方妙药。董仲舒的对策正是为了实现这一目的而做出的回答,其根本在于他第三次对策的总结:"春秋大一统者,天地之常经,古今之通谊也。"他把统一看作是首要任务,而认为要实现政治上的统一,首先应求得思想上的统一,遂提出"诸不在六艺之科孔子之术者,皆绝其道,勿使并进"。思想上有所皈依,才能实现政治上的大一统,进而实现加强中央集权的目的。

董仲舒第一步先确定了皇帝的独尊地位。皇帝是最高统治者,是天命神授的,在其继位时,必须改正朔、易服色、制礼乐,以表示其"非继人"而"受之于天"。他在训释"王"

字时，说上边一横代表天，下边一横代表地，中间一横代表人，中间一坚贯通上、中、下，代表人君。因此，人君是上参天，下通地，中连人、阴阳、五行、四时、日月、星辰、山川的无所不知的明圣皇帝。董仲舒还不满足于此，他更以阴阳、五行、三纲五常来加强君主的地位。就阴阳来说，君为阳，臣为阴，故君尊而臣卑；就五行来说，土为五行之主，而"土者君之官也"，故君主最高贵；就三纲五常而言，君为臣纲，是三纲的核心，君主是神圣不可侵犯的，是举国上下的中心，全国受命于君，身以心为本，国以君为主。

君主的独尊地位得到确立，还必须采取行之有效的措施来实现大一统的目标，于是，董仲舒提出了实现中央集权的第二步主张，主要有二点。

1.任德不任刑的德教主张

董仲舒的贤明在于他能够以史为鉴，以古喻今。他认真地总结了三代历史兴衰成败的经验教训，特别是秦朝迅速走向灭亡的教训。他分析当时汉朝的形势，认为尽管经过汉初的休养生息、文景之治，但是，秦朝严刑酷法的"遗毒余烈，至今未灭"，因此，仍处于秦代乱世的阶段。由于严刑酷法，民风不好，百姓欺诈顽固，拒绝教化，追逐财利，死都不惧怕，更不用说刑罚。如果继续推行严刑酷法，只能使这种局面更加厉害，犹如扬汤止沸，抱薪救火。改变这种局面的唯一途径：推行德教。"教，政之本也"（《春秋繁露·精华》）。德教能使父子亲、大臣和、百姓安而"成政"，是治理天下的必由之路。他说："道者，所由适于治之路也，仁义礼乐皆其具有"（《汉书·董仲舒传》）。"仁"是"王心"，"霸王之道，皆本于仁"（《春秋繁露·俞序》），"民晓于礼仅而耻犯其上"，礼乐能够变民风、化民俗，"其变民也易，其化人也著"，所以，古代的先圣帝王，"莫不以教化为大务"，"教化不立而万民不正也"。所以，人君应"务德而不务刑"（《春秋繁露·阳尊阴卑》），"先饮食而后教诲"（《春秋繁露·仁义法》），先使百姓生活富足，这样，德教才有实现的可能。因此，董仲舒强调要减轻对百姓的剥削，"薄赋敛，省徭役"，"限民名田，以澹不足，塞并兼之路"，官僚、贵族要"不食干力，不动于末"，不得兼并土地、经营工商，不与百姓争业，百姓才能生活富足。百姓生活富足，也就不再追财逐利，那么违法犯奸的事就不会发生了。

2.养士、任贤的主张

董仲舒认为，国家治理得好坏，关键在于官吏的贤与不肖。任贤与否，直接关系到君主的地位和国家的命运。人君任用贤者，那么主尊国安。所用非贤，国家不灭亡，自古至今未尝有过。作为人君，没有一个不希望国家兴盛而憎恨危亡的。从历史上看，政治混乱、国家衰败的，都用非其人。尧与舜二帝，努力访求天下圣贤，国家治理得井井有条。任用贤能，必须先广寻贤能之人。所以，董仲舒向汉武帝建议"兴太学，置明师，以养天下之士，数考问以尽其材"（《汉书·董仲舒传》）。广泛培养选拔天下有德有才者充当官吏，"量材而授官，禄德而定位"（同上）。如果平时不培养教育士，而欲得天下的贤才，好比不雕刻玉石，而欲得到美丽的文采，这是无法实现的。董仲舒反对根据"门荫""富贵"和官位资历选拔官吏，出身名门望族，未必就贤能，官做久了，未必就能很好地治理国家。除了兴太学以养士外，董仲舒义提出由地方官吏推举贤能的办法，列侯、郡守、二千石的官吏，每年推举二位贤能之人，若推举的人贤，就奖赏推举者，若推举不贤，就惩罚推举

者,这样亦可考察官吏的贤能与否。

（三）"三统""二正"的循环论的历史观

汉武帝曾就朝代兴衰更替向董仲舒发问,董仲舒答以"天不变,道亦不变"。他认为天命是不变的,道亦是行之万世而无弊病的,王朝出现兴衰更替,不是道出现弊病,而是统治者没能很好地按照天命来推行天道,所以天改朝换代,命新的统治者接替治理。在改朝换代时,必须在历法、制度、国都、年号和服色上有相应的改变,没有变化就显示不出天重新授命的意志。出现改朝换代的情况,是五行相胜的结果。每一个朝代都代表五行中的一德,黄帝尚土德,夏尚木德,由于木胜土,所以夏朝代替了黄帝而有天下。周尚水德,代替了金德的殷朝。在历史上,夏代是黑统,以农历正月为一年的开端;商代是白统,以农历十二月为一年的开端;周为赤统,以农历十一月为一年的开端。历史就是按照黑、白、赤,依次循环往复,以至无穷。

董仲舒提出的"三统""三正"说,是邹衍"五德终始"的继承和发展,其目的与宗旨在于巩固和加强封建统治秩序。

（四）以性三品为基础,以三纲五常为核心的伦理道德观

董仲舒从天人感应说出发,建立起一套神学化的伦理道德观。他认为,天有阴阳,人亦有阴阳。"君为阳,臣为阴;父为阳,子为阴;夫为阳,妻为阴",阳是尊贵的、主要的,阴是卑贱的、次要的。所以,君为臣纲,夫为妻纲,父为子纲。"王道之三纲,可求于天",天是不可改变的,因此,三纲也是不可改变的,必须遵循这种上下尊卑的封建伦理道德,这才符合天意。他尤其宣扬和神化君臣关系,强调臣要忠于君,臣要绝对服从君,臣对君要竭尽忠诚,不得隐瞒任何过错。有了功劳,要归功于君主,有错误、丑恶的事情,要归罪于人臣。父为子纲从属于君为臣纲。董仲舒把春秋以来的君臣、父子关系,加以绝对化、神秘化,使之成为禁锢人的枷锁。三纲,再加上支配三纲的天,即神的意志,就构成了维护整个封建统治的政权、族权、神权、夫权四种权力。毛泽东在《湖南农民运动考察报告》深刻指出:"这四种权力——政权、族权、神权、夫权代表了全部封建宗法的思想和制度,是束缚中国人民特别是农民的四条极大的绳索。"

董仲舒大肆提倡三纲的同时,还提出了"五常之道",作为维护封建统治的堤防。仁、义、礼、智、信,是五种永恒不变的道,统治者培养整饬,就可以得到天的保佑,享受鬼神的荫庇,恩德施泽到远方,延及一切生命。所以,董仲舒要求汉武帝用五常之道来教化万民,使万民的行动合于仁、义、礼、智、信五常之道,免于追逐财利。追逐财利,如同水往低处流,不能禁止。

董仲舒还把人性分为三品,即圣人之性、斗筲之性、中民之性。他认为,人性是先天赋予的,有善有恶,圣人之性善,斗色之性恶。圣人是理所当然的性善者,而那些"从利也,如水走下"的斗筲之性的人,即使经过圣人的教化也不能成为性善者,对他们只能以"三纲五常"作"堤防",严格加以防范。

董仲舒的思想是以先秦儒家思想为核心,对阴阳、五行和道家思想的集大成,是对汉武帝以前百家争鸣思想的总结,又开创了汉代以后儒家思想的新纪元。可以说,董仲舒

是一位承前启后、继往开来的思想家。他之所以能够构建博大精深的新儒学体系，除了他自己潜心钻研外，还在于他生逢其时，又巧遇伯乐。他的思想，对汉武帝加强中央集权起了至关重要的作用，对后世亦产生了深远的影响。他的天人感应、三纲五常的神学思想，成为西汉后期与整个东汉的谶纬神学的滥觞。他的三纲五常成为束缚劳动人民的精神枷锁，愚忠愚孝繁衍滋生的土壤。但是，他的德教、反兼并、任贤才的主张，却有其积极、进步的意义。尤其是儒家思想定于一尊，使得儒家思想成为中国思想文化的中心和主流，对中华民族的统一起了积极的进步作用。时人刘向称赞他有"王佐"之才，伊尹、吕望、管仲、晏婴这些古代贤臣都不及他。东汉王充说他是孔子的继承人。三国时的玄学家何晏推崇董仲舒说"儒雅博通，莫贤乎董仲舒"（《太平御览》卷四百四十七引）。宋人司马光曾写《独乐园咏·读书堂》悬于堂上，以示对董仲舒的崇拜。诗云："吾爱董仲舒，穷经守幽独。所居虽有园，三年不游园。邪说远去耳，圣言饱满腹。发策登汉庭，百家始消伏。"他还借用董仲舒天人感应的灾异谴告说来反对王安石的变法。宋代理学家程颢、程颐、朱熹等人受其影响至深，董仲舒"正其义不谋其利"成为他们的口头禅。朱熹更说："汉儒惟董仲舒纯粹，其学甚正，非诸人比。"（《朱子语类》卷一三七）他还把董仲舒讲义利关系的名言——仁人者，正其谊不谋其利，明其道不计其功——直接写进学规，认为这是天下万事的准则，要弟子们遵守。陆九渊对董仲舒"天人三策"中的"任德不任刑"，重视教化的思想尤为推崇，但把他的灾异谴告说给抛弃了。董仲舒的思想对清代的影响，由于春秋公羊学的再一次盛行而显得更为突出。晚清诸儒称其为"历代儒家之最单异者"，"孟子之后，董子之学最醇"，"两汉儒者，仲舒为大宗"。他对近代的康有为、梁启超亦有很深的影响，康有为吹嘘董仲舒高于孟、荀，他的《春秋繁露》，深得孔圣人的"微言奥义"，这些都是董仲舒始料未及的。

理学集大成者

——朱熹

名人档案

朱熹：字元晦，一字仲晦，号晦庵、晦翁、考亭先生、云谷老人、沧州病叟、逆翁。南宋徽州婺源（今属江西省婺源县）人。19 岁进士及第，曾任荆湖南路安抚使，仕至宝文阁待制。

生卒时间：1130～1200 年。

安葬之地：福建省建阳区唐石里（黄坑镇）大林谷。

性格特点：朱熹的一生志在树立理学，使之成为统治思想。但因理学初出，影响不深。同时，朱熹在官场上因品性耿直而得罪权臣，致使朱熹晚年落得一个悲剧的结局。

历史功过：朱熹是孔子以后中国古代最伟大的思想家，他的学说体系博大、严密，集孔子以后学术思想之大成，并深远地影响了身后中国传统政治与文化发展达数百年。不过，朱熹的一生并不仅仅是一位哲学家的一生。学术固然是他自觉的追求，而"致君行道"更是他一生的梦想。他总结了以往的思想，尤其是宋代理学思想，建立了庞大的理学体系，成为宋代理学之大成，其功绩为后世所称道。

名家评点：南宋著名的理学家和教育家，闽学派的代表人物，世称朱子，是孔子、孟子以来最杰出的弘扬儒学的大师。人们曾用这样的话赞美他："集大成而绪千百年绝传之学，开愚蒙而立亿万世一定之归。"门人黄榦曰："继往圣将微之绪，启前贤未发之机，辨诸儒之得失，辟异端之论谬，明天理，正人心，事业之大，又孰有加于此者。"（《行状》）

学生时代

朱熹，字元晦，一字仲晦，徽州婺源人，建炎四年（1130 年）九月十五日，生于南剑州

（今南平）尤溪一家馆舍里。建炎时期正是金兵南侵，南宋小朝廷惶惶不可终日的时候，朱熹的父亲朱松本来是要到建州上任，可是有一支金兵从江西杀入福建邵武，朱松官也不做了，携家南奔。到了四年初，金兵被打退了，可是叛兵又起，于是朱松又仓皇买舟南下，于四年五月来到尤溪避难。刚来四个多月，就喜得麟儿，他给自己的第三子取小名沈郎（一说沉郎），小字为季延。

据说这孩子出生前三天，远在千里之外的老家婺源南街朱氏故宅的古井突然冒出紫气如虹，仿佛在预告圣人降临。也有人说他一生下来，脸右角就有 7 颗黑痣，更神奇的是这些黑痣排列成北斗七星的样子。朱熹脸上有黑痣倒是真的，不过没有那么多，当然也没有什么北斗七星。朱松还曾经请过高人看风水，问将来富贵，高人回答道："富也只如此，贵也只如此。生个小孩儿，便是孔夫子。"朱松大概不会当真，他对这个第三子并没有寄予多大的期望。在第三天的洗儿会上，朱松写下了两首《洗儿》诗，其中一首写道："行年已合识头颅，旧学屠龙意转疏。有子添丁助征戍，肯令辛苦更儒冠？"现在这个年头，百无一用是书生，生个男孩将来当兵打仗，还读什么书啊，更不用谈什么生个孔夫子了。不过朱松这话也是当不得真的，仕途不顺，他有的是时间亲自调教这个小孩儿，很快他就发现小朱熹是那么的聪明过人。

朱熹四岁的时候，有一次朱松指着天空告诉他："儿子，这是天。"没想到小朱熹竟然问道："天上面是什么？"这令朱松惊异不已，于是在朱熹五岁的时候把他送进了学校。上小学时的朱熹就非常喜欢独立思考，儿时的那个问题一直在缠绕着他。他经常仰望太空，苦苦思索："这天地四方之外，到底是什么东西呢？总听人说四方无边，可我想应该有个尽头。就像那墙壁一样，墙后面应该是有东西的。"朱熹后来说自己那时因为总是在思考这个问题，几乎想出病来。朱熹对儒家的蒙学教育接受得也较常人快。有一次，朱熹与一群小孩在沙滩上，别人在玩沙，他却独自端坐，以指画沙，大家一看，画的竟然全是八卦符号。在学校里，老师初授《孝经》的时候，朱熹心领神会一学就懂，并在课本上题字："不若是，非人也！"对《孟子》也非常喜欢，在读到"圣人与我同类"这句话时非常兴奋，觉得做圣人也不难。这时候的朱松也早忘了要让朱熹去当大兵的话了，在朱熹五岁上学的时候就对他寄予了厚望："成家全赖汝，逝此莫蹰躇。"

绍兴八年（1138 年），因为父亲在朝为官，朱熹第一次来到临安。在这里，他第一次见到了那么多文坛、政坛上的成名人物，并第一次耳濡目染了朝廷对金和战问题上的激烈交锋。绍兴八年正是在秦桧主持下宋金议和的时候。枢密院编修官胡铨上书反对议和，请斩秦桧等主和三人以谢国人，结果被罢斥。朱松也是坚决反对和议，看到胡铨被贬后，朱松联络同僚共六人联名上书痛斥和谈之非。最终反对无效，和谈达成，忠义之士都为之愤慨。朱松感慨地对小朱熹说道："太祖受命，到现在刚好 180 年了！"父辈们的抗争也激发了朱熹胸中的忠义之气，朱松的无奈与叹息直到晚年还留在他的心里。在朱熹去世前一年，他在回忆了当时的情景之后，不禁也是一声长叹："建隆庚申（960），距今刚好 240 年了！"比朱松那时又过了一个甲子，仍然是破碎山河，恢复无望。

绍兴十年三月，朱松被秦桧出知饶州，朱松不就任，自请做了闲官，带领全家搬到了

建州(今建瓯)城南的建溪定居。十二岁的时候,朱熹在诗文创作上已经有了相当不俗的表现,家乡的前辈曾题诗云:"共叹韦斋(朱松的号)老,有子笔扛鼎。"朱松也为有子如此感到十分欣慰,在这一年朱熹的生日那天,一连写了四首诗祝贺。然而不幸的是,次年的三月,朱松因病去世。临终前将朱熹母子托付给好友屏山刘子羽,这样朱熹寄居刘家,师从刘子羽的弟弟刘子翚、刘勉之、胡宪等武夷三先生问学。刘氏兄弟是忠义之后、当地名门,三先生又都是学尊二程,政治上坚决反和主战,这些都对朱熹的政治立场和学术思想的发展产生了很大的影响。

跟着三先生问学是朱熹读书最刻苦的时期。除了苦读儒家经典外,朱熹还广泛汲取各种知识,所学习的内容十分庞杂,禅、道、文章、楚辞、诗,无不涉猎,连医学、兵法都学,此外还练习书法,并学会了弹琴。朱熹后来回忆说自己"当时也是吃了多少辛苦读书!""我从少年求学,16岁就爱好上了理学,17岁时就已具有了现在学者的见识!"

16岁是对于朱熹具有特别意义的一年。这一年刘子翚给他取字为"元晦",希望朱熹能够像"木晦于根,春荣晔敷"那样,人晦于身,神明内腴,厚积薄发,充实而后有光辉。朱熹后来又自号晦翁、晦庵、沧州病叟、遁翁,等等,显然都是不忘乃师教诲。

绍兴十七年十一月,朱熹参加了建州乡贡考试,一举高中。考官蔡兹对朱熹非常满意,对别人称赞道:"我录取了一个后生,三篇策论都是要为国家措置大事,他日必非常人。"朱熹也是意气风发,作《远游篇》:"举坐且停酒,听我歌远游。远游何所至?咫尺视九州。九州何茫茫,环海以为疆。上有孤凤翔,下有神驹骧。孰能不惮远,为我游其方。为子奉尊酒,击铗歌慨慷……朝登南极道,暮宿临太行。睥睨即万里,超忽凌荒。无为蹩躠者,终日守空堂。"这是现在所存朱熹最早的诗歌。在经历了"十年寂寞抱遗经"的苦读之后,朱熹对即将到来的省试和未来的事业充满信心。十八年,朱熹怀揣着一本高僧宗杲的《大慧语录》就进京赶考了——在近来的几年中,朱熹迷上了禅学。结果在经义的考试中,朱熹援用了禅宗的学说,标新立异,竟然得到了考官的赏识,顺利地考中进士。三年后,朱熹再次进京,通过了铨试,授官泉州同安县主簿。

坎坷仕途

绍兴二十三年五月,朱熹南下到同安赴任。在此之前的几年间,因为朱熹早早摆脱了科举的羁绊,得以尽其所好,出入于佛、道两教之间,尤好禅学。在赴任途中经过南剑时朱熹去城南樟林拜见了名儒延平先生李侗,他对于禅学的信仰遭到了学主二程的李侗的批评。后来朱熹又多次专程拜访李侗问学并通过信件讨论学问,终于又重新返回到了儒学乐地当中。

在同安,24岁的朱熹给自己居住的西斋取名"高士轩",白天在衙门里恪尽职守做主簿,晚上躲到高士轩里刻苦读书作高士。朱熹把县衙门中的"祐贤堂"改名为"牧爱堂",悬挂上"视民如伤"的匾额,又在县城的同山上大书"大同"二字,表达了朱熹的仁以爱民

的理念。同安曾流传着一则朱熹处理民田纠纷的故事。当时有依仗势力强夺人家土地的,朱熹就题了几个字,写道:"此地不灵,是无地理。此地若灵,是无天理。"后来得地之家果然不吉利。这个故事的可信性是值得怀疑的,因为朱熹重视吏治、疾恶如仇,大约不会容忍良民的良田如此简单地就被夺走,而仅仅寄希望于虚无缥缈的天理。

朱熹看到县里土地簿籍多年不经核查,有的百姓破产失田,税籍仍在,有的富户则吞并田产,隐匿赋税,为此朱熹提出要重新丈量土地,正籍均税。看到农民赋税太重,尤其是经制钱和总制钱这两种附加税最为困民,朱熹上书财政部官员,痛陈两税之弊,提出蠲免。经、总制钱已通行几十年,已经成为朝廷命脉,朱熹这个年轻的小小主簿成为第一个提出废除的,显示了他对社会问题的关注和勇于直言的胆识。但人微言轻,朱熹正经界和减免百姓赋税的努力最终都失败了。朱熹较为成功的工作是振兴了县学。

年轻的朱熹从入仕之初,就表现出对于教育的非同一般的重视。他刚到同安时县学已经是学舍毁坏,藏书朽烂,学纪松弛,名存实亡。朱熹重整县学,将学舍由两斋扩充到四斋。朱熹整理了原有的藏书之后,又向民间募取,同时向上级申请,终于使得一个破败的县学焕然一新。为加强师资,朱熹聘请了本县进士和名儒担任教授工作。朱熹还重新确定了学校的宗旨、大纲和学规,为了严肃学风,他又开除了两名品行不端的学生。朱熹还亲自为学生作33个问题,这些问题有很多都是针对南宋的政治、经济和社会问题提出的,表明朱熹对现实问题的关注。

朱熹如此在同安努力工作了三年,"海邑三年史,勤劳不为身",而老百姓"输尽王租生理微"的困苦生活又使得他对自己的工作产生了怀疑,"不堪从吏役,憔悴欲归休。"这样在干了五年之后,便奉祠不出了。绍兴二十七年十二月,朱熹被差至监潭州南岳庙,做了祠禄官,没有什么实际职事,但只领取半俸。从此朱熹一心学问,对于朝政不抱什么希望。绍兴三十年的时候,他的老师辈的胡宪到朝中为官,朱熹在送行的诗中写道:"猿悲鹤怨因何事,只恐先生袖手归。"不过在经过李侗的开导之后,次年朱熹就从书斋中走了出来,又开始高度注意起现实来。

三十一年(1161年)九月,金主完颜亮大举南侵。朱熹密切注视着战局的推进。十月名将刘锜指挥在皂角林大败金兵,斩杀金统军高景山。在得到皂角林之战的捷报后,朱熹连写了四首诗庆祝,其中第二首写道:"明朝灭尽天骄子,南北东西尽好音。"祝愿能够尽歼强敌,收复失地,南北一统。十一月,文臣虞允文指挥取得采石大捷,不久完颜亮被部下杀死。兴奋的朱熹又写了七首诗加以赞颂,希望能够乘胜追击,"汉家原有中兴期。"这些诗歌是朱熹第一次涉及重大的社会现实事件,在朱熹的诗歌中占有特殊位置。

然而令朱熹失望的是很快就传来了高宗以战求和的消息。于是朱熹投书主管军政的枢密院长官,批评朝廷的主和倾向,提出重用已经被废居十年之久的主战派张浚。

第二年六月,高宗退位,赵昚即位,是为孝宗。孝宗即位后起用了张浚,恢复岳飞名誉,并下诏臣僚就时政问题上书言事。孝宗虽在位,但实际上受到高宗的掣肘,虽然起用了主战派,但仍然沿袭了高宗主和的政策。朱熹在八月份在老师李侗的指导下,上书慷慨言事,从思想、政治、军事三个方面提出了自己的意见。他批评了孝宗对佛老的崇尚,

强烈反对同金议和："我们同金有不共戴天之仇,绝不可和。"这个意见其实也是老师的主张,李侗曾经说过:"今日就是将'不共戴天'四个字贴在额头上,其他都是次要的!"朱熹接着指出讲和有百害而无一利,四十年来金一直就是以讲和为辅助战争的手段,导致南宋始终处于被动的地位。

然而孝宗却一直举棋不定,直到十一月在川陕前线因退兵而导致金的追击大败而归,得地尽失之后,这才下定了北伐的决心。由于这次北伐准备得并不充分,朝论也没有统一。结果先胜后败,隆兴元年五月宋军在符离溃败。形势急转直下,主和的论调重新得势。这次北伐的失败使朱熹认识到当前最大的忧虑不在边境,而在朝廷。朝廷议论不一,和战分歧,不能上下一心,又怎能取得对外作战的胜利呢?他想起了当初吕夷简在庆历新政时对范仲淹说的话:"想要经略西事,不如且在朝廷。"正是抱着这种想法,当八月份朝廷因为汪应辰的推荐召朱熹入京时,他一反以前屡屡辞官的态度,决定进京,借着这个机会陈述自己对于和战的意见。在去之前他就先写一封信给宰相陈康伯,批评了他的主和之说。但朱熹对于自己的这次进京并没有抱什么希望,他在给朋友刘珙的信中透露了自己的矛盾心情:"这种论调,他们不能接受是可以想象的。但入京之后,我要说的肯定比这个还要严厉,那时候他们又会怎样呢?"但朱熹虽明知不可也决意一行了。

此时的朝廷已经分为主和、主守、主战三派,坚决主战的唯有一二人而已。在朱熹看来,主和、主守没有什么分别,他要求孝宗尽快罢去讲和之议,使天下人都知道朝廷复仇雪耻的本意。这种声音在满朝主和的合唱中实在是太微弱了。孝宗一面听着朱熹的慷慨陈词,一面派人同金议和。朱熹在临安待了两个多月,一事无成,这时候老师李侗去世的消息传来,于是朱熹在愤激与悲痛中失意而归。次年宋金隆兴和议达成,朱熹只有空自浩叹:"迷国嗟谁子?和戎误往年!腐儒空感慨,无策静狼烟!"

和议之后,乾道元年(1165年)四月,朱熹被召入京任武学博士,结果到任不久就与主和派发生了激烈的冲突,他抨击和议道:"现在最根本的大患在于讲和。坏我国家恢复大计的,是讲和!坏我边陲防御的,是讲和!沮我民忠义之心的,是讲和!忘宵旰之忧而养成异日宴安之毒的,是讲和!讲和之祸,岂可胜言!"朱熹再也忍受不了京城苟安的气氛,一个月后,朱熹请得祠官,再次愤然离京。这一去就是十四年。

朱熹从19岁起科举中第,少年得意,然而在高、孝时期习于苟安的时代里,他的主张得不到重视,他的仕途也充满挫折,他宁肯固穷山林,也不愿意违道干禄蹈利,以自己的立身行事印证了一个道学家的品格。在接下来的这十四年中,他在政治上继续自甘淡泊,在学术上却勇猛精进。清算湖湘派,大体上建立起自己的理学体系。他的政治主张不能施之于政,而他的学术主张却有着强大的冲击力。为了宣传自己的主张,建立自己的学派,朱熹同当时的众多儒学大家如张栻、吕祖谦、陆九渊等展开了一系列的论战,并在论战中取长补短,不断充实自己的学说。当淳熙六年再次出山时,50岁的朱熹实际上已经成为完成了《四书集注》、建立了自己的理学体系和学派的旷世大儒了。

再次出山

其实在这十四年中,朱熹并没有忘怀政治。正如朱熹在隐居期间所做的《感怀》诗所言:"经济夙所尚,隐沦非素期。几年霜露感,白发忽已垂。"在砥砺学术、著述讲学的同时,他也关心着朝廷的局势和地方政事。学术上的老朋友张栻要入朝,他就献上自己关于改善朝政的意见。在地方事务上,他曾经在崇安的开耀乡设立社仓,解决凶年饥荒之患。又曾在灾年向建宁长官进献切实可行的赈济之法,但有功不受赏。所以朱熹常常是人在江湖,心忧朝廷,不在其位而谋其政。朝廷其实也不断地在征召朱熹入朝,但朱熹审时度势,屡屡推辞了。他认为在小人当道的时候,自己出山无益于治,而且自己性格耿介,不肯与时俯仰,所以宁愿退藏。

淳熙四、五年间,朝中形势发生了变化,连续几任宰辅都极力想请大儒朱熹出山为官。五年三月,曾做过孝宗老师的史浩做了宰相,一上台就荐引了吕祖谦、张栻、朱熹等理学名家。他对吕祖谦说道:"我第一想起用的就是朱元晦,然后才是其他诸贤。"他希望吕祖谦能向朱熹转达这个意向。在考虑给朱熹的官职时,参知政事赵雄建议道:"不如先任命为外官,待之以诚。"他们考虑到朱熹此次出山,肯定又要多发议论,所以就先处之以外郡,任命朱熹知南康军(今九江星子),直接赴任,不必进京。朱熹果然请辞。宰辅们纷纷劝慰,吕祖谦也写信道:"就是孔夫子在世,恐怕也得勉力出山。现在是使世人见到儒者之效的时候了。"诗人王质也在诗中写道:"晦庵今年登五十,晦庵不急苍生急。"在推辞达半年之久以后,淳熙六年三月朱熹才接受了任命,赴任南康。大儒终于出山。

朱熹上任伊始,就宣布了宽民力、敦风俗、砥砺士风三条施政纲领。宽民力的具体体现就是减免百姓赋税。南康军所属有星子、都昌、新昌等三县,星子人少地荒,朱熹决定从星子入手。他上书给朝廷请求蠲免星子县的税钱,结果遭到了反对,此后一直到他离任南康,先后六次请求减税都没有得到同意。于是朱熹又上书请减三县木炭钱,结果福建漕司出面反对,气得朱熹写信大骂了一顿。接着朱熹又谋求减免百姓当年的秋粮缴纳,也没有成功。大儒刚刚出山不久,就遭受如此挫折,朱熹感到无可奈何:"平生读书,就是要做对百姓有利的事情,现在到这里,却连这几件事都做不到!"

朱熹想要有番作为,不免触犯豪强之家的利益,而朱熹向来疾恶如仇的性格使他根本不避权贵。有一次一名贵胄子弟在大街上马踏一小孩,朱熹正在学校,命令送到军院审讯。晚上朱熹返回时,有吏员报告,已经拷问完毕。朱熹到军院查看,结果发现那人衣服光鲜,根本不像拷掠过的样子。大怒,第二天就将此人与吏一块儿杖脊。还有一名豪右纠集乡民报复仇人,被朱熹处以编管。朱熹对南康豪强的强硬打击,终于导致了流言纷纷,受到了"治财太急,用刑太过"的攻击,指责他在南康的所作所为是"苛政",这也使得朋友们为之担心,连吕祖谦都写信给朱熹劝他在打击豪右方面谨慎从事。但倔强的朱熹不以为意,他上书朝廷,如果不论是非,那就罢免好了。

为了敦厚风俗，朱熹充分发掘了南康一地的历史资源，为前朝忠臣烈士立庙修墓，重建白鹿洞书院，旌表义门节妇，并宣讲《孝经》，提倡儒家礼仪，抵制佛教影响等等，通过这些手段来倡导忠孝节义。其中白鹿洞书院的重建尤其是朱熹整顿教育、振作士风的最突出的成就。

白鹿洞在庐山五老峰南，因唐末李渤在此隐居读书时，养鹿自娱而得名。南唐时在这里建立了学校，称为庐山国学，成为当时的文化圣地。入宋后不久洞主将南唐朝廷给学校的学田捐献了出去，书院从此就衰落了。到了南宋后更是连地基都找不到了。朱熹通过樵夫找到了书院废址，很快修复了书院，盖了20多间学舍，并增置了学田，请朝廷赐了书院洞额。书院不可无书，朱熹除了向朝廷请赐九经之外，又写信给江西各地的同僚好友求书，并由此认识了为书院藏书帮忙的大诗人陆游。朱熹自任洞主，并为书院讲了第一次课，以后每逢假期都到书院同学生们一起讨论。朱熹为书院制定了著名的《白鹿洞书院学规》：

五教之目：父子有亲，君臣有义，夫妇有别，长幼有序，朋友有信。

为学之序：博学之，审问之，慎思之，明辨之，笃行之。

修身之要：言忠信，行笃敬，惩忿窒欲，迁善改过。

处事之要：正其义不谋其利，明其道不计其功。

接物之要：己所不欲，勿施于人。行有不得，反求诸己。

书院的学规体现了朱熹的以伦理道德为本位的教育理念，也成了此后中国古代后期的通行的教育原则。

朱熹在白鹿洞书院开讲的第二天，孝宗下达了地方官就民间利病上言的诏书。朱熹终于有了一个可以给孝宗上书、畅所欲言的机会，他决定不管只就"民间利病"上书的规定，继续向皇帝宣扬他的正心诚意之学，因为在他看来，君心正否，是所有一切问题的核心，"从头到尾只是此一个病根也。"朱熹对这次上书的后果也做好了充分的准备，就是卷好铺盖卷回家。他给吕祖谦写信道："生死祸福，全在圣上，自己已不能做主。现在只有三五担行李和一两个外甥，走人也不费力，就等着屏住呼吸承受雷霆之威了。"

朱熹在上书里历数朝政、军队之腐败和社会问题之尖锐，然后将所有这些问题的根源都指向了孝宗君心不正，用人不当。最后朱熹说道："莫大之祸，必至之忧，近在朝夕，而陛下独未知之。"孝宗果然大怒。这时候曾经推荐过朱熹的宰相赵雄道："以天子之贵，何必跟一个狂生过不去。如果治他的罪，反倒是助他成名。不如留用，时间长了，能否自见。"参政周必大以及吏部侍郎赵汝愚等极力救解，孝宗这才放过朱熹。

说来也巧，就在赵雄以留用察看为名救解朱熹的时候，南康的一场特大旱灾的到来迅即证明了朱熹的能力。在朱熹上书不久，南康遭受连续干旱，"禾苗数十里无一穗可收"，朱熹从减负和赈济两个方面展开救灾。朱熹对于给农民减负和救灾本来就有不少的想法和经验，在此次救灾中，朱熹在争取朝廷蠲免一些赋税之外，还制定了严密的救灾措施，防止奸商、豪右的趁火打劫，而且还实行了以工代赈的方式。在朱熹的努力下，南康终于平稳度过旱灾，而且他赈荒的成功措施也被推广到了其他的地区。朱熹一展儒者之效,赢得了从百姓到孝宗的赞誉。八年三月,朱熹因为赈荒有功迁为提举江西常平茶盐公事,九月,因为浙中发生特大水旱灾,新任宰相王淮推荐朱熹,于是改为提举浙东。

六 劾仲友

淳熙九年初,朱熹来到浙东就任。为了调查灾情,推行赈荒措施,朱熹开始巡历各州。在巡历中他发现由于贪官污吏和豪强的阻挠与破坏,赈济活动中黑幕重重,如有的地方官员漏报饥民数额,有的官员侵吞赈济钱米等等。朱熹向朝廷奏劾了这些赃官奸吏,但很多却依靠同朝廷要员盘根错节的关系逃脱了惩罚,而朱熹却横遭中伤。朱熹义愤填膺,就上书举荐自己的宰相王淮,指责王淮身为宰相,不以荒政为急,"忧国之心,不如爱身之切"。这时候希望"安静"的王淮还能够容忍,然而在朱熹接下来的弹劾中,王淮再也无法回避了,因为朱熹这次弹劾的是台州知州唐仲友。

唐仲友字与政,号悦斋。进士出身,博学多闻,著有《帝王经世图谱》等,以经制之学著称,是当时较有名气的文人。然而同时满口仁义道德的唐仲友又是一个劣迹斑斑的赃官,朱熹的奏状给我们提供了宋代官僚士大夫文人学者背后的另一面。

七月十六日,朱熹启程巡历台州。在一路上朱熹看到两拨共四十多人的台州饥民扶老携幼逃荒外地,经查访从中了解到了知州唐仲友不积极救灾和贪婪酷虐的大量事实。

唐仲友与宰相王淮是同乡,他的弟妻是王的胞妹,因此唐家跟王淮是姻亲。朱熹提举浙东又是王淮所荐,对朱熹来说,要弹劾唐仲友就显得格外艰难,但朱熹并没有犹豫。在了解到大量的情况后,十九日,朱熹还没有到达台州界,就写出了弹劾唐仲友的第一状,指出唐仲友不积极救灾,反而更加刻急地催督赋税,以及在任上有很多不公不法之事。二十三日,朱熹到达台州,又写了弹劾唐仲友的第二状。经过审讯相关人等,朱熹获得了唐仲友更多的犯罪证据,于是在二十七日,上弹劾唐仲友的第三状,分残民、贪污、结党、淫恶等四个方面,全面揭露唐仲友的违法犯罪行为24条,并请求将唐仲友先行罢黜。八月八日,上弹劾的第四状,继续上奏唐仲友不法事及藏匿伪造官会人蒋辉事。唐仲友为了隐瞒罪证,还将本州的公库文书给藏了起来,拒不交出,不过还是被人发现了一些漏下的草簿。

在朱熹上奏状的时候,唐仲友也上了自辩状,声称朱熹"搜捉轿檐,惊怖弟妇王氏,心疾甚危。"此王氏,即王淮之妹。王淮将朱熹的奏状连同唐仲友的自辩状一起交给孝宗看,孝宗感到难以分辨,就问王淮,王淮道:"朱主程学,唐主苏学,秀才之间争闲气罢了。"王淮知道孝宗崇苏学,所以才这样解释,把一场严肃的政治斗争轻描淡写地说成是两个文人之间的学术之争。孝宗果然信以为真,唐仲友逃过一死。本来惶恐不安的唐仲友得到了来自王淮的消息后,重新变得有恃无恐,竟然派遣吏卒冲入关押人犯的司理院大打出手。然后又遣人通知说朝廷已派浙西提刑前来审理,现在不能给相关人等结案。八月十日,朱熹立即上了第五状,对这些事情提出疑问,指出唐仲友气焰重新嚣张,是因为党

援众多,有后台,矛头直指王淮。提出要么罢黜唐仲友,要么治自己的罪。八月十四日,果然有命令下达将这个案子交给浙西提刑来管,不准朱熹再过问此案。王淮更为阴险的是又宣布罢免唐仲友江西提刑的新任命,改任朱熹。这给人造成了朱熹弹劾唐仲友目的不纯的假象。朱熹直到九月初才得到自己改命的消息,于是又上了第六状,详细揭露了唐仲友贪污和造假钞的罪行。当然这都已经没有什么用处了。几天之后,朱熹请求辞职,然后不管朝廷同意与否,就飘然南归了。唐仲友之案遂不了了之。

朱熹弹劾唐仲友的原因后人有种种说法。有的说是因为吕祖谦与唐仲友不和,有的说是朱熹的朋友陈亮与唐仲友不和,所以朱熹为朋友报仇,这才弹劾了唐仲友。也有的说是朱熹自己与唐不和,还有的说是朱熹受人挑拨离间。实际上我们看到朱熹做了大量的调查,审讯了大量的相关人犯,在弹劾唐仲友的奏状里,他所揭示出的唐仲友结党营私、贪赃枉法、荼毒百姓、生活腐败等等罪证可以说是触目惊心,其贪污公款的手法也令人叹为观止。他对唐仲友的弹劾证据确凿,完全是出于对于贪官污吏的痛恨而秉公办事,一查到底。

在朱熹的第三次弹劾状里,提到了一些与唐仲友沆瀣一气、为虎作伥的娼妓,其中有被唐仲友包养的严蕊。在朱熹将她们也捉拿归案后,她们很多都招认了自己与唐仲友勾结的罪行,其中唐仲友贪污的公款有好多就是花在严蕊身上。然而就是这样一朵生长在肮脏的官僚文化肌体上的恶之花,仅仅在十几年之后就被演绎成了勇敢面对酷吏的才情冤女。

朱熹弹劾唐仲友的十三年后,朱熹的政敌洪迈在自己编写的《夷坚志》中,记载了一个严蕊的故事,大致意思是:台州官妓严蕊才艺双全,为知州唐仲友所看重。朱熹弹劾唐仲友时,逮捕严蕊下狱,对严蕊施加酷刑。后来岳霖为提点刑狱,到台州时,严蕊上状自请。岳霖令严蕊作词,严蕊应声而作:"不是爱风尘,似被前身误,花落花开自在时,总是东君主。去也终须去,住也如何住,若得山花插满头,莫问奴归处。"岳霖当即判严蕊从良。

不管是在朱熹的劾状,还是洪迈的记载里,严蕊到底有何才何貌都没有明确的记载,这毕竟令无聊文人颇感不足。到了南宋晚期终于出现了形象丰满的严蕊形象,同时也有了令人生厌的道学家的形象。在周密《齐东野语》里所记载严蕊的故事里,严蕊已经是能诗词,通古今,琴棋书画、丝竹歌舞无所不精,色艺冠一时,"四方闻其名,有不远千里而登门"的名妓。她先是为唐仲友赏识,后又被一谢姓土豪包养了半年。朱熹弹劾唐仲友的时候,就指称他与严蕊有奸情。严蕊系狱月余,虽备受棰楚,但绝不诬陷唐仲友,因此又不免受杖。有狱吏看不下去,就劝道:"你早认了,顶多就是杖罪,何必遭受这种痛苦?"严蕊回答道:"身为贱妓,纵是与太守有滥,也不至死罪。然是非真伪,怎可妄言以污士大夫,虽死不可诬。"严蕊的回答很坚决,于是再痛杖之,委顿几死。后来的故事就跟洪迈的大体相同,严蕊作《卜算子》词后,岳霖将她放良,不过多了个严蕊被赵氏宗室纳为小妾的最后结局。

这两个故事里,除了名字是真的外,其他几乎都是假的。那首系在严蕊名下,至今流

传不衰的《卜算子》分明就记录在朱熹劾奏唐仲友的第三状里,是唐仲友的表弟高宣教在一次宴会上为严蕊所作。高宣教为什么要做这么一首词呢?据严蕊交代,唐仲友打算给严蕊落籍,先将严蕊送到婺州永康市亲戚家,并对严蕊说道:"如果在那里住得不好,就来投奔我。"后来唐仲友又将她送到黄岩暂住。"去也终须去,住也如何住"准确地道出了名分不正的严蕊当时所处的尴尬境地和复杂心态。谁会想得到脍炙人口的《卜算子》背后隐藏着一个不折不扣的赃官名士狎妓的真实故事?

如果没有朱熹的劾状,也许人们永远不会知道严蕊何许人,然而在多年以后,严蕊却成了既有情,也有义,既美丽,又坚强的女词人,她的作品和她的故事永远留在人们的心里,直到现在。与此相对的则是,那个疾恶如仇,勇于揭露贪官污吏和官场黑幕的大儒朱熹则成了罗织罪名的酷吏。才子佳人的故事更容易勾起人们的艳羡与想象,口诛笔伐道貌岸然的理学家不但比探究历史的真相来得容易,而且更能够显示出自己的怜香惜玉和正义凛然。于是终生秉持了最高道德规范的道德哲学家却饱受正义的人们最无情的道德评判,卑鄙成了卑鄙者的通行证,历史就是如此吊诡。

大儒出山不满四年,亲自体验了官僚制度的腐败,感受到了在这个世风日下的社会里自己一己力量的微弱。朱熹说:"我就是要试一试自己到底有多大的力量,现在试过了,真是长见识啊。"他越发相信,在这个官僚腐败、物欲横流的社会,如果法制坏了还可以更改,如果人心坏了,那整个社会也将不可救药,而挽救人心,改变风俗,唯有靠儒家伦理道德。

三度出山

浙东之行铩羽而归后,"归来犹幸此身轻",朱熹建武夷精舍,继续读书讲学,一晃又是六年。期间朱熹连续做了几任祠禄官,尽管俸禄微薄,生活清苦,但朱熹倒也不以为意,"名教众自有乐处"。淳熙十四年(1187年),朝廷任命朱熹主管南京鸿庆宫的祠官,而南京实际上在金人占领之下,宫中还有神宗像。这样的一个任命,怎能不触动朱熹心事,"旧京原庙久烟尘,白发祠官感慨新。北望千门空引籍,不知何日去朝真?"

这个任命之后过了不久,由于著名诗人杨万里向新任宰相周必大的推荐,朱熹又被任命为江西提刑。朱熹听说孝宗还是念着他,士大夫也有很多推荐的,才有这次任命,不禁感到这是一个机会,但又觉得事情恐怕难尽如人意,"脚甚涩,懒向前。"当陈亮劝他出山的时候,他回信道:"再过几天,就是60岁的人了。最近刚刚种了几畦杞菊,若一脚出门,就吃不着了,这可不是小事。奉劝老兄别撺掇我了,留取闲汉在山里咬菜根,与人无争,了却几卷残书吧。"但朱熹四上辞呈都被拒绝。同时在这一个过程中,朝廷形势发生了有利于理学派的重要变化。十月,高宗去世,早有恢复志向的孝宗终于从高宗的阴影中走了出来,王淮渐渐失去信任,周必大受到重用,朱熹终于决定二度出山了。

十五年五月朱熹到达京城,六月初七,拜见了孝宗。八年多未见的君臣二人,在这次

相见中首先提到的就是浙东之事。孝宗道："浙东救荒费心了。很久不见，浙东那件事情我自己有数。现在当处卿以清要之官，不会再以州县相劳了。"第二天，朱熹就接到了到兵部任职的诏书。朱熹在这个职位的顶头上司是福州福清人林栗。林栗，字黄中，在7天前刚刚与朱熹有过一场很不愉快的学术辩论，为此朱熹不愿意与林栗共事，就以足疾为由请辞新命。于是林栗立即上书弹劾朱熹本无学术，欺世盗名，故意不肯就任。孝宗就采纳了周必大的建议，仍以朱熹为江西提刑，朱熹坚决请辞，于是再为祠官。朱熹的再度出山因为林栗的阻挠还一事无成就早早地结束了。

几个月之后，孝宗再召朱熹进京，朱熹在上书辞免后，又写了一封长篇奏疏。朱熹认为，用其人不如用其言，自己即使进京，所说的也不过就是这些。这就是著名的《戊申封事》。到朱熹的奏疏递到宫中后，已经是深夜，孝宗本已就寝，急忙又点起蜡烛，一口气读完了这封近两万言的奏疏。在这篇奏疏里，朱熹将恢复作为一个长远目标提出，其论政的核心在于改革内政的六大当务之急，这也正与孝宗的想法一致。在第二天，孝宗下诏任命朱熹为崇政殿说书，意在让朱熹辅佐太子。但朱熹鉴于当时周必大推荐理学派的活动遭受挫折，多名理学派官员被劾的局势，没有接受这次任命。三个月之后，淳熙十六年二月，孝宗内禅，光宗即位。

光宗朝受重用的宰相留正为了争取道学力量的支持，亲笔写信邀请朱熹出山，而就在此前不久，留正刚刚清除掉了道学人士极力反对的近习姜特立，这使得他赢得了朱熹的高度信任，因此在十一月，朱熹终于应留正之请接受了知漳州的任命，三度出山。

在漳州，朱熹深感土地兼并、租税不均之害，请求推行经界，重新丈量土地，编制账籍，按籍纳税。然而一切准备就绪，就等中央下令实行的时候，这命令却迟迟不下。朱熹对这种官僚作风气愤之极，对学生说道："碌碌无为，可以做到公卿；只管纵容富人收田置田，让贫者纳税，便是好牧守！""现在的人都是如此见识短浅，有个天下国家，却无一人肯以天下为己任！"当行经界的诏令下达时，已经是春耕时节。朱熹只好再为秋收农闲时实行经界做准备。绍熙二年（1191年）正月，朱熹长子朱塾病卒，朱熹请求离任奉祠。十月，漳州进士吴禹圭上状诉称经界扰民，结果朱熹为之筹划了一年的漳州经界失败。愤怒的朱熹写信批评留正表面上支持经界，却在暗地里阻挠，"以后决不再登相公之门！"朱熹连续三次出山，"一出而遭唐仲友，再出而遭林黄中，今又遭此吴禹圭"，仕途多蹇，志不能伸，不禁仰天长叹造化弄人，再一次归隐山林，卜居考亭。这次出山仅供职一年。

一年以后，杨万里也罢官。他写信给朱熹说从此以后要退隐山林，畅游武夷山水。朱熹表示，如果真能那样，当然是再好不过，"但恐功名迫逐，不暇赴此寂寞之期耳。"他担心杨万里耐不住山林寂寞，早晚会出仕。然而到了明年年底，当宰相留正推荐朱熹担任荆湖南路安抚使时，不能忘世的朱熹却再度应召出山了。

光宗即位以后，由于李皇后和左右近习的挑拨，加上自身的病情，他同已退居重华宫做太上皇的孝宗严重不和，并不再去朝拜孝宗。这引起了朝臣们旷日持久的谏净和对近习的弹击。绍熙四年五月，光宗准备召用近习姜特立，众多朝臣上疏反对都失败了，这时候朱熹曾经反对过的宰相留正不惜以140多天的罢工来抗议，终于迫使光宗停止召回姜

特立。留正的这一壮举再度赢得了道学派的信任,他对道学人士的大量荐引,也使得道学派在朝中的力量空前壮大。正是这样的一个形势才使本来决心归隐的朱熹动摇了,他觉得此番形势转折,是在朝理想的方向发展,决定"勉强一行",同时,他又反过来劝正在享受归隐之乐的杨万里"不能以乐天知命之乐,而忘与人同忧之忧",希望杨万里也能够同自己一起复出。

朱熹在绍熙五年五月到达潭州之后,就着手整顿吏治和清理狱讼。潭州本来形成初一、十五不接待办事人员的惯例,有的甚至十天半月都不见客。朱熹很看不惯这种作风:"不知道出来接待一会儿,有什么辛苦的?让别人等得久了,或者有急事想离开却又走不了,那时什么心情?这种人真是不仁之人!"于是下令每天都要接见来访者。对于狱讼,朱熹坚决反对不分是非善恶,一味从宽的处理方式。朱熹曾捉到一个姓张的恶霸,在审理的过程中,发现此人凶恶不可言:他家门前有一木桥,商贩从桥上过,只要用挂杖挂其桥,必捉来吊打。朱熹认为这种人"若不痛治,何以惩戒!"据说不久朱熹在离任的时候,不顾新君即位天下大赦,仍从牢中提取了十八名这样的恶棍处死。

几乎与朱熹在潭州努力刷新政治的同时,朝中却接二连三发生重大的政治变化,从而也深刻影响了朱熹个人的整个晚年生涯。

落职罢祠

绍熙五年(1194年)四月,当朱熹还在去潭州的路上时,孝宗病重,尽管大臣们苦苦哀求,光宗仍然不为所动,拒绝去重华宫看望病重的父亲。六月九日,孝宗病故于重华宫。即使到了这种时候,光宗仍然不肯去重华宫,丧事也无人主持。临安城为骚动不安的情绪所笼罩,好像预感到有什么不祥的事情要发生,很多权贵、富商,甚至朝臣都在做着逃离京城的准备。六月中旬,叶适找到留正,提出既然光宗有病在身不能为孝宗发丧,请让太子参决政务。留正不敢做主,竟然偷偷溜出京城躲到外边去了。七月五日,副宰相赵汝愚在外戚韩侂胄和宗室赵彦逾等人的帮助下请出来高宗的皇后主持大局,搞了一幕内禅,光宗退位,其子赵扩即位,是为宁宗。

有定策之功的赵汝愚升任宰相,成为道学派的核心。在赵汝愚的推荐下,宁宗召朱熹入京议事。宁宗早在读书时就已经熟知朱熹的大名,因此在不久后他亲自开列的十人的经筵讲官名单中,朱熹赫然名列其中。一生都在梦想着"得君行道"的一代儒宗朱熹终于在垂暮之年像他素来敬佩的程颐一样成为帝王师。

朱熹对于宁宗的钦点讲官有点受宠若惊了,他认为当今圣上如此好学,有求治的愿望,自己是"义不可不一往",朋友们也对朱熹的这次进京充满厚望。"今日之事,非大更改,不足以悦天意,服人心。"当朱熹还在进京的路上时,便已经在筹划助新君施政的方略了。

然而就在朱熹踌躇满志的时候,陆续传来的其他消息,却令朱熹稍感不安。外戚韩

侂胄已露专权之迹象,当宰相留正对宁宗宠信韩侂胄提出反对时,却又引起了宁宗的不快。八月二十日,光宗以内批将宰相留正罢免。别人都在赞叹新君英明,朱熹却产生畏惧之感。有学生问:"留正当逐,何惧之有?"朱熹回答道:"大臣进退当以礼,怎可如此轻易?派人晓之以理,让他自己请辞,然后允许,这样才得体。人主新立,怎可诱导他轻逐大臣?"作为天子,不能正心诚意,这正是朱熹所担心的。九月底,朱熹到达了临安城外,在距城二十里的六和塔待命。这时候,朝中的一大批道学派官员都赶过来相见,就朝中动向商议对策。朱熹也没有好办法:"我们现在如同几上之肉,哪能管得了这么多!"在朱熹看来,他们根本无法同韩侂胄等人直接对抗,只能寄希望于宁宗,而这也正是自己的帝王师身份意义所在。所以尽管项安世认为"莫遣晦翁闻世事,怕教兴尽却思回",朱熹自己还兴致正浓。

十月二日,朱熹入临安,十日正式就任,开始了自己的立朝生涯。十四日,朱熹给宁宗上了自己作为帝王师的第一课,讲的是《大学》。朱熹告诉宁宗,要时刻记着"以修身为本",每出一言,每行一事,都要反省一下是否对自己的修身有害;每当夙兴夜寐之际,都要反省今天对于父母有没有做得不够好的地方。朱熹希望,能够通过君主自身修养的提高来防止权力的滥用。

按照惯例,正常情况下经筵是两天一进讲,早晚各一次。朱熹觉得这样不够,就像修身不可一日无一样,帝王学术也是要天天讲,因此请求改为每天早晚都讲。宁宗竟然同意了朱熹的请求,这令朱熹大感欣慰:"圣上是可与为善之人,如能常得到贤者辅导,天下就有望了!"而天下大贤,又舍我其谁呢?

十月二十三日,朱熹第三次进讲。讲完之后,朱熹向宁宗面奏了四件事情。这四件事情全都是对宁宗的批评。第一件事是批评宁宗大兴土木,修造宫室三百间;第二件是批评宁宗对太上皇孝心不够,希望宁宗下诏自责,向太上皇请罪;第三件事是批评朝廷纲纪紊乱;第四件事是关于孝宗陵址的选择。其中尤其以第三事为朱熹这次上奏的主要问题。他严厉批评了宁宗即位数月的朝政之失,指出君主不能遵守法制,独断专行,即使处理得当,也是不应该的,因为这是遗患将来;独断的背后更有左右近习如韩侂胄辈的盗窃政柄。朱熹对宁宗和韩侂胄的批评,撕开了以前经筵之上君臣之间那层温情脉脉的面纱,更引起了韩侂胄的嫉恨。韩侂胄指使优伶峨冠博袖,扮成朱熹的样子,戏于宁宗之前,借以丑化朱熹,而宁宗内心里也已经开始厌倦朱熹了,他受不了朱熹每次讲课的说教,尤其受不了朱熹总是愿意就职分外的事情指手画脚,发表意见。

闰十月十九日晚上,是朱熹的第七次课。朱熹再次强调了《大学》的正心诚意之说,批判宁宗言行不一,讲完之后,又再次重申以前所陈四事,请求宁宗付诸实施。宁宗终于无法再忍受了。朱熹刚刚退下,宁宗就发出了驱逐朱熹的"内批":"方此隆冬,恐难立讲,已除卿宫观,可知悉。"韩侂胄知道这个内批如果按照正常手续发下,一定会遭到大臣们的阻拦,于是就派宦官直接送到了朱熹的手里。朱熹当然不会赖着不走,当即就上了《谢御笔与宫观状》,表示对宁宗冷惜自己衰病余年,感恩之至,当天就迈出国门。满打满算朱熹立朝仅46天,就帝师梦碎,黯然去国。

朱熹被逐，举朝震惊。第二天开始，道学派官员纷纷上书，批判宁宗乱政，请求复留朱熹。但宁宗只是任命朱熹知江陵府，拒绝朱熹返朝，而绝望的朱熹也坚决不受新命："这次就是死也不出！"朱熹准备"永弃人间事，吾道付沧州！"然而，真正的劫难才刚刚开始。

当道学领袖朱熹被逐出京城之后，道学派的政治领袖赵汝愚也岌岌可危了。韩侂胄苦于没有赵汝愚的把柄时，有人献策道："他是宗姓，就说他谋危社稷，就可以一网打尽了。"于是从第二年，庆元元年（1195年）正月开始，韩侂胄指使党羽谢深甫、何澹、刘德秀等连续弹劾赵汝愚以宗姓居相位，对社稷不利，终于迫使汝愚罢相。接着，道学派成员相继被罢。四月，六名太学生，后来被称作"六君子"，因为上书为汝愚以及太学中被罢的老师鸣不平而被逮捕。六月中旬，太学当中的四名教师又接连被弹劾去职，朝中的道学派官员已经是寥寥无几了。从六月底开始，这些被朱熹称为"新贵"的当权者又开列了一个46人的道学邪党名单，打出了反"伪学"的旗号。一时间，风声鹤唳，朱熹预感到更大的迫害就要来临了："时论日新，汝愚等人，必将另有贬斥，只是不知道贬谪的轻重远近罢了。"到了十一月，新贵们果然开始发难。赵汝愚曾"梦孝宗授鼎，背负白龙升天"，于是监察御史胡纮弹劾赵汝愚"倡引伪徒，谋为不轨，乘龙授鼎，假梦为符"的"十不逊"大罪，赵汝愚被贬到永州（治所零陵，今永州市），又有人上书请斩汝愚。第二年的正月，赵汝愚在途中经过衡阳时发病暴卒。三月刘德秀等人借科举考试上疏请禁绝"伪学"，并不点名地将朱熹称为"伪学之魁"。在这一年的科举中，凡文章稍涉"伪学"的都被黜落。朱熹等众多理学家的著作遭到毁版，叶适等大批"伪徒"或罢或贬。这时候一些假道学、理学家的伪信徒开始显出本性，或者媚事新贵，或者另选老师，或者变易衣冠，以同"伪学"划清界限。朱熹对学生说道："以前还担心来求学的真伪难辨，现在朝廷如此锻炼一番，鱼目混珠之徒，再也无法掩饰了。"反"伪学"的目标最终必然指向"伪学之魁"朱熹，但朱熹知道在这文化迫害的大网笼罩之下，任何人都无处可逃，"死生祸福，早已置之度外"。十二月，新贵们终于将矛头直接指向了朱熹，新任监察御史沈继祖上疏弹劾朱熹不忠、不孝、不仁、不义、不公、不廉等"六大罪"。

沈继祖弹劾这个弹疏的真正作者是胡纮。朱熹在武夷精舍讲学的时候，胡纮前往拜谒。朱熹与学生们共食的一直都是糙米、茄子，也就以此招待胡纮了。胡纮很不高兴，回去后对人说道："这不是人之常情。一只鸡、一杯酒，山中应该还是有的。"从此对朱熹怀恨在心。他在做了监察御史时写成了此奏疏，后来因为改官，才将此疏交给了沈继祖上奏。这所谓的六大罪全都是捕风捉影、罗织罪名。比如第一条朱熹不孝，证据是建宁米白，闽中第一，而朱熹只让母亲吃仓米，不给建宁白米吃。胡纮和沈继祖大概不会不知道，建宁白米固然好，却不是老百姓天天都能吃得上的。还有说朱熹图谋霸占建阳市学风水宝地为葬地之类，更是纯粹的诬陷。就是这样看似荒唐的构陷竟然冠以"大罪"之名堂而皇之地上奏，也算是今古奇观了。

而更令人称奇的还在后面。在六大罪之外，沈继祖又罗列了一大堆的罪名，如朱熹的儿子盗牛宰杀，婚嫁必择富民，收徒必引富家子弟，发掘别人坟墓以葬其母，引诱尼姑

二人为妾等等。对于以宣扬修齐治平忠孝仁义为己任的道学家朱熹来说，以上罪名无疑是最恶毒的攻击了。当落职罢祠的小报送到来时，朱熹正在与学生们讲论，朱熹看了看后，不动声色，继续上课。朱熹对此已经不屑于一辩了，在谢表中，朱熹说对他的弹劾是尽发阴私，骇人听闻，这么严重的罪行，真是众恶交归，群情共愤了。然后朱熹不无揶揄地写道："自己年老昏聩，竟然不知道自己有这么多的罪恶。"后来又有诏书只落职，仍为前官，朱熹又上谢表道："贪夺朋友之财，纳女尼为小妾，改县学为寺庙之类，想必都已经考察属实，不是诬陷，没想到却给予保全，仍居散官，都是靠皇帝陛下仁义啊。"在私下的通信里，朱熹则是义愤填膺地说道："这些人一点都不想想自己是什么东西，竟然敢这样，真是可怜可笑！"

也许是出于对朱熹四朝老臣的顾忌，被弹劾了诸多大罪的朱熹只是被罢官，免遭流放，而他最好的学生和朋友蔡元定则难逃厄运。在朱熹落职罢祠的同时，普通士人身份的蔡元定却被流放道州（治营道，今道县）。有个学生算了一卦道："先生无虞，蔡所遭必伤。"第二天，朱熹带领弟子们为蔡元定送行，元定作诗告别："断不负所学，此心天地知。"这一天，朱熹罕见地喝了个酪酊大醉。第二年八月，蔡元定病故于贬所。尽管新贵们还没有置朱熹于必死之地，但对于道学的打击则变本加厉了。三年二月，下令"凡是权臣之党，伪学之徒，不得除在内差遣。"闰六月党羽刘三杰上书言："前日之伪党，至此变而为逆党，防之不至，必受其祸。"于是前宰相留正被贬邵州（今邵阳）。九月又下令地方长官荐举改官，必须声明自己"非伪学之人"，参加科举考试的士子则必须在家状上标明"确实不是伪学"才准进考场。在这种情况下，不免有学生把持不住，背弃师门而去。朱熹写信勉励他人："风力愈劲，而此一等人多是立脚不住，千万更加勉力，以副所期。"十二月二十九日，"伪学"之禁达到顶点，一份五十九人的"伪党"名籍终于出炉。病中的朱熹写信问田澹："听说道学党籍已出，我颇居前列，不知是出自谁手？其他人还有谁？"其中宰执四人，以赵汝愚为首；待制以上十三人，以朱熹为首；其他文官三十一人；武臣三人；士人八人。

党籍的确立对于道学派的打击是沉重的。庆元四年春间，病魔缠身的朱熹大病六十多天，几乎不起，都做好了托付后事的准备。更令朱熹伤感的是故交渐零落，有的死于贬所，更多地在困境中郁郁而终。其他有的再遭贬斥，有的杜门不出，"其他吾人往往藏头缩颈，不敢吐气。"无情的政治压迫竟然使得这些学高身正的儒学信徒变成了这般模样，朱熹感到自己晚年碰上的真是一个可悲又可笑的时代。大病不死的朱熹默念平生遭遇，不禁越发怀念起孝宗来。当初孝宗去世时，曾经下诏书规定近臣可以进挽歌，朱熹本想为孝宗写一首挽歌，可是仅仅写了四句就写不下去了，等过了几天之后心情稍平静些的时候，他却被罢职东归，失去了写挽诗的资格了。现在身处党禁中的朱熹越想越是不能自己，于是取出旧稿，恭恭敬敬地续完了这首《孝宗皇帝挽歌词》，"以明孤臣无状，死不忘君之意。"在挽词里，朱熹高度评价了孝宗欲恢复中原的志向和赍志以殁的遗憾，诉说了君臣际遇的经过。在这个凄风苦雨的时刻，朱熹对孝宗的追念，实际上便是对现实政治的否定。

虽死犹生

道学家的苦难和文化的禁锢时代,也必然是道德沦丧、物欲横流的时刻。韩侂胄和他的党羽们借助伪学之禁,清除了政治上的反对派,全面掌控了朝政。朱熹反对了一辈子的近习专权在他的晚年却眼看着变成现实。庆元五年九月,韩侂胄封平原郡王,其权力、地位如日中天,"求进者纳忠不已",其中也不乏无耻文人和道学叛逆。如本有道学声誉的许及之,在韩侂胄生日的时候,晚来一步,便从旁边的小洞中钻了进去,成了臭名昭著的"由窦尚书,屈膝执政"。韩侂胄的气焰甚至使朱熹也随时感到危险的存在,他对学生们说道:"我现在的头颅就好像是粘在脖子上的一样。"但处在严厉的党禁之中,仍不乏学子前来求学,又使朱熹看到希望所在,他写信给黄干:"近些年来道学为世所排斥,但年轻人中向学的依然不少,这真是天意!"

朱熹最担心的还是自己大量学术著作的整理:"但恨目前文字可以随分发明圣贤遗意、垂示后来者,笔削未定,纂集未成,不能不耿耿耳。"庆元五年,可令朱熹感到欣慰的是在建阳刊刻了最后一次他修订成的《四书集注》以及在广南秘密出版了他文集的第三版。

不过这时候为病魔缠身的朱熹已经预感到自己可能就要不久于人世了。在六年初春"雪花寒送腊,梅萼暖生春"的日子里,他在自己的画像上题了一首诗:"苍颜已是十年前,把镜回看一怅然。履薄临深谅无几,且将余日付残编。"

即使在最后的日子里,朱熹也没有忘记自己"为往圣继绝学"的使命,在著述与讲学中度过了自己生命中的最后一周:

三月初二,看蔡沈《书集传》,给全体学生讲说数十条,并论及时事。

初三,改《书传》两章,晚上,讲《书》数十条。

初四,到溪岸边亲自规划筑小亭事宜,晚上讲《太极图》。

初五,本县县令张㧑带着礼品来看望朱熹。朱熹拒绝了张㧑的礼品,说道:"知县若宽得百姓一分,即某受一分之赐。"晚上讲张载《西铭》,又讲为学的要点。

初六,改《大学章句》中《诚意》一章,学生誊写好后,又改了几个字。又修改《楚辞》一段。午后大泻不止。

初七,严重腹泻。

初八,作书信数封,主要交代《礼书》有关事宜。

初九,学生们过来问疾,口不能言,执笔却无力运笔,气息渐微而逝。

朱熹去世的消息迅速传开,诸生距离近的奔丧,远的哭祭。学生们决定十一月份在信上举行会葬。这个消息传到了朝廷后,引起了一些人的恐慌。十一月十日,有人上奏疏道:"四方伪徒,定于某一日聚于信上,欲送伪师朱熹之葬。臣闻伪师往在浙东,则浙东之徒盛。在湖南,则湖南之徒盛。每夜三鼓,聚于一室,伪师身据高坐,口出异言,或更相问答,或转相辩难,或吟哦怪书,如道家步虚之声。或幽然端坐,如释氏入定之状。至于

遇夜则入,至晓则出,又如奸人事魔之教。观其文,则对偶偏枯,亦如道家之科仪,语言险怪,亦如释氏之语录。杂之以魔书之诡秘,倡之以魔法之和同。今熹身已殁,其徒不忘,生则画像以事之,殁则设位以祭之。容有此事,然会聚之间,必无美意,若非妄谈世人之短长,则是谬议时政之得失。望令守臣约束。"这个奏疏将朱熹和他的学徒们的讲学描写得像是邪教的聚会,并以莫须有的口气认为这个会葬会成为妄议时政的场所,请求令当地官员注意管束。这个对朱熹最后的污蔑与攻击,也得到了朝廷的批准。

十一月二十日,朱熹葬于建阳市唐石里后塘九峰山下大林谷,仍有近千人不避党禁参加了朱熹的会葬。61岁的辛稼轩也做了沉痛的祭文往哭朱熹:"所不朽者,垂万世名。孰谓公死,凛凛犹生!"

"心学"运动的代表人物

——王守仁

名人档案

王守仁:字伯安,别号阳明,生于明宪宗成化八年(1472年),汉族,浙江余姚人,因被贬贵州时曾于阳明洞(今贵阳市修文县)学习,世称阳明先生、王阳明。

生卒时间:1472～1528年

安葬之地:浙江省绍兴市绍兴市兰亭镇花街洪溪鲜虾山南麓。

历史功过:他早年做过兵部主事,因反对宦官刘瑾,被贬到贵州偏远的龙场。后又得到明王朝的重用。他是明代最有影响的思想家,也是明代"心学"运动的代表人物。王阳明的著作由他的学生编辑为《王文成公全书》,其中的《传习录》和《大学问》是其主要的哲学著作。

名家评点:我国明代著名的文学家、哲学家、思想家、政治家和军事家,是二程、朱、陆后的另一位大儒,"心学"流派的重要代表人物。

矛盾尖锐

王守仁出生在一个官宦人家,同时他的家庭又是一个诗书世家。据记载,王守仁是我国历史上著名的大书法家王羲之的后代。王家是浙江余姚人,王守仁的五世祖王纲,就是位文武全才的名士,在明朝初年做过兵部郎中,后来在广东做地方官时,参加平定边疆地区叛乱的战斗,战死疆场,尸体被家人用兽皮包裹收敛送回家乡,很有一些历史上所称赞的马革裹尸的悲壮色彩。王守仁的高祖叫王与准,是著名学者,精通中国古代的著名文化典籍《礼记》和《周易》,曾写过《易微》,对《周易》有很深的研究。王守仁的曾祖父王世杰也很有才学,曾在明朝的最高学府"太学"中供职,也通晓儒家经典。王守仁的家

庭到了他的祖父王天叙持家的时候,生活一度比较清苦。但物质上虽不富裕,精神却很充实,王天叙的人品也受到乡里的敬重。王天叙虽然家居简陋"环堵萧然",四壁皆空,而胸怀坦荡,志趣高远,在自家院落周围亲手种了许多翠竹,来比喻自己的洁身自好之志。当时浙东地区有地位的人家争相聘请王天叙来讲学,王天叙为人宽厚,性格洒脱,但是对门下前来求学的年轻人要求又十分严格。所以他的学生中后来有成就的很不少。在当时,王天叙的学识、人品都受到社会的好评,人们把他比作东晋时的著名隐士也是大诗人的陶渊明。王天叙文学出众,有著作《竹轩稿》和《江湖杂稿》流传于世。后来,明朝政府授给王天叙荣誉职衔翰林院修撰。王守仁的父亲名华,字德辉,考中明成化辛丑年(公元一四八一年)状元,出任明朝南京吏部尚书。王华为人正直,当时朝廷上正是宦官集团所谓"八虎"气焰嚣张的时候,王华多次拒绝宦官头子刘瑾的拉拢,表现出一个有正气的士大夫的节操。自祖上传下来的世代家风无疑对王守仁的成长十分有益,在这个正直、勤学、高风亮节的家庭气氛中,王守仁的知识水平和道德品质都受到良好的教育和培养,而且由于家庭生活环境也比较优裕,王守仁能够广泛地阅读学习,出游开阔眼界,这些,都为他获得坚实的学问基础和树立成熟的道德规范创造了条件,为他长大后在哲学上取得成就、在事业上建立功绩打下了必要的基础。正是在家庭的熏陶和教育下,王守仁接受了作为中国封建社会标准道德规范的儒家学说,并在一生中信念不改,身体力行。从后来王守仁思想的历程以及经他发展、阐释完善形成的"心学"学说中,都可以看出,儒家学说的核心与精髓对王守仁产生了决定性的影响,儒家提倡的"内圣外王"思想境界、儒家学说影响下的中国士大夫知识分子心目中"进则兼济天下,退则独善其身"的人生行为准则,以及儒家经典中"修身齐家治国平天下"的理想人格,都无不对王守仁建立"心学"影响深刻。所以说,王守仁的一生事功、学术,与其父祖的风范感染有关,与他早年在家庭中受到的儒家正统教育有密切联系。而王守仁生活的时代,对他一生的影响更是意义重大,他所经历的时代的政治状况、社会思潮、学术风气,都直接地触及他思想认识的深处,推动他的学说的形成。

王守仁生活的明代中、后期,是明王朝由稳定开始转入危机、衰败的转折期。王守仁出生于明宪宗成化八年(公元一四七二年),这一时期,社会矛盾已经日趋明显和尖锐,尤其是农民同地主的阶级矛盾愈演愈烈,地主对农民土地的大肆掠夺使广大农民生活困苦,走投无路、忍无可忍的农民燃起了反抗的烈火,而且各地的起义此起彼伏,规模也越来越大。在统治阶级内部,也是矛盾重重,整个社会处于一种动荡不安之中。这个动荡的时局伴随了王守仁的一生。

造成阶级矛盾尖锐的原因,主要就是封建剥削沉重,以皇帝为代表的大官僚地主阶层贪婪吞并农民土地,土地兼并现象导致土地高度集中,为数极少的地主阶层竟占有巨额数量的地产,而占人口绝大多数的农民则没有或是很少拥有土地,无地的佃农已占农民总数的百分之九十。官僚地主集团不仅占有大量土地,而且逃避交税,把田租赋税负担转嫁给广大贫苦农民;再加上各种名目繁多的苛捐、苦役,农民们的血汗已被榨干,除了揭竿造反,别无出路。

伴随着阶级矛盾的日益严重,明朝政府内部的矛盾争斗也在加剧。皇帝长期不理朝政,造成了宦官专政的局面。宦官们把持大权,无恶不作,气焰十分张狂,弄得政治一片黑暗。一些有正义感的大臣不满宦官的胡作非为,站出来反对宦官干预朝政。在正气占上风的时候,宦官势力被压下去,而一旦风头转变,宦官们得了势,就不知有多少官员被免职甚至迫害致死。朝臣同宦官的争斗几乎贯穿了明朝的后半部历史。与此同时,明朝的宗室藩王力量膨胀,长期以来对中央王朝构成威胁。实力雄厚的一些亲王不甘皇位旁落,就拥兵造反,争夺中央政权。在王守仁出生之前,就有过几次地方藩王制造的叛乱,虽然结果是中央王朝制服了藩王,但是明王朝的实力也大大受到损耗,暴露出了统治力量的虚弱。在王守仁的一生中,又亲自经历了两次针对明武宗的藩王造反,一次是公元一五一〇年西北地区的安化王朱寘鐇,打着"清君侧"的旗号,反对明武宗朱厚照,另一次是公元一五一九年,南昌的宁王朱宸濠又向武宗的皇位发起挑战。王守仁直接领导了对宁王叛乱的作战,因此更真切地感到来自统治集团内部的矛盾对明王朝的巨大压力和打击。在这样的政治状况下,王守仁受到很强烈的触动,使他立志效仿古代圣贤经世济国的伟业,立志用一生的精力去寻找、构建一种有实用意义的学说,来从根本上改变社会现状,拯救岌岌可危的明朝政权。

动荡的社会现实状况对王守仁人格的追求,学说的建立产生重要影响,而这一时期的社会学术风气,思想现状更直接推动了王守仁建立并广泛传播自己的学说。到明代中叶,占正统地位的朱熹理学思想已经越来越暴露出种种弊端,成为危害社会风气的一个祸源。

中国传统的儒家思想,经过在各个历史时期的发展和衍变,到了北宋时代,就以"理学"的面目出现了。理学的兴起,是中国思想史上的重要事件,使得中国传统的儒家精神发扬光大,在中国历史的发展中起到了一定的积极意义,而南宋的朱熹正是理学思想的集大成者,是理学家中间的最主要的代表人物。客观上说,理学的思想意义和学术价值是中国传统思想文化宝库中的重要成果,在历史上也有它的合理性,对于指导中华民族精神发展也曾起到很多好的作用,这些都是应该肯定的。而且,理学的形成是吸收了到宋代为止一切优秀的伦理道德和哲学学说,使儒家思想获得了新鲜的生命力。这些意义都是不可低估的,也与后来理学成为官学、变成统治阶级压制人们思想的工具是有区别的。但是,理学毕竟是封建时代的产物,它的出现和发展摆脱不了自身的封建色彩,因此,理学所提倡的道德观、宇宙观也仍旧是封建思想范畴之内的理论。虽然有些观点和精神超出了时代的局限而具有特殊的意义,但是,理学最终是要为封建国家制定伦理规范。所谓"理",理学家们认为是一种精神,是"天理",这个"天理"是决定一切的根本。那么这"天理"究竟是什么呢? 说来说去,在一定意义上"理"就代表着封建的纲常伦理道德;所以,理学还是要为维护封建的伦理也最终维护封建的制度服务的。

然而朱熹理学在原先也并不景气,远没有在元、明、清七百年间的风光,在南宋时还曾被视为"伪学异端"遭到禁止,朱熹本人也受到牵连和打击,但是这并不是说理学思想同封建王朝的统治是矛盾对立的,而是在这个时候,朱熹理学还没有被统治者真正认识;

而随着理学思想的广泛传播以及一些朝廷官员们的支持、参考,到了南宋后期,统治者越来越重视理学,特别是理学中有利于维护封建统治的学说部分。后来不仅给朱熹平了反,为理学正了名,还把朱熹理学定为正统思想。这是因为,统治者意识到理学作为一种道德观念,在人们头脑中会起到相当大的支配作用,指导人们的思想和行为;而这种支配作用又是封建统治政策想要达到的。这个时候,对人民灌输那些遵守封建秩序的观点和信条,在统治者看来是有百利而无一害的,所以,理学就成为封建王朝推行其统治的有力的精神工具。

用历史的眼光看,理学作为一种学说,是一个内容十分丰富同时也很庞杂的思想体系,其中固然有合理性和超越时代之处,然而由于理学出现的根本背景是唐宋以来封建中央集权专制的加强,理学的核心和最终目的是为封建制度提供理论依据。虽然我们可以说理学家们包括朱熹在内都有着各自很可敬仰的人格、学识,他们的"以天下为己任"的精神也是人类意志的一种财富,但是也不能否认,理学家以及他们的学说归根结底是封建制度发展的产物。所以,理学精神中对现实的维护以及对封建制度的终极关怀,就使得理学最终与封建制度、与封建政权必然合为一体,成为完成和补充封建统治功能的工具。

南宋末年开始走上正统地位的朱熹理学,并没有随着南宋的灭亡而消失,反而在元代进一步受到推崇。元朝的蒙古统治者虽然不重视文化,但是也能够认识到朱熹理学可以用来对民众特别是广大汉族百姓在思想上进行束缚和麻痹。元朝皇帝曾明确下令:在科举考试中以朱熹的《四书集注》作为准绳。而真正使朱熹理学一统天下、唯我独尊的巩固地位全面确立,是在明朝初年的永乐年间。朝廷指派儒生编辑《五经大全》《四书大全》《性理大全》三部理学著作,这一工作标志着理学正式从民间走向官府,成为朝廷官方的意识形态也就是封建政权认可的官学。朱熹理学的正宗地位除了长期以来在思想意识上渐渐为人们接受并占据主导之外,还表现在另外一方面:即它成了知识分子们参加科举考试的教科书,这一点对朱熹理学的正宗地位至关重大,朱熹理学对中国社会之所以能产生深刻影响,许多方面也跟这一局面的形成有关。因为中国古代的读书人几乎绝大部分走读书——科举——做官这条人生道路,无论于公于私,这都是士人(即知识分子)的最优选择。那么读什么书?除了极少数的学者真能做到随心所欲,自由自在地读自己喜爱、适合自己性情的书以外,大部分人还是得根据如何才能做官这一实际目的来读书的。既然三年一度的科举考试对于读书人的一生至为关键,那么读什么书能通过科举而入第就成为关键中的关键。朱熹理学正宗地位被社会所认同,其重要的一点就是它成为朝廷钦定的科举准绳。明永乐年间三部《大全》的编定使朱熹理学无可辩驳地登上科举的统治地位,考生们必须一字不差地熟记朱熹对儒家传统经典的注解,才有机会出人头地。

到这时,不能不说朱熹理学达到了顶点,但是朱熹理学的真精神却早已随着朱熹的去世而衰微下去,留下的也只是一具没有生命的躯壳;而正是这具没有生命力的躯壳,反而投合了封建上层社会的需要,为他们所拾取。朱熹理学早期蕴含于学说之中的充满活力的观点,渐渐变成僵硬冰冷的教条,成为束缚广大民众的精神枷锁。如"三纲五常"、忠孝节烈等,本来是人性中一些特定情感行为的表现,却被强制推行为社会生活总纲、成为压制人性的强迫性命令;又如"存天理灭人欲",本来是理学思想中一种高明的自我修养,属于精神内部的调节和追求,现在却成为一种针对广大民众的社会要求、沦为扼杀人性的软刀子。特别是以朱熹理学为唯一标准的科举,更是危害社会,造成了一大批无用的儒生,只会背诵朱熹注解的《四书》《五经》,做些不疼不痒的八股文,奔忙于科举仕途,无人去分辨和研究作为一门学问的理学真谛,也没人去体察民间疾苦,关心国家大事。这些读书人只会应付考试,有些甚至寡廉鲜耻,满口仁义礼智而满腹男盗女娼,一时间,假道学、伪君子充斥天下。朱熹理学成为官学的另一个流弊是,人们思想固定为一种模式,而且越来越僵化,理学的研究方法也变得支离破碎,远远失去了朱熹提倡的真正的精神,而成为繁琐、教条的形式主义。可以说,朱熹理学作为官学取得了至高无上的权威地位,但在它发展到极盛之日,也正是它走上末路之时了。

到了王守仁生活的明朝中后期,朱熹理学虽然早已僵死,可影子依然笼罩着社会,理学几百年来构筑的框架仍然有形和无形地支配、约束着人们的头脑;学术风气上,真正对理学教义真诚信仰、按理学教义刻苦修身的人微乎其微;在官场上,宋熹理学更是读书人跻身士林的敲门砖,而不是严于律己的座右铭……朱熹理学的种种弊端给王守仁的时代带来了严重的道德危机。也正因此,王守仁的"心学"冲破理学网罗而独树一帜,令人耳目一新,也就更加显得意义重大和深远了。

在日趋尖锐的社会矛盾中,在日益萎靡的社会思潮中,王守仁出于拯救衰败的政治和挽救堕落的世风的目的,振臂高呼,潜心求道,满怀着济世安天下的雄心,在政治和学术领域开始了他一生的跋涉。

才智聪颖

王守仁在幼年时候,就表现出超人的才智。五岁那年,他捧着祖父平日看过的书,有板有眼地读了出来,居然一字不差。祖父王天叙很惊讶,问他是什么时候学会认这么多字的。王守仁答道:"是听祖父您平日读书时记住的"。故事也许有些夸张,但王守仁是个聪颖早慧的少年,这一点以后的几件事也可以证明。十一岁时,王守仁随父亲赴京师,路过金山寺,他的父亲与朋友们聚会,在酒宴上有人提议作诗咏金山寺,大人们还在苦思冥想,王守仁在一旁已经想出念了起来:"金山一点大如拳,打破淮扬水底天。醉倚妙高台上月,玉箫吹彻洞龙眠。"四座宾客无不惊叹王守仁才思敏捷,为考验他,又让他做一首赋蔽月山房诗。王守仁随口应出:"山近月远觉月小,便道此山大于月。若人有眼大如天,还见山小月更阔。"诗中便已流露出一种哲学头脑的敏锐。

另一件王守仁少年时轶事也许更能说明问题。王守仁曾经问私塾老师"何为第一等事。"老师便道"唯读书登第耳",塾师的回答是一般流行的观点,而王守仁却说:"做官恐

怕未必是第一等大事,第一等事当是读书学圣贤!"可以看出,在王守仁的心中,很早就树立起学习儒家观念中的圣贤的向往,这对王守仁的发展具有决定性的影响。

王守仁的整个青少年时期,性格豪放,兴趣广泛。虽然很早就显示出在诗文歌赋上的才能,但王守仁并未专攻诗文之事,而是把眼光投向更宽阔的现实生活。在十五岁的时候,他从京师出发,游历了京师北部边关的重要险隘居庸关,面对崇山峻岭和蜿蜒盘桓于山地之上的雄伟的长城,迎面吹来塞北的劲风,年轻的王守仁心中顿时涌起一股慷慨豪情,立下大丈夫当安天下的壮志。而且,王守仁在边塞地区走访了不少少数民族部落,打听如何用兵打仗、如何守关的事情,并同塞外的胡族骑士比赛骑术,策马飞奔于长城脚下。这一个月的经历使王守仁开阔了视野,更坚定了要做大事业的信念。到了十七岁,王守仁随父亲在江西,有机会去谒见当时的大学者娄一斋。娄一斋是明代中期的理学家,在娄一斋的门下,王守仁开始接触到朱熹理学。朱熹的格物之学对王守仁很有启发。而且也使王守仁深信通过不断学习就能达到圣人的标准。同当时许多读书人一样。王守仁也在理学空气下受到影响,信奉理学家们的观点,立志做有高度修养的"圣人"。而同时,王守仁又不同于一般读书应考的知识分子整天把自己关在书房内,两耳不闻窗外事,而是时刻留心天下大事,当时明朝社会动荡,各地民变不断,王守仁就更加关心军事问题,阅读了大量古代军事著作,对兵书战略颇有研究,还常常用果核做模型,排列阵势,琢磨战术战法。这一时期对军事的喜好和关切,也为他后来建立起卓著的武功打下基础。

二十一岁时发生了一件事情,使王守仁的思想发生了重要的转变。他在学习朱熹理学中,觉得朱熹所讲的"一草一木皆有至理"也许有些道理,于是就按照书中所谓的"格物"之法去格竹子,面对着庭院中的竹丛沉思了许久,也没弄出个所以然。他还不甘心,一连七天都去"格竹子",最后苦思不得其解,竟累病了。在养病中,偶然听到道士讲养生之术,王守仁又萌生出远离尘世、求仙问道的愿望。这次格竹子的失败,使王守仁开始怀疑理学果真能有治天下的作用吗?通过理学家所谓的"格物致知",就真能洞悉事物的真谛吗?格竹子这种形式真的有用吗?此后,王守仁的思想处于一种迷惑的阶段,想找到一种真正有意义的思想作为指导,可一直未有所得。

通过格物去求圣贤之心没能成功,王守仁一度认为自己是做不来圣贤了,于是回到现实中来,用功读书,在二十八岁那年考中了进士,进入仕途。

王守仁先后任刑部主事和兵部主事等职,抛一面恪尽职守,认真履行职能,一面继续在心底想要找到一条通向理性王国的道路,中国古代许多大思想家都是在不停地探索、思考中获得真谛的,王守仁也不例外,多年以来,始终充满着哲学气质的心一直没有停止探寻。他曾在浙江家乡筑阳明洞,来作为静思之所,从此他自号阳明。到三十四岁时,王守仁结识了湛若水,在湛若水的影响下,初步形成了由理学走向心学的转变。而这时候,在王守仁的仕途上,第一次大挫折给了他不小的打击,同时也给了他一次极好的锻炼机会,并最终促成了他的"悟道。"

这时的明朝朝廷在位的明武宗,贪图享乐,无心管理朝政,朝廷大权被宦官抓在手

里,最有势力的是大宦官刘瑾。刘瑾的擅自专权遭到一些敢于讲话的正直官员们的反对,刘瑾把这些人视为眼中钉,寻找机会报复。在公元一五〇七年,刘瑾伪造圣旨,给一批正直的官员胡乱安上罪名进行诬陷、迫害,以南京科道戴铣为首的二十几名大臣被捕入狱。王守仁在同刘瑾之徒的斗争中显示出刚直不阿的精神和勇气,他第一个站出来为戴铣等人辩护,指出皇帝应该实行仁政,保护忠谏之臣,善于采纳不同意见。王守仁替戴铣等人说话,就得罪了刘瑾一伙,王守仁也被抓进牢狱,受到廷杖四十的惩罚。险些被打死,然后,刘瑾又把王守仁贬到遥远的贵州去做龙场地方的驿丞。

在去贵州的流放途中,刘瑾还不罢休,派两名心腹暗中尾随着王守仁,准备在半途中找机会害死他。到了钱塘江,王守仁发现了这个阴谋,在江边他想出一条计策:他把一双鞋脱下放在岸边,把斗笠扔进江水中,另外还做了一首绝命诗,假装着自己已经跳进钱塘江中死了。尾随他的刘瑾的两个爪牙被骗过了,回去禀告了刘瑾,刘瑾才肯甘心。而王守仁落水的消息传到王守仁家,家里人也信以为真,在钱塘江中寻找打捞他的尸首,在江边还哭吊了他一场,而实际上,王守仁搭乘一条商船从舟山绕道去贵州。不巧的是,船在海上遇着大风,一路漂流偏离了航线,竟到了福建海岸。在险恶的风涛中,王守仁所乘的船和汹涌着的死神搏斗着,形势是十分的紧张,而王守仁在这种险境中镇定自若,表现出沉着坚毅的勇气。后来,王守仁写下一首《泛海》诗:"险夷原不滞胸中,何异浮云过太空?夜静海涛三万里,月明飞锡下天风。"在明净的月夜下,在狂涛巨浪中,王守仁把眼前的遇险视如浮云过太空,这是何等的大智慧、大勇气,这首诗其实也可以看作是王守仁一生的写照,他在一生中不停地同险恶的环境搏斗,同陷害自己的恶势力抗争,同自己思想认识中的迷惘对峙并征服了困难,他努力扩大自己的精神,心胸便如海空一样博大,他的生涯也真如在夜静月明中乘风破浪。在福建的期间,王守仁一边与当地的有识之士探讨求学之道,一边继续思索他始终想要弄懂却又始终不解的理学真精神。从福建,他又返回钱塘,取道赶往龙场。

龙场在贵州西北荒山之中,地处偏僻,又是毒虫出没、瘴疠之气终年不散的地方,条件十分恶劣。而且,当地居民多是没有开化的蛮夷部落,语言、习俗皆和中原汉族文明相差甚远。王守仁在龙场,能够在一起说说话的,都是被贬的官吏和逃亡避祸的中原人士。在龙场的两年,王守仁历尽了生活上的艰苦,也饱尝了精神上所受的痛苦。但是这种艰难,正是一种锻炼,意志薄弱的人,会被厄运吓倒而彷徨,意志坚强、心胸开阔之人,决不会向命运低头。正象战国时的大思想家、儒家学说的发扬光大者孟子所说:"天将降大任于斯人也,必先苦其心志,劳其筋骨,饿其体肤,所以动心忍性,增益其所不能。"王守仁在龙场,物质生活虽然艰苦得无以复加,但在他的精神上,却获得了空前的喜悦和充实——他终于找到了一直思索寻觅不得的"圣人之道"。

一天夜里,王守仁同往常一样端坐在简陋的居室内,静下心来沉思,他思考着自己所处的环境,不禁暗问自己:如果是圣贤处在我这样的境地里会是怎样?忽然,脑海里就象闪过一个火花,在这个问题的撞击下,王守仁心头一动,眼前豁然开朗了!自己年轻时苦苦求之不得的"格物致知"的道理,其实不就在这里吗?那就是:圣人之道,就在自己的心

中，只有求诸于自己的心灵的反省，才能真正得到答案，而过去求诸于外物，草木也好、人事也好，都错了！这时正是午夜，夜深人静，同伴们也都酣然入梦，而王守仁心中如一片光明，兴奋得大叫起来，同伴被惊醒，不知发生了什么事情。而这时王守仁的心复归于平静，但这种平静，已是激情过后的一种超脱，他又在心中默记儒家经典《五经》之言，来验证自己的大彻大悟是不是符合圣贤之说，结果他十分的自信：自己的观点与古代圣贤之说无不吻合。根据这次悟道的体会和收获，王守仁撰写了《五经忆说》，这次深夜里的心路历程，在学术史上十分有名，就称之为"龙场悟道"。"悟"的意思实际上是一种贯通的理解，从此王守仁的思想由理学转向心学。

龙场悟道之后，王守仁的心胸更加豁朗，他越来越迫切地感到提高个人内心修养的重要，为了把自己的心得学说推广下去，使更多的人意识到"理在心中"，王守仁开始主持贵阳书院，通过讲学传授自己的"悟道"。王守仁针对明朝中叶以来愈演愈烈的士大夫坐而论道、口是心非的恶劣风气，在讲学中首先提出了"知行合一"之说。"知行合一"构成王守仁心学体系的重要部分，在提出之初，真正能掌握和体会这一观点的人并不多，然而从后来的发展和影响，我们会看到，"知行合一"的理论对明代追求空谈的不良学术风气和堕落的社会道德无疑是一支清醒剂。

一五一〇年，于守仁在贵州主持贵阳书院的第二年，又被朝廷重新起用，先是调任吉安时庐陵县知县，王守仁终于离开了条件艰苦的龙场。在赴庐陵的途中，经过常德、辰州，王守仁遇到从前的学生冀元亨等人又向他讨教学问。王守仁教导他们从静坐入手，在静坐思索中逐渐认识到自己的内心世界，发掘内在的优秀品质和性情，并特别指出，这种静坐与佛教参禅打坐的形式不同，而是使自己收放心思达到思维明白、顺畅的境界。其实在这一时期，王守仁仍是处在心学体系确立之前的摸索中，不时地还要沿袭宁儒的思想教义，并实际上借助于佛教禅宗的一些途径。但是，与佛教和宋儒理学区别之处，是王守仁追求一个灵明的精神世界的最终目的，要为实现儒家的最高道德理想"内圣外王"服务。

在做庐陵知县期间，王守仁做了一些有利于人民生活、有利于缓和阶级矛盾的事情，他尽量避免对百姓施加严酷的刑罚，处理一些民间纠纷和审判案件时，能够做到调查清楚后再谨慎行事，妥善解决了庐陵地方上的大小事务。而且，王守仁始终推行从根本上解决弊病的办法，即他认为的"开导人心为本"，在民众中提倡相互忍让，提倡敬德敬老，也就是尊重有道德的人和年龄已高的人，试图在庐陵兴起一股礼让谦和的风气，这也正是儒家精神所宣传的仁爱的道德标准。王守仁的努力在当时的历史条件和现实环境中是可贵的，可以说，是他始终如一的理想的追求。在行政管理措施上，王守仁把城内居民每一家编为一甲，农村居民以村为一保，通过这种保甲制度，便于对民众的直接和有效的管理，来防止和减少民众的反抗起事。而且把城乡居民中德高望重的老人们请来，一起从道理上对民众进行教诲，也收到一定的社会效果。在对地方豪强势力的嚣张气焰进行遏制和打击的过程中，王守仁还亲自收集各乡的豪强富户名单，以备主动地驾驭限制这些地主势力。王守仁在庐陵的治理收效不错，此后几十年间里，庐陵地方上的不少措施

还是因袭王守仁的政策;而且王守仁的政绩受到明朝中央王朝的重视和赏识,加之这时飞扬跋扈的大宦官刘瑾已经被明武宗处死,王守仁就从庐陵任上升官回到京师,做吏部验封清吏司主事。

回到京师,就使得王守仁有机会同一些志同道合的友人们在一起继续共同研究哲学思想。王守仁的基本思想的形成,授予朱熹同时代的另一位思想家陆九渊影响巨大,而实际上"心学"的最早提出者就是陆九渊。但是由于明朝尊崇朱熹之说,而不重视与朱熹观点有分歧的陆九渊的学说。王守仁思想意识中越来越坚信的"心即理"的观点,实际上还是从陆九渊所谓"吾心即是宇宙"脱胎而来的,所以,在一五一一年,王守仁给一个拥护朱熹,反对陆九渊的叫徐成之的人写了一封信,为陆九渊的学说辩护,表示要扭转长期流行的以朱熹为是、以陆九渊为非的思潮。王守仁为陆九渊学说辩解,实际上也就是为自己的学说思想争地位,这封信,也就成为王守仁脱离朱熹理学思想而全面转向并提倡心学的宣言。

第二年,王守仁又相继出任吏部考功清吏司郎中和南京太仆寺少卿,在去南京赴任途中,王守仁与自己的得意门生、也是亲戚的徐爱同船而行,一路上王守仁就对徐爱讲解儒家经典之一的《礼记·大学》的宗旨。本来在明朝中后期,官方认可的解释儒家经典"四书""五经"的只能是朱熹的注释,而这时王守仁开始把自己的切实感受、体会、领悟传授出来,也表明他建立自己学说体系是充满了决心和信心的。徐爱把王守仁讲授的记录整理出来,就成为王守仁重要的著作《传习录》的一部分,通过这部《传习录》,王守仁的思想开始传播,影响也开始扩大。此后几年,王守仁一面恪尽职守,在南京任上认真做官,一面不停地讲学,在讲学中不断完善和充实自己的学说。

王守仁在南京期间,他的学术活动受到了不少的阻力,因为这个时候虽然朱熹理学已经危机重重,但是它在人们头脑中的影响依然很深,因此朱熹的拥护者仍然不少。王守仁为了不引起太多的反感,在南京讲学过程中就作了一部《朱子晚年定论》,辑取了朱熹著作中接近心学思想的部分,把这些被王守仁认为是朱熹晚年"大悟旧说之非"的作品汇在一起,来使朱熹学说的赞同者无话可说。而后,王守仁又反省自己前一段时期内讲学活动的不足,造成了部分学者的研究、探讨"流入空虚"的缺陷,进而强调应当"存天理,去人欲,为省察克治实功",就是教人用自我反省的办法进行自我修养,而这种修养从根本上说是要为建功立业服务的。

一五一六年,明朝政府任命王守仁为都察院左佥都御史,巡抚江西南部及福建汀州、赣州等地。这些地区正是南方封建剥削和压迫最为沉重的地区之一,农民的反抗斗争一直十分活跃,给明朝政府以很大威胁,常常害得明王朝为之耗费大量军力和开支却对农民起义一筹莫展。到一五一七年初,王守仁到达江西。对于农民起义的原因,王守仁是看到了的,他在发布给起义队伍的告谕书中也曾提到,"农民之所以起来造反,或是为官府所迫,或是为大户所侵",但是作为毕竟与农民处于对立一方的地主阶级的代表,王守仁对农民起义采取了严厉镇压的手段。这里我们一方面应认识到王守仁的局限性,另外也应看到,王守仁所接受的正统思想不允许他选择其他办法对待威胁了明朝统治的农民

造反,安定天下挽救局势正是王守仁素来的志向,所以,王守仁以武力平定农民的造反起事,稳定了明政权在这一地区的统治,是有功于明朝政府的,也是符合他的思想主张的。

从二月起,王守仁陆续调集江西、福建、广东三省军兵二千余人,对造反的农民进行围剿,同时在江西当地,招募、挑选了精壮之士,组成一支地方武装,配合官军作战。官军的进攻一度受到阻击,士气低落。王守仁利用对手打胜仗后的松懈,抓住机会,亲率精锐队伍迅速前进,从上杭地区兵分三路,借助黑夜的掩护突袭农民军的据点莲花石,攻破对手防线;随后又乘胜追杀,相继攻下农民军的大营四十多个,斩首两千余,在武力进攻的同时,王守仁又实施安抚政策。招抚了回家的造反者,同时在地方上实行"十家牌法",控制农民军队伍同地方的关系。为了防止江西一带再起动乱,王守仁向朝廷上奏,请求在农民军活动的咽喉要地设立县治,使这一地区能有长期的防卫措施。明朝政府同意了王守仁的请奏,并且任命王守仁提督四省军务,发给旗牌八面,可以自由调动各路军马,相机行事。

王守仁平定了江西的局势后,又用三个月时间,从一五一七年的十月到十二月间,先后清除了横水、左溪、桶冈各地的农民武装造反,恢复了漳南地区的正常秩序,在漳南增设平和崇义二县,巩固统治。王守仁知道单凭武力安定不可能长久,于是就用多收盐税的办法,减轻人民承担的军饷开支重负,这样既缓和了民众与政府的对立,也没有造成政府收入的大幅度减少,稳定后的局势没有出现反复。

即便是在行军打仗中,王守仁也没放弃对自己学说的思索。在这时候,他提出了有名的"破山中贼易,破心中贼难"的观点,从这一观点出发,王守仁提出只有"扫荡心腹之寇,以收廓清平定之功",才是"大丈夫不世之伟业"。而且把这种扫荡心腹之寇的观点付诸行动,对民众发布大量告谕,要人们做到谦和、温良、轻争斗,试图建立起一个父慈子孝、兄友弟恭的理想社会,要人们"小心以奉官法,勤俭以办国课"。王守仁的思想观点、对问题的观察,确实高出同时代的其他人,而且他的注重实践的态度和做法也反映出他对理想信念的坚定不移。

明武宗正德十三年(公元一五一八年),王守仁四十七岁,在平定了福建的农民起义之后,又挥师南下,去征讨在广东三浰造反的农民武装。三浰在广东惠州龙川一带的山区里,地势崎岖,而且山谷中多瘴气,对人有极大的毒害。王守仁率领军队在三浰地区,遇到的困难很不少。王守仁对三浰的农民军首领采取招抚的政策,福建南部起义被击败的消息也使得三浰的农民军士气受到影响,起义的首领池仲容动摇了,打算向王守仁归降,以此为缓兵之计,避开明军连胜的势头。王守仁了解到池仲容的打算,假装相信的样子,故意放松了对农民武装的进攻势头。当时正是旧年将逝、新春伊始的春节年关,王守仁命令军民敲锣打鼓,做出欢庆新年的气氛,到处张灯结彩,一派欢天喜地之象,并派人到起义军营中,去邀请池仲容等人来一同过节和协商归顺事宜。池仲容果然领几十名亲随下山来到王守仁军中,王守仁装出热情的样子挽留他们过节,到正月初二王守仁还特意命人准备好犒劳军队用的酒饭,宣布次日要去慰劳池仲容的大队人马。这样一来。池仲容的戒心就被打消,以为王守仁真的相信自己要归顺朝廷了。然而就在正月初二夜里，王守仁秘密下令擒杀池仲容等起义军的头目，官兵甲士趁夜利用池仲容等人的大意，冲进住所。把下山的起义首领悉数杀死。趁三浰农民军群龙无首，王守仁立即下令进兵，亲自督领兵马直捣三浰，几天内就相继攻破三浰山中据点三十八个，杀两千余人，农民军残部撤退到九连山一带。九连山也是农民起义军的主要活动地区，山峦横亘数百里，峭壁横出，地形险要，早先已有不少造反的农民聚集在这一带，凭借地势与官军对抗。王守仁早有平定九连山的计划，此时，借着追歼三浰起义军余部的机会，挑选了精壮士兵七百多人。换上三浰农民军的打扮，装成从三浰败退下来的起义军士兵，乘黄昏时分赶到九连山的山崖之下。山上守卫的起义军辨不清真假，就打开关隘，放这些假起义军进关。混进关口的官军发动突然袭击，外面的官军大队人马又趁势进攻，内外夹击，一鼓作气平定了九连山的起义队伍。

地方上的动乱刚刚平定，王守仁就立刻上疏朝廷，要求在江西、福建各地普遍兴办"社学"。社学就是在农村地区开设的学校，王守仁兴办这些"社学"，目的就是恢复正常的伦理道德规范来约束和教育百姓，指定以孝、悌、忠、信、义、廉、耻等道德标准为教育内容，让青少年"歌诗习礼"，普及儒家精神中提倡的"德治"。儒家的教育思想和教育方针内容很丰富，但也不能否认它还是封建的伦理道德和政治统治的产物，因此王守仁在这些一度是农民起义活跃的地区开办普及教育："社学"，根本目的还是为了稳定局势，收拾人心，重新建立有利于明王朝的社会道德基础，这里面，当然有王守仁的局限性，但从一个方面也可以看出，王守仁为了推广他的"知行合一"理论而身体力行的一种认真的态度和作风，这与他所谓"破心中贼"的观点也有紧密的联系，认为只有从思想道德上有效的治理、管辖民众，才会保证社会的稳定，避免动乱的再度发生。因此，以拯救世风为目的的"破心中贼"，就必须从"社学"开始。

王守仁为了效忠明朝、报效国家，做到了忠心耿耿，置生死疾苦于度外。如果从个人人格上讲，王守仁确实是中国古代知识分子中很有代表性的一位。从他在征讨三浰农民军的作战过程中写给家里的一封信上，我们可以看出这位出生入死以捍卫自己心中政治理想的人物的风范。这封信是王守仁在短兵相接的前线写给父亲的问安信，信中，王守仁把连续的恶战写得轻松自如，把复杂的军事谋略和政治谋略说得如同游戏，把自己在瘴疠之气盛行的地区终于染病的大事更是毫不在意地一笔带过，满纸都是大将风度！

"寓赣州男王守仁百拜书上父亲大人膝下：久不得信，心切悬悬，间有乡人至者，略问消息，审知祖母老大人，大人下起居万福，稍以为慰。男自正月初四出征浰贼，三月半始得回军。赖大人荫庇，盗贼略以应定。虽有残党百余，甚势穷力屈，投哀告招，今众姑顺其情，抚定安插之矣。所恨两广府江诸处苗贼，往年彼处三堂，虽屡次征剿，然赋根未动，旋复昌炽。今阅彼又大起，若彼中兵力无以制之，势必动摇远近，为将来之忧。况兼时事日艰，隐忧日甚，昨已遣人具本乞休，要在必得乃已。男因贼巢瘴毒，患瘴疠诸疾，今幸稍平，数日后众将遣人归问起居。因诸仓官便，灯下先写此报安。四月初十日，男守仁百拜书。"

王守仁因平定江西、福建等地之乱有功，被明王朝升迁为都察院右付都御史。在稳

定了三湘一带形势后,同年六月,王守仁又奉命前往福建福州,去平定贵州地方军人的叛变。六月十五日,王守仁带队伍抵达丰城。这时忽然传来明朝宗室藩王、宁王朱宸濠拥兵造反的消息。

朱宸濠在封地江西蓄谋已久,起兵与明武宗朱厚照争皇位。在南昌时,朱宸濠便秘密招兵买马,训练武装,明中央政权多次下旨要他好自为之,并且已查明他即将造反的企图;因此朱宸濠害怕大势去矣,就纠集六万军队与中央分庭抗礼。叛军的计划是先进攻南京,拿下南京后可以控制江南的大部分地区,再以南京为根据地,向北京进犯。王守仁在丰城,得知叛军来势汹汹,立即率军向西,回攻吉安,在没有朝廷命令和其他方面明朝军队配合下,与朱宸濠的叛军对峙。在赶往吉安的途中,王守仁意识到南京和北京的消息传送一定会由于路远而耽误,会贻误军机,所以,王守仁动用明朝赐给他的军机旗牌,写上"狠达兵四十八万江西公干"的字样,故意传送到朱宸濠手中。朱宸濠见到这个旗牌,以为朝廷已经发觉他的谋反,真的正在调集四十八万大军开往江西对付自己,所以吓得犹豫了好几天,没敢发兵北上。王守仁抓住这个空当,昼夜奔驰四天进驻吉安,控制了这个叛军北上必经的要塞据点。在吉安,王守仁一面写好加急文书,派人马不停蹄送往京师报告朱宸濠叛乱,一面与吉安知府一道向周围府郡发出檄文,檄文历数朱宸濠罪状,倡议各郡组织兵马会同作战,抵御叛军北犯。在给朝廷的奏章中,王守仁不仅及时地报告了叛军的动向,而且,出于对朝廷真正的忠心,他对明武宗发出真心的劝告,要武宗"痛自克责,易辙改弦",则"太平尚有可图"。

朱宸濠起兵后,出鄱阳湖,攻下九江,又集中所有兵力进攻安庆,目标直指南京。安庆被包围,形势相当严峻,有人主张派兵救援安庆守军,而王守仁则认为:"穿过已被叛军占领的南康、九江,去解救安庆之围,势必要与叛军回援部队正面交锋,同时又要受到叛军来自南康和九江方面夹攻,造成腹背受敌的不利局面,不如趁叛军倾巢出动,而其大本营南昌必然空虚的时机,一举攻下南昌,使敌人失去依托,叛军必然会撤回来解救南昌,这样安庆之围自然解救。按照这一计划,王守仁召集各地陆续开到的兵马集中力量攻打南昌,果然南昌守备极为薄弱,明军迅速顺利攻克南昌,擒获叛军千余人。不出王守仁所料,朱宸濠知南昌告急,连忙率领包围安庆的叛军火速撤回南昌救援。以逸待劳的王守仁的部队在叛军回援途中迎头痛击,大败叛军。朱宸濠也被活捉。

王守仁从丰城起兵,到吉安召集各路军马,攻南昌,战樵舍,时间不过十天,便干净利落地平定了江西境内的朱宸濠叛乱,然后向朝廷发出报捷文书。收到捷报后,荒唐透顶的明武宗却要率师亲征!在明朝历史上,明武宗朱厚照确实是一个"无赖儿郎",不仅不理朝政,任由宦官把持朝中大权,自己只顾饮酒好色,寻欢作乐;而且往往做出一些荒唐莫名其妙的事情来,比如他喜好的动物也与一般人不同而喜欢养豹,在宫廷御苑中特意为明武宗开辟有"豹房",再如放着好端端的皇帝不去做,偏要封自己为将军,然后兴致勃勃地带兵去打仗,在同北方的少数民族武装作战中,明明失败了,却偏要说成取得了不起的大捷,这样就有理由堂而皇之地为自己封官加赏!这回闻知江西叛乱已被王守仁平定下去,又兴致勃勃地组织"新征"可以想见,有这样昏庸的皇帝,明朝的江山会是怎样,皇

帝身边又都聚集着一帮怎样的奸佞之臣！明武宗身边的亲信如张忠、张永等宦官、皇帝的干儿子许泰、宠将江彬等人嫉妒王守仁平叛之功，又为了迎合武宗的心思，竟然提出让王守仁先把朱宸濠放掉，让他回到鄱阳湖一带重新组织起人马，而等武宗亲临征讨后再捉一次，使武宗有机会奏凯论功！而且，对那些劝阻武宗"亲征"的大臣，明武宗罚他们在午门外跪五天，罚跪期满以后，或者打三十大棍，或者打四、五十大板，倒霉些的要挨八十杖责！

就这样，武宗带领亲信和大队人马浩浩荡荡从北京出发了。一路上向地方州郡府县大肆索要财物、珍宝、美女，沿淮河南下途中，淮河两岸三百里之内的地区没有一个不遭难的，在扬州，朱厚照玩兴大发，从河中钩起一条鱼，只是随口说了句：值五百金，他的随从们就带上鱼，找来扬州知府索取五百金。

王守仁在南昌，是反对明武宗南下"亲征"的，他在写给皇帝心腹宦官张永的信中说，江西正发生旱灾，如果再要承担京师来的队伍的供给，则负担太重了；而加重地方特别是百姓的困苦，其结果就是百姓又会逃聚到山中作乱，后果不堪设想，势必"奸党群起"，天下也会因之土崩瓦解。

这一考虑本来完全是从维护明朝利益出发的，但却给王守仁带来了麻烦。

由于朱宸濠在起兵造反以前曾与王守仁有过交往，曾派人去向王守仁表示：宁王要向先生请教"讲明正学"；而王守仁也派门生冀元亨去朱宸濠处讲学，因此，王守仁就遭到猜忌。再加上这封劝阻武宗南来的信又得罪了小人，就为佞臣们诬陷王守仁提供了口实。宦官张忠等人在明武宗面前，说王守仁是朱宸濠一党，迟早必反，现在王守仁不让大军进江西就是证据，怕大军一到揭穿他的阴谋；又有人诬陷王守仁，说他是侥幸攻下南昌，而在平叛作战中根本不卖力气。王守仁因此受到明武宗的猜忌，处境十分危险；学生冀元亨被逮捕，遭到严刑逼供；在浙江家乡，有人已开始清查王守仁的家产，准备封抄，一时流言蜚语、诽谤百出，哪里还有清白是非！在这种情况下，王守仁一方面把平叛的战利品俘虏朱宸濠交给宦官张永，以取得他的谅解和保护；同时，一面又按照朱厚照的旨意重新报捷，把平定朱宸濠叛乱的胜利说成是明武宗的"威德"和英明指挥结果，把宦官张忠、武宗亲信的许泰、江彬等人列为这次平叛的功臣，一一写入报捷文书中，来讨得这些小人的欢心。在南昌，张忠指使部下的士兵对王守仁当面谩骂，拦道挑衅，王守仁都一一忍让，而且命令南昌居民和守军要如同待客一样礼遇和款待这些来自京师的官军。在路上遇上北军出丧，王守仁也要停下车来慰问一番，并叹息好一阵子。从王守仁的思想中看，忍让也是他始终坚守的一个信条。江西平叛并没有使王守仁受到朝廷的赏识，反而遭到打击和排挤，此后两三年间，王守仁始终处于一种小心翼翼地境地，处境险恶，而且无处辩白。这种环境在仕途上给王守仁制造了阻碍，但在他的思想认识上和学说的发展上，却起到了积极的影响作用，那就是使王守仁进一步深信，良知是人心的根本，只要有这"良知"存在，宠辱不足道，唯求心底坦荡而已。所以，从朱宸濠事件之后，王守仁的学说进一步发展，在一五一八年，王守仁就把几年前所作《朱子晚年定论》和新编辑的儒家经典"四书"之一的《大学》刻版成书发行，不久他的弟子们又把《传习录》定稿刊刻；到一五

二一年，王守仁在南昌就开始阐发"致良知"的思想。

　　"良知"，是战国时期的大思想家、儒家学派的又一个重要领袖孟子提出来的哲学概念。孟子说过："人之所不学而能者，其良能也，所不虑而知者，其良知也"，意思就是，良知是人天生就具备的，是人生而就有的天赋。王守仁的"致良知"正是孟子这一思想的继续发展，王守仁认为自己的这一思想是儒家精神的真谛所在，是自从孔子、孟子以后沉埋多年的大发现。是儒家思想中的正确道理。相传，佛教的祖师释迦牟尼在灵山法会上曾将朗照乾坤、包含万有的全体佛法——"正法眼藏"传给大弟子，因此，王守仁也借用了佛教术语，称自己的"致良知"之说是"孔门正法眼藏"，意即孔子开创的儒家学说中最根本的也最万能的原理。"致良知"之说，就是要求人们从个人内心深处去认识自己，发掘自己天性中最积极的一面，来提高个体道德修养和认识水平，并且指出每个人都有良能、良知，只是开发得多少不同，这样，就使得王守仁的"心学"更迅速和更便捷地传播开去，"致良知'的提出，也就使得"心学"的体系完整起来。

　　王守仁提出"致良知"的这一年，是明武宗正德十六年（公元一五二一年），也是明武宗这个糊涂皇帝在位的最后一年。这年六月，明武宗朱厚照病死，由他的兄弟朱厚熜即位，这就是明世宗。王守仁对明世宗抱有希望，而明世宗也比较器重王守仁，但是由于王守仁的"心学"思想与长期作为明朝政府官方正统思想的朱熹理学存在分歧，明世宗也不便于重用王守仁这位思想独到却又对朝廷立有大功的臣下，所以，最终虽然升了王守仁的官，但又只是任命他做南京兵部尚书，属于一个闲散职务。在明代的北京和南京，各有一套相同的政治管理班子，北京由于是京师，所以实际权力由北京的行政部门来掌握，南京方面的六部官署徒有其名，没有实际的机构来执行行政上的工作，这样，王守仁被安置在一个职位不低却无事可做的位置上。并且明世宗答应了王守仁多年来的请求，准许他回家乡探亲。

　　王守仁回到家乡不久，明世宗念及王守仁为朝廷屡立战功，又加封王守仁兼任北京兵部尚书，参赞军机大事，授予实权，同时进封王守仁为新建伯，来表彰他为朝廷恪尽职守功劳卓著的成绩。然而这一时期，朝廷里排挤王守仁和他的学说的势力仍然很大，所以，从嘉靖元年到嘉靖六年（嘉靖是明世宗朱厚熜的年号，嘉靖元年到嘉靖六年即公元一五二二到一五二七年）期间，王守仁一直没能被召进中央朝廷掌握实权，只是在家乡各地致力于他的学说体系的完善和内容的丰富。

　　王守仁在家乡，也受到不同思想的理学拥护者的指责和诘问；在部分官僚中，也有人把王守仁的"心学"视为异学。一五二二年就有大臣给明世宗上书，称：夏、商、周三代以下的"正学"（也就是指儒家学说），至今没有人能超过朱熹的，而现在居然有人敢以"异学"号召天下，用与朱熹对立的陆九渊的学说来取代朱熹理学，实属扰乱思想，危害天下，要求皇帝颁布明令，禁止朱熹理学以外的任何思想流传。皇帝明世宗同意了这个意见，而且为了表示对朱熹的推崇，还把朱熹的后代朱墅找出来，任命为"五经博士"。在明朝政府的科举考试出题中，也暗示投考的考生要否定王守仁和陆九渊的"心学"。在这种对王守仁、对心学不利的环境中，王守仁又一次面临着重重的阻力。

但是，王守仁仍然始终坚信自己的思想，并且在家乡的稽山书院、龙泉寺中天阁等处聚众讲学，同时从事著作，而且这个时候，前来聆听王守仁阐述他的思想、讲解心学的学生越来越多，影响也越来越大，王守仁一面对学生表示要做"狂者"，敢于直抒己见，敢于坚持心中的真理，敢冒为世人所不容的风险也要保卫自己的思想学说；另一面，进一步说明，"致良知"说已经达到了儒家学说的最高境界，已经是认识的最高峰，他说"致良知"是"已将学问头脑说得十分下落"，"良知"以外的知识全是邪妄，"致良知"以外的学说才是真正的异说。一次有学生问王守仁："除了良知之外，有什么可讲的？"大概是希望王守仁讲些别的。王守仁回了同样的一句，有力又不失机智："除了良知之外，还有什么可讲的？"意思是，别无可讲，也不值得讲，通过这个对答，我们可以看出，王守仁对于他的学说，有着多么强的自信！

一五二四年时，王守仁在绍兴建稽山书院，招收门生三百余人入学，并继续刊刻《传习录》五卷；一五二五年又设立阳明书院，直到一五二七年春天，王守仁一直在浙江各地从事讲学和著述活动。作为王守仁哲学思想纲要的名篇《大学问》，正是在这一时期内所作。

王守仁坚信"致良知"之说是真正能够解决时下社会各种问题的良药。他的这一思想，是在经历过朱宸濠叛乱以及被朝中奸臣所陷害之后，逐步明了于心并愈发坚定的。王守仁在经历过这些艰难之后，更加确信良知是足以使人忘却患难、超越生死的最高智慧，"致良知"之说可以说是从百死千难中得来的真理。这种坚信就使得王守仁义无反顾地专心致力于"致良知"之学，以启发人们的思想，开启人们的智慧和道德。

在明世宗嘉靖六年（公元一五二七年），广西又发生了瑶族、僮族少数民族的上层人物掀起的叛乱，而且影响面很大，明朝派去的提督部御史姚镆，会合四省兵力前往征讨，也镇压不下来。这个时候，明世宗想起了王守仁，于是就把王守仁从家乡调出，任命他为两京兵部尚书兼都察院左都御史，授予实际兵权，出征广西思恩和田州。

王守仁接到朝廷旨意，立即准备动身。临行前，他把几位得意的弟子召集在一起，把《大学问》篇的手稿交给钱德洪，同时，又对钱德洪和王畿传授了自己长期思索总结出的心学四句教：

"无善无恶心之体，

有善有恶意之动，

知善知恶是良知，

为善去恶是格物。"

这四句宗旨实际上是王守仁学说的一次全面概括，由于是在天泉桥上师生们智慧的对话，所以后来人们称这次传授宗旨为"天泉论道"，"天泉论道"是中国古代学术史上一次很重要，很著名的事情。

这年十月，王守仁离开家乡赶赴广西前线。到了江西，王守仁又把昔日的门生弟子集会在一起，叮嘱他们不可"悠悠荡荡"而应做到"兢兢业业"，努力提高自身修养，成为有德有识之人。这次大会弟子也表明王守仁的学说在知识界中、在知识分子们中间已经取

得了主导性的地位,获得广泛的支持。

到广西以后,王守仁根据自己多年的政治经验,认为少数民族上层分子叛乱并不可虑,而值得担心的是少数民族下层人民的反抗斗争。因此,王守仁主张对瑶、侗少数民族的头领土官卢苏、王受二人加以招抚,以宽宥替代武力征伐,果然招降政策起到效果,嘉靖七年二月,卢苏和王受率领部下一万七千人归顺了明朝政府。接下来,王阳明又实行了在江西平寇时“破心中贼”的办法,在思恩和田州推行普及教育,并对少数民族上层加以抚慰。在广西建立了思田和南宁两所学校,提倡“兴起圣贤之学,一洗习染之陋”;对少数民族上层的安抚,表现在裁撤官军,把思、田地区放手交给土官管理,这就使得叛乱的首领们感激涕零,表示要立功赎罪。王守仁在不到一年时间内,不折一兵,不损一枪一刀,平定了思恩和田州。

第二年七月,在班师回朝途中,王守仁在未报奏朝廷的情况下,乘归师之便,带领归降的卢苏、王受等人,出兵进攻八寨断藤峡等瑶族、侗族少数民族平民起义的中心地区。

八寨和断藤峡等地的少数民族反抗明王朝的斗争已经展开持续了一百多年。起义队伍凭借对地形的熟悉,出没不定,明朝政府虽然累计派遣过几十万大军前去镇压,也始终没有攻破。王守仁虽然没有接到必须讨伐八寨等地的诏令,但出于平定天下、报效国家的忠心,先斩后奏、出其不意地攻占了八寨和断藤峡,一举清除了明王朝长期的一个祸患,一月之内,又大获全胜,然后班师奏捷还朝。

公元一五二九年,王守仁五十七岁。在平定广西境内的叛乱之后,王守仁的身体也垮下来,心智上的操劳和多年东征西走的鞍马劳顿使王守仁终于一病不起。这年十一月,王守仁率军还朝途中行至南安,因为咳喘病重而生命垂危。在临终之际,他身边侍候的学生问他遗言,王守仁说出一句:“此心光明,亦复何言!”在留下这样一句著名的辞世之语后,在南安舟中,王守仁坦然长逝。

王守仁死后,灵柩被扶送回故里,所过之处,军民都肃穆地站在道路两旁,默送这位功名赫赫的名士。

王守仁一生的政治活动和学术活动,反映出他在各方面的才能。他可以算作军事天才,为了社会和朝廷的稳定,他打过起义军,也打过叛军,打的都是大仗,从军事上说都独具谋略,娴于兵法,这同王守仁早年留心军事,熟读兵略有密切关系。他参加的军事活动,是当时朝廷上下最重要的军事行动,明世宗封他为“新建伯”就是表彰他的军事战功。《明史》上说,整个明代,文臣用兵,没有谁能与王守仁比肩。一个文臣能创造如此卓越的战功当然已经难得,而更应强调指出的,是王守仁不是一般的文臣,而是中国历史上屈指可数的几个最重要的哲学家、思想家之一!

在王守仁的一生政治活动中,我们已经看到了他在学术上的活动足迹,追寻着这一足迹,我们去进一步探寻王守仁的思想世界、去简要地了解他的学说,他的学术观点:什么是心学? 王守仁的心学有那些主要内容? 为什么他的心学会在中国历史上产生影响? 又是产生了怎样的影响? 王守仁的学说为什么在开始不被接纳? 而为什么后来又会获得推崇? 王守仁的学说有哪些是传统文化思想中的宝贵财富? 他的人格又是怎样? ……

知行合一

以天下为己任的王守仁,在当时政治动荡、学术崩颓的形势下,力图另辟蹊径,为国家社稷和士人学者寻求新的出路,经历了一个长期探索的过程之后,最终创立了"致良知"之学说,进一步发展了"心学"思想,成为继承陆九渊"心学"之说的集大成者。

王守仁的学说思想,虽然与他的文政武功有极其密切的联系,然而,其形成发展的过程,更是受着传统学术发展继承关系的制约和影响。王守仁心学体系形成之前,曾信奉朱熹理学,又受到佛教思想和老、庄为主的道家学说的影响。后代清初的思想家黄宗羲就在总结明代学术思想发展的著作《明儒学案》中,对王守仁早期思想有过很准确的评价。黄宗羲所说的王守仁之学"始泛滥于辞章,继而遍读考亭之书,循序格物,顾物理吾心,终判为二,无所得入,于是出入于佛老者久之"就是王守仁学术思想渊源的明白介绍。这里面所提到的"考亭"就是朱熹,"泛滥于辞章"是说王守仁早期同样作为一个封建时代的读书人,在读书做文、应付科举的辞章上自然也要下功夫,学习朱熹的理论后"循序格物、顾物理吾心,终判为二,无所得入",指的就是王守仁二十一岁那年演出的富有戏剧性的"格竹子"生病的一幕。王守仁年轻时受理学思想影响和儒家传统精神的教育,有志于学圣贤之学,并且师从娄一斋学习宋儒朱熹的"格物致知"学说宗旨后,便发生了这次对"格物致知"真诚的曲解。通过这次经历,王守仁将朱熹"格物"之说推向荒谬,走向怀疑朱熹之学的第一个转折。其实,朱熹的"格物"之说中并没有要人专门坐在草木面前冥神苦想、穷究其理的意思,王守仁所接受的朱熹之学也已经是被学者狭隘和偏颇了之后的思想,然而正是这次误解,却为王守仁日后返求于心埋下了伏笔。

至于对待佛、老之学,王守仁自己也这样自述过:

"守仁早岁业举,溺志辞章之习。既乃稍知从事正学,而苦于众说之纷挠疲蔽,茫无可入,因求诸于老释,欣然有会于心,以为圣人之学在此矣。然于孔子之教,间相出入,而措之日用,往往阙漏无归,依违往返,且信且疑。"

这段话表明,王守仁在探究朱熹理学(即他所称之为"正学")而苦于学说纷杂、无所适从的困惑中,又转向佛教和老庄思想去求解答,曾经一度"欣然有会于心",收到不少启发,引起一些共鸣,认为通过佛、老可以求得做圣贤的途径。但是,王守仁也认识到,佛老之学,与儒家的正统精神毕竟存在差别,出入不同之处很明显,所以王守仁对于佛教和老庄思想,也是既相信,又怀疑,仍没有找到一条真正能解答自己对人生,对哲学的根本问题的道路。

佛教的学说虽然根本目的是求得众生灵魂的得救,但是佛教使人寄希望于来世。寄希望于人死后的灵魂,这就与儒家精神的"内圣外王"、解决现实世界的人格完善以及匡扶天下的主张大相径庭;老、庄的道家思想更是主张人们消极避世,虽然也同样强调个人修养,但是道家思想的根本是出世,是利己的个人得道,同王守仁所追求的儒家积极进取

的人生态度有着根本目标上的不同。所以，儒家与佛、老之说的不同，也就在王守仁的内心深处推动和激励着他走一条复兴儒家真精神的道路。

直接影响王守仁的学术思想之确立的，从学术渊源上看，是孟子和陆九渊的思想，前面我们已经介绍过，王守仁是把孟子"良知"之论吸收过来，成为自己哲学的最高范畴的；而对于孟子以后的先代儒师，王守仁最推崇陆九渊。陆九渊的"吾心即是宇宙"的学说，从对"宇宙的最终根本是什么"（即哲学范畴中的"本体论"概念）的角度，同朱熹的理学体系相对立，直接地也是深深地打动了王守仁，使王守仁感到与陆九渊心息相通，心有戚戚，认为陆九渊的学说，是"简易直截，孟子之后一人"。陆九渊的主张"万物皆备于我"，"心即是理"，使得人们在认识事物的方法上达到一种直接明了的整体悟彻过程，而免去了朱熹理学主张的格物致知，从局部一步一步去接近整体以达到全面认识的复杂的和博大的过程。比较朱熹之说，陆九渊的洞悟工夫易简而深刻，在直入核心的领悟中，它一下子把握到全部的本质。这种思想方法深刻地启发着王守仁的智慧，所以，在"格竹子"失败后，王守仁记述到：

"众人只说格物要依晦翁，何曾把他的说去用，我着实曾用来。初年与钱友同论做圣贤要格天下之物，如今安得这等大的力量，因指亭前竹子去格，看钱子早夜去穷格竹子的道理，竭其心思至于三日，便致劳神成疾，当初说他这是精力不足，某因自去穷格，早夜不得其理，到七日亦以劳思致疾，遂相与叹圣贤是做不得的，无他大力量去格物了。及在夷中三年颇见得此意思，乃知天下之物本无可格者，其格物之功只在身心上做，决然以圣人为人人可到，便自有担当了。"

可以看出，王守仁学术思想的演变，大体经历了前后两个阶段。区分前后两阶段的标志，就是在生活艰苦倍增的贵州时的"龙场悟道。"他在生活物质条件极差的情况下，反复思考。终于悟到"吾性自足，何求之于外物皆非也"，所谓的"吾性自足"，并不意味着一顿悟使即通晓万物之理，而是说内在性情具备了做圣贤的资质条件，学做圣贤的功夫修养不必求助于外在事物，而应完全发掘于自己的内心深处。这就是对学做圣贤的目标与途径的一种了悟，这一了悟解决了长期困惑于王守仁心头的人生意义问题，与此同时也就使王守仁的思想与佛、道之学划开了界线。那么，当初王守仁格竹子求道理而无所得，在龙场悟道之后，是否就洞晓天下"至理"，从而也了解了竹子的内在之理呢？王守仁说："先儒解格物为格天下之物，天下之物如何格得，且谓一草一本亦皆有理，今如何去格，纵格得草木来，如何反诚得自家意？"这问题的提出是对"圣学"——理学的反思：圣学既然是提倡道德，完善自己，树立人格，那么，学圣的功夫就只应当在自身修养上、在"心"上去做，而不需依赖于穷究外物之理。圣人本不是无所不知、无所不晓的，不知道草木之理，对圣人之所以成为圣人也没有妨碍，一切的关键还是要在内心上下功夫。王守仁从"吾性自足"合逻辑地导出"求尽其心"，但王守仁所说的"求尽其心"乃是尽仁心，是以"治家国天下"为内容和终极目标的，这不仅与老庄道家与佛教思想的出世之学划开界线，也与从功利之心出发的当时流行于社会思潮中的被扭曲了的官定理学划开了界线。

"龙场悟道"以后，王守仁的思想进入心学的确立和发展时期，其后的"知行合一"思想的提出,以及中年以后致力于"致良知"三字,无不是在心学基础上的逐渐充实、完善;龙场悟道以后,王守仁的思想体系主要不再是发展转变的过程,而是一个如何表述和展开的问题。王守仁在晚年揭示"致良知"之说时,就指出:"吾良知二字,自龙场以后便已不出此意,只是点此二字不出,与学者言,费却多少辞说。"很明显,对王守仁的一生,龙场悟道是其学术思想至关重要的基本环节,所谓"悟道",即是解决人生的价值,解决安身立命的问题,"学以至圣人之道",是人生的最高意义。

王守仁的心学体系,大致由三个主要部分组成:一是"心即理"的人性学,一是"知行合一"的认识论,一是"致良知"的修养学说。

王守仁"心即理"思想是陆九渊"吾心即是宇宙"思想的继续,王守仁把陆九渊的这一命题作为起点,并给予进一步的发挥,他说道:

"心不是一块血肉,凡知觉处便是心。如耳目之知视听,手足之知痛痒,此知觉便是心也。"

王守仁与学生的一段对话,把这个道理说得颇为透彻。王守仁问学生:"你看这个天地之间,什么是天地的心?"

学生答道:"尝闻人是天地的心。"

又问:"人又把什么教作心?"

学生答道:"只是一个灵明。"

王守仁说道:"可知充天塞地中间,只有这个灵明。人只为形体目间隔了。我的灵明,便是天地鬼神的主宰。天没有我的灵明,谁去仰它高?地没有我的灵明,谁去俯它深?"

因此,王守仁比陆九渊的学说更为深邃,认为心是宇宙天地万物之主,心外无物,心外无理,心就是物,心就是理。这个绝对的宇宙之心,在王守仁看来,是灵明,是真我,是一种大公阔然的境界。心的本体就象一面镜子,能如实地反映客观世界,而心的本身是不受它所反映的外物而左右的。任何事物在心这面明镜上不会留下任何痕迹,所以在王守仁看来,心的本体,唯有清灵。既然心即是宇宙的主宰又是我的主宰,所以在心中,也就没有"天理"和"人欲"的对立了。宇宙万物的存在就在于心的感知,只有被心所感知到的事物,王守仁认为才是真正存在的。这里,王守仁所建立和极力阐释的,是一种主观唯心主义的哲学思想。他曾经同友人有过一次非常高明的辩论。一次,王守仁到南镇的郊外出游,一位朋友指着山岩上的花问他,你说天下无心外之物,那么这花在深山中自开自落,与我的心有什么关系?王守仁答到:

"汝未看此花时,此花与汝心同归于寂,你来看此花时,则此花的颜色一时明白起来,便知此花不在你的心外。"

也就是说,当人没有看到花时,花是沉寂的,不算得存在,只有当人见到这花,感受到这花时,花才一时浮现出来,显示出它的存在。从科学性来看,王守仁的观点在今天是站不住脚的,但从哲学家的智慧来看,这里又体现出一种多么高超的悟性,多么精致的表达,中国古代的大思想家,正是用他们的丰富的知识和精妙的智慧,去构建自己的学说思

想,也为后人、为中华民族的思想宝库留下极为灿烂的财富。在这段对话中,友人认为岩中花树自开自落,是一种独立的客观存在,与我心无关,王守仁并不否认花是客观存在,但却从认识与被认识的关系上证明它是与我心有关的。人心有通感天下万物的能力,也即证明了"天下无心外之物"的道理。

王守仁的"心即理"之说,根本目的是强调人的主体作用,他在解答安身立命问题时,紧扣着"做圣贤"这一目标,来显示人的主体——心的意义和价值,王守仁的"心即理"思想,排除了自私自利之心,以对天地万物的普遍关怀为前提,因此,具有积极的意义,在他看来,每个人都有一个他所关怀的世界,在这个世界中,体现着作为心的主体的个人的仁爱之心,体现着使命感和责任感,这也正是王守仁所理解:"圣人之学"精神所在。"格物致知"之说在王守仁的解释则是保持真我才能致知,而儒家传统正统观念所提倡的"诚意正心修身齐家治国平天下"的理想,也正是在拥有一颗至诚至善的心的基础上建立和实现起来。王守仁:"心即理"之说,在儒家精神的继承和传播过程中,为儒家学说增添了新的内容和活力。

王守仁心学体系的另一个重要部分是"知行合一"认识论,是对认识方法的探讨。

在王守仁看来,知与行原本说是一个工夫。知是行的主意,行是知的工夫,知是行之始,行是知之成。譬如,人一般在有食欲之心之后才知道吃饭,食味的好坏,必须在吃到口中以后才知道,哪有没吃到嘴中就先知道味道之美恶的? 再譬如一条陌生的道路,是平坦还是险峻,也必要等到行者亲自走过之后才能知晓,哪有不先经历而就知道之险夷的? 因此,知与行是不可分的,没有知,显然行也就没有主意和目的,如鸟飞鱼游般茫茫然,没有行,知不但不能达成,即便达成了,那也是道听途说,抽象、空洞的。在王守仁看来,知行合一,有知便有行,有行便有知。

知行问题是中国哲学史上的一个古老的问题,也是宋、明时期学术界讨论的重要课题之一。王守仁提出"知行合一",首先是针对朱熹理学的弊端而发的,朱熹曾说"人之所以为学者,心与理而已",王守仁认为这样就人把"心"和"理"看作分裂的两个事物,导致后世学者有"专求本心遂遗物理之患",正是因为不知"心即理"的道理。所以王守仁强调:

"心一而已,以其全体恻怛而言谓之仁,以其得宜而言谓之义,以其条理而言谓之理。不可以心外求仁,不可外心以求义,独可外心以求理乎? 外心以求理,此知行之所以二也;求理于吾心,此圣门知行合一之教。"

这一段话表明,王守仁不是孤立地看待知行问题,而是结合对"心""理"的关系的认识来考察。他认为朱熹不懂"心即理",把"理"与"心"看作两回事,外心以求理,因而造成知行割裂的弊病。从"心即理"的原则出发,王守仁认为无须外心以求理,"理"就在人"心"之中,只有"求理于吾心",才能做到"知行合一"

王守仁所说的"知行合一"问题,还不是一般的认识与实践的关系问题。所谓"知",主要是指人的道德意识和思想意念;所谓"行",主要指人的道德实践和实际行动。知行关系主要是指道德意识与道德实践的关系,也包括一些思想意念与实践活动的关系。这些关系在王守仁看来,是不可分割的,是"合一"的。他说:"知行原是两个字,说一个工夫,这一个工夫,须著此两个字,方说得完全无弊病,若头脑处见得分明,见得原是一个头脑,则虽把知行分作两个说,毕竟将来的做那一个工夫,则始或未便融会,终所谓百虑而一致矣。"

又说:

"知行工夫,本不可离,只为后世学者,分作两截用功,失却知行本体,故有合一并进之说。"

这即是说,知行尽管可以分为两个方面说,而实际上是一回事,不能"分为两截",有知在即有行在,有行在即有知在,知不离行,行不离知,两者互为表里,不可分离。如果把知行看作两个,那就失却了"知行本体"。这些说法在反对知行脱节这点上,是有一定积极意义的。

王守仁提出了"一念发动处便是行"的命题,认为行在认识过程中有着至为重要的意义,只有实际去做,才能真正知。而对明中期以来的学术风气日下的现状,王守仁发出了"知行合一"的呼吁,其目的正是要力挽狂澜,纠正那种学者自学、行者自行,甚至徒学而不行或行而不实的恶习,要人们即知即行,老老实实地求学和反躬自省。这些,也是同他始终抱定的学做圣贤之志有密切关系。

实际上,王守仁的"知行合一"理论论证始终没有达到非常透彻、明了的效果,这一点,王守仁自己也有所认识。他曾用哑巴吃苦瓜做比喻,来从形象上说明"知行合一"是怎么一回事:哑巴吃苦瓜,知道瓜是苦的,但无法告诉别人;而别人要想知道苦瓜的味道,还必须亲自去吃。用这样的比喻来说清楚"真知即是行"的道理,可见王守仁也是颇费苦心却仍找不出更加明白的好方法来论证。因此,王守仁在后来干脆让学生通过静坐而自悟心性。只是到了"致良知"说提出以后,原来不易说清楚的心学体系中的"知行本体"才得到了解决。

王守仁心学体系的核心,也是最主要的组成部分,就是"致良知"。

致,获得、掌握的意思;良知即真我,即孟子所谓的"不虑而知"。那么,到底什么是良知呢?王守仁的门生捉贼的故事,多少可以说明一些良知的含义。这位学生夜间在房内捉得一贼,他对贼讲了一番良知的道理,贼却大笑,问他:"请告诉我,我的良知在哪里?"当时是热天,他叫贼脱光了上身的衣服,又说:"还是太热了,为什么不把裤子也脱掉?"贼犹豫了,说:"这,好象不大好吧。"于是这位学生就向贼大喝:"这就是你的良知!"

这个故事说明人人都有良知,通过良知,使人能直接知道是为是,非为非,正确的才是正确的,错误的就是错误的。这样看来,人人都有作圣人的潜能,一个人可能成为实际的圣人,只要他遵从他的良知的指示去行。换句话说,他需要做的,是将他的良知付诸实践,用王守仁的话说,就是"致良知"。因此,"致良知"就成了王学的中心观念,王守仁在晚年就只讲这三个字。

从学术思想上看,"致良知"是"心即理""知行合一"学说思想的深化和发展,王守仁称"致良知"的思想是"从百死千难中得来",因而把"致良知"看得非常重要。良知即心,

不仅是世界的主宰,同时又是人的认识和道德行为追求的目的,是绝对的、至高无上的真理的化身。同时良知又是检验真理、判断是非的标准,王守仁说:

"尔那一点良知,是尔自家底准则,尔意念着处他,是便知是,非便知非,更瞒他一些不得"。

人的善恶是非,只有依据人人先天具有的"良知",才能做出判断,与良知相合的,就是善,就是正确,不合的,就是恶,就是非。把人"心"即"良知"提到判断是非善恶标准的高度,在当时,理学空气日趋僵死的时代中具有积极意义,教条化、神圣化了的朱熹理学严重窒息着人们的思想,而王守仁在弥漫着迷信、盲从的浊雾中,敢于宣称应以自己的"心"也就是"良知"为准绳,这就冲淡了宋儒圣贤的灵光。良知成为人们道德行为的最高规范和道德修养的最终目的,在当时世风日下、道德败坏的背景中,良知成为一束指明人们的道德感的火把,发出夺目的光芒。在有名的"天泉论道"中,被后人称为"王门四句诀"的四句话充分体现了"致良知"的内在精神:

"无善无恶是心之体,

有善有恶是意之动,

知善知恶是良知,

为善去恶是格物。"

也就是说,人"心"就其本性而言,是完美的,自足的,没有与之对立的不善,所以也就没有善恶的区别和对立;善恶的区别和对立是人"心"意念活动的产物,人"心"的"良知"能分辨善恶,是判断善恶的准绳;格物致知是为善去恶的功夫。王守仁"致良知"说,鲜明、突出地表明了其心学的社会功能,要求人们自觉地去除各种违背道德标准的邪恶思想,既针对了下层人民反叛朝廷的大逆不道思想,也针对着社会上层统治者中道德败坏现象:皇帝昏庸,不理朝政,不明是非,赏罚不公,朝纲不振,军队将领无才无德而受重用,丧师辱国而不受罚,王守仁指出,造成这一切的根本原因,就在于"良知不明",因此,王守仁灭欲存理以致良知的学说,指向了广泛的社会腐败现象,重视、强调个人修养的"致良知"说,在修养方法上重于"事上磨炼",具有积极的入世精神和经世思想,从而在当时及后世发生巨大影响。

对于发展儒家精神,"致良知"也起到了标新立异作用,儒家思想中的仁、义,本是后天的,人为的,但王守仁既然是以儒家经典《大学》《中庸》等来论证其哲学,所以把仁义划到自然范畴里去了;这样,良知里也就有了仁义,仁义就自然地成为最高道德准则的内容了。王守仁在这里,就不无自豪地讲,致良知是"千古圣贤相传的一点真骨血"。良知便是天理,致良知便是通过进行自我的道德修养完善,从而合乎天理。在王守仁学说中,致良知即是进行内在的道德重建,使人心与天理合一。当时的儒生大多只读四书五经,沉沦于酸腐而不自知,王守仁登高一呼,倡导致良知之学来挽救儒学的颓势,以活泼的心来医治儒林的麻木和迂腐,这不能不说是他超然卓绝之处。试想,在中秋之夕,月白风清,王守仁与弟子宴饮于天泉桥上,酒后半酣,泛舟去鼓,或歌或舞,这是何等的任性自如!在当时沉闷的社会中,又有几人能狂歌曼舞,长天一笑! 这正是王守仁心学的活力所在。

他不要学生门人死读书,读死书,只要他致力良知,发明本心,任情纵性,自由所如,这对当时朱熹理学的萎靡消沉之风,无疑是清醒明快的一击。"大道即人心,万古未尝改",王守仁心学的崛起,作为朱熹理学的对立面出现,在朱熹之说日益堕落凋零的情形下,努力以心学的复出来重振儒学的真精神,这种努力单从精神上讲,已是极为可贵与可敬的;而且,王守仁心学思想的建树,在中国思想史上谱写了辉煌的一章,它的价值更算得上是我们民族精神中一笔重要的财富。

心学大师

　　明朝中期以后,虽然朱熹理学还是官方哲学,但实际上已退居次要地位,当时的学术已大致成为王学的天下。王守仁重振陆九渊首倡的心学。在朱熹学说的衰颓后掀起心学的勃兴,给传统的儒学注入新鲜的活力。王守仁企图用发明本心和致良知的个人主观努力去成就儒家的成圣之道,使世人遵循着万古不变的道德礼法生活,达到真正的太平盛世。然而可惜的是,这只是王守仁的理想,实际的情况并非如此。王守仁"致良知"学说的提出,在一定程度上确实纠正了朱熹理学的流弊,但心学也并非尽善尽美,亦更非坚如磐石。心学自有其本身的危机,这在王守仁后学中明显地表露出来,明中期以后,王学后进并没有发扬王守仁的精神,反而很快偏离了王学的路线,呈现出另外一番面目。王守仁的门人们对王守仁"心学"思想的理解产生分歧,在针对朱熹理学时弊来纠正偏颇的同时,矫枉过正,造成在知识分子中不踏实读书求学,只注重所谓的内省工夫,形体与良知截然分离,崇尚虚幻的高谈理性,使社会风气又一次陷入浮夸空谈之中,最终使王守仁之学说理想走上末路。明朝末年面对日益严重的民族危机和社会危机,士大夫们手足无措,"平居袖手谈心性,临危一死报君恩",既是可叹可敬,又可悲可怜,缺少实际匡世扶危的能力而过分追求个人人格修养的结果,使他们也只能如此。这也可以说是"心学"的适得其反的后果。

　　但是,纵观王守仁和他的心学,在中国历史上毕竟发生了重大影响,王守仁文治武功,成效卓著的一生,也使他在中国历史上成为为数不多的几位重要人物之一。他不仅是成功的军事战略家,勤勉的政治活动家,伟大的思想家,也是一位著名的教育家,在致力他所构建的心学体系的过程中,王守仁注重教学方式,而且针对理学弊端在教育上的不良影响特别是对少年儿童身心健康的不良影响,王守仁提出鲜明的教育主张,使儿童摆脱繁琐、空洞、扼杀人性的理学束缚,这一点同样大为可贵。王守仁一生指挥的战斗正义性与否,他的哲学观点正确与否,都可以讨论,但谁也无法否定他是一位特别强健的人,即使不在沙场上,他也能在文化领域内坚韧得象一位将军,在王守仁身上,可以看到中国传统知识分子的一种楷模性和典型性的存在。而且,作为一种有着鲜明个性的学说体系,心学不仅在中国历史上划过灿烂的一道光彩,这道光芒甚至还照耀了中国的东邻——日本的思想界。日本的一些政治家和思想家,把王守仁"心即理"的学说与日本社

会条件密切结合起来,使其具有了日本的特殊内容,成为日本近代史上意义最为重大的事件——明治维新的一种指导思想。日本近代的著名军事家东乡平八郎海军元帅,曾为王守仁学说所折服,一生崇拜王守仁,特意佩一方印章,上面篆刻"一生低首拜阳明"。中国近代著名社会活动家,学术泰斗梁启超在论及王守仁时,难以用语言表达心中的景仰,曹言:"阳明千古大师,无论矣"。即使是中国现代社会中,王守仁及其思想也曾一度产生积极的影响。当我们评价一位在历史上产生过巨大影响的人物时,尤其要把他放到当时的历史背景、社会环境去考察,而不是简单地看他的学说在今天是否正确,以其人一生是否符合我们现代意义上的是非观点来判断他是进步还是落后,是革命还是保守,是正面还是反动。对于王守仁这样一位为我们的民族创造出宝贵的思想财富的伟大人物,我们说,他的人格是健全的,他的精神是值得尊敬的,他的学说中超越时代而光辉灿烂的部分也是我们应该了解并引以为自豪的。

中国的脊梁

—— 玄奘

名人档案

玄奘:俗名陈祎,河南缑氏县(今河南偃师县)人,生于一个官宦家庭。相传他是后汉时颍川郡许县(今河南许昌市东)人陈仲弓的后代,其祖上几代都曾在朝廷为官。高祖陈湛,北魏时的清河太守;曾祖陈山,北魏时的征东将军、南阳郡开国公;祖父陈康,北齐时的国子博士;父亲陈惠,也曾为隋王朝的江陵县令,后辞职还乡。陈惠一共生有四个儿子,次子陈素,出家后法号长捷,第四子即玄奘。

他是中国著名古典小说《西游记》中心人物唐僧的原型。

生卒时间:602年~664年。

安葬之地:圆寂于长安玉华宫,葬于白鹿原。后迁至樊川。墓地毁于黄巢起义,顶骨迁至终南山紫阁寺,公元988年被僧人可政带回南京天禧寺供奉。

历史功过:汉传佛教史上最伟大的译经师之一,中国佛教法相唯识宗创始人。

幼年出家

隋开皇二十年(600),玄奘诞生于缑氏县凤凰谷陈村(今为陈河村),那是一个依山临水的小村落,位于闻名的少林寺西北的山岭下面。不幸的是,当玄奘五岁之时,他的母亲便离开了人世,这对玄奘幼小的心灵来说,不能不是一个打击。早年出家的二哥,既精通佛教经典,又熟读老庄,人称"释门栋干"。在玄奘十岁之时,其父亲陈惠不幸因病去世,年幼的玄奘便随二哥一同去了东都洛阳净土寺。

玄奘从小便聪明过人,自从进了净土寺之后,便在二哥长捷的指导下学习佛经。玄

奘不但聪明，而且十分好学，对佛经发生了深深的兴趣，十一岁时便能背诵出《维摩经》《法华经》，并且能以佛教戒律要求自己。

有一天，净土寺的僧众在诵经做功课，时间长了，僧人中便有人走了神，此刻又赶上住持不在，僧众中便有人放下手中的佛经，谈论起一些与佛经内容无关的有趣事情。正在他们讨论得兴趣正浓的时候，忽然听见一个孩子的声音："佛经上不是说过，出家要远离世俗吗？你们怎能不追求佛法，做这种无聊的游戏呢？这真是一种极大的浪费！"

众位僧人抬头依声望去，只见他们面前站着一个神色凛然，面容清俊的男孩。此情此景，让那些僧人羞愧不已，谈笑之声马上消失，又认真做起功课来。

隋大业八年（612），隋大理卿郑善果奉皇帝之敕在洛阳收度少年僧人，但玄奘因年纪太小，未被录取，于是他便不快徘徊于公门之侧。当郑善果偶然见到玄奘之后，看到他年纪虽小，但气宇轩昂，一表人才，大为吃惊，就问："你为何出家？"

玄奘答道："为了远绍如来，近光遗法。"

听了玄奘的回答，郑善果深嘉其志，破格收度了他，并向自己的同僚称赞玄奘说："诵业易成，风骨难得，若度此子，必为释门伟器。"也许是苍天有眼，郑善果的几句话竟然说中了玄奘以后的伟大成就。

玄奘因此便正式出家了，这一年他恰好十三岁。

在出家之初，玄奘和他二哥长捷同住在洛阳净土寺。寺里有一位景法师在讲《涅槃经》，玄奘便和二哥长捷一起学习，达到了废寝忘食的程度。后来，寺里又有一位严法师在讲《摄大乘论》，玄奘也是每讲必听，听完后便仔细思索其中的佛理。每当众人还对法师所宣讲的佛经有所疑惑之时，玄奘已能够升座讲法了，而且讲得头头是道，令众僧称赞不已。

正当玄奘醉心佛法，勤奋学习之际，因为隋炀帝的暴政而使天下大乱，洛阳一带成了当时的混乱中心，这使得玄奘再也在洛阳呆不下去了。因此，玄奘和二哥长捷一起离开洛阳，来到京师长安。他们是唐高祖武德元年（618）来到长安的，由于唐王朝国基初创，全国尚未平定，统治者还顾不到发展佛教事业，这不免使玄奘有所失望。但值得庆幸的是，当他们听说长安有个叫道基的法师道法高深，便前去求教，并且住在了庄严寺。玄奘的聪明和智慧使道基十分吃惊，道基不无慨叹地说："我过去曾游历过许多地方，却从来没有见过如此聪明的少年！"

玄奘和二哥长捷在长安学习佛法之时，又听说蜀地比较安宁，而且许多闻名的法师都避居那里，于是他们便经由汉中一带而南入成都。即就是前往成都的途中，既然条件那么艰苦，但玄奘也从未荒废过学习。

当时的成都相对于其他地方而言，的的确确是个世外桃源，既未受战争的影响，且环境优雅，加之高僧云集，一时间竟然成了宣扬佛法的核心。玄奘在成都期间，听道基法师讲《毗昙》，听宝暹讲《摄论》，听震法师讲《迦延》，且一听不忘，被当时的人们称为奇迹。通过学习，几年之间，玄奘竟然熟悉了佛学各部的学说。他说出的话，都表达了深刻的佛理，好比修行了多年的高僧一样。当时，婆沙论、杂心论等，在东方流传极广，而且版本众多，每论大约有十多种，玄奘对不同的版本都能熟记于心，而且不会产生混乱，还能论述不同版本在论述佛理上的得失，众僧对他天才般的智慧感到非常惊讶。

在蜀地，此时有个高僧，精通《摄论》，人们称他为"难加人"，向他学习佛法的人很多，但他所讲述的《摄论》达十二种之多，非常繁杂。这个高僧还有个习惯，他喜欢边讲边让众人修炼阅读。但是，由于经义繁杂，听讲者都感到很混乱，可玄奘一听就记住了，而且没有一点儿错误。当玄奘上座讲述之时，引用《摄论》中的论述竟然不用看书，似乎他已研究了很长时间。

玄奘和成都的因缘真是不浅，唐高祖武德五年（622），他在成都受了具足戒（即大戒），成为一个完全的佛教僧人，这一年他二十三岁。同时，玄奘在蜀地遍求佛法，名声大振，但他并不因此而满足，他矢志要学遍华夏大地，以求得正法。他说："学习佛经贵在理解佛经的奥妙之义，重在修持求证。如果只在一个地方学习，是不能求得佛经的精髓的。"因此，玄奘决定离蜀北行，去各地学习佛法。大概在武德六年（623），玄奘不顾二哥长捷的一再挽留，沿长江而下，到达荆州（今湖北江陵县），住在天皇寺，在此为听众讲说《摄论》《毗昙》，大约过了一夏一冬。武德七年（624），玄奘又沿长江而下，过扬州等地，折而北上，直达赵州（今河北赵县），从道深法师学习《成实论》。武德八年（625），玄奘来到相州（今河南安阳市），从慧休学习《杂心》和《摄论》，之后来到长安，住在大觉寺，这时是武德八年（625）年底。玄奘每到一处，因其勤奋好学，因此名声远播。

武德九年（626）这一年，玄奘留在长安跟随道岳学习《俱舍论》，后又跟从法常和僧辩学习《摄大乘论》，还跟随玄会学习《涅槃》。从玄奘出家至这时，见诸记载的，他就拜了十三个法师为师，其勤奋好学由此可见。

玄奘再次来到长安，这儿已不如往昔，高僧云集佛学兴隆。玄奘与众僧切磋佛学，学业大有长进，并深得当时佛学权威法常、僧辩两大法师的赏识，他们称赞玄奘为"释门千里之驹"。唐太宗贞观元年（627），这一年玄奘二十八岁，经过几年的勤奋努力，他终于脱颖而出，成为佛教界的一个后起之秀。

那时，仆射宋萧瑀十分佩服玄奘的才华，他奏请皇帝，让玄奘住在庄严寺。玄奘对他说："我周游吴蜀，走遍燕赵，历访周秦各地，为的是学习佛法。如今流行的佛法，我已蕴藏于胸中。但我国的法师，所讲的义理，常常各执己见，派别纷争，对佛法的广泛流传非常不利。我想亲自阅读原始的佛教经典，然后再回到中土传播，这样才能使佛法得到振兴。我为此已准备将生命置之度外，誓死求得正法。"玄奘的这一席话，反映了玄奘前往天竺取经的想法和决心。

进入北印

的确，诚如玄奘所言，自从佛教传入我国以后，随着人们对佛教经论学习的推广和深入，产生了很多疑问，玄奘也是产生疑问者之一。对此，玄奘曾到处访师请教，但其中的

一些问题依旧得不到圆满的解决。在这许多问题之中,比较重要的有两个方面:一是由印度传来的佛教经籍不够齐全,很多疑难之处未能得到解决;二是佛教里面原本就有派别之分,而当时我国自南北朝长期的分裂之后,各地的佛教徒分头研习佛学,常常发生不同的解释,不知应该如何寻求一致的答案。在这样的情形之下,玄奘便产生了亲自前往佛教发源地印度的决心,从而在那里搜集经本,并向印度的佛教宗师直接请求解释疑难。

对于聪明而又坚毅的玄奘来说,取经的想法一旦产生,他便决定冲破一切困难,准备进行他那伟大的旅行,远去印度找寻佛教典籍,寻觅佛陀的遗训。因为路途的遥远,玄奘便考虑和其他人结伴而行,但当时唐王朝建国不久,西北方的国界还在伊吾(今新疆哈密市)东南一带,沿边受到突厥的严重威胁,因此玄奘和他的同伴虽然屡屡上奏朝廷,请求出国西游,都未被批准。但玄奘并未因此而灰心丧气,他一边学习各种蕃语,一面仍然积极准备西行。其时间大体上是武德九年(626)和贞观元年(627)前半年的事情。

中国有句俗语:有志者事竟成。贞观元年(627),关中、关东、陇右、河南等地发生饥荒,唐太宗下诏僧俗人等四出避地觅食。因此,玄奘便借这个机会,夹杂在饥民队伍中向西而去,开始了他那漫长而又艰难的征程。

玄奘由长安出发之后,沿途经过秦州(今甘肃天水)、兰州(今甘肃兰州市),来到凉州(今甘肃武威)。凉州地处要冲,是河西一带的大都会,不时有西域各国的商人们来往。玄奘在凉州期间,一面登坛讲经,一面了解情况。当时,因为突厥的威胁,朝廷命令禁止百姓私自出国,凉州都督李大亮行禁极严,当他得知玄奘要西行之时,便迫令其东归。后来,玄奘在慧威法师的协助之下,溜出了凉州城,昼伏夜行,露宿风餐,向瓜州(今甘肃安西东南)进发。

瓜州是唐朝最西面的一个城镇,当时的瓜州刺史独孤达,是个虔诚的佛教徒。当玄奘来到瓜州之后,受到了独孤达热情的款待。玄奘在瓜州停了一个多月,打听西行的路径,了解到瓜州北面五十余里有条瓠𬬻河(即疏勒河),河的南岸就是玉门关,是去西域的必经之路。在玉门关外西北方向,设有五座烽火台,均有官兵守望。各烽火台之间相隔百里,除了在烽火台周围有水草外,其他地方都是沙漠荒丘。过了烽火台,就是莫贺延碛(今甘肃安西与新疆哈密之间的大戈壁),号称"沙河",上无飞鸟,下无走兽,更无水草。在瓜州之时,玄奘的马不幸死去,使他一时无法成行。这时,凉州发出的追捕玄奘的公文已到瓜州,要求沿途州县官吏捉拿玄奘,押遣京师。瓜州有个叫李昌的官吏,被玄奘立志去印度取经的精神所感动,当面毁坏公文,促他赶快西行。玄奘不敢怠慢,马上购买马匹,备办物资,但却苦于无人引路。

就在玄奘大为着急之时,刚好有个叫石槃陀的胡人,愿意送玄奘过五个烽火台。次日,石槃陀带着一个骑着瘦老的赤色马的老翁来见玄奘。石槃陀告诉玄奘,这个老翁对西域的路极熟,曾去伊吾(今新疆哈密)三十余次。那个老翁说:"西路险恶异常,沙河阻隔,又有鬼魅热风,遇到就要丧命。很多同伴还经常迷路,你现在单身一人怎么能行"还是多作考虑,勿轻自己性命!"

玄奘果断地回答:"我为求法而去,发愿西行,若不到婆罗门,决不东归。即使死于半途,也不后悔!"

老翁见玄奘说得非常坚决,就说:"如果一定要去,可乘我这匹老马,它往返伊吾达十五次,知途健行。"玄奘觉着老翁说得有理,遂与他换马。全部装束停当之后,玄奘便和石槃陀向玉门关进发。三更时分,玄奘和石槃陀来到瓠脯河畔,玉门关在望。瓠𪃿河流此仅一丈多宽,岸旁还有几棵树木,石槃陀砍了些树木,搭起一座便桥,人马平安渡过了河。过了玉门关之后,石槃陀忽然改变了主意,不愿继续西行,玄奘只好独自独行。

孑然一身的玄奘,在渺无人烟的茫茫黄沙中,借助一堆堆白骨和驼马的粪便孤独地前进着。这样走了八十多里以后,最后望见了一座烽火台。晚上,玄奘来到烽火台边,看见那里有一汪清水,便下马用皮袋装水。此时,一支箭从他的头顶掠过,还没有等他回过神来,第二支箭又飞了过来,险些射中他的膝盖。玄奘见状,清楚哨兵发现了自己,就喊道:"我是从长安来的僧人,千万不要误会!"边喊边向烽火台走去。哨兵带玄奘去见校尉王祥,王祥和独孤达一样,也是个佛教徒,他问明了玄奘的身份和来历之后,对玄奘十分尊敬,并决定送玄奘回到敦煌去。玄奘坚决不从,对王祥道:"自佛灭度后,经有不周,义有所阙,因此不顾性命,无视艰危,誓往西方,遵求遗法,决心西游,誓不东归!"玄奘不畏艰难,决意西行取经的决心打动了王祥,他帮助玄奘通过了最后一座烽火台,来到了无边无际的莫贺延碛。

当玄奘进入莫贺延碛之时,他便暗下决心:宁可西进而死,决不东归而生。沿途之中,人马绝迹,晚上白骨发出的磷光,使人心中不免惶恐。有一天,玄奘正在先进之时,不小心弄翻了水袋,将水倒得干干净净。这样,玄奘一连走了四夜五天滴水未沾,几乎渴死,最后晕了过去。到第五夜,一阵凉风吹来,才使玄奘恢复了体力,清醒过来。他爬起来,忍着难耐的干渴,继续前进。走了几里路后,最后遇到了泉水。玄奘畅饮之后,将水袋装满,又走了几天,终于把莫贺延碛甩在了身后,来到了伊吾境内。

玄奘在伊吾停了十多天,此时,位于伊吾以西的高昌国国王麴文泰听说玄奘要来,就派使者命伊吾王将玄奘护送到高昌城(今新疆吐鲁番东约五十公里的胜金口之南的亦都护城)。高昌国是当时一个号称独立的盘踞小国,它一面对唐王朝维持着朝贡关系,一面也向突厥臣服。国王麴文泰及其全家,都深信佛教,他们对玄奘的到来十分重视。在玄奘要来高昌城的那天晚上,麴文泰率领自己的妃子和各位大臣,在宫殿前恭敬地等待,连其母亲也出来准备迎接。等到玄奘进入高昌城,已是半夜时分了。这时,高昌城被明亮的火把照得如同白天,玄奘来到大殿前,麴文泰赶忙上前拉住他的手,表示热烈的欢迎。由于长途跋涉,玄奘已是衣衫褴褛,面容憔悴,满面的灰尘,但他的精神却十分振奋,两目炯炯有神。麴文泰见到大唐来的高僧,心情激动万分,说:"久闻法师之名,今日得与法师相见,真是三生有幸。"麴文泰领着玄奘,和诸位大臣、妃子一一见过,这时的高昌城,已沉浸在欢声笑语之中。

玄奘见到高昌王麴文泰之后,便说明了自己西行的目的,使高昌王麴文泰和其他人等感动不已。麴文泰要求玄奘在高昌呆了一段时间,玄奘想到要为继续西行做些准备,便适应了麴文泰的请求,在高昌开讲法席。高昌王麴文泰的母亲十分喜欢佛法高深又来

自大唐的玄奘,便认他作自己的儿子,高昌王麹文泰本人则认玄奘为弟弟,他们相处得非常好。在玄奘开讲佛经期间,听讲者挤满了寺庙的院子。玄奘所讲的佛经,条理清晰,能揭示佛经的微妙含义,听讲者都说这是前所未有的事情。正因为这样,高昌王麹文泰和众人都希望玄奘留下来,在高昌弘扬佛法。

玄奘感谢高昌王麹文泰的热情招待,但也表明自己不管怎样也不会中途而止。玄奘说:"我之所以背井离乡,甚至冒着生命危险西行,目的是为了求得正法。万一我留在这里,那求正法的心愿就不能实现,这样的话生不如死! 如果大王真要留我,我宁愿死在此地!"为了表示自己的决心,玄奘甚至断食了三天。高昌王麹文泰看到玄奘西行的决心不可动摇,便答应让他继续西行求法。但为了使玄奘能平安西行,高昌王麹文泰要求玄奘多住一月讲经,以便进行充分的准备,玄奘表示同意。

高昌王麹文泰为玄奘所做的准备工作十分细致周密,他首先剃度了四个小沙弥做玄奘的侍伴;缝制了三十套法衣,还加上若干件棉衣、手套、靴、袜以供玄奘御寒;送给玄奘黄金一百两、银钱三万、绫和绢等丝织品五百匹,作为玄奘往返所用经费;送给玄奘马三十匹、工役二十五人;又写了二十四封介绍信给玄奘所要经过龟兹等二十四国,每封信都附大绫一匹作为信物,让这些国家的国王为玄奘提供方便。对于麹文泰所做的这些物质准备,玄奘完全表示接受,这是保证他求得正法的物质基础。

当时,玄奘要经中亚去印度,还有一个大的阻碍,那就是西突厥。它控制着东起现在的新疆附近,西南到今伊朗东北一带,这些地方正好是从中亚通往印度的必经之地。为了使玄奘顺利通过西突厥,麹文泰写信给当时的西突厥可汗统叶护,并附绫绢五百匹,果味两车,让玄奘带上,作为礼物献给统叶护。同时,麹文泰还派了一位名叫史欢信的侍郎,护送玄奘到中亚的素叶水城(今吉尔吉斯北部托克马克城西南),去拜见统叶护可汗。统叶护因为有高昌王麹文泰的请托,又接受了玄奘所带来的丰厚礼物,对玄奘十分友好,还送给玄奘一套法衣和五十匹绢。在派人护送的同时,传令所属各国,为玄奘西行提供方便。如此一来,玄奘每到一处,人们便举城出迎,盛况空前,宛如皇帝出行。

玄奘从高昌出发,经过了十六个国家,来到铁门要塞。这一带附近为峻峭的高山,两旁石壁竦立,色相如铁。从铁门要塞到达印度边境,又经过了十三个国家,这些国家的风土人情不同,但有一点却是相同的,那就是大都信奉佛教,其中还有许多佛教遗迹。

在大雪山中有一个国家,名叫梵衍国,国中有几千僧人,学习小乘佛教的出世部佛法。在都城的北山中有高达五百一十尺且站立的佛像。城中更有一卧佛像,长一千多尺,这一切都给玄奘留下了很深的印象。从有卧佛处向东南行二百余里,度越大雪山,玄奘来到了一个佛教寺院,那里有泉池林树之胜。从这里再过雪山和黑岭(即今兴都库什山脉最西端一带)东行,即到了迦毕试国。玄奘所到的迦毕试国,是一个山国,它的都城遗址在今阿富汗喀布尔以北 62 公里处,今名贝格兰姆,其地北靠雪山(即兴都库什山),其他三面都是黑岭(今兴都库什山南边一些较低的山,因全年不积雪,故叫黑岭),国势强盛,佛教也很繁荣。都城以东约三四里的北山下有一个大寺院,名叫沙落迦,传说从前以健驮罗为根据地的迦腻色迦曾出兵葱岭以东,带回当地的中国王子为质,对他们加以优

先贤圣哲

四二九

待，让他们冬居印度诸国，春秋住健驮罗国，夏天来迦毕试国，并各建寺院以居之。玄奘所到的沙落迦寺院，就是当地人为那些中国质子在迦毕试国所建的住所。玄奘在迦毕试国呆了一段时间之后，从这个国家经由接连不断的山谷东行六百多里，翻越黑岭，便进入了当时北印度的境域了。

周游印度

印度是佛教的发源地，也是世界上四大文明古国之一。唐朝时，称印度为"天竺"，亦称为"婆罗门国"。此时，印度分为东、西、南、北、中五部，各部中小国林立，时分时合。玄奘进入印度后所来到的第一个国家是滥波国，这也是一个山国，北靠雪山，三面都是黑岭，其故地在今阿富汗贾拉拉巴德以西北喀布尔河北岸的拉格曼。从滥波国向东南行百余里，越过一条大岭，再渡过一条大河（即今喀布尔河），便到达了那揭罗曷国。那揭罗曷国有很多佛教遗迹，玄奘都虔诚地进行了拜谒。迦罗曷国有佛的头顶骨，周围长三寸，形状仰平，就像穹庐一样；还有佛的头骨，形状像荷叶；佛的眼睛，圆而透明，形状像奈许，澄净而富有光彩；还有佛的衣服、佛的锡杖。五种圣迹都在国内被称之为国宝。由于迦罗曷国北临突厥，过去突厥曾入侵此地，要掠夺这些佛宝，可每次都无法到达藏宝所在，不得不撤兵回国。

相传迦罗曷国的这五件佛宝灵验无比，可以预示人的未来形象。相传大月支王想知道自己的来世是什么样子，便烧香拜佛宝，佛宝向大月支王显示他的未来是马的形象。大月支王感到不好，他便大加布施，并忏悔自己的罪过。当再次去烧香拜佛宝，佛宝向大月支王展现他的未来是狮子的形象。狮子虽然是百兽之王，但毕竟还是野兽。因此，大月支王便皈依佛门，持守戒律，这时佛宝向他显示了他的未来是人的形象。大月支王这才回国。按照惯例，看王相的人要花一枚金钱；看自己相的人要花十枚金钱。玄奘也前去参拜佛宝，当他想到自己历尽艰险，目的是为了求得正法，亲睹佛的遗迹，现在终能够参拜佛宝了，便不由得百感交集。玄奘双手执香，毕恭毕敬地向佛宝施了大礼，然后站立一边，注视着佛宝的变化。此时此刻，佛宝马上展现出了前所未见的吉祥之相，玄奘不由热泪盈眶。

玄奘告别迦罗曷国，向东南沿着连绵的山谷行走了五百余里，来到了著名的健驮罗国。健驮罗国东临信度河，它的都城叫作布路沙布逻（今巴基斯坦白少瓦）。公元二世纪时，迦腻色迦王以健驮罗为核心根据地，曾以布路沙布逻为首都，但玄奘到达健驮罗时，其国势已经衰落，役属于迦毕试国。健驮罗是印度佛教艺术的发源地之一，其都城有许多庄严华丽的寺院、高耸入云的佛塔和壮观的佛像。其国中大约有佛寺一千余所，国人皆信仰佛教。其都城布路沙布逻东有迦腻王塔，塔基周长达一里多，其中有佛骨舍利一斛，高高地放在塔中，塔的九轮上下共五百尺，标志二十五重天火之灾，这就是世人所说的雀离浮屠。至于健驮罗国中的许多佛教遗迹，玄奘都曾去巡礼参拜，其后由乌铎迦汉

茶城（今喀布尔河流入印度河处东北方向的温特）北上，离开了健驮罗。如此，玄奘怀着对佛的虔诚之心在佛国大地上行走着。

有一天，玄奘正与众人沿着一条河流向前行走，忽然，从对面杀来一彪人马，他们把玄奘等人团团围住。只见带头的那个人说："真是苍天有眼，我正愁找不着祭天的供品，却遇到了你们这批秃驴！"说罢，令其他人将玄奘等人用绳子捆了个扎实。

这伙人原来是一群强盗，他们正想杀人祭天。强盗们在玄奘等人中挑来挑去，最后挑中玄奘作为祭天的供品。那伙强盗在路上摆好祭坛，把玄奘放在坛上，他们企图把玄奘生吃一部分，然后再用剩下的祭天。面对这种可怕的场面，玄奘面无丝毫惧色，只见他轻轻闭上双眼，心中发誓说："要是我的生命还不该结束，那就请诸佛解救我！要是我的生命已对弘扬佛法没有用处，那我死也无憾了。"同行的人看见地伙强盗就要杀玄奘，便放声大哭。就在这危急时刻，只见狂风铺天盖地而来，挟带着沙石吹向强盗，那些强盗吓得不知如何是好。与玄奘同行的人对强盗们说："这位法师来自东土大唐，不辞劳苦只为求法。你们要是杀了他，就会犯下弥天大罪，受到上苍的惩罚！"强盗们听到这话，吓得纷纷扔掉兵刃，给玄奘松绑，并以礼相待。

玄奘经历了千辛万苦，来到了羯若鞠阇国，其都城即曲女城（今印度北方邦西部之卡瑙季）。当玄奘来到羯若鞠阇国时，在位的君主是闻名的戒日王。玄奘在羯若鞠阇逗留了三个月，学习佛教经论，之后又周游其他国家去了。

当时，在印度中部，有一个摩揭陀国，那里是释迦牟尼悟道成佛及生活活动的主要地方，佛教遗迹甚多。摩揭陀国中有一座山，名叫伽耶山，世人又称之为名山，自古就是国王登临敕封的地方，如来佛离俗成道即在此山。山上有著名的大菩提寺，是狮子国的国王出钱兴建的。此国的十二月三十日，即唐的一月十五日，国人称之为神变日。到了这一天晚上，会出现吉祥的光，同时天空中会飘下特别的花，落在树上和院子里。玄奘来到大菩提寺时，看到经书中所记载的这些遗迹就在眼前，他感慨万千。他遗憾自己生在末世，不能亲睹佛的真颜。玄奘觉得，自己虽然见了圣迹，却没有看到吉祥之景，他决定留下来，以自己的诚心来感动上天，展现吉景。玄奘正在听一个居士讲《瑜伽师地论》，忽然，灯灭了，身上佩戴的珠宝璎珞都失去了光彩，但却有光明照耀内外，只是不知光明来自何方。居士和玄奘都感到奇怪。他们走出屋子看菩提树，只见一个僧人手拿舍利，大小像人的手指，在树下举着给人看。舍利子的光芒照亮了天地，大家欣喜万分，远远地纷纷向舍利子参拜行礼。直到清晨，光才消失。玄奘在印度境内走了几十个国家，最后到达了他此次西行的目的地——那烂陀寺。

那烂陀寺是印度最有名的佛教寺院，其遗址在今印度比哈尔绑腊季吉尔西北的巴拉冈。它有着久远的历史，从公元第五世纪起便有铄迦罗阿迭多等国王在此建立寺院，不仅规模宏大，加上藏书丰富，是当时一个主要的文化中心。唐朝人称其为无厌，因其供奉丰厚，衣食无愁之故。寺里有僧人几千名，都是才能高强、学识渊博的人，中间德行为当时人所敬重、名声驰于国外都就有几百人。那里戒行清白，教规纯粹。僧团有严格的规定，人人都坚定不移地遵守，印度各国都把他们奉为学习的榜样。他们互相询问尚未清楚的问题,谈论深奥的义理,一天到晚没有满足的时候。他们日日夜夜互相提醒、互相告诫,年长的与年轻的互相促进。谁要是不谈论三藏的深义,那就会自己感到孤立和懊疚。因此,那些想要驰名天下的外国学者,都来解决疑难,然后才能美名远扬。所以,那些盗窃它的名义的人,走到哪里都受到礼遇和敬重。各地的和外国的想要进去辩论的人,经过看门的人一番诘难,多半由于答复不上来而回去。只有那些在学问上博古通今的人,才能获准进去。因此,外来的学生再与他们比试较量技能,十个当中必有七八个要失败退走,剩下两三个博识事理的人,在僧人当中依次受到诘问之后,也无不锋芒遭到挫折,名誉被败坏。能够在那烂陀寺生存下去的只有那些才能非凡、博识事理、多才多艺的贤人。

当时,那烂陀寺的住持叫戒贤,已经 106 岁了,其道法可说高深无比,人称"正法藏"。因为他博闻强记,内外大小一切书都能通晓,戒日王便把十座城邑的税收完全送给他。玄奘西行求法的风声早已传到了那烂陀寺。那烂陀寺的僧众听说玄奘快要到了,便先派出四十多人去迎接。玄奘到达寺中的那天,寺中僧人二百人,俗人二千人,纷纷推着车撑着伞盖,手捧鲜花迎接玄奘。一时间,在那烂陀寺内外人潮如涌,伞盖如云,如同在过一个极为盛大的节日。众人把玄奘拥入寺中,见过众僧人之后,就安排他住下。后来,玄奘在别人的带领下,前去拜见寺中住持戒贤。玄奘来到戒贤的住处,向高居于座上的戒贤深施一礼,戒贤命玄奘就坐之后,就问玄奘:"法师从哪里来?"

"弟子从支那而来,久闻贵寺大名,欲学瑜伽等论,以期求得正法。"

听完玄奘的回答,戒贤突然掩面哭泣起来,众人不由得你看我,我看你,不知发生了什么事情。戒贤哭泣了好一会儿才停止,然后又向玄奘施一谢礼,说道:"法师前来救我出疾苦,深表谢意"。

玄奘听不懂戒贤的意思,不知所措,便说:"住持之言,弟子不甚明白。"

戒贤说:"三年前,我得了一场大病,全身疼痛如刀割一般,当时我真想一死了事,以结束这难忍的痛苦,去西方极乐世界。就在此时,我梦见有个金人对我说:'你不要死,你眼前这种痛苦是对你前世做国王时所干坏事的报应,你应当自我悔过,怎么可以轻易去死呢? 而且,你眼前的这种痛苦也快结束了,现在有一个支那僧人要到此学法,正在途中跋涉,三年之后便到这里。那时,你要教给他佛法,而后让他把佛法带回他的国家去,你的罪,就消除了。我是曼殊室利,特地来劝你。'"

听了戒贤的话,人们对玄奘更是尊敬了。戒贤为了进一步确定玄奘就是曼殊室利所说的那个支那(中国)僧人,便又问道:"法师在途中行了几年?"

玄奘答道:"三年。"

玄奘的话一出口,便让戒贤悲喜交加,再次向玄奘施礼致谢。

当时,那烂陀寺设有十个"法通三藏"的称号,给予那些学通经藏的高僧大德,这是寺中的最高荣誉。玄奘到那烂陀寺时,已有九人被授此称号,所剩下的一个便授给了玄奘。那烂陀寺对于法通三藏者,天天都配备上等菜肴两盘,大人米一升,还有槟榔、豆蔻、龙脑、香乳、酥蜜等。各人还有四个净人婆罗侍候,出入乘象,并有三十个随从。其他的暂

且不论，仅大人米一项，就可表现出法通三藏者的身份不同寻常。大人米是印度的一种粳米，大得像乌豆一样，做饭时香气可飘百步，只有这里出产，它主要是供给国王和法者食用的。

玄奘在那烂陀寺住定之后，要求戒贤给他讲述《瑜伽论》，和玄奘在一起听讲的人达数千人之多，用十五个月讲完一遍，后又用九个月讲了第二遍。玄奘在那烂陀寺学习佛法期间，起早睡晚地钻研佛学，全神贯注地听戒贤法师讲经，虚怀若谷地向高僧们请教问，仔细研习达五年之久，从没有间断过。

有一天，戒贤收到了统治印度的戒日王的来信。此时，戒日王正在讨伐乌茶国。戒日王在信中告诉戒贤，南印度有一个灌顶师叫般若毱多，做了篇《破大乘论》，送到一向支持那烂陀寺的戒日王手里，公开向那烂陀寺的大乘教学说提出挑战，要与大乘教学说决一胜负。在这样的情况之下，戒日王便在信中请求戒贤派出四个内外大小皆通的论师，到戒日王行军处，与那些小乘论师进行辩论。因此，戒贤便派智光、海慧、师子光和玄奘四人为应辩之人。就在四人准备出发之时，只见那烂陀寺的外边一片混乱，马上有僧人向戒贤禀报，有一个顺世外道的人写出了四十条，贴在那烂陀寺的门上，要与那烂陀寺的僧人进行辩论，并扬言要是有人能把他驳倒，他就用自己的头来谢罪。那人的论证细密，极难找出破绽，而且寺中僧人对这种外道了解得并不很多，对能否辩胜深表怀疑，大家都静静不语，无人敢出去应辩。由于当地有一个风俗，如果双方进行辩论，输的一方要骑在驴背上，人们把屎尿从他的头上贯下去，然后在公众面前表示服从，做胜方的奴隶。

玄奘依靠他的学识和对大乘佛教学的虔诚，勇敢地站了出来，让人把那四十条抄了回来，认真仔细进行了一番研究。之后，玄奘对众僧人说："我要与他辩论，我们那烂陀寺怎么能受他的污辱呢？请诸位给我做旁证。"

玄奘与那人进了几番辩论，那人辩解不力，以至于理屈词穷，神情沮丧，马上爬在地上表示降伏。那烂陀寺顿时变得沸腾了，众僧欢呼雀跃，有人甚至要履行辩论前那人的诺言，将其斩首，玄奘马上加以制止，说："万万不可。佛法博大宽容，并不主张刑罚。我们让他信奉佛法就像奴仆信奉主人一样，不也很好吗？"

众僧人听从了玄奘的建议，将那人留在寺中，那个人十分虔诚地皈依了佛门。这场辩论胜利之后，玄奘并没有因此而得意，他又马上找来小乘论师的《破大乘论》，仔细分析其中的谬误，以备前去辩论时用。玄奘问那个外道之人："你清楚乌茶论师所推崇的《破大乘论》吗？"

"我曾有所闻，我还对他们的学说非常了解。"那人答道。因此，玄奘十分认真地让那人讲述了乌茶小乘佛教的学说，了解了其中的主要理论。在此基础上，玄奘用大乘教的思想批判了乌茶小乘论的观点，写出了《制恶论》，并把它送给戒贤等人。戒贤等人认为这篇《制恶论》可以横扫天下的敌人，无人能够阻止。

经过五年艰苦的学习，玄奘的佛法大有长进，但他还想继续留在那烂陀寺学习。这时，戒贤对玄奘说："学习佛法，贵在交流，独身一人学习是不行的，你应该到其他地方去学一学，不然就会失去良好的时机。然后，你要及早返回你的国家，去弘扬正法。你不惜

生命前来求法，难道不是为此吗？智慧是无边的，只有佛才能穷尽它。人生若朝露，早晚它都是会消失的，你千万别延迟。"

听了戒贤的建议，玄奘便离开了那烂陀寺，在印度境内拜谒佛寺，开始游学。在钵伐多国，玄奘碰上了几个高僧，他们个个学识渊博，可以为师。因此，玄奘便在那里停留了两年，跟随他们学习《根本论》《摄正法论》《成实论》等。玄奘对佛法如饥似渴的追求，赢得了人们的一片称赞。当时，在杖林山有一个胜军论师，是刹帝利人，他学遍内外五明，在林中授徒讲经，从他学法的人逐渐增多，国王也曾前来拜见他，并封给他城邑作为供养。玄奘便向那个胜军论师请教，跟随他学习了两年，前前后后学习了《唯识抉择论》《意义论》和《成无畏论》等。

有一天晚上，玄奘在胜军论师处的寺庙中做梦，他梦见寺院内外和树林被火烧成灰烬，又在梦中见到一个金人，那个金人告诉他："十年以后，戒日王一死，印度就会大乱，到时就会像现在燃烧的大火一样。"

玄奘醒来后向胜军论师说明了梦中之事，并下了回到祖国的决心。玄奘回国的决心一下，便返回那烂陀寺，向自己的老师戒贤告别。戒贤看到玄奘要返回，心里既留恋又高兴，向玄奘赠送了许多经书。玄奘告别那烂陀寺和戒贤之后，便矢志不移地踏上了归国的旅程，不过他回国之时就像来印度时一样，一边拜见佛教遗迹，学习佛法，一边在各地将自己所学到的佛法加以传播。即将回国的玄奘，又一次在印度的土地上留下了他那辉煌的足迹。

求法取经

在东印度，有个迦摩缕波国，方圆一万余里，此国的大都城方圆三十余里。那里的土地潮湿，适宜于播种庄稼。河流湖泊与城邑交错，如同衣带一样。气候和畅，风俗淳朴。人的体形矮小，容貌黧黑，语言与中印度稍有差异。人们的性格极为粗暴，但热心学习，勤勉自强，崇敬天神，不信佛法。于是，自佛教兴起以来，国中从未建立佛寺，却有外道神庙数百所，异道数万人。迦摩缕波国的国王当时是童子王，属于婆罗门种姓，自从他的祖先占据了这块疆土，传至童子王已达千世。童子王非常好学，百姓们都服从他的教化，远方有才学的高士，仰慕国王的仁义，都游历迦摩缕波国。童子王虽不十分信仰佛法，但是非常尊敬有学问的沙门。起先，童子王听说摩揭陀国的那烂陀寺来了位叫玄奘的中国僧人，学习深奥的佛教教法，因此几次派遣使者，再三殷勤邀请，但是，玄奘没有接受使者的请求，这时，尸罗跋跎罗对玄奘说："要想报答佛的恩典，就应当弘扬正法，您就去吧！不要害怕路途遥远。童子王世代崇信外道，如今来邀请玄奘前去，这是一件好事啊。要是他因此而改信佛法，福泽万代啊！您过去曾起过广大的心愿，发下宏伟的誓言，只身远游异域，舍身求法，普济众生，难道只想到自己的家乡国家？应该忘掉得失，不要计较荣辱，宣扬圣教，开导痴迷的群众，先物后己，忘掉名誉得失，弘扬正法。"玄奘推辞而得不到允

许,就偕同使人一起上路,会见了国王。

童子王对玄奘说:"我虽说没有什么才能,但是常常羡慕有高深学问的人,听到您的名声,很是敬佩,所以才敢邀请您来。"

玄奘说:"我才能寡少,智识浅陋,让您听人讲到我,实在很羞愧。"

童子王又说:"善哉! 仰慕佛法,爱好学问,把生命看作如同浮云。逾越种种危险,远游异域,这都是因为国王的教化所致,国家风气崇尚学术。今印度各国多有歌颂摩诃至那国(中国)秦王破阵乐的,我早就听到很久了,难道摩诃至那就是大德的乡国吗?"

玄奘答道:"对呀! 这曲《秦王破阵乐》是讴歌我国君王的德行的。"

童子王说:"没有想到大德就是摩诃至那国人,我时常仰慕贵国的风俗教化,久久向东翘望,但因为山川道阻,没有机会自己表示敬意。"

玄奘说:"我国君王神圣的道德润洽边远之地,仁慈的教化加被遐远之处,八方之国都来朝拜称臣。"

童子王说:"天下既然都是如此,我也希望朝贡。如今戒日王在羯朱嗢祇罗国,将举行大施,推崇树立福德智慧,五印度学有成就的沙门、婆罗门都被召集了来。如今派遣了使人前来邀请,希望大德您与我一同前去。"

玄奘答应了童子王的要求,和他一同去会见戒日王。戒日原先是佛家的谥号,应在人死后据其功德而追赠,但羯若鞠阇国的大德们,在其国王刚一扬名天下之时,便赠给他戒日这种称号,是为了避免死后赠名的虚假不实。实际上,戒日王最初统治的国家羯若鞠阇国只是一个边远的小国,都城西临恒河,长二十余里,宽四五里,城濠坚固险阻。城内楼台殿阁,遥遥相对,花木、树林、池塘,艳丽清新,澄清如镜。外国很多奇珍异宝,多聚于此地。当地居民,人人欢乐,丰足富饶。花果种类繁多,庄稼收种合时。气候温暖调和,风俗淳朴厚道。人的容貌俊美端庄,服饰鲜艳华丽。认真好学游艺,谈吐清晰,见解深刻。信奉佛教或异教的人各占一半。寺院有一百余所,僧人一万余人,大乘和小乘一并学习。外道神庙二百多所,异教徒几千人。

羯若鞠阇国的都城原名花宫,后来改名为曲女城,这里面还有一个动人的故事。相传有个国王名叫梵授,因他前世积德,所以聪明智慧,是个文武双全之人。生有上千个儿子,个个机智勇敢,抱负远大,意志坚强。还生有一百个女儿,个个容貌美丽,仪表端庄。那时,有一个仙人居住在恒河河畔,他在这里收视反听,坐禅入定几万年了。因为他形如枯木,因此招来了四方游荫的飞鸟在他身上歇宿,随着鸟群排泄粪便,在仙人肩上留下很多尼拘律果核。几年之后,仙人四周长满绿荫,并且长出了一棵两手才能合抱的大树。又不知经过了多少年头,仙人起身脱离禅定。他想砍去这棵大树,又恐怕捣翻了鸟窝。当时人们都称赞仙人的美德,尊称他为"大树仙人"。

有一天,仙人欣赏茂密的丛林。他举目向河边望去,看见国王的女儿们在那里高高兴兴地追逐游戏。他欲界的爱欲升起,爱欲之心慢慢浸满整个身心,于是他来到王城花宫,想郑重的要求聘娶王女。国王听说仙人来到,亲自欢迎并问候仙人:"大仙生活在我们世俗凡人之外,怎能劳您大驾光临舍下呢?"仙人回答说:"我住在那草木丛生的湖边,

已经很多年了。现在脱离禅定出来游览,看到大王的爱女们在那里戏乐,爱慕之心油然而生。我有意远道前来求婚。"国王听他这么一说,一时不知怎么办好,只得对仙人说:"大仙如今先回住所,请等候吉日良辰再送女儿完婚吧。"

仙人听了国王的回答,就回到他住的地方去了。因此,国王遍问身边的女儿,可是没有一个肯嫁给仙人。国王害怕仙人的威严,终日忧心如焚,以致面容憔悴。

有一天,国王的一个小女儿趁他父亲闲暇的时候从容问道:"父王有一千个子嗣,使那么多国家的君王都仰慕您,为何还这样忧愁呢?您好像有什么担心的事啊?"

国王说:"承蒙大树仙人看重你们,前来求婚,但是你们却没有一个肯答应的,仙人神通广大,能招灾降福,万一他不能遂心如意,必定会嗔怪发怒,只怕那时,山河俱失,宗庙不存啊。我深恐招来此祸,确实有所疑惧。"

小女儿十分内疚地说:"给父王带来这么我的忧虑,是我们这些做女儿的罪过啊!我愿把自己微贱的身躯许配仙人,使社稷得以延续下去。"

国王听了以后非常高兴,马上传命驾车,亲自送小女出嫁。国王到了仙人的住所以后,向仙人道歉说:"感谢大仙俯念世俗之心,屈尊人间之情,今天冒昧奉献幼女,供您驱遣。"

仙人见了幼女之后,很不高兴,对国王说:"您对我老头子也太轻慢了,竟然许配给我这样一个丑女!"

国王回答说:"我问遍了我那些女儿,他们都不肯从命,唯有这个小女儿愿意到这儿来听您差遣。"

仙人十分恼怒,便恶狠狠地念起咒语:"让那九十九女,立时腰弯背驼,容貌毁伤,一辈子嫁不得人。"国王听了以后,马上派人回去查看,果然个个都已变成驼背。自此以后,都城花宫便改称曲女城了。

戒日王出身于吠奢种姓,名叫喜增,他的家族已经有两代三个君王治理统治羯若鞠阇国了。戒日王的父亲名叫光增,哥哥名叫王增。光增去世之后,王增以长子的身份继承了王位,他以贤德治理国家。那时,东印度的金耳国国王常常对大臣们说:"邻国有位贤明的君主,他对我们的国家可是个祸害啊!"因此,金耳国国王采取诱骗的手段,把王增请去,在会面时将王增杀害。羯若鞠阇国的百姓失去了君主,整个国家都陷入了慌乱之中。有个叫婆尼的大臣职高望重,他对其他大臣说:"继承王位这件大事,应该现在就决定。我看,先王的次子,亡君兄弟,本性仁爱慈善,虔心孝敬父母,敬重长者,任人唯贤,对下平等公允。我想请他继承王位,不知诸位意下如何?请各抒己见。"

大家都很敬仰王子喜增,平时对他没有其他不同的议论。因此,所有的大臣执事都去劝说喜增继承王位,他们说:"恭请王子听臣等陈述。先王积累功德,致使国家光耀兴盛。传位王增之后,原想他能耄耋善终,可是因为我们的失职,导致先王遭仇敌杀害,这是国家的奇耻大辱,也是我们当臣子的罪过。现在外界议论纷纷,还流行着歌谣,说英明的王子当然继承王位。如果能蒙王子亲自治理天下,报杀父之仇,雪国家之耻,绍复先王之业,还有什么功德比这更大呢?期望你不要再推辞了。"

王子喜增说："继承王位的重任，从古至今都是很难担当的，兴立君主更应慎重。我缺乏修养，父兄又早早去世，大家推举我承袭王位，我哪里有能力担负这个重任呢？大家都说我合适，我又怎敢忘记我的虚薄呢？如今，恒河河畔有一尊观音菩萨像，非常灵验，我想前去占卜。"之后，喜增来到菩萨像前，不吃不喝，一心祈祷。菩萨感念喜增的一片诚心，便显出本相问："你如此勤恳求佛，有什么要求吗？"王子喜增回答："我的灾祸太多了，父王驾崩，兄长被害，残酷的打击一次又一次地降临到我的头上。我自觉缺才少德，但是国人一定要推举我继承王位，以期光复父兄之业。我自己愚昧无知，所以斗胆前来，祈求菩萨指点。"

菩萨告诉王子喜增："你原本就是住在这个山林里的比丘，精心苦修，勤恳不懈。凭借此福分，你才在这世贵为王子。如今，金耳国的国王既然破坏了佛法，你继承王位之后，一定要注重佛法的兴盛，以大慈大悲为志，以同情怜悯为怀。那样的话，不久就可以统治五印度全境。假如要想使王位保持下去，那么就要听从我的教导，这样神明就会暗中给你大福，你们将无敌于天下。不过你不必登上国王的宝座，也不必号称大王。"

王子喜增接了菩萨的教诲，回去以后，承继王位，但自称王子，号戒日。他命令大臣们说："这兄长的仇还没报，邻国也不肯归附，这样还不能指望有安定正常的生活。希望你们所有的大臣幕僚，同心协力。"因此，戒日王亲自率领自己国家的军队，加紧训练士兵。当时，他们只有象兵五千，骑兵两万，步兵五万。戒日王带领军队从西往东，用武力征讨不肯称臣的国家，真是象不解鞍，人不释甲，经过六年艰苦征战，最后征服了五印度国。这时羯若鞠阇的军队已得到补充，象兵增加到六万，骑兵达到十万。在以后的几十年时间里，天下太平，政局安定。

戒日王厉行节约，为人行善造福，乃至达到了废寝忘食的地步。他命令五印度国：百姓不准吃荤，谁若杀生，格杀毋论。他还在恒河沿岸建立了数千座塔，各高一百余尺。在五印度国的城镇、乡村、闾里、街道，都修建起漂亮的房屋，储藏饮食，储备医药用品，目的是用它们进行施舍。在有佛祖遗迹的地方，都建立了寺院，每五年举行一次无遮大会，拿出仓库中全部的财物，施舍给众生。另外，戒日王每年还要召集一次各国佛教徒都参加的大会，在逢三逢七这两天，供给那些佛教徒衣服、卧具、饮食、汤药等四项物品，并且把法座装饰起来，还为参加集会的佛教徒们准备了筵席，让他们展开辩论，比较谁优谁劣，评论谁善谁恶，把正大光明者提升上位，把邪行昏暗者罢黜下级。要是恪守佛教戒律，信仰坚贞并且对佛教教义见解精深，品德纯正的教徒，就推举他坐在狮子座上，戒日王亲自听他讲授佛法。对于那些信仰佛教，但学识比较浅薄的教徒，也以礼相待，表示尊重。对那些不遵从佛教法规，道德败坏，劣迹昭著的教徒，就把他们驱逐出境，既不再听他说话，也不想再见他们。对于邻近小国的国王和辅佐他的大臣，如果他们可以体恤百姓，造福施慧，就与其结为好友；如果不是这样，则拒不面谈，有事需要商议，就通过使者往来办理。戒日王还经常巡视各地，察看民间，不安居在一个地方。外出巡视暗访之时，每到一处就盖起一间茅屋充当居室。一年之中，唯有三个月的雨季不能外出巡视，每当这个时候，戒日王就在行宫里摆出山珍海味，请各教派的人吃饭，计有僧侣一千人，婆罗门五百人。戒日王往往把一天的时间分成三部分;用三分之一的时间处理国家大事,用三分之二的时间造福行善,孜孜不倦,一天的时间用尽了,还显得不够呢!

戒日王对玄奘之名早有耳闻,当他在羯朱温祇罗国巡视时,听说玄奘在迦摩缕波国弘扬佛法,他的臣下对他说:"东面的童子王那里有支那(中国)来的高僧,大王应该把他请来。"戒日王说:"这正是我的想法!"因此,戒日王派使臣前去请玄奘,请童子王把玄奘送来。童子王征得了玄奘的同意后,便同他一同到羯朱温祇罗国会见戒日王。出发之时,童子王命令一支一万人的象兵,乘三万只船,护送玄奘。戒日王听说玄奘要来,便与臣下一百多人,领着一万多人顺河东下,去迎接玄奘。只见河上旌旗高飘,万人耸动,两支庞大的船队相向而行,人们欢呼雀跃,精神振奋,好像要面临一次重大的喜庆之事。玄奘与戒日王一见面,戒日王就行大礼参拜,随从的人撒花唱颂,场面庄严而热闹。

戒日王问玄奘:"法师从哪个国家来? 到印度计划做什么?"

玄奘答道:"我从大唐而来,是来求法取经的。"

戒日王又问:"大唐国在哪里? 沿途经过什么地方? 离这里有多远?"

玄奘回答:"在这里的东北方向,离这儿有几万里,也就是印度所说的摩诃支那国。"

戒日王接着问:"我曾听说摩诃支那国有位秦王天子,幼年时代就聪明伶俐,成年后勇猛异常。往昔,前朝天下大乱,国家分崩离析,战祸纷起百姓惨遭荼毒,而秦王天子早就胸怀大计。他大慈大悲,拯救人类,平定天下,流风教化传遍远方,美德恩泽遍布四方。各国仰慕其功德,自称为臣;庶民百姓感激他的养育之恩,都在演唱《秦王破阵乐》。我们听说人们对他的赞颂,早已很久了,对他的品德给予这么高的声誉,确有其事吗? 所谓大唐国者,难道就在那里吗?"

玄奘答道:"是的,所谓支那,是过去王朝的称号;大唐,那是我们现在的君主的国号。以前他还没有继承王位时,被先帝封为秦王,现在已成为国君,所以称为天子了。在大唐以前,有个王朝国运衰败,百姓失去君王,所以战乱纷起,残害黎民。秦王天生抱负远大,他大发仁慈怜悯之心,威风震慑天下,除去了一切凶恶的敌人。从此,八方安宁,万国都来朝拜进贡。他爱护抚育四生,崇敬三宝,少收税,减刑罚,故此国家财政有余,百姓安分守己,佛教盛行。这些事难以一一列举。"

戒日王夸奖地说:"真是伟大的壮举啊! 你们国家的百姓有这样的福分,应该谢谢这位贤明而伟大的君主!"

戒日王请求玄奘讲解佛法,玄奘便给他讲了《制恶见论》。戒日王听后,对他的臣子们说:"日光出来,烛光就要消失。大师一到,那些旁门左道将被击破。大师之论虽好,却没有被更多的人所知,我想在曲女城召开法会,让五印度的能言善辩和知识渊博的人都到会,让他们都了解大师之论,使邪道从正,众僧舍小乘而从大乘,不是很好的事吗?"玄奘为了进一步弘扬佛法,便表示同意。因此,戒日王率领数十万人从羯朱温祇罗国出发,返回曲女城召集法会,行走在恒河南岸;此外,有几万人跟随着童子王行走在恒河北岸。两队人马以河中心为界,分成水陆两路,一齐进发。两位国王在前边引导,步、骑、车、象四个兵种严密护卫,有的乘船,有的骑象,敲着鼓吹着螺,拨动着弦琴,鸣奏着管乐。过了

九十天才达到曲女城，人马驻扎在恒河西岸的大花林中。这时，已有二十多个国家的国王，早就奉戒日王的命令，各自偕同本国僧侣中的青年才俊及婆罗门、官员、士兵一起前来参观法会。

戒日王事先已在恒河西岸建了一座大寺院，寺院东边筑起宝台，高一百多尺，正中供着金佛像，身量大小同戒日王一样。宝台的南边，又筑了一个宝坛，那是专门为金佛像沐浴的地方。宝坛东北十四五里，专门修建了行宫。这时候正是二月，从初一开始，就用佳肴招待僧侣和婆罗门，一直到二十一日。从行宫到寺院，道路两边都盖起了楼阁，用数不清的玉石装饰着。鼓乐的人端端正正地站立不动，不断地吹奏着高雅的乐曲。戒日王从行宫里请出一尊金佛像，外罩薄纱，与会者隐约可见。佛像高三尺多，用大象驮载，佛像周围支有缀有宝石的帐幔。戒日王穿上帝释的服装，手执装饰着众宝石的华盖在左边侍候；童子扮作梵王的模样，手执白拂尘在右边侍奉。两边各有五百象兵，披坚执锐，在附近护卫。佛像的前后，各有一百头大象，奏乐的人坐在象身上，演奏音乐。戒日王一面行走，一面散发金、银、珠宝和鲜花，供养三宝。他们一行人首先来到宝坛，用香水给金佛像洗浴。随后，戒日王亲自背着金佛像，送上西台，并以许多珍奇异宝和成百上千件憍奢耶衣，作为供奉金佛像的供品。这时，只有二十多个沙门跟随戒日王，各国国王都当做侍卫。吃过饭后，召集各种不同学派的人，商榷微言，探讨真理。日将黄昏，戒日王才乘车回到行宫。就这样，每天护送金佛像，前导和随从就和初时一样，直到法会结束。

在法会期间，玄奘也参加了由戒日王主持的佛学经典教义的辩论，并且是作为"论主"在辩论大会上进行辩论的。玄奘在会上讲解了《会宗论》和《制恶见论》，讲解之后竟然没有一人能够驳倒他。戒日王依据传统习惯，请玄奘坐在身披锦幢的大象上巡游，并且让贵臣陪送，一时间万众欢腾，巡行者高呼："至那法师，立大乘义，破诸异见。十八日来，无敢论者，普宜知之。"随后，当时的人们都认为玄奘的学识已超过了他的老师戒贤，成为全印度的第一高僧。

辩论大会结束以后，玄奘掐指一算，自己来到印度已经整整十三年了，在这十三年的时间里，他一刻也没有忘记自己的祖国。此行目的已经完成了，玄奘对祖国的思念更迫切，盼望能早日回国。于是，玄奘向戒日王提出东归的请求，戒日王实在舍不得这样一位高僧离开自己，便让玄奘主持了七十五天的大施。此事结束以后，玄奘再次向戒日王提出回国的请求。戒日王命所属部下送玄奘出境，还送给玄奘数万金钱和许多头青象。这种象形体高大，高约三丈，长约二丈多，上面可坐八人，并可放置一些物品。当青象行走起来时，就像空身一般，坐在象背上会感到很平稳。玄奘不想接受金钱和青象，但诸僧都劝玄奘留下青象，他们说："青象是佛法兴盛的象征。自佛涅槃以来，各国国王虽说崇敬佛法，布施种种物品，但还没有听说有赐给青象的事。因为青象是极为珍贵的国宝，现在戒日王将它们赠给您，表明国王对您崇敬至极。"

在众僧的劝说下，玄奘收下了青象。因为青象形体高大，每天要吃掉四十多个草料饼和三斛料，戒日王为此特意下令所属各国要它们随时供给玄奘草料。启程那天，玄奘用马和青象驮上历年搜集到的六百五十七部佛经和佛像、花种等物，踏上了归途。戒日

王等十八国国王都来相送,他们执手垂泪,与玄奘依依惜别。

玄奘在归国途中,总共走了两年。他回国时并没有按原来的路线走,而是沿阿富汗、帕米尔南缘,顺喷赤河而上,经疏勒、于阗、鄯善、敦煌、瓜州等地,回到了阔别将近二十载的唐王朝境内,这时正好是大唐贞观十九年(645)正月二十四日。当时,在京城西郊,人流如涌,僧俗摩肩接踵,几十万人聚集在那里,迎接从西土取经归来的玄奘。从旧城之西到京城朱雀门二十多里的道路上站满了人,道路被阻,玄奘不能进城,只得在郊外的馆驿中休息。虔诚的人们守在馆外,通宵站立。次日,玄奘把带回来的经书、佛像送往弘福寺,京城中众僧竞相列账支车,帮助玄奘运送。一时间人声鼎沸,甚嚣尘上。这时,天空中一轮明日的周围出现了彩色的云朵,佛像上放射出红白相间的轮光,众人对此赞叹不已。因为玄奘的回国,使京中万民停业五天,众多的人都皈依了佛门。这种隆重的场面,实在是百年难得一见。

玄奘开始西行取经之时,还是一个青年人,归来之时已是四十余岁的中年人了。十多年的西行取经,行程五万里,游历了大小一百一十个国家,这在世界旅游史上,写下了光辉的一章。

流传千古

玄奘回到京城长安之时,唐太宗正在洛阳,所以玄奘便来到洛阳拜见唐太宗,并将带回来的各种奇珍异宝进献给唐太宗。唐太宗将玄奘请入宫中,二人在宫中促膝交谈,从卯时一直谈到酉时,却没有发觉时间已经很长了。等到敲响出征的战鼓时,他们才结束了谈话。当时唐太宗正带兵去讨伐辽左的叛乱,便请玄奘与他同行。玄奘因旅途劳累,又加上要翻译佛经,所以推辞不去。唐太宗传旨给留守京城的梁国公房玄龄,让他派人保护玄奘,且供给一切费用。

接着,玄奘上表唐太宗,请求翻译佛经之事,另外要求选择贤能的人和他一同翻译佛经。唐太宗说:"法师唐梵皆通,词理通敏,只怕其他人孤陋寡闻,找来也对你翻译佛经无用,更别说翻译佛经圣典了。"

玄奘说:"过去二秦之时翻译佛经,门徒就有三千。就是如此,还恐怕后人不能知晓佛教经典,而去信仰邪门歪道。如果现在不召集许多有贤能的人同时翻译佛经,仅凭我一个人的力量是不行的。"后来,经玄奘屡次请求,唐太宗才表示同意。玄奘从洛阳返回长安后,马上召集僧人慧明、灵润等为证义,沙门行友、玄赜等为缀缉,沙门智证、辩机等为录文,沙门玄模为证梵语,此后,玄奘和他的弟子们开始了中国佛教史上规模空前的佛经翻译事业,翻译了《大菩萨经》二十多卷,《显扬圣教论》二十卷,《大乘对法论》十五卷,《西域传》十二卷。在此以前,所翻译的经文,大都是先谈梵文经典,然后凭借对梵文经的理解,再写成汉文。这种汉文经书,和原来的经书相比,增添的或丢失的东西很多。而如今玄奘却是由梵文直接译出,意义和原经相符。玄奘翻译佛经,出口成章,录者随写就

行，译出的经书语言简练而意义完备。

当唐太宗讨贼回到京城长安后，玄奘上表，请求太宗为他所译佛经写序。太宗说："法师您行为高洁，已出于尘世之上，泛宝舟而登彼岸。我才能浅漏，对俗事尚且不能通达，何况是玄妙的佛理呢？"

玄奘却认为，弘扬佛法，必须借助帝王之力。所以，玄奘又再次上表说："奉您的旨意和奖喻，我才得以翻译佛经，传播佛法。我原本学识浅陋，却有幸参拜九州高僧，向他们学习佛法，又凭着您的英名而远涉他国学习佛法，所依赖的是朝廷的教化。我从天竺得到的经论，奉旨翻译完，只是还没有序。陛下您智慧超群，才智过人，名震四方。我认为佛法无边，不是具有神思的人，不能够解释它的道理；圣教玄远，不是圣人的文辞，是不配序写它的来源的。因此我敢冒犯您的威严，让您为圣经作序。帝王之言影响深远，您就不要再谦虚了。教化众生在于日积月累，如果只是观望等待，就会失去时机。"

玄奘上表之后，唐太宗答应为他作序。太宗就对驸马高履行说："你以前曾请我为您的父亲写碑文。但我如今的气力已不如从前，我要给玄奘法师译完的佛经作序，不能给你的父亲写碑文了。你要理解我的用意。"之后，唐太宗就在明殿写出了中国佛教史上著名的《大唐三藏圣教序》。序文写完后，唐太宗让弘文馆学士上官仪对群臣朗读此序。百官听后，纷纷称赞。玄奘又上表感谢太宗。从此，朝廷众臣纷纷读经，佛法得到空前发展。玄奘便经常被留在宫中，皇帝不断向他询问佛法。而玄奘依旧继续翻译佛经，为的是不错过这个好时机。唐太宗赐给玄奘云纳一领，又传旨让天下寺院，各自再度五人出家。皇帝在京城长安东北建造弘法院，让玄奘长住其中。又在曲江池为文德皇后建慈恩寺，让玄奘成为住持，并度三百人到寺中。又在慈恩寺的西北建立翻经院，送给他新出家的弟子十五个。唐高宗时，玄奘为了保护梵文佛经，曾上表请求建梵本佛经台，得到批准。

唐高宗曾为皇太子在慈恩寺设大斋，朝中众臣都来到寺中。黄门侍郎薛元超、中书郎李义府说："译经是佛法中的大事，但不知我们这些人在这中间有何用呢？"

玄奘便说："你所问的，也是许多人所感到疑惑的。翻译佛经虽是我们僧人的事，但它还是要凭借朝中权贵的力量。就像前秦时鸠摩罗什依靠安成侯姚嵩、元魏时菩提流支依靠侍中崔光禄，贞观初年波颇译经，仆射萧璟、庶子杜正伦等为他阅稿一样。如今没有这些人，弘扬佛法就会受到阻碍。又承蒙圣上在大慈恩寺中发慈悲之心，建造了壮丽辉煌的寺院。要赞美这种德行，最好的方法是把它刻在碑上，使之流传后代。现在二公相问，我想要是做了这二件事，就会流芳于古今了。"他们二人就答应了这两件事。次日早晨，皇帝派人来传旨，说所需帮助译经的大臣已安排好了，而且立碑的碑文皇上亲自撰写。

从归回以来，玄奘就将全力放在翻译佛经和弘法上。他在有生之年，共译佛经七十三部一千三百三十卷，成为中国佛教史上的四大译经师之一。玄奘又充分借助帝王之力，使佛法的弘扬达到空前绝后。后来，玄奘还应唐太宗的请求，完成了闻名中外的《大唐西域记》一书。这部书是玄奘口述，由弟子辩机笔录于贞观十九年（646）完稿。书中记

述了他亲自游历的一百一十个国家和传闻的二十八个国家的风俗、文化、地理、山脉、河流、气候、水文、生物、矿产、历史、宗教等等的种种情况，叙述生动真实，文辞绚丽雅瞻，不失为我国古籍中的一本名著。它是研究印度、尼泊尔、巴基斯坦及中亚等地古代地理的重要文献，后被译成英、法等国文字，广为流传。

玄奘入佛门以来，总是希望自己能够死后升往弥勒天。在游西域时，他又听说无著兄弟都升到了弥勒天，因此他更加频繁地发愿请求，每次都有所感应。

唐高宗麟德元年（664）年，玄奘告诉和他一起翻译的僧人和弟子：有为之法一定能减灭幻影，形体这种虚幻的东西是不能长久的。我到了六十五岁时，一定会死的，现在谁有问题，可速来相问。"

"年纪未到耄耋，为什么要这样说呢？"听到之人，便很吃惊地问。

玄奘回答说："此事我自己知道。"因此，前去向佛像告别。有门人要外出的，玄奘又对他们说："你去吧，我现在就与你告别了。你再也不用来见我了，来了也不会见到我了。"

正月九日，玄奘告诉寺中的僧人说："我要死了。佛经里说，身体是可憎的，就像死狗一样。我死以后，请把我的尸体在接近官寺的安静之处安葬。"

玄奘说完，便躺了下来，闭眼睁眼，只见到大莲花，鲜艳洁白，又看到了自己高大的身影。他也深知是自己将要升天的时候了。这时，玄奘让僧人们朗诵他所翻译佛经的名称，他自己却感到很欣慰。玄奘把寺中门人全部召集起来说："无常将近，快来相见。"并在嘉寿殿的香木上挂菩提像，向他施礼，并再次向众僧辞行，而且留下了一份给皇帝的奏表。然后，玄奘自己默念弥勒，并且让旁边的人也跟着念道："南无弥勒如来应正等觉，愿与含识速奉慈颜；南无弥勒如来所居内众，愿舍命以必生其中。"

到了二月四日这一天，玄奘右手支头，身体侧卧，寂然不动。门人问他："这是什么姿势呢？"玄奘说："不要问，妨碍我的正念。"五日中夜，玄奘的弟子问道："和尚一定能坐弥勒天吗？"玄奘回答说："一定能！"说完，玄奘停止了呼吸，悄悄地进入了他所希望的世界。玄奘死后两个多月，尸体形色如常。

玄奘死后，皇帝下诏入葬，并让京中僧尼制作幢盖前往送行。只见送葬的队伍中，素盖白幢，如白云浮动，哀乐之声响彻云霄，令人神往。玄奘最初葬在白鹿原上，在他所葬之处大约方圆四十里的地方，僧俗两众充满其间。后来，皇帝又下诏把玄奘改葬于樊川，当把玄奘的尸体从地下抬出来的时候，其面色就像活着的时候一样。大家很是惊异，深感玄奘不同凡人。

玄奘带着一种满足感进入了西方极乐世界，但他给后人留下了一笔宝贵的财富，在华夏文明史上留下了辉煌的一页。